浦善新 / 著

中国社会出版社
国家一级出版社 · 全国百佳图书出版单位
北京 · BEIJING

图书在版编目（CIP）数据

老子善解 / 浦善新著 . -- 北京 ：中国社会出版社，2024.7（2025.6 重印）
ISBN 978-7-5087-6920-2

Ⅰ.①老… Ⅱ.①浦… Ⅲ.①《老子》-研究 Ⅳ.①B223.15

中国国家版本馆CIP数据核字（2023）第134629号

老子善解

责任编辑：刘海飞
责任校对：曲丽媛
装帧设计：时　捷
出版发行：中国社会出版社
（北京市西城区二龙路甲 33 号　邮编 100032）
印刷装订：河北鑫兆源印刷有限公司
版　　次：2024 年 7 月第 1 版
印　　次：2025 年 6 月第 2 次印刷
开　　本：170mm × 240mm　1/16
字　　数：600 千字
印　　张：34.75
定　　价：108.00 元

客服热线：（010）58124852　投稿热线：（010）58124812　盗版举报：（010）58124808

购书热线：（010）58124841；58124842；58124845；58124848；58124849

目 录

下篇　德经

绪 论

一、邂逅《老子》

第一次接触《老子》，是在 1987 年参加中央讲师团期间。当时我在河北省张家口地区教育学院任教，任务是给中学教师开设地理讲座，主要介绍当时国内外地理学科的一些最新学术动态和理论成果，一周 4 节课，闲暇时间相对较多。张家口地区教育学院地处邻近张北县的大境门附近，离市中心比较远，20 世纪 80 年代的时候还相当偏僻，加上业余生活比较单调，这样的环境使我得以集中精力阅读自己感兴趣的图书。在此之前的 1984 年至 1985 年整整两年的时间，我的主要工作就是主编《中华人民共和国县级以上行政区划沿革（1949—1983 年）》（第一、二、三卷分别于 1986 年、1987 年、1988 年出版发行），这段编写经历让我对中国行政区划史产生了浓厚的兴趣，并于 1986 年撰写了《中国历代行政区划沿革》（《地名知识》从 1987 年第一期开始分 9 期刊登）。因此，1987 年 8 月底赴张家口支教时我携带了包括《史记》在内的不少史地类的图书、资料。

9 月初在研读《史记》的过程中，读到孔子曾经向老子请教有关“礼”的问题。孔子后来对其弟子说：“鸟，吾知其能飞；鱼，吾知其能游；兽，吾知其能走。走者可以为罔，游者可以为纶，飞者可以为矰。至于龙，吾不能知，其乘风云而上天。吾今日见老子，其犹龙邪？”曹操在青梅煮酒纵论天下英雄时说：“龙能大能小，能升能隐；大则兴云吐雾，小则隐介藏形；升则飞腾于宇宙之间，隐则潜伏于波涛之内。方今春深，龙乘时变化，犹人得志而纵横四海。龙之为物，可比世之英雄。”作为当时最博学、中国古代最有智慧的孔圣人，见到老子后，惊其为能乘风云而上天的神龙一般的人物，说明老子的学识思想已经达到了自由境界，远远超越了孔子

当时的知识认知体系，这让我感到十分震惊。因为受几千年的儒家文化熏陶，中国人已经在潜意识里认定孔子是中华文化的第一圣人，即使“五四”运动喊出了“打倒孔家店”的口号，20世纪70年代初开展了声势浩大的“批林批孔”运动，孔子作为中国文化人的偶像也并未真正倒下，而现在得知居然还有令孔子佩服得五体投地并将其称为龙的老子，实在令我震撼、诧异，从而产生了尽快阅读《老子》的强烈愿望。

20世纪80年代，中国传统文化还处于恢复初期，对于张家口地区教育学院这样的学校来说，不要说《老子》，就是《论语》这样的图书也没有。我只能利用1987年9月底回北京审核《中华人民共和国县级以上行政区划沿革（1949—1983年）》（第二卷）清样的机会，通过还在大学读研的同学帮忙借阅，记得当时借阅的是《老子》王弼注本（记不清是哪个出版社的版本了）。10月8日返回张家口后，即利用业余时间专心致志地逐句阅读，对不认识、不理解的字逐一查字典，还认真做了详细的笔记。总的感觉是，《老子》一书思想深邃高远，行文流畅精美，生动隽永，但文字艰深，往往带有某种神秘色彩，令人难以琢磨。通过阅读始知“难易相成”“天长地久”“金玉满堂”“功遂身退”“受宠若惊”“曲则全，枉则直”“上善若水”“道法自然”“大军之后，必有凶年”“自知之明”“无中生有”“大器晚成”“大象无形”“道隐无名”“知足不辱，知止不殆”“出生入死”“祸福相依”“治大国若烹小鲜”“以德报怨”“合抱之木，生于毫末；九层之台，起于累土；千里之行，始于足下”“不敢为天下先”“哀兵必胜”“天网恢恢，疏而不漏”“小国寡民”“鸡犬之声相闻，老死不相往来”等成语和名句都出自《老子》，也彻底纠正了先前认为《道德经》（《老子》）是宗教理论教科书的错误观念。

作为刚出校门不久的“理工男”，咬文嚼字不是专长，加上社会阅历尚浅，即使有王弼的注释，对《老子》的很多字句仍然一知半解，对其思想精髓更是知之甚少。实际上，第一章就没有真正读懂，确切地讲，第一句“道可道，非常道”就成了难以攻破的堡垒。在每周只需要讲半天课拥有大量阅读时间的情况下，我不屈不挠地啃了两周，在“可道”还是“不可道”的问题上反反复复，始终不得要领，总有一种如坠云雾之中的感觉。没有办法，只好绕道而行继续往下看，又用了半年多的时间，总算磕磕绊绊地读完了全书，回过头来再重读第一章，与刚开始相比，好像理解深入一点，但仍然没有真正读懂，更谈不上悟透，唯一的成果是积累了5万多字的读书笔记。1988年6月底，我完成中央讲师团任务回到北京后，正赶上国务院机构改革，参与拟订民政部行政区划方面的管理职能，10月，主持新成立的行政区划与地名管理司行政区域规划处工作，陷于日常事务，业余时间则基本上都用在行政区划领域的研究上，更主要的是觉得《老子》离本职工作比较远，而且研读起来相当费劲。所以兴趣一过也就不求甚解，不了了之，刚开始还偶尔看几眼，后来把借阅的图书还回去之后，很长一段时间再没有读过《老子》。

二、爱上《老子》

2007年初转行新闻出版工作，涉猎的领域拓展到民政文化事业，与中国传统文化经典的接触机会明显增加，却仍然没有重读《老子》。直到2008年，一个偶然的机会，才再次重逢《老子》。当年民政部进行司局级领导干部公开竞聘，时任部长李学举出了一道题，要求竞聘者谈谈对“不自见，故明；不自是，故彰；不自伐，故有功；不自矜，故长。夫唯不争，故天下莫能与之争”这段话的认识。多数应试者不知这段话出自《老子》，由于是由主持人念题而不是书面考卷，应答者无法确切知道考题的每一个字，因此绝大多数人不理解这段话的含义，也就无从谈认识。我当时在台下，凭着20年前的模糊记忆，知道其出自《老子》，也了解大概含义，但即使这样，要是换成我在台上谈认识也一样自认不易。

事后，急于验证自己的思考是否准确，我专门到单位附近的书店购买有关《老子》的图书。到书店一看，才知道今非昔比，20年前一般的图书馆都难觅有关《老子》的书籍，而今随便一家书店的书架上都摆放着好几种《老子》版本。买了几本回去一读才发现，有的图书注释、译文比原文还绕口难读、晦涩难懂，有的东拉西扯、不知所云，而且不同的作者对《老子》中同一句话的注释、解读相差甚大，甚至完全相反、彼此对立，再仔细比较发现，连《老子》的原文也千差万别。本来是为了释疑解惑，却没想到越看越糊涂，这也让我明白了为什么在国学热遍全中国的21世纪，像参加民政部司局级岗位竞聘的这些有着丰富工作经验和生活阅历的处级以上领导干部，且其中不乏哲学、政治学、管理学、文学方向的博士和硕士，这些国家精英队伍中的精英，却回答不了有关《老子》的问题，

甚至都不知道考题的内容出自《老子》。也正是基于此，促使我重新认真研读《老子》。弹指一挥间，此时离我第一次结缘《老子》已经过去了整整 21 年。由于杂务缠身、时间有限，只能断断续续地精读，却越研读体悟越深，每一次都有新的收获，记录感悟的笔记也越来越厚。随着阅读的不断深入，特别是对《老子》不同版本的对比、在不同境遇下的对照研读，自觉受益匪浅，不知不觉中爱上了《老子》。

近 15 年来，我结合建设民政文化主阵地主责主业，阅读了大量有关中国传统文化的经典，同时反复研读各种版本的《老子》，经过长时间的仔细琢磨、静心思考、用心体悟，自认为对“道”的认识越来越深入、透彻。为此，我斗胆把自己 30 多年研读《老子》的一点粗浅的学习体会整理成书，不避粗陋呈献给读者，请教于相关领域的专家学者，同时与大家分享读书的体悟和快乐。希望本书能够让具有初中以上文化程度的人读懂《老子》的基本含义，从而使《老子》这部国学中的精粹得以普及。

三、善解《老子》

老子思想博大精深、内涵深邃，老子之“道”虚无抽象、不可触摸，《老子》看似言简文浅，实则意赅义奥，要解读好《老子》实非易事。老子在第七十章感叹道：“吾言甚易知，甚易行。天下莫能知，莫能行。”如何解决这个难题呢？关键在一个“善”字，“善”是解开老子之“道”的金钥匙。

“善”是人类共同的价值追求，亚里士多德在《政治学》一书中明确提出了善治思想，认为优良生活要在“善”的共同体价值理念中建立起来，柏拉图也有类似的思想。按照现代西方解释学、现象学的主流观点，对经典的解释既涉及认识论－方法论，又涉及本体论－目的论，从目的论的角度讲，就是同“善”的追求联系起来。德国当代哲学家、美学家、现代哲学解释学和解释学美学的创始人汉斯－格奥尔格·伽达默尔在晚年提出的著名论断：解释学就是实践哲学，其中包含“实践智慧”和“善的理念”两个基点。“实践智慧”涉及具体的善，“善的理念”涉及普遍的善，而普遍的善高于具体的善，引领具体的善。华东师范大学潘德荣教授提倡的“德行诠释学”、湖南大学李清良教授的“诠释之道”，也与“善”的目的相一致。

“善”字是《老子》的高频字之一，全书81章中有17章用到“善”字，共出现51次，其中以第八章、第二十七章对“善”的论述最为集中。老子在第八章说：“上善若水。水善利万物而不争，处众人之所恶，故几于道。”上善不争、泽被万物之水最接近“道”，或者说是“道”的化身，也就是说只要“上善若水”，就几乎掌握了客观规律、接近绝对真理，就能“居善地，心善渊，与善仁，言善信，政善治，事善能，动善时”，其关键就在一个“善”字。由此可见，从某种意义上讲，“善”是通往“道”的桥梁。

下面，我就从心怀善意、善读善本、善阐善言、善行善举四个维度谈一谈善解《老子》的体会。

（一）心怀善意

善解《老子》首先要本着与人为善、善解人意的原则，对古圣先贤必须有敬畏之心，就是以钱穆先生所说的“温情与敬意”之态度同情理解前人的思想，心存善念、心地善良、满怀敬意、充满善意地解读老子其人和其书。既不能神化古人，也不能对古人求全责备，简单粗暴地用现代理论评判、批评古人的思想观点，居高临下、无端地怀疑古人，更不能为了抬高自己而自以为是地贬低古人、否定古人。例如，既不能把“牝恒以静胜牡”（第六十一章）解读为对女性的赞扬，把“虽有舟舆，无所乘之”（第八十章）解读为对低碳经济的先见之明；也不能把“圣人不仁，以百姓为刍狗”（第五章）解读为圣人无仁爱之心，视百姓如草芥；更不能把“恒使民无知无欲”（第三章）、“绝智弃辩”（第十九章）、“古之善为道者，非以明民，将以愚之。民之难治，以其智多。故以智治国，国之贼；不以智治国，国之福”（第六十五章）斥责为愚民思想。又如，对第二十五章的“人法地，地法天，天法道，道法自然”，我们既不能将其拔高为早在2500年前老子就提出了科学发展观中有关人与自然协调发展的理论，更不能将其斥责为否定人的主观能动性、反对人定胜天。

需要指出的是，长期以来，中国历代统治阶级为了巩固其政权，一直奉儒家学说为传统文化唯一正确的源头，或者更确切地说是向被统治者传播儒家文化，而统治者却按黄老思想特别是被人误读的“愚民策略”行事，结果包括以《老子》为首的道家文化在内的其他学术思想被有意贬低。近

年来，随着传统文化的复兴，以儒家文化为代表的国学逐步受到重视，但对于比孔子思想更悠久的《老子》明显重视不够。因此，直到今天学术界对《老子》的精髓研究、挖掘得还很不够，普通百姓对老子及其思想的误读还比较普遍。有些人至今仍然认为老子是一个消极避世、逃避现实、光讲空道理不干实事、狡诈的阴谋家，是追求长生不老的道教祖师爷；其最高的追求是“鸡犬之声相闻而老死不相往来”的小农经济生活，其理论的核心是不作为、愚民、逆来顺受、耍阴谋；《道德经》是道教的“圣经”，是一部研究气功和养生的秘籍，等等。

（二）善读善本

善读善本，就是要善于研读善本，这里包括两个方面：一是善读；二是读善本。善读是读懂经典名著的基本功，而读善本是学习古籍的要务，也是善读的前提和基础。如果读的版本本身就有问题，再善读也无济于事，还有可能被引入歧途，这对于解读《老子》这样各种版本繁多的古籍尤为重要。据有关方面的统计，《老子》的各种国内注释解读版本和国外译本都已经达到1000种以上，合计早已超过2000种。其中，既有学风严谨、忠于原著的学术著作，也有标新立异、解构重组原文的一家之言；对原文的解读更是五花八门，既有思想深邃的精品佳作，也不乏胡编乱造之作，由此更可见读善本的重要性。

以我几十年研读《老子》的经验，初学者一定要尽可能优先选择以王弼注本为蓝本、解读内容忠于原文本意、文字通俗易懂的经典版本。经过一段时间的学习，有了一定的基础后，如果想要进一步深入探讨研究，可以选择帛书版、竹简版方面的著作，然后再通过广泛比较各种不同版本的不同解读，结合自身的实践体悟，就可以形成自己的见解、思想。这里要提醒各位读者，对现在大行其道的一些故弄玄虚、别出心裁的所谓名人之作一定要千万小心，特别是一些跨界的名人，本身不是研究《老子》的专家，又不能花时间潜心钻研，只是想以自己在某个领域的成就带来的人气流量进行收割，结果不是东拼西凑，就是信口开河，实在是误人子弟、害人不浅，我就曾经深受其害。

对于善读，我的体会是没有捷径可走，必须下苦功夫钻研。首先，要打好文字语言特别是古汉语基础，努力提升自我的文字学、文献学基本功，包括文字、音韵、训诂、校勘、考据、资料梳理、真伪甄别等方面的能力。其次，要不断扩大自己的知识面，包括中国传统文化的古籍经典、西方古典哲学思想，以及现代物理学、天文宇宙学、科学哲学等现代学科知识体系，努力培养和不断提高自身的哲学思维及思辨能力。再次，哲学是关于认识本身的认识，分析哲学认为“哲学的根本任务是对语言进行逻辑分析”，语言分析是哲学研究不可或缺的方法。所以要善于对文字、语言、句法进行分析，从原文的基本词义入手，探赜索隐，甄别真伪，穷究其说，体悟老子思想的深刻意蕴，切不可望文生义，更不能按照自己的观点牵强附会随意解释。作为理科生，我曾经走过不少弯路（所谓的捷径），最后还是通过笨办法逐字逐句地查阅《说文解字》《辞源》《辞海》《现代汉语词典》等各种工具书，对每个字、词在文中的不同含义反复琢磨，对其中学者们争论比较大的更是仔细推敲，这才基本上了解了《老子》的大意。最后，要反复研读善本，尽可能地深入了解、掌握原著的本意，在此基础上用心体悟，常读常新，逐步做到真正学懂弄通，这对于研读《老子》这样深奥的古代哲学名著尤为重要。

（三）善阐善言

一是要构建多学科知识体系，通过哲学、历史学、语言学的跨学科研究，走进老子的精神世界。哲学是时代精神精华的凝聚，历史和语言是研究中国古代哲学不可或缺的两个维度，要体会2500年前的老子思想的深刻内涵，必须以哲学追根究底的严谨态度，善于对历史层面的深层次背景进行分析，置身其历史情境，观察其合理性、必然性，结合当时的社会环境和语言习惯，知人论世。具体而言，就是立足老子所处的春秋时期面临的各种问题，在熟悉其语言特征、行文风格、表达方式的基础上，站在老子的立场上，充分理解和把握其思想体系、思维逻辑、思考模式，领悟其思想精髓，参透其中的奥妙，尽可能按老子的本意解读《老子》。分析《老子》的语言形态，其语言既言简意赅、高屋建瓴，又言约意丰、内涵丰富、意境深远；既追求哲学意义上的真善美，又讲究文字语言上的节奏韵律之美；既推理严密，又充满诗情画意，还不乏对当时政治、社会问题的无情批评，体现了逻辑推理与反思批评、哲学思辨与诗意叙述的高度统一。所以，善解《老子》不仅要善于解读老子思想的深刻内涵，还要善于凸显老

子哲学的玄妙神韵、诗化意境。需要指出的是，任何人都不可能百分之百地还原另一个思想家原原本本的思想（所谓“文本还原”）。著名美籍华裔学者傅伟勋就认为，纯粹客观的解释是一个神话。所以经典著作需要后人结合自身实际不断地解读、诠释，这是经典能够经久不衰、永葆青春的原因所在。但任何解释必须与原著的内容及其作者的整体思想相吻合，解读的内容必须源于原著，必须是作者真正要表达的意思，可以进一步挖掘原著可能表达的思想、作者应该表达的思想，但决不能张冠李戴，也不能按照自己的思想故意曲解，更不能把他人的思想或者自己的观点强加给作者。

二是要善于从整体上解读老子的思想体系，使全书在逻辑上具有贯通性、严密性和无矛盾性，所以要在解读过程中尽可能达到融会贯通、心领神会的境界，切不可钻个别字句的牛角尖，避免陷入死胡同而不能自拔。一方面，《老子》不同于《论语》的语录体，老子的思想一脉相承、前后呼应。比如第三章讲“不贵难得之货，使民不为盗”，第十二章则说“难得之货，令人行妨”，两者一正一反，讲的是一个道理。类似的例子比比皆是，如第十八章的“大道废，有仁义”与第十九章的“绝仁弃义，民复孝慈”，第二十二章的“不自见，故明；不自是，故彰；不自伐，故有功；不自矜，故长”与第二十四章的“自见者不明，自是者不彰，自伐者无功，自矜者不长”。所以，在遇到仅从本身词义可以作不同理解，无法判断时，就可以通过其他章节的内容进行整体性把握判断。比如，对“道可道，非常道”的解读，到底是“可道”还是“不可道”呢？仅从语法、字面意思上去理解，都没有问题，但只要从《老子》整个思想体系去解读，老子论述的“道”肯定是不可以用语言来言说、描述的，也难以形容、不可名状，具体的论述参见本书第一章第一节。另一方面，在古代只能以竹简、缣帛、皮革等为载体，通过手工刀刻、抄写方式传承文化的历史条件下，经典古籍在流传过程中的遗漏、笔误在所难免，甚至有的传抄人有意按本人的价值观、思维模式、认识程度、阶级立场等刻意删改，造成前后文之间的矛盾。因此，如果不从整体上把握，而是纠缠于个别字、词及部分内容排列顺序的对错，非要争个高下对错，不仅容易自相矛盾，而且也与老子之“道”南辕北辙、背道而驰。

三是善于用深入浅出的方法进行分析，用最简洁明了、最通俗易懂的语言来解读，不要故作高深、故弄玄虚。比如，有的学者对第五十章的解读是，本章论述养生之道，又涉及哲学的范畴，蕴含了老子对宇宙的看法：老子认为，宇宙总体上可分为十个逻辑发展过程；“生之徒”是宇宙的初始态，可分为三个小过程，占总体的十分之三；“死之徒”，即“无”，也占总体的十分之三；“动之死地”是扩张而来的“绝对空时系”，也和“生之徒”相对应，占总体的十分之三；“死之徒”属于“愚”的范畴，“生之徒”和“动之死地”属于非常道范畴；其余十分之一的“人之生”属于常道范畴，即今之宇宙，可称为“相对空时系”；“人之生”的过程有“实物”，而前九个逻辑过程都没有“实物”，故老子以“死”来描述；处于常道范畴中的“人之生”也存在生与死的问题；人若不能置身于“死地”即死的范畴，那么人就一定仍处在“生”的范畴。这种解读比《老子》本身还要难懂。

四是善解老子要避免误入两个陷阱。第一，要避免以儒家思想特别是宋明理学解读《老子》。这倒不是像《史记》所说的“世之学老子者则绌儒学，儒学亦绌老子。‘道不同不相为谋’，岂谓是邪？”那样，因为推崇老子哲学而犯贬低孔子思想的错误。实际上孔子创立的儒家哲学与老子哲学一阳一阴、一正一反，相互印证，是中国优秀传统文化的两座高峰、两大主要源头。因而两者不能混为一谈，不能按照国人已经习以为常的儒家观点诠释老子思想，否则必然南辕北辙、背道而驰。同时又不要将老子哲学与后来的道家（道教）哲学特别是神仙思想、丹道理论、魏晋玄学混为一谈，道家（道教）哲学虽然源自老子思想，有相似之处，但从本质上讲已经相去甚远。第二，要避免在西方哲学话语霸权面前唯唯诺诺、亦步亦趋，不要受西方哲学名家贬低、漠视甚至否定中国古代哲学思潮的影响，不要用西方哲学等学科教条化、模式化的框架和术语来解构、裁剪《老子》的思想体系，不能因为西方哲学讲究形式、逻辑就否定老子思想的哲理。实际上当代西方哲学基本上没有超脱古希腊的哲学传统：分析哲学将古希腊哲学注重逻辑分析的传统发挥到了极致，但却自限于“语言”的牢笼，容易陷入思想的碎片化，尽管对具体的枝节问题分析得精细入微，但缺少解决宏观层面重大问题的大智慧，结果是对于人类生活非常重要的宏大叙事逐渐被消解，永恒真理被历史真理取代；而现象学则陷入“意识”的迷茫，政治哲学、伦理学则囿于特定的社会领域，偏离了哲学应该关注的真

实世界和社会生活中的根本性问题。英国哲学家艾尔弗雷德·诺思·怀特海就一针见血地指出，整个西方2000多年的哲学都可以看作是柏拉图哲学的注脚。

（四）善行善举

哲学是寻根究底、追根探源的学问，哲学理论来源于实践，并指导实践、引领实践。中国传统文化注重在实践中体验“道”、感悟“道”，讲究知行合一，追求以自身的道德修养达到天人合一的最高境界，言行一致、身体力行则是中国哲人的优良传统。我们善解《老子》的目的，就是要在认识“道”、领悟“道”的基础上，顺应“道”、遵循“道”、体验“道”，行善举、结善果，最终成为研究《老子》的善才，发表解读《老子》的善言，达到“善诱善导，仁而爱人”之目标。

要实现上述目标，就不能仅仅满足于忠实地把《老子》原文原汁原味地译写为现代汉语，即所谓“照着讲”，还必须“接着讲”、开新局。北宋思想家张载说：“为往圣继绝学，为万世开太平。”南宋陆九渊《语录》：“或问先生：何不著书？对曰：六经注我！我注六经！”上述“为往圣继绝学”“我注六经”就是“照着讲”，“为往圣继绝学”“六经注我”则是“接着讲”，就是结合解读者所处的时空实际情况，回应时代之问、人民之问。同时，要在实践中体悟老子之“道”，并利用包括哲学在内的各学科的最新研究成果，进行创新性思考、创造性解释以及逻辑重构，以批判性思维慎思明辨古今中外专家学者对《老子》的各种解读成果；在内在反思的基础上，不断修正、提高自己的认识，按照对中华优秀传统文化创造性转化、创新性发展的要求，通过诠释《老子》蕴含的深邃内涵，形成具有立足当代、面向未来、充满生命力的独特思想，也就是所谓“六经责我开生面”。

哲学是关于世界观的学说，是自然知识和社会知识的概括和总结，需要突破人文社会科学与自然科学的壁垒。所以针对自身的理科背景，一方面，我通过笨办法咬文嚼字、下苦功夫钻研，在实践中提高语言分析能力，补齐文科方面的短板；另一方面，发挥理科优势，用现代物理学、天文宇宙学等自然科学知识来解读和验证老子的宇宙天地之道。

四、《老子》其文

《老子》又称《道德经》《道德真经》《五千言》《老子五千文》，是中国古代先秦诸子分家前的一部著作，是中国历史上首部完整的哲学著作，可以说是中华民族古代智慧的高峰，为先秦诸子所共仰。《老子》分为上、下两篇，因分别以“道”和“德”为论述对象，所以后人分别命名为《道经》《德经》，合称《道德经》。实际上，原来上篇《德经》和下篇《道经》不分章，后改为《道经》37 章在前、《德经》44 章在后，共 81 章。《史记·老子韩非列传》称：“于是老子乃著书上下篇，言道德之意五千余言而去，莫知其所终。”

《老子》虽然只有 5000 多字，却博大精深，开中国哲学本体论之先河，含有丰富的辩证法思想，是中国目前能见到的最早的哲学著作，也是中国第一部得到全球学者公认的哲学名著。正是因为老子哲学无与伦比的学术魅力，使中国先秦哲学与同时代的古希腊哲学一起构成了人类东西方哲学的两大主要源头。梁启超评价《老子》为“道家最精要之书”。陈鼓应称赞其“就像一个永不枯竭的井泉，满载宝藏，放下汲桶，唾手可得”。《老子》是一部充满智慧和哲理的经典哲学名著，老子创立的道家学派及其哲学思想，不但对我国古代思想文化的发展作出了重要贡献，在中国哲学的发展史上具有开先河的、里程碑式的决定性意义，而且对世界哲学的发展也产生了较大影响。

《老子》是中国古代名著中注释最多的经典之一，历代注释本多如牛毛，据元朝时有关学者的不完全统计，先秦至元代研老注老的著作超过 3000 种。早在战国末期的韩非在其所著的《韩非子》中就收录了《老子》，并著有《解老》《喻老》两篇，是《老子》最早的注本。汉代河上公从养生的角度注释《老子》，因此不少人将《老子》作为养生宝典。东汉张道陵通过阐释《老子》撰写了《老子想尔注》，创立道教（“五斗米教”），尊老子为教主，《道德经》被奉为道教经典，成为道教的开山之作，奠定道家的理论基础。魏晋玄学奠基人王弼撰写的《老子注》被公认为最佳的注本，成为后世研究《老子》最流行、影响力最大的版本。后世有学者认为《道德经》被分为 81 章有明显的道教“九九归一”的思想，在内容的分割上未免牵强。为此，清代魏源首次依据每章的完整性分为 68 章。历史上

解读注释过《老子》的著名人物很多，其中有南北朝梁武帝萧衍、唐玄宗李隆基、宋徽宗赵佶、明太祖朱元璋、清世祖爱新觉罗·福临5位皇帝，以及魏徵、王安石、苏轼、朱熹等大家。

《老子》不仅具有跨时代的经久生命力，而且具有跨文明的感染力、文化软实力，是有史以来译成外文版本和翻译语言最多、海外发行量最大的中国经典。早在公元8世纪上叶的唐玄宗时代，高僧玄奘和道士成玄英等就将《老子》译为梵文。据联合国教科文组织统计，《老子》的国外版本有1000多种，在世界各国经典名著中，被译成外国文字发行量最多的，除了《圣经》，就是《老子》，仅5000多字的《老子》也是世界上创造名言最多的巨著之一。在Google网站上，搜索到的Taoism（天道思想）比Natural Law（自然法）条目还要多。在中国，《论语》比《老子》影响大；在海外，则是《老子》比《论语》影响大。尼采、黑格尔、海德格尔等哲学家深受老子思想的影响，黑格尔称赞《老子》为“真正的哲学”，说自己的很多思想来自《老子》，托尔斯泰曾在多部作品中讲到老子。事实上，老子的思想不仅被看作是中国人的精神财富，更被看成是全人类的精神财富。

目前《老子》的各种版本（包括中文注释本及其他文字译写本）从原文的源头上分析，学界公认比较正宗的有三个：一是流行版或者通行版（以下称为通行版），一般以王弼注本为范本，是现代通行版的鼻祖。相传是汉代河上公传下来，魏晋时期王弼注释的版本，分为《道经》《德经》两篇共81章。二是帛书版，即1973年湖南省长沙市马王堆三号汉墓出土的帛书版《老子》，包括甲、乙两个抄本（以下称为帛书版甲本、乙本），都分为上、下两篇，只是《德经》在前、《道经》在后，与《韩非子·解老》的顺序相一致，但都不分章；甲本不避汉高祖刘邦（前206—前195）的名讳，可推断其抄写于刘邦称帝之前，很有可能直接转抄自战国时期的竹简，是迄今为止发现的保存最为完整且比较接近原貌的《老子》版本；乙本避刘邦名讳而不避汉惠帝刘盈、汉文帝刘恒名讳，可以断定为刘邦以后、刘盈或者吕后时期（前194—前180）的抄写本；帛书版的内容与通行版基本吻合，但具体文字有一定的差距，甲本与乙本的文字也不尽相同。三是竹简版，即1993年湖北省荆门市郭店楚墓出土的《老子》竹简摘抄本残篇，根据竹简的形制和长短分为甲、乙、丙三组（以下称为竹简版甲组、乙组、丙组）。其中，甲组成书年代最早，至少在战国中前期，距离老子去世可能仅百余年，丙组文句与帛书版最接近，是三组中最后刻制的；竹简版是目前已知最古老、最接近原创的《老子》版本，可惜内容残缺不全，无法窥其全貌；甲、乙、丙三组总字数约 2000 字，比通行版和帛书版少 3000 字，三组内容互不重复，只有相当于通行版第六十四章下段文字重复出现在甲、丙两组；竹简版各章排序与通行版大不一样，但章内顺序基本一致，在内容上与通行版差距也比较大，最主要是竹简版没有反对仁义、礼仪等方面的内容。本书采用的《老子》原文以通行版（参照刘思禾校点，上海古籍出版社 2013 年出版的《老子》版本）为基础，再参考帛书版、竹简版进行修正，并在文中具体说明修改的文字及其理由。

《老子》的思想发轫于荆楚，其来源包括四个方面：一是继承于老子出生地楚国的文化。其特点是崇尚淳朴自然、海纳百川、谦卑处下，突出表现为对“上善若水”“滴水穿石”的肯定。如“水善利万物而不争，处众人之所恶，故几于道”（第八章），“治大国，若烹小鲜”（第六十章），“江海所以能为百谷王者，以其善下之，故能为百谷王”（第六十六章），“天下莫柔弱于水，而攻坚强者莫之能胜，以其无以易之”（第七十八章）。二是老子作为周守藏室史通过阅读图书典籍获得的前代文化精华、经验教训。凡书中出现“圣人云”“盖闻”“古之善为道者”“古之善为士者”等，都表示不是老子的首创，而是原来就有的言论。如第二十二章的“古之所谓‘曲则全’者”，第四十二章的“强梁者不得其死”，第五十章的“盖闻善摄生者……”，第五十七章的“故圣人云：‘我无为，而民自化；我好静，而民自正；我无事，而民自富；我无欲，而民自朴’”，第六十九章的“用兵有言：‘吾不敢为主，而为客；不敢进寸，而退尺’”，第七十八章的“是以圣人云：‘受国之垢，是谓社稷之主；受国之不祥，是为天下之王’”。三是老子对所处时代种种乱象的反思。东周时期，中央王朝不断衰弱，礼崩乐坏，诸侯割据混战，统治者贪得无厌、巧取豪夺，对外穷兵黩武，对内横征暴敛，导致战乱不止，社会秩序混乱，人与人之间尔虞我诈、相互倾轧、同类相残，百姓处在水深火热之中，所以老子主张无为不争，反对战争扩张。“以道佐人主者，不以兵强天下。……师之所处，荆棘生焉；大军之后，必有凶年”（第三十章），“夫兵者，不祥之器”（第三十一章），

“天下有道，却走马以粪；天下无道，戎马生于郊”（第四十六章），“天下多忌讳，而民弥贫；民多利器，国家滋昏；人多伎巧，奇物滋起；法令滋彰，盗贼多有”（第五十七章），“民之饥，以其上食税之多，是以饥。民之难治，以其上之有为，是以难治。民之轻死，以其上求生之厚，是以轻死”（第七十五章），“小国寡民……虽有甲兵，无所陈之。使民复结绳而用之。甘其食，美其服，安其俗，乐其业。邻国相望，鸡犬之声相闻，民至老死不相往来”（第八十章）。四是老子对世间万物的观察，从社会生活特别是自然界得到的启发。“天长地久。天地所以能长且久者，以其不自生，故能长生”（第七章），“持而盈之，不如其已；揣而锐之，不可长保。金玉满堂，莫之能守；富贵而骄，自遗其咎。功遂身退，天之道也”（第九章），“三十辐共一毂，当其无，有车之用。埏埴以为器，当其无，有器之用。凿户牖以为室，当其无，有室之用。故有之以为利，无之以为用”（第十一章），“五色，令人目盲；五音，令人耳聋；五味，令人口爽；驰骋畋猎，令人心发狂；难得之货，令人行妨”（第十二章），“万物并作，吾以观复。夫物芸芸，各复归其根”（第十六章），“飘风不终朝，骤雨不终日。孰为此者？天地。天地尚不能久，而况于人乎”（第二十三章），“人之生也柔弱，其死也坚强。草木之生也柔脆，其死也枯槁。故坚强者死之徒，柔弱者生之徒”（第七十六章）。

老子最富有原创性的思想，是在上述四个方面的经验感知的基础上，根据其超验感知（凭借直觉，通过理性思维、想象，用文字语言表述）构建的以“道”为核心，包括“无”“有”“玄”“无为”等概念构成的哲学体系，这是老子哲学的理论主体。

五、老子其人

《老子》的作者老子是世界公认的中国最早的哲学家，中华民族第一智者，中国古代最伟大的哲学家、思想家，道家思想的首创者。老子名列世界百位历史名人，在国内与同时代的孔子比肩，在世界上可与苏格拉底、柏拉图齐名。老子博学多才，孔子周游列国时曾到洛邑向老子问礼，孔子回去后对弟子说，我今天见到的老子，就像一条龙。庄子更是推崇老子为“古之博大真人”。秦汉之际，老子被逐渐神化。西汉末期佛教开始传入中国，东汉时期，因为汉人普遍排斥外来的佛教，有人认为佛教与《老子》有相近之处，于是就利用《史记》对老子西去“莫知其所终”的描述，编造老子西去古印度、最终“化胡”为释迦牟尼、创立佛教的传说（相传释迦牟尼出生于公元前565年，比老子小20岁，时间就对不上）。东汉张道陵创立道教，立老子为教主，老子被尊为道教创始人、始祖，后被神化为太上老君、太清道德天尊。唐高祖李渊追尊老子为玄元始祖，高宗李治追封为太上玄元皇帝，玄宗李隆基进一步追封为大圣祖玄元皇帝、圣祖大道玄元皇帝、大圣祖高上金阙玄元天皇帝。宋真宗赵恒为避圣祖赵玄朗名讳改称真元皇帝，加号为太上老君混元上德皇帝。

但长期以来，特别是清末民国时期，对于《老子》的作者究竟为何人，《老子》到底成书于何时，学术界始终有争论。其起因是《史记·老子韩非列传》同时提到三个老子。

一是春秋中期的李耳（老聃）。根据《史记》记载，老子姓李，名耳，字伯阳，谥号聃，又名老聃（古代“老”与“李”同音，“聃”读dān，与“耳”同义），楚国苦县厉乡曲仁里人（一说今河南省鹿邑县太清宫镇，一说今安徽省涡阳县，实际上鹿邑县与涡阳县虽然分属两个省，但距离很近，在春秋时期同属楚国苦县）。老子在东周都城洛邑（今河南省洛阳市）生活了很长时间，曾任东周（公元前11世纪，周武王灭商建立周朝，定都镐，今陕西省西安市长安区西北，史称西周。公元前771年，申侯联合犬戎攻杀周幽王，西周亡。诸侯立平王，公元前770年迁都洛邑，后改名王城，今河南省洛阳市，是为东周）守藏室史，即掌管周朝藏书室的史官，相当于国家图书档案馆馆长。作为周朝掌管藏书室的史官，其有机会阅读和查看大量普通人无法接触的图书典籍、档案、文物，从而对历史上遗留下来的有关史料、政治、哲学、礼乐、地理、天文、人伦等知识无所不通。老子无意为官，专心博览群书，充分利用担任守藏室史的便利条件，从海量的图书典籍中汲取营养，研究道德学问，其人生目标和学问追求重在遁隐无名。老子晚年看到周朝日益衰败，就乘青牛西去归隐。“老子修道德。其学以自隐无名为务。居周久之，见周之衰，乃遂去。”至函谷关（今河南省灵宝市境内）遇到负责守关的关令尹喜（又名关尹子，后被道教人士封为尹真人、文始真人）。尹喜精通天文，擅长医道。据《列仙传》记载，有一天尹喜观察天象，突然发现“紫气东来”，遂出关相迎，果然见到一个须发皆白、骑着青牛的老者（老子），遂力邀老子去他的隐居之

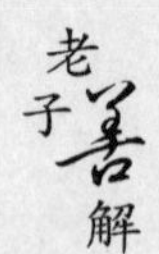

地神就乡闻仙里（今陕西省周至县东南部楼观镇境内，尹喜在此创草楼观即尹喜观星楼研究天文星象，秦始皇建清庙谒祀老子，汉武帝建望仙宫，在草楼观北，唐高祖李渊在宗圣宫后建列祖殿追祀老子和李氏祖宗，现存国家艺术名碑“大唐宗圣观记”和世界文化名碑“大秦景教流行中国碑”，老子墓为省级文物保护单位）。尹喜崇尚道家思想，来到“结草为楼，夜观天象”的“楼观台”（老子说经台，后成为道教第一观，号称“天下第一福地”），一再恳求老子，您就要隐居了，请勉为其难为我写一本书吧，把您的思想留给后人。“子将隐矣，强为我著书。”老子被尹喜的真诚感动，于是就以历史上王朝的兴衰成败为借鉴、以天下百姓安危祸福为准绳，著成《老子》一书，阐述道德学问，5000多字，然后骑着青牛继续西去隐居，从此再没有人知道他的下落。“于是乃著书上、下篇，言道德之意五千余言而去，莫知其所终。”老子生于公元前585年（一说公元前571年）农历二月十五（被称为老诞日），卒于公元前471年。所以有的说老子活了100岁，有的说活了114岁。《史记》说“莫知其所终”“盖老子百有六十余岁，或言二百余岁，以其修道而养寿也”。

二是春秋晚期的楚国隐士老莱子。《史记》：“或曰：老莱子亦楚国人也，著书十五篇，言道家之用，与孔子同时云。”1993年，湖北省荆门市郭店楚墓竹简版《老子》出土后，有的学者认为：第一，老莱子曾隐居楚国蒙山（今湖北省荆门市象山，有老莱子山庄、孝田、顺井等遗迹），而竹简正好在荆门市出土。第二，竹简版崇尚孝慈，而老莱子正好是历史上有名的大孝子，据《二十四孝·戏彩娱亲》载：“周老莱子，楚人，至孝。奉二亲，极其甘脆。行年七十，言不称老，着五彩斑斓之衣，为婴儿戏舞于亲侧。又取水上堂，诈跌卧地，作小儿啼，以娱亲喜。”第三，竹简版主张清静不争，与老莱子的隐居经历相符合。老莱子为躲避乱世，隐居于蒙山南麓，楚王曾使其出仕，他不愿应召，遂迁居江南。第四，《庄子》《列子》等都有引用老聃的著述，用“老聃曰……”，相关内容在帛书版或者通行版里可以找到，在竹简版中找不到。所以，竹简版《老子》的作者是老莱子而不是老聃。

三是战国后期的周太史儋（与“聃”同音）。《史记》：“自孔子死之后百二十九年，而史记周太史儋见秦献公曰：‘始秦与周合，合五百岁而离，离七十岁而霸王者出焉。’或曰儋即老子，或曰非也，世莫知其然否。老子，隐君子也。”太史儋也是周朝掌管图书和历史档案的官员，他曾西出函谷关面见秦献公出谋划策，所以有人认为是太史儋著《老子》，给秦献公讲述帝王成就霸业的“南面之术”。

历史上对《老子》作者争论的本质动因，是自汉武帝开始“罢黜百家、独尊儒术”，孔子被历代统治者封为唯一的圣人，因此统治者和奉孔子为师的儒生，始终在骨子里扬儒抑道、尊孔贬老，从心里不愿接受曾为孔子老师的李耳（老聃）为《老子》的作者。《史记》：“孔子适周，将问礼于老子。老子曰：‘子所言者，其人与骨皆已朽矣，独其言在耳。且君子得其时则驾，不得其时则蓬累而行。吾闻之，良贾深藏若虚，君子盛德容貌若愚。去子之骄气与多欲，态色与淫志，是皆无益于子之身。吾所以告子，若是而已。’”经过约1700年的隐忍，宋代的叶适终于提出：“著《道德经》之老子，非教孔子之老聃”，其理由是孔子向老子请教的是“礼”，而《老子》论述的是“道德”。清代中叶起，对《老子》的指伪再次兴起，至清末民初，面对西方列强洋枪洋炮的入侵和西方文化的冲击，国人从盲目自大走向文化上的全盘自我否定，学术界对中国传统文化、国学经典的怀疑、批判甚至否定的思潮汹涌澎湃，包括汉字在内的中华文化被视为落后的根源，连统治中国数千年的孔孟之道也不例外，《论语》等经书亦被指认为伪作，认为《老子》非老聃所著，是后人（战国后期甚至汉初人士）伪托老聃名义所撰，得到当时学界的公认。

1973年，马王堆汉墓帛书《老子》的出土，为确定《老子》的作者和成书时代提供了物证，经马王堆三号汉墓发掘帛书整理小组考证，帛书版《老子》应该是战国末期到西汉初的版本。1993年，郭店楚墓竹简版《老子》的问世，更是将成书年代至少推前到战国中前期，从而彻底打破了《老子》为后人伪作的错误观点。由此我们可以推断，身为汉武帝时代史官的司马迁肯定认真阅读过《老子》类似帛书的版本，否则就不可能确切地知道《老子》分为上、下两篇，分别名道经、德经，全书5000多字。《史记》对老聃著《老子》前因后果的记载非常详尽而且很肯定，同时详细记载了老子儿孙六代的情况（“老子之子名宗，宗为魏将，封于段干。宗子注，注子宫，宫玄孙假，假仕于汉孝文帝。而假之子解为胶西王昂太傅，因家于齐焉。”），其中李解为胶西王刘昂太傅，基本上是司马迁同时代人，按司马迁撰写《史记》的严谨风格，肯定是做过一定的调查、考证

才会如此记载的，而对老莱子和周太史儋采用的是怀疑的口吻、道听途说的记载。

综上所述，《老子》最初的原始版本的作者是春秋中期的老聃（李耳），竹简版的内容最接近原始版本，现在流行的通行版是经过包括老莱子、太史儋、庄子、韩非、河上公、王弼在内的后人多次传抄、修改、补充，甚至演绎发挥、解析重构的产物。至于有的学者根据司马迁《史记》有关老子记载提出的疑问，我的理解如下。

一是孔子问礼于老聃与老子论道德的矛盾。孔子出生于公元前551年，比老子小20~34岁，老子作为周朝守藏室史，对周礼肯定比较了解，孔子向老子求教周礼方面的学问顺理成章，但这与老子论道德并不矛盾。从老子对孔子的回答看，老子对礼仪既不推崇也不反对，认为关键是看其是否合时，所以要“深藏若虚……盛德容貌若愚”，去除“骄气与多欲”，“态色与淫志”则无益于身，这些观点与《老子》的内容相一致。再从最接近原著的竹简版看，并没有反对礼仪方面的内容，因此以通行版“绝仁弃义”等内容认为，“著《道德经》之老子，非教孔子之老聃”的观点也站不住脚。

二是苦县原属陈国，周敬王四十一年（前479）楚国灭陈后才归属楚国，同年孔子去世，与孔子同时代的老子怎么可能是楚国人呢？其实这与我们现在习惯上把一个20世纪60年代出生在当时四川省潼南县的人说成重庆市（1997年升为直辖市）潼南县（2015年改潼南区）人是同样的道理，中国历代行政区划变更频繁，要在时空上做到严丝合缝实非易事。

三是先秦典籍屡见老子、老聃而绝无李耳，春秋典籍中甚至没有人姓李，老子怎么会姓李、名耳呢？可能的原因是古代“老”与“李”同音，“聃”与“耳”同义，在司马迁所处的时代，作为姓“李”比“老”更常见，作为名“耳”比“聃”更通俗，所以司马迁将老聃称为李耳。

四是周安王二十六年（前376）三家分晋乃有魏国，此时距孔子之卒104年，老子比孔子年长二三十岁，其子怎么可能为魏将？汉文帝即位距孔子之卒300年，老子的七代孙怎么可能仕于汉文帝呢？可能的原因是老子的后代李解等人对三四百年详细的家谱记忆比较模糊，存在缺漏谬误，也可能是为了体现老子家族的养寿之道而有意为之。但上述质疑都没有从根本上推翻《老子》的作者为春秋时期之人的结论。

六、老子其道

（一）概述

1. 老子之“道”的定位

老子哲学思想的核心概括为一个字就是“道”。“道”是老子首创的哲学概念，是《老子》全书中最基本、最高的哲学范畴，后来成为中国乃至东方古代哲学最重要的范畴之一。中国、印度、欧洲是世界三大哲学发源地，长期以来中国哲学一直是东方哲学的代表，老子哲学则是中国古代三大主要哲学流派之一，要全面深入地认识老子之“道”，就必须站在全人类的高度、以古今中外纵横驰骋的宏大视野，在比较分析中明晰老子之“道”的定位。

古印度哲学历史悠久，多数派别在公元前几个世纪就已产生，有的派别萌发于公元前上千年；古印度哲学普遍与宗教思想交织在一起，宗教色彩浓厚，数论、瑜伽、胜论、正理等九大主要流派除了顺世论一派外，其他派别都是宗教体系中的哲学派别，从某种意义上讲，古印度哲学可以称为宗教哲学；印度哲学的各个派别不仅形成时间早，而且长期共存、并行发展，每个派别都有自己的根本经典（理论），后来的追随者往往围绕各自的经典进行解释、补充，其发展模式呈相对静止、横向发展的特征；古印度哲学关注的内容比较广，包括本体论、认识论和社会伦理问题。

以古希腊、古罗马为代表的古代欧洲哲学基本不受宗教的影响，即使中世纪后宗教在欧洲兴起，哲学思想与宗教思想的融合也没有印度那样明显；欧洲哲学的发展经历了古希腊古罗马、中世纪、文艺复兴、近现代（包括西欧哲学、法国哲学、德国哲学）多个阶段，不同时代的思想理论差距较大，对前代的哲学理论以扬弃为主，前后变化大，发展模式呈动态、纵向发展的特征；古代欧洲哲学关注的重点是自然现象或宇宙的本质、本原，注重探讨一切现象的本质、事物的本原问题，兼顾伦理问题。

中国古代特别是春秋战国时期，百家争鸣，哲学流派众多，但从长期影响中国社会的层面分析，主要为儒、释、道三家（也有的称为儒、道、佛），发展模式介于印度哲学与欧洲哲学之间，具有纵横交错的特征。一方面，儒、释、道三家长期共存、并行发展；另一方面，同一派别不同历

史时期的变化比较大。从印度传入中国的佛教本身就是宗教，其蕴含的哲学思想具有明显的宗教色彩，从这个意义上讲，佛教思想与古印度哲学思想更接近，只是进入中国后被中国哲学成功地消化、吸收，融入中国传统文化因素，其宗教色彩不如古印度哲学那样浓厚，比如中国佛教的主流派别禅宗就特别强调“佛法在世间”的入世思想。从先秦开始，中国主流哲学关注的重点可以概括为“性与天道”，前者以儒家哲学为核心，后者以老子哲学为代表。“儒家哲学”是一种教化哲学、修己安人之学，其关注的重点是人伦、道德、社会行为准则方面的内容，涉及人性及人的存在；自汉武帝“罢黜百家，独尊儒术”后，“儒家哲学”在中国社会长期占据主导地位，是中国古代哲学思想的主流。

老子虽然也关注社会行为准则问题，但与孔子重在人道不同，老子之“道”重在天道、自然之道、玄思之道，其思想的根基是探讨宇宙万物的本原及其运行规律（天道），认为宇宙天地万物以及一切社会行为准则都要服从天道，人道、地道、天道最终都要“道法自然”。因此，老子哲学与古代欧洲哲学本体论的思想具有更多的相通之处，这也是老子在世界范围内被尊为中国最伟大哲学家的原因所在。需要指出的是，后世的道家虽然继承了老子的思想，但“道家哲学”与老子哲学不尽相同，而道教哲学则可以归入宗教哲学体系，与佛教思想、古印度哲学具有更多的相通之处。

2. 老子哲学与本体论

本体论（ontology）是哲学界使用最广泛而又歧义最大的学术概念，汉语曾有本体论、存在论、存有论、万有论、凡有论、是论、万有学、物性学等名称。从词源上看，ontology 来自拉丁文 ontologia，拉丁文则源自希腊文，本义是指研究存在（on）的学问，所以译写为存在论可能更贴切；从研究对象看，中国古代把探究天地万物产生、存在、发展变化的根本原因和根本依据的学说称为本根论，与古希腊哲学中的 ontology 最接近；但考虑到本体论已经被人们熟悉，本书按照约定俗成的原则，除特殊需要加以区别，一般使用本体论。

尽管大卫·休谟以后西方哲学的本体论已经不再以讨论本体为中心，将其定义为讨论“存在”或者“是”的学问。但不可否认的是，在古希腊时代本体论以讨论本体为中心，寻找宇宙万物的本原（本体、终极存在）、寻求世界的统一性是古代东西方哲学的共同命题。

按照亚里士多德的观点，哲学本体论就是寻找世界的本原。所谓本原就是万物从它那里来，毁灭后回到它那里去，是永恒不变的东西。这种本原是世界统一性的基础，是终极存在。古希腊的物质本原论把某些元素作为事物的根本，如泰勒斯认为是“水”，阿那克西美尼认为是“气”，德谟克利特认为是“原子”，赫拉克利特以“火”为本原，认为世界过去、现在和将来永远是一团永恒的活火。后来的霍布斯的物体说、洛克的物质性质理论、梅利叶的物质是万物始因理论、霍尔巴赫的人是自然产物的理论，以及现代自然哲学的“场和粒子”说，都受到古希腊物质本原论的影响。柏拉图认为理念是本原，毕达哥拉斯则以数为本原，这些理念论或非物质本原论也对后世的西方哲学产生了不小的影响，如笛卡尔的心灵理论、巴克莱的观念理论、康德的纯粹理性概念、黑格尔的绝对理念或绝对精神概念等。亚里士多德则提出了三“实体”说，认为可感的个别事物为第一实体，感觉概念等是从第一实体派生出来的，为第二实体，神是第三实体。在近代西方宗教哲学中以“上帝”为最高层次上的精神本体，也称为宇宙本体。印度哲学（印度教）则以“梵”为本体。

中国儒家最早以“天”“上天”“天帝”为本根（本体），但没有对本体论的专门论述，直到宋明理学的兴起才补上了本体论这一课。张载在荀子理论的基础上构建“气”本体论，认为世界的统一性在于“气”，“气”发散开来归于太虚，凝聚起来表现为万物，“太虚无形，气之本体”，“太虚”不可见，称为“幽”，万物可见叫作“明”。程朱构建“理”本体论，朱熹说：“未有天地之先，毕竟也只有理。”“天地之间有理有气。理也者，形而上之道也，生物之本也；气也者，形而下之器也，生物之具也。是以人物之生，必禀此理然后有性，必禀此气然后有形。”他进一步指出：“宇宙之间，一理而已。天得之而为天，地得之而为地，而凡生于天地之间者，又各得之以为性。”陆九渊、王阳明构建“心”本体论。陆九渊说：“宇宙便是吾心，吾心便是宇宙。”王阳明则说：“吾心之良知，即所谓天理也。致吾心之良知于事事物物，则事事物物皆得其理也。”中国佛教以“空”为本原，中国道教、魏晋玄学受老子的影响以“本无”为本原。

《老子》被认为是中国哲学本体论的开山之作，老子以“道”（更确切地讲是“无”）为本原，“道”生万物（“无”中生“有”，“有”生万物），是“天地之始”“万物之母”“万物之宗”。宇宙天地万物产生自“道”，又

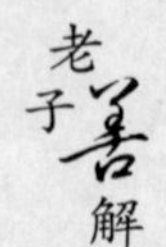

复归于“道”，“道”既独立存在、永不改变，又周而复始、循环往复地运行，而且永不懈怠、永不停止、永不衰竭，“独立而不改，周行而不殆”。“道”是混成之物，存在于万事万物之中，“譬道之在天下，犹川谷之于江海”。

对比老子对本体、本原的论述，“上帝”“梵”“空”等宗教意义上的本体，建立在信仰的基础上，不是哲学意义上的本体，西方哲学界到休谟以后就不得不承认人类从来没有成功地证明“上帝”的存在。古希腊的物质本原论把具体的物认作世界的本原，与老子抽象的“道”相比，显然高下立判。西方那些以抽象概念为本原的理论，虽然比古希腊的物质本原论前进了一步，但以现代天文学、物理学等理论验证，其说服力仍然没有超越老子之“道”。儒家以“气”“理”“心”为本体的理论，与老子以“道”为本体相比，存在与上述古希腊物质本原论、理念论或非物质本原论相似的不足。直到17世纪，英国哲学家约翰·洛克把本体定义为人的一切感官所能感知的性质的最后支撑者，也就是所谓隐藏于现象背后超于感觉之上的具有终极意义的决定者，认为本体只存在于人的感官之外，人类只能通过逻辑推理假设它存在，但人类永远无法感知到它的存在，这与老子对“道”的论述基本吻合。老子在第四章说：“渊兮，似万物之宗；湛兮，似或存。”第十四章又说：“视之不见……听之不闻……搏之不得……其上不皦，其下不昧，绳绳兮不可名，复归于无物……迎之不见其首，随之不见其后。”

（二）“道”的特性

1. 玄奥神秘而不可名状

作为最高哲学范畴的“道”，形而上的性质决定了其玄奥、抽象、玄远、幽昧，无法用语言来描述，也难以形容，具有说不清道不明的神秘性、不可名状的玄妙性，玄机深藏不露，神秘而深不可测。老子在第一章就说，作为不同阶段的“道”，“无”和“有”这“两者，同出而异名，同谓之玄。玄之又玄，众妙之门”，并常常把符合“道”的事物称为“玄”，把玄秘而深邃的最高境界的得“道”之德称为“玄德”。第六章说：“谷神不死，是谓玄牝。”第十五章又说：“古之善为道者，微妙玄通，深不可识。”第六十二章则说：“道者万物之奥。”

对于“道”的不可名状，老子在开篇即明确指出：“道可道，非恒道；名可名，非恒名。”第四章又说“吾不知其谁之子”，当然也就更不知其名。第十四章说：“绳绳兮不可名。”第二十五章进一步指出：“有物混成……吾不知其名，强字之曰道，强为之名曰大。”第三十二章则强调：“道恒无名。”第三十七章把“道”比喻为“无名之朴”。第四十一章又说：“道隐无名。”

2. 虚空无形而用之不勤

“道”虚空无形，摸不着、看不见、听不到，却用之不竭，其用无穷无尽。老子在第四章说：“道冲，而用之或不盈。渊兮，似万物之宗；湛兮，似或存。”这里的“冲”即虚无、虚空，“用之或不盈”则是讲“道”的作用无穷，“渊兮”“湛兮”形容“道”的深不可测、神秘莫测，却又清澈透明、无影无踪，若隐若现，似有似无。第十四章将“道”描述为：“视之不见”“听之不闻”“搏之不得”“其上不皦，其下不昧……复归于无物。是谓无状之状，无物之象，是谓惚恍。迎之不见其首，随之不见其后”。第二十一章又说：“道之为物，唯恍唯惚。”第三十五章说：“道之出口，淡乎其无味。视之不足见，听之不足闻，用之不足既。”第四十一章则说：“大象无形。”

“道”之所以作用无穷，关键在于其虚无、虚空。老子在第五章把天地比作“橐籥”，告诉我们：“虚而不屈，动而愈出。”第六章则说：“绵绵若存，用之不勤。”第十一章通过论述制造车毂、器皿、房屋这些有形实体只有“当其无”（中间虚空）才能起到车、器、室的作用，得出“有之以为利，无之以为用”的结论。第四十五章又说：“大成若缺，其用不弊。大盈若冲，其用不穷。”

因为“道冲”，所以“用之或不盈”，因此老子用象征虚空的“谷”、“谿”（溪）比喻“道”。第十五章说：“旷兮其若谷。”第六章则把“道”称为“谷神”。第二十八章说：“知其雄，守其雌，为天下谿；为天下谿，恒德不离，复归于婴儿……知其荣，守其辱，为天下谷；为天下谷，恒德乃足，复归于朴。”第四十一章又说：“上德若谷。”而“道”之所以“用之或不盈”“用之不勤”，其根本在于柔弱。老子在第四十章说：“弱者，道之用。”所以老子崇弱贵柔，反对争强好胜。

3. 独立永恒而无处不在

老子论述的“道”是永恒之道，是天地万物的总根源，唯一永恒存在的最高的本原、终极存在，具有独立性、唯一性、绝对性、永恒性、普遍性。为了区别于平常之道，老子在第一章称之为“恒道”。第六章说：“谷神不死……绵绵若存。”第二十一章则说：“自今及古，其名不去。”第二十五章指出，“独立而不改，周行而不殆”，“道”独立存在、永不改变，循环往复，永不懈怠、永不停止、永不衰竭。

在老子的哲学体系中，“一”就是“有”，是“道”的外在表现，也就是宇宙天地万物之母，“道生一，一生二，二生三，三生万物”（第四十二章），从根本上讲“一”就是“道”，体现“道”的唯一性，强调“道”的绝对无偶。“是以圣人执一为天下式”（第二十二章），“昔之得一者：天得一以清，地得一以宁，神得一以灵，谷得一以盈，万物得一以生，侯王得一以为天下正”（第三十九章）。

“道”不仅独立永恒，而且具有普遍性，其大无外又其小无内，无处不在、无所不至、无时不有。“有物混成……强为之名曰大……故道大”（第二十五章），“道恒无名、朴，虽小，天下莫能臣……譬道之在天下，犹川谷之于江海”（第三十二章），“大道泛兮，其可左右……衣养万物而不为主，可名于小；万物归焉而不为主，可名为大”（第三十四章），“道者万物之奥”（第六十二章），，“天下皆谓我：‘道大’”（第六十七章），“天网恢恢，疏而不失”（第七十三章）。

（三）“道”的内涵

老子之“道”博大精深、奥妙无穷，可将其内涵概括为一法（辩证法）、二论（认识论、方法论）、三观（世界观、价值观、人生观）与四道（宇宙天地之道、治国理政之道、为人处世之道、养生益寿之道）。

老子朴素的自然主义辩证法建立在“无”与“有”对立统一的基础之上，表现为万物皆“负阴而抱阳”，揭示了矛盾存在于一切事物之中的客观规律，老子的辩证法以及建立在辩证法基础上的反向思维，贯穿、应用于认识论和方法论；老子的认识来源于实践，通过对现实世界客观事物的观察认识形而上的“道”，老子认识论的核心是“观”，“观”的关键在于“悟”；老子认为“道”既是人们认识世界的对象，又是认识世界进行实践的方法，掌握了“道”这个最高规律，就能认识、驾驭现实世界的具体事物；老子哲学并没有停留于对天道的探索、认识层面，而是将在实践中观察和体悟出对自然法则、客观规律的认识，推广应用到社会生活的各个方面，用以指导实践。因此，老子的方法论也就是老子的实践论，其核心是“修”。

老子的“三观”体现在“四道”，世界观就是其宇宙天地之道，价值观、人生观则对应其治国理政之道、为人处世之道、养生益寿之道；老子之“道”的核心是论述宇宙天地的本质、万事万物的本性，所以在“四道”中宇宙天地之道是纲，其余三道是目，皆由宇宙天地之道派生出来，具有相通之处，无法截然分开；老子从宇宙天地之道的“道法自然”中悟出来的“无为”之法被称为老子的“心法”，是老子无为而治的治国理政之道、利而不害的为人处世之道、复归婴儿的养生益寿之道的精髓。

1. 老子的辩证法

老子在第二十五章说：“有物混成。”“道”是“无”与“有”浑然而成的对立统一体，“无”中有“有”，“有”中有“无”，“无”与“有”相反相成、辩证统一，老子把“无”与“有”的这种关系称为“玄同”，“此两者，同出而异名，同谓之玄”（第一章）。而万物生于“道”，天地万物从“无”到“有”，“无”中生“有”，“天下万物生于有，有生于无”（第四十章），“道”存在于万事万物之中，所以万事万物都是“无”与“有”的对立统一体，“万物负阴而抱阳”（第四十二章），这就是老子辩证法的起点或者说基石。

第一，万事万物都是对立统一体。老子认为，从“道”的本性出发，“无”就是“有”，“有”即是“无”，你中有我、我中有你，浑然一体，就像黑色中包含各种颜色却无法区分一样。因此，天地万物本来无所谓美丑、善恶、是非，这些都是人们后天形成的价值、是非判断，带有明显的人为道德痕迹。所以“天下皆知美之为美，斯恶已；皆知善之为善，斯不善已”（第二章），即一旦有了美丑、善恶之别，就已经不符合“道”的本质、脱离了“道”的境界，因此称之为“恶”“不善”。所以老子在第二十章说：“唯之与阿，相去几何？美之与恶，相去若何？”老子从中进一步认识到万事万物都是对立统一的辩证关系，一切事物都有对立面，万事万物都以对立面为自己存在的前提，不离不弃、如影相随。“故有无相生，难易相成，长短相形，高下相倾，音声相和，前后相随”（第二章），“明道若昧，进道若退，夷道若颣；上德若谷，广德若不足，建德若偷，质真

若渝；大白若辱，大方无隅，大器晚成，大音希声，大象无形”（第四十一章），“出生入死”（第五十章）。所以，看待事物不要非白即黑，而是要“大成若缺”“大盈若冲”“大直若屈，大巧若拙，大辩若讷”（第四十五章）。

第二，对立的双方相反相成、相互依存、相互作用、相互转化。最为经典的就是“祸福相依”，后来成为著名的哲学命题，经常被学者们借以阐述老子的辩证法思想。“祸兮，福之所倚；福兮，祸之所伏。孰知其极？其无正也！正复为奇，善复为妖”（第五十八章），“祸”中隐藏着“福”，“福”中潜伏着“祸”，“祸”与“福”不是绝对的，它们不仅相互依存，还能相互转化。如何在纷繁复杂的祸福、正奇、善妖相互转化中做到不迷失方向呢？老子给统治者呈现了两种截然不同的治理模式和结果：“其政闷闷，其民淳淳；其政察察，其民缺缺。”圣人之“道”就是“方而不割，廉而不刿，直而不肆，光而不耀”。就是不要自认为是“方”“廉”“直”“光”而肆意妄为，要防止因“方”“廉”“直”“光”过头而走向其反面（“割”“刿”“肆”“耀”），否则就会因“其政察察”而“其民缺缺”，只有“其政闷闷”，才能“其民淳淳”，其原理就是祸福相依、“正复为奇，善复为妖”的辩证法。

第三，对立的双方有主有次，类似于我们现在所说的主要矛盾与次要矛盾，所以一定要处理好主次关系，抓住主要矛盾。“重为轻根，静为躁君……轻则失根，躁则失君”（第二十六章），“知其雄，守其雌，为天下谿；为天下谿，恒德不离，复归于婴儿。知其白，守其黑，为天下式；为天下式，恒德不忒，复归于无极。知其荣，守其辱，为天下谷；为天下谷，恒德乃足，复归于朴”（第二十八章），“大丈夫处其厚，不居其薄；处其实，不居其华”（第三十八章），“贵以贱为本，高以下为基”（第三十九章），“天下之至柔，驰骋天下之至坚”（第四十三章），“图难于其易，为大于其细”（第六十三章），“吾不敢为主，而为客；不敢进寸，而退尺”（第六十九章），“知不知，尚矣；不知知，病也”（第七十一章），“勇于敢则杀，勇于不敢则活。此两者，或利或害”（第七十三章），“强大处下，柔弱处上”（第七十六章），“弱之胜强，柔之胜刚”（第七十八章）。

第四，物极必反。“反者，道之动”（第四十章），天地万物从“无”到“有”，“道生之，德畜之，长之育之，亭之毒之，养之覆之”（第五十一章），“物壮则老”（第五十五章），物极必反，“夫物芸芸，各复归其根。归根曰静，静曰复命；复命曰常”（第十六章），“出生入死”（第五十章），循环往复、永无止境。周而复始、循环往复是宇宙天地万物运行的基本规律，“周行而不殆……远曰反”（第二十五章），“物或损之而益，或益之而损”（第四十二章）。在第三十六章，老子应用物极必反的理论告诉人们，想要合拢就要张开到极点（无法再进一步张开，就只能合拢），想要削弱它就让它强大到极点（“强梁者不得其死”），想要废除它就让它兴盛到极点（“物壮则老”），想要夺取它先给予它到极点（“金玉满堂，莫之能守”“益之而损”），“将欲歙之，必固张之。将欲弱之，必固强之。将欲废之，必固兴之。将欲取之，必固与之”，并将其称为微妙玄通的明慧（“微明”）。老子将物极必反的理论用于实践，形成了独特的反向思维模式，成为其观察事物、思考问题、体悟大道的有效方式方法，使其善于从人们司空见惯的现象中，通过“不是什么”逐一否定的“证伪”方式，认识“道”的内在特性，达到透过现实世界的表象看清无形之“道”的本质的目的。

对立统一的辩证思想贯穿《老子》全文，可以说比比皆是。比如在第三章，老子将辩证法运用到社会生活中，指出“有为”和“无为”、“有言之教”和“不言之教”，也是相互依存、相互转化的。圣人依照客观规律，顺应自然，按“无为”的原则处事，以“不言”的方式施教，具体表现为“不辞”“不有”“不恃”“弗居”，结果却是万物兴起、蓬勃生长，有所作为、功成业就，并且功勋永不磨灭，反而在客观上促进自然的改造和社会的发展，达到了“有为”的目的。在第十五章，老子论述了正确理解、处理、把握动与静的对立统一关系，做到“浊以静之徐清”（动极而静）、“安以动之徐生”（静极而动），静若处子、动若脱兔，进而从动到静、从静到动循环往复。在第十八章，老子把辩证法运用到社会治理中，认为“大道废”与“有仁义”，“智慧出”与“有大伪”，“六亲不和”与“有孝慈”，“国家昏乱”与“有忠臣”也是相反相成和对立统一的关系。人们之所以推崇和追求仁义、智慧、孝慈及忠臣，是因为“大道废”“有大伪”“六亲不和”“国家昏乱”。在第二十二章，老子论述了“曲”与“全”，“枉”与“直”，“洼”与“盈”，“敝”与“新”，“少”与“得”，“多”与“惑”六组相反相生及辩证统一的关系。站在反面观察事物，透过事物的表象看到事物的本质内涵，指出正面的可以走向反面，反面之中包含着正面，

“曲”中有“全”，“枉”中有“直”，“洼”中有“盈”，“敝”中有“新”，进一步深化了人们对矛盾转化规律的认识。在第八十一章，老子以格言的形式，通过对“信言”和“美言”，“善者”和“辩者”，“知者”和“博者”的对比，探讨了真和假，美和丑，善和恶，简与博等矛盾对立关系。

2. 老子的认识论

“道”无法言说、不可捉摸，具有不可名状的玄妙性，那我们能认识“道”吗？老子的答案是肯定的。那么老子如何认识“道”？或者说老子的思想认识是从哪里来的呢？当然不是从天上掉下来的，而是来自实践。老子在第二十一章说：“自今及古，其名不去，以阅众甫。吾何以知众甫之状哉？以此。”因为“道”生万物，而且内在于万物，所以从今溯古，“道”的名字永不废弃，就是“道”始终存在于万物之中，通过观察万物就可以发现万物的起源、本原，也就是认识“道”。我是如何知道天地万物本始（“道”）情形的呢？就是凭借这种方法（通过观察万物探究万物的起源）。

老子在探索宇宙天地之道的过程中，善于从现实世界的具体事物中观察、体悟、发现、归纳、总结、提炼出抽象的哲学原理，即从具体到抽象、从感性到理性，通过形而下的事物论述形而上的“道”。比如在第五章通过“天地不仁，以万物为刍狗”认识“道法自然”“无为而治”的自然主义哲学思想，用橐籥比喻天地，认识天地“虚而不屈，动而愈出”的道理；在第八章以自然界中最常见的水之特性体悟出利而不争、谦卑处下、波澜不惊、仁爱真诚、言而有信、以柔克刚、不争无尤的处世哲学；在第十一章则通过车毂、器皿、房屋这些有形实体“当其无”（中间虚空）才有车、器、室之用，得出“有之以为利，无之以为用”的结论。

另外，老子认为天地万物都产生于“道”，“道”是世界的本原、宇宙万物的总根源。“道者万物之奥”（第六十二章），其中蕴含着真理，而且作为普遍适用的最高规律，贯穿于宇宙、人类社会的方方面面，是贯彻于宇宙、天地、万事万物的总法则，天地万物都要遵循“道”的法则运行。因此，“道”既是人们认识世界的对象，又是认识世界、进行实践的方法、钥匙。“执古之道，以御今之有”（第十四章），掌握了自古存在的“道”，就能驾驭当今世界的具体事物。“既得其母，以知其子”（第五十二章），而要掌握、应用好“知母”“知子”的认识论，就要做到“见小”“守柔”，用智慧之光、理性之光，外观世界，内察自我，回归内在的明慧，“见小曰明，守柔曰强。用其光，复归其明”，这样就能“不出户，知天下；不窥牖，见天道”（第四十七章）。

老子认识论的核心概括为一个字就是“观”。如何认识“玄之又玄”的“道”呢？老子教给我们的方法是“观”。“恒无，欲以观其妙；恒有，欲以观其徼”（第一章），即用心从“无”中观“妙”，从无形、虚无的“无”体悟出“道”从“始”到“妙”再到“母”，也就是从“无”到“有”的奥秘，领悟“道”的奥妙、玄妙，认识客观世界微妙的内在本质，发现事物演化的极致之道；再用眼从“有”中观“徼”，从有形的“有”观察出“母”与“妙”和“始”的边界、界限、不同，体会“道”的端倪；最终，分辨出不同阶段的“道”，厘清“无”（“始”）与“有”（“母”）的区别、差异。老子在第十六章说：“万物并作，吾以观复。”就是在万物兴盛中观察到万物从生到亡、再从亡到生的生死循环往复规律，老子总结为“夫物芸芸，各复归其根。归根曰静，静曰复命”，进而认识“道”的运行规律：“大曰逝，逝曰远，远曰反”（第二十五章），“道”在“无”中生“有”的过程中不断膨胀扩大，向外流逝，离原点就越来越遥远，遥远到极点就会返回到原点，最终实现“周行而不殆”。老子在第五十四章进一步教给人们要善于推己及人地“观”：“故以身观身，以家观家，以乡观乡，以邦观邦，以天下观天下。吾何以知天下之然哉？以此。”正是因为善于“观妙”“观徼”“观复”“以物观物”，“是以圣人不行而知，不见而明，不为而成”（第四十七章）。

“观”的关键在于“悟”。无论是“观妙”“观徼”，还是“观复”“以物观物”，其要在于“悟”。观察事物只是认识问题的第一步，如果仅仅停留在“观”而不能“悟”，只是走马观花式的浮于表面的肤浅观察，不仅无益于修德悟道，而且有可能聪明反被聪明误。所以，不仅要用眼睛“观”，更要用心去“悟”，要站在“道”的视角（也就是我们常说的上帝的视角）进行观察，抛弃“一切有为法”，彻底清空自我，达到无我、无心层次的“观”与“悟”。“无”是“天地之始”，所以老子说“恒无，欲以观其妙”（第一章），即只有达到宇宙产生前的“无”的境界，才能由表及里、透过现象看本质，探究深藏在宇宙深处的本质规律，认识客观世界微妙的内在本质，发现事物演化的极致之道，才能真正体悟到微妙、奇妙、奥妙、玄妙之“道”。老子善于从观察到的现象中体悟大道。比如从

"天下莫不知"的滴水穿石现象，总结出"天下莫柔弱于水，而攻坚强者莫之能胜"，悟出"弱之胜强，柔之胜刚"（第七十八章），再从"天下之至柔，驰骋天下之至坚"上升到"无有入无间"（第四十三章），进一步认识到"至柔"与"无有"的共同点是无形，能够"驰骋"于"至坚"与"入无间"的根本原因则是"至柔"与"无有"符合"道"的本质，就是虚空、无形，进而从中悟出"无为之有益"的深刻道理。再如在第二十三章，从"飘风不终朝，骤雨不终日"中，悟出"天地尚不能久，而况于人乎"的"无为"之道。

3. 老子的方法论

老子在现实生活中观察探究事物、总结认识规律、思索体悟原理，而实践是检验认识正确与否的唯一标准，也是认识的最终目标和归宿，如果不能把认识用于指导实践，其价值会大打折扣，也无法验证其正确性。因此，老子哲学并没有停留于对天道的认识层面，而是将在实践中探索、提炼出来的对自然法则、客观规律的认识，推广应用到社会生活的各个方面，用以指导实践，认识新的事物，在实践中践行、反思，把是否合于天道作为判断一切行为的标准。因此，老子的方法论也是老子的实践论。

老子方法论的核心概括为一个字就是"修"。"修"是老子给我们指明的体"道"、得"道"的方法和路径，通过"修"就能成为"善建者""善抱者"而"不拔""不脱"。那么如何"修"呢？在第五十四章，老子从身、家、乡、邦国、天下五个层次作了详细论述："修之于身，其德乃真；修之于家，其德乃余；修之于乡，其德乃长；修之于邦，其德乃丰；修之于天下，其德乃普。"老子把"修之于身"列为修"德"悟"道"的首条，强调修"德"必须从自身修起，修身的目标是"真"，即德性朴实纯真，"质真若渝"（第四十一章），然后逐步扩展到修家、修乡、修邦国、修天下，达到"余""长""丰""普"，最终德性遍天下。从上可见，"修"的基础是"修之于身"。老子在第十章从六个方面论述了修身之道，目标是"虚其心"，具体而言就是"无离""如婴儿""无疵""无为""为雌""无知"，其中"如婴儿""为雌"虽然没有直接使用"无"字，但其代表的是柔弱无欲、守雌无争，所以归根到底就是一个"无"字，即让心放"空"到"无"的境界。梳理和归纳老子认识、体悟和践行"道"的方法主要有以下几个。

一是“唯道是从”。老子告诉我们，只要投身到“道”中，遵“道”循“道”，就能融入“道”，合于“道”，得到“道”的帮助。“从事于道者，同于道；德者，同于德……同于道者，道亦乐得之；同于德者，德亦乐得之。”（第二十三章）所以一切行为都要服从“道”、遵从“道”，以是否符合“道”为判断标准，用现在的话说就是要把思想认识、实际行动都统一到“道”上来。“孔德之容，唯道是从”（第二十一章），“我独异于人，而贵食母”（第二十章），“行于大道，唯施是畏”（第五十三章）。

二是“致虚守静”。这是老子教给我们的修“道”法宝、修行途径，也是我们知晓人生真谛的重要方法和基本态度。“致虚”就是要“虚其心”（第三章），这是“守静”的目标，反过来也为“守静”创造条件，而“守静”是老子反复强调的修行方式，是实现“致虚”的手段。老子告诉我们，“浊以静之徐清”（第十五章），“静为躁君……躁则失君”（第二十六章）。那么要虚静到什么程度呢？老子在第十六章说：“致虚极，守静笃。”就是要达到极度的虚无，坚守极致的清净，听任万物行于自然。

三是“玄览内省”。老子在第十章向人们发出灵魂一问：“涤除玄览，能无疵乎？”清除杂念、察看内心，能没有瑕疵吗？“玄览”即以慧内照，内“观”自心，就是深入观察自己的内心，以此发现自身心灵深处的尘垢（私心杂念、贪欲妄念）。如果无法做到“塞其兑，闭其门”，堵不住嗜欲的孔窍，关不紧嗜欲的门户，就只能通过“玄览”反思内省己过，只有这样才能通过“镇之以无名之朴”，涤除杂念，实现“不欲以静”（第三十七章）。

四是大道至简。老子在第四十八章说：“取天下恒以无事，及其有事，不足以取天下。”怎么才能实现天下平安无事呢？其实很简单，老子告诉统治者的方法就是“为道日损。损之又损，以至于无为”，也就是要清静无为，顺其自然，多做减法，少做加法。其实世事莫不如此，天下本无事，只要不没事找事、无事生非，就能大事化小、小事化了。

五是既要循序渐进，先易后难，又要慎终如始。处理难事要先从容易的地方着手，成就大业要从细微处做起。老子从“难易相成”（第二章）得到启发，在第六十三章说：“图难于其易，为大于其细。天下难事，必作于易；天下大事，必作于细……多易必多难。是以圣人犹难之，故终无难矣。”在第六十四章则形象地总结道：“合抱之木，生于毫末；九层之台，

起于累土；千里之行，始于足下。”同时告诉人们，“其安易持，其未兆易谋；其脆易泮，其微易散”，所以要“为之于未有，治之于未乱”“慎终如始，则无败事”。

4. 宇宙天地之道

老子的宇宙天地之道就是其世界观、宇宙观，是老子对宇宙天地的总的看法和根本观点，看似奥妙无穷，其本质则是顺应自然（道法自然），是朴实无华的自然法则以及天地万物的本原和宇宙天地运行的客观规律。按照对世界观最基本的分类，老子的宇宙天地之道可以归为朴素的辩证唯物主义世界观。

第一，“道”是宇宙万物的总根源。

探索宇宙起源、万物本原是人类不懈的追求。万物的本原是什么？宇宙万物从何而来、向何处去？也就是人们常说的我是谁、从哪里来、到哪里去？这是古今中外哲学家、思想家思索的终极问题。老子是中国历史上第一个对此进行全面思考、探究并给出答案的哲学家，也因此被誉为开创中国哲学本体论的鼻祖。老子认为，“道”（“无”）是产生整个宇宙天地万物的总根源（也就是中国古代哲学所说的本根），或者说最高的本原、终极存在，对应于古希腊哲学的本体。

老子在第一章说：“无，名天地之始；有，名万物之母。”这里的“无”和“有”指不同阶段的“道”，“同谓之玄。玄之又玄，众妙之门”。“无”不是什么都没有，而是“惚兮恍兮，其中有象；恍兮惚兮，其中有物。窈兮冥兮，其中有精；其精甚真，其中有信”（第二十一章）。“无”产生于宇宙形成之前，是大爆炸之前的无形能量，“吾不知其谁之子，象帝之先”（第四章），所以是“天地之始”。“无”中孕育着“有”（大爆炸发生形成的原始宇宙），而“有”是产生万物的母亲，“有物混成，先天地生……可以为天下母”（第二十五章），所以老子称其为“万物之母”。在第六章又说：“玄牝之门，是谓天地根。”

第四十章进一步指出：“天下万物生于有，有生于无。”但两者的关系又不局限于“无”中生“有”，老子认为“无”中有“有”，“有”中有“无”，“故有无相生”（第二章），相反相成。

老子从“无”到“有”的世界观，不仅解释了宇宙天地的起源，避免了宇宙创世物来源的难题，而且也符合现代天文学的宇宙大爆炸假说，比任何神、上帝、天帝等创造世界的创世观都要先进科学。宇宙大爆炸学说认为，宇宙形成之初是死一般寂静的混沌状态，是一个体积无限小、质量无限大，且拥有极高温度的奇点，相当于老子在第二十五章所说的“有物混成，先天地生。寂兮寥兮”之“无”。137亿年前在巨大能量的作用下，发生了一次大爆炸，遵循能量与物质相互转化定律，形成最初的宇宙，相当于老子定义的“有”。

为了进一步阐述“道”创生万物的过程，揭示宇宙万物的生成规律，老子把宇宙天地想象成一对原始的夫妇，万物则是它们的子女，根据人类父母“牝牡之合”而生子女的感性经验，得出“天地相合”的宇宙万物衍生模式：“道生一，一生二，二生三，三生万物。万物负阴而抱阳，冲气以为和。”（第四十二章）这是老子对宇宙天地万物形成、发展的根本观点，可以称为老子的宇宙生成论，反映了老子的世界观、宇宙观。“道生一，一生二，二生三，三生万物”是对“道”生万物形象生动的具体描述。老子认为，天地万物从“无”到“有”，“无”中生“有”，从少到多，由简到繁，混成之物产生天和地，天地交合、阴阳和合产生万物。“万物负阴而抱阳”是对“一生二”的进一步论述，万物都由阴阳和合而产生，都背阴而向阳，是阴和阳的统一体；“冲气以为和”即阴阳二气相互激荡、相互交融、相互冲击产生中和之气，从而达到一种均匀和谐的状态，进而形成新的统一体，也就是“二生三”。

第二，“道”是宇宙万物运行的总规律。

老子认为“道”是宇宙天地万物运行、变化的总规律，或者说最高规律。这个总规律概括为一个字是反（返）、复，两个字是反复、归根，四个字是循环往复、周而复始。

老子在第二十五章说：“周行而不殆……大曰逝，逝曰远，远曰反。”明确指出，“道”周而复始、循环往复地运行，永不懈怠、永不停止、永不衰竭……在“无”中生“有”的过程中，从“无”到“有”、不断膨胀扩大，也就是从原点向外流逝、逝去，所以“曰逝”；不断向外流逝，离原点就越来越遥远，故“曰远”；遥远到极点就会返回到原点、原状，最终实现“周行而不殆”，因此“曰反”。在第四十章老子进一步把“道”的运动规律归纳为“反”，“反者，道之动”，而“动”是产生宇宙天地万物的根源。“天地之间，其犹橐籥乎”，之所以“虚而不屈”，是因为“动而

愈出”（第五章），“安以动之徐生”（第十五章）。“道”的运动方式包括第四十二章中“冲气以为和”的“冲”、第二十五章的“大”“逝”“远”“反”，“反”在其中起到决定性作用，如果没有“反”，“道”就失去了“周行而不殆”的动力，“道”也就没有了“独立而不改”的生命力。

用一个“反”字概括宇宙天地、万事万物的运行、变化和发展规律，老子是人类哲学史上第一人，这样的思想不仅在当时是超前的，即使在今天也仍然令人敬佩，让读者回味无穷，值得我们深思。那么老子是如何发现、认识这个总规律的呢？在老子的哲学思想中，“反”就是“返”，与“反”相通的是“复”，老子把万物从生到死再从死到生这样一个繁衍生息、周而复始、永无止境的规律概括为“复”，正是在“观复”中发现了这个规律。老子在第十六章说：“万物并作，吾以观复。夫物芸芸，各复归其根。归根曰静，静曰复命。”老子在观察万物蓬勃生长的过程中发现，尽管万物纷纷纭纭，但最终都各自回归到它的本根，老子称其为“归根”，就是生命完成了从生到死的过程，重新回归虚无寂静之“无”的状态，所以叫作“静”，也就是回归天命，因此也称为“复命”，是新一轮万物“并作”的起始。天地万物从“无”到“有”，再从“有”到“无”，“无”中生“有”、“有无相生”（第二章），从生到亡再从亡到生，“出生入死”（第五十章），循环往复、永无止境，这不就是“反”“复”吗？

第三，“道”是天地万物遵循的总法则。

老子认为“道”是天地万物必须遵循的总法则，老子将其概括为“道法自然”。老子在第二十五章说：“道大，天大，地大，人亦大。域中有四大，而人居其一焉。人法地，地法天，天法道，道法自然。”宇宙之中有“四大”，即“道”、天、地、人。“四大”之间的关系是：人效法地，地效法天，天效法“道”，而“道”则效法“自然”。所以，人、地、天最终都要效法“道”，效法“自然”。“自然”指纯任自然，这是“道”的本质。

“道法自然”即“道”纯任自然，效法自己的本然、本真。一方面，“道”不受任何外界的影响、干扰，保持其本来状态，按照自己的本质、本性“独立而不改，周行而不殆”；另一方面，体现在“道”不干涉万物，不指使万物，不向万物发号施令，而是尊重万物的天性，让万物顺其自然、自化自成，按照各自的本性自主生长、自由繁衍，这恰恰是“道”的伟大之处，也是“道”之所以被尊崇的原因所在。

天地效法“自然”，就是大地要遵循天体运行规律运转，天体要按照“道”的规律来运行，具体而言就是“周行而不殆”“大曰逝，逝曰远，远曰反”。天地效法“自然”的形象体现就是“天地不仁，以万物为刍狗”（第五章），天地对万物无所谓仁爱不仁爱，把万物当作草狗。“天地不仁”是因为天地无私无欲，顺其自然，没有偏爱，无心于万物，无为无造；“以万物为刍狗”是天地纯任自然的具体表现，任凭万物自生自灭。人效法“自然”即凡事顺其自然，遵循大自然的规律行事，清静“无为”，具体体现为下面的治国理政之道、为人处世之道、养生益寿之道。

5. 治国理政之道

老子治国理政之道的精髓是“无为而治”。“无为而治”的本质是“以道莅天下”（第六十章），这是一个统治者、领导者和管理者统治、治理、管理的最高境界，是最完美、最高超的领导艺术。“是以圣人处无为之事，行不言之教”（第二章），老子将其形象地描述为“治大国，若烹小鲜”（第六十章）。

第一，“处无为之事”。就是按自然法则，顺其自然行事，以“无为”的态度对待事物，按照“无为”的原则治国理政，让百姓在休养生息中“自治”“自化”。“无为”不是无所作为，也不是逃避现实的为“无为”而“无为”，而是强调不以自我主观意志人为地妄为，不违背客观规律乱作为，“无为”的目的是“无不为”。“为无为，事无事”（第六十三章），“无为而无不为。取天下恒以无事，及其有事，不足以取天下”（第四十八章）。只要统治者能够做到“无为”，就能实现“无不治”。“为无为，则无不治”（第三章），“道恒无为而无不为。侯王若能守之，万物将自化……不欲以静，天下将自正”（第三十七章），“执大象，天下往。往而不害，安平泰”（第三十五章），“是以圣人无为，故无败”（第六十四章），“以无事取天下……我无为，而民自化……我无事，而民自富”（第五十七章）。“无为”是衡量一个统治者是否爱护百姓、能不能治理好国家的试金石。所以，老子在第十章问道：“爱民治国，能无为乎？”老子同时从反面告诫统治者，欲速则不达，“企者不立，跨者不行，自见者不明，自是者不彰，自伐者无功，自矜者不长”，这些行为对于“道”来说，只能说是残羹剩菜、赘肉赘疣（“余食赘形”），被众人所厌恶（“物或恶之”），“故有道者不处”（第二十四章）。

第二，“行不言之教”。即以“不言”的方式施行教化。老子认为“希言自然”（第二十三章），“知者不言，言者不知”（第五十六章），反对多言、妄言，“多言数穷，不如守中”（第五章）、“妄作凶”（第十六章），提倡少言、不言，“不言而善应”（第七十三章），反对统治者朝令夕改，反对通过发号施令来强制推行号令，如果不得不“说”也要尽量“道之出口，淡乎其无味”（第三十五章），而且必须“言有宗”（第七十章）、“言善信”（第八章），做到“善言，无瑕谪”（第二十七章）。老子认为“言传不如身教”，希望统治者以德化民，以身作则，用自身的道德约束在潜移默化中让百姓“自朴”，达到教化的目的。“我好静，而民自正……我无欲，而民自朴。”（第五十七章）“行不言之教”的最高境界，就是“太上，不知有之……悠兮其贵言。功成事遂，百姓皆谓：‘我自然。’”（第十七章）

第三，“以百姓心为心”。第四十九章的“圣人恒无心，以百姓心为心”体现了老子以民为本的政治理念、执政宗旨，开中国以重民、爱民、养民、富民为核心的民本思想之先河。老子希望统治者能够以“道”治国，以百姓的意志为意志，不以自己的好恶区别对待百姓，而是用善良和诚信对待全天下的百姓，使天下人都学会以善待人、诚实守信，“善者吾善之，不善者吾亦善之，德善。信者吾信之，不信者吾亦信之，德信”，其结果是“圣人在天下，歙歙焉，为天下浑其心，百姓皆注其耳目，圣人皆孩之”。老子在第三十九章说，“贵以贱为本，高以下为基。是以侯王自称孤、寡、不毂”，告诫统治者，之所以“朝甚除，田甚芜，仓甚虚”，是因为统治者不行“大道”而“好径”，“服文采，带利剑，厌饮食，财货有余”，老子斥责为“盗夸”，“非道也哉”（第五十三章），无“道”至极！而“民之饥，以其上食税之多，是以饥。民之难治，以其上之有为，是以难治。民之轻死，以其上求生之厚，是以轻死。夫唯无以生为者，是贤于贵生”（第七十五章）。如果到了“民不畏威”的地步，“则大威至”，百姓就会铤而走险，所以统治者一定要做到“无狎其所居，无厌其所生”（第七十二章）；如果到了“民不畏死”的地步，统治者还想“以死惧之”（第七十四章）则为时已晚，“是以圣人欲上民，必以言下之；欲先民，必以身后之。是以圣人处上而民不重，处前而民不害”（第六十六章），是以圣人云：“受国之垢，是谓社稷之主；受国之不祥，是为天下之王。”（第七十八章）老子告诉统治者，要体恤百姓的艰辛，勤俭立国，坚守圣人“三宝”之一的“俭”，“俭，故能广”（第六十七章），“治人事天，莫若啬。夫唯啬，是谓早服。早服谓之重积德；重积德，则无不克；无不克，则莫知其极；莫知其极，可以有国”（第五十九章）。

第四，“不争而善胜”的战争观。老子是坚定的反战主义者，在指导思想上反对战争，主张慎战止战，希望邦国之间相互取信，“大国以下小国，则取小国；小国以下大国，则取大国。故或下以取，或下而取。大国不过欲兼畜人，小国不过欲入事人”，能否“两者各得其所欲”，关键在于大国统治者的态度，强调“大国者下流”“大者宜为下”（第六十一章）。老子告诫统治者，“师之所处，荆棘生焉；大军之后，必有凶年”（第三十章），“夫兵者，不祥之器，物或恶之，故有道者不处……兵者，不祥之器，非君子之器”（第三十一章），殷切希望统治者不到万不得已不要轻言开战，“以道佐人主者，不以兵强天下”，而且要明白“其事好还”，所以即使迫不得已为了反侵略而战，也要“善有果而已，不以取强。果而勿矜，果而勿伐，果而勿骄，果而不得已，果而勿强”（第三十章），“不得已而用之，恬淡为上，胜而不美”，因为“美之者，是乐杀人”，而“乐杀人者，则不可得志于天下矣”，所以“杀人之众，以哀悲莅之；战胜，以丧礼处之”（第三十一章）。对于迫不得已的反侵略战争，在战略上要以退为进、以守为攻，“吾不敢为主，而为客；不敢进寸，而退尺”（第六十九章）；在战术上“以奇用兵”（第五十七章）；为将之道是“善为士者不武，善战者不怒，善胜敌者不与”（第六十八章），领兵作战要牢记圣人“三宝”之首的“慈”，“夫慈，以战则胜，以守则固”（第六十七章）。老子最忌讳的是好战轻敌，“祸莫大于轻敌，轻敌几丧吾宝。故抗兵相若，哀者胜矣”（第六十九章）。

第五，“安居乐俗”的治理效果。老子在第八十章按照“无为而治”的原则，描绘了其心目中理想的“乌托邦”政治图景：“小国寡民。使有什伯之器而不用，使民重死而不远徙。虽有舟舆，无所乘之；虽有甲兵，无所陈之。使民复结绳而用之。甘其食，美其服，安其居，乐其俗。邻国相望，鸡犬之声相闻，民至老死不相往来。”

6. 为人处世之道

老子为人处世之道的核心是利而不害，老子称之为“天之道”，“天之道，利而不害”（第八十一章），“往而不害，安平泰”（第三十五章），“是以圣人……处前而民不害”（第六十六章）。

第一，上善若水，泽被万物。“上善若水。水善利万物而不争，处众人之所恶，故几于道。居善地，心善渊，与善仁，言善信，政善治，事善能，动善时”（第八章），“善行，无辙迹；善言，无瑕谪；善数，不用筹策；善闭，无关楗而不可开；善结，无绳约而不可解。是以圣人恒善救人，故无弃人；恒善救物，故无弃物”（第二十七章）。坚守圣人“三宝”之首的“慈”，以慈爱之心待人，则“天将救之，以慈卫之”（第六十七章），“是以圣人执左契，而不责于人……天道无亲，恒与善人”（第七十九章），“圣人不积，既以为人己愈有，既以与人己愈多”（第八十一章）。

第二，功成弗居，谦退不争。“功遂身退，天之道也”（第九章），“生而不有，为而不恃”（第十章），“是以圣人为而不恃，功成而不处”（第七十七章），“功成而弗居。夫唯弗居，是以不去”（第二章）。“不争”是得“道”圣人的崇高品德，“是谓不争之德”（第六十八章）。“天之道，不争而善胜”（第七十三章），“圣人之道，为而不争”（第八十一章），“水善利万物而不争……夫唯不争，故无尤”（第八章），“夫唯不争，故天下莫能与之争”（第二十二章），“以其不争，故天下莫能与之争”（第六十六章），“知其雄，守其雌，为天下豁”（第二十八章），“不敢为天下先”（第六十七章），“不敢进寸，而退尺”（第六十九章）。懂得“至誉无誉”的道理，“不欲琭琭如玉，硌硌如石”（第三十九章）。

第三，大智若愚，返璞归真。“知不知，尚矣；不知知，病也。圣人不病，以其病病。夫唯病病，是以不病”（第七十一章），“俗人昭昭，我独昏昏；俗人察察，我独闷闷”（第二十章），“大直若屈，大巧若拙，大辩若讷”（第四十五章），“知者不言，言者不知”（第五十六章）。所以要经常反问自己：“明白四达，能无知乎？”（第十章）努力“绝智弃辩”（第十九章），“为天下豁，恒德不离，复归于婴儿……为天下式，恒德不忒，复归于无极……为天下谷，恒德乃足，复归于朴”（第二十八章）。

第四，和光同尘，超然物外。“持而盈之，不如其已；揣而锐之，不可长保。金玉满堂，莫之能守；富贵而骄，自遗其咎”（第九章），所以要“塞其兑，闭其门；挫其锐，解其纷；和其光，同其尘”，这样就能达到“玄妙齐同”的圣人境界，“是谓玄同。故不可得而亲，不可得而疏；不可得而利，不可得而害；不可得而贵，不可得而贱。故为天下贵”（第五十六章）。

7. 养生益寿之道

老子的养生益寿之道就是“无为”摄生法，是老子独特的养生辩证法。其核心是“专气致柔”，“恒德不离，复归于婴儿”（第二十八章），婴儿虽然弱小，却纯真、无欲、无邪，“沌沌兮，如婴儿之未孩”（第二十章）。“含德之厚，比于赤子。毒虫不螫，猛兽不据，攫鸟不搏，骨弱筋柔而握固。未知牝牡之合而朘作，精之至也。终日号而不嗄，和之至也”（第五十五章），这样就能“陆行不遇兕虎，入军不被甲兵。兕无所投其角，虎无所用其爪，兵无所容其刃”而成为“善摄生者”（第五十章）。从中我们可以得到如下启示。

第一，无为摄生。“无以生为”而不“生生之厚”进而避免“动之于死地”而实现“贵生”；“无身”而“无患”进而达到“无死地”而“贵身”；“无以生为”而“贵生”，“不自生”而“长生”，最高境界就是自然而然地在不知不觉中无疾而终、寿终正寝。“吾所以有大患者，为吾有身；及吾无身，吾有何患？”（第十三章）“是以圣人后其身而身先，外其身而身存”（第七章）。

第二，顺其自然。“夫物芸芸，各复归其根。归根曰静，静曰复命”（第十六章），既然“出生入死”（第五十章）不以人的意志为转移，我们唯一能做的就是尊重自然规律，“唯道是从”（第二十一章）。“天地所以能长且久者，以其不自生，故能长生”（第七章），所以要“道法自然”（第二十五章），按照自然之道舍得放下，要懂得“持而盈之，不如其已；揣而锐之，不可长保”（第九章）的道理，做到“生而不有，为而不恃”。反之“益生曰祥”，结果是“物壮则老，谓之不道，不道早已”（第五十五章）。所以要避免过度养生、纵欲贪生，时刻反问自己：“名与身孰亲？身与货孰多？得与亡孰病”（第四十四章）。

第三，知足知止。顺其自然不是放任自流，不是随心所“欲”，“金玉满堂，莫之能守；富贵而骄，自遗其咎”（第九章），“甚爱必大费，多藏必厚亡”（第四十四章），“祸莫大于不知足，咎莫大于欲得。故知足之足，恒足矣”（第四十六章），“知足者富”（第三十三章），“知足不辱，知止不殆，可以长久”（第四十四章），“知止可以不殆”（第三十二章）。老子在第五十二章告诉我们：“塞其兑，闭其门，终身不勤。开其兑，济其事，终身不救。”所以要努力克制私欲，“去甚、去奢、去泰”（第二十九章），

做到“功遂身退”“甘其食，美其服，安其居，乐其俗”。

第四，养心养德。养生关键在于养心，养心之要在于养德。养心就是致虚守静，清静虚无，“载营魄抱一”而“无离”，“涤除玄览”而“无疵”（第十章），“见素抱朴，少私寡欲”（第十九章），恬淡虚无，做到“不见可欲”“虚其心，实其腹；弱其志，强其骨”（第三章），“为腹不为目”，时刻警惕“令人目盲”的“五色”、“令人耳聋”的“五音”、“令人口爽”的“五味”，特别是“令人心发狂”的“驰骋畋猎”和“令人行妨”的“难得之货”（第十二章）。养德就是要“上善若水……心善渊，与善仁”（第八章），“尊道而贵德”，“上德若谷”（第四十一章），虚怀若谷，宽厚待人，“旷兮其若谷”（第十五章）。

第五，柔弱不争。“人之生也柔弱，其死也坚强……故坚强者死之徒，柔弱者生之徒”（第七十六章），要牢记“守柔曰强”的教诲，经常躬身自问：“专气致柔，能如婴儿乎”“天门开阖，能为雌乎”（第十章）。老子告诫人们：“勇于敢则杀，勇于不敢则活”（第七十三章），“牝恒以静胜牡，以静为下”（第六十一章），难得糊涂，不争强好胜，“善者不辩，辩者不善”（第八十一章）。

第六，动静结合。老子告诉我们：“静胜躁，寒胜热。清静为天下正”（第四十五章），“重为轻根，静为躁君。是以圣人终日行不离静重”（第二十六章）。要正确理解、把握动与静之间对立统一的辩证关系，做到“澹兮其若海，飂兮若无止”，既“能浊以静之徐清”，又“能安以动之徐生”（第十五章），“外动内静”与“外静内动”相结合，“致虚极，守静笃”（第十六章），“我独泊兮，其未兆”（第二十章）。

6/3-2023

癸卯二月十五于干杨树甲 16 号院虚静斋

上篇　道经

第一章　天地之始　万物之母

元典

道可道，非恒道；名可名，非恒名。无，名天地之始；有，名万物之母。故，恒无，欲以观其妙；恒有，欲以观其徼。此两者，同出而异名，同谓之玄。玄之又玄，众妙之门。

直译

可以用言语表述的道（平常之道理、规律），不是永恒之道（老子要论述的“道”）；可以用文辞命名的名称，不是永恒之名。“无”，（用来）命名天地的起始；“有”，（用来）命名万物的母亲。因此，总是从“无”中来体悟“道”的奥妙，总是从“有”中来观察“道”的边界。“无”和“有”这两者，来源相同而名称相异，都可以称之为“玄”。玄奥又玄妙，是宇宙天地万物之奥妙的总门。

善解

1.1　道可道，非恒道；名可名，非恒名。

读懂《老子》最难的是第一章，而第一章的关键在于第一句。历史上各派专家学者对《老子》的解读，分歧最大、译文最多、解释最复杂、读者最难读懂悟透的也是这一句，其原因就在于对“道可道，非恒道”（通行版写作“道可道，非常道”）中三个“道”字的理解。

“道”的本义为供行走的道路。《说文解字》：“道，所行道也。”《周礼·地官·遂人》：“百夫有洫，洫上有途，千夫有浍，浍上有道，万夫有川，川上有路。”注：“途容车一轨，道容二轨，路容三轨。”甲骨文字形从行从止，意为人们行走的道路，完全通达无歧叫作道。金文演变为从辵从首，开始抽象化，意为头脑思考的思路。小篆变为会意字，从路从首，继承金文思路的含义。从“道”字形的演变趋势看，从最开始时有形的道路演变为无形的思路，后引申为事理、道理、思想、学说、真理、行为法则、自然（客观）规律、原则、方法、路径等，进一步引申为言说、述说、论述、疏导、指导、引导、训导、教导、开导等。

“道”在中国古代具有特殊意义，是古代思想文化的核心词汇，先秦诸子百家都言“道”，孔子就视“道”比生命还重要，曰：“朝闻道，夕可死矣。”《易传·系辞》：“形而上者谓之道，形而下者谓之器。”但在老子之前，“道”指一般的规律、法则，只有老子之“道”才是具有哲学意义的概念。以孔子之“道”为例，其关注的重点是人伦、道德、社会行为准则，重在人道，概括为一个字就是“仁”，是经世之道，而老子之“道”则重在天道、自然之道、玄思之道。

“道”是《老子》全书论述的最基本的哲学范畴，后成为中国乃至东方古代哲学的重要范畴，是老子使用最为频繁的哲学概念，在通行版《老子》中出现69次，本书采用的版本为76次，其中上篇《道经》34次，下篇《德经》42次。在老子的哲学体系中，“道”居于核心地位，既是产生宇宙的本原，是万物之源，又是宇宙万物存在、演化、发展和运行的根本原理、总规律，是包括人类在内的万事万物都必须遵循的总法则，被用以表示终极真理、极致境界等。

“恒”的金文字形从心，从月，从二，“二”表示天地，本义为永恒、永久。《说文解字》曰：“恒，常也。从心，从舟，在二之间上下。”“恒”意为长久，由“心”“舟”在天地之间上下往返会意。《诗经》曰：“如月之恒。”意为像月亮到了上弦的日子经久发光。“恒道”就是永恒之道，这是老子为了区别于平常之道而特意强调的概念。有的学者把“恒道”解释为永恒不变之“道”，这与老子对“道”的论述不符，老子之“道”作为宇宙万物的本原，不变是相对的，变化、运动是永恒的。老子明确指出，“反者，道之动”（第四十章），而且运动的方式是“周行而不殆”（第二十五章)，类似我们常说的物体的静止是相对的，运动是绝对的。程颐《周易·程氏传》:“惟随时变易，乃常道也。”

现在绝大多数的学者都认可第一个“道”字是名词，指道理、规律等；第二个“道”字是动词，意为言说、述说、论述等；而第三个“道”字是老子要论述的哲学意义上的“道”，就是不同于一般之道的“恒道”。各方分歧的焦点是“道”到底是否可以道(言说、述说、指导)。

一类观点认为，不可以道，解读为“道”如果可以说出来，那就不是永恒的道了；或者是“道”是不可以言说的，可以用言语来表述的道，则不是永恒之“道”。例如，陈鼓应的《老子今注今译》认为:“可以用言辞表达的道，就不是常道。”

另一类观点认为，可以道，解读为“道”是可以言说(用言语来表述)的，它不是平常(一般)的道；或者是规则，是可以用来指导的，但它不是常道。例如，郭世铭在《〈老子〉究竟说什么》中认为:“‘道’是可以说清楚的，但不是人们一向所说的那样。”有的学者为了强调可以道，认为前后两句是并列的肯定句，而不是假设关系，把原文写为“道可道也，非常道也”。

那么到底是“可道”还是“不可道”呢？如果仅从语法上、从“道可道，非常道”的字面意思上去理解，都没有问题，但只要从《老子》整个思想体系去解读，老子论述的“道”肯定是不可以用语言来言说、描述的，也难以形容、不可名状。老子在第四章对“道”的形容是，“湛兮似或存”。第十四章将“道”描述为“视之不见”“听之不闻”“搏之不得”“不可致诘”“绳绳兮不可名”“是谓无状之状，无物之象，是谓惚恍。迎之不见其首，随之不见其后”。第二十一章又曰:“道之为物，唯恍唯惚。”第二十五章进一步指出:“有物混成，先天地生。寂兮寥兮，独立而不改，周行而不殆，可以为天地母。吾不知其名，强字之曰道，强为之名曰大。”第三十二章则说:“道恒无名。”第三十七章把“道”称为“无名之朴”。第四十一章又说:“道隐无名。”

由此可见，“道”是可道的观点与老子的本意不符，而将第二个“道”字理解为指导，则不管是可道还是不可道，都说不通，因为“恒道”(终极真理、本原、本体)可以用来指导，一般的道理、规则、规律也可以指导。我认为，老子所说的“道”是不可言说的永恒之道，这是老子对“道”

的第一层定义，也是我们入“道”要过的**第一关——恒道关，体悟到“道”的不可名状和永恒性**。所以，把“道可道，非恒道”译为，可以言说的道（平常之道，一般规律），不是永恒之道（老子要论述的“道”，即宇宙的本原）。也就是说，“道”是说不清、道不明的，无法用语言完美地表述清楚。用现在的辩证唯物主义观点分析，“道可道，非恒道”反映了语言、思想与客观存在之间的关系。

因为古文没有明确的标点，也有部分学者在断句上有不同的看法。有的断句为“道，可道，非常道”，把道分为可以言说的普通、平常之道（“常道”）和非比寻常、不同一般的“非常道”，认为老子要论述的“道”就是“非常道”。这种解读与老子的本意正好相反，完全是背道而驰，老子说的“道”恰恰是“常道”（“恒道”），即永恒之道，其问题出在对“常”字的误解上。

“常”既有正常、平常、经常、常常、时常、一般、普通之意，又有恒常、真常、恒久、永久不变的含义。《诗经·大雅·文王》：“天命靡常。”《国语·越语》：“日月以为常。”《墨子·尚贤》：“故官无常贵，而民无终贱。”这里的“常”就是指恒常、真常。“非”字否定的是“常道”（“恒道”），而不是“常”。根据马王堆三号汉墓发掘的帛书版《老子》，甲本写作“非恒道”，乙本这部分内容残缺，但有“恒名”，可见原来是“非恒道”，后因避汉文帝刘恒名讳改为“非常道”，可见根本就没有“非常”的意思。为了避免读者对“非常”的误解，这一节的原文采用“道可道，非恒道；名可名，非恒名”，而不是常见的“道可道，非常道；名可名，非常名”。再从《老子》其他章节看，“常”字在帛书版中一共出现7次，分别是第十六章的“复命曰常，知常曰明。不知常，妄作凶。知常容”、第五十二章的“是谓袭常”和第五十五章的“知和曰常，知常曰明”。这些“常”指“道”、“常道”、恒常之道，其他章节都用“恒”。比如本章第三节的“故，恒无，欲以观其妙；恒有，欲以观其徼”，第三章的“恒使民无知无欲”，第二十七章的“是以圣人恒善救人，故无弃人；恒善救物，故无弃物”，第二十八章的“恒德不离”“恒德不忒”“恒德乃足”，第三十二章的“道恒无名”，第三十七章的“道恒无为而无不为”，第四十六章的“知足之足，恒足矣”，第四十八章的“取天下恒以无事”，第四十九章的“圣人恒无心”，第五十一章“夫莫之命而恒自然”，第六十一章的“牝恒以静胜牡”，第六十四章的“民之从事，恒于几成而败之”，第六十五章的“恒知稽式”，第七十四章的“若使民恒畏死，……恒有司杀者”，第七十九章的“天道无亲，恒与善人”等。本书对上述章节统一按帛书版用“恒”替代“常”，在以后的各章节中不再一一说明。

还有的学者为了标新立异，断句为“道可，道非，常道”。解读为道可以言说也好，不可以言说也好，都是常道。或者道可行不可行，都是常道。或者道有正面，也有反面，合起来是常道。简直不知道在说什么，令人如坠五里雾中，这与《老子》对“道”的论述风马牛不相及。

理解了“道可道，非恒道”，再解读“名可名，非恒名”就容易得多了。“名”本义为自己报出姓名、起名字。《说文解字》：“名，自命也。从口从夕。夕者，冥也。冥不相见，故以口自名。”作动词意为命名、叫作、描述等，当名词即名称、称呼、名声、名誉，引申为事物的概念、范畴。这里的第一个“名”字是名词，指具体事物的名称或者概念、范畴；第二个“名”字是动词，意为命名、称为、描述；第三个“名”字是老子要论述的专有名称、概念、范畴，是不同于具体事物之名的“恒名”，即永恒、真常之名，实际上就是指“道”的名称、概念、范畴。

“名可名，非恒名”可以译为“可以用文辞命名的名称，不是永恒之名”，或者“可以描述的概念（范畴），不是永恒的概念（范畴）”。这是对“道可道，非恒道”的进一步解释，作为老子提出的哲学概念（“道”）无法用言语来描述，如果可以用语言描述出来，就不是老子提出的那个永恒的哲学概念（“道”）。至于众多著作对“名可名，非恒名”的各种不同解读，都与对“道可道，非恒道”的各种解读有关。

“正名”是先秦时期中国逻辑讨论的核心问题，当时的诸子百家以“辩学”或者“名辩学”为逻辑，就是以“辨同异”为出发点，达到“正名”的目的，即实现对名的正确认识。其方法是通过分类、归类，进而进行“推类”“度类”，最终得以探究天地万物之起源、评判人间万事之利弊。儒家就很重视“正名”，孔子曰：“名不正则言不顺，言不顺则事不成。事不成则礼乐不兴，礼乐不兴则刑罚不中。”（《论语·子路》）子又曰：“唯器与名，不可以假人，君之所司也。名以出信，信以守器，器以藏礼，礼以行义，义以生利，利以平民，政之大节也。”（《左传》）而老子却说“名可名，非恒名”，因为老子这里要命名的是虚无的“道”，而不是

具体的事物、实体，所以无法“察名实之理”，进一步凸显了“道”的不可名状性。

1.2　无，名天地之始；有，名万物之母。

经过上一节的分析解读，我们明白“道”无法用言语表述，但要论述它又必须有相应的范畴、概念、名称。为此，老子在继提出“道”的命题之后，又提出了“无”和“有”这两个中国哲学本体论（本根论）、宇宙论中最重要的概念，把天地之始命名为“无”，把万物之母命名为“有”，即“无”是“始”，“有”是“母”。与古希腊、古罗马的哲学相比照，“无”对应于本体或者本原，“有”对应于人的感官能感知的具体事物（现象），后者就是人能感知的现实世界，前者只存在于超验世界，是现实世界万物背后的终极存在。按照张载构建的气本体论，“无”对应于“太虚”，又称“幽”，“有”则叫作“明”。

“无”是老子哲学体系中最重要的概念之一。“无”本义是乐舞，甲骨文字形像一个人持把在跳舞，卜辞、金文中“无”与“舞”同字。后通“毋”，进一步引申为没有、不、未等否定之意。作为哲学概念，则指物质的隐微状态，就是虚无，代表“道”的抽象无形、永恒不灭，既不可言说、无法感觉、无名无形、无影无踪，又无边无际、无处不在、无尽无休、无所不能、无坚不摧、无为而无不为。

“有”是老子哲学体系中与“无”相对应的重要概念。“有”的金文字形，从又（手）持肉，意思是手中有物，本义为具有，通常表示存在、领有，指有形的具体事物，即实有。老子用“有”代指“道”的外在表现，也就是宇宙天地。所以，“无”是宇宙天地之始，也是产生“有”（宇宙天地）之母，从“无”到“有”，“无”中生“有”。

自从人类出现以来，人类对于宇宙起源的想象和探索就从未停止。根据现有的天文学研究成果，当前天文学界中最主流、最有影响的是1927年比利时天文学家勒梅特首次提出的宇宙大爆炸假说。该学说认为，宇宙形成之初是死一般寂静的混沌状态，是一个体积无限小、质量无限大，且拥有极高温度的奇点，相当于老子在第二十五章所说的“有物混成，先天地生。寂兮寥兮”之“无”。137亿年前在巨大能量的作用下，发生了一次大爆炸，遵循能量与物质相互转化定律，形成宇宙天体，相当于老子定义的“有”。2500多年前，老子创立的“无”和“有”，解决了宇宙天地的起源问题，闪烁着老子哲学的唯物主义光辉，比任何神、上帝、天帝等创造世界的创世观都要先进科学。任何由有形的万事万物创造世界的观点，都无法解释最初的创世物从何而来，直到现在西方主流观点仍然认为是上帝创造了一切，还有很多人至今纠缠于“先有鸡还是先有蛋”的争论中不能自拔。而老子从“无”到“有”的哲学思想，不仅解释了宇宙天地的起源，避开了宇宙创世物来源的难题，而且也符合自然客观规律，从无形到有形、从无影到有象、从无踪到有迹，从人类本身到现代科技产品，哪个不是从无到有？我们现在建设创新型国家，加大研发投入，加快科技创新，突破“卡脖子”技术，最关键的是“从零到一”的原创技术，不就是从“无”到“有”的那个阶段吗？

“天地”一是指天和地，即自然界和社会，也指天空与地表。《易经·说卦》：“天地定位，山泽通气。”宋代王安石《游褒禅山记》：“天地山川。”二是指天地之间，即自然界。《吕氏春秋·慎行论》：“天地之精也。”三是指世界、天下。《文选·张衡·南都赋》：“方今天地之睢剌，帝乱其政，豺虎肆虐，真人革命之秋也。”四是比喻人们活动的范围。五是指境界、境地。唐代李白《山中问答》：“桃花流水窅然去，别有天地非人间。”六是比喻相差极远。《乐府诗集·焦仲卿妻》：“否泰如天地，足以荣汝身。”七是指天地神灵。《红楼梦》第六十九回：“于是天地前烧香礼拜，自己通陈祷告。”八是指宇宙，为东亚民族对宇宙的专有概念，是万物的总称，没有时间和空间的限制，是时间和空间的统一。《淮南子》：“往古来今谓之宙，四方上下谓之宇。”“天地”在《老子》中出现九次，这里的“天地”指宇宙，包括天地万物。

“万物”广义的含义是宇宙间的一切存在物（物质），狭义指地球上一切存在物。《荀子·不苟》：“天地为大矣，不诚则不能化万物。”《乐府诗集·长歌行》：“万物生光辉。”晋代陶渊明《归去来兮辞》：“善万物之得时。”

“始”本义为开始、最初、起头、源头、开端、创始、本始，与“终”相对。《说文解字》：“始，女之初也。从女，台声。”也就是女婴之意。《礼记·大学》：“物有本末，事有终始。”引申为根本、本原。《国语》：“坚树在始。”韦昭注：“始，根本也。”“天地之始”是天地的起始、本始，就是

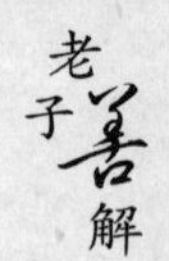

天地最原初的、混沌未开之际的状况。老子是人类历史上第一个提出宇宙起始问题的哲学家，并将其命名为“无”。

“母”本义为母亲，是已经生育的女人。甲骨文字形像母亲有乳之形。《说文解字》：“母，牧也。从女。像怀子形，一曰，像乳子也。”引申为母体、根本、本原、根源。“万物之母”就是产生万事万物的母体、根源，是宇宙天地万物产生之本原。大家知道，母亲是从女婴成长、成熟、生育后代而成，女婴和母亲是一个女人的两个阶段，而不是两个不同的人。由此，我们从“无，名天地之始；有，名万物之母”可以得出如下结论。

第一，老子的“道”是阴性的、雌性的，是女婴（“始”），是母亲（“母”）。常人普遍争强好胜，动不动就要“一决雌雄”，要的是争雄，而老子提倡“守雌”。“天门开阖，能为雌乎”（第十章），“知其雄，守其雌”（第二十八章），“牝恒以静胜牡”（第六十一章）。可见老子崇尚女性、雌性，《老子》后面的章节多处用带女字旁的字指代、描述“道”，比如下一节的“妙”字。老子也常用女性比喻“道”，“谷神不死，是谓玄牝。玄牝之门，是谓天地根”（第六章）。

第二，“无”和“有”是不同阶段的“道”，都内含在“道”中；“无”在前，“有”在后，从“无”到“有”；“无”是第一阶段、第一位的，“有”是第二阶段、第二位的；“无”是“道”，“有”也是“道”，但又不是“道”的全部，只是“道”的组成部分，“无”和“有”都不能完全等同于“道”。所以，有人认为，“道”就是“无”，就是“有”，也就是“道”=“无”=“有”，这种观点不准确、不确切。就像说女孩是女人、是人没错，但如果说人或者女人就是女孩则属于逻辑错误。

第三，“无”不是什么都没有，即所谓“惚兮恍兮，其中有象；恍兮惚兮，其中有物。窈兮冥兮，其中有精；其精甚真，其中有信”（第二十一章）。“无”产生于宇宙形成之前，是大爆炸之前的无形能量，是天地之始，其中孕育着“有”（大爆炸发生形成的原始宇宙），“无”是“有”的根本，而“有”是产生万物的母亲。“无”中有“有”，“有”中有“无”，“故有无相生”（第二章），相反相成。魏晋时期的高僧在将佛教中国化的过程中，借用《老子》的“无”来解释《般若经》中的“空”，后来的禅宗则将“无”和“空”作为其根本，《坛经》提出了著名的“三无说”：“无念为宗，无相为体，无住为本。”在中国传统的儒释道文化体系中，“有”

是“妙有”，“无”即“真空”，“真空”就是“妙有”，有无不二，即有即无，但需要特别指出的是，这里的“真空”不是物理学定义的绝对意义上的空无一物的真空，而是“有物混成”的“无”。

第四，在老子的哲学体系中，相对于“有”，老子更推崇“无”，把“无”定义为世界万物的本原，认为“无”更接近“道”的本质。王弼认为，老子“以无为本”，“无形无名者，万物之宗也”。在性别中，老子崇阴、守雌，而在同为女性的“始”（对应“无”）和“母”（对应“有”）中，老子贵“始”、崇“无”，这与老子一再推崇柔软、弱小、纯真、无欲、无邪的婴儿相一致。“专气致柔，能如婴儿乎”（第十章），“沌沌兮，如婴儿之未孩”（第二十章），“恒德不离，复归于婴儿”（第二十八章），“含德之厚，比于赤子”（第五十五章）。老子不仅崇尚“无”，而且推崇与“无”相关的无为、无知、无欲、无私、无身、无名、无形。“是以圣人处无为之事”（第二章），“恒使民无知无欲”（第三章），“非以其无私邪？故能成其私”（第七章），“爱民治国，能无为乎？……明白四达，能无知乎？”（第十章），“故有之以为利，无之以为用”（第十一章），“及吾无身，吾有何患？”（第十三章），“道恒无名”（第三十二章）。

第五，尽管“无”是第一位的，更接近“道”的本质，“无”中生“有”，但“无”不能直接产生万物，只有成长到“有”的阶段才能孕育万物。老子在第四十章说：“天下万物生于有，有生于无。”所以，“有，名万物之母”，即“有”生万物。就像从“始”到“母”也就是从女婴到母亲的过程，需要经过幼女、少女到少妇，才能为人母。由此可见，“有”也很重要，不是可有可无的，而是不可或缺的，就像男与女、天与地、阳与阴两者缺一不可。

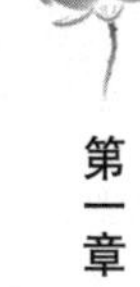

综上所述，“无”是天地之始，“有”是万物之母，“无”是“道”，“有”也是“道”；“无”和“有”是不同阶段的“道”，共同构成宇宙天地万物的总根源；“无”是第一位的，更接近“道”的本质；“无”中生“有”，但不能越过“有”直接产生万物。这是老子对“道”的第二层定义，也是我们入“道”要通过的**第二关——无有关（始母关），即从对“无”和“有”的定义，认识“无”（“始”）和“有”（“母”）的辩证关系**。“无”和“有”相反相成、辩证统一的思想，是老子哲学思想的内核和精髓。读者如果因为缺乏感性认识而对“无”和“有”仍然理不清头绪的话，可以去读一读本书第十一章的内容。

有的学者将本节断句为“无名，天地之始；有名，万物之母”。认为无名即“道”，它首先产生了天地，故无名是天地之始；有名即天地，天地产生后万物跟着产生，故天地是万物之母。解读为不能称呼的，是世界原初状态；能称呼的，是万物的根源。或者解读为未形无名之时，为万物之始；及有形有名之时，则为万物之母。作为哲学概念，用“无名”和“有名”表示“道”在不同阶段的名称，与“无”和“有”相比，涵盖的范围大大缩小，完全不在一个层次上。更为重要的是，《老子》多处论述“无”和“有”，除了上面提到的“故有无相生”“故有之以为利，无之以为用”“天下万物生于有，有生于无”，还有“执古之道，以御今之有”（第十四章），“无有入无间”（第四十三章），而“有名”只出现在第三十二章的“始制有名”，“无名”出现4次，包括“道恒无名”（第三十二章）、第三十七章的两个“无名之朴”和“道隐无名”（第四十一章），其中只有第三十七章的“无名”指代“道”，其余的“有名”“无名”都不是指“道”，说明“无”和“有”才是老子提出的哲学概念。

1.3 故，恒无，欲以观其妙；恒有，欲以观其徼。

“道”无法言说，能说出来的道，就不是“恒道”。那我们怎么认识“道”呢？老子教给我们的方法是“观”。“观”就是看、观看、察看、观察，是认识事物的重要方法，对事物的看法、认识也称为“观”，如观点、观念、主观、客观、乐观、悲观，我们常说的“三观”即世界观、人生观、价值观。《说文解字》曰：“觀，谛视也，从见，雚声”，“古文观，从囧”，即仔细看、注视、观瞻。与观看（观觑）同义的有观风（一是暗中察看动静，以定行止；二是观察民间风俗习惯、生活状态）、观玩（观看赏玩）、观涛（观赏浪潮）。“观”还有示范（观示）、显示之意，《汉书·宣帝纪》：“飨赐单于，观以珍宝。”对应的有观治（显示治绩）、观民（显示于民）、观世（向世人显示）。“观”也通“劝”，观王即劝说帝王，而不是观看、观察帝王。

“观”在中国是儒释道三家都普遍使用的认识万事万物的重要方法之一。儒家讲观喜怒哀乐、观言行、观得失。子曰：“父在观其志；父没观其行；三年无改于父之道，可谓孝矣。”（《论语·学而第一》）“始吾于人也，听其言而信其行；今吾于人也，听其言而观其行。”（《论语·公冶长》）“人之过也，各于其党，观过，斯知仁矣！”（《论语·里仁》）“视其所以，观其所由，察其所安，人焉廋哉？人焉廋哉？”（《论语·为政第二》）《吕氏春秋·论人》：“凡论人，通则观其所礼，贵则观其所进，富则观其所养，听则观其所行，止则观其所好，习则观其所言，穷则观其所不受，贱则观其所不为。喜之以验其守，乐之以验其僻，怒之以验其节，惧之以验其特，哀之以验其人（仁），苦之以验其志。八观六验，此贤主之所以论人也。”儒家讲求“内圣外王”，内圣即指自身的修养，这是齐家治国平天下的基础，而提高自身修养的根本在于内观自省。子曰：“内省不疚，夫何忧何惧？”（《论语·颜渊》）曾子曰：“吾日三省吾身：为人谋而不忠乎？与朋友交而不信乎？传不习乎？”（《论语·学而》）“见贤思齐焉，见不贤而内自省也。”（《论语·里仁》）荀子则把内观自省和学习结合起来，作为实现知行统一的一个环节：“君子博学而日参省乎己，则知明而行无过矣。”（《劝学》）

佛家讲观心（内观自己的心性）、观法（探究真理于一心）、观照（用智慧来照明真理）、观空、观前世后世。佛经里就经常用到“观”字，大家熟悉的《心经》首字就是“观”（观自在菩萨，行深般若波罗蜜多时照见五蕴皆空，度一切苦厄。舍利子，色不异空，空不异色，色即是空，空即是色，受想行识，亦复如是），而《金刚经》的最后一个字也是“观”（一切有为法，如梦幻泡影，如露亦如电，应作如是观）。

道教的庙宇就叫作道观，可见“观”在道学中的重要性。《易·系辞上·第二章》：“是故君子居则观其象而玩其辞，动则观其变而玩其占，是以自天佑之，吉无不利。”《庄子·列御寇》：“君子远使之而观其忠，近使之而观其敬，烦使之而观其能，卒（猝）然问焉而观其知，急与之期而观其信，委之以财而观其仁，告之以危而观其节，醉之以酒而观其侧（则），杂之以处而观其色。”

那怎么“观”呢？有形的可以用眼睛观看、观览、观瞻（观占），可以称之为“外观”；无形的可以用心去“观”（体悟、领悟，达到心领神会），可以称之为“内观”。对宏观的时空可以观时（察看时机）、“仰则观象于天，俯则观法于地”（《易·系辞下》），对人可以观过知仁（通过观察一个人所犯错误的性质，了解他的为人），对实践、经验类的事物可以

参观（实地观察）、观成（观看成果）、综观（综合观察）、观摩总结，还可以通过物与物的比较来观察、观测（以物观物），唯一要防止的是坐井观天。

老子在本节让我们“观”什么呢？从“无”中观“妙”，从“有”中观“徼”。“妙”从女，从少，即美妙少女，本义为美、好，用以形容美妙、神妙、神奇、巧妙、精妙、精微，引申为微妙、奥妙、玄妙。王弼注：“妙，微之极也。”这是老子在用“始”和“母”定义“道”之后，又一次用带女字旁的字来描述“道”。“妙”由女和少组成，合起来即少女，所以常用“妙龄”形容青春期的女子，用“曼妙”形容像少女一样柔美。少女具有朦胧之美，符合“道”的说不清道不明的神秘性、不可名状的玄妙性。上一节老子将“天地之始”命名为“无”，而“始”即女婴，所以从“无”中观“妙”，即观察女婴成长为少女的美妙、神奇、奥妙，也就是通过观察从“无”到“有”的神奇过程，体悟“道”的玄妙，认识客观世界微妙的内在本质，发现事物演化的极致之道。“无”是无形、虚无的，要从“无”中观察出“妙”，再发展到“母”（“有”），肯定不能用眼睛看，可以用心去“观”，最好是抛弃“一切有为法”，彻底清空自我，达到无我、无心层次的“观”（悟）。只有这样，才能从“无”中体悟出“道”作为世界本原的微妙、奇妙、奥妙、玄妙。

“徼”在这里读 jiào，本义为徼循、巡查。《说文解字》：“徼，循也，从彳，敫声。”“循”指按照次序行进，“彳”是行（四通八达的大路）的一半，也就是小路，“徼”字面的意思是沿着小路按照次序行进，即巡查、巡察，并由此产生边界、边际，引申为区别此物与彼物的界限。《史记·司马相如列传》：“南至牂柯为徼。”上一节老子说“有”就是“万物之母”，从“有”中观“徼”，就是看清“母”的边界，即“母”与“妙”“始”的区别，也就是“有”与“无”的不同之处。从“始”到“母”的关键是发育成熟，对人而言就是有天葵、能生育子女，对物而言就是有天水、能开花结果。由此可见，虽然“无”和“有”都是“道”，但从“无”到“有”已经发生质的变化，就像女婴和母亲都是女人，但女婴长大为少女，少女发育成熟后为人妻，再生育子女为人母，就有了代的跨越。

通过观“无”、观“有”、观“妙”、观“徼”，进一步体悟“道”的奥秘与边界，这是老子给我们设置的入“道”**第三关——妙徼关（观异**

关），即从虚无的“无”体悟出“道”从“始”到“妙”再到“母”，也就是从“无”到“有”的奥秘，领悟“道”的奥妙；再从有形的“有”观察出“母”与“妙”“始”的边界、界限及不同，发现“道”的端倪；最终，分辨出不同阶段的“道”，厘清“无”（“始”）与“有”（“母”）的区别、差异。

有的学者把本节断句为：“故常无欲，以观其妙；常有欲，以观其徼。”解释为：“所以，常常无欲空虚，可以观察万物开始之妙；常常有欲，观察万物的归终。”我认为，“故，恒无，欲以观其妙；恒有，欲以观其徼”这样断句更符合老子的本意，理由与上一节对“无”与“无名”、“有”与“有名”的分析相类似。从“有欲”“无欲”两种状态与两个方向观测、体悟，从道理上也说不通，如果说“无欲，以观其妙”还有一点点道理的话，“有欲，以观其徼”则不知为何意，难道无欲就分不清边界、看不出端倪了吗？老子的人生哲学提倡“无欲”，“无欲”是修“道”成为圣人的心境。“不见可欲，使民心不乱……恒使民无知无欲”（第三章），“我无欲，而民自朴”（第五十七章），“有欲”则明显妨碍观悟“徼”。所以，这里的“欲”应该不是欲望，而是希望、想要之意。把“有欲”和“无欲”相对照，可能是后来的道家从自身修炼、学习修仙修真、追求修心养性的立场出发产生的概念。另外，这里的“常”与第一节中的一样，意为恒常、总是，而不是常常之意。

还有的学者将“欲以观其徼”写作“欲以观其皎”，认为“皎”通“徼”，意为洁白、明亮、明显、清楚、明白，突出“有”的有形，与“无”的朦胧形成对比。这可能是因为发音相近而误写，通过“有”观“道”的边界明显比观“道”的洁白更符合上下文意思，而且“皎”通“徼”也没有依据。

1.4　此两者，同出而异名，同谓之玄。

此两者就是“无”和“有”。不是“无名”和“有名”或者“无欲”和“有欲”，否则应该说“此四者”，而且“无名”和“有名”或者“无欲”和“有欲”都与“同出而异名”对不上。从本章第二节我们知道“无”和“有”是不同阶段的“道”，所以这里的“同出”就是同出自“道”。“异名”指尽管同出自“道”，却有“无”和“有”两个不同的名称。紧接着老子

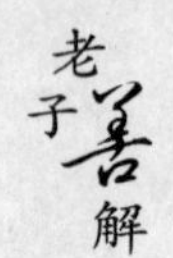

亮出了本节的核心——“同谓之玄”，尽管“无”和“有”是两个不同的名称，但都可以叫作“玄”。

“玄”的小篆字形，下端像单绞的丝，上端是丝绞上的系带，表示作染丝用的丝结，本义为赤黑色。《说文解字》：“玄，幽远也。黑而有赤色者为玄。象幽而入覆之也。”其意为幽小而深远，黑色中带有红色，如同幽暗又有东西覆盖着，后泛指黑色，象征深奥、深厚、意味深远、看不透、难捉摸，引申为高贵、玄妙、奇特。后来道家把“玄”作为重要的学派名称，道教称为玄门，道家修道的功夫叫作玄功，道家极其深奥、神妙的教义称为玄道，道家供奉的北方之神名为玄武，玄谟指深远的谋略，玄静意为清静无为的思想境界。至魏晋时期，何晏、王弼等发挥道家老庄思想、融合《周易》等形成玄学（又称玄远之学），把《老子》《庄子》《周易》称作“三玄”。

“玄”是老子哲学的又一个重要概念，老子在这里用“玄”形容“道”的深邃、玄远、幽昧，玄机深藏不露，神秘而深不可测，这是由“道”的形而上性质所决定的。老子常常把符合“道”的事物称为“玄”。“谷神不死，是谓玄牝”（第六章），这里“玄牝”即代指“道”。第十章、第五十一章、第六十五章中的“玄德”指玄秘而深邃的德性，即上德、尚德、大德，也就是最高境界的得“道”之德。第十五章又说“古之善为道者，微妙玄通，深不可识”。第五十六章则把“塞其兑，闭其门；挫其锐，解其纷；和其光，同其尘”这样一种去除了贪欲、收敛了锋芒、消除了高低贵贱、淡泊无欲、超然物外、同于尘世的“玄妙齐同”之境界叫作“玄同”。

既然“无”和“有”同出自“道”，是不同阶段的“道”，那么直接“同谓之道”不就更简单明了、一目了然吗？老子为什么要叠床架屋、多此一举似的又提出“玄”这个概念？原因如下：第一，老子用“玄”是要更加突出“道”不可言说的玄奥、玄妙、玄远，对上呼应本章第一节。第二，老子要强调的是“无”和“有”的“玄同”，这是一种你中有我、我中有你，浑然一体的状态，就像黑色中包含各种颜色却无法区分。老子在第五十六章说：“塞其兑，闭其门；挫其锐，解其纷；和其光，同其尘。是谓玄同。”即把塞兑闭门、挫锐解纷及和光同尘这样一种去除了贪欲、收敛了锋芒、消除了高低贵贱、不分亲疏远近、淡泊无欲、超越物外、同于尘世的“玄妙齐同”的境界叫作“玄同”。第三，如果用“同谓之道”，不仅显得平淡无奇，而且与本章第二节内容相似，产生不了更深一步、更进一层的效果。第四，从本章第二节可以看出，“无”和“有”都是“道”，但还不完全等同于“道”，如果现在又说“同谓之道”，显得前后矛盾。第五，用“同谓之玄”为下面第五节讲“玄之又玄，众妙之门”把本章推向高潮，提供了铺垫，创造了条件。设想一下，把“玄之又玄，众妙之门”替换成“道之又道，众妙之门”，不仅没有了玄妙无穷的禅意和妙趣，而且也说不通，与老子对“道”的定义相背离，“道”是世界一切的本原，“道”外无“道”，如何又能“道”上加“道”？

总而言之，“无”是“道”，“有”也是“道”。因此，“无”就是“有”，“有”即是“无”。“无”和“有”尽管名称不同，但都源自“道”，又都称为“玄”。所以，“无”是“玄”又是“道”，“有”是“玄”也是“道”，“玄”亦是“道”。需要指出的是，就像“无”和“有”不完全等同于“道”一样，“玄”也不完全等同于“道”。这是老子对“道”的第四层定义，也是我们入“道”必须攻克的**第四关——玄同关，即从“无”和“有”同出自“道”且同谓之“玄”，体悟两者的玄同，认识“无”和“有”你中有我、我中有你，浑然一体的本质。**

1.5　玄之又玄，众妙之门。

“玄之又玄”即玄奥又玄妙，就是“玄”上加“玄”，极其深奥又玄妙，玄机中的玄机，奥妙深不可测，常人难以理解，也就是隐藏在事物内部最深处的奥妙、玄秘。上一节说“无”和“有”同谓之“玄”，所以“玄”上加“玄”就是“无”上加“有”，“无”上加“有”要达到的境界不是停滞于“无”和“有”，而是超越“无”和“有”的简单叠加，上升到“玄”，但又不能停滞于“玄”的层面，还要进一步超越“玄”，进入双重“玄”（又玄）的虚无太极境界，也就是达到最高的“玄之又玄”的“重玄”境界，这就来到了入道的第五关——重玄关。后来道家的重玄学派认为，《老子》的要义就是“玄之又玄”，关键是要超越“玄”，进入“重玄”境界，就能归于虚无的大“道”。

来到重玄关，我们要面对的是进入“道”的大门——“众妙之门”。打开“众妙之门”，就可以入“道”。那么“众妙之门”是一扇什么样的门呢？第二节已经说过，“妙”由女和少组成，合起来即美妙少女，“众妙”

就是众多曼妙的妙龄少女，形容万事万物起源时的美妙、奥妙、玄妙。再说说户和门是什么。《说文解字》："户，护也。半门曰户。象形。""门，闻也。从二户。象形。"即户是保护室内的门户，门的一半叫户，像单扇门之状。《礼记·礼器》："未有入室而不由户者。""門"（门）内外可以相互听闻得到，由两"户"会意，像大门的形状。即单扇的叫户，双扇的称门；在堂室曰户，在宅区域曰门。《周易》曰："乾，其静也专，其动也直"，"坤，其静也翕，其动也辟"。意思是说，乾卦，安静时团缩，运动时伸直；坤卦，安静时收敛闭合，运动时开辟张开。按照《周易》的说法，大门就是乾坤，即阴阳，左扇为阳，右扇为阴，只有阴阳组合在一起才是大门。

"众妙之门"就是众多玄妙女性之门，当然就是女性孕育生养之门，即阴门、阴户，引申为生育天地万事万物的玄妙之门，通往宇宙本原之门，是天地万物生发的源头，即孕育宇宙天地万物的总根源，宇宙天地万物的一切奥妙都集中于这个"众妙之门"。老子曰："玄牝之门，是谓天地根。"（第六章）所以，"众妙之门"又称"玄牝之门"。"牝"即雌性动物，人格化就是女性。"玄牝"就是黑色、高贵、神秘、玄妙的女性，与"众妙"相通，都是"道"的别名，形容无形的大道就是玄妙的女性，是孕育和生养天地万物的母体，凸显"道"的神秘、高贵、伟大、无私、母性、柔弱。

老子为什么把进入"道"的最后一道关口的大门命名为"众妙之门"，而不是"众始之门"或者"众母之门"？大家想一想，如果是"众始之门"是不是太早了，"始"还没有成熟，不能孕育天地万物；如果是"众母之门"，"母"已经生育天地万物，是不是没有了神秘、奥妙可言？而"妙"处于"始"与"母"之间，成熟、生育就是母亲，否则就是女孩，属于两可之间，处在从"无"到"有"的临界点，少一刻是"无"，多一刻则是"有"。又好像恋爱阶段的女子，没有结婚还是女孩，结了婚就成为人妻，生育子女就是人母。概括地讲，"妙"与"母"相比，"妙"还是"无"，而"母"已经是"有"，当然"无"比"有"更接近"道"的本质；"妙"与"始"相比，虽然都是"无"，但"妙"比"始"成熟，具备随时成为"母"的条件，随时可以变成"有"，而"始"只能是"无"。也就是说，"妙"可"无"可"有"、即"无"即"有"，妙不可言。大家闭目尝试用

“心观法”认真体悟一下，这是不是最符合“道”不可名状的亦“有”亦“无”、似“有”似“无”和若“有”若“无”的神秘、美妙、玄妙状态?

“玄之又玄”(“玄”上加“玄”)，就是超越“无”和“有”，上升到“玄”，再进一步超越“玄”，达到“重玄”境界，开启入“道”的“众妙之门”，这是老子对“道”的第五层定义，也是我们要入“道”的**第五关——重玄关，即超越“无”“有”“玄”，关键是要实现无“玄”(超越“玄”)，达到“玄之又玄”的“重玄”境界，归于虚无，这样就能发现孕育天地万物的总根源，探入孕育宇宙天地万物的奥妙总门。**

小结

本章是《老子》上篇《道经》的第一章，在全书中具有提纲挈领、统揽总局的作用，是解开《老子》深奥内涵的金钥匙、总开关、总枢纽。对很多初学者来说，本章也是最难理解、悟透的内容，成为读懂《老子》的拦路虎，有很多人因此知难而退，放弃了阅读《老子》。我在30多年前第一次接触《老子》的时候，就卡在了第一章，以致后来很长一段时间都没有深入阅读《老子》。近年来，经过反复研读、仔细琢磨、静心思考、用心体悟，我终于对第一章有了比较深入、透彻的理解，这对体大思精的《老子》全书的学习起到了醍醐灌顶、融会贯通的作用，遇到原来难以理解的章节用破解第一章的思路深入解读，往往有茅塞顿开之妙。

在中国思想文化发展史上，老子第一个提出了“道”这一最高哲学范畴，这是老子哲学思想体系的核心，也是中国文化思想的基石，在中国思想发展史上具有划时代、里程碑意义，是中国哲学的重大突破，从此自古以来一直统治中华民族精神世界的主宰——“天”“上帝”“天帝”被“道”取代，为中国古代理性精神的培育和壮大创造了条件，闪耀着唯物主义的理性光芒。

本章开宗明义，纲领性地阐述了“道”的不可言说的玄妙、深奥、永恒，并通过对与“道”既相同又不完全等同的“无”“有”“玄”等哲学概念的建立和论述，用朦胧、玄奥又高度凝练、概括的文字阐述“道”的本质属性，使人体悟到“道”既是产生天地万物的总根源，又作为“事物规律性”和“自然法则”普遍存在于一切事物之中。

好像老子故意要考验后来者学“道”的勇气、决心、耐心和智慧，开篇就设置了令人生畏的五道坎，实际上是老子教给我们认识“道”的五重境界，体悟“道”的五大法宝，当然也是我们入“道”必须越过的五座关隘，让读者从遇“道”开始，由浅入深、由表及里地入“道”。下面我们再一起回顾总结、梳理归纳一下入“道”之五关。

第一关，每个首次阅读《老子》的读者在此第一次遇“道”，是学“道”的起点，将其概括为一个字是“道”，两个字是“恒道”，三个字是“不可道”。重点是认识“道”的永恒性和不可名状，即老子之“道”是永恒的“恒道”，“道”不可言说，说不清、道不明，当然更是摸不着、看不见、听不到。一句话，“恒道”不可道，可道非“恒道”。

第二关，归纳为一个字是“无”，两个字是“无”和“有”或者“始”和“母”，三个字是“天地始”。重点是领悟“无”的本质，即尽管“无”和“有”都是“道”，但“无”是第一位的，更接近“道”的本质；“无”不是什么都没有，其中孕育着“有”，是“有”（宇宙天地）之母，所以是天地之始。

第三关，归纳为一个字是“观”，两个字是“观异”，三个字是“观妙徼”。重点是观察“无”和“有”的差异，即从虚无的“无”体悟出“道”的奥秘、玄妙，再从有形的“有”观察出“道”的端倪、边界，最终分辨出“无”（“始”）与“有”（“母”）的不同。

第四关，归纳为一个字是“玄”，两个字是“玄同”，三个字是“同谓玄”。重点是参悟“无”和“有”的玄同，即在第三关观察出“异”的基础上，在更高的层次（“玄”）上体悟“无”和“有”的玄同，认识到两者你中有我、我中有你，浑然一体的本质。

第五关，归纳为一个字是“门”，两个字是“重玄”，三个字是“众妙门”。重点是达到“重玄”境界，打开“众妙之门”，即在第四关体悟到“无”和“有”玄同的基础上，“玄”上加“玄”（“玄之又玄”），超越“无”“有”“玄”，进入虚无、无玄的“重玄”境界，发现孕育宇宙天地万物的奥妙总门。

敲开了第五关的“众妙之门”，跨越“玄之又玄”的重玄关，我们终于开始入“道”，开启美妙而又深奥的智慧之旅，但诸位必须清醒地认识到，这只是修“道”（学“道”、体“道”、悟“道”）之万里长征的第一步，而且能入“道”，不一定就能出“道”，有可能因为钻牛角尖走入死胡同，甚至“走火入魔”。只有既能入“道”，又能出“道”，能进能出、出入自如，更为重要的是要在实践中遵“道”、循“道”、行“道”，才能最终得“道”，成为“有道者”，是谓立于天地间的圣人。让我们一起用“过五关”掌握的诀窍、心法、钥匙，共同参悟老子奥妙无穷、博大精深之“道”（包括道法自然的宇宙天地之道、无为而治的治国理政之道、利而不害的为人处世之道、复归婴儿的养生益寿之道）。

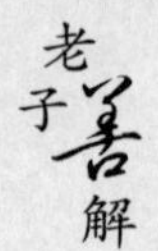

第二章　无为之事　不言之教

元典

天下皆知美之为美，斯恶已；皆知善之为善，斯不善已。故有无相生，难易相成，长短相形，高下相倾，音声相和，前后相随。是以圣人处无为之事，行不言之教。万物作焉而不辞，生而不有，为而不恃，功成而弗居。夫唯弗居，是以不去。

直译

全天下的人（如果）都知道美好的（事物）之所以是美好的，这就已经是丑恶了；（如果）都知道善良（的事物）之所以是善良的，这就已经是凶恶了。所以，"有"与"无"互相生成，难与易相互成全，长和短互相显现，高与下相互倾倚，音与声互相调和，前与后互相追随。因此，圣人按"无为"的原则待物处事，以"不言"的方式施行教化。（让）万物兴起而不发号施令，生养万物而不占为己有，（放任百姓）有所作为而不自恃有恩，功成业就而不居功傲慢。正因为不居功自傲，所以功勋才不会失去。

善解

2.1　天下皆知美之为美，斯恶已；皆知善之为善，斯不善已。

"天下"是中华文化圈特有的概念，字面含义为"普天之下"，没有时间和空间的限制，在实际应用中包括以下几层含义：一是泛指寰宇、全世界、全球。二是古代的全中国，也称为四海之内，在老子所处的年代就是周朝统治的区域。我们常说修身、齐家、治国、平天下，这个“天下”就是指整个国家。《孟子·公孙丑下》：“威天下不以兵革之利。”《书经·大禹谟》：“皇天眷命，奄有四海，为天下君。”诸葛亮《出师表》：“天下三分。”三是泛指人世间、社会上。唐代高适《别董大》：“天下谁人不识君。”清代袁枚《黄生借书说》：“天下物皆然。”四是所有的人。范仲淹《岳阳楼记》：“先天下之忧而忧，后天下之乐而乐。”五是国家或国家政权、统治权。《论语·泰伯》：“泰伯其可谓至德也已矣，三以天下让，民无得而称焉。”《韩非子·五蠹》：“传天下不足多。”王安石《答司马谏议书》：“为天下理财。”《资治通鉴》：“共争天下。”六是自然界、天地间。《吕氏春秋·察今》：“知天下之寒。”“天下”在《老子》中出现61次，这里的“天下”指人世间、所有的人。

“美”本义为味美。《说文解字》：“美，甘也。从羊从大。羊在六畜主给膳也。美与善同意。”郑玄注：“羊大则美。”古人以羊为主食肉类，肥壮的羊吃起来味很美。引申为美好、美丽、漂亮、赞美、得意、高兴。这里的第一个“美”指一切美好的事物，第二个“美”指美好。王弼注：“美者，人心之所进乐也。”

“恶”的本义是过失、罪恶。《说文解字》：“恶，过也。从心，亚声。”有心而恶谓之恶，无心而恶谓之过。后引申为丑恶、丑陋和坏，分别与“美好”和“好”相对。《管子·枢言》：“恶者美之充也。”《韩非子·说林上》：“今子美而我恶。”《汉书·王莽传上》：“恶衣恶食，陋车驽马。”王弼注：“恶者，人心之所恶疾也。”

“善”本义为吉祥。《说文解字》：“善，吉也。从言从羊。”言是讲话，羊是吉祥的象征，“善”与义、美同义，善良、美好。《现代汉语词典》对“善”的解释是善良、慈善；善行、善事；良好；友好、和好；熟悉；办好、弄好；擅长、长于；好好地；容易、易于。《辞源》对“善”的解释主要有：美好、亲善友好、喜好、爱惜、擅长、善于、改善、熟悉等。可以引申为善待、向善。善良的对立面“不善”即凶恶、坏。王弼注：“善不善犹是非也。”

“已”本义为停止，引申为完成、已经、以前。本节的两个“已”在

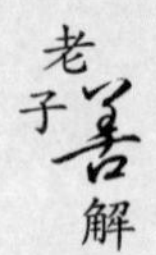

句尾，通“矣”，与“了”相同，有的版本直接写作“矣”。

“天下皆知美之为美，斯恶已；皆知善之为善，斯不善已”，全天下的人都知道美好的（事物）之所以是美好的，这就已经是丑恶了；都知道善良（的事物）之所以是善良的，这就已经是凶恶了。这是什么道理呢？难道别人认为美好的我要认为是丑恶的，别人认为善良（好）的我要认为是凶恶（坏）的才对吗？当然不是这个意思。从《老子》全书的思想来看，老子这段话至少有以下三层含义。

其一，从“道”的本性出发，“无”和“有”这两者“同谓之玄”（第一章），“无”就是“有”，“有”即是“无”，你中有我、我中有你，浑然一体，就像黑色中包含各种颜色却无法区分。从“无”到“有”，天地万物本来无所谓美丑、善恶、是非。美丑、善恶是人们后天的价值、是非判断，带有明显的人为道德痕迹。而一旦有了人为的价值判断，知道了美也就知道了丑，知道了善也就知道了恶，就有了美丑、善恶之别，老子认为这已经不符合“道”的本质，脱离了“道”的境界，所以称之为“恶”“不善”。老子的这一思想解决了人之初性本善还是性本恶的问题。中国儒家认为“人之初，性本善”，后天“习相远”才有了丑恶。西方基督教、天主教都认为人一出生就有原罪，所以要不停地忏悔、赎罪。而老子则认为“美之与恶，相去若何”（第二十章）。

其二，除了“道”是绝对的，其他人们后天的价值与是非判断得出的美丑、善恶、是非等都是相对的，没有绝对的标准，没有绝对的答案，也没有绝对的美与丑、善与恶。不同的人，甚至同一个人在不同的境遇之下对同一个事物都有可能得出不同甚至截然相反的结论，每个人从自身眼前的视角对事物进行价值判断，根据自己的好恶，好是恶非、好美恶丑、好善恶恶，由此引发了人类世界的一切争论、纠纷乃至战争，所有这一切都是因为判断区别美丑、善恶造成的。所以，老子认为这是“恶”，是“不善”。

其三，老子认为如果没有办法做到塞兑闭门、挫锐解纷、和光同尘这样一种消除了高低贵贱与不分亲疏远近的“玄同”境界，不得不区分美丑、善恶的话，至少要认识到万事万物都是对立统一的辩证关系，从下一节“有无相生”到“前后相随”都是这种相反相成的辩证关系，不要非白即黑。所以，老子说“大白若辱”（第四十一章），倡导“大成若缺”“大盈若冲”“大直若屈，大巧若拙，大辩若讷”（第四十五章）。由此，我们一定要警惕，当所有人都认为是对的，即观点都一致的时候，就离谬误不远了。以金融市场为例，当大家都知道股市、期市要大涨时，就离大跌不远了。同样，全世界的人都知道什么款式的衣服最流行，这个款式就要过时了。

有的学者将本节译为：天下人知道了美好的事物怎样成为美好，就知道了什么是丑恶；知道了善良的事物怎样成为善良，就明白了什么不是善良。也有的专家译为：天下人都知道美之所以为美，那是因为有丑陋的存在；都知道善之所以为善，那是因为有恶的存在。总体上看，这些解读不仅与原文不相符，而且颠倒了老子的逻辑关系，老子认为有了美丑、善恶之别就是“恶”“不善”，而不是知道了美、善，才有了丑、恶。

2.2　故有无相生，难易相成，长短相形，高下相倾，音声相和，前后相随。

“有无相生”即“有”和“无”相互滋生、助长，彼此互为因果，相互生成。有关“无”和“有”的概念、定义，以及两者之间相反相生、相互滋生、辩证统一的关系，已经在第一章做过详细的论述。“相生”与“相克”相对应，是中国传统文化中五行学说的术语，中国古人认为，木、火、土、金、水五种物质，存在相互滋生、助长、促进的关系，具体为木生火、火生土、土生金、金生水、水生木；反之为相克，具体为木克土、土克水、水克火、火克金、金克木。

这里要指出的是，在本节的六组关系中，“有无相生”是纲，也最难学懂，其余五组是目，只要纲举就能目张。所以，弄通“有无相生”对于理解“难易相成，长短相形，高下相倾，音声相和，前后相随”至关重要，如果理解不深的话，可以再重温第一章第三节的内容。

“难易相成”即难与易相互成全、相互补充、相互形成、相互成就。“相成”即相互成全、相互补充。《礼记·乐记》：“小大相成，终始相生。”如何理解“难易相成”呢？从正面成功的案例讲，任何复杂的难题都是由一个个容易的简单问题组合而成的，为学做事都必须从容易的内容学起，从容易的事情做起，只要锲而不舍地坚持下去，不断地解决容易的问题，积少成多最终就一定能攻克难关。从反面失败的教训看，往往因为不屑于从简单、容易的事情做起，做不好看起来似乎容易的小事，想一步登天直接解决复杂的难题，最终可能功亏一篑、前功尽弃。美国“挑战者号”航天飞机就曾经因为一个小小的垫圈不过关，导致发生机毁人亡的悲剧。所以，老子说：“难易相成。”在第六十三章又说：“图难于其易，为大于其细。天下难事，必作于易……多易必多难。是以圣人犹难之，故终无难矣。”在第六十四章则形象地总结说：“合抱之木，生于毫末；九层之台，起于累土；千里之行，始于足下。”

“长短相形”即长与短是通过相互对照、比较显示、显露、表现的，两者是相对的，没有短就无法显现长。“形”本义是形象，这里指显露、表现、比较、对照。《广雅》：“形，见也。”按照老子的观点，应该取长补短，老子说：“天之道，损有余而补不足”，但“人之道，则不然，损不足以奉有余”（第七十七章）。王弼本写作“长短相较”，解读为长与短相互比较，含义上也说得通，但“形”与“倾”押韵，“较”则不押韵。

“高下相倾”即高与下相互倾向、倾倒、倾慕、倾倚，体现尊与卑互相依存。“倾”本义为偏侧。《说文解字》：“倾，仄也。从人，从顷，顷亦声。”引申为倾斜、倾向、倾倒、倾心、倾慕。老子的观点是，“贵以贱为本，高以下为基”（第三十九章），“故大国以下小国，则取小国；小国以下大国，则取大国。故或下以取，或下而取”（第六十一章），“江海所以能为百谷王者，以其善下之，故能为百谷王”（第六十六章），“高者抑之，下者举之”（第七十六章）。帛书版写作“高下相盈”，后避汉惠帝刘盈名讳而改为“高下相倾”。“盈”本义为装满器皿。《说文解字》：“盈，满器也。从皿、夃。”这里指充盈、充满。所以解读为高与下相互充盈、充实、充满。

“音声相和”即音和声相互和谐协调。“声”本义为声响。古人将简单的发音（单一的音响）叫作“声”，而声的组合，变成音乐节奏的乐音称为“音”。《说文解字》：“音，声也。生于心，有节于外，谓之音。宫、商、角、徵、羽，声；丝、竹、金、石、匏、土、革、木，音也。从言含一。”这里的“和”指和谐协调、和顺平和、和合、和睦融洽。没有声就无法组成音，而只有声不组成音就没有动听的乐，只有音与声相互和谐、和合才能音韵悠扬，否则就是嘶声杂音。音乐的品质高下不在于音量的大小，而在于是否和谐动听。所以老子说：“大音希声。”（第四十一章）

“前后相随”即前与后相互跟随、追随。“随”指跟随、随同、随从、顺从、追随。前没有后跟随就不成其前，后不追随前也就不成其后。所以老子说，“圣人后其身而身先”（第七章），“欲先民，必以身后之”（第六十六章）。对一个组织来说，只有“前后相随”，才能无往而不胜。中国共产党的百年辉煌史，很好地诠释了“前后相随”的真谛：正是因为中国共产党人在面对困难、危险的关键时刻，勇于身先士卒、冲锋在前，先天下之忧而忧，才有广大人民群众的舍命追随、生死相从；也正是因为中国共产党人在面对利益、胜利成果时，主动把军功章让给身后的人民群众，后天下之乐而乐，享受在后，所以得到广大人民群众的衷心拥护和发自内心的爱戴。“前后相随”有的版本写作“先后相随”，对论述事物的相互依存、相互作用、相反相成没有影响。

老子在本节通过论述有无、难易、长短、高下、音声和前后六组相反相成、相克相生的辩证关系，对上一节的论断作进一步的阐述，以便读者更好地理解。从第一章对“有”和“无”的论述，我们可以知道，相对于“有”，老子更尊崇“无”，同样的道理，在后面的五组关系中，老子崇尚易、短、下、声、后，上面的论述也充分说明了老子的思想、观点。

帛书版在本节结尾处有“恒也”，作为对前面有无、难易、长短、高下、音声和前后六组相反相成、相克相生的朴素辩证思想的总结。

2.3 是以圣人处无为之事，行不言之教。

“圣人”一般指德高望重、有大智、已达到人类最高最完美境界的人，与“凡人”相对。唐代韩愈《师说》：“古之圣人，其出人也远矣。”中国古时敬称天子为圣人。《礼记·大传》：“圣人南面而治天下，必自人道始矣。”《新唐书·李泌传》：“着黄者圣人，着白者山人。”儒家把尧、舜、禹等有完美品德的人称为圣人，有时则专指孔子（孔圣人）。《孟子·公孙丑上》：“子夏、子游、子张，皆有圣人之一体。”所以，儒家的“圣人”是道德楷模，标准是仁义礼智信，追求的是“三不朽”（即“立德”“立功”“立言”，“立德”就是树立高尚的道德，“立功”就是为国为民建立功绩，“立言”就是提出具有真知灼见的言论），最高境界就是北宋思想家张载所说的“为天地立心，为生民立命，为往圣继绝学，为万世开太平”。

“圣人”是老子心目中的理想人格，在以后的章节中反复出现 31 次。

但老子对“圣人”的定义与儒家的截然相反，老子把得“道”之人称为“圣人”，其行为准则与儒家的“圣人”反其道而行之：既不崇尚仁义礼智信，也不主张“立德”。“圣人不仁”（第五章），“大道废，有仁义；智慧出，有大伪”（第十八章），“绝智弃辩，民利百倍；绝仁弃义，民复孝慈”（第十九章），“失道而后德，失德而后仁，失仁而后义，失义而后礼。夫礼者，忠信之薄，而乱之首”（第三十八章），“虽智大迷”（第二十七章），“以智治国，国之贼；不以智治国，国之福”（第六十五章）。也不主张“立功”“立言”。“处无为之事，行不言之教”，“信言不美，美言不信”（第八十一章）。

那么老子推崇的“圣人”的标准是什么呢？就治身而言，指体悟大道、返璞归真、顺其自然、扬弃束缚身心自由枷锁的人；就治国而言，指“与道同体”、深谙“处无为之事，行不言之教”和“功成而弗居”之自然主义思想的理想统治者。钱锺书《管锥编》：“老子所谓‘圣’者，尽人之能事以效天地之行所无事耳。”

本节的“圣人”与第十五章、第六十五章的“古之善为道者”的“道者”及第二十四章、第三十一章、第七十七章的“有道者”是同义词，只是“道者”包括“圣人”，涵盖范围比“圣人”更广。根据《黄帝内经》上卷《素问》之“上古天真论”记载，“道者”从高到低分为“真人”“圣人”“贤人”三个等次，“圣人者，处天地之和，从八风之理，适嗜欲于世俗之间，无恚嗔之心，行不欲离于世，被服章，举不欲观于俗，外不劳形于事，内无思想之患，以恬愉为务，以自得为功，形体不敝，精神不散，亦可以百数”。又据《庄子·天下》的论述，道家黄老派将人分为天人、神人、至人、圣人、君子、百官、民七等：天人、神人、至人都是得道之人，与天合一，齐生同死，超然物外，逍遥自在，是庄子心目中的理想人格；圣人也是得道之人，能够“兆于变化”，既“以虚无为本”，又“以因循为用”，既“虚静恬淡寂寞无为”，又“经纶天下”，是黄老派理想人格的代表。按照“内圣外王”的政治理念，圣人既是内圣，又是外王。在现实政治生活中，圣人是上无为而下有为、君无为而臣有为之王，相当于虚位之君，上通于类似大祭司的天人、神人、至人，下达君子、百官乃至庶民，居于中枢地位；既尊重天人、神人、至人的特殊智慧，又发挥君子的教化功用，也借用百官的治理才能，这就是圣人能“处无为之事，行不言之教”的原因所在。

“处”即“處”的古字，本义为中止、停止。处暑即夏天的暑气渐将结束，意味着即将进入气象意义的秋天。在这里意为治理、办理、处事。《左传·文公十八年》：“德以处事。”

“无为”是老子从宇宙天地之道的“道法自然”中悟出来的治国理政之道、为人处世之道、养生益寿之道，是老子哲学思想最重要的组成部分，或者说是老子哲学思想的核心。“为”的本义是做事、作为，引申为治理、处理。老子的“无为”不是不做事、不作为、不治理，不是听天由命、任人宰割，而是要顺应自然、不人为妄为，不违背客观规律乱作为，条件不成熟不要硬作为。河上公注：“以道治也。”“无为”的对立面是“无不为”，也就是“有为”，“无为”与“有为”是从“无”和“有”衍生出来的，两者的关系看起来相互矛盾，实际上是对立统一的，同上一节的六组关系一样，相反相成。

“处无为之事”，就是顺其自然行事，以“无为”的态度对待事物，按照“无为”的原则来处事、治理。《庄子》：“玄古之君天下，无为也，天德而已矣。”很多人没有理解“无为”的真正含义，就认为老子的“无为”是消极思想，缺乏进取精神，没有斗争精神。实际上老子的“无为”不是为“无为”而“无为”，其提倡“无为”的目的是“无不为”“无不治”。“道恒无为而无不为”（第三十七章），“无为而无不为”（第四十八章），“为无为，则无不治”（第三章），“是以圣人无为，故无败”（第六十四章）；要治国理政、爱护百姓，就必须做到“无为”，“爱民治国，能无为乎”（第十章）；只要做到“无为”，就能国泰民安，“我无为，而民自化；我好静，而民自正；我无事，而民自富；我无欲，而民自朴”（第五十七章）；老子深知“无为”的妙用，也知道世人的不理解，“无有入无间，吾是以知无为之有益。不言之教，无为之益，天下稀及之”（第四十三章），所以提出“为无为，事无事，味无味”（第六十三章）。

“行不言之教”即以“不言”的方式施行教化。“言”本义为说、说话，引申为言论、言辞、政令、号令。《国语·周语》：“有不祭则修意，有不祀则修言。”韦昭注：“言，号令也。”“不言之教”指不用语言、政令来说教，不用言辞训诫，不通过发号施令来强制推行号令，而是潜移默化地引导，以德化民，以身作则，也就是身教，通过自身榜样的力量，达到教化的目的，也就是我们常说的“言传不如身教”之教。河上公注：“以身师导之也。”

本节开头说过，儒家“圣人”的“三不朽”之一是“立言”。“立言”的目的是教化后人，因为“立德”“立功”对一般的读书人来讲，往往受客观条件的限制难以企及，所以历史上很多知识分子就将“立言”作为最高人生追求。而老子认为，“道”不可以用语言来言说、描述，也难以形容、不可名状，“道恒无名”（第三十二章）。语言作为人类思维的外在表现，无法原汁原味地重现自己的思维，有可能词不达意，更重要的是人本身的思维就已经带有主观价值判断，这就离“道”更遥远了，这也是本章第一节老子强调“天下皆知美之为美，斯恶已；皆知善之为善，斯不善已”的原因所在。所以，老子不看重“言教”，强烈反对多言、妄言，认为“多言数穷，不如守中”（第五章）、“妄作凶”（第十六章），提倡“悠兮，其贵言”（第十七章），因为“知者不言，言者不知”（第五十六章），主张“希言自然”（第二十三章）、“不言而善应”（第七十三章），不得不说也要尽量“道之出口，淡乎其无味”（第三十五章），而且要“言有宗”（第七十章），对难能可贵的“不言之教”却“天下稀及之”（第四十三章）深感痛心。

2.4　万物作焉而不辞，生而不有，为而不恃，功成而弗居。

“万物作焉而不辞”即任万物自然兴起而不置一词、不发号施令。“作”的本义是人突然站起。《说文解字》：“作，起也。从人，从乍。”这里指兴起、产生。《论衡》：“周秦之际，诸子并作。”河上公注：“各自动作。”“不辞”在这里意为不言辞、不说话、没意见，不置一词，引申为不发号施令。《文选·屈原·九歌·少司命》：“入不言兮出不辞，乘回风兮载云旗。”

“万物作焉而不辞”帛书版写作“万物作而弗始”。“始”意为开始、最初、起头、源头、创始。“万物作而弗始”即任万物自然兴起而不以其创始者自居，不谋求主宰万物。圣人是得“道”之人，当然明白“道”才是天地之始、万物之母，而“道”是不会以造物主自居的，圣人就更不能把自己当作万物的救世主了。

“生而不有”，即“道”孕育、生养、产生万物，但不据为己有。“生”的甲骨文字形，上面是初生的草木，下面是地面或土壤，本义为草木从土里生长出来、滋长。《说文解字》:“生，进也。象草木生出土上。”这里指生育、养育、生养、产生。《诗经·大雅·生民》:“不康禋祀，居然生子。”“不有”本义为没有，这里指不占有、不拥有。《文选·干宝·晋纪总论》:“是以扞其大患而不有其功，御其大灾而不尸其利。”河上公注:“元气生万物而不有。”“道生万物，不有所取以为利也。”圣人学“道”，就必须懂得生育、养育，而不占有、据有的道理，包括父母生育子女，人们开创事业、创建机构(社会组织、企业，甚至国家)等，都应该遵循“生而不有”的原则。

“为而不恃”本义指“道”育成万物、有所施为，但不自恃有功、不自恃对万物有恩。圣人尊“道”，为政治国就要助推百姓有所作为，但不自恃己功，不自恃对百姓有恩，也不图回报，不把自己的意志强加于百姓。河上公注:“道所施为，不恃望其报也。”“为”在这里对应圣人可以解读为治理，即为政、治理国家。《小尔雅》:“为，治也。”《世说新语·排调》:“诸葛瑾为豫州。”“不恃”即不自恃有恩、不自恃己功。

“功成而弗居”即功成业就而不傲慢，不居功自傲。“居”的金文字形是“踞”，像人屈胫蹲踞形，本义为蹲着。这里通“倨”，即傲慢、居功自傲。《诗经·小雅·角弓》:“莫肯下遗，式居娄骄。”一个人能事业成功不容易，而成功了还能不居功自傲则更是难能可贵。正所谓地低成海，人低成王。越是优秀的人(圣人)，越懂得藏起锋芒，做到“功成而弗居”，就能避免“木秀于林，风必摧之；堆出于岸，流必湍之；行高于人，众必非之”的祸端。

与老子同时代的古希腊柏拉图提出“X是什么”之问，探讨的是“是”与“不是”、“真”与“假”、“知”与“不知”；亚里士多德则把“是”提升到核心地位，认为形而上学要研究的是“是本身”。而老子哲学反其道而行之，更多地采用否定性思维，善于从人们司空见惯的现象中，通过“不是什么”逐一否定的“证伪”方式，显示出“道”的内在特性，达到透过现实世界的表象看清无形之“道”本质的目的，体现了老子反向思维的智慧。因此，可以说老子是使用否定句式的宗师，开列负面清单的鼻祖。据本书引用的《老子》原文统计(各种不同版本会有所不同)，使用“不(弗)”246次、“无”100次。本章就使用了“不善”“无为”“不言”“不辞”“不有”“不恃”“弗居”“不去”8个否定词。本节老子在肯定

“道”的“作”“生”“为”“成”等创造性的同时，更强调其“不辞”“不有”“不恃”“弗居”的重要性，这“四个不（弗）”是老子认为得“道”之人对待自己成就、功绩应有的态度，是“圣人处无为之事，行不言之教”的原因所在，或者说理论依据，也是老子反复强调的为人处世之道。“功遂身退，天之道也”（第九章），“生而不有，为而不恃”（第十章），“万物恃之以生而不辞，功成而不有。衣养万物而不为主”（第三十四章），“生而不有，为而不恃”（第五十一章），“是以圣人为而不恃，功成而不处”（第七十七章）。

2.5 夫唯弗居，是以不去。

正因为不居功自傲，所以功勋才不会失去，也无所谓失去，结果反而功绩永存而不泯灭。然而，古今中外知道这个道理的人可能不在少数，但真正能够践行的却不多，大家耳熟能详的只有越国大臣范蠡、汉初谋士张良、明朝开国大将徐达等寥寥数人。相反，反面案例比比皆是，翻开一部世界史，多少帝王将相、王公大臣、文臣武将、风流人物、成功人士，在胜利、成功、功绩面前，忘记了“功成而弗居”的重要性，忘乎所以、私心膨胀，居功自傲、狂妄自大、目中无人，锋芒毕露、功高震主，结果轻者功败垂成，重者国破家亡、妻离子散、诛灭九族、家破人亡、死无葬身之地，教训触目惊心、十分惨痛。

这里再讲一个践行“功成弗居”理论的成功人物——三国时期的荀攸。作为曹操的军师，荀攸随曹操征战疆场，筹划军机，智慧过人，迭出妙策，克敌制胜，为曹操立下了汗马功劳。在曹营众多谋臣策士至中，荀攸地位数一数二，曹操晋位魏公后，被任命为尚书令，可谓恩宠至极。但他懂得“功高不可震主，锋芒不可凌人”的道理，很注意掩蔽锋芒，时刻自谦避祸，对曹操始终恭敬有加，对同僚不争高下，表现得非常谦卑、文弱，有时甚至让人觉得愚钝、怯懦。最终他凭借超人的智慧和谋略，在朝20余年，从容自如地处理政治斗争中复杂的人际关系，在极其残酷的人事倾轧中，始终地位稳定，立于不败之地。

小结

本章分为两个部分。第一部分包括第一、二节，集中阐述老子的辩证法。通过列举美与丑、善与恶、有与无、难与易、长与短、高与下、音与声、前与后8组事物，意在阐述矛盾的对立转化规律，认为一切事物均存在相互依存、相互作用、相反相成的自然辩证关系，一切事物都有对立面，万事万物都以其对立面为自己存在的前提，不离不弃、如影相随，而且相反的关系不断地变化运动，万事万物及其价值判断也不停地变化着，相互对立的双方可以在变化运动中相互转化。

老子认为，除了“道”是绝对的外，美丑、善恶等是人们后天的价值、是非判断，带有明显的人为道德痕迹，都是相对的。人世间的很多争议、纠纷就是因为价值、是非判断的不同而产生，凡是强行让天下按一个思想、一个标准、一个模式搞“一刀切”，非白即黑、党同伐异，就必然走向反面。比如，民主、自由是全人类的共同追求，但如果把美式民主作为衡量民主与否的唯一标准，强行推动所有国家都实行美式民主，那这个行为本身就不民主，而是强权霸道；把个人自由建立在损害他人利益的基础上，如不顾新冠肺炎疫情的蔓延，不戴口罩、大量人员集聚，那就不是自由，而是传播病毒，造成更多的人得病而失去健康、自由甚至生命。套用老子的表述方式就是：“天下皆知民主之为民主，斯独裁已；皆知自由之为自由，斯不自由已。”

第二部分包括第三、四、五节，阐述老子“处无为之事，行不言之教”“功成而弗居”的自然主义思想。老子将辩证法运用到社会生活中，指出“有为”和“无为”、“有言之教”和“不言之教”、功勋不灭与功成弗居，也是相互依存、相互转化的。既然“有”与“无”、难与易、长与短、高与下、音与声、前与后，都是相反相成、相互依赖的，还有什么理由争强好胜、妄自作为呢？所以，圣人依照客观规律，顺应自然，按“无为”的原则处事，以“不言”的方式施教，具体表现为“不辞”“不有”“不恃”“弗居”，结果却是万物兴起、蓬勃生长，有所作为、功成业就，并且永不磨灭，反而在客观上促进自然的改造和社会的进步发展，达到“有为”的目的。

“处无为之事，行不言之教”，体现了实践和认识的高度和谐与统一。

“处无为之事”强调按自然法则顺其自然，让百姓在休养生息中“自化”，体现的是自治；“行不言之教”强调的则是统治者的以身作则，用自身的道德约束在潜移默化中让百姓“自朴”，体现的是德治。“故圣人云：我无为，而民自化；我好静，而民自正；我无事，而民自富；我无欲，而民自朴。”（第五十七章）当然在现代社会还要加上法治，只有实现法治、自治和德治的高度结合，不偏废任何一方，才是人类和平及人生幸福的保障。老子“处无为之事，行不言之教”的思想是对矛盾的对立统一规律的活学活用，是圣人修身、齐家、处事、治国、平天下至关重要的法宝，是科学的方法论，也只有真正体悟大道的老子才能揭示出这一哲学方法论。实际上，《老子》后面很多的章节都围绕着“处无为之事”和“行不言之教”这一思想而展开。

通过第一章的学习，我们跨过了五道关，开启了美妙而又深奥、漫长而又艰辛的修“道”（学“道”、体“道”、悟“道”）之旅。本章我们则学习了圣人之道，让我们继续坚持遵“道”、循“道”、行“道”，最终目标是得“道”，成为善于把握“道”、遵循“道”的“有道者”，也就是立于天地间的“圣人”。

第三章　虚心实腹　弱志强骨

不尚贤，使民不争。不贵难得之货，使民不为盗。不见可欲，使民心不乱。是以圣人之治，虚其心，实其腹；弱其志，强其骨；恒使民无知无欲，使夫智者不敢为也。为无为，则无不治。

直译

不崇尚贤才异能之人，使民众不相互争功夺利；不看重难得的稀贵之物，使民众不去做盗贼；不显露足以引起贪欲的事物，使民众的思想不被扰乱。因此，圣人治理天下，净化百姓的内心，充实填饱百姓的肚腹，弱化百姓的意志，增强百姓的筋骨体魄；永远让民众没有智巧、没有欲望，致使那些有才智的人也不敢妄为。按照“无为”的原则治理，那么就没有治理不好的。

善解

3.1　不尚贤，使民不争。不贵难得之货，使民不为盗。不见可欲，使民心不乱。

“不尚贤”，即不崇尚有才干、才能的人，更确切地说是不崇尚所谓贤才异能之人。“尚”意为崇尚、尊崇、重视、仰慕。《广雅》：“尚，上也。”帛书版写作“上”，意为崇尚、提倡。《史记·秦始皇本纪》：“上农除末，黔首是富。”《汉书·匡张孔马传》：“治天下者审所上而已。”“贤”的本义是多财，后引申为多才能、有德行、贤才能人。《史记》：“相如既归，赵王以为贤大夫。”

在老子看来，贤与愚同第二章论述的美与丑、善与恶等一样，都是相反相成、对立统一的关系，而“道”要达到的是“玄同”境界，推崇贤人反而会引起嫉妒、争执，所以即使是圣贤之人也不要显露其贤能，“圣人为而不恃，功成而不处，其不欲见贤”（第七十七章）。河上公注：“贤，谓世俗之贤，辩口明文，离道行权，去质为文也。不尚者，不贵之以禄，不贵之以官。”王弼注：“贤，犹能也。尚者，嘉之名也。”

有的学者按照儒家思想把“不尚贤”解读为不崇尚贤能之名。释德清注：“尚贤，好名也。名，争之端也。”有的专家认为，“不尚贤”就是不尚多财，与“不贵难得之货”“不见可欲”一样，都是针对财物而言的。这些解读虽然更容易被深受儒家思想熏陶的中国知识分子接受，但明显不是老子的本意，老子认为按“道”行事，不需要贤能之人，目的是“使民不争”。

“使民不争”就是使民众不争抢功名、不争夺官位利禄。河上公注：“不争功名，返自然也。”“不争”之德是“道”的崇高品德，也是老子倡导的圣人之治的重要目标。“水善利万物而不争……夫唯不争，故无尤”（第八章），“夫唯不争，故天下莫能与之争”（第二十二章），“以其不争，故天下莫能与之争”（第六十六章），“是谓不争之德”（第六十八章），“天之道，不争而善胜”（第七十三章），“圣人之道，为而不争”（第八十一章）。

“不贵难得之货，使民不为盗”，不看重难得的稀有之物，使民众不去偷盗，不成为盗贼。“贵”本义为物价高，与“贱”相对。《说文解字》：“贵，物不贱也。”引申为重视、看重、珍视、贵重。“难得之货”，指凭借正常手段、从正常渠道难以得到的东西，稀有之物，泛指钱财。因为“难得之货，令人行妨”（第十二章），诱惑人行为不轨，如果统治者能够不看重“难得之货”，所谓的稀罕珍宝就没有了市场、失去了价值，就能“使民不为盗”。“圣人欲不欲，不贵难得之货。”（第六十四章）河上公注：“言人君不御好珍宝，黄金弃于山，珠玉捐于渊。上化清净，下无贪人。”王弼注：“贵货过用，贪者竞趣。穿窬探箧，没命而盗。”

“不见可欲”就是不显露诱发人欲望的事物。“见”甲骨文字形，上面是“目”，下面是“人”，本义为看见、看到。这里的“见”不读 jiàn，而读 xiàn，通“现”，意为显现、出现、呈现、显露、显示，引申为炫耀。《广雅》：“见，示也。”《易·乾》：“见龙在田。”注：“出潜离隐，故曰见。”《战国策·燕策》：“图穷而匕首见。”杜甫《茅屋为秋风所破歌》：“何时眼前突兀见此屋。”“可欲”，指可使欲望膨胀的东西，常指美色、珍宝、高官厚禄。《文选·张衡·东京赋》：“思仲尼之克己，履老氏之常足，将使心不乱其所在，目不见其可欲。”有的学者认为，“可”应该为“夥”，意为多，“可欲”即多欲。其依据是《方言·一》：“凡物盛多谓之寇，齐宋之郊、楚魏之际曰夥。”又《楚辞·九章·哀郢》：“曾不知夏之为丘兮，孰两东门之可芜。”可芜即多芜。

民心之所以乱，很重要的原因是欲望太多，欲望多的原因是能诱发贪欲的事物老在眼前晃动。所以不显露那些能引起人们贪欲的事物，就能使民众的思想不被扰乱。河上公注：“放郑声，远佞人。不邪淫，不惑乱也。”老子认为欲望是得“道”必须克服的障碍，“五色，令人目盲；五音，令人耳聋；五味，令人口爽；驰骋畋猎，令人心发狂”（第十二章），“咎莫大于欲得”（第四十六章）。反之，“不欲以静”，就能“天下将自正”（第三十七章）。所以，一方面，圣人要自觉地“见素抱朴，少私寡欲”（第十九章），并通过自身的身教模范作用，引导百姓，“我无欲，而民自朴”（第五十七章）；另一方面，想办法不向民众“见可欲”，如果民众已经有了贪欲，就要“镇之以无名之朴”（第三十七章）。

本节中的三个“民”指民众、人民、百姓，是相对圣人而言的普通之人。所以老子说要通过“不尚贤”“不贵难得之货”“不见可欲”，才能让民众“不争”“不为盗”“心不乱”，如果是圣人则即使“尚贤”“贵难得之货”“见可欲”，也能“不争”“不为盗”“心不乱”。但三个“民”代表的人群并不完全相同，第一个“民”针对的是知识分子阶层，第二个“民”是指穷苦平民，第三个“民”适用于所有普通百姓。

3.2 是以圣人之治，虚其心，实其腹；弱其志，强其骨；恒使民无知无欲，使夫智者不敢为也。

“治”原为胶东半岛的古河流名称，因大禹治水，借治为理，从治水引申为整治、疏理、修治、治理，进一步引申为治化、安定，治理即统治、处理、管理。中国历代治国理政的最高境界就是天下大治。中国长期以来习惯使用“治”，《老子》中使用“治”字 13 次，除了本章两处，还有第八章的“政善治”，第十章的“爱民治国”，第五十七章的“以正治国”，第五十九章的“治人事天”，第六十章的“治大国若烹小鲜”，第六十四章的“治之于未乱”，第六十五章的“民之难治，以其智多。故以智治国，国之贼；不以智治国，国之福”，第七十五章的“民之难治，以其上之有为，是以难治”。而西方则用管理，管理往往与管控、管束、管制相关联。

治理与管理的区别是，治理是按照治水的方式统治、处理，是阴性管理、水性管理，强调柔性，注重自治、德治基础上的法治；管理则强调刚性约束、管制，是阳性管理，只注重法治。中国历史上，儒家讲德治，道家讲自治，法家讲法治。从现代管理学的角度看，阴性管理、阳性管理，自治、德治、法治，不可或缺；从管理效率、成效看，相对而言，治理是更高层次的管理，所以能用阴性管理解决的问题，就不要用阳性管理。我们现在从法制到法治、从管理国家到治国理政、从管理能力到国家治理体系和治理能力现代化，就是强调德治、自治、法治相结合。

“圣人之治”就是圣人借鉴古代治水的方式，按照“道”顺其自然的法则进行统治、治理，以疏为主、以堵为辅，因势利导，也就是第二章所说的“处无为之事，行不言之教”。河上公注：“圣人治国与治身同也。”

“虚其心”即虚空、净化民众的心灵，排空百姓的心机，简化百姓的心思，开阔人们的心灵，去除可欲，清静无为，心灵宁静、洁净达到极致，从而“使民心不乱”，这样就能天下太平。河上公注：“除嗜欲，去乱烦。”释德清注：“断妄想思虑之心，故曰虚其心。”“虚”的古字为“墟”，从丘，虍声，本义为大土山。《说文解字》：“虚，大丘也。昆仑丘谓之昆仑虚。”后引申为住所、乡村市集、空洞、天空等，再转义为空虚，与“实”相对。《尔雅》：“虚，空也。”这里指虚空、虚化。有的学者把“虚”理解为谦虚，把“虚其心”解读为让百姓谦虚而不自满、不自大，虚心可以使人进步，这明显是按儒家思想解读《老子》。

“实其腹”即充实民众的肚腹，填饱百姓的肚子。河上公注：“怀道抱一，守五神也。”“实其腹”是“虚其心”的物质基础，管子曰：“仓廪实而知礼节。”如果“田甚芜，仓甚虚”（第五十三章），百姓食不果腹，是无论如何都无法做到“虚其心”的，只有满足人民的温饱需求，才有可能让百姓安居乐业、心灵虚空，这符合唯物主义物质决定精神的论断。王弼注：“心怀智而腹怀食，虚有智而实无知也。”

“弱其志”就是削弱民众的志气、意愿，弱化百姓的意志，减弱百姓的竞争意愿。河上公注：“和柔谦让，不处权也。”“弱”本义为气力小、势力差、柔弱，用作动词为削弱、弱化、示弱。《文选·贾谊·过秦论》：“诸侯恐惧，会盟而谋弱秦。”“志”本义为志气、意愿、心之所向。《说文解字》：“志，意也。”《春秋·说题辞》：“思虑为志。”《鬼谷子·阴符》：“有所欲，志存而思之。志者，欲之使也。”有了欲望，就会存于内心并设法满足，人的志向受欲望驱使。所以，“弱其志”从根本上讲就是弱化民众的欲望，基本上与“虚其心”同义。

“强其骨”即强健、增强、强化百姓的筋骨体魄。河上公注：“爱精重施，髓满骨坚。”王弼注：“骨无知以干，志生事以乱。心虚则志弱也。”“强”与“弱”相对，意为强健、健壮。

本节的四个“其”字都是指第一节的“民”。有的学者把“其”理解为人君自己，这种解读与前面的“圣人之治”对不上，圣人是得“道”之人，不需要再强调自我虚心、弱志、强骨，而且对统治者来说，实腹的问题也不存在，至于把“实腹”理解为“广纳”、“强骨”理解为“坚定有以自立”则明显是以儒家观点解读《老子》。

“恒使民无知无欲”就是永远让民众没有机心（巧诈之心、机巧功利之心）、没有欲望，使百姓不持成见，不生贪欲。“知”本义为知道。段玉裁注：“从口矢。识敏，故出于口者疾如矢也。”引申为懂得、了解、知识、学问等。这里指识别、区别。《淮南子·修务》：“孪子之相似者，唯其母能知之。”“无知”本义为缺乏知识、不明事理，这里则指没有识别、区别之心，引申为没有心机、机心，没有机巧、技巧，与第十章“明白四达，能无知乎”中的“无知”是一个意思。这里的“无知无欲”就是“知无”和“欲无”，目的是让人们保持纯洁、纯真、朴质的本性。河上公注：“反朴守淳。”王弼注：“守其真也。”范应元注：“盖民知贵尚，见可欲则有争有贪而为乱，故常宜使之无妄知，无妄欲。”

“使夫智者不敢为也”，就是使有才智的人不敢自以为是、要小聪明

而肆意妄为。河上公注：“思虑深，不轻言。”“智”本义为聪明、智力强。引申为智慧、聪敏、见识、知识、智谋、计谋。老子论述的“智”基本上侧重于计谋，相当于上面所说的机心、机巧。所以，老子的思想是反对以一己之“智”加于法，认为“智慧出，有大伪”（第十八章），“绝智弃辩，民利百倍”（第十九章），“虽智大迷，是谓要妙”（第二十七章），因此反对以“智”治国。“民之难治，以其智多。故以智治国，国之贼；不以智治国，国之福。”（第六十五章）“智者”本义为有才智、智谋或智慧过人的人，老子这里所讲的“智者”则是没有得“道”、不懂得“无为而治”的“聪明人”，也就是我们现在常说的有小聪明而无大智慧的人，或者有知识没有智慧的人。王弼注：“智者，谓知为也。”

3.3 为无为，则无不治。

“无为”的本质是要顺应自然、不以自我主观意志人为地妄为，不违背客观规律乱作为。河上公注：“不造作，动因循。”“为无为”就是第二章的“处无为之事”，即以“无为”的态度待物处事，按照“无为”的原则来治理天下，这是针对统治者而言的，君无为而臣有为，就能“无为而无不为”。对社会整体来说，不多做人为的社会塑造，就可以避免社会人群的分化，从而使社会长保混沌无名的状态。“为无为”要实现的目标是“无不治”，而且只要统治者能做到“为无为”，天下就能够实现“无不治”，即没有不能治理的，没有治理不好的。

小结

老子在第一节提出了“不尚贤”“不贵难得之货”“不见可欲”的“三不”施政措施，目的是解决当时国家治理中存在的种种问题。“不尚贤”不是不尊重人才，更不是愚民政策，而是针对老子生活的春秋中晚期政治领域存在的实际情况开出的“处方”。当时天下大乱，统治者为了争权夺利纷争不止，纷纷打着“尚贤”的旗号招贤纳士，“养贤”之风盛行，“尚贤”的结果不是治国安邦、国泰民安，而是战乱不断、生灵涂炭。老子提出“不尚贤”，目的是“使民不争”，从根本上避免社会纷争。“不贵难得之货”不是反对物质生产、物质生活，而是批评对物欲的过度追求，目的是“使民不为盗”。“不见可欲”不是扼杀民众的生产欲望，而是要让民众返回到最初的混沌不知、没有名利纷争的状态，目的是“使民心不乱”。

老子在第二节明确了其倡导的“圣人之治”的施政目标，就是虚心实腹、弱志强骨，让民众“无知无欲”。“无知”不是愚民，“无欲”不是要泯灭百姓生存的自然需求，而是要让民众永远没有机心、没有贪欲，同时一针见血地指出，实现这个目标的关键是让“智者不敢为”，就是要迫使统治者不敢肆意妄为、轻举妄动。

第三节老子进一步将其施政方略上升到哲学的高度，提出了“为无为，则无不治”的治国理政之“道”。老子认为只有施行无为之治，才能实现天下大治。这既是对本章第一节、第二节的总结和升华，也是对第二章“处无为之事，行不言之教”思想的深化，其核心要义是懂得顺应自然规律。实际上“为无为，则无不治”就是人们常说的无为而治，是一个国家、一个组织最理想的治理状态，也是一个统治者、领导者、管理者统治、治理、管理的最高境界，体现了最完美、最高超的领导艺术。

第四章　道冲不盈　万物之宗

元典

道冲，而用之或不盈。渊兮，似万物之宗；湛兮，似或存。挫其锐，解其纷；和其光，同其尘。吾不知其谁之子，象帝之先。

直译

“道”虚空无形，却永远处于盈与不盈之间（取之不尽，用之不竭，其作用无穷无尽）。（它是）那么渊深，仿佛是万物的祖宗；（它又是）那么清澈，好像存在又好像不存在。它已经摧折了锐锋，化解了纷争，调和了光芒，混同于尘世。我不知道它是谁的孩子，好像是天帝的先祖。

善解

4.1　道冲，而用之或不盈。

这里的“冲”通“盅”，帛书版就写作“盅”，意为空虚。“盅”本义为器皿空虚。《说文解字》：“盅，器虚也。从皿，中声。”引申为深远、谦虚、平和、淡泊。冲音即精深玄妙之言，冲和指性情谦虚和平，冲衿意为谦和淡泊的胸襟，把虚室、空室称为冲室，虚寂恬静称为冲寞，淡泊虚静称为冲虚，恬静淡泊称为冲静。

“道冲”即“道”是虚空无形的。“冲”又通“中”。河上公注：“冲，中也。道匿名藏誉，其用在中。或，常也。道常谦虚，不盈满。”“道”虚空无形，既看不见也摸不着，正因为虚空，所以不偏不倚，能够守中。需要指出的是，“道冲”的虚空不是一无所有，其中隐藏着无穷无尽的能量，就像现代科学家发现的宇宙黑洞一样，实际上，“道冲”是对第一章的“无”的进一步阐述。

“盈”的本义为装满器皿，引申为盈满、自满，与“冲”（空虚、谦虚）正好相反，老子在第四十五章说：“大盈若冲，其用不穷。”“不盈”本义为不盈满，介于“冲”和“盈”之间。《诗经·周南·卷耳》：“采采卷耳，不盈顷筐。”有的学者把“不盈”理解为不完、无穷无尽，我一直没有找到“盈”解读为完、穷尽的依据。这种解读忽视了“或”的作用，“或”表示选择并列关系，“或不盈”即盈或者不盈，也就是在盈满与不盈满（“冲”）之间，就像一个魔术八宝箱永远都装不满又取不空。从纯文字的角度讲，“或不盈”与“或盈”含义一样，那为什么老子不用更简洁的“或盈”而用“或不盈”呢？这是因为老子哲学反对盈满、肯定“不盈”，凡事忌满，月满则亏，水满则溢，人满则骄，所以“不盈”才符合“道”的本性。“持而盈之，不如其已”（第九章），“保此道者，不欲盈。夫唯不盈，故能蔽而新成”（第十五章）。正因为“道冲”（虚空、无形无状），所以用之“或不盈”，永远处于盈与不盈之间，体现“道”的作用无穷无尽，“道”的能量取之不尽、用之不竭却又不自满。

还有的学者把“冲”理解为中国古代五行学说所说的“两者力量自然相向运动产生的作用”。《说文解字》曰：“冲，涌摇也。从水，中声。”即水涌摇的样子。通过第一章我们知道，“道”是“无”和“有”的辩证统一体。本节则说“道”的作用以动态的“冲”与静态的“不盈”两种方式循环往复。当“道”从“无”的“不盈”运行到“有”的“盈”时，就产生“冲”，“冲”的结果是由“盈”重新达到“不盈”的状态。即“道”从“不盈”到“盈”，再从“盈”到“不盈”，周而复始地运行，永不停止。

4.2 渊兮，似万物之宗；湛兮，似或存。挫其锐，解其纷；和其光，同其尘。

《老子》通行版把“湛兮，似或存”放在“同其尘”之后，我认为将其放在“渊兮，似万物之宗”之后，读起来更上口，含义更顺畅。实际上，

“挫其锐，解其纷；和其光，同其尘”又出现在第五十六章，多数专家认为是错简重复，放在本章“渊兮，似万物之宗”“湛兮，似或存”两句之后是放错了地方，但帛书版甲本、乙本都有此四句，说明汉代以前的版本就已经存在。

“渊”本义为打漩涡的水，即深水。《说文解字》：“渊，回水也。从水，象形。”《小尔雅》：“渊，深也。”引申为深渊、深潭、深远。“宗”本义为宗庙、祖庙。由“宀”（房屋）与“示”（神祇）会意，意为在室内对祖先进行祭祀，引申为祖先、祖宗、宗旨、根本、主旨。《国语·晋语四》：“礼宾矜穷，礼之宗也。”“渊”象征“道”空冥而幽深，是深不见底的深渊，相当于老子在其他章节中比喻为“道”的“谷”。“旷兮其若谷”（第十五章），“为天下谷”（第二十八章），“上德若谷”（第四十一章）。所以，老子说：“渊兮，似万物之宗”，“道”是那么渊深，像深不可测的深渊，好像是宇宙万物的祖宗、根本。

“湛”本义为清澈透明。《说文解字》：“湛，没也。从水，甚声。”引申为深湛、精湛、清湛，形容“道”的透明无影、隐而未形。所以，老子说：“湛兮，似或存。”“道”是如此的清澈透明、深邃湛蓝，好像存在又好像不存在。与上述“或不盈”同理，老子在这里用“或存”是肯定“道”的存在，好像不存在是因为“道”太清澈透明，常人往往视而不见。

本节中老子用两个带“水”的“渊”“湛”来描述“道”的特征，因为老子认为：“水善利万物而不争，处众人之所恶，故几于道”（第八章），水是最接近于“道”的物体，水本身也没有形状，所以老子常用带“水”的字形容“道”，如“大道泛兮”（第三十四章）。水在中国古代“五行”中位于北方，对应五色中的“玄”（黑色），所以“同谓之玄”（第一章），“是谓玄牝”（第六章）。水处在低处，越幽深颜色就越接近玄，也就越神秘、越高贵，作用、功能就越大越强，所以道“渊兮”“湛兮”，深不可测，神秘莫测，却又清澈透明，无影无踪。老子又用了两个“似”字，进一步论述道的虚空、无形、渊深、幽隐，若隐若现，似有似无，不可言说，即“道可道，非恒道”。“道”好像是退隐于所有存在后面的最深最远处的万物之宗，即世界万物的本原。

“挫其锐”，就是摧折其锐利的锋芒，挫去、消磨掉它的锐气。“挫”本义为折断、摧折，后引申为挫败、挫伤、压抑、抑制。《说文解字》：

"挫，摧也。"《周礼·冬官考工记·轮人》："凡揉牙，外不廉而内不挫。"《淮南子·修务训》："顿兵挫锐。"《淮南子·时则训》："锐而不挫。""锐"本义为芒，即锋芒、尖锐、锐利、锐锋。《说文解字》："锐，芒也。"段玉裁注："芒者，草耑也。"后引申为锐气、精锐、勇猛、敏锐、急切。"挫其锐"给我们的启示是，在一心锐意进取的时候，要挫一挫自己的锐气，不要过分显露锋芒，尤其不要锋芒毕露，不要急于求成，要冷静思考各种可能遇到的矛盾和挑战，做好防范化解风险的预案，做到有备无患。

"解其纷"，就是解除其纷扰，化解其纠纷，消解纷争。"纷"本义是扎束马尾的丝麻织物，后引申为纷争、纷扰、纠纷。《说文解字》："纷，马尾韬也。从纟，分声。"从"纟"表示与线丝等有关。段玉裁注："韬，剑衣也。"

"和其光"，即调和其光芒、光泽，平和其光耀。"和"指调和、和解。"光"即光芒、光亮、光泽、光耀、荣耀。"和其光"与"挫其锐"同义，就是要收敛、含藏自己的光芒，不要自夸荣耀，给人平和、和顺之感，而不是光芒四射、令人目眩。

"尘"即尘土、尘世、尘俗。"同其尘"，即将其混同于尘世，对于统治者、管理者来说就是要扎根于基层，不脱离群众，即"以百姓心为心"（第四十九章）。

本节的"其"指"道"，"挫锐""解纷""和光""同尘"是"道"本身的属性。所以，"挫其锐，解其纷；和其光，同其尘"，不是要摧折"道"的锋芒，化解"道"的纠纷，调和"道"的光泽，把"道"混同于尘世，而是说"道"已经摧折了锋芒，化解了纠纷，调和了光泽，混同于尘世，一个人能够"挫锐""解纷""和光""同尘"，则是得"道"的表现。

河上公注："情欲有所锐为，当念道无为以挫止之。纷，结恨不休，当念道无为以解释之。虽有独见之明，当和之使暗昧，不使耀眩。不当自殊别也。"王弼注："含守质也。除争原也。无所特显，则物无所偏争也。无所特贱，则物无所偏耻也。"

4.3　吾不知其谁之子，象帝之先。

《老子》使用第一人称的有"吾"和"我"，全书分别使用了 22 个"吾"、19 个"我"。其中，"吾"代表老子本人或者言语者本人，相当于

现在常用的“我”；而“我”比较复杂，可以理解为老子或者言语者本人，也可以理解为得“道”的圣人，而老子就是这样的圣人，还可以理解为老子心目中理想的得“道”统治者。

“其”指“道”；“象”假借为“像”，意为好像。《易·系辞》：“见乃谓之象。又，象也者，像此者也。”

在商代甲骨文中，“帝”指上帝、天帝，是主宰世界的有形之物。我们现在常说三皇五帝，指天皇、地皇、人皇以及东帝、南帝、西帝、北帝、中帝。《钟吕传道集》第五章《五行》称：“大道既判生天地，天地既分而列五帝。东曰青帝，而行春令，于阴中起阳，使万物生。南曰赤帝，而行夏令，于阳中生阳，使万物生长。西曰白帝，而行秋令，于阳中起阴，使万物成。北曰黑帝，而行冬令，于阴中进阴，使万物死。四时各九十日。每时下十八日，黄帝主之。若于春时，助成青帝而发生；若于夏时，接序赤帝而长育；若于秋时，资益白帝而给立；若于冬时，制摄黑帝而严示。五帝分治，各主七十二日，合而三百六十日，而为一岁，辅弼天地，以行于道。”

“先”的甲骨文字形上面是“止”（脚），下面是“人”，本义是脚已走在人的前面、前进，表示时间或次序在前。《论语·卫灵公》：“工欲善其事，必先利其器。”苏轼《惠崇春江晚景》：“春江水暖鸭先知。”范仲淹《岳阳楼记》：“先天下之忧而忧。”引申为先世、祖先。司马迁《报任少卿书》：“行莫丑于辱先。”王安石《老子注辑本》：“‘象’者，有形之始也；‘帝’者，生物之祖也。”

老子说我不知道“道”是谁的孩子，即不知道“道”的出处来源，但好像在天帝之前就已经出生了，好像是天帝的祖先。老子主张先“无”后“有”、“无”中生“有”，“无”对应“天地之始”，“有”对应“万物之母”，所以无形的“道”是第一位的，优先于有形的“帝”，“帝”是第二位的。中国是少数几个非宗教信仰的世俗大国，这就与中国传统文化的道家文化、儒家文化密切相关。在老子以前的夏商周时代，同样盛行有形的“天帝”崇拜，甲骨文中就有大量“天”“帝”的记载。老子以超越时代的大无畏的精神气概，第一次石破天惊地提出“道”先“帝”后、“道”上“帝”下，明确是“道”创造了“帝”，而不是“帝”创造了“道”。这是人类历史上一次伟大的思想解放。正是这一人文智慧的闪耀让我们躲过了类似欧洲中世纪的黑暗年代，也避开了至今无法彻底解决的宗教纷争。西方宗教国家都信仰类似上帝这样的有形之物，更崇拜物质，主张一神教，排斥异教，所以宗教之间相互对立，甚至因宗教信仰发生战争。而中国人信仰类似“道”这样的无形之物，更崇尚精神，认为“道”无处不在、无时不有，因而主张和而不同、世界大同。

小结

本章是继第一章后再一次直接论述“道”。老子告诉我们：“道”虚空无形，却作用无限；“道冲”对应第一章的“无”，论述的是“道”体，第十四章、第二十一章对“道”体有更加详细的论述；“用之或不盈”讲的是“道”的作用，对应第十一章的“无之以为用”，第四十五章的“大成若缺，其用不弊。大盈若冲，其用不穷”论述的也是“道”的作用；“道冲，而用之或不盈”与第五章的“虚而不屈，动而愈出”同义。道家、佛家都讲虚空，但道家同样重视“用”，而佛家则追求遁入空门。

“道”是那么渊深，仿佛是万物的“祖宗”，“渊兮”体现“道”的幽隐深邃、神秘莫测，“万物之宗”对应第一章的“万物之母”；“道”又是那么的清澈透明，好像存在又好像不存在，“湛兮”体现“道”的透明无形、无影无踪，“似或存”体现“道”的若隐若现，似有似无而实存。“挫其锐，解其纷；和其光，同其尘”可能是错简，也可以理解为是对“渊兮，似万物之宗；湛兮，似或存”的进一步阐述，或者说原因所在。

最后老子说，我不知道“道”的出处来源，但在天帝之前就已经存在了，是天帝的先祖。这就彻底打破了自古以来上帝、天神创造世界的学说，为以后的章节特别是第二十五章进一步论述“道”做好了铺垫。“吾不知其谁之子”和“象帝之先”分别对应第二十五章的“吾不知其名”和“先天地生”。

1973 年，长沙马王堆汉墓出土的帛书《黄帝四经·经法·道法》曰：“虚无刑（形），其寂冥冥，万物之所从生。”与本章对“道”的论述有相似的观点，“虚无刑（形）”就是“道冲”，“冥冥”对应“渊兮”，而“万物之所从生”就是“万物之宗”，万物赖之以生就是“用之或不盈”。

第五章　天地不仁　虚而不屈

元典

天地不仁，以万物为刍狗；圣人不仁，以百姓为刍狗。天地之间，其犹橐籥乎？虚而不屈，动而愈出。多言数穷，不如守中。

直译

天地无所谓仁爱，把万物当作草狗；圣人无所谓仁爱，把百姓当作草狗。天地之间，岂不正像风箱吗？虚空但不会枯竭，越鼓动风量就越大。话说得太多，只会加速困窘，不如保持虚静。

善解

5.1　天地不仁，以万物为刍狗；圣人不仁，以百姓为刍狗。

我们在第一章讲过，“天地”有七种含义，这里的“天地”可以理解为包括天地万物的宇宙，也可以解读为天和地。“仁”本义为博爱、人与人之间相互亲爱，引申为仁义、仁爱。《说文解字》：“仁，亲也。”《礼记·经解》：“上下相亲谓之仁。”《韩非子·解老》：“仁者，谓其中心欣然爱人也。”后成为儒家文化的思想核心，把完美的道德称为“仁”。《论语·雍也》：“夫仁者，己欲立而立人，己欲达而达人。”这里的“不仁”不是不仁爱、不仁义，不是反对儒家的仁义思想，而是无所谓仁爱不仁爱，体现的是天地在价值层面的中立性。老子在第八章明确肯定了“几于道”之水“与善仁”的德性，主张相处待人要善于仁爱。“天地不仁”是因为天地无私无欲、公平公正、没有偏爱，无心于万物，无为无造，任凭万物自相治理、自生自灭，故说不仁，所以“以万物为刍狗”。河上公注：“天施地化，不以仁恩，任自然也。”王弼注：“天地任自然，无为无造，万物自相治理，故不仁也。仁者，必造立施化，有恩有为。”孟子也有类似的观点，认为：“天行有常，不为尧存，不为桀亡。”

“刍”读 chú，甲骨文字形从又（手）、从草，表示以手取草，本义为割草。引申为喂牲畜的草。“刍狗”，即用刍草扎成的草狗，古人用以祭祀。《三国志·魏书·方技传》周宣解梦之刍狗篇：“刍狗者，祭神之物。”《庄子·天运》：“夫刍狗之未陈也，盛以箧衍，巾以文绣，尸祝斋戒以将之；及其已陈也，行者践其首脊，苏者取而爨之而已。”人们在祭祀前，给刍狗披上绣巾并装入匣中，并不是偏爱它、吝惜它；祭祀毕，把它丢弃或烧掉，也不是憎恨它、厌恶它。苏辙《老子解》：“结刍以为狗，设之于祭祀，尽饰以奉之，夫岂爱之，时适然也。既事而弃之，行者践之，夫岂恶之，亦适然也。”

“天地不仁，以万物为刍狗”，即天地无所谓仁爱不仁爱，把万物当作草狗，也就是天地效法“道”（“道”效法自然），对待万物就像人们对待刍狗一样，任其自生自灭，无所谓亲不亲、仁不仁、爱不爱。苏辙《老子解》：“天地无私，而听万物之自然。故万物自生自死，死非我虐之，生非我仁之也。”钱锺书《管锥编》：“刍狗万物，乃天地无心而不相关，非天地忍心而不悯惜。”

“圣人不仁，以百姓为刍狗”，即圣人无所谓仁爱不仁爱，把百姓当作草狗，也就是说圣人仿效天地，自然无为，对待百姓一视同仁，没有偏爱亲疏，不妄加个人意志，而是任凭人们按照自然之道，自作自息，生生死死，体现的依然是“无为而治”的治理思想。老子认为“大道废”，才“有仁义”（第十八章），“故失道而后德，失德而后仁，失仁而后义”（第三十八章），仁者立功施化、有恩有为，受惠者却反而失其本真和独立性，实际上走向了仁爱的反面，只有“绝仁弃义”，才能“民复孝慈”（第十九章），所以提倡“无为而治”，反对实行所谓的仁政。河上公注：“圣人爱养万民，不以仁恩，法天地任自然。”王弼注：“圣人与天地合其德。”

有的学者把“圣人不仁，以百姓为刍狗”解读为圣人无仁爱之心，视

百姓如草芥。这完全是对老子本意的误读，老子的“不仁”要表达的是“无心”关注，无区别对待之心，一切顺其自然，放任自流、任由自然安排，而不是故意违背仁爱去做不仁义之事，圣人把百姓当作刍狗，不是厌恶、憎恨、看不起、欺压百姓，而是不干涉百姓的生活，让百姓自我休养生息，体现的是心无成见，恰恰是没有私心的表现，就是“圣人恒无心，以百姓心为心”（第四十九章）。

5.2　天地之间，其犹橐籥乎？虚而不屈，动而愈出。

“犹”本义为一种猿类动物，这里指犹如、如同、好比。《孟子·梁惠王下》：“今之乐犹古之乐也。”

“橐”读 tuó，本义为口袋。《说文解字》：“橐，囊也。”《诗经·大雅·公刘》：“乃裹糇粮，于橐于囊。”这里指用以鼓风炽火的牛皮袋，是古代冶炼时用于鼓风的器具，相当于后来风箱的箱子。《墨子·备穴》：“具炉橐，橐以牛皮。”《淮南子·本经》：“鼓橐吹埵，以销铜铁。”

“籥”读 yuè，本义为古代孩童习字用的竹片，可以擦拭再写。《说文解字》：“籥，书僮竹笘也。”段玉裁注：“籥亦谓之觚。盖以白墡染之，可拭去再书者。”“籥”通“龠”，为短管形的吹奏乐器，形似笛，有三孔或六孔之分。《孟子·梁惠王下》：“管籥之音。”又通“钥”，即锁钥。《墨子》：“诸城门吏，各入请籥，开门已，辄复上籥。”这里指连通“橐”用以吹风的竹制吹管，即风箱的送风管。

“橐籥”亦作“橐龠”，指古代冶铸所用的鼓风器，犹如现在的风箱。后引申为造化、大自然、本源、化育。《文选·陆机·文赋》：“同橐籥之罔穷，与天地乎并育。”

“天地之间，其犹橐籥乎”？意为天地之间岂不正像风箱？其间充满了气体，天地送出的是古人说的“元气”，元气的不断鼓动让天地之间孕育出万物。

“虚而不屈，动而愈出”，（橐籥）虚空但不会枯竭，越鼓动风量就越大。“虚”，即虚空、虚化，是“无”的象征，体现的是“道冲”。“屈”的本义是弯曲，引申为短亏、亏损、竭尽。汉代王充《论衡·自纪》：“然则辩言必有所屈，通文犹有所黜。”汉代贾谊曰：“用之亡度，则物力必屈。”老子无愧于辩证法祖师，从天地之间的虚空中发现天地真实作用的无穷无尽，并且指出在看似消耗能量的运动中，反而能量越来越大，就如同风箱越鼓动风量就越大。其实人体也像一个风箱，像风箱鼓风一样不断地呼吸，吸入氧气，通过血液让氧气充满全身，再呼出废气，吐故纳新，让生命得以维系。而且生命在于运动，越懒惰越没有精神，只有运动不止，才能生命不息，这完全符合“动而愈出”的原理。实际上“虚而不屈，动而愈出”就是“道冲，而用之或不盈”（第四章）。

5.3 多言数穷，不如守中。

“多言数穷”，即话说得太多，只会加速困窘。“数”读 shù，通“速”。《史记·屈原贾生列传》：“淹数之度兮，语予其期。”徐广注：“数，速也。”引申为加速、加快。《尔雅·释诂》：“数，疾也。”“穷”从穴，躬声，本义为窘困、穷尽、完结。老子在这里是告诫统治者，要善于向天地、圣人学习，不要整天发号施令，更不要朝令夕改，政令繁多、烦苛，必然让人困惑、令人反感，而且难以施行，“多言”就是“有为”，只会加速窘困，最终导致政权败亡。

那么对普通人而言，从“多言数穷”能得到什么启示呢？从养生益寿的角度讲，话说得太多，必然伤元气，结果是加速死亡。从为人处世的角度看，言不在多，希言则贵，反之则“多言数穷”，言多必失，必有理屈之时。背后议论、贬低他人，张家长李家短，早晚成为不受欢迎的“长舌妇”；信口开河、口无遮拦，则常常得罪他人而不自知，甚至还自以为是、沾沾自喜；愤怒的时候，容易口不择言，出言不逊，伤人心、惹人厌，给自己和他人带来不必要的麻烦，激起不必要的矛盾，甚至引来灾祸；咄咄逼人，不给他人留余地，就是不给自己留退路；像祥林嫂一样见人就喋喋不休地诉说不幸的遭遇，则不仅于事无补，最后必然成为人人唯恐避之不及的“怨妇”；在众人面前夸夸其谈，夸下海口，必将限制和羁绊自己的行动；夸大炫耀自己的财富、地位、能力、成就，则不仅招人嫉妒，而且容易暴露自己的不足，常常不经意间伤害他人，招致忌恨厌恶。“多言”的反面就是少言，关键时刻能够管好自己的嘴、及时闭住自己的嘴，是成熟稳重之人的睿智。少言，不是无知，而是人生的大智慧，很多人吃亏就吃亏在要小聪明、多言上；闭嘴，不是无能，而是难能可贵的修行，人学会说话一般不超过一年，而学会闭嘴则需要一生修炼；不说，不是愚蠢，

而是心胸开阔，为人厚道的表现；让步，不是懦弱，而是做人的境界。心地善良，友善待人，必得他人善待。有多少人失败在不知进退、狂妄自大上？很多时候，说了，未必有用；不说，未必无用，至少可以避免矛盾的发生。与其和人逞口舌之快，争论不休，惹来冲突，还不如保持沉默，即使被人非议，也能一笑而过。只要自身品行端正，为人坦荡，就不怕他人背后议论，更不怕蜚语骂名。做人要懂得让步，学会包容。真正的智者（有道者），知道祸从口出的道理，总是少言寡语，积口德、远灾祸，心里明白嘴上不说，看穿不揭穿，看破不说破，因为他们深知沉默是金，善于用沉默代替辩解，用无言消除麻烦，用闭嘴化解矛盾，用包容赢得人心。

“多言数穷”帛书版写作“多闻数穷”，为什么听闻太多会加速困窘？因为老子的哲学思想是凡事做减法，越简单就越接近真理、越符合“道”，博学多闻难免陷于迷茫，即所谓“少则得，多则惑”（第二十二章），所以“数穷”的关键不在于是“言”还是“闻”，而在于“多”。相对而言，我认为“多言数穷”比“多闻数穷”更贴切，与“动而愈出”对应更好，也更符合中国传统文化提倡的“敏于行而讷于言”。因为“动而愈出”，所以要“敏于行”；因为“多言数穷”，所以要“讷于言”。

“守中”就是持守中虚，守住中道，静守心中，保持内心的虚无清静。唐代司空图《二十四诗品·劲健》：“饮真茹强，蓄素守中，喻彼行健，是谓存雄。”老子的“中”是中空，就是“虚而不屈”的“虚”，象征虚静无为的“道”体。从本质上讲，“守中”与第十六章的“守静笃”、第二十八章的“三守”（守雌、守黑、守辱）、第五十二章的“守柔”体现的都是守“道”，所以老子在第三十二章说“道恒无名、朴，虽小，天下莫能臣。侯王若能守之，万物将自宾”，在第三十七章又说“道恒无为而无不为。侯王若能守之，万物将自化”。

儒家也讲“中”，是“中庸之道”的“中”，即待人接物不偏不倚，无过无不及，所谓“允执其中”，保持中正平和，不走极端，是折中调和的处世态度。《论语·庸也》：“中庸之为德也，其至矣乎。”《三字经》：“中不偏，庸不易。”儒家追求认为执中而求“中和”，在一个人还没有表现出喜怒哀乐时的平静情绪为“中”，表现出情绪之后经过调整而符合常理为“和”。“中庸”的主旨在于修养人性，修养的最高境界是“至诚”，修养的方式是博学、审问、慎思、明辨、笃行。

既然“多言数穷”，不如把话藏在心中。《增广贤文》：“守口如瓶，防意如城。”守口就是守心，亦即佛家的戒妄语，要像塞紧瓶口一样，管住自己的嘴，不要让不该说的话随意出口，要像守城防敌一样，不让杂念侵扰内心。朱自清在《沉默》一文中说：“你的话应该像黑夜的星星，不应该像除夕的爆竹——谁稀罕那彻宵的爆竹呢？”舌乃心之苗，当人沉默不语时，给人心灵宁静的感觉，一群人中最安静的人，最深不可测，也往往最有实力、最厉害。一个人说话的分寸，也是其做人的分寸。为他人守口如瓶，是一种好品德，是对他人的尊重，必然能够赢得他人的信任，而且避免让自己陷入不必要的麻烦之中；将自己的心事潜藏于底，既是尊重自己，也是保护自己，两个人知道的事早晚会成为“公开的秘密”。所以，真正的智者，凡事三思而后言，与人交谈沟通，善于倾听、赞美他人，尽量多听少说，适当地保持缄默，不把自己挂在嘴边，更不在背后品评第三者，努力养成守口如瓶的好习惯，真正做到出言有尺、戏谑有度，这样反而能受到尊重和支持，成就事业，迎来人生的高光时刻。

小结

本章论述的中心思想是“道法自然”“无为而治”的自然主义哲学思想。在古代，很多人都崇拜有形的造物主，普遍认为是神、上帝、天帝等创造了世界并主宰万物，所以把万物按照自己的愿望人格化，认为万物都像人一样具有情感、爱憎、好恶。而老子认为，无形的“道”才是宇宙天地万物的总根源，没有一个凌驾于万物的主宰者统治宇宙，天地万物没有类似人类的感情、意志，更没有道德价值取向，而是按照自然法则（“道”）自我运行、自然生长、自我发展。

纯任自然是“天地不仁，以万物为刍狗”的精髓所在，开后世自然哲学思想之先河。“天地不仁”是因为天地无私无欲，顺其自然，没有偏爱，“以万物为刍狗”是天地纯任自然的具体表现。“圣人不仁，以百姓为刍狗”是说圣人懂得仿效天地，自然无为，对待百姓一视同仁，任凭百姓按照自然之道，自作自息，体现的是“人道”效法“天道”，“天道”效法“自然”。

老子为了让大家更好地理解第四章的“道冲，而用之或不盈”，形象地用橐籥比喻天地：从内部看中间虚空（“冲”）却充满“元气”，就像“无”是“天地之始”，虚空无形却孕育着“有”，蕴含着无尽的能量；从外部看橐籥在不停地运动，但这看似消耗能量的运动，随着气体的流动，却使能量越来越大，也就是说，天地自然的功能作用无穷无尽，“用之或不盈”；“动而愈出”象征天地运行，万物生生不息，在虚空中“动”是产生宇宙天地万物的根源，这个“动”，就是第四十二章“冲气以为和中的“冲”，也是第二十五章“大曰逝，逝曰远，远曰反”中的“大”“逝”“远”“反”。

老子反对“多言”、妄言，认为“多言”属于有为、妄为，所以提倡“悠兮其贵言”（第十七章），主张“希言自然”（第二十三章），告诫统治者不要频繁发号施令，要善于“处无为之事，行不言之教”，否则就会“多言数穷”。如何解决这个问题呢？老子说“不如守中”，就是向虚空的天地看齐，持守中虚，保持内心的虚无清静。“守中”体现了老子的中正之道、“无为”之道，是老子从橐籥在运行中其轴始终在中间固定的位置运动这个现象中体悟出来的原理。老子认为，任何事物都有自己的“中”，而这个“中”都是相对稳定的，所以若能发现事物的“中”，就能了解、掌握事物的本质，最终可以通过“守中”实现“中而用之”。

总而言之，“圣人不仁”表面看是老子劝导统治者不要滥施仁爱，实际上落脚点是在警示“多言数穷”，反对政令烦苛扰民，希望统治者从“天地不仁，以万物为刍狗”中汲取智慧，懂得“虚而不屈，动而愈出”的道理，能够“守中”而“无为”，让百姓自然发展、自我发展、自由发展。

第六章　谷神不死　绵绵若存

元典

谷神不死，是谓玄牝。玄牝之门，是谓天地根。绵绵若存，用之不勤。

直译

空谷元神永恒不死，这叫作玄妙的女性。玄妙女性的门户，乃是天地的根源。它绵延不绝，似存似无，作用无穷无尽。

善解

6.1　谷神不死，是谓玄牝。

“谷”为会意字，甲骨文字形，上面的部分像水形而不全，表示刚从山中出来尚未成流的泉脉，下面像谷口。本义为两山或者两块高地之间狭长而有出口的低地，往往包含一个流域。《尔雅·释水》：“水注谿曰谷。”两山之间的水流称为“谷”。《说文解字》：“谷，泉出通川为谷。”也泛指水流。《墨子·节用中》：“为大川广谷之不可济，于是利为舟楫。”我们现在习惯上把“谷”区分为山谷、河谷、溪谷。山谷为两山之间狭长的低地，中间多有溪流，但也可以没有水，这是“谷”的本义；河谷为河流两岸之间低于地平面的部分，两岸外侧可以有山，也可以没有山；溪谷为被溪流侵蚀而成狭陡的凹谷，一般位于山区或者丘陵，通常有小溪流，多为河流

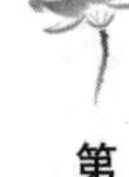

的源头。

“神”本义为神灵，从示、从申，“申”是天空中闪电形，古人认为闪电变化莫测，威力无穷，故称之为神、天神，是天地万物的创造者、主宰者和统治者。《说文解字》：“神，天神引出万物者也。”引申为精神、精气。《广韵》：“神，灵也。”《大戴礼记·曾子天圆》：“阳之精气曰神，阴之精气曰灵。”中国古代把圣贤或所崇拜的人死后的精灵也称为神。《后汉书》卷四十四《张禹列传》：“中土皆以江有子胥之神，难于济涉。”又引申为神明。《易·系辞》：“阴阳不测之谓神。”王弼：“神也者，变化之极，妙万物而为言，不可以形诘。”《孟子》：“圣而不可知之谓神。”

东西方文化都认为，活人由物质的肉体和精神的“灵”组成，肉体是“灵”的载体，肉体可以毁坏，精神则永存不灭，不同之处是西方人称“灵”为灵魂，中国传统文化将“灵”称为元神或者魂魄。

老子在这里用“谷神”（空谷元神或者山谷元神，像山谷一样的神）来比喻生养天地万物的“道”。“谷”代表虚空，强调“道”像空谷一样虚空博大；“神”代表变化莫测，强调“道”像山谷之神一样神秘无形、应变无穷。王弼注：“谷神，谷中央无者也，无形无影，无逆无违，处卑不动，守静不衰，物以之成而不见其形，此至物也。”司马光注：“中虚故曰‘谷’，不测故曰‘神’。”“不死”比喻永不停歇，体现“道”的永恒性。“谷神不死”即虚空的山谷之神永远不会死亡，永恒长存，换一种说法就是第五章的“虚而不屈，动而愈出”。严复《老子道德经评点》：“以其虚，故曰‘谷’；以其因应无穷，故称‘神’；以其不屈愈出，故曰‘不死’。”

“玄”，代表黑色、高贵、玄妙。“牝”本义为雌性的鸟或兽，即雌性动物，与“牡”相对，人格化就是女性。《说文解字》：“牝，畜母也。从牛，匕声。”后泛指阴性的事物，把溪谷、锁孔等称为牝。《大戴礼记·易本命》：“高者为生，下者为死；丘陵为牡，溪谷为牝。”进一步引申为女子阴户。《二刻拍案惊奇》卷三五：“马氏晚间取汤澡牝，正要上床与蔡凤鸣快活。”而山谷的形状很像女阴，所以把“谷神”叫作“玄牝”，也就是说“道”是山谷之神，是玄妙、高贵的女神，具有不可思议的强大生殖能力。“玄牝”在这里与“谷神”一样都是“道”的别名，形容无形的大道就是玄妙的女性，是孕育和生养天地万物的母体。后来的道家也把“谷神”称为“谷牝”。

“谷神”帛书版作“浴神”，符合老子喜欢用带水的字来描述“道”的特点，所谓“上善若水”，“道”是浴神、水神，沐浴之女神，象征“道”的神秘、朦胧、曼妙之美，就像《洛神赋》中的洛神甄宓。

6.2　玄牝之门，是谓天地根。

“玄牝之门”（玄妙女性的门户）当然就是生育之阴门，也就是母体生育天地万物的门户，称作“天地根”，乃是天地的根本、本原，即孕育天地万物的根源，包括天帝在内的万事万物都从这个门户生产出来，所以说大道“象帝之先”（第四章）。这里的“天地”即宇宙、天地万物。苏辙注：“玄牝之门，言万物自是出也；天地根，言天地自是生也。”

“玄牝之门，是谓天地根”与第四章的“渊兮，似万物之宗”意思相似，老子形象地把“道”比喻为深不见底的“玄牝之门”、深不可测的深渊，都是只见其口，不见其底，若隐若现，却充满活力，能生生不息地孕育、生产天地万物，所以是“天地根”“似万物之宗”。

6.3　绵绵若存，用之不勤。

“绵绵”形容连续不绝、连续不断。《诗经·王风·葛藟》：“绵绵葛藟，在河之浒。”白居易《长恨歌》：“天长地久有时尽，此恨绵绵无绝期。”苏辙说：“绵绵，微而不绝。”

“若存”字面的意思是好像存在又好像不存在，若隐若现。那么到底存不存在呢？“谷神不死”“谓天地根”，能孕育天地万物，当然是存在的。但是，因为“道”是像绝对真理一样的形而上的存在，无法像看实体的物一样见其形，只有得“道”之人才能体悟、感觉，常人往往视而不见，只能冥冥之中觉得它存在，却又看不见、摸不着，导致怀疑其是否真的存在。所以老子在第四章说：“湛兮，似或存”，“道”如此清澈透明，好像存在又好像不存在。苏辙说：“若存，存而不可见也。”

“勤”本义为劳累、劳苦、勤劳、尽力，这里通“尽”，意为竭、完。《淮南子·主术训》：“力勤财匮。”“不勤”即不尽、不穷竭。“用之不勤”意为用之不尽，作用无穷无尽，这是描述“道”的作用、能量之大，取之不尽、用之不竭，与第四章的“用之或不盈”、第五章的“动而愈出”是一个意思。

小结

本章继续论述“道”的特征。老子把“道”形象地比喻为“谷神”和“玄牝”。如果说“谷神”强调“道”的空灵神妙、变幻莫测、永不寂灭，那么“玄牝”则凸显“道”的神秘、高贵、母性、柔弱；如果说“谷神”体现“道”虚空无为的德性，那么“玄牝”则代表“道”牝生天地万物的功用，其中的“玄”强调“道”生万物却无踪可寻的幽深、玄妙。“谷神不死”则进一步说明老子之“道”是“恒道”，永恒不灭。

“道”生天地万物的作用集中体现在“玄牝之门”，其实就是第一章的“众妙之门”，是生养天地万物的源头，孕育宇宙天地万物的总根源，是“天地之始”“万物之母”（第一章）以及“万物之宗”（第四章），所以称为“天地根”。

老子用“绵绵若存”来形容“道”的连续性、无限性和不可见性，是说“道”绵延不绝，在时间上连续不断，在空间上无限延伸，永恒存在却又不易看见，似有似无、若隐若现。“用之不勤”则形容“道”孕育天地万物的功能、作用的巨大。

第七章　天长地久　无私成私

天长地久。天地所以能长且久者，以其不自生，故能长生。是以圣人后其身而身先，外其身而身存。非以其无私邪？故能成其私。

直译

天地长久永存。天地之所以能长久存在，是因为天地不是为了自己而生存，所以能够长久生存。因此，圣人把自身置于众人之后，反而能领先众人；将自身置之度外，反而能保全自身生存。这不正是因为圣人没有私心吗？所以反而能成就自己。

善解

7.1　天长地久。

“天”本义为人的头顶。《说文解字》：“天，颠也。”段玉裁注：“颠者，人之顶也。”后引申为天空、自然界和地球以外的整个宇宙、上天、天帝及宇宙万物的主宰。古代先民通过对各种“天象”的观察，意识到“天”的神秘莫测，再联想人间不以人的意志为转移的灾祸或者祥瑞，进一步思考、想象，逐步形成“天”的意识，认为各种神奇的“天象”背后隐藏着神圣的“上天”“天帝”，它既是万物和人类的本原与归宿，又是万物和人类永恒的主宰与母体。孔子称颂说“惟天为大”（《孟子·滕文公上》），又曰："天何言哉？四时行焉，百物生焉，天何言哉？"（《论语·阳货》）老子则以其更具理性的哲学思维，构建以"道"为核心的哲学体系，用"道"取代原来"天"至高无上的位置，"天"下降为与"地"相对应的存在，即地球以外的整个宇宙、大自然，因此"天"也要与"地""人"一样最终都效法"道"。老子在第二十五章明确指出："故道大，天大，地大，人亦大……人法地，地法天，天法道，道法自然。"在第三十九章又说"天得一以清"，即天得"道"才能清明。所以，在老子的话语体系中"天"与"地"常常合在一起论述，按本书版本统计，"天地"一词在《老子》中出现9次，加上本节的"天长地久"共10次。

"地"有两种解释：一是地方、地区、区域；二是地面、大地、地球、人类生长活动的场所。《说文解字》："地，元气初分，轻清阳为天，重浊阴为地。万物所陈列也。"《管子·形势解》："地生养万物。"《易经·系辞下》："仰则观象于天，俯则观法于地。"这里的"地"指地球。

"天长地久"，即天地长远恒久、永恒无穷地存在着。后多用于形容时间悠久、永远不变（多指爱情）。白居易《长恨歌》："天长地久有时尽，此恨绵绵无绝期。"明代高濂《玉簪记》："天长地久君须记，此日里恩情不暂离，从此后情词莫再题。"

天地是长久的，"道"也是长久的，那么天地与"道"相比，哪个更长久呢？当然是"道"。因为"道"是"天地之始"（第一章），"象帝之先"（第四章），"是谓天地根"（第六章），"先天地生……可以为天下母"（第二十五章），天地由"道"生育，而且天地因为效法"道"，顺其自然，才能够长久，"天乃道，道乃久"（第十六章），"天得一以清，地得一以宁"（第三十九章）。虽然天地是巨大无比的，但还是有形的，有形的东西再大，也是有限度的；而"道"是无形的，也就是无限的，它隐含在天地万物之中，也珍藏在我们每个人的心中，所以"道"比天地更伟大、更长久。

7.2　天地所以能长且久者，以其不自生，故能长生。

"自生"本义是自然发生，自行产生、生存、发展，这里指不谋求自生，即不为自己而生存、发展。"长生"，即长久生存、生命长存，生命永恒不朽，与永生近义，也指寿命很长，后来道家把追求养生益寿的法术称为"长生"。《乐府诗集》卷六三《升天行》："穷涂悔短计，晚志爱长生。"

有的版本把“长生”写作“长久”。

天地为什么能长久？老子说“以其不自生，故能长生”，即因为天地不是为了自己而生存，也就是不自私地谋求自我生存，所以能够长久生存。老子认为“夫唯无以生为者，是贤于贵生”（第七十五章），因此提倡“生而不有，为而不恃，功成而弗居”（第二章）。王弼注：“自生则与物争，不自生则物归也。”释德清注：“以其不自私其生。”

关于如何长久的问题，老子还告诉我们：“天乃道，道乃久”（第十六章），圣人“不自矜，故长”（第二十二章），“不失其所者久，死而不亡者寿”（第三十三章），“知足不辱，知止不殆，可以长久”（第四十四章），“有国之母，可以长久。是谓深根固柢，长生久视之道”（第五十九章）。

自宇宙形成以来，天无私地普照大地、滋润万物，地无私地承载万物、孕育众生，可以说天地毫无私心地按照自身规律自然地运行，对万物、众生一视同仁、不偏不倚，好像天地生来就是为了滋润万物而生存的，正是由于它们的存在，天地之间万物蓬勃、生机盎然、欣欣向荣。《礼记·孔子闲居》：“天无私覆，地无私载，日月无私照。奉斯三者以劳天下，此之谓三无私。”然而“无私”并不是天地的美德，而是其本性，说天地“不自生”，不是对天地的赞美、褒奖，就像说“天地不仁”（第五章），也不是对天地的贬低、批评。老子在本节对天地长久原因的分析，目的是引出本章的核心观点：“圣人后其身而身先，外其身而身存。”

7.3　是以圣人后其身而身先，外其身而身存。非以其无私邪？故能成其私。

“后其身”即把自己放在众人后面，意为谦退、礼让，体现的是退藏、收敛，就是“功成而弗居”（第二章）、“不敢为天下先”（第六十七章）。“后其身”帛书版乙本写作“退其身”，指即使已经处在前面也要退到后面，比“后其身”更主动、更彻底。“身先”即身居众人的前面，位居前列。因为圣人作为得“道”之人，懂得天地“长且久”的原因是“以其不自生”，所以能够自觉地效法天地，像天地一样无私，时时处处“后其身”，遇事与世无争，谦让处下，在名利面前置身众人之后，把成绩让给下属，把成果分享给百姓，享受在后，结果却得到百姓的拥护、爱戴、追随，被众人推举为领袖、统帅，从而在众人之中领先，也就是“身先”。河上公

注："先人而后己者也，天下敬之，先以为长。"释德清注："不私其身以先人，故人乐推而不厌。"所以老子在第六十六章说，圣人"欲先民，必以身后之"。

"外其身"就是把自己的身体置之度外。为什么"外其身而身存"呢？因为圣人在关键时刻不怕牺牲、挺身而出，在危险时刻把自身置之度外，而在利益分配时又把自己排除在外，这样必然得到众人的爱戴，甚而舍生忘死地保护他，使他能够长生永存，这就类似于我们常说的"置之死地而后生"。河上公注："薄己而厚人也，百姓爱之如父母，神明祐若赤子，故身常存。"现代临床医学告诉我们，很多癌症患者最终不是死于癌细胞，而是被自身的恐惧吓死的、忧虑愁死的，或者死于过度治疗，就是人们常说的越怕死，死得越快，都是把自身看得太重造成的；相反抗癌明星则是因为懂得"外其身而身存"的道理，既战术上重视疾病，积极、科学地治疗，又在战略上藐视癌细胞，把生死看开，却在不知不觉中战胜了癌细胞。可能很多人都听说过一个笑话，医生告诉一个癌症晚期病人不用治疗了，该吃吃、该喝喝、该睡睡、该玩玩，该病人卖了房到处游山玩水，等到钱花光了，人还没事，一查癌细胞已经消失了。

"非以其无私邪？故能成其私。"这里的"其"可以理解为圣人，也可以理解为天地。第一个"私"指私心，第二个"私"意为私利，引申为人生价值。不正是因为圣人不自生、没有私心吗？所以反而能成就他自己，实现自我人生价值。不正是因为天地没有私心（不偏爱天地间某一种事物）吗？所以能成就天地，使万物都能发育生长。王弼注："无私者无为于身也，身先身存，故曰能成其私也。"

小结

天地为什么长久？是因为天地法"道"，"道"又为什么长久？因为"道法自然"（第二十五章），也就是"道"效法其本然、本真、本性。"道"得以长久的本性是什么呢？就是"不自生"，这是老子发现的天地长存的奥秘所在，也是"善摄生者"能够"无死地"（第五十章）而得以长生的秘诀。"不自生，故能长生"体现的仍然是老子的"无为"思想，天地不图谋自生、不主动追求长生，结果却反而能长生，这就是老子发现的天地之道。

老子从“天长地久”中受到启发，总结古往今来许多人的实践经验和反面教训，提出了“后其身而身先，外其身而身存”的辩证观点。老子告诉我们，顺其自然是最佳的人生哲学，没有计谋是最好的计谋，人算不如天算，不算计生命才是延年益寿之道，人要长久就要向得“道”的圣人学习，效法天地的“不自生”，努力让自己“后其身”“外其身”“无私”，这样就能“身先”“身存”“成其私”，最终实现天长地久的目标。这是老子以退为进、柔弱胜刚强的智慧，既是为人处世之道，也是延年养生之道、“长生久视之道”。

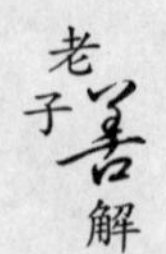

第八章　上善若水　不争无尤

元典

上善若水。水善利万物而不争，处众人之所恶，故几于道。居善地，心善渊，与善仁，言善信，政善治，事善能，动善时。夫唯不争，故无尤。

直译

最高境界的“善”像水一样。水善于滋润万物而不与万物相争，（总是）处在众人所厌恶的地方，所以几乎同于“道”。居住善于选择地方，心态善于保持沉静，相处待人善于仁爱，言谈善于恪守诚信，为政善于治理，办事善于发挥才能，行动善于把握时机。正因为不与万物相争，所以没有过失。

善解

8.1　上善若水。水善利万物而不争，处众人之所恶，故几于道。

“上善若水”意为最高境界的善行就像水的品性一样。“上”的本义是高处、上面，与“下”相对。这里指高等级、高品质、高质量的，最好的，上等、上品。《孙子·谋攻》：“凡用兵之法，全国为上，破国次之。”这里的“善”既指美好的事物、品行，也可以理解为有德行的人。《礼记·中庸》："送往迎来，嘉善而矜不能，所以柔远人也。""上善"，即至善、极致的完美，这里指最高境界的善行，也就是合乎"道"的行为、思想。南朝齐谢朓《奉和随王殿下》诗之十一："上善叶渊心，止川测动性。"范仲淹《淡交若水赋》："见贤必亲，法上善于礼文。"河上公注："上善之人，如水之性。"这里，老子实际上是教给大家做人的方法，即做人应如"上善"之水。

为什么老子说"上善若水"？因为水有利于、有益于万物，而又不与万物相争，滋润万物、泽被万物而不争名利。"利"本义为刀剑锋利，引申为有利于、有益于，水有利于万物就是滋润万物。在第三章中我们已经说过，"不争"之德是"道"的崇高品德，也是老子倡导的圣人之治的重要目标。"天之道，不争而善胜"（第七十三章），"圣人之道，为而不争"（第八十一章），"以其不争，故天下莫能与之争"（第六十六章），"夫唯不争，故天下莫能与之争"（第二十二章）。

"处众人之所恶，故几于道"，处在众人所厌恶的地方，所以几乎同于"道"。"处"意为处于、居住、生活。《易·系辞下》："上古穴居而野处。"范仲淹《岳阳楼记》："处江湖之远则忧其君。""恶"在这里读 wù，意为厌恶、讨厌、憎恨。众人所厌恶的是什么呢？《论语·子张》子贡曰："君子恶居下流，天下之恶皆归焉。"即君子厌恶卑下、力争上游，而水却与常人相反，从高处往人厌恶的低处流，这就是人们常说的："人往高处走，水往低处流。"老子与儒家思想相反，肯定"处众人之所恶"的水性。

"几"在这里读 jī，本义为古人席地而坐时有靠背的坐具。《说文解字》："坐所以凭也。"引申为非常接近、达到、几乎。《尔雅》："几，近也。"清代刘开《问说》："学之所以不能几于古者，非此之由乎？"因为水具有"善利万物"的作用，却又与万物"不争"，还总是处在众人厌恶的地方，所以几乎等同于"道"，或者说最接近"道"。

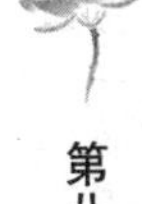

老子崇阴性、贵柔弱，在第一章把"道"称为"天地之始""万物之母"，第六章又把"道"称为"谷神""玄牝"。而水既是阴性的，又是最柔弱的，至善至柔，却能以柔克刚。水性绵绵密密，微则无声，巨则汹涌，"天下之至柔，驰骋天下之至坚"（第四十三章），"天下莫柔弱于水，而攻坚强者莫之能胜"（第七十八章），所以老子认为水最接近"道"，或者说水是"道"的化身。河上公注："水性几于道同。"因此，老子用带

“水”的“渊兮”“湛兮”“泛兮”和“涣兮”“混兮”“澹兮”“泊兮”“沌沌兮”来描述、形容“道”和得“道”之人。

8.2　居善地，心善渊，与善仁，言善信，政善治，事善能，动善时。

“居善地”就是居处善于选择地方。“居”，本义为蹲着，这里指居住、住所。《吕氏春秋·达郁》：“卒不居赵地。”《列子·汤问》：“面山而居。”这里的“善地”就是低处，对应上节所说的“处众人之所恶”，即从高处往人厌恶的低处流，也就是不与万物争高下，符合老子对得“道”之人谦卑处下的要求。“是以圣人欲上民，必以言下之”（第六十六章），“善用人者为之下”（第六十八章），体现了“道”的不争之德，“江海所以能为百谷王者，以其善下之，故能为百谷王”（第六十六章），也是圣人“故或下以取，或下而取”（第六十一章）的治国之道。

“心善渊”，即心态善于像深水、深潭一样沉静与波澜不惊，心地像深渊一样空冥，心胸善于保持沉静如同深渊，像大海一样深不可测、宽广无垠，至柔却有容天下的胸襟和气度。“渊”，即深水、深渊、深潭，象征“道”空冥而幽深，是深不见底的深渊。

“与善仁”指与人交往相处善于仁爱，待人善于真诚、友爱、无私，有滋养万物的德行，体现水的阴性、慈悲。“与”本义为赐予、施与、给予，引申为交往、交好。《庄子·大宗师》：“孰能相与无相与。”

“言善信”指言谈说话善于讲诚信、守信用，言而有信。“信”本义为真心诚意，引申为诚信、诚实、真实。水的语言就是水声，或潺潺流水，或波涛汹涌，或涓涓细流，或惊涛拍岸，或雨打芭蕉，或润物无声，无不名实相副，绝不口是心非。

“政善治”，即为政善于治理，就是第二章的“处无为之事，行不言之教”、第三章的“圣人之治”，也就是无为而治，精兵简政，善于保持安定。“治”就是治理。“政善治”王弼本写作“正善治”，这里的“正”通“政”。《墨子·兼爱下》：“古者文武为正均分。”《荀子·大略》：“虽天子三公问正。”

“事善能”，即办事善于发挥能力，处事善于发挥所长，人尽其才、物尽其用。我们现在大力建设水电站就是充分利用水“事善能”的特点，既解决电力不足问题，又同时兼顾防洪、航运、旅游等功能，而且相比火电要绿色环保，造福子孙后代。

“动善时”就是行动善于把握时机。水是最善于把握时机的，潮起潮落随着月亮绕地球旋转周期，每天两起两落，在发生时间和潮汐落差上以一个阴历月为周期循环往复，并在更大的时间跨度上发生季节性变化。《庄子·天下篇》：“其动若水，其静若镜，其应若响。”司马迁论述道家之学说：“与时迁徙，应物变化。”

8.3 夫唯不争，故无尤。

“尤”意为过失、差错、怨恨。正因为不与万物相争，所以没有过失，没有怨恨。“故天下莫能与之争”（第二十二章、第六十六章），结果是“不争而善胜”（第七十三章），所以老子说：“圣人之道，为而不争。”（第八十一章）得“道”之人就像水一样，是最有修养的人，其所作所为正因为有不争的美德，所以不会招来怨恨，也就没有怨咎。

小结

水是自然界中最常见的事物，老子连用七个“善”字论述水性的“上善”之处，也可以理解为得善地之人的七大德性，全面阐述利而不争、谦卑处下、波澜不惊、仁爱真诚、言而有信、以柔克刚、不争无尤的处世哲学。

上善若水任方圆，人要像水一样，看似柔弱无形、与世无争，“处众人之所恶”，却以其“润物细无声”的执着滋润万物、泽被天下，所以“几于道”，“是谓不争之德”（第六十八章），“夫唯不争，故天下莫能与之争”（第二十二章），“天之道，不争而善胜”（第七十三章），“圣人之道，为而不争”（第八十一章），“故无尤”。

第九章　功遂身退　天之道也

元典

持而盈之，不如其已；揣而锐之，不可长保。金玉满堂，莫之能守；富贵而骄，自遗其咎。功遂身退，天之道也。

直译

执持容器让其装满了水，不如适时停止；锤打金属使其锐利，不可能长久保持。黄金宝玉堆满厅堂，没人能守得住；有钱有势而骄傲蛮横，就会自取灾祸。功成名遂就急流勇退，这是符合自然规律的大道。

善解

9.1　持而盈之，不如其已；揣而锐之，不可长保。

"持"，即拿着、握住。《说文解字》："持，握也。""盈"本义为装满器皿。河上公注："盈，满也。持满必倾。""已"字形像蛇形，本义为停止。《诗经·郑风·风雨》："鸡鸣不已。"《后汉书·列女传》："累寸不已，遂成丈匹。""不如其已"有的版本写作"不若其以"，"以"古同"已"，《三国志·魏书·杜袭传》："吾计以定，卿勿复言。"

"持而盈之，不如其已"，意为执持盈满，不如放下，因为拿着装满水的容器，如果不及时停下来，就会把水溢出去。此所谓天道忌满，人事忌全，所以"天之道，损有余而补不足"（第七十七章），"道冲，而用之或不盈”（第四章），“保此道者，不欲盈。夫唯不盈，故能蔽而新成”（第十五章）。而且执求盈满，含有自满骄傲之意，不及时停止，就会“自遗其咎”。清代学者李密庵曾写过一首《半半歌》广为流传，能帮助我们更好地理解“持而盈之，不如其已”。

看破浮生过半，半之受用无边。半中岁月尽幽闲，半里乾坤宽展。

半郭半乡村舍，半山半水田园。半耕半读半经廛，半士半民姻眷。

半雅半粗器具，半华半实庭轩。衾裳半素半轻鲜，肴馔半丰半俭。

童仆半能半拙，妻儿半朴半贤。心情半佛半神仙，姓字半藏半显。

一半还之天地，让将一半人间，半思后代与沧田，半想阎罗怎见。

酒饮半酣正好，花开半时偏妍。帆张半扇免翻颠，马放半缰稳便。

半少却饶滋味，半多反厌纠缠。百年苦乐半相参，会占便宜只半。

“揣”读 chuǎi，本义为测量、量度，这里读 zhuī，通“捶”，意为捶击、捶打、锤打。孙诒让注：“‘揣’当读为‘捶’。《说文解字》：‘揣’，量也。一曰‘捶之’，盖‘揣’与‘捶’声转字通也。”河上公注：“揣，治也。先揣（治）之，后必弃捐。”“锐”，即锋芒、尖锐、锐利。“保”的甲骨文字形像用手抱孩子，本义为背子于背，引申为保持、保护、保全、守住。韩愈《祭十二郎文》：“少而强者不可保。”

“揣而锐之，不可长保”，即用锤子锤打金属使其尖锐、锐利，不可能长久保持，即难以长期维持锐利的原状，锋芒毕露容易折断，刻意显露锋芒，锐势难以持续保持。所以老子提倡“挫其锐”（第四章）。

9.2　金玉满堂，莫之能守；富贵而骄，自遗其咎。

“堂”本义为殿堂，指高于一般房屋，用于祭献神灵、祈求丰年的建筑。《说文解字》：“堂，殿也。”段玉裁注：“古曰堂，汉以后曰殿。古上下皆称堂，汉上下皆称殿。至唐以后，人臣无有称殿者矣。”后泛指正房、大厅，即高大的厅堂。“金玉满堂”，即金玉财宝堆满厅堂，形容财富极多，与堆金积玉、富可敌国近义。然而金玉满堂，却无法守藏，也没有人能永远守住，人终有一死，两眼一闭，一切物质财富都成过眼云烟，瞬间灰飞烟灭。老子认为金玉即使满堂也“莫之能守”，那么守什么才能长久呢？就是守“道”，“道恒无名、朴，虽小，天下莫能臣。侯王若能守之，万物将自宾”（第三十二章），“道恒无为而无不为。侯王若能守之，万物

将自化”（第三十七章），“复守其母，没身不殆……守柔曰强”（第五十二章），“守中”（第五章），“守静笃”（第十六章），“守其雌”“守其黑”“守其辱”（第二十八章）。老子还说：“不欲琭琭如玉，硌硌如石”（第三十九章）。曹雪芹在《红楼梦》中对《好了歌》注解：“陋室空堂，当年笏满床；衰草枯杨，曾为歌舞场。蛛丝儿结满雕梁，绿纱今又糊在蓬窗上。说什么脂正浓、粉正香，如何两鬓又成霜？昨日黄土陇头送白骨，今宵红灯帐底卧鸳鸯。金满箱，银满箱，展眼乞丐人皆谤。正叹他人命不长，那知自己归来丧！训有方，保不定日后作强梁。择膏粱，谁承望流落在烟花巷！因嫌纱帽小，致使锁枷扛；昨怜破袄寒，今嫌紫蟒长：乱烘烘你方唱罢我登场，反认他乡是故乡。甚荒唐，到头来都是为他人作嫁衣裳！”

“富”指富裕、富有。“贵”本义为物价高，与“贱”相对，引申为显贵、贵族、社会地位高。“富贵”，即又富裕又显贵，就是有钱又有地位。《论语·颜渊》：“死生有命，富贵在天。”陶渊明《五柳先生传》：“不戚戚于贫贱，不汲汲于富贵。”“遗”本义为遗失，引申为遗留、残存、留下。汉代晁错《论贵粟疏》：“地有遗利，民有余力。”“咎”本义为灾祸、灾殃。《说文解字》：“咎，灾也。”引申为过失、罪过。“富贵而骄，自遗其咎”，即因为财富多、有地位而骄傲蛮横，就会给自己留下祸根，必然招来灾祸，就是咎由自取。河上公注：“必被祸患。”所以老子告诉我们，要懂得“贵以贱为本”（第三十九章）的道理，“自爱不自贵”（第七十二章），珍爱自己但不自我显示高贵。清代康熙年间文华殿大学士兼礼部尚书张英就深知“富贵而骄，自遗其咎”的道理，因家里与邻居发生宅基地纠纷，他在给管家的回信《观家书一封只缘墙事聊有所寄》中写道：“千里修书只为墙，让他三尺又何妨。万里长城今犹在，不见当年秦始皇。”不仅顺利化解了邻里纠纷，而且为后人留下了拆墙礼让的佳话和历史名胜“六尺巷”。

但在现实生活中，有多少人能看得清、想得明“金玉满堂，莫之能守；富贵而骄，自遗其咎”的道理呢？又有多少人即使看得透却舍不得、放不下，为财而亡者有之，当今世界“富二代”“官二代”比比皆是，反复上演“富贵而骄，自遗其咎”的悲喜剧。

9.3　功遂身退，天之道也。

“遂”，即顺利地完成、成功、已成。“功遂”意为功业已经建立、顺利完成，与“功成”同义。河上公本写作“功成名遂”，意为功成名就。“身退”就是退位归隐不再做官，如果实在做不到，至少要敛藏锋芒，懂得后退谦让。“功遂身退”，即功成身退，指功成名就要及时退隐，这与第二章的“功成弗居”讲的是一个道理，而且更进一步，不仅要做到不居功自傲，还要适时归隐。

“天”和“道”已经分别在第七章、第一章做过详细的解读，这里的“天”就是上天、大自然，“道”指道理、规律、规则、法则。“天之道”，即天的道理、天理，也就是自然之道、自然规律、自然法则。

功成事遂名就已经是大圆满了，也就是盈满，而满招损，“持而盈之，不如其已”，此时不退，更待何时？《书经·大禹谟》：“满招损，谦受益，时乃天道。”只有“功遂身退”“功成弗居”，才符合“天之道”，“夫唯弗居，是以不去”（第二章）。河上公注：“言人所为，功成事立，名迹称遂，不退身避位，则遇于害，此乃天之常道也。譬如日中则移，月满则亏，物盛则衰，乐极则哀。”王弼注：“四时更运，功成则移。”

小结

本章讲述“满招损，谦受益”，功成身退之道。普通人都喜欢、追求盈满，而老子则反对盈满、肯定“不盈”，认为“不盈”才符合“道”的本性。所以凡事忌满，月满则亏，水满则溢，人满则骄，因此老子告诉我们，“持而盈之，不如其已”。如果说“金玉满堂”“富贵”是物质层面的“盈”，“锐”“骄”则是心理上的“盈”，都“不可长保”，必须自我克制，适可而止，否则不仅“莫之能守”，而且必将“自遗其咎”。

如何从根本上避免满招损的问题，老子给我们指明的“天之道”是“功遂身退”，是老子“无为”哲学在修身养性方面的应用。大功告成、名声显赫之日，就是急流勇退、含藏收敛之时，功成名遂就及时退位归隐，这符合自然规律的大“道”。否则，不知进退，违背自然规律，“富贵而骄”，就必然“自遗其咎”，轻者功勋不再，重者身败名裂，甚至死无葬

身之地。纵观人类数千年的历史长河，真正懂得并能够克制自身欲望践行“功成名遂身退”之道、急流勇退的寥寥无几，多少开国元勋、赫赫名将、英雄豪杰因为没有按照“天之道”行事而身败名裂、家破人亡、不得善终，甚至亡家灭族。

需要指出的是，老子反对的不是“富贵”和“功遂”本身，而是因为富贵而产生的“骄”和“功遂”而不知“身退”。所以老子告诫统治者要做到“果而勿骄”（第三十章），“进道若退”（第四十一章），“不敢为天下先”（第六十七章），“不敢进寸，而退尺”（第六十九章）。老子的哲学思想并不是消极避世，其提倡的“身退”不是一定要归隐山林当隐士，关键是要懂得“功成弗居”的道理，收敛锋芒，希冀成功者不要盲目自大、自我膨胀。王真《道德经论兵要义述》：“身退者，非谓必使其避位而去也，但欲其功成而不有之耳。”

第十章　营魄抱一　玄览无疵

元典

载营魄抱一，能无离乎？专气致柔，能如婴儿乎？涤除玄览，能无疵乎？爱民治国，能无为乎？天门开阖，能为雌乎？明白四达，能无知乎？生之畜之，生而不有，为而不恃，长而不宰，是谓玄德。

直译

魂魄同身体合一，能不分离吗？聚结精气以致柔和温顺，能如同婴儿一样吗？清除杂念、察看内心，能没有瑕疵吗？爱护百姓、治理国家，能无为而治吗？呼吸吐纳，能轻柔安静吗？明白事理、通晓四方，能不用心机吗？生育万物、养育万物，生养而不占为己有，（放任百姓）有所作为而不自恃己功，（引导百姓）自由成长而不去主宰，这就叫作“玄德”。

善解

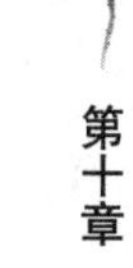

10.1　载营魄抱一，能无离乎？

“营魄”即魂魄，为附于人体的精神灵气。《内观经》：“动以营身之谓魂，静以镇形之谓魄。”河上公注：“营魄，魂魄也。人载魂魄之上得以生，当爱养之。喜怒亡魂，卒惊伤魄。魂在肝，魄在肺。美酒甘肴，腐人肝肺，故魂静志道不乱，魄安得寿延年也。”《左传·昭公七年》：“人生始化曰魄，即生魄，阳曰魂；用物精多，则魂魄强。”孔颖达疏：“魂魄，神灵之名，本从形气而有；形气既殊，魂魄各异。附形之灵为魄，附气之神为魂也。附形之灵者，谓初生之时，耳目心识、手足运动、啼呼为声，此则魄之灵也；附所气之神者，谓精神性识渐有所知，此则附气之神也。"《左传·昭公二十五年》："心之精爽是谓魂魄；魂魄去之，何以能久？"按照《黄帝内经》对五藏的记载："心藏神，肺藏魄，肝藏魂，脾藏意，肾藏精志也。"中国传统文化认为，魂是阳神，魄是阴神，道教有"三魂七魄"之说，即肝藏有三魂，肺中有七魄。

"抱"本义为用手臂围住，即拥抱，引申为环绕、持守、守护。"抱一"，即持守一、合二为一。那么谁与谁合一呢？有的学者认为是魂与魄合二为一，这里的"一"是指"道"，"抱一"就是拥抱"道"、持守"道"、与"道"合一，魂与魄合二为一即魂与魄合于"道"。河上公注："言人能抱一，使不离于身，则身长存。一者，道始所生，太和之精气也，故曰一。一布名于天下，天得一以清，地得一以宁，侯王得一以为正平。入为心，出为行。布施为德，总名为一。一之为言志一无二也。"

"载营魄抱一"，不是魂与魄合一，而是身体与魂魄合一，肉体和精神合一。这里的关键在于对"载"的解读，认为魂与魄合二为一的学者把"载"解释为助词，没有含义，类似"夫"。我认为，"载"在这里读 zài，本义为乘坐。《史记》："陆行载车，水行载舟。"引申为承载、搭载。"载营魄抱一"是身体载着"营魄"合一，即身体与魂魄合一，反之就是魂不附体、失魂落魄。

10.2 专气致柔，能如婴儿乎？

"专"指集中。"气"的甲骨文、小篆字形像云气蒸腾上升的样子，本义为云气，后把没有一定的形状、体积而能自由散布的物体通称为气体，这里特指精气。"专气"即聚集精气，后来道家把固守精气称为"专气"。"致"意为达到、以致。"致柔"就是要达到柔和、柔软、柔弱。要柔到什么程度呢？老子说要柔到"如婴儿"一样。婴儿是老子推崇的柔和、弱小、纯真、无欲、无邪的代表。老子说："沌沌兮，如婴儿之未孩"（第二十章），"恒德不离，复归于婴儿"（第二十八章），"含德之厚，比于赤子。毒虫不螫，猛兽不据，攫鸟不搏，骨弱筋柔而握固。未知牝牡之合而朘作，精之至也。终日号而不嗄，和之至也"（第五十五章）。河上公注："专守精气使不乱，则形体能应之而柔顺。”王弼注：“专，任也。致，极也。言任自然之气，致至柔之和，能若婴儿之无所欲乎。”

“专气致柔”有的版本写作“抟气致柔”。“抟”本义为把东西捏聚成团，引申为集聚，同“团”，意为会合在一起。苏轼《二公再和亦再答之》：“亲友如抟沙，放手还复散。”“抟气致柔”就是把生命之精气团聚在一起，内敛而不向外发散，从而使身体保持柔软、弱小如婴儿一般。冯友兰《中国哲学史新编》：“‘专气’就是‘抟气’……抟气就是把形气和精气结聚在一起。”

“能如婴儿乎”河上公本、王弼本没有“如”字，经相关专家考证古本应该有“如”字，因为“专气致柔”的不是婴儿，所以再“致柔”也不可能变回婴儿，只能达到如同婴儿的程度。

10.3 涤除玄览，能无疵乎？

“涤”就是用水清洗，“除”即清除、去掉。“涤除”就是涤荡、清除，即用水洗涤。《尚书·禹贡》：“九山刊旅，九川涤源，九泽既陂。”孔传：“九州之川已涤除，泉源无壅塞矣。”老子在这里要我们洗涤的是心灵的污垢，也就是清除心中的杂念。《周易》说要“洗心”。河上公注：“当洗其心使洁净也。”许啸天注：“涤除，是说人要明白天道，先要除去自己的私欲私见，保持住天真，便是用客观的态度。”

“玄”，即玄妙、幽深、黑色。“览”本义为观看。《说文解字》：“览，观也。从见监，监亦声。”引申为观察、考察。“玄览”字面的意思是远见、深察、远望、远眺。汉代张衡《东京赋》：“睿哲玄览，都兹洛宫。”晋代陆机《文赋》：“伫中区以玄览，颐情志于典坟。”唐代崔湜《奉和登骊山高顶寓目应制》：“名山何壮哉，玄览一徘徊。”这里指以慧内照，相当于第一章讲的“观”，通俗地讲即闭着眼睛在黑暗中观察，也就是内观、内察、内视，深入观察自己的内心。河上公注：“心居玄冥之处，览知万事，故谓之玄览也。”

“玄览”，帛书版写作“玄监”。据高亨等专家考证，“监”字即古代的“鉴”字，而“览鉴古通用。玄者形而上也，鉴者镜也。玄鉴者，内心之光明，为形而上之镜，能照察事物，故谓之玄鉴”。认为老子最早可能使用的就是“玄鉴”，后因“鉴”通“监”而写作“玄监”，再后来因不知

“监”即“鉴”而用与“监”字形相近的“览”改为“玄览”。《庄子·天道》：“圣人之心，静乎天地之鉴，万物之镜也。”可见“涤除玄监”即清除杂念，心灵深处就能明澈如镜。《淮南子·修务》：“执玄鉴于心，照物明白。”

“疵”意为瑕疵、毛病，这里指欲望，比喻“玄览”发现的尘垢。河上公注：“疵，淫邪也。”修“道”之人，求静必须去除欲望。“涤除玄览，能无疵乎”，即清除杂念、察看内心，能没有瑕疵吗？正因为圣人“涤除玄览，能无疵”，所以“不出户，知天下；不窥牖，见天道”（第四十七章）。

10.4 爱民治国，能无为乎？

“无为”是老子从“道”的自然本性之中悟出来的治国理政之道、为人处世之道，其本质是要顺应自然、不以自我主观意志人为地妄为，不违背客观规律乱作为，而是遵循自然规律做到“无为而治”。所以老子说“爱民治国，能无为乎”。“无为”是老子治理国家的最高理想，能够向圣人看齐“处无为之事”，就是“爱民治国”的最佳方式。

老子的这一思想与儒家的治国理政之道正好相反。按照儒家的观点，“爱民治国”的最高境界就是北宋思想家张载所说的“为天地立心，为生民立命，为往圣继绝学，为万世开太平”，关键时刻能够“挽狂澜于既倒，扶大厦之将倾”（下毓方《文天祥千秋祭》），“救民于水火，解民于倒悬”。“爱民治国”楷模的标准画像是夙夜在公、宵衣旰食，鞠躬尽瘁、死而后已，“先天下之忧而忧，后天下之乐而乐”，至少也应该勤政爱民、一心为国，甘当百姓的孺子牛，为国为民建立功绩。

“无为”王弼本写作“无知”，从“爱民治国”的角度讲，显然“无为”更合适。老子在第三章说：“恒使民无知无欲，使夫智者不敢为也。为无为，则无不治。”可见“无知”是手段，“无为而治”才是目的。

10.5 天门开阖，能为雌乎？

“天门”字面的含义是神话传说中的天宫之门，就是天帝所居住的紫微宫的门。河上公注：“天门谓北极紫微宫。”唐代沈佺期《龙池篇》：“池开天汉分黄道，龙向天门入紫微。”又指天关的大门。《宋史·天文志三》：

“角宿二星，为天关，其间天门也，其内天庭也。”帝王宫殿之门也尊称“天门”、君门。《楚辞·屈原·九怀·通路》：“天门兮地户，孰由兮贤者。”引申鼻孔或两眉之间的天庭。宋代张君房《云笈七签·隐藏章》：“上合天门，入明堂。”再后来人们把赌牌九时庄家的对面位置称为“天门”。《老残游记》第十九回：“第二条拿了个八点，天门是地之八，上下庄是九点，又赔了一个通庄。”

“天门”在这里指自然之门，对人而言就是耳目口鼻等感官，是人体内外交互的天然门户。高亨：“耳为声之门，目为色之门，口为饮食言语之门，鼻为嗅之门，而皆天所赋，故谓之天门也。”庄子则把天机之门即心称为“天门”。《庄子·天运》：“其心以为不然者，天门弗开矣。”

“阖”本义为门扇，引申为关闭。《说文解字》：“阖，门扇也。一曰闭。”《楚辞·东方朔·七谏谬谏》：“欲阖口而无言兮。”“开阖”即开启与闭合，一开一合，一动一静，指变化和运动。河上公注：“开阖谓终始五际也。”“天门开阖”就是自然之门一开一合，变化运动，人的天门一开一合，就是呼吸吐纳。

“雌”为阴，主静，代表老子推崇的软弱、柔顺、宁静。“为雌”就是守雌，守住阴柔、雌性的本质，就是守静、保持宁静。老子在第二十八章说：“知其雄，守其雌，为天下谿。”“天门开阖，能为雌乎”，就是“自然之门一开一合，能守住阴柔、保持宁静吗？”对养生而言可以解读为“呼吸吐纳，能轻柔安静吗？”就治国而言“兴衰之间，能坚守清静无为之道吗？”河上公注：“治身，天门谓鼻孔，开谓喘息，阖谓呼吸也。治身当如雌牝，安静柔弱，治国应变，和而不唱也。”王弼注：“天门，谓天下之所由从也。开阖，治乱之际也，或开或阖，经通于天下，故曰天门开阖也。雌，应而不倡，因而不为。言天门开阖，能为雌乎？则物自宾而处自安矣。”

“为雌”有的版本写作“无雌”，从词义上讲不通。这可能是受前后“无离”“无疵”“无为”“无知”的影响，在传抄过程中造成的笔误。

10.6　明白四达，能无知乎？

“四达”本义为通达四方的道路。《尔雅·释宫》：“一达谓之道路，二达谓之歧旁，三达谓之剧旁，四达谓之衢。”比喻通达四方，风行天下。

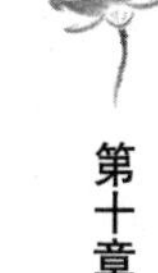

《礼记·乐记》:"周道四达，礼乐交通。""明白四达"即明白事理、通晓四方。河上公注:"言道明白如日月四达，满于天下八极之外。"三国魏嵇康《答向子期难养生论》:"若比之于内视反听，爱气啬精，明白四达，而无执无为。"

"无知"就是第三章已经解读过的没有识别、区别之心，引申为没有心机、机心，没有机巧、技巧。"明白四达，能无知乎"，就是明白事理、通晓四方，通事明理，能不用"智慧"、不用心机吗？从本节的论述，我们可以进一步认识到，老子提倡的"无知"不是愚昧，而是在"明白四达"基础上的通透，是心如明镜的大智慧，"恒使民无知无欲"（第三章）不是愚民策略，而是倡导让民众返璞归真。

"无知"王弼本写作"无为"，显然"无知"对"明白四达"比"无为"更贴切，结合本章第四节的论述分析，可能是传抄过程中把"无为"和"无知"搞颠倒了。

10.7 生之畜之，生而不有，为而不恃，长而不宰，是谓玄德。

本节与第五十一章的"故道生之，德畜之，长之育之，亭之毒之，养之覆之。生而不有，为而不恃，长而不宰，是谓玄德"重复，而且与第五十一章的关联性更强，有的学者认为是错简重出。我认为，本节与第五十一章尽管文字有重复，基本原理也一样，但论述的对象不同，表述也不完全相同。第五十一章从"道""德"与万物之间的关系论述，这是本义，而本节是从圣人、统治者的视角，阐述圣人通过学"道"、得"道"，再尊"道"、循"道"，按"道"治国理政、为人处世的准则，因此解读为：圣人创生国家、养育子民，生养而不占为己有，为政治国、放任百姓有所作为而不自恃己功，引导百姓自由成长而不去主宰，这就叫作"玄德"。

小结

本章老子从六个方面论述了修身之道。上一章老子提出了"功遂身退，天之道也"的命题，但对常人而言，说起来容易做起来难，为此老子用反问句列举了六种修炼方法，目标是"虚其心"，即让心放"空"，具体而言就是"无离""如婴儿""无疵""无为""为雌""无知"，其中"如婴儿”“为雌”虽然没有直接使用“无”字，但其代表的是柔弱无欲、守静无争。当然修炼的方法还可以列举很多，但归根到底可以归结到一个“无”字上，即让心达到“无”的境界。“无”是“天地之始”，“无”的境界和宇宙产生前的境界本质相同，“恒无，欲以观其妙”（第一章），只有达到“无”的境界，才能体悟“道”的玄妙，探究深藏在宇宙深处能生成一切的本质规律，认识客观世界微妙的内在本质，发现事物演化的极致之道。

读第一章时，感觉老子为了考验人们学“道”的勇气、决心、耐心和智慧，设置了令人生畏的五道关卡；读本章又好像老子作为考官，给大家出了六道试题。由此可见，修“道”就像过五关斩六将一样不易，但如果我们能够迈过这五道坎、答对这六道题，这些关和题就能成为我们体悟大“道”的法宝。

陈鼓应认为，本章的排序或有错乱，按照老子“修之于身”“修之于天下”的文例推测，将“涤除玄览，能无疵乎”调整到“专气致柔，能如婴儿乎”前面，将“爱民治国，能无为乎”调整到“明白四达，能无知乎”之后，即“载营魄抱一，能无离乎？涤除玄览，能无疵乎？专气致柔，能如婴儿乎？天门开阖，能如雌乎？明白四达，能无知乎？爱民治国，能无为乎？”这样“无离”“无疵”“如婴儿”“如雌”“无知”“无为”在辞例上也更顺，把“如婴儿”“如雌”放在一起与第二十八章“守其雌”和“复归于婴儿”相呼应，“明白四达”却若“无知”是“营魄抱一”“涤除玄览”“专气致柔”等修养的终极结果，而“修之于身”的“余德”之自然流行，便是以“无为”去“爱民治国”的“修之于天下”。

第十一章　有以为利　无以为用

元典

三十辐共一毂，当其无，有车之用。埏埴以为器，当其无，有器之用。凿户牖以为室，当其无，有室之用。故有之以为利，无之以为用。

直译

三十根辐条安装在一个车毂上，因为车毂中间是虚空的，（所以才）有车的作用。揉捏黏土制成器皿，因为器皿中间是虚空的，（所以才）有器皿的作用。开凿门窗建造房屋，因为房屋中间是虚空的，（所以才）有房屋的作用。因此，“有”（这里指车毂、器皿、房屋等有形实体）可以给人便利，“无”（这里指车毂、器皿、房屋的中空之处）可以发挥作用（因为只有中空，车毂、器皿、房屋等有形之物才可以被人使用）。

善解

11.1　三十辐共一毂，当其无，有车之用。埏埴以为器，当其无，有器之用。凿户牖以为室，当其无，有室之用。

“三十辐共一毂，当其无，有车之用”，三十根辐条把“轮”和“毂”组合在一起形成一个车轮，因为车毂中间是虚空的，所以才有车的作用。

古代的车用木头制作，其中车轮从外到内由“轮”“辐”“毂”“轴”四个部分组成。“轮”为车轮的最外圈，亦称轮圈。“轴”是穿在车轮最中心的圆柱形物件，称为车轴。“毂”即车轮中心的圆木，是套在车轴上的部件，周围与车辐的一端相接，中间有孔，车轴从毂中间的孔中穿过。“辐”即车轮上连接“轮”与“毂”的木条。《说文解字》：“辐，轮轑也。”这里的“无”指虚无、虚空。“当其无”，即当车毂中间虚空时。“有车之用”就是有车的作用。为什么“当其无”才能“有车之用”呢？因为只有车毂中间虚空（“当其无”），才能穿进车轴，车轴在里面转动，车才能行驶，最终起到运载的作用（“有车之用”）。否则，如果车毂是实心的，车轴就无法安装，车轮就不能转动，车也就无法行驶，当然也就起不到车的运载作用。古人用 30 根辐条制作 1 个车轮，其数字取自 1 个月 30 日。

“埏埴以为器，当其无，有器之用”，揉捏黏土制成器皿，因为器皿中间是虚空的，所以才有器皿的作用。

“埏”在这里读 shān，指用水和泥土。“埴”读 zhí，指制作陶瓷的黏土。《说文解字》：“埴，黏土也。”“埏埴”就是用水和泥来制作陶器。“器”即器具、器物、器皿。《荀子・性恶》：“故陶人埏埴而为器。”汉代桓宽《盐铁论・通有》：“铸金为鉏，埏埴为器。”“埏埴以为器”就是用水和黏土揉捏制成器皿。不管是缸、锅、碗、壶、杯、盏、碟等何种形状的器皿，只要其用途是盛水装物，就必须是中空（“无”）的，如果是实心的则无法起到器皿的作用，只能成为傻大笨粗的“摆设”、累赘，实际上摆设也很少是实心的。

“凿户牖以为室，当其无，有室之用”，开凿门窗建造房屋，因为房屋中间是虚空的，所以才有房屋的作用。

户是门的一半，单扇的门称为户。“牖”读 yǒu，本义为窗户。《说文解字》：“牖，穿壁以木为交窗也。”《书经・顾命》：“牖间南向，数重篾席。”“户牖”即门窗。杜甫《古柏行》：“崔嵬枝干郊原古，窈窕丹青户牖空。”古代盖房子一般用土垒墙，整体砌完墙后再开凿门窗，开凿门窗形成的门框、窗框当然是中空（“无”）的，否则就失去了开凿的目的，如果没有门、窗，人、物都无法进入房屋，这样的房屋还有何用处？更为重要的是，房屋内部必须中空（“无”），正是有了门窗四壁内的空虚部分，才能实现房屋的用处（住人、储物）。

11.2 故有之以为利，无之以为用。

“有之以为利”，“有”给人便利、利益，这里指上述车毂、器皿、房屋等有形之物具有利用价值。“利”从刀，从禾，表示以刀断禾的意思，本义为刀剑锋利、刀口快。《说文解字》：“利，铦也。从刀。和然后利，从和省。”和顺之后才能有利，引申为顺利、便利、利益、好处、财利。《论语·里仁》：“君子喻于义，小人喻于利。”

“无之以为用”，“无”才能发挥作用，因为车毂、器皿、房屋等有形之物的中空（“无”）使其具有相应的用处、用途，发挥其应有的功用、功能，才可以被人使用。“用”的甲骨文字形像桶形，桶可用，故引申为用，本义为使用、采用。《说文解字》：“用，可施行也。”引申为用处、用途、功用、作用、效用。《论语·学而》：“礼之用，和为贵。”《史记·魏公子列传》：“小礼无所用。”

小结

老子善于通过现实世界的具体事物探索、发现、归纳抽象的哲学原理，通过形而下的事物论述形而上的理论，从具体到抽象、从感性到理性。比如在第五章通过天地、刍狗论述“道法自然”“无为而治”的自然主义哲学思想，用橐籥比喻天地，阐述“虚而不屈，动而愈出”的道理；第八章以自然界中最常见的水之特性阐述了利而不争、谦卑处下、波澜不惊、仁爱真诚、言而有信、以柔克刚、不争无尤的处世哲学。为了让读者更好地理解形而上的“有”和“无”，本章老子又通过车毂、器皿、房屋阐述实体和虚体、“有”和“无”、“利”与“用”的关系。

“无”和“有”是老子哲学仅次于“道”的重要概念，老子在第一章明确指出：“无，名天地之始；有，名万物之母。故，恒无，欲以观其妙；恒有，欲以观其徼。”这是老子对形而上的“无”与“有”的论述，我们在第一章进行了比较全面的解读，从五个方面阐述“无”和“有”的辩证关系，但还是比较抽象，不易为人理解。

为此，老子通过车毂、器皿、房屋这些有形实体“当其无”（中间空虚）才有车、器、室之用，得出“有之以为利，无之以为用”的结论，即拥有车、器、室等有形财富可以给人便利，但前提是它们必须中空才能发挥其作用，从利用关系看，虚（“无”）的意义大于实（“有”），实体作为利用物，虚空才能真正发挥功用。王弼注：“有之所以为利，皆赖无以为用也。”这与老子对形而上的“无”与“有”的关系的观点相一致。我们在第一章就说过，在老子的哲学体系中，相对于“有”更推崇“无”，“无”在前，“有”在后，从“无”到“有”，“无”是第一阶段、第一位的，“有”是第二阶段、第二位的。

然而，普通民众对“无”与“有”的认识正好与此相反，普罗大众更多地关注有形之物的实体，注重实有的意义，往往忽略了虚空的作用。因此，有人据此认为老子追求虚空、缥缈的虚无主义，反对现实的物质世界，这完全是对老子的误解。我们在解读第一章时指出，尽管老子认为“无”是第一位的，更接近“道”的本质，“无”中生“有”，所以“无”是天地的开始，但老子同时也说“有”是万物的母亲，“无”不能直接产生万物，只有成长到“有”的阶段才能孕育万物。因此，老子并不排斥“有”，相反认为“有”不是可有可无的，而是不可或缺的。王安石认为：“‘无’之所以为天下用者，以有礼、乐、刑、政也。如其废毂辐于车，废礼、乐、刑、政于天下，而求其‘无’之为用也，则亦近于愚也。”冯友兰在《老子哲学讨论集》中说：“《老子》所说的‘道’，是‘有’与‘无’的统一。因此它虽然是以‘无’为主，但是也不轻视‘有’，它实在也很重视‘有’，不过不把它放在第一位就是了。”

综上所述，“无”和“有”是相辅相成、对立统一的辩证关系，两者缺一不可，所以老子在第二章说“有无相生”。如果读《老子》读到第十一章还没有体悟到“无”的重要性，仍然纠缠于“有”和“无”孰重孰轻而不能自拔，就说明其还没有真正悟“道”；而如果一味追求虚无，干脆不要实体了，则说明其不知“守中”，已经走火入魔，毕竟要有车毂、器皿、房屋等实体，其中空才能发挥作用，如果根本就没有车毂、器皿、房屋等实体，自然就没有中空存在的地方，当然也就什么作用都没有了。

第十二章　五色目盲　五音耳聋

元典

五色，令人目盲；五音，令人耳聋；五味，令人口爽；驰骋畋猎，令人心发狂；难得之货，令人行妨。是以圣人为腹不为目，故去彼取此。

直译

五彩缤纷，使人眼花缭乱；五音嘈杂，使人听觉失聪；五味杂陈，使人味觉失灵；纵情狩猎，使人心情放荡发狂；稀罕珍宝，诱惑人行为不轨。因此，得道之人但求饱腹，而不追逐声色犬马之娱，所以抛弃后者（为目）而选择前者（为腹）。

善解

12.1　五色，令人目盲；五音，令人耳聋；五味，令人口爽；驰骋畋猎，令人心发狂；难得之货，令人行妨。

“五色，令人目盲”，五彩缤纷，使人眼花缭乱。“五色”通“五彩”，原指青、白、红（赤、朱）、黑（玄）、黄五种颜色，即黑、白加三原色，古代以此五色为正色，理论上通过这五种颜色可调出其他所有的颜色，故可泛指各种色彩。在中国古代用“五色”与“五方”（东、西、南、北、中央）、“五行”（木、金、火、水、土，中国古代思想家用此五种物质来说明世界万物的起源）相对应。在中国传统“五行”理论中，人作为天下的主宰居于中央，四种颜色的神兽（青龙、白虎、朱雀、玄武）分别位于东（左）、西（右）、南（前）、北（后）。老子在这里用“五色”来指代各种颜色，或者说缤纷的色彩、过多颜色，类似于我们现在常说的五光十色、五颜六色、万紫千红、姹紫嫣红。“盲”本义为眼睛失明，引申为昏暗。“目盲”在这里比喻眼花缭乱。为什么“五色，令人目盲”？你尝试盯着太阳光、绚烂的舞台灯光看一会儿，就明白了，是不是眼花缭乱？所以，中国传统绘画以黑白两色为主，而且讲究留白。我们现在每天花大量的时间盯着各种电子产品的屏幕，长此以往就不仅仅是眼花缭乱了，有可能真的要“目盲”了。

“五音，令人耳聋”，五音嘈杂，使人听觉失聪。“五音”即中国古代音乐五声音阶上的五个级，分别为宫、商、角（jué）、徵（zhǐ）、羽五个基本音阶，相当于现行简谱上的1、2、3、5、6，唐代以来改为合、四、乙、尺、工。在音韵学上指五类声母在口腔中的发音部位，即喉音、牙音、舌音、齿音、唇音。老子在这里用“五音”来指代各种声音。“耳聋”也不是耳朵聋了，而是比喻听觉不灵敏，同上面的“目盲”一起，与耳聪目明相对应。过多的音调、过大的音量，必然让人头昏脑涨、听不清楚。所以，中国传统音乐的最高境界是高山流水觅知音。我们现在很多人长时间戴耳机、听高分贝音乐，造成听力下降甚至障碍，就是“五音，令人耳聋”的佐证。

“五味，令人口爽”，五味杂陈，使人味觉失灵。“五味”即酸、甜（甘）、苦、辣（辛）、咸五种滋味，泛指各种味道。《礼记·礼运》：“五味、六和、十二食，还相为质也。”《淮南子·原道》：“无声而五音鸣焉，无味而五味形焉，无色而五色成焉。”老子在这里用“五味”来指代各种味道的食物，更确切地说是指山珍海味、美味佳肴。“爽”本义为明亮，这里指差错、丧失、伤败，通“伤”，古人“爽伤”常作一词连用。南朝梁刘勰《文心雕龙·论说》：“伦理无爽。”《国语·周语》：“昔昭王娶于房，曰房后，实有爽德。”《淮南子·精神训》：“五味乱口，使口爽伤。”“口爽”是一种口病，即口舌失去辨味的能力，这里比喻味觉失灵。天天美味佳肴，或者过于丰盛的食物，舌不知味，过多的滋味使人难以分辨而丧失口感，必然从大快朵颐到食之无味，甚至舌苔厚腻、口腔发炎。正如俗话所说，“少吃多滋味，多吃无滋味”。

“驰骋畋猎，令人心发狂”，意为骑马奔驰、捕杀猎物，让人欣喜至极、走向疯狂，结果使人内心放荡而不能制止。“驰骋”即骑马奔跑、纵横奔驰。“畋”指猎取禽兽，即狩猎。“畋猎”即打猎，南朝梁刘勰《文心雕龙·杂文》：“观其大抵所归，莫不高谈宫馆，壮语畋猎，穷瑰奇之服馔，极蛊媚之声色。”这里意指纵情玩乐。高亨认为，从上下文的“令人目盲”“令人耳聋”“令人口爽”“令人行妨”句式看，“令人心发狂”中的“发”字多余，这可能是后来者传抄过程中误增。

“难得之货，令人行妨”，意为难得的稀有之物、珍贵的宝物，诱惑人图谋不轨、行为变坏，成为盗贼、强盗。“难得之货”就是稀有之物，泛指钱财。“妨”指妨碍、妨害、损害、伤害。“行妨”本义为行为损害、阻碍他人，这里的行为特指偷盗、抢劫等，损害的不仅是他人，还有自己的操守品行。第三章的“不贵难得之货，使民不为盗。不见可欲，使民心不乱”与“难得之货，令人行妨”一正一反。

12.2 是以圣人为腹不为目，故去彼取此。

“为腹”追求的目标是果腹，获得人生存必需的基本物质保障，填饱肚子、丰衣足食，也就是第三章的“实其腹”“强其骨”，属于第十三章的“贵身”范畴。“为目”追求的目标是视觉等方面的高级享受，包括上一节论述的令人“目盲”“耳聋”“口爽”“心发狂”“行妨”之类纵情发狂的声色之娱，属于第十三章的“有身”范畴。“不为目”就是第三章的“虚其心”“弱其志”、第十三章的“无身”。因此，圣人但求温饱而不追逐声色犬马之娱。有的版本把“是以圣人为腹不为目”写作“是以圣人之治也，为腹不为目”。

“去彼取此”就是抛弃后者（为目）而选择前者（为腹），即摒弃物欲的诱惑，舍弃声色之乐的物欲，选择朴素淳厚，保持安定知足的生活方式，只求基本物质保障，也就是第三章论述的“虚其心，实其腹；弱其志，强其骨”。

小结

本章老子通过五个“令”阐述了“五色”“五音”“五味”“驰骋畋猎”“难得之货”等过度物欲享乐造成的弊害（“目盲”“耳聋”“口爽”“心发狂”“行妨”），揭示了“为腹不为目”（“去彼取此”）的道理。老子用

"为腹"代表满足基本的物质生活，用"为目"代表贪得无厌的过度享受（包括耳、口、心、身在内的物欲），建立在内心淡泊恬静、简单质朴基础上的"为腹"容易满足，而追逐外在贪欲的"为目"则永远没有满足的时候。严灵峰说："腹易厌足，目好无穷。"如果说第三章从正面倡导"不尚贤""不贵难得之货""不见可欲"和虚心、实腹，本章则从反面警示了"为目"的危害。这是老子针对春秋末期奴隶主贵族生活日益奢靡，劳苦大众食不果腹，造成社会动荡，开出的治理良方。他认为在当时的物质条件下，正常的社会生活应该"为腹不为目"，只求温饱，不求声色犬马。

有人据此认为，老子把物质文明与精神文明对立起来，是否定精神文明、文化建设的作用，是反对人民享受更高层次的精神生活，这明显与老子的本意不符。首先，老子反对的是统治者的奢靡之风，而不是老百姓的日常生活，因为当时的普通民众根本就不可能享有"五色""五音""五味""驰骋畋猎""难得之货"，这是奴隶主贵族才有可能享受的奢靡生活。其次，老子反对的是过度的享受，既包括"五色""五音"这样的精神生活，也包括"五味"这样的物质生活，警示统治者"为目"的危害性，若过于依靠外在享受，就会越陷越深，心灵也会日趋空虚，最终世风日下，偷盗成风，邦国不宁。再次，老子反对统治者过度享受的目的，是让百姓能够过上丰衣足食、安居乐业的生活，使整个社会保持内在安定。老子认为"民之饥，以其上食税之多，是以饥"（第七十五章），希望统治者能够摒弃外界物欲诱惑，向圣人学习，保持知足宁静和纯洁天性，为了让百姓实现"为腹"的目标，"去彼取此"。最后，即使按照今天的现实生活而论，人类社会的精神文明需要与物质文明同步发展，物质文明是精神文明的基础，按照马克思主义物质决定意识的理论，物质文明是第一位的，精神文明是第二位的，精神生活不能超越物质条件，只有"仓廪实"，才能"知礼节"。所以，今天我们仍然要坚持不懈地反"四风"，反对奢靡之风、享乐之风，反对低俗、庸俗、媚俗，反对低级趣味，坚定地弘扬社会主义核心价值观，勤俭节约，反对铺张浪费。

在中国古代，"五"与"九"一样，是一个神奇的数字。帝王称九五之尊，远古时代最伟大的人物是三皇五帝。在空间上，用五湖四海代指全国各地，用五洲四海泛指全世界，五大名山称为"五岳"（东岳泰山、西岳华山、南岳衡山、北岳恒山、中岳嵩山）。在时间上，从黄昏到拂晓分

为五更。在传统医学上，中医把心、肝、脾、肺、肾称为“五脏”（也叫五内、五中），与胃、大肠、小肠、三焦、膀胱、胆“六腑”合称五脏六腑；用五劳七伤（五痨七伤）泛指身体虚弱多病，其中“五劳”指五脏的劳损，“七伤”指大饱伤脾，大怒气逆伤肝，强力举重、久坐湿地伤肾，形寒饮冷伤肺，忧愁思虑伤心，风雨寒暑伤形，恐惧不节伤志。在人际关系方面，表示血缘亲疏的有“五服”（高祖、曾祖、祖父、父亲、自己），讲伦理关系的有“五伦”（君臣、父子、兄弟、夫妇、朋友）。在文化方面，最重要的儒家经典为“五经”（《易》《书》《诗》《礼》《春秋》）；诗词有五言诗，包括五言古诗、五言律诗（五律）和五言绝句。在宗教方面，“五行”是道教教义理论的重要内容；佛教最虔诚的礼节为五体投地（双肘、双膝和头部同时着地）；禁止教徒食用的五种有气味的蔬菜称为“五荤”，其中佛教指大蒜、韭菜、薤、葱、兴渠，道教指韭菜、薤、大蒜、芸薹、胡荽。在饮食方面，除了“五荤”外，粮食作物称为“五谷”（稻、黍、稷、麦、豆，有的为稻、麦、豆、小米、高粱），花椒、八角茴香（大料）、桂皮、丁香花蕾、茴香籽五种调味品合成的香料称为五香。中国人祝福人用五福临门、五福齐天、五谷丰登，脸部器官合称五官（耳、目、口、鼻、舌），用金、银、铜、铁、锡五金泛指金属和金属制品，把各行各业合称为五行八作，犯下大罪则会被五马分尸、五雷轰顶。五种主要的刑罚称为“五刑”。《书经·舜典》：“汝作士，五刑有服。”商、周时期“五刑”为墨、劓、剕、宫、大辟。汉代孔安国：“五刑，墨、劓、剕、宫、大辟。”中国古代把“五刑”与“五行”结合在一起，《逸周书逸文》：“火能变金色，故墨以变其肉；金能克木，故剕以去其骨节；木能克土，故劓以去其鼻；土能塞水，故宫以断其淫；水能灭火，故大辟以绝其生命。”秦汉时“五刑”为黥、劓、斩左右趾、枭首、菹其骨肉。《汉书》卷二三《刑法志》：“令曰：‘当三族者，皆先黥、劓、斩左右止，笞杀之，枭其首，菹其骨肉于市。其诽谤詈诅者，又先断舌。’故谓之具五刑。”隋代以后“五刑”为笞、杖、徒、流、死。《旧唐书》卷五十《刑法志》：“有笞、杖、徒、流、死为五刑。”现行刑法分为死刑、无期徒刑、有期徒刑、拘役、罚金五项。老子在第一章设置了入“道”必须越过的五座关隘，在第五十四章又给人们提供了修德悟道的五个层次：修身、修家、修乡、修邦国、修天下。

第十三章　宠辱若惊　贵患若身

元典

宠辱若惊，贵大患若身。何谓宠辱若惊？宠为下，得之若惊，失之若惊，是谓宠辱若惊。何谓贵大患若身？吾所以有大患者，为吾有身；及吾无身，吾有何患？故贵以身为天下，若可寄天下；爱以身为天下，若可托天下。

直译

（无论）受到宠爱（还是）遭到侮辱都感到惊惶，重视重大祸患像重视自己的身体一样。什么叫得宠和被辱都感到惊恐不安呢？被宠是卑下的，得宠要感到受惊，失宠更要惊恐不安，这就叫作受宠、被辱都感到惊恐。什么叫作重视重大祸患像重视自己的身体一样呢？我之所以有大患，是因为我有身体；等到我没有了身体，那我还会有什么祸患呢？所以，如果能像重视自己的身体一样珍视天下，就可以把天下寄托给他；如果能像爱惜自己的身体一样爱护天下，就可以把天下托付给他。

13.1　宠辱若惊，贵大患若身。

本节有两个“若”字，第一个“若”不是好像、如、如果的意思，而是副词，相当“于是”之意；第二个“若”则指好像。

“宠辱若惊”，即受宠若惊，受辱若惊。受宠若惊是指受到宠爱、赏识而感到意外的惊喜、惊惶不安，受辱若惊则是受到侮辱而感到惊恐、惊醒。老子的“宠辱若惊”表面上与儒家追求的“宠辱不惊”背道而驰，“宠辱不惊”讲究的是中国传统儒家士大夫开阔豁达的胸襟、淡然平静的心态，无论面对荣宠还是侮辱都心如止水、波澜不惊、从容不迫，典型的如范仲淹在名著《岳阳楼记》中所说的：“不以物喜，不以己悲。居庙堂之高则忧其民，处江湖之远则忧其君。”实际上两者都要求对受宠与被辱态度一致，不以宠喜，不以辱怒，只是儒家要的是淡泊明志，道家讲的是谦卑处下，即“知其荣，守其辱，为天下谷”（第二十八章）。王弼注：“宠必有辱，荣必有患，宠辱等，荣患同也。”

“贵”，即“以……为贵”，也就是重视，引申为害怕。“贵大患若身”，即重视大的祸患像重视自己的身体一样，或者说要像害怕身患重疾一样重视重大祸患，把大患看得与自身生命一样珍贵。从当下的语境来讲就是要增强忧患意识、树立底线思维，像热爱自己的生命一样，高度重视防范化解风险工作，坚决打赢防范化解重大风险攻坚战。

为什么要“宠辱若惊”？就是要有忧患意识，不管是顺境（得宠）还是逆境（受辱），都要有危机意识、风险意识，保持清醒的头脑（若惊），始终绷紧防范化解重大风险挑战这根弦，也就是“贵大患若身”。河上公注：“身宠亦惊，身辱亦惊。”

有的学者认为，“贵大患若身”应该为“贵身若大患”，因为“身”与“宠辱若惊”中的“惊”字押韵而倒装。王纯甫注：“贵大患若身，当云：贵身若大患。倒而言之，文之奇也，古语多类如此者。”“贵身”是人的本能，却往往容易好了伤疤忘了疼，所以老子提醒人们要像“贵身”一样“贵大患”，“贵身若大患”明显不合常理。

13.2　何谓宠辱若惊？宠为下，得之若惊，失之若惊，是谓宠辱若惊。

有的版本把“何谓宠辱若惊？宠为下”写作“何谓宠辱？宠为上，辱为下”，解读为“什么叫得宠和被辱”，得宠为上，受辱为下。河上公注：“宠者尊荣，辱者耻辱。”所以“宠为上，辱为下”。这不符合老子的一贯思想，老子不可能认为受宠就高人一头，受辱就低人一等，而且与紧接着的“得之若惊，失之若惊，是谓宠辱若惊”无法衔接，得之是得宠还是受辱？失之又是失宠还是失辱？

那为什么得宠为下呢？因为得宠表面上看是荣耀，是值得骄傲的光荣，实际上宠爱是自上而下的赐予，宠人者与被宠者（受宠者）一定是尊与卑、上与下、长与幼、男与女的关系，而不是平等的关系，受宠本身从本质上讲就已经处在卑下的位置，失去了人格上的独立性，在赐予者面前受宠者没有人格尊严可言，整天战战兢兢唯恐失宠，所以说“宠为下”。释德清曰：“世人皆以宠为荣，却不知宠乃是辱。”“宠为下，谓宠乃下贱之事也。譬如僻辛之人，君爱之以为宠，虽卮酒脔肉必赐之。非此，不见其为宠，彼无宠者，则傲然而立。以此较之，虽宠实乃辱之甚也，岂非下耶！故曰宠为下。”

既然“宠为下”，得宠当然就没有沾沾自喜的理由，而且受宠不一定是被宠者必然该得的，也许是受宠者确有可宠之处，也许只是宠爱者一时兴起，随时都会失去，或者是要利用受宠者。不管是由于何种原因受宠，作为一种单方面凭感觉施舍的感情，既没有可靠性，也没有连续性、稳定性，所以要“得之若惊”，不仅不能忘乎所以、狂妄自大、恃宠而骄，而且要惊恐、不安，如履薄冰，要时刻清醒地认识到，有得宠就早晚会失宠，要随时准备接受失宠之辱。失宠必然受辱，所以“失之若惊”，失宠更要诚惶诚恐，如果失宠还不惊醒，则就要大祸临头了。

13.3　何谓贵大患若身？吾所以有大患者，为吾有身；及吾无身，吾有何患？

“何谓贵大患若身？吾所以有大患者，为吾有身”，什么叫作重视重大祸患像重视自己的身体一样呢？我之所以有大患，是因为我有身体。河上公注：“复还自问，何故畏大患若身？吾所以有大患者，为吾有身，有身忧其勤劳，念其饥寒，触情纵欲，则遇祸患也。”

“及吾无身，吾有何患”，意为等到（如果）我没有了身体，那我还会有什么祸患呢？“及”意为达到、赶上、及至，《老子本义》作“苟”，意为假使、如果。

按照上面的解读，有大患是因为“有身”，所以要实现无患就要“无身”。那么“无身”是不要身体、毁灭身体吗？如果没有了身体，虽然解

决了有大患的问题，但我的身体、生命都不存在了，有患或者无患还有什么意义呢？难道《老子》讲究养生益寿之道的观点是误传吗？

实际上这是对老子论述的“身”理解不透，把“身”等同于身体（肉体）造成的。“身”本义为人体的躯干。《说文解字》：“身，躬也。象人之形。”引申为物体的主要部分、身体、生命、一生、本身及人的品格、修养、身心。本章的“身”指身心，包括身体（身子、身躯、肉体）和精神（灵魂、魂魄）两个方面，所以老子说“载营魄抱一”（第十章）。把“无身”解读为不要身体、放弃生命、抛弃肉体等，都是错误的，这与老子的本意背道而驰。老子从来没有弃身的观点，并明确反对轻身，在第二十六章质问轻躁的统治者：“奈何万乘之主，而以身轻天下？”老子提倡“贵大患若身”，“贵大患”的前提就是“贵身”，即重视身体、珍视生命。所以“无身”肯定不是轻视身体、不要肉体、放弃生命，更不是主动毁灭身体、使灵魂摆脱肉体的束缚而最终实现精神不死。范应元说：“轻身而不修身，则自取危亡也。是以君子安而不忘危，存而不忘亡，故终身无患也。”

那么怎么理解“无身”与“贵身”“爱身”之间的关系呢？其一，按照老子的思想，“无身”偏重于精神方面，“贵身”“爱身”偏重于肉体方面。其二，“无身”即在精神生活方面不片面追求名声、身份、地位等身外之物，不追逐享受令人纵情发狂的声色犬马之娱，就是第三章倡导的“不尚贤”“不贵难得之货”“不见可欲”，也就是第十二章所说的“不为目”，减少、限制、放弃“五色”“五音”“五味”“驰骋畋猎”“难得之货”等过度物欲享乐，防止“目盲”“耳聋”“口爽”“心发狂”“行妨”的弊害。其三，“贵身”“爱身”即在满足基本生活、生存条件方面，爱惜、珍视自己的身体，努力做到丰衣足食，也就是第十二章所说的“为腹”。其四，“无身”是为了实现“贵身”“爱身”，而且其本身就是“贵身”“爱身”，放弃贪欲和奢靡，返璞归真，回归自然，追求心神的宁静、恬淡，不就是最好的“贵身”“爱身”吗？王弼注：“归之自然也。”其五，“贵身”“爱身”必须“无身”，如果做不到精神层面的“无身”，再好的物质保障、医疗保障，也无法实现“贵身”“爱身”的目标。从纯粹的医学角度看，也是身病好治，心病难医。其六，如果按照普通人的理解，把“贵身”“爱身”解读为惜命，则“贵身”“爱身”是人的本能，老子的“无身”是针对人类过于惜命、贪生怕死而言的。实际上很多人最终不是死于疾病，而是死于对死亡的恐惧、过度治疗，或者亡于过度养生。当今社会的养生热、各种保健品骗局以及“养生专家”的早逝，都是不懂得“无身”而片面追求“贵身”“爱身”的真实写照。老子的“无身”就是要忘记自己“有身”，一切顺其自然，这才是真正的“贵身”“爱身”。河上公注：“使吾无有身体，得道自然，轻举升云，出入无间，与道通神，当有何患？”司马光注：“有身斯有患也。然则既有此身，则当贵之爱之，循自然之理，以应事物，不纵情欲，俾之无患可也。”

13.4　故贵以身为天下，若可寄天下；爱以身为天下，若可托天下。

“寄”意为寄托、交付。“爱”即爱惜、爱护。在第二章我们讲过“天下”有六种含义，这里的“天下”指国家或国家政权、统治权。有的学者将“若”解读为才能，所以将本节解读为：只有像重视自己的身体一样治理天下，才能把天下寄托给他；只有像爱惜自己的身体一样治理天下，才能把天下托付给他。“若”应该解读为若此、若是，即假设前一句成立，后一句也成立：如果“贵以身为天下”，就“可寄天下”；如果“爱以身为天下”，就“可托天下”。有的版本把本节直接写作：“故贵以身为天下，则可寄天下；爱以身为天下，乃可托天下。”据此，本节可解读为：所以，如果能以“贵身”的态度慎重治理天下，也就是像重视自己的身体一样治理天下，就可以把治理天下的重任寄托给他；如果能以“爱身”的态度治理天下，也就是像爱惜、爱护自己的身体一样治理天下，就可以将天下托付给他。

本节王弼注本写作：“故贵以身为天下者，若可托天下；爱以身为天下者，若可寄天下。”对上句王弼注：“无以易其身，故曰贵也。如此乃可以托天下也。”对下句王弼注：“无物可以损其身，故曰爱也。如此乃可以寄天下也。”“可寄”与“可托”含义相同，前后互换对解读没有什么影响。

小结

本章老子论述了“无身”而“贵身”的辩证思想，其本质还是“无为而无不为”的自然主义思想。老子认为宠辱都是身外之物，明确指出“宠为下”，如果能够分得清“名与身孰亲”（第四十四章），就能不以得宠而骄横跋扈、不以受辱而怒不可遏，不管得宠还是受辱，都要保持清醒的头脑，诚惶诚恐、谦卑处下，这就是“宠辱若惊”。然而世人普遍重视宠辱荣患、毁誉得失，过分看重功名利禄、荣辱毁誉，有些人甚至视身外的荣辱、名位、钱财重于自身的性命，把荣宠和名利作为人生最高目标，一心想着享荣华富贵、庇荫后代。

本章最容易引起误解的是“有身”“无身”“贵身”“爱身”之间的关系。很多人受到佛学思想的影响，错误地解读“吾所以有大患者，为吾有身；及吾无身，吾有何患”，把“身”等同于肉体，认为人类一切烦恼忧患的根源是有“身”，所以把“无身”理解为抛弃身体、毁灭肉体，舍生忘死，使灵魂摆脱肉体的束缚而成仙成佛、永生不灭，这明显与紧接着的“故贵以身为天下，若可寄天下；爱以身为天下，若可托天下”相矛盾。那么老子到底是提倡所谓毁灭肉体的“无身”，还是珍视、爱惜身体的“贵身”“爱身”呢？“贵身”“爱身”是人的本能，作为无神论、自然主义思想的鼻祖，老子反对“轻身”而提倡“贵身”“爱身”。

实际上老子的“有身”就是第七章的“自生”“先其身”“私其身”、第五十章的“生生之厚”、第五十五章的“益生”，是不知“功遂身退”的表现，而“舍后且先，则必死矣”（第六十七章），所以老子认为有大患者因为“有身”。“无身”不是“轻身”、弃身，而是第三章的“不尚贤”“不贵难得之货”“不见可欲”以及第十二章的“不为目”，能够做到“无身”就能无欲无为，所以老子说“及吾无身，吾有何患”。

“无身”而“贵身”是老子“无为而无不为”思想的延续。那么如何实现“无身”而“贵身”呢？庄子说：“身如槁木，心如死灰。”从老子的论述看，就“无身”方面讲，要“不尚贤”“不贵难得之货”“不见可欲”“虚其心”“弱其志”“使民无知无欲”（第三章），“功遂身退”（第九章），“专气致柔”“涤除玄览”（第十章），“去甚、去奢、去泰”（第二十九章），去除“为目”造成的贪欲、外患；从“贵身”方面讲，就是“实其腹”“强其骨”（第三章），努力做到“居善地”而“无死地”，“无以生为”而成为“善摄生者”（第五十章）。

老子提倡“贵身”“爱身”的目的，不仅仅局限于个人的养生益寿，更重要的是治国理政。老子认为，一个人如果能够像珍视、爱惜自己的身体一样小心翼翼、诚惶诚恐地治理天下，“治大国，若烹小鲜”（第六十章），就可以把天下寄托给他。对外在的宠辱毁誉都惊恐不安的人能堪当大任，能以“贵身”“爱身”的态度治理国家、对待百姓是老子心目中理想的统治者的形象。反之，如果一个统治者连自己的身体都不珍惜、不爱护，他能珍惜、爱护百姓的生命吗？你能相信他真可以做到爱国爱民、天下大治吗？不要说口是心非的伪君子，人前口号喊得震天响，背后沉溺于声色犬马而不能自拔，没有时间、没有精力更没有体力治理国家，更大的可能是为了自己的奢靡享乐而祸国殃民，怎么可以把天下寄托给这样的人呢？就是真心想要治理好国家，如果不懂得“贵身”“爱身”，没有健康的身体，他拿什么来治国理政？丧失了革命的本钱又如何能治理好国家呢？

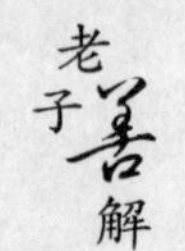

第十四章　无状之状　无物之象

视之不见，名曰夷；听之不闻，名曰希；搏之不得，名曰微。此三者，不可致诘，故混而为一。其上不皦，其下不昧，绳绳兮不可名，复归于无物。是谓无状之状，无物之象，是谓惚恍。迎之不见其首，随之不见其后。执古之道，以御今之有。能知古始，是谓道纪。

直译

眼睛看它看不见，称为“夷”；耳朵听它听不到，称为“希”；用手扑上去抓它抓不住，称为“微”。上述三种情况不可以细究，所以（只能）混为一谈。“道”的上面不明亮，下面也不昏暗，绵绵不绝而不可名状，又回归到无形无象的状态。这叫作没有形状的形状，不见物象的形象，称为“惚恍”。从前面迎接“道”看不见它的头，从后面追随“道”又看不见它的尾。坚持、施行自古存在的“道”，用以驾驭、处理当今世界现实存在的具体事物。能够认识到宇宙的本始，就叫作认识“道”的规律。

善解

14.1　视之不见，名曰夷；听之不闻，名曰希；搏之不得，名曰微。此三者，不可致诘，故混而为一。

“夷”从大从弓，本义为东方之人，即我国古代对东部各民族的统称。

后转义为平坦、平安、平定、铲除，这里引申为平坦无阻、一望无际，看不见任何东西。所以把眼睛看它看不见，称为“夷”。河上公注：“无色曰夷，言一无彩色，不可得视而见之。”

“闻”本义为听到、听见。《礼记·大学》：“心不在焉，视而不见，听而不闻。”“希”本义为刺绣，假借为“稀”，即稀少、罕见。《尔雅》：“希，罕也。”进一步引申为稀疏，形容事物之间的距离远，声音无法传达。《史记·货殖列传》：“地广人希。”这里指寂静无声，与此相类似的有第四十一章的“大音希声”，希声就是无声。“希”与前面的“夷”合称“希夷”，意为空虚寂静、无声无色。所以老子在这里把耳朵听它听不到，称为“希”。河上公注：“言一无音声，不可得听而闻之。”

“搏”本义为搏斗、对打，引申为捕捉、扑上去抓。“微”本义为隐秘地行走。《说文解字》：“微，隐行也。”引申为隐匿、细小、微小、细微。所以老子把用手扑上去抓它抓不住，称为“微”。有的版本把“搏”写作“抟”，解读为用手抓。河上公注：“言一无形体，不可抟持而得之。”明显是把“搏”与“抟”的繁体字“摶”搞混了，把“抟”解读为用手抓则有望文生义之嫌。我们在第十章讲过，“抟”本义为把东西捏聚成团，引申为集聚，同“团”，“抟之不得，名曰微”解释不通。

本节的三个“之”都是指“道”，读了第一章我们知道“道”不可名，无法言说，现在又说“视之不见”“听之不闻”“搏之不得”，听不到、看不见、抓不住，实际上都是论述“道”的虚无与神秘。

“此三者”指上面用以描述“道”的“夷”、“希”和“微”。“致”在这里意为推极、穷究。《礼记·大学》：“欲诚其意者，先致其知。”“诘”即诘问、追问、责问。“致诘”就是细究、追究、究诘。“混”意为混同。《淮南子·览冥训》：“天下混而为一。”由于“道”没有形体，难以用准确的语言来描述，也无法通过人类感官去体验，只能以经验世界的概念，通过逐一否定的“证伪”方式，显示出“道”的特性。所以对上面讲的三种情况，不可以细究、究诘、穷究，只能混为一体、浑然一体、混为一谈。

14.2　其上不皦，其下不昧，绳绳兮不可名，复归于无物。是谓无状之状，无物之象，是谓惚恍。迎之不见其首，随之不见其后。

“其上不皦，其下不昧”，“道”的上面（上端）不明亮、不亮堂、不清晰，下面（下端）也不昏暗、阴暗晦涩。也就是说“道”不明不暗，呼应本节下面的“惚恍”。河上公注：“言一在天上，不皦皦光明。言一在天下，不昧昧有所暗冥。”这里的“其”指“道”。“皦”本义为光亮洁白。《说文解字》：“皦，玉石之白也。”引申为明亮、清白、分明、清晰。因为“皦”同“皎”，“其上不皦”有的版本写作“其上不皎”。“昧”本义为昏暗、不明，与“皦”是反义，引申为隐藏、幽昧。

“绳绳兮不可名”就是第六章所说的“绵绵若存”，指“道”客观上始终存在，绵绵不绝，但又不可言说、不可描绘、不可名状。“绳绳”应读为 mǐn mǐn，意为就像一团乱绳纠缠在一起，无头无尾，比喻接连不断、纷纭不绝的样子。《诗经·周南·螽斯》：“螽斯羽薨薨兮，宜尔子孙绳绳兮。”这里形容“道”无头无绪、不清不楚，又延绵不断、绵绵不绝。“不可名”呼应第一章的“道可道，非恒道；名可名，非恒名”。河上公注：“绳绳者，动行无穷极也。不可名者，非一色也，不可以青、黄(赤)、白、黑别。非一声也，不可以宫、商、角、徵、羽听。非一形也，不可以长短大小度之也。”

“复归于无物”指“道”回复、回归于无形无状、混沌不分的状态，也就是还原到宇宙形成之前“无”的状态，对应于第十六章的“复归其根”。因为“绳绳兮不可名”，所以只能“复归于无物”。“物”本义为万物。《说文解字》：“物，万物也。牛为大物，天地之数起于牵牛，故从牛。”泛指一切有形的物体、东西。《易经·系辞上》：“方以类聚，物以群分，吉凶生矣。”《列子·黄帝》：“凡有貌象声色者，皆物也。”引申为实质、事物、物象。“无物”就是没有物体的形状、不具物象，感官不能知觉，看不见、摸不着，就是本章第一节描绘的“视之不见”“听之不闻”“搏之不得”。河上公注：“物，质也，复当归之于无质。”

“无状之状，无物之象”，没有形状的状态，没有物象的形象，是对“复归于无物”的进一步论述，强调“道”的无状无形、没有物象。“状”本义为犬形。《说文解字》：“状，犬形也。从犬，爿声。”用具体的动物“犬”表示事物各具形态，引申为形状、状态。“象”的甲骨文字形突出其长鼻，本义为大象。这里指景象、印象、形象。“状”与“象”的区别是，“状”是指物体外表形状、状态，是有形的，看得见、摸得着；“象”是指人们思想、思维中出现的景象和形象，是无形的，看不见、摸不着，是想象中的虚幻形象，只能通过大脑去感悟、感受。

“惚恍”即恍惚（恍忽），本义是指神思不定、慌乱无主，打不起精神。中医把由于七情内伤、外邪内干、发汗过多而损伤心气，以致精神不定，不能集中，游离在外，神志不清称为恍惚。引申为隐约模糊，不可辨认。《韩非子·忠孝》：“恍惚之言，恬淡之学，天下之惑术也。”这里指“道”看不真切、看不清楚，若隐若现，似有似无，就是第四章“湛兮，似或存”、第六章“若存”等不确定性给人的观感，让人难以捉摸、不可把握。老子在第二十一章说：“道之为物，唯恍唯惚。”河上公注：“忽忽恍恍者，若存若亡，不可见之也。”

老子为什么要把“恍惚”写作“惚恍”呢？是写错了还是后人传承过程中的笔误？我认为是老子有意为之，颠倒是为了与前面“无物之象”的“象”押韵，类似的还有第二十一章的“惚兮恍兮，其中有象；恍兮惚兮，其中有物”。作为中国古代最伟大的哲学家之一，老子不仅追求哲学意义上的真善美，而且讲究文字语言上的韵律美。

老子怕人们还不明白他对“道”的描述，就直白地说“迎之不见其首，随之不见其后”，从前面迎接“道”看不见它的前头（开端），从后面追随“道”又看不见它的后尾（末端），也就是说围绕着“道”团团转，却仍然搞不清它的模样，进一步强调“道”的神秘莫测。河上公注：“一无端末，不可预待也。除情去欲，一自归之也。言一无影迹，不可得而看。”成玄英注：“迎之不见其首，明道非古无始也，随之不见其后，明道非今无终也。”

14.3　执古之道，以御今之有。能知古始，是谓道纪。

“执古之道，以御今之有”，意为掌握、坚持、施行自古存在的“道”，用以驾驭、处理当今世界现实存在的具体事物，也就是我们在第一章小结所说的遵“道”、循“道”、行“道”。“执”，甲骨文字形右边是人，手被铐住，本义为拘捕、捉拿。《说文解字》：“执，捕罪人也。”引申为掌握、执行、施行、坚持。《荀子·儒效》：“乐乐兮其执道不殆也。”“御”指驾驭、处理。“有”即实有，是“道”的外在表现，这里指现实世界存在物、有形的具体事物。

“能知古始，是谓道纪”，即能够认识、了解宇宙的起源，也就是读懂了“无”这个老子哲学体系中最重要的概念，就能认识“道”的纲纪、规律。“始”是开始、最初、起头、源头。“古始”指宇宙的初始、起源，即第一章的“天地之始”，也就是“无”。“纪”即法度、纪律、纲纪、规律。“道纪”就是“道”的纲纪、“道”的规律。许啸天注：“道纪，是说天道有一定不变的法纪，人只需顺着自然的法纪做去。”

小结

本章是老子继第一章、第四章、第六章后又一次论述“道”。老子在第十一章通过车毂、器皿、房屋阐述实体和虚体、“有”和“无”、“利”与“用”的关系，在本章又用人们日常对物体的感观“视”“听”“搏”来认识“道”，结果是“视之不见”“听之不闻”“搏之不得”，因为“道”不是普通意义上的物体，脱离具体事物，不同于现实世界的任何事物，是超越时空的虚无存在，无形、无声、无色、无味、不可触摸，无法通过人类感官去体验、感知，只能以经验世界的概念，通过逐一否定“证伪”的方式，显示出“道”的特性，体现了“道”的神秘性。这与古代欧洲哲学家对本体的论述相一致，本体隐藏于现象背后，看不见摸不着，只存在于人的感官之外，人类永远无法感知到本体的存在，只能通过逻辑推理假设它的存在。

“道”虽然没有形体，却真实存在，只是不明不暗，“绵绵若存”，不可名状，难以用准确的语言来描述，无法用人类的视觉、听觉、触觉等感觉、知觉来认知，所以要认识“道”这个超验的存在体，不能从具体事物的角度面对“道”，而只能“复归于无物”，还原到宇宙形成之前“无”的状态来体悟“道”，这样才能明白“道”的“无状之状，无物之象”的玄奥含义。如同“无”不是什么都没有一样，“无物”不是现代物理学上空无所有的真空，只是强调其不同于现实世界的普通有形之物，因此叫作“无状之状，无物之象”，称为“惚恍”，即没有清楚、固定的形状，恍恍惚惚，无法看得真切、清楚，直白地说就是“迎之不见其首，随之不见其后”。

老子讲了这么多，目的就是要让我们记住，现实世界的具体事物都遵循“道”的普遍规律，只要掌握自古存在的“道”，把握“道”的运动规律，就能驾驭当今世界现实存在的具体事物，而能够认识宇宙的起源，就能认识“道”的规律。

第十五章　静之徐清　动之徐生

古之善为道者，微妙玄通，深不可识。夫唯不可识，故强为之容：豫兮若冬涉川，犹兮若畏四邻，俨兮其若客，涣兮其若凌释，敦兮其若朴，旷兮其若谷，混兮其若浊【，澹兮其若海，飂兮若无止】。孰能浊以静之徐清？孰能安以动之徐生？保此道者，不欲盈。夫唯不盈，故能蔽而新成。

直译

古代善于学习、把握、遵循、践行“道”的人，精微奇妙、玄奥通达，深邃得令人难以看透。正因为常人不能认识他，所以只能勉强地形容他：（处事）慎重，好像寒冬过河（如履薄冰）；（为人）谨慎，好像害怕惊动四邻（小心翼翼）；庄重严肃，就像赴宴做客的嘉宾；消除误会、嫌隙，就像冰凌缓缓融化（涣然冰释）；敦厚淳朴，就像没有经过雕琢的原木；（胸襟）旷达，就像空旷通达的山谷（一样虚空）；浑厚、包容，就像浊水一样（让人无法看透）【；安静、恬淡，就像平静的大海；（行动）迅疾，就像猛烈的疾风一样没有止境】。谁能在混浊之中静止下来，徐缓地自我澄清？谁能在安逸中运动起来，徐徐地显出生机？（当然是）拥有“道”的人，（因为其）不愿意盈满。正因为不求盈满，所以能够去旧更新。

善解

15.1　古之善为道者，微妙玄通，深不可识。夫唯不可识，故强为之容：豫兮若冬涉川，犹兮若畏四邻，俨兮其若客，涣兮其若凌释，敦兮其若朴，旷兮其若谷，混兮其若浊【，澹兮其若海，飂兮若无止】。

“为道”，即学“道”、循“道”、行“道”。“善为道者”就是善于学“道”、循“道”、行“道”的人，是善于把握、遵循、践行“道”的“有道者”（第二十四、三十一、七十七章）。《老子》第二、三、五、七、十二、七十九、八十一章等处多次提到的“圣人”都属于“道者”范畴。中国上古有《周易》《山海经》《黄帝内经》三部奇书，分别论述天、地、人。根据《黄帝内经》上卷《素问》之“上古天真论”记载，岐伯（相传为中国上古时期著名的医学家，被黄帝尊称为天师，后世尊称其为“华夏中医始祖”）曰：“夫道者能却老而全角，身年虽寿，能生子也。”“道者”从高到低分为“真人”“圣人”“贤人”三个等次，黄帝曰：“余闻上古有真人者，提挈天地，把握阴阳，呼吸精气，独立守神，肌肉若一，故能寿敝天地，无有终时，此其道生。中古之时，有至人者，淳德全道，和于阴阳，调于四时，去世离俗，积精全神，游行天地之间，视听八达之外，此盖益其寿命而强者也，亦归于真人。其次有圣人者，处天地之和，从八风之理，适嗜欲于世俗之间，无恚嗔之心，行不欲离于世，被服章，举不欲观于俗，外不劳形于事，内无思想之患，以恬愉为务，以自得为功，形体不敝，精神不散，亦可以百数。其次有贤人者，法则天地，象似日月，辨列星辰，逆从阴阳，分别四时，将从上古合同于道，亦可使益寿而有极时。”简言之，“真人”把握阴阳、和于阴阳，去世离俗，游行于天地之间；“圣人”虽行不离世，但举不观于俗；“贤人”虽不离俗世，但从上古合同于“道”。

“善为道者”王弼本、竹简版写作“善为士者”。“士”是会意字，从一开始，到十结束，意为善于做事情。《说文解字》：“士，事也。数始于一，终于十。从一从十。”孔子曰：“推十合一为士。”中国古代把未婚男子称为“士”，后成为所有男子的美称。先秦时期把介于大夫与庶人之间的阶层称为“士”，是贵族的最低等级，诸侯、大夫对天子也自称“士”；封建社会把官吏或较有声望、地位的知识分子称为士大夫，把士工农商称为四民，把读书人、知识分子称为士人，把农工商以外学道艺、习武勇的人称为“士”或“士民”，以区别于“庶民”。后作为对人的美称，如谋士、志士、烈士、勇士、壮士、男士、女士、地方人士。现在把某些专业人士称为“士”，如医士、护士。把学位分为学士、硕士、博士三级。军人统称为战士、武士，普通战士称为士兵、士卒，中国古代有时把将领也称作“士”，现在有的国家把军官以下的士兵分为上士、中士、下士三个等级，有的下面还有列兵，中国现在把介于军官和义务兵之间的军人称为军士。“善为士者”即善于行“道”之士，也就是得“道”之人。

“微妙”指因其细小精妙而不可捉摸、难以琢磨，用意幽深而超乎寻常，即精深复杂、深奥玄妙。清代纪昀《阅微草堂笔记·姑妄听之三》：“与之言，微妙玄远，多出意表。”“玄通”的字面含义是暗中相通，这里指与天相通。帛书版乙本、竹简版写作“玄达”，意为深奥通达、畅达。老子认为“道”是不可捉摸的超验存在，而“善为道者”因为善于把握“道”，所以让人感觉精微奇妙、玄奥通灵、通天畅达、通达事理，他们与俗人的不同之处就是静谧深沉，修为深厚，思想深邃、精深得令人难以认识（看透）。河上公注：“谓得道之君也。玄，天也，言其志节玄妙，精与天通也。道德深远，不可识知，内视若盲，反听若聋，莫知所长。”

“故强为之容”中的“强”读 qiǎng，意为勉强。“容”指形容。正因为有“道”之人“深不可识”（精深得一般人不能看透、难以认识，当然也就说不清、道不明，与第一章讲的“道可道，非恒道”一样不可名状），所以只能勉强形容他（老子连用九个“若”字来描绘、比喻、形容“古之善为道者”，其中后两个通行版在第二十章，这可能是错简，放在此处更合适）。

“豫兮若冬涉川”，迟疑慎重得就像冬天踩水、踏冰过河，小心翼翼、如履深渊、如履薄冰。“豫”本义为大象。《说文解字》：“豫，象之大者。”这里指犹豫，犹、豫为两种野兽，性多疑，比喻临事迟疑不决，引申为慎重。“豫兮”，即迟疑、慎重的样子。河上公注：“举事辄加重慎。”王弼注：“冬之涉川，豫然若欲度，若不欲度，其情不可得见之貌也。”“豫”古同“与”，为此有的版本写作“与”，但仍应解读为犹豫。《史记·吕太后本

纪》:“计犹豫未有所决。”《礼·曲礼》作“犹与”。《注》:“与，本亦作豫。”《疏》:“犹，玃属。与，象属。二兽皆进退多疑，人多疑惑者似之。”河上公注:“与兮若冬涉川，心犹难之也。”有的学者把“与”解读为赞许、给予、参与，与“若冬涉川”词义不通，显然是没有注意到“与”本来就是“豫”而望文生义。又因为“豫”假借为“娱”，意为欢喜、快乐、安适，有的学者把“豫兮若冬涉川”解读为安适得就像冬天悠闲自得地踏冰过河，明显与常理不符。高亨云:“涉大川为古人习用词……涉大川者必心存戒惧，行必徐迟，故曰‘豫兮’。”

“犹兮若畏四邻”，小心谨慎得就像害怕惊动四周邻居，小心戒备就像防备四周邻国的进攻。“犹”本义为一种猿类动物，也叫“犹猢”，形如麂，性多疑。“犹兮”，即犹犹豫豫、警惕戒备、踌躇疑惧、小心谨慎的样子。“畏”即畏惧、害怕。“四邻”，四周邻居，广义的也可以解读为周围邻国。“犹”通“猷”，意为谋划，帛书版写作“猷兮若畏四邻”，可能是传抄过程中的笔误。

“俨兮其若客”，恭敬、庄重、端庄得就像到别人家做客的宾客。“俨”意为恭敬、庄重、端庄。“俨兮”，即恭敬、庄重、端庄的样子。河上公注:“如客畏主人，俨然无所造作也。”王弼本写作“俨兮其若容”，疑因为“容”与“客”字形相近而笔误。

“涣兮其若凌释”，欲望涣散得就像冰凌缓缓融化，消除化解误会、疑虑、嫌隙如同涣然冰释。“涣”意为涣散、流散、离散。“涣兮”指涣散、消散、流散、散漫、松懈、松散的样子。河上公注:“释者，消亡。除情去欲，日以空虚。”有的学者认为“涣”可以引申为洒脱，解读为行为洒脱得就像冰凌缓缓融化。王弼本写作“涣兮若冰之将释”，“冰”与“凌”同义。

“敦兮其若朴”，敦厚淳朴得就像未经加工雕琢的原木。“敦”意为敦厚、厚道、诚朴宽厚、厚重、笃实。“敦兮”，即敦厚淳朴、厚重诚实的样子。“朴”本义为未经加工雕琢的原木，形容朴实无华、朴厚、朴素、淳朴。《孔子家语·王言》:“民敦而俗朴。”“朴”有的版本写作“璞”，意为没有经过琢磨的玉石，解读为敦厚质朴得就像没有经过琢磨的玉石。

“旷兮其若谷”，胸襟旷达得就像空旷通达而又幽深的山谷一样虚空。“旷”意为空旷，形容心境开阔、胸襟旷达。“旷兮”，即开阔、旷达、豁达、旷远的样子。河上公注："旷者，宽大。谷者，空虚，不有德，功名无所不包也。"

"混兮其若浊"，混沌得就像一汪浊水。"混"本义为水势盛大。《说文解字》："混，丰流也。"因水势盛大多泥多杂质而不清澈，引申为混浊、混沌。因"混"同"浑"，意为浑厚、浑朴，引申为复杂。"混兮其若浊"有的版本写作"浑兮其若浊"，解读为浑朴得就像混浊不清的浊水，复杂得让人无法看透，呼应上面的"深不可识"。

"澹兮其若海"，澹泊恬淡得就像平静深湛的大海。澹"本义为水波摇动的样子。《说文解字》："澹，水摇也。"引申为澹泊、恬淡、安静、恬静而寡欲。《汉书·司马相如传》："泊乎无为，澹乎自持。"汉代贾谊《鹏鸟赋》："澹乎若深渊止之静。"唐代柳宗元《晨诣超师院读禅经》："澹然离言说，悟悦心自足。""澹兮"，即安静、澹泊、淡然、恬淡、恬静的样子。

"飂兮若无止"，迅疾得就像猛烈的暴风一样没有止境。"飂"即"飙"，本义为暴风。《说文解字》："飙，扶摇风也。"引申为迅疾。"飂兮"，即迅疾、猛烈的样子。"飂兮"正好与"澹兮"反义，一动一静，与下一节的"孰能浊以静之徐清？孰能安以动之徐生？"相呼应。

有的版本把"澹兮其若海，飂兮若无止"写作"忽兮若海，飘兮若无止"，解读为惚惚恍恍就像汹涌的大海，随意飘逸就像自由自在的云彩没有止境。还有版本写作"恍兮其若海，漂兮其若无所止"，解读为恍恍惚惚就像昏暗的大海，到处漂泊好像无处停留。

15.2 孰能浊以静之徐清？孰能安以动之徐生？

本节是对上述九个"若"的总结，老子连用了两个问句：谁能让浊水通过静止的方式让它慢慢澄清（谁能在浊世中安静下来，徐缓地自我澄清，从而变得越来越清澈、清醒）？谁能让静止的东西通过运动的方式让它慢慢地出现生机（谁能在安逸中运动起来，慢慢地显出生机，徐徐而生）？河上公注："孰，谁也，谁能知水之浊止而静之，徐徐自清也。谁能安静以久，徐徐以长生也。"王弼注："夫晦以理物则得明，浊以静物则得清，安以动物则得生。此自然之道也。孰能者，言其难也。徐者，详慎也。"

这里的重点在两个"徐"字。"徐"本义为慢步走。《说文解字》："徐，安行也。"引申为徐缓、缓慢、徐徐。《庄子·天道》："不徐不疾，得之于手而应于心。”苏轼《前赤壁赋》：“清风徐来，水波不兴。”“古之善为道者”之所以“微妙玄通，深不可识”，是因为他们深谙“徐”的奥秘。“徐”重在耐心、恒心，所谓心静则清风徐来自然凉，所以一定要顺其自然，守得住初心，耐得住寂寞，千万不可急功近利，更不能肆意妄为、胡作非为。

我从小在长江入海口的江边长大，对“浊以静之徐清”深有感触。很多人以为只有黄河水是混浊的，实际上运动的河水都是混浊的，长江之水也不例外，但只要把混浊的江河之水放在水缸里不去搅动，个把小时浊水就能自我澄清，20 世纪 90 年代以前当地农民都是通过将混浊的河水“静之徐清”的方式获取生活用水。

本节老子论述的是动与静之间对立统一的辩证关系，能正确理解、处理、把握动与静的关系，就是“善为道者”。“静”是动的对立面，意为安静、平静、宁静、寂静、清静、静止、静谧。相对于“动”，老子更推崇“静”，“静为躁君”（第二十六章），清静是躁动的君主。“浊”（水）是“清”的对立面，之所以“浊”是因为动（水流动），所以要通过“静”的方式达到“徐清”；安逸得太久就会死气沉沉、缺乏生机，所以要通过“动”的方式实现“徐生”；而从动到静、从静到动需要一个转变的过程，所以要“徐”而不可急，切不可操之过急，俗话说得好，“心急吃不了热豆腐”“欲速则不达”；从动到静、从静到动循环往复，就是第四章所说的，“道”的作用以动态的“冲”与静态的“不盈”两种方式周而复始，这是宇宙天地万物生生不息的动力所在。

作为修“道”之人，必须正确处理好动与静的关系，在面临危机、心乱如麻、躁动不安的时候，要善于使用平时练就的“静”功夫，做到心如止水，临危不惧、沉着冷静，化险为夷、化危为机；面对顺境、承平日久、缺乏奋斗精神的时候，不能耽于安逸，要善于用“动”的方式，勇于挑战自我，让自己充满生机活力，永不懈怠。从养生益寿的角度讲，要因人而异、劳逸结合、动静相宜，既不要做“宅人”，大门不出二门不迈，也不要与他人盲目攀比，强迫自己成为“运动健将”。理想的状态是“外动内静”与“外静内动”相结合：在运动中“外动内静”，身体运动、内心安静；在休息时“外静内动”，身体休息、大脑不停止思考；“外动”是适量的身体运动，“外静”是及时的放松休息，一张一弛；“内静”不是心不在焉，更不是心灰意冷，而是内心平静、心灵淡定、沉着冷静，“内动”不是心潮澎湃、心旌摇荡，更不是心浮气躁、心慌意乱、心猿意马，而是在心静基础上的动脑深思熟虑。

有的版本把“孰能浊以静之徐清？孰能安以动之徐生”写作“孰能浊以止？静之徐清；孰能安以久？动之徐生”，解读为谁能使混浊得以终止？只有让它静止下来慢慢澄清。谁能使静止长久保持？只有让它动起来慢慢显现生机。

15.3 保此道者，不欲盈。夫唯不盈，故能蔽而新成。

本节第一句回答了上一节两个谁能的问题，就是“保此道者”。“保”的甲骨文字形像用手抱孩子，本义为背子于背。这里指拥有、占有。晁错《论贵粟疏》：“虽慈母不能保其子。”“保此道者”，即拥有“道”的人，也就是“善为道者”“有道者”。

我们在第二章讲过，“盈”的本义为装满器皿，这里指盈满、自满、满足。南朝梁任昉《王文宪集》序：“穷涯而反，盈量知归。”因为“善为道者”懂得“道冲，而用之或不盈”“满招损谦受益”的道理，得“道”之人奉行“道”、遵循“道”，不愿意盈满，不自满，所以沉得住气，能正确圆满地处理好静与动的关系，既不急于求成，又不耽于安逸，不从一个极端走向另一个极端，从而既“能浊以静之徐清”，又“能安以动之徐生”。河上公注：“保此徐生之道，不欲奢泰盈溢。”“不欲盈”竹简版写作“不欲尚呈”，意为不愿意呈现、显露，就是不愿意显山露水，保持低调。

“蔽”意为遮蔽、掩蔽，在这里通“敝”，意为敝旧、破旧、衰败，与“新”相对。“夫唯不盈，故能蔽而新成”，正因为不求盈满、不自满，所以能够去除破旧更替新事物，除旧布新、推陈出新、破旧立新、革故鼎新。反之，如果盈满，就无法再增加任何东西，只能因循守旧、陈陈相因；只有虚空不盈，才能不断加入新鲜血液，通过吐故纳新实现新陈代谢，从而充满生机活力。王弼注：“盈必溢也。”

有的版本把“夫唯不盈，故能蔽而新成”写作“夫唯不盈，故能蔽不新成，是以能蔽复成”，解读为正因为不愿意盈满，因此虽破败但不会穷竭，不必做出新成就，所以守旧反而成新；或者解读为，正因为不愿意盈满，因此能遮蔽光彩而不用想着做出新成就，所以能遮蔽就能成功。河

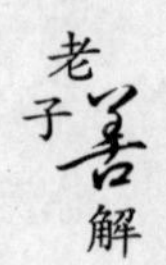

上公注：“夫唯不盈满之人，能守蔽不为新成，蔽者匿光荣，新成者贵功名。”这明显与第二十二章的“敝则新”相矛盾。根据易顺鼎、高亨等人考证，认为篆体的“不”与“而”字形相近，由此造成讹误，类似的有《墨子·兼爱下》中的“不鼓而退也”。

小结

老子在上一章告诉我们，“道”深邃玄妙，无法通过人类感官去体验，“是谓无状之状，无物之象，是谓惚恍”，常人难以把握，所以“古之善为道者，微妙玄通，深不可识”。得“道”之人不同于世俗之人，其为人处世、风貌形态、思想品格、人格修养、胸怀心境都有独到之处，给人感觉是精微奇妙、玄奥通达，深邃得令人难以看透，只能勉强地形容他、描述他。为此，老子连用九个“若”来描绘、比喻、形容“古之善为道者”。有的学者认为，文中描写其实是老子本人的真实写照，深藏不露、谨慎小心、恭敬端庄、谦恭有礼、人格高尚，看似迟疑不决、犹犹豫豫、唯唯诺诺、散漫松懈、毫无主见、平凡无奇，实际上却洒脱不羁、静谧深沉、虚怀若谷、诚朴宽厚、淡然恬静，这不就是我们心目中的老子形象吗？

老子认为要成为“善为道者”，就必须正确理解、处理、把握动与静的对立统一关系，做到“浊以静之徐清”（动极而静）、“安以动之徐生”（静极而动），静若处子、动若脱兔，进而从动到静、从静到动循环往复，这是宇宙天地万物生生不息的动力所在。这其中的关键在于悟透两个“徐”字，重在耐心、恒心，要在致虚、守静，归根到底是顺其自然。所以，要想成为拥有“道”的人，就不要追求盈满，这样就能够除旧布新、推陈出新、吐故纳新。

第十六章　致虚守静　归根复命

元典

致虚极，守静笃。万物并作，吾以观复。夫物芸芸，各复归其根。归根曰静，静曰复命；复命曰常，知常曰明。不知常，妄作凶。知常容，容乃公，公乃全，全乃天，天乃道，道乃久，没身不殆。

直译

达到极度的虚无，坚守极致的清静。万物蓬勃生长，我（因此）得以观察万物循环往复（的规律）。万物纷繁茂盛，（最终都）各自回归到它的本根。（万物）归根叫作“静”，虚静叫作“复命”。复归本性叫作“常”，知晓恒常之道叫作明慧。不知晓恒常之道，轻举妄动就会招来凶险灾难。知晓恒常之道就能包容一切，无所不包就能公正无私，大公无私就能周全，周全就能合乎上天，顺应自然就能合乎“道”，得“道”就能天长地久，就能终生没有危险。

16.1　致虚极，守静笃。

“致虚极”就是要达到极度虚空、极致虚无，或者说虚无到登峰造极。“致”意为达到、实现。“虚”即虚空、虚化、虚无，老子用以表达无欲无为的思想境界。《韩非子》：“所以贵无为无思为虚者，谓其意无所制也。”

在老子看来，“虚”是“无”的象征，体现“道”的抽象无形、无影无踪。老子说：“道冲，而用之或不盈”（第四章），“虚而不屈，动而愈出”（第五章）。“极”本义为房屋的正梁，引申为最高处、顶点、尽头、极点、极度、极限、极端、极致。这里的“极”指极点、极度、极限。如何实现“致虚极”呢？就是要“虚其心”（第三章），净化心灵，排空心机，简化心思，开阔心灵，淡化欲望，去除可欲，清静无为，看轻自己的名位、名誉，使得万物可以像行过虚空一样经我而过，像容于虚空一样为我所容，无妨其行于自然，心灵宁静、洁净达到极致。河上公注：“得道之人捐情去欲，五内清净，至于虚极。”魏源注：“虚者无欲也。”

“守静笃”就是一心一意地守住清静，坚守极致的宁静，尽可能地保持清静无为而听任万物行于自然。“静”即安静、平静、清静、寂静、宁静、静止、静谧。“笃”意为甚、忠实、笃厚、一心一意，某种意义上与“极”同义。“守静”是老子反复强调的修行方式。老子告诉我们，“浊以静之徐清”（第十五章），“静为躁君……躁则失君”（第二十六章），“不欲以静，天下将自正”（第三十七章），“清静为天下正”（第四十五章），“我好静，而民自正”（第五十七章），“牝恒以静胜牡”（第六十一章）。

“虚”和“静”都是老子认为应保持的心灵状态。“虚”的对立面是“实”，“虚”就是要排除“实”（物欲、利益）的诱惑，使得心灵虚无、空明；“静”是“动”的对立面，静能生慧。相对于“动”，老子更推崇“静”，“静为躁君”（第二十六章），清静是躁动的君主。“致虚”“守静”既是学“道”之人得“道”的修行途径，也是圣人得“道”的表现。河上公注：“守清静，行笃厚。”王弼注：“言致虚，物之极笃；守静，物之真正也。”庄子对“虚”“静”的描述是“堕肢体，黜聪明，离形去知，同于大通，此谓坐忘”（《庄子·大宗师》）。诸葛亮在临死前写下的著名《诫子书》说：“夫君子之行，静以修身，俭以养德。非淡泊无以明志，非宁静无以致远。夫学须静也，才须学也，非学无以广才，非志无以成学。”

16.2　万物并作，吾以观复。夫物芸芸，各复归其根。归根曰静，静曰复命；复命曰常，知常曰明。不知常，妄作凶。

“万物并作，吾以观复”，万物一起蓬勃生长出来，都很兴盛，我得以观察到万物循环往复的规律。“作”指兴起、产生、长出来。《诗经·小雅·采薇》："采薇采薇，薇亦作止。"第二章说："万物作焉而不辞。""观"是老子推崇的认识事物的重要方法，我们在第一章作过详细论述，就是用心去观、观摩总结、比较观察。"复"本义是返回、回来，引申为重复、反复、回复、回归、还原、恢复，这里指往复循环。"观复"，即在虚静的心态下观察万物循环往复的规律。

循环往复是宇宙天地万物运行的基本规律，就是第二十五章的"周行而不殆"和"反"。"反者，道之动"（第四十章），物极必反。一"反"一"复"是"道"的运动规律，也是宇宙天地万物的生死循环规律，合在一起称为"反复"。"反"与"复"的关系是，就空间运动而言，一个物体从起点出发向一个方向前进，达到极点进无可进，向相反的方向运动称为"反"，返回起点重新出发称为"复"；就时间生命而言，一个事物从生到盛极而衰称为"反"，从衰到亡再产生新的事物称为"复"；如果说"反"是否定的话，"复"就是否定之否定。按照老子的语言，天地万物从"无"到"有"，再从"有"到"无"，"无"中生"有"、"有无相生"（第二章），从生到亡再从亡到生，"出生入死"（第五十章），循环往复，永无止境。河上公注："作，生也，万物并生也。言吾以观见万物，无不皆归其本也。人当念重本也。"

如何才能"观复"，最好的方法就是上一节讲的"致虚极，守静笃"，保持心灵的虚静，不受物欲情感的纷扰，就可以无干扰地"观复"，得以认识事物的真相、万物运行的规律。其原理就是孔子所说的"人莫鉴于流水而鉴于止水，唯止能止众止"（《庄子·内篇·德充符》）。那么老子是如何得出"复"这个结论的呢？就是观察到"夫物芸芸，各复归其根"。

"夫物芸芸，各复归其根"，万物纷繁茂盛，都各自回归到它的本根、根源，即回复本原，返回自然本性，植物叶落归根，人类入土为安，佛教称为寂静涅槃。河上公注："言万物无不枯落，各复反其根而更生也。"王弼注："各反其所始也。""夫物"即万物，其中"夫"为语气助词，"物"指万物。《庄子·在宥》写作"万物"。帛书版写作"天物"，泛指天生的事物，涵盖范围没有万物广。《书经·武成》："今商王受无道，暴殄天物，害虐烝民。""芸芸"指纷繁茂盛的样子，形容众多，所以我们常说万物芸芸、芸芸众生。河上公注："芸芸者，华叶盛。""根"即植物的根部，意为根本、本原、依据，指事物的本原、本来性质。

“夫物芸芸”竹简版写作“天道员员”。“员”古通“圆”。《淮南子·天文训》：“天道曰员，地道曰方。”有的学者认为，“员”即“圆”，意为圆转，“员员”即“圆圆”，意为圆转不已。也有的专家认为，“员”通“运”，“员员”即“运运”，意为运转不已。综上所述，“员员”意为循环周转不停，相当于第二十五章的“周行而不殆”；“天道员员”，就是天道循环运行，也就是上面的论述“反”“复”。

“归根曰静”，万物归根、返回本根，也就是回到死一般寂静的虚静状态，所以称为“静”。“归根”即回归根源、返回本根、回到根本。《庄子·知北游》：“今已为物也，欲复归根，不亦难乎？”

“静曰复命”，虚静叫作“复命”，就是回归天命。河上公注：“静谓根也。”“静曰”王弼本写作“是谓”，两者含义一致，但“是谓”与前面的“归根曰静”及后面的“复命曰常，知常曰明”句式不一致，所以采用“静曰复命”。

为什么虚静叫作“复命”呢？这就必须深入了解“复命”的含义。“命”本义为用口发布命令，引申为生命、性命、命运、天命。《论语·颜渊》：“死生有命，富贵在天。”这里的“命”指“天命”，“天命”包含以下几种含义：一是天地万物自然的法则。《论语·为政》：“五十而知天命。”《荀子·天论》：“从天而颂之，孰与制天命而用之。”二是先天赋予万物的本性。《礼记·中庸》：“天命之谓性，率性之谓道，修道之谓教。”三是上天所主宰的命运。《书经·盘庚上》：“先王有服，恪谨天命。”按照老子的话语体系，天地万物自然的法则、先天、上天都是指“道”。“复命”就是回归天命，还原本性，复归本真。“道”的本性、本质、本真就是虚无和寂静，天地万物由“道”产生，故回归本原即回到虚静，回复到宇宙天地万物的初始状态、本原状态，“复归于无物”（第十四章）。所以，回归到“天地之始”的寂静之“无”的状态就是复归本原，还原“道”虚静的本性，就叫作“复命”。

在中国传统文化中，“命”往往与“运”和“性”联系在一起，所以人们经常说命运、性命。先说“命”与“运”的关系，“命”即先天所赋的本性，针对某个特定对象，为定数，命论终生；“运”指不同阶段的穷通变化，指时空转化，为变数，运在一时。“命”与“运”组合在一起，即天命气运，就是某个特定对象于时空转化的过程，一旦运气发生变化，命运也随之改变。

再说“命”与“性”的关系，“性”的本义为人的本性，而“命”即先天所赋的本性。《荀子·正名》：“生之所以然者谓之性。”《礼记·中庸》：“天命之谓性。”也就是说“命”就是“性”，中国的部分哲学家基本上将“命”等同于“性”，区别在于对象不同，“在中国哲学中，命与性内容上基本一致，所不同是在天曰命，在物曰性”（卢育三《老子释义》）。宋代苏辙也说：“命者性之妙也。”但又说：“性犹可言，至于命，则不可言矣。”说明“命”与“性”还不能完全相互替代。汉代王充《论衡·命义》：“操行善恶者，性也；祸福吉凶者，命也。”唐代孔颖达《五经正义》：“性者，天生之质，若刚柔迟速之别；命者，人所禀受，若贵贱夭寿之属。”

由于“命”与“性”上述错综复杂的关系，老子的“复命”常常与由唐代李翱《复性书》发展而来、宋代儒家提出的“复性”思想混为一谈。实际上“复性”思想以《中庸》为理论根据，由孟子“性善”说发展而来，应该也受到老子“复命”思想的影响，但从本质上讲，“复性”是要回归人之初的善良本性，其途径是去除喜怒哀惧爱恶欲七情。《孟子·告子上》：“人性之善也，犹水之就下也。人无有不善，水无有不下。”“恻隐之心，人皆有之；羞恶之心，人皆有之；恭敬之心，人皆有之；是非之心，人皆有之。恻隐之心，仁也；羞恶之心，义也；恭敬之心，礼也；是非之心，智也。仁义礼智非由外铄我也，我固有之也。”《孟子·公孙丑上》：“人皆有不忍人之心。先王有不忍人之心，斯有不忍人之政矣。以不忍人之心，行不忍人之政，治天下可运之掌上。”而老子的“复命”思想虽然也有提倡向圣人看齐，去除后天欲望干扰，回归虚静淡泊、淳朴无为之意，但从本质上讲，“复命”则是指包括人在内的天地万物回归本原，其涵盖的范围要比儒家的“复性”更广泛，思想也更深邃。

儒家复归思想的另一个方向是建立在孔子“克己复礼为仁”思想上的复古思想或者说尚古思想，就是要从春秋战国的混乱、堕落时代回归到尧舜禹、商汤、周文武的圣人时代。老子的“反”“复”虽然也有时间维度的回归之意，但其要回归的是天地万物生死循环规律意义上的，不仅涵盖的对象更广，时间跨度更是从数千年扩展到百亿年以上，而且复古是单向的返回，而老子的“反”“复”则是循环往复、永无止境，更有空间上的回归。

"复命曰常"，复归本原、回归本性称为"常"，"复命"是天地万物恒常不变的规律。"常"本义为旗，从巾，尚声。后引申为规则、规律、恒常、恒久、永久不变。《荀子·天论》："天行有常，不为尧存，不为桀亡。"《易象下传》："未变常也。"虞注："恒也。"这里指恒常不变的法则、规律，也就是恒常之道、"恒道"。

"知常曰明"，了解、认识、懂得、知晓恒常之道叫作"明"。"明"由日、月会意，本义为明亮、清晰，与"昏暗"相对。《荀子·天论》："在天者莫明于日月。"引申为明白、明智、明察、明慧。宇宙天地万物运行的恒常之道就是第二十五章所说的"独立而不改，周行而不殆……大曰逝，逝曰远，远曰反"，认识了这个规律就是"明"，这是基于理性认识的明智、明慧。

"凶"本义为不吉祥，引申为凶险、凶祸、灾祸。"知常曰明"，反之"不知常"即"无明"。"无明"在佛教中指痴、愚昧，是人生痛苦的原因所在。"不知常，妄作凶"，因为"不知常"，不明白"反者，道之动"（第四十章），不懂得万物归根、生死循环往复是自然规律，从而轻举妄动，甚至肆意妄为、胡作非为，必然招来凶险、带来灾难。河上公注："不知道之所常行，妄作巧诈，则失神明，故凶也。"王弼注："唯此复乃能包通万物，无所不容，失此以往，则邪入乎分，则物离其分，故曰不知常，则妄作凶也。"

16.3　知常容，容乃公，公乃全，全乃天，天乃道，道乃久，没身不殆。

"知常容"，知晓恒常之道，明白天地万物循环往复的自然规律，有了顺应自然规律的明慧，就能包容、宽容一切。"容"本义为容纳，引申为容物、包容、宽容。"知常容"体现了道之"大"与"常"的和谐统一，能"容"之"大"建立在"知常"之"明"的基础上，"知常"则"明"，"明"而能"容"，有"容"乃"大"。河上公注："能知道之所常行，则去情忘欲，无所不包容也。"王弼注："无所不包通也。"

"容乃公"，懂得宽容，能够包容一切，就能公正无私、公平待人。"公"的小篆字形，上面是"八"，表示相背，下面是"厶"（"私"的本字），合起来表示"与私相背"，本义为公正无私。《韩非子·五蠹》："背厶谓之公，或说，分其厶以与人为公。”河上公注：“无所不包容，则公正无私，众邪莫当。”王弼注：“无所不包通，则乃至于荡然公平也。”

“公乃全，全乃天”，意为公正、公平就能够周全，周全就能符合上天、顺应自然天性。“全”即齐全、完备、周全、周遍。“天”在这里指上天、大自然、自然天性。

“公乃全，全乃天”帛书版、王弼本写作“公乃王，王乃天”，有的学者解读为公正、公平就能使百姓归附，赢得天下归顺，这就是顺其自然。而王弼注：“无所不周普。”按此注与“王”字对不上，为此有的专家考证认为，“王”字是“全”字的讹误，本节“知常容，容乃公”的“容”与“公”押韵，“天乃道，道乃久”以“道”“久”为韵，而“公乃王，王乃天”的“王”与“天”韵相远，“公乃全，全乃天”的“全”与“天”则押韵，进一步说明“王”字和有的版本的“生”字都是“全”字的笔画缺损造成的误写。

“天乃道，道乃久，没身不殆”，符合上天、顺应自然，就是符合、顺应“道”，也就是得“道”，得“道”就能天长地久，就能终生没有危险。“没”在这里读 mò，本义为沉没，这里指尽、终。“没身”，即没齿、没世、终身、永远。《汉书·息夫躬传》：“今单于以疾病不任奉朝贺，遣使自陈，不失臣子之礼。臣禄自保没身不见匈奴为边竟忧也。”“殆”即殆危、危险。《说文解字》：“殆，危也。”“不殆”就是没有危险。

本节中老子连用五个“乃”，层层递进。“乃”意为是、就是、于是、才，这里可以理解为就能，表示后者是前者的必然结果。有的专家解读为才能，表示前者是后者的前提条件，因为有的版本写作“能”，所以本书解读为就是、就能。

小结

上一章小结的时候说，做到“浊以静之徐清”“安以动之徐生”的关键在于悟透两个“徐”字，要领在于“致虚”“守静”，这正是老子在本章教给我们的两个修“道”法宝，是学“道”之人通向得“道”境界的修行途径，也是我们认识客观世界、知晓人生真谛的重要方法和基本态度。保持虚寂沉静，就能从容应对世界万物的发展变化。就“致虚”“守静”这两者而言，“致虚”是目标，“守静”是手段。那么“致虚”“守静”到什么程度才能得“道”呢？老子的要求是“极”和“笃”，“致虚极，守静笃”就是圣人得“道”的表现。

老子认为世界万物的运动变化都有其自身规律，并将宇宙天地万物运行的基本规律概括为“复”，万物从生到死，再从死到生，繁衍生息，周而复始，永无止境。如果能够修炼到“致虚极，守静笃”的层次，就能在“万物并作”中“观复”。万物纷繁茂盛，但最终都各自回归它的本根，叶落归根，入土为安，老子称其为“归根”。“归根”就是生命完成了从生到死的过程，重新回归虚无寂静之“无”的状态，所以叫作“静”，这就是回归天命，因此也称为“复命”。“并作”“芸芸”体现了万物的“实”与“动”，“归根”“复命”则是万物回归“虚”和“静”，如同“无”中包含着“有”，“虚”“静”中孕育着新的生命，是新一轮万物“并作”“芸芸”的起始。

“复命”即回归天命，这是天地万物恒常不变的规律，认识了这个规律叫作“知常”，就能达到基于理性认识的明慧。否则，不懂得万物归根、生死循环往复的自然规律，轻举妄动必然招来凶险、灾难。老子由此开始了层层递进、环环相扣的推论：“知常容，容乃公，公乃全，全乃天，天乃道，道乃久”，最终的主旨是合乎“道”、顺应“道”，只有这样才能“没身不殆”，这也是本章第一节“致虚”“守静”达到极点的终极目标。

第十七章　不知有之　悠兮贵言

元典

太上，不知有之；其次，亲之；其次，誉之；其次，畏之；其次，侮之。信不足焉，有不信焉。悠兮其贵言。功成事遂，百姓皆谓："我自然。"

直译

最高明的统治者，（百姓）不知道他的存在；其次的统治者，（百姓）亲近他；再次的统治者，（百姓）赞誉他；更次的统治者，（百姓）畏惧他；最次的统治者，（百姓）侮辱他。（统治者的）诚信不足，（百姓当然）不会相信他。（最高明的统治者）悠然自如，很少发号施令。功成业就、事情顺遂，百姓都说："我本来就是这样的。"

善解

17.1　太上，不知有之；其次，亲之；其次，誉之；其次，畏之；其次，侮之。

"太上"本义为至上、最高、至高无上，最上者。《左传·襄公二十四年》："太上有立德，其次有立功，其次有立言。"《文选·司马迁·报任少卿书》："太上不辱先，其次不辱身。"《礼记》："太上贵德，其次务施报。"在时间上，指太古、远古、上古，也就是三皇五帝之世。汉代扬雄《法言·问道》："太上无法而治，法非所以为治。"《文选·应贞·晋武帝华林园集诗》："悠悠太上，民之厥初。"古代社会将皇帝、帝王称为太上，皇帝之父叫作太上皇，简称太上。《汉书·匡衡传》："孔子论《诗》以《关雎》为始，言太上者民之父母，后夫人之行不侔乎天地，则无以奉神灵之统而理万物之宜。"东汉张道陵创立道教，奉老子为教主，尊称"太上老君"。

这里的"太上"指最好的统治者，可以理解为得"道"的统治者、管理者，在老子的语境中就是圣人、"有道者"。因为最好的统治者（圣人）"处无为之事，行不言之教。万物作焉而不辞，生而不有，为而不恃，功成而弗居"（第二章），所以百姓不知道他的存在。

"不知有之"竹简版、王弼本等写作"下知有之"，解读为下面的百姓仅仅知道（感觉）上面有统治者而已，却听不到统治者发号施令。河上公注："下知有之者，下知上有君，而不臣事，质朴也。"我认为，从后面的"悠兮其贵言"看，"不知有之"比"下知有之"上下衔接更通畅。

"其次，亲之；其次，誉之"，次一等的统治者，百姓亲近他，也就是得到百姓的拥戴；第三等的统治者，百姓赞誉他、称颂他。"亲"本义为亲爱，引申为亲近。《国语·晋语》："诸侯亲之。""誉"本义为称赞、赞美，引申为赞誉、美誉。"其次，亲之；其次，誉之"通行版写作"其次，亲而誉之"。河上公注："其德可见，恩惠可称，故亲爱而誉之。"王弼注："不能以无为居事，不言为教，立善行施，使下得亲而誉之也。""亲而誉之"虽然在语感上与"不知有之"连接更顺畅，但从统治者的治理水平分析，把"亲而誉之"分为"亲之""誉之"两个档次，层次更加清晰、分明，总共分为五个层次也符合古人对数字"五"的偏爱，而且相比较而言，亲近（"亲之"）必然是发自内心、由衷而生的，而赞誉（"誉之"）则有可能是由衷的，也可能是虚伪甚至被迫的，两者完全不在一个层次上。

"其次，畏之；其次，侮之"，更次一等的统治者，百姓畏惧、害怕他，憎恶、怨恨他；最次一等的，也就是最差的统治者，百姓轻侮他、侮辱他。"畏"本义为畏惧、害怕，引申为憎恶、怨恨。《广雅》："畏，恶也。"《史记·魏公子列传》："是后魏王畏公子之贤能。""侮"，即轻侮、轻慢、轻贱、戏弄、侮辱、欺侮。

有的学者把“太上”解读为最好的时代，即“大道之世”，后面的“其次”则是从好至差的时代。也有的专家按时间顺序解读本节内容，认为“太上”是指远古时代的君王，后面的“其次”则是指从古至今的君王。河上公注：“太上，谓太古无名之君也。”整节解读为，远古时代民众不知道有君王；稍后，亲近并称颂君王；再后，惧怕君王；最后，哄骗甚至侮辱君王。这里老子是按统治者的优劣排序的，如果按统治的好坏排序，则无法解读“不知有之”“亲之”“誉之”“畏之”“侮之”的“之”，而统治者的优劣、时代的好坏不是按照时间顺序线性排列的，所以应该解读为最高明的、其次的、再次的、更次的、最差的统治者。

17.2 信不足焉，有不信焉。

“信”本义为真心诚意，引申为诚信、信誉、信任、相信。这里的第一个“信”为名词，即诚信、信誉。第二个“信”为动词，意为信任、相信。“信不足焉”，即诚信、信誉不足。谁的“信不足”？当然是不守信用而没有信誉的统治者。“有不信焉”就是不信任、不相信。谁不信谁呢？这里指百姓不信任、不相信失去信誉的统治者，广义地也可以理解为，因为管理者的诚信、信誉不足，所以被管理者就不信任、不相信他们。对于诚信问题，老子认为，尽管“信言不美”（第八十一章），但统治者必须做到“言善信”（第八章），否则百姓即使当面“誉之”，但绝不会从内心深处“亲之”，有可能“畏之”，但早晚会“侮之”。河上公注：“君信不足于下，下则应之以不信，而欺其君也。”

17.3 悠兮其贵言。功成事遂，百姓皆谓：“我自然。”

“悠”意为闲静、恬适。晋代陶渊明《饮酒二十首》：“采菊东篱下，悠然见南山。”唐代韦庄《对雨独酌》：“荷锸醉翁真达者，卧云逋客竟悠哉。”“悠兮”，即悠闲自如、悠然自得、逍遥自在、优哉游哉的样子，追求的是自由自在、无拘无束的逍遥境界，不仅要身体不受羁绊束缚，而且还要心灵的自由放逸。《庄子·让王》：“逍遥于天地之间，而心意自得，吾何以天下为哉！”苏轼《仆去杭五年吴中仍岁大饥疫故人往往逝去闻湖》：“何时杖策相随去，任性逍遥不学禅。”

“贵”本义为物价高，与“贱”相对，引申为珍贵、贵重，珍贵意味着稀少，贵重则珍稀。所以“贵言”即珍贵言语、惜言如金、贵人语迟，这里指对百姓不要轻易发号施令，不要随意更改政令，更不要朝令夕改，要少发表讲话、少作批示，尤其不要长篇大论。有的学者把“贵言”解读为重视言语，这与老子的本意正好相反，老子的“贵言”就是少言、不言。“贵言”是老子的一贯思想，提倡圣人“行不言之教”（第二章）、“不言而善应”（第七十三章），认为“多言数穷，不如守中”（第五章）、“希言自然”（第二十三章），如果一定要“说”则必须“言有宗”（第七十章）、“言善信”（第八章），做到“善言，无瑕谪”（第二十七章），所以“知者不言，言者不知”。“太上”为什么“不知有之”？就是因为其“悠兮”而“贵言”。

统治者“悠兮”而“贵言”的结果是“功成事遂”。因为“悠兮其贵言”代表的是老子的“无为”哲学，是“圣人处无为之事……功成而弗居”的具体表现，而“夫唯弗居，是以不去”（第二章）。“悠兮其贵言”而“功成事遂”体现了老子“为无为，则无不治”（第三章）的治国理政之道。

我们现在说到“自然”，首先想到的是自然界、大自然，或者说宇宙万物，即宇宙生物界和非生物界的总和，也就是整个物质世界。而在老子的语境中，宇宙万物对应的是“有”“天地”，“自然”则意为自然而然、顺其自然、纯任自然、合乎自然，符合本然、本真、本质、本性（即符合自然法则、自然规律），强调的是无意识、无目的，没有人为主观意志。这里的“自然”即自然而然、顺其自然、纯任自然。统治者能做到“悠兮其贵言”，说明其懂得“无为而治”“功成弗居”的道理，已经达到“太上”的境界，所以百姓“不知有之”，功成业就、事情顺遂后，不认为是统治者的功劳，而是皆谓“我自然”，即都说我纯任自然，本来就是这样的，是我自然而然、顺其自然的结果。

小结

本章老子站在被统治者对统治者反馈的角度，把治国理政的水平分为“不知有之”“亲之”“誉之”“畏之”“侮之”五个等次。老子心目中理想的统治者“处无为之事，行不言之教”（第二章），其表现为百姓“不知有之”，“功成事遂，百姓皆谓：‘我自然’”。统治者悠闲自如、虚静无为，百姓感受不到权威的压力，生活自由自在、无拘无束、安逸自适，统治者对百姓而言，犹如空气作用于人，统治者与百姓和平相处，这就是所谓“执大象，天下往。往而不害，安平泰”（第三十五章），民心所向，天下归心，国泰民安，长治久安。这是“上善若水”、润物细无声的“无为而治”，是得“道”的统治者“致虚极，守静笃”（第十六章）在治国理政方面的表现，体现的是老子“无为而无不为”的朴治主义思想，也就是“道法自然”的“自治”理念。在老子看来这已经属于“上德”的范畴，“上德不德，是以有德……上德无为，而无以为”（第三十八章）。那么如何才能达到“不知有之”的高度呢？老子给统治者提供的方法是“悠兮其贵言”，悠闲自在，不轻易发号施令。“太上，不知有之”是老子理想的政治生活，或者说老子向往的乌托邦式的理想国治理模式，然而纵观古今中外，却是绝无仅有，可望而不可即。

第二等、第三等的统治者以德治国，类似于儒家的“为政以德”，以仁义礼智信的道德观和道德教化治理天下。如果统治者切实以身作则，诚实守信，与民休养生息，轻徭薄赋，百姓则表现为“亲之”；如果统治者仅仅做表面文章，希望通过小恩小惠笼络民众，百姓则表现为“誉之”。在老子看来，“亲之”“誉之”已经属于“下德”的范畴，“下德为之，而有以为……夫礼者，忠信之薄而乱之首”（第三十八章），而到了要依靠“礼”来治理国家就已经到了多事之秋的边缘。

如果统治者连礼义廉耻都无法顾及，自己不守信用，失去了信誉，“信不足焉，有不信焉”，发展到“上礼为之，而莫之应，则攘臂而扔之”（第三十八章）的阶段，就只能实行法家“制之以刑、绳之以法”的“法治”治理体系，通过政治权力、国家机器施加威压，用严刑峻法来维护统治，这是老子坚决反对的刑治主义。刚开始百姓可能慑于刑罚，表现为“畏之”，敢怒不敢言，这已经是第四等统治者的水平了，离火山爆发已经为时不远。

老子认为最差的统治者表现为百姓“侮之”。如果统治者在百姓“畏之”的情况下，继续“不知常，妄作凶”（第十六章），结果高压政策都无法使民众“畏之”，“民不畏威，则大威至”（第七十二章），统治者与被统治者之间的矛盾螺旋式上升、激化，一旦到了“国家昏乱”（第十八章）、“民不畏死，奈何以死惧之”（第七十四章）的程度，百姓忍无可忍，必然

会从“畏之”走向“侮之”，揭竿而起，推翻旧王朝，建立新政权。

老百姓为什么对统治者“侮之”呢？因为统治者“信不足焉”，所以百姓对他们“有不信焉”。那如何解决这个问题呢？老子的秘诀是“悠兮其贵言”，即“处无为之事，行不言之教”，这样就可以做得“功成事遂，百姓皆谓：‘我自然’”，重新回归到“太上，不知有之”的最佳状态。

老子对统治者从高到低划分的五个层次，应用到我们的实际管理中分别对应优秀、良好、合格（称职）、基本合格（称职）、不合格（称职）。“不知有之”是“太上”圣人之治的水平，在现代社会只有极少数的大国领袖、顶级企业家有条件实践（是努力践行，而不是实现，仅此而已）。作为一个普通管理者，根本就不可能达到“不知有之”的高度，但仍可以作为激励自己不懈追求的人生目标，在工作中尽可能地“悠兮”“贵言”，多做减法，甘居幕后、少抛头露面，多学习思考、少发表言论。“亲之”是合格的国家领导人应该达到的水平，也是中高级管理者努力做到的目标，要以德服人、以身作则，“以百姓心为心”，深入基层、深入群众，与被管理者打成一片，切不可高高在上、脱离群众。“誉之”是合格管理者的标配，金杯银杯，不如老百姓的口碑。但切不可因为得到下属的赞誉而骄傲自满，要时刻警醒自己，“誉之”仅是合格（称职）而已，老子对“誉”的观点是“至誉无誉”，而且当面的赞誉不一定出自内心，很可能是出于赞誉者的功利。尤其要引起警惕的是，不能为了“誉之”而沽名钓誉，开空头支票，口惠而实不至。群众的眼睛是雪亮的，有的领导升迁、调动工作，自编自导群众十里相送、递万民状挽留的“感人”（虚假）场面，被群众称为“影帝”。需要指出的是，在西方选举民主制度下，参加选举的各色人等都必然是“演员”，能当选国家领导人的则必然是“影帝”，最典型的莫过于美国前总统里根和乌克兰总统泽连斯基演而优则仕。“畏之”是对管理者的警示，一个管理者一旦到了被管理者“畏之”的程度，则一定要认真检讨、深刻反思，查找自身的不足，及时改进，千万不能成为被下属“侮之”的领导。然而在现实生活中，很多管理者特别是企业主误把“畏之”当作自己有魄力、有威严，甚至认为是有威信而沾沾自喜、引以为豪，大搞一言堂，唯我独尊，听不得反面意见，更接受不了他人的批评。实际上“畏”不仅仅是畏惧、害怕，其中还有憎恶、怨恨之意，“畏之”离“侮之”（不合格）仅一步之遥。

第十八章　大道既隐　始有仁义

元典

大道废，有仁义；智慧出，有大伪。六亲不和，有孝慈；国家昏乱，有忠臣。

直译

大道废弃之后，才提倡仁义；智巧出现以后，才有了伪诈。家庭不和睦了，才倡导孝顺、慈爱；国家昏暗动乱了，才出现忠臣。

善解

18.1　大道废，有仁义；智慧出，有大伪。

"大道废，有仁义"，大道废弃之后，才提倡仁义。"大道"本义为大路、宽阔的道路，引申为正确的道理、天地间的理法，逐步成为中国古代政治上的最高理想。《文选·曹植·赠丁翼》："君子通大道，无愿为世儒。""仁义"本义为仁爱正义、宽厚正直。《礼记·曲礼上》："道德仁义，非礼不成。"后成为儒家的重要伦理范畴，战国时孟子推崇"仁义"、提倡仁政，汉儒董仲舒进一步将"仁义"作为传统道德的最高准则。宋代以后更是成为传统道德的别名，常与"道德"并称为"仁义道德"，与"礼、智、信"合称为"五常"。

《礼记·礼运》："大道之行也，天下为公，选贤与能，讲信修睦。故人不独亲其亲，不独子其子，使老有所终，壮有所用，幼有所长，矜、寡、孤、独、废疾者皆有所养，男有分，女有归。货恶其弃于地也，不必藏于己；力恶其不出于身也，不必为己。是故谋闭而不兴，盗窃乱贼而不作，故外户而不闭，是谓大同。”由此可见，在大道施行的大同年代，是不需要仁义的，只有当大道废弃的时候，没有了社会公德，才有提倡仁义的需要，才会出现仁义。《礼记·礼运》：“今大道既隐，天下为家，各亲其亲，各子其子，货力为己，大人世及以为礼。城郭沟池以为固，礼义以为纪；以正君臣，以笃父子，以睦兄弟，以和夫妇，以设制度，以立田里，以贤勇知，以功为己。故谋用是作，而兵由此起。禹汤文武成王周公，由此其选也。此六君子者，未有不谨于礼者也。以著其义，以考其信，著有过，刑仁讲让，示民有常。如有不由此者，在势者去，众以为殃，是谓小康。”河上公注：“大道之时，家有孝子，户有忠信，仁义不见也。大道废不用，恶逆生，乃有仁义可传道。”

“大道废，有仁义”竹简版、帛书版乙本写作“大道废，安有仁义”，这里的“安”不是表示疑问的岂、怎么之意，而是乃、于是。

“智慧出，有大伪”，智巧出现以后，才有了伪诈、虚假。我们在第三章讲过，老子论述的“智”基本上是指侧重于计谋的小聪明，而不是大智慧。“智慧”本义是聪明才智，在这里则是指机心、机巧、智巧。老子提倡虚静无为，反对这些人为的“智”“智慧”，认为“民之难治，以其智多。故以智治国，国之贼；不以智治国，国之福”（第六十五章），所以提倡“绝智弃辩”（第十九章）。“伪”即伪诈、虚假。与“大道废，有仁义”同样的道理，因为出现了智巧、心机，所以才有了虚伪、虚假。如果在大同社会，“不贵难得之货”，能够“恒使民无知无欲，使夫智者不敢为也”（第三章），那么伪诈就无法盛行。大家认真想一想，社会上为什么有人推销假冒伪劣产品？为什么存在坑蒙拐骗的现象？又为什么还有那么多的人上当受骗？不就是有人太“聪明”，想钻空子、投机取巧吗？！而有的人又自以为聪明想贪图便宜，结果却聪明反被聪明误。

“智慧出，有大伪”出现在帛书版和通行版，而竹简版没有这一句，有的学者研究认为，应该是战国中后期受到庄子后学中激烈派思想的影响而妄增的。这一句比较可疑：在句式上，本句中大众习惯上肯定的“智慧”在前、否定的“大伪”在后，而其余三句则是人们习惯上肯定的“仁义”“孝慈”“忠臣”在后，习惯上否定的“大道废”“六亲不和”“国家昏乱”在前，因此要保留的话也应该写作“有大伪，智慧出”；再从句型看，本章删除这句后为三个分句，与第十九章的三个分句相一致。所以，竹简版更接近《老子》的原始版本。

18.2　六亲不和，有孝慈；国家昏乱，有忠臣。

“亲”本义为亲爱，泛指有血统或婚姻关系的人。“六亲”指父、子、兄、弟、夫、妇（妻），泛指家庭关系。王弼注：“父子、兄弟、夫妇也。”《吕览·论人篇》曰：“何谓六戚？父母、兄弟、妻子。”

“六亲不和，有孝慈”，父子、兄弟、夫妇六亲之间不和睦了，才有了孝顺和慈爱。反之，如果家庭和睦，当然就不需要孝慈。河上公：“六亲绝，亲戚不和，乃有孝慈相牧养也。”同样的道理，因为国家昏暗、动乱，或者陷于混乱，才有了忠臣，或者说才能显现出忠臣的作用。其道理类似于“天下皆知美之为美，斯恶已；皆知善之为善，斯不善已”（第二章），因为“国家昏乱”，肯定是有了昏君、奸臣，所以才需要忠臣，忠臣是奸臣的对立面，没有奸臣、佞臣，也就没有所谓的忠臣。

本章有的版本在“废”“出”“和”“乱”后面有“焉”，实际上是强调前后的逻辑关系，相当于以后、了，类似英语里的完成时。“孝慈”在《大典》中写作“孝子”，意思相近，但不如“孝慈”贴切，因为“六亲不和”，既需要“孝子”，也要有“慈父”，父慈子孝才能家庭和睦，而且第十九章的“绝仁弃义，民复孝慈”也是用“孝慈”。“忠臣”竹简版写作“正臣”，即正直之臣，帛书版写作“贞臣”，意为忠贞之臣。

小结

老子不但善于使用否定句式进行论述，而且善于运用逆向思维，从人们司空见惯的现象中，透过表象看本质，这也是大家觉得《老子》难以理解的原因所在。本章老子把辩证法运用到社会治理中，透过人们普遍追求的“仁义”“智慧”“孝慈”“忠臣”这些美好的词汇，揭示出“大道废”“有大伪”“六亲不和”“国家昏乱”的本质。初读起来虽然一时让人不易理解、难以接受，但经过深思熟虑不得不承认其思想深邃、入木三分。实际上

“大道废”与“有仁义”、“智慧出”与“有大伪”、“六亲不和”与“有孝慈”、“国家昏乱”与“有忠臣”的关系，类似第二章中的“有”与“无”、难与易、长与短、高与下、音与声、前与后，都是相反相成、对立统一的关系，其中蕴含着十分丰富的辩证法思想。

老子推崇大道施行的大同年代，其理想的治理模式是“圣人处无为之事，行不言之教”（第二章），治理的效果是“为无为，则无不治”（第三章）。老子认为在这样的社会，“天地不仁，以万物为刍狗；圣人不仁，以百姓为刍狗”（第五章），根本不需要仁义；“人不独亲其亲，不独子其子”，当然不需要孝慈；“太上，不知有之”（第十七章），百姓连君王的存在都不知道，还有什么必要出现忠臣呢？社会上之所以出现推崇仁义、智慧、孝慈、忠臣的呼声，是因为君王失“道”、失“德”，导致“大道废”“有大伪”“六亲不和”“国家昏乱”，或者说是因为“大道废”“有大伪”“六亲不和”“国家昏乱”，才显现出仁义、智慧、孝慈、忠臣的重要性。

有的学者认为，本章和第十九章、第三十八章等相关内容，深刻揭露了儒家仁义道德的虚假性。这是对老子的过度解读，不符合老子的本意。首先，老子在前，孔子在后，孔子以老子为师，即使观点不同，在当时诸子百家的时代，最多也就是百家争鸣，不存在揭露、批评的问题。其次，老子的本意并不是要否定“仁义”“智慧”“孝慈”“忠臣”本身，而是强调要“致虚”“守静”“归根”“复命”，回归大道，不要等到“大道废”才想到“仁义”，“六亲不和”才倡导“慈孝”，“国家昏乱”才思“忠臣”，这已经为时已晚。最后，仅从字面语句来讲，也没有揭批仁义道德之意。比如我们现在说“新冠疫情蔓延，才大规模开展核酸检测；俄乌战争爆发，所以更加重视能源安全和粮食生产”，就是叙述事实上的因果关系，没有否定核酸检测、重视能源安全和粮食生产之意，只是按照老子的思想，我们不能因为开展了大规模核酸检测、重视了能源安全、提高了粮食生产能力而沾沾自喜，一定要更加深刻地认识到新冠疫情蔓延和俄乌战争是全人类的灾难和悲剧，要从中汲取经验、教训，居安思危，防患于未然。

第十九章　见素抱朴　少私寡欲

元典

绝智弃辩，民利百倍；绝仁弃义，民复孝慈；绝巧弃利，盗贼无有。此三者，以为文，不足。故令有所属：见素抱朴，少私寡欲【，绝学无忧】。

直译

断绝智巧、摒弃雄辩，民众就能获得百倍好处；拒绝“仁爱”、丢弃“道义”，民众就会复归孝顺、慈爱；杜绝巧诈、舍弃私利，盗贼就不会出现。圣智、仁义、巧利这三者，都是文饰，不足以教化民众、治理天下。所以，要使（民众的思想认识）有所归属：显现本色、保持朴质，减少私心、淡泊欲望【，抛弃学问、无忧无虑】。

善解

19.1　绝智弃辩，民利百倍；绝仁弃义，民复孝慈；绝巧弃利，盗贼无有。

“绝智弃辩，民利百倍”，断绝智巧、摒弃雄辩，民众就能获得百倍好处。“绝”即断绝、拒绝、杜绝、弃绝。“弃”为抛弃、摒弃、舍弃、丢弃。“智”即机巧、智巧。“辩”本义为辩论、申辩，引申为有口才、善言辞，巧于言说。《韩非子·五蠹》：“子言非不辩也。”古人把善辞令的人称为辩武、辩士、辩人，能言善辩、口才敏捷称为辩捷，口才便捷、善于辩论叫作辩口。“利”本义为刀剑锋利，引申为利益、好处。

中国古代以“辩学”或者“名辩学”为逻辑，把“辩”作为逻辑论证工具。荀子认为“辩”是作为君子的一个必要条件，所谓“君子必辩”，“辩”的目的是教化礼义。墨家也把“辩乎言谈”看作“贤良之士”的基本条件，主张“辩”则争胜。老子则反其道而行之，提倡“绝智弃辩”，老子认为人的本性真纯质朴，但往往被所谓的智慧腐蚀了天性，被自以为是的巧辩所误导而造成思想混乱，“智慧出，有大伪”（第十八章），“民之难治，以其智多。故以智治国，国之贼；不以智治国，国之福”（第六十五章），“善者不辩，辩者不善”（第八十一章）。所以要“使夫智者不敢为也”（第三章），向圣人看齐做到“大辩若讷”（第四十五章）。

古希腊哲学的本义是“爱智慧”，其中的“智慧”是指只有圣人或者神才能把握的永恒真理。表面看来，“绝智弃辩”好像与西方哲学对智慧、逻辑思辨的追求背道而驰，实际上，永恒真理在老子的语境中已经被“道”取代。所以，“绝智”不是拒绝永恒真理，而是断绝智巧或者说所谓的智慧；“弃辩”也不是抛弃严密的逻辑推理、理性思辨，而是摒弃容易引起纷争的辩论、雄辩。因为当时的“辩”重在语言的辩论，容易走入狡辩、诡辩的歧途，导致不必要的争论、好战，因此“弃辩”体现的是老子的不争思想。老子提倡“绝智弃辩”的目的是“民利百倍”，让民众得到百倍的利益、好处，这也是邓小平提出“空谈误国，实干兴邦”的道理所在。

“绝智弃辩”通行版写作“绝圣弃智”。老子把得“道”之人、“有道者”称为“圣人”（有关“圣人”的论述详见第二章第三节），这里又说“绝圣”，这不是前后自相矛盾吗？这个问题让我绞尽脑汁思索了很长的时间，当时只能把这里的“圣”理解为不同于其他章节出现了30多处的“圣人”，而是所谓的圣贤、贤才异能之人，就是老子所处时代那些打着圣明旗号、为了一己之私以欲望引诱民众的诸侯、贵族，其行为与老子推崇的“圣人”和提倡的“圣人处无为之事，行不言之教。万物作焉而不辞，生而不有，为而不恃，功成而弗居”要求背道而驰，所以要“绝圣”。“绝圣弃智”就是要绝灭所谓的圣贤、圣明，抛弃所谓的智慧，放弃所谓的“文明”，使百姓回归到自然状态，恢复真纯质朴的本性。王弼注：“圣智，才之善也。”河上公注：“修农事，公无私。”这种解读有点牵强附会，直到

2008年我看到竹简版写作"绝智弃辩"，才茅塞顿开、豁然开朗，彻底解开了困扰20多年的疑惑。

因为"大道废"，才"有仁义"（第十八章）。所以，"绝仁弃义，民复孝慈"，拒绝所谓的仁爱、仁政，摒弃所谓的礼义、道义、义理，就能恢复大道，回归到大同社会，民众就会恢复父慈子孝的天性，重新复归孝顺和慈爱。"绝仁弃义"就是要向天地、圣人学习，即"天地不仁，以万物为刍狗；圣人不仁，以百姓为刍狗"（第五章），做到无私无欲、公平公正、没有偏爱，不妄加个人意志，任凭百姓按照自然之道，自作自息，生生死死，这样民众就自然复归孝慈。

"绝仁弃义"竹简版写作"绝伪弃诈"，相比帛书版、王弼本从时间上分析可能更接近《老子》原始版本，但"伪诈"本来就是反面的，与"智辩""圣智""巧利"等不匹配，弃绝伪诈是应有之义，"绝伪弃诈"不符合老子一贯的逆向思维逻辑，与下文"此三者，以为文，不足"也衔接不畅。所以，本书仍采用"绝仁弃义"，这样还能与第十八章的"大道废，有仁义"相呼应。

"绝巧弃利，盗贼无有"，杜绝机巧、巧诈，舍弃私利、财利，盗贼就不会出现。"巧"本义为技艺高明、精巧，引申为机巧、巧诈、狡诈、虚伪、巧谲、巧心、巧说、巧言、巧语、巧佞、巧媚。《论语·学而》："巧言令色，鲜矣仁。"《礼记·月令》："毋或作为淫巧。""利"在这里指利益、财利、私利。老子在第十八章说"智慧出，有大伪"，在第五十七章又说"人多伎巧，奇物滋起"，如果能够"绝巧弃利"，断绝智巧、巧诈，既可以解决"有大伪"和"奇物滋起"的问题，又能克制民众的物欲，结果必然是"盗贼无有"。这不就是第三章所说的"不贵难得之货，使民不为盗。不见可欲，使民心不乱"吗？之所以出现盗贼，是因为在物质利益的诱惑下，以利己主义的人生观来指导人生，通过各种机巧、巧诈，不择手段地获取财利、私利。河上公注："绝巧者，诈伪乱真也，弃利者，塞贪路闭权门也。"

19.2 此三者，以为文，不足。

"此三者"指上一节所说的智辩、仁义、巧利。"文"的甲骨文字形像纹理纵横交错形，本义为花纹、纹理，指文饰、修饰、掩饰。《左传·僖公二十四年》:“身将隐，焉用文之?”《论语·子张》:“小人之过也，必文。”《荀子·非十二子》:“饰邪说，文奸言，以枭乱天下。”老子认为，智辩、仁义、巧利这三者都是虚文、巧饰、虚饰，是繁文缛节，以此作为教化百姓、治理社会的法则明显不足。这是对上一节的总结，老子告诉我们，智辩、仁义、巧利都是后天人为创造的，想以此来以文化人、治理天下是不够的。

本节有的版本写作“此三言也，以为文未足”，解读为智辩、仁义、巧利这三者，用来教化百姓、治理天下还不足够。

19.3 故令有所属：见素抱朴，少私寡欲【，绝学无忧】。

“令有所属”即要使有所归属。使谁有所归属?这里指民众的思想认识要有所归属。归属到哪里去呢?当然是回归自然，恢复大道，重回大同社会，从而“大道之行也，天下为公”。

“见素抱朴”按字面意思，即显现未染色之丝的本色、纯洁，保持、守护未经雕刻之原木的朴实、诚朴，与我们现在所说的抱素怀朴、返璞归真含义相近，就是保持纯洁朴实的本性，不雕饰、不做作、不浮夸、不奢侈，永葆本色，思想淳朴，为人朴质，用“无为之治”取代“有为之治”。“见”在这里读 xiàn，意为显现、呈现、显露、显示、表现。“抱”本义为用手臂围住，引申为环绕、持守、保持、守护。《孟子·万章下》:“抱关击柝者，皆有常职以食于上。”“素”原指未染色的丝，意为本色、素洁。“朴”本义为未经加工雕琢的原木，形容朴实无华、朴厚、朴素、淳朴，引申为本质、本性。“素”和“朴”都是指事物的自然状态，常联合为素朴、朴素，意为朴实无华。《庄子·马蹄》:“同乎无知，其德不离；同乎无欲，是谓素朴；素朴而民性得矣。”河上公注：“见素者，当抱素守真，不尚文饰也。抱朴者，当抱其质朴，以示下，故可法则。”《庄子·天道》:“静而圣，动而王，无为也而尊，朴素而天下莫能与之争美。”“见素抱朴”竹简版写作“视素保朴”，意为看清本色，保持质朴。

“少私寡欲”就是减少私心、淡泊欲望，知足常乐，去除私欲杂念。私心、欲望与“有道者”虚静、无为、恬淡、质朴的自然属性背道而驰。老子认为“咎莫大于欲得”（第四十六章），“圣人欲不欲”（第六十四章），因此要“不见可欲，……恒使民无知无欲”（第三章），“化而欲作，吾将镇之以无名之朴……不欲以静，天下将自正”（第三十七章），“我无欲，而民自朴”（第五十七章）。既然这样，为什么老子在本章第一节用的是“绝”“弃”，本节最后一句用的是“绝”“无”，而本处用的是“少”“寡”呢？为什么不也用“绝”“弃”“无”呢？难道仅仅是为了避免用字重复吗？这充分体现了老子“道法自然”的哲学思想。私心和生理欲望是人与生俱来的，人不喝水、不吃饭、不睡觉就无法生存，男女不交欢就无法繁衍，所以只能“少私寡欲”，而不能“绝私弃欲”或者“绝私无欲”。老子提倡的是“虚其心，实其腹”（第三章）、“为腹不为目”（第十二章），而不是“虚其心，空其腹”和“不为腹不为目”。河上公注：“少私者，正无私也。寡欲者，当知足也。”《庄子·山木》：“其民愚而朴，少私而寡欲。”

“绝学无忧”在通行版、帛书版、竹简版中都放在第二十章“唯之与阿”之前，我认为其与第二十章的内容相脱节，反而与本节的“见素抱朴”“少私寡欲”密切关联，我的判读是断章有误，所以放在本章末尾更合适。为什么杜绝、抛弃学问就能没有忧虑呢？因为学问属于后天学习积累的知识，即所谓“为学日益”（第四十八章），是碎片化的小学问，而老子推崇的是回归大道的大智慧（“道”），学“道”的准则是“为道日损。损之又损，以至于无为。无为而无不为”（第四十八章），如果能够杜绝学问知识，丢弃浮华虚文，断绝智巧心思，返回质朴的本原，就能使人免除事事区别、斤斤计较的世俗之忧，进入逍遥自在的“无为”境界。所以老子说“学不学，复众人之所过”（第六十四章），“学不学”就是“绝学”，学习别人所不学习的“道”，也就是拒绝学习世俗所谓的学问知识，就能免除众人所犯的过错，当然就能无忧无虑。

小结

本章与上一章相呼应，老子针对其所处的动乱时代出现的各种社会病态，振聋发聩地提出了“绝智弃辩”“绝仁弃义”“绝巧弃利”的解决方法。因为老子认为，智辩、仁义、巧利都是文饰，与“无为而治”的治国理政之道的本质背道而驰。那怎么办呢？老子的答案是回归自然、恢复大道，具体的方法、途径就是“见素抱朴，少私寡欲，绝学无忧”。

对于老子给出的答案，后世的学者对“见素抱朴”“少私寡欲”都一致赞同，因为这也符合儒家、佛家的思想，但对“绝学无忧”则持反对意见居多，问题主要集中在“绝学”上。“绝学”与儒家的思想相对立，作为教育家的孔子对“学”高度重视，《论语》中耳熟能详的名言就有“学而不厌，诲人不倦”（《述而》），“学而时习之，不亦说乎”（《学而》），“学而不思则罔，思而不学则殆”（《为政》），“吾尝终日不食，终夜不寝，以思，无益，不如学也”（《卫灵公》），“敏而好学，不耻下问”（《公冶长》）。为此，有的学者以儒家的观点来解读“绝学”，明末学者傅山在《读老子》中，以《荀子·劝学》的“假舟楫者，非能水也，而绝江河”为例，将“绝”解读为横渡，“绝学无忧”就是横渡学海而无忧。有的学者根据本章第一节的内容，把“绝学”范围限制为智辩之学、仁义之学、巧利之学、异化之学。还有的学者则不认同老子“绝学无忧”的观点，比如近代思想家严复在《侯官严氏评点老子》中认为，“绝学无忧”是鸵鸟精神，只是把头埋在沙里，看不到忧而已，并不是真正的无忧。更激进的学者则对“绝学”提出尖锐的批评，认为“绝学”是一种反智愚民思想。当然也有学者认为，“绝学”体现了老子反对统治者垄断知识学问、维护百姓利益、“以百姓心为心”的思想。从老子的哲学思想体系分析，老子的“绝学无忧”就是字面本身的含义，针对的是当时鱼龙混杂的各种学问，体现的是老子大道至简、“为道日损”（第四十八章）的“无为”思想，是“见素抱朴，少私寡欲”的延续和结果。

第二十章　俗人昭昭　我独昏昏

【绝学无忧。】唯之与阿，相去几何？美之与恶，相去若何？人之所畏，亦不可以不畏人。荒兮，其未央哉！众人熙熙，如享太牢，如春登台。我独泊兮，其未兆；沌沌兮，如婴儿之未孩；傫傫兮，若无所归。众人皆有余，而我独若遗。我愚人之心也哉！俗人昭昭，我独昏昏；俗人察察，我独闷闷。【澹兮其若海，飂兮若无止。】众人皆有以，而我独顽且鄙。我独异于人，而贵食母。

直译

【抛弃学问，无忧无虑。】小声应诺与大声呵斥，相差有多少？美好与丑恶，又相差多少？众人所畏惧的（统治者），也不能不畏惧众人。天荒地老，永不终止！众人熙熙攘攘、兴高采烈，好像去参加盛大的宴席，如同在春天登高望远。而我却独自淡泊宁静，无动于衷；混混沌沌啊，如同婴儿还不会发笑；闲散游荡啊，好像浪子没有归宿。众人都富足有余，唯独我好像什么都失去了。我这愚笨之人的心啊！俗人都明明白白，唯独我昏昏沉沉；俗人都明察秋毫，唯独我浑浑噩噩。【澹泊恬淡得就像平静的大海，迅疾得就像猛烈的疾风一样没有止境。】众人都有作为，唯独我顽固并且鄙陋。唯独我与众不同，因为我珍视养育万物的“道”。

善解

20.1 【绝学无忧。】唯之与阿，相去几何？美之与恶，相去若何？人之所畏，亦不可以不畏人。

“绝学无忧”与本节的内容相脱节，应放在第十九章的末尾，详细解读参见第十九章。

“唯之与阿，相去几何？”小声谦卑的应诺与大声怠慢的呵斥，相差有多少，差别有多大呢？河上公注：“同为应对，而相去几何？疾时贱质而贵文。”

“唯”本义为急声回答声，与“诺”同义，都是答应、允诺的意思，这里指谦卑的应答声，表示恭敬的意思，是下级应答上级、晚辈应答长辈之词，现在常用唯唯诺诺表示小声顺从。《说文解字》：“唯，诺也。”《论语·里仁》：“子曰：‘参乎！吾道一以贯之。’曾子曰：‘唯。’”

“阿”同“呵”“诃”，即呵斥、呵责，是大声怒言，与“唯”反义，表示怠慢地答应，用于上级答应下级、长辈回答晚辈。有的学者考证认为，“唯之与阿”就是“唯之与否”，为了与下文的“何”押韵，以“阿”代“否”，“唯”与“阿”代表从之与违之。“去”即离开，指距离。

“美之与恶，相去若何？”美好与丑恶，又相差多少，又有多大差别呢？“美”即美好。“恶”指丑恶、丑陋，与“美好”相对。“若何”即怎样、如何。《左传·僖公三十三年》：“吾子取其麋鹿，以闲敝邑，若何？”三国曹植《洛神赋》：“其状若何？臣愿闻之。”

“美之与恶”王弼本写作“善之与恶”，解读为善良与凶恶。河上公注：“善者和誉，恶者谏争，能相去何如？疾时恶忠直，用邪佞也。”帛书版、竹简版都写作“美之与恶”，而老子在第二章用“美”与“恶”相对，“善”与“不善”相对。实际上王弼对本节内容的注释是：“畏誉而进，何异畏刑，唯阿美恶相去何若”，也是“美”与“恶”相对。易顺鼎《读老子札记》就明确指出：“今本非王本之旧。”所以，“美之与恶”应该更符合老子原意，“善之与恶”为后来传抄过程中受到习惯上“善”与“恶”相对的影响所致，当然用“美之与恶”还是“善之与恶”并不影响对老子所论述思想的理解。

“人之所畏，亦不可以不畏人”是帛书版的表述，通行版写作“人之所畏，不可不畏”，解读为人们所畏惧的，不能不畏惧。河上公注：“人畏之道也。人所畏者，畏不绝学之君也。不可不畏，近令色，杀仁贤。”对此，我总感觉有人云亦云的味道，与老子“唯道是从”“道法自然”、异于常人的圣人形象不符，也无法明白其想要表达的思想，而且与上下文联系不起来，只能强行地理解为：对普通人来说，别人所畏惧的，自己不可不畏惧，对大自然、道德底线、法律红线等要怀有敬畏之心；对统治者而言，对百姓所畏惧的，也不能不畏惧。现在采用帛书版的表述，可以解读为人们所畏惧的统治者，也不可以不畏惧害怕他的人。这实际上是对上文表述的进一步深化、升华。老子认为唯与阿、美与恶相差无几，统治者不能因为众人的唯唯诺诺、阿谀奉承，就习惯于发号施令、呵斥他人，不能因为百姓害怕你而自觉高人一等，没有了敬畏之心。统治者要清醒地认识到，百姓“畏之”，是敢怒不敢言，如果统治者忘记了“水能载舟亦能覆舟”的道理，继续“不知常，妄作凶”（第十六章），发展到百姓忍无可忍的程度，就必然会从“畏之”走向“侮之”。所以，老子对统治者的忠告是，百姓畏惧你，你也要对百姓有敬畏之心，要与民众浑然一体，循“道”而行，向“太上”看齐，使民众“不知有之”，让“百姓皆谓我自然”。

20.2 荒兮，其未央哉！

“荒”本义为荒芜。《说文解字》：“荒，芜也，一曰草淹地也。”引申为广大、无边际、久远、荒古。《广雅·释诂一》：“荒，远也。”《国语·周语》：“戎狄荒服。”“荒兮”在空间上形容广大无边的样子，在时间上指荒古以来，即天荒地老，形容经历时间的久远。

“央”即终止、结束、完结。“未央”意为未已、未尽、没有完结。《诗经·小雅·庭燎》：“夜如何其？夜未央。”《楚辞·离骚》：“及年岁之未晏兮，时亦犹其未央。”汉代梁鸿《五噫歌》：“民之劬劳兮噫！辽辽未央兮噫！”宋代王安石《葛溪驿》：“缺月昏昏漏未央，一灯明灭照秋床。”汉高祖时萧何在今西安市西北长安故城内西南隅建造宫殿，取名未央。《文选·班固·西都赋》：“自未央而连桂宫，北弥明光而亘长乐。”

“荒兮，其未央哉”，从空间上讲，意为广阔辽远，无边无际；从时

间上讲，则是荒古以来，永不终止。关键是这里的主语是什么？什么事物“荒兮，其未央哉”？有的学者认为是“道”，解读为自“道”形成以来，天长地久，没有边际，永不完结。“道”是“天地之始”“万物之母”（第一章），“道乃久”（第十六章），所以说“道”“荒兮，其未央哉”本身没有毛病，但与上下文有何关联？如果这么解读，删除本节对本章毫无影响，保留却反而显得多余。有的学者解读为精神影响范围广远而没有边际，也有的学者解释为心境的荒芜没有止境，还有的学者理解为“人之所畏，不可不畏”这种风气从远古以来一直如此，没有完结。

“荒兮，其未央哉”在这里具有承上启下的作用，对上老子感叹旷古以来绝大多数的统治者对“人之所畏，亦不可以不畏人”的道理始终没有理解，对下感叹的是，“我”（既可以理解为老子本人，也可以泛指得“道”之人、有道者、圣人）与“众人”“俗人”（这里不是指普通的世俗之人，而是没有得“道”的统治者）之间，在认知水平、价值判断、为人处世、行为方式等方面的差距，或者更确切地说是两者背道而驰，荒古以来，没有终止，为下文的论述起到提纲挈领的引言作用。王弼注：“叹与俗相反之远也。”

20.3　众人熙熙，如享太牢，如春登台。我独泊兮，其未兆；沌沌兮，如婴儿之未孩；儽儽兮，若无所归。

“众人熙熙，如享太牢，如春登台”，大家都兴高采烈，就好像参加丰盛的筵席、享用美酒佳肴，如同在春天登高望远、眺望美景。

“熙”为光明、和乐。“熙熙”指兴高采烈、纵情欢乐的样子。唐代柳宗元《捕蛇者说》：“其余，则熙熙而乐。”韦应物《往富平伤怀》：“出门无所忧，返室亦熙熙。”又形容热闹的样子。《史记·货殖列传》：“天下熙熙。”唐代李朝威《柳毅传》：“笑语熙熙。”河上公注：“熙熙，淫放多情欲也。”

“享”本义为祭献、上供，即用物品进献人，供奉鬼神使其享受。《诗经·小雅·楚茨》：“以享以祀。”这里通“飨”，即用酒食款待人，泛指请人享受。“牢”本义为关养牛、马、猪、羊等牲畜的圈。《说文解字》：“牢，闲养牛马圈也。”《战国策·楚策》：“亡羊而补牢，未为迟也。”引申为古代祭祀或宴飨时用的牲畜、牺牲。古代祭祀天地，牛羊猪各一曰“太牢”，羊猪各一曰“少牢”。《礼记·王制》：“天子社稷皆太牢，诸侯社稷皆少牢。”“太牢”是最高的牺牲，就是祭祀用的牛、羊、猪三牲。

“如春登台”即如同春天登台眺远。河上公本写作“如登春台”，高亨认为这与上句“如享太牢”句式相同。但“春台”一词不知如何解读，对照第十五章“豫兮若冬涉川”，“如春登台”在句式上也有前例，核对帛书版也是“如春登台”，再看河上公本人对此的注释是：“如饥思太牢之具，意无足时也。春阴阳交通，万物感动，登台观之，意志淫淫然。”讲的是春天登台，而不是“登春台”，可见河上公注释的原文也是“如春登台”，应该是后来传抄误写为“如登春台”。

“我独泊兮，其未兆”，即当众人都兴高采烈的时候，我独自淡泊宁静（与“众人熙熙”形成鲜明对照），（对“享太牢”“春登台”）无动于衷，没有要享用美食、登高远眺的欲望。体现了得道之人与世俗之人截然不同的处世态度，两者形成鲜明对比。河上公注：“我独泊然安静，未有情欲之形兆也。”

“泊”本义为船只靠岸停泊，引申为淡泊、恬静。三国诸葛亮《诫子书》：“非淡泊无以明志，非宁静无以致远。”《后汉书·蔡邕列传》：“明哲泊焉，不失所宁。”“兆”本义为卜兆，即古代占验吉凶时灼烧龟甲所成的裂纹。引申为征兆、预兆，事情发生前所显露的征候、迹象。《礼记·月令》：“命大史衅龟筴，占兆审卦吉凶。”汉代郑玄注：“占兆，龟之繇文也。”唐代韩愈《复志赋》：“假大龟以视兆兮，求幽贞之所庐。”“未兆”意为尚未显出迹象，尚未显露征兆、预兆，即还没有显现迹象，这里引申为不炫耀、无动于衷。

“沌沌兮，如婴儿之未孩”，混混沌沌，如同婴儿还不会笑。在老子的心目中，处于混沌状态的婴儿，懵懂无知、无欲无贪、柔和弱小，没有分别之心，不会争权夺利，体现了得“道”之人的纯真无邪、虚静无为。

“沌”即混沌。“沌沌”即混混沌沌、状如奔马，形容水势汹涌，又形容混沌昏昧、愚昧无知，这里形容纯真朴实到极点。河上公注：“无所分别。”王弼注：“无所别析，不可为明。”高明注：“形容圣人混沌无知也。”“孩”同“咳”，本义为小孩的笑。《说文解字》：“孩，古文咳，从子。”“咳，小儿笑也。”“未孩”即还不会笑。河上公注：“如小儿未能答偶人也。”有的版本把“沌沌兮”放在“我愚人之心也哉”之后，我认为放在这里与“傫傫兮”对仗更合适。因为“孩”同“咳”，有的版本直接写作“如婴儿之未咳”。

“傫傫兮，若无所归”，就像闲云野鹤一样闲散，到处游荡，好像无所归宿，象征心胸宽广、自由自在。

“傫傫”同“累累”，形容颓丧失意的样子。《史记·孔子世家》：“累累若丧家之狗。”这里指像闲云野鹤一样的闲散状态。有的版本写作“乘乘兮，若无所归”，解读为睡在摇篮里摇摆不定，不知归处。河上公注：“我乘乘如穷鄙，无所归就。”

20.4　众人皆有余，而我独若遗。我愚人之心也哉！

“众人皆有余，而我独若遗”，意为众人都富足有余，唯独只有我好像被遗弃了，什么都不足。“余”意为剩余、余裕，此处指余裕、富余。“有余”即有剩余、富余，富足有余。“遗”本义为遗失，引申为遗弃、舍弃、缺失。《论语·泰伯》：“故旧不遗。”“若遗”即好像被遗弃、舍弃，与“有余”相对，就是不足、不够。河上公注：“我独如遗弃，似于不足也。”

“我愚人之心也哉”，我这愚蠢之人的心啊，糊里糊涂！“愚人”原意为笨人、愚蠢之人，这里指与世俗之人不同的得“道”之人，是老子心目中的圣人。老子以愚人自嘲，是对第三节、第四节中“我”与众人截然不同表现的总结、感叹。表面看“我”不与众人一起欢乐、同享太牢、同台远眺、富足美满，处处与众不同，实际上是牢记“人之所畏，亦不可以不畏人”的道理，独自走在追寻大道的路上，按“道”行事；看似混混沌沌、稀里糊涂、木讷笨拙，实则是淡泊宁静、淳朴自然，洞悉世事，对人生的理解远远高于常人，看似愚笨，实则大智若愚。

老子自嘲为愚蠢之人，某种程度上也反映了其作为得“道”之人的孤独，明知在春秋战国这样动荡的时代，“众人熙熙”，都在追求“昭昭”“察察”，“我”不怕被人嘲笑为“愚人”，独自坚守大道，坚持原则，不与“俗人”同流合污。河上公注：“不与俗人相随，守一不移，如愚人之心也。”

20.5　俗人昭昭，我独昏昏；俗人察察，我独闷闷。

“俗人昭昭，我独昏昏”，俗人都明明白白、清清楚楚、光辉自炫，唯独我迷迷糊糊、昏昏沉沉、昏昏昧昧、糊里糊涂。

“昭昭”即明亮、光明、明白、清楚、精明。《楚辞·九歌·云中君》：“烂昭昭兮未央。”王逸注：“昭昭，明也。”唐代韩愈《朱文公校昌黎先生文集》：“昭昭然白黑分类。”河上公注：“明且达也。”王弼注：“耀其光也。”“昏昏”指昏暗、暗昧、模糊。南朝陈阴铿《行经古墓》：“霏霏野雾合，昏昏陇日沉。”引申为糊涂，不辨是非。《孟子·尽心下》：“贤者以其昭昭，使人昭昭；今以其昏昏，使人昭昭。”而老子则说“俗人昭昭，我独昏昏”，因为老子认为俗人的“昭昭”是精明、小聪明，是自以为是的“自见”。释德清注：“谓智巧现于外也。”老子推崇的是难得糊涂的大智慧，认为“不自见，故明”（第二十二章），“是以圣人自知不自见”（第七十二章）。

“察”本义为观察、仔细看。《说文解字》：“察，覆审也。”引申为明察、知晓、分辨、明辨、精明、苛察。“察察”一指洁净。《楚辞·屈原·渔父》：“安能以身之察察，受物之汶汶者乎？”二为分析明辨，如用察察而明来形容专在细枝末节上显示精明。《晋书·皇甫谧传》：“欲温温而和畅，不欲察察而明切也。”“察察”在这里表面上指明察秋毫、明辨是非、不徇私情，实际上是形容严厉、苛刻的样子。河上公注：“察察，急且疾也。”王弼注：“分别，别析也。”释德清注：“察察，即俗谓分星擘两，丝毫不饶人之义。”高明注：“此之谓疾厉严苛，寡恩无情。”

“闷”本义为烦闷、愤懑。《说文解字》：“闷，懑也。从心，门声。”引申为沉默不出声或声音不响的样子。《庄子·德充符》：“闷然而后应。”“闷闷”本义为闷声不响，这里指浑浑噩噩、懵懵懂懂、昏昏沉沉，形容诚实、淳朴、淳厚的样子。河上公注：“闷闷，无所割截。”高明注：“形容无智无欲，昏噩淳朴之状。”

“俗人察察，我独闷闷”，俗人都明察秋毫，唯独我浑浑噩噩。老子反对“察察”，因为明察秋毫对应的就是政令严厉苛刻、急功近利。王弼注：“立刑名，明赏罚，以检奸伪，故曰察察也。”老子提倡无为而治，无形、无名、无事，认为“其政闷闷，其民淳淳；其政察察，其民缺缺”（第五十八章），所以说“俗人察察，我独闷闷”。王弼注：“闷闷然卒至于大治，故曰其政闷闷也。”

本章第三节、第四节、第七节都使用“众人”，而本节两次使用“俗人”，有的版本也写作“众人”。其实世界上除了个别的“圣人”，“众人”

都是“俗人”、世俗之人，如果一定要有所区别的话，“众人”就是普通人、老百姓，“俗人”是“众人”之中的庸俗之人、低俗之人、媚俗之人，而老子在本章中的“众人”“俗人”都是指代无道的统治者，与“我”（有道的圣人）相对。

20.6 【澹兮其若海，飕兮若无止。】

本节插在几个“众人（俗人）……，我独……”之间，与上下文衔接不畅，这可能是错简（竹简、木牍的次序发生错乱），已在第十五章第一节与“豫兮若冬涉川，犹兮若畏四邻，俨兮其若客，涣兮其若凌释，敦兮其若朴，旷兮其若谷，混兮其若浊”一并解读。河上公注：“我独忽忽，如江海之流，莫知其所穷极也。我独漂漂若飞若扬，无所止也，志意在神域也。”

20.7 众人皆有以，而我独顽且鄙。我独异于人，而贵食母。

“众人皆有以，而我独顽且鄙”，众人都有用，有作为、有本领，唯独我愚顽并且鄙陋、顽昧又笨拙。“以”在这里指用。王弼注：“以，用也，皆欲有所施用也。”“顽”既有愚顽、顽昧、愚钝、愚蠢的一面，又有顽强、顽皮、顽璞、顽朴的一面。“鄙”既指鄙陋、鄙俗、粗鄙、笨拙，也有鄙俚、鄙朴、朴实、质朴之意，用以自谦称为鄙人、鄙老、鄙见、鄙事。老子认为“顽且鄙”是得“道”者的特征之一，体现的是顽童般的顽皮、顽朴、纯真，以及乡土的朴实无华、纯朴质厚，也是对上述“泊兮”“沌沌兮”“傫傫兮”“独若遗”“昏昏”“闷闷”的总括。

“顽且鄙”王弼本写作“顽似鄙”，意为愚顽得好像笨拙。河上公注：“我独无为，似鄙，若不逮也。”然而王弼注为：“无所欲为，闷闷昏昏，若无所识，故曰顽且鄙也。”可见王弼本原来也是“顽且鄙”，根据蒋锡昌的考证，“且”与“以”的古字形相近，“以”又古通“似”，造成“且”误写为“似”。

“我独异于人，而贵食母”，只有我异于常人，唯独我与众不同，因为我重视、珍视养育万物的“道”。“贵”意为重视、看重、珍视。“食”在这里读 sì，意为拿东西给人吃，即饲养、喂养、供养。《诗经·小雅·绵蛮》：“饮之食之，教之诲之。”《史记·商君列传》：“自粥于秦客，被褐食牛。”唐代柳宗元《捕蛇者说》：“谨食之，时而献焉。”引申为喂奶。“食母”即乳母、奶妈。《礼记·内则》：“大夫之子有食母。”引申为拿东西给人吃的母亲，即养育人的母亲，泛指衣食父母。按照老子的理论，最伟大的母亲是“万物之母”，也就是养育万物之“道”。

“我独异于人，而贵食母”进一步解释了“我”与“众人”“俗人”不同，是因为我重视“道”这个万物本原，并且已经得到了“道”，遵循“道”的规律行事，所以不会随波逐流，不可能为了与“众人”一致而背“道”而驰，而是始终“唯道是从”，一切以是否符合“道”为判断标准，用现在的话说就是要把思想认识、实际行动都统一到“道”上来。

小结

本章可以分为上下两个部分。第一节为上半部分，与第二章相呼应，老子认为“天下皆知美之为美，斯恶已；皆知善之为善，斯不善已”，美丑善恶都是人们基于自身价值观的判断，具有相对性，带有明显的人为道德痕迹，没有绝对的标准，也没有绝对的答案，而且随着时代和环境的变化以及自身立场的不同而变化、改变。正是由于每个人从自身的视角对事物进行价值判断，才有了美丑、善恶之别，并由此引发了人类世界的一切争论。所以，不要刻意区分唯与阿、美与恶。老子告诉统治者，唯与阿、美与恶相差无几，不要自以为了不起，更不要因为百姓害怕你而忘乎所以，百姓畏惧你，你更要感到诚惶诚恐，也要对百姓怀有敬畏之心，努力从“畏之”朝着“誉之”“亲之”“不知有之”的方向努力，千万不可走向“侮之”的深渊。

然而，绝大多数的统治者，荒古以来，始终不能理解“人之所畏，亦不可以不畏人”的深刻道理，因为他们是没有得“道”的“众人”“俗人”，由此造成了“我”与“众人”“俗人”在思想认识、处世态度、行为方式等方面截然相反的表现：“众人”“俗人”表面看，熙熙攘攘、兴高采烈，富足有余，明明白白、清清楚楚，明察秋毫、明辨是非，好像是有为的才俊，实则是纵情声色犬马，沉迷奢靡的物欲享受，精明利己、耍小聪明，严厉苛刻、肆意妄为；而“我”（圣人）看似混混沌沌、迷迷糊糊、浑浑噩噩、稀里糊涂，木讷笨拙、粗鄙愚钝，实则是淡泊恬静、淳朴自然，洞悉世事、虚静无为，看似愚顽、愚蠢之人，实则大智若愚、纯真质朴，这是“见素抱朴，少私寡欲【，绝学无忧】”（第十九章）的成果。

为什么“我”与“众人”“俗人”如此不同？或者说“我”为什么与常人格格不入似异类呢？老子说是因为“贵食母”，即珍视养育万物的“道”。

第二十一章　孔德之容　唯道是从

元典

孔德之容，唯道是从。道之为物，唯恍唯惚。惚兮恍兮，其中有象；恍兮惚兮，其中有物。窈兮冥兮，其中有精；其精甚真，其中有信。自今及古，其名不去，以阅众甫。吾何以知众甫之状哉？以此。

直译

大德的容貌和本质，完全服从于“道”。“道”这种东西，恍恍惚惚。惚恍不定中，有着模糊的形象；恍惚隐约中，存在具体的实物。深奥幽冥之中，蕴含充满活力的精气；这种精气，非常真实可信。从今溯古，“道”的名字永不失去（“道”始终存在于万物之中），依靠它（即通过观察万物）就可以观察到万物的本原（即认识“道”）。我是如何知道万物本始情形的呢？我是如何知道天地万物本始（“道”）情形的呢？就是凭借这种方法（通过观察万物探究万物的起源）。

善解

21.1　孔德之容，唯道是从。

“孔”的金文字形像小儿食乳之形，婴儿吃奶容易过量，因以表示过甚之意，本义为甚、很。《文选·枚乘·七发》：“毅武孔猛，袒裼身薄。”这里指孔硕，即硕大。河上公注：“孔，大也。”“孔德”即大德。

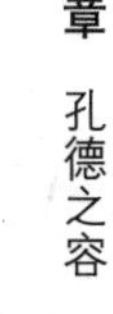

“德”在老子的哲学体系中，是仅次于“道”的第二大概念。老子认为“道生一，一生二，二生三，三生万物”（第四十二章），“道”生万物，而且内在于万物，在一切事物中表现出“道”的属性，也就是它的“德”。“德”是“道”的属性的外在显现，是“道”发挥作用的结果。

“容”本义为容纳。引申为仪容、容貌、容颜、内容、形态。《左传·昭公九年》：“物有其容。”再引申为礼仪、模式、法则、规律。《韩非子》：“夫物有常容，因乘以导之，因随物之容。”有的学者把“容”解读为“动”，认为“容”假借为“搈”，或者认为“容”古通“动”。

“孔德之容，唯道是从”，大德的外在容貌、内在本质、行为法则唯独服从于“道”，也完全遵从于“道”，由“道”决定。河上公注：“唯，独也，大德之人不随世俗所行，独从于道也。”王弼注：“孔，空也。唯以空为德，然后乃能动作从道。”

为什么大德的外在容貌、内在本质、行为法则跟随“道”、顺从“道”、服从“道”呢？因为“道”与“德”是一体两面的辩证统一体：如果说“道”是“无”，“德”就是有，两者你中有我、我中有你，相反相成、相生相克；“道”是“德”的内在本质、无形本体，决定“德”的容貌、内容、行为法则，“德”是“道”的外在相貌，“道”显现出来的概念属性就是“德”；“道”是阴，无形、无状、无物，“德”是阳，有容、有形、可见；不管“道”是否显现出“德”这个外在相貌都永恒存在，而“德”只有外显出来才存在，也就是说“道”比“德”更具有永恒性、层次更高，在两者中居主导地位，起决定性作用。

21.2　道之为物，唯恍唯惚。惚兮恍兮，其中有象；恍兮惚兮，其中有物。窈兮冥兮，其中有精；其精甚真，其中有信。

“道之为物，唯恍唯惚”，把“道”作为物，这种东西恍恍惚惚，没有清楚、固定的形状，无法看得真切、清楚，缥缈不定让人无法捉摸，也就是第十四章所说的“是谓惚恍”。“恍”本义为狂的样子。《说文解字》：“怳，狂之貌。”引申为昏聩不明、心神不安、模糊。“惚”意为微妙不测貌。“恍惚”通恍忽，意为相貌模糊不清，即不真切、不清楚。河上公注：“道之于万物，独恍忽往来，而无所定也。”王弼注：“恍惚无形不系之叹。”释德清注：“恍惚，谓似有若无，不可指之意。”

“惚兮恍兮，其中有象；恍兮惚兮，其中有物”，那样的惚惚恍恍啊，在恍惚不定中，存在着模糊的形象；那样的恍恍惚惚啊，在依稀隐约中，存在着具体的实物。河上公注：“道唯惚无形之中，其中独有万物法象。”王弼注：“以无形始物，不系成物，万物以始以成，而不知其所以然。故曰恍兮惚兮，惚兮恍兮其中有象也。”

“象”指人们思想、思维中出现的景象、形象，是无形的，看不见、摸不着，是想象中的虚幻形象，只能通过大脑去感悟、感受。吴澄注：“形之可见者，成物；气之可见者，成象。”

“惚兮恍兮”和“恍兮惚兮”都是恍恍惚惚、恍惚不定的意思，之所以要颠倒，一是为了避免用字重复、单调，二是为了押韵增加韵律感，“惚兮恍兮”的“恍”与“其中有象”的“象”押韵，“恍兮惚兮”的“惚”与“其中有物”的“物”押韵。

“窈兮冥兮，其中有精”，那样的深奥幽冥啊，在深远幽暗中，存在着蕴含生命力的精气。河上公注：“其中有精实，神明相薄，阴阳交会也。”王弼注：“然而万物由之，其可得见，以定其真，故曰窈兮冥兮其中有精也。”

“窈”意为深远、昏暗、幽深。“冥”意为昏暗、幽冥、深奥。“窈冥”指深远幽冥，昏暗而深不可见，是对“唯恍唯惚”、恍恍惚惚的另一种描述。河上公注：“道唯窈冥无形。”王弼注：“窈冥深远之叹，深远不可得而见。”严灵峰《老子章句新编》：“‘窈’，微不可见。‘冥’，深不可测。”吴澄注：“窈冥则昏昏昧全不见矣。”

“精”本义为挑选过的优质细米。《论语·乡党》：“食不厌精，脍不厌细。”泛指物质中最纯粹的部分，或者物质经过提炼后纯净无杂质的部分，即精华，如酒精、糖精、香精。引申为精气。《管子·内业》：“精，气之极也；精也者，气之精者也，气道乃生。”又引申为精神、精力、精灵、灵魂。东汉王充《论衡·论死》：“人死精亡而形存。”《荀子》：“血，气之精也；志，意之荣也。”

历史上众多学者对此处“精”字的解读、注释比较多，概括起来主要有以下几种：一是精气，即微小精质流动形成的“精粹之气”。中国传统文化把天地间的灵气、人体的元气称为精气，是生命的本原。《易经·系辞上》：“精气为物，游魂为变，是故知鬼神之情状。”孔颖达疏：“云精气为物者，谓阴阳精灵之气，氤氲积聚而为万物也。”《管子·内业》认为，精气“下生五谷，上为列星”，是宇宙万物的本原。清代戴震《原善·绪言下》：“知觉者，其精气之秀也。”这种解读与中国传统文化相契合，所以被道家和大多数学者采用。二是“精质”或者说原质、元素，是最微小、最精纯、最基本、最原始、无法再析离出任何杂质的物质本原。《庄子·秋水》：“夫精，小之微也。”这种解读容易与现代天文学、物理学相对接。三是精力、精神，即聚精会神之精。精神在中国古代有天地万物之灵气的含义。《礼记·聘义》：“气如白虹，天也。精神见于山川，地也。”四是实情。高明注：“后人不知‘精’字当假为‘情’皆读为本字，则释作‘精神’、‘精力’、‘精灵’、‘精气’或谓‘最微小的原质’等等，诸说虽辩，但皆与老子本义相违，均不可信。”

从“原汁原味”地反映老子思想的角度讲，用“精气”最为贴切。一方面体现了对中国传统文化的继承和发扬，另一方面也能够涵盖第二、第三种解读的含义。“精气”是极其微小却充满活力的物质，有宇宙万物本原之意，与“精质”、原质相通，因为受灵气、元气、气功等概念的影响，容易让人产生“精气”非物质的认识，实际上气体是物质的三种形态之一，相对于固体、液体更符合“小之微”的描述。中国古代思想家把“精气”看作一种构成人生命和精神的东西。东汉王充《论衡·论死》：“人之所以生者，精气也。”所以“精气”充满活力，具有旺盛的生命力，不仅适用于第三种解读，而且相较于精力、精神、活力、生命力，“精气”更能体现“道之为物”“其中有物”的思想。至于假借为“情”、解读为实情，则含义不是很清晰。

“其精甚真，其中有信”，“道”的这种精气，虽然极其微小，却很真切地存在着，这是可信、可靠的，真实不虚，可以信验。河上公注：“言存精气，其妙甚真，非有饰也。”“道匿功藏名，其信在中也。”王弼注：“信，信验也，物反窈冥，则真精之极得，万物之性定，故曰其精甚真，其中有信也。”高明注：“此乃进而阐述其中之实不仅存在，而且甚真，并以其自身之运动规律可供信验。”

这里的“甚”指很、非常。“真”在中国传统文化中具有特殊意义，《说文解字》：“真，仙人变形而登天也。”道家把修真得“道”之人称为真人，道人居住的地方称为真人府，将神仙尊称为真君，把本性、本原也称为“真”。《庄子·秋水》:“谨守而勿失，是谓反其真。”在佛教中“真”与“妄”相对，把本相、实相称为真相。在书法上楷书别称“真”书。《续资治通鉴》:“帝亲书其文，作真、行、草三体。”本节的“真”指真实，与假、伪相对。《汉书·宣帝纪》:“使真伪毋相乱。”“信”本义为真心诚意，这里指可信、可靠。

有的学者认为，比照上文“惚兮恍兮，其中有象；恍兮惚兮，其中有物”，下文应该是“窈兮冥兮，其中有精；冥兮窈兮，其中有信”，“其精甚真”疑为误将古文掺杂进来。此论有一定道理，但用“其精甚真”，内涵思想更为深邃。

21.3　自今及古，其名不去，以阅众甫。吾何以知众甫之状哉？以此。

“自今及古，其名不去，以阅众甫”，从今溯古，从当今追溯到远古，“道”的名字恒久地存在着，永远不会废弃、失去，实际上这里是指“道”始终存在于万物之中，依靠它（观察万物）就可以探究、观察到万物的起源、本原（也就是“道”）。“以”意为依靠、凭借、依据。“阅”即阅览、观察、认识，对应第一章、第十六章的“观”。“甫”本义为苗，中国古代用作对男子的美称。《说文解字》:“甫，男子美称也。”这里指开始、起初。《玉篇》:“甫，始也。”又通“父”。“众甫”意为万物之始，也是“众父”之意，帛书版就写作“众父”，即万物之父，与“万物之母”一样用来比喻“道”，可以解读为万物的开始、起源、本原、本始。王弼注:“众甫，物之始也，以无名说为万物始也。”河上公注:“阅，禀也。甫，始也。言道禀与万物始生，从道受气。”

“自今及古”通行版写作“自古及今”，而帛书版写作“自今及古”。高亨在《谈马王堆汉墓中的帛书老子》一文中指出:“按当作‘自今及古’，因‘其名’是指道的名。‘道’这个物，是古时就有。‘道’这个名，是老子今天给的。用‘道’的名可以称古时之物，乃‘自今及古’，不是‘自古及今’，可见今本错了。又次三句，古、去、甫三字押韵，若作‘自古及今’，则失其韵。”

“吾何以知众甫之状哉？以此”，我是如何知道天地万物本始（“道”）情形的呢？就是凭借这种方法（通过观察万物探究万物的起源）。有的学者把“此”解读为“道”，“道”就是万物的本原，通过“道”认识万物的起源显然说不通。“状”是状况、情形。“此”指“道”。河上公注：“此，今也。以今万物得道精气而生，动作起居，非道不然。”王弼注：“此，上之所云也。言吾何以知万物之始于无哉？以此知之也。”

小结

老子在本章第一次提出了“德”与“道”的关系这个命题，老子的结论是，“德”的外在容貌、内在本质、行为法则由“道”决定。既然“孔德之容，唯道是从”，那么“道”这种“物”是什么样的呢？老子说：“道之为物，唯恍唯惚。”老子在第一章就说“道”是“天地之始”“万物之母”，是宇宙的本原，第四章、第六章、第十四章又从不同侧面论述了“道”，但对“道”是精神的还是物质的这个问题却没有明确阐述，造成学术界对“道”的性质有不同解释，出现“道”是唯心主义和“道”是唯物主义的两种观点。

老子在第十四章对“道”的描述是，“视之不见”“听之不闻”“搏之不得”“绳绳兮不可名，复归于无物”“是谓无状之状，无物之象”，本章又说“道之为物”“其中有物”，明确指出“道”由极其微小却充满活力的物质（精气）组成，虽然恍惚、窈冥，看不清，但真实存在，有象、有物、有精，万物都由它产生。那么到底是“无物”还是“有物”呢？

其实两者并不矛盾，我们在第一章讲过，“道”是“无”和“有”的对立统一体，“无物”是讲“无”的一面，“有物”是讲“有”的一面。说“无物”是指“道”不是我们平常理解的有形之物，人的器官无法直接感知，所以叫作“无状之状，无物之象”，称为“惚恍”。而把“道”作为物，是因为“道”真实存在，正如我们在第一章论述的，“道”是天地之始，称为“无”，但“无”不是什么都没有，其中孕育着“有”，是产生宇宙天地（“有”）的母亲，按照现代天文学、物理学的理论，“无”产生于宇宙形成之前，是大爆炸之前的无形能量（或者称为奇点），而物质和能量可以互相转换。概括地说，本章恍惚、窈冥对应“道”之“无”的一面，有象、有物、有精对应“道”之“有”的一面。

因为“道”生万物，而且内在于万物，所以从今溯古，“道”的名字永不废弃，就是“道”始终存在于万物之中。因此，通过观察万物就可以发现万物的起源、本原，也就是认识“道”。

第二十二章 曲全枉直 少得多惑

元典

曲则全，枉则直，洼则盈，敝则新，少则得，多则惑。是以圣人执一为天下式。不自见，故明；不自是，故彰；不自伐，故有功；不自矜，故长。夫唯不争，故天下莫能与之争。古之所谓“曲则全”者，岂虚言哉？诚全而归之。

直译

委曲可以保全，弯曲才能伸直，低洼反而能盈满，破旧反而能革新，少取反而能多得，贪多则会迷惑。因此，圣人坚守“道”作为天下的范式。不自我表现，所以反而能彰明；不自以为是，所以反而能够彰显；不自我夸耀，所以反而能有功劳；不自尊自大，所以能够长久。正因为不与人相争，所以全天下没有人能与他争。古人所说的“委曲可以保全”，怎么会是虚假的空话呢？确实能够全身而归。

善解

22.1 曲则全，枉则直，洼则盈，敝则新，少则得，多则惑。

“曲则全”，委曲可以成全，受得了委屈，可以得到保全。“曲”本义为弯曲、曲折、委曲，与“直”相对，而这里与“全”相对，所以更多的是指委屈、屈身折节。“全”本义为纯色玉。《周礼·考工记·玉人》：“天子用全，上公用龙。”这里指保全。我们常说的委曲求全，指勉强迁就，以求保全，为顾全大局而暂时忍让，而“曲则全”是要从根本上懂得委曲可以成全、委屈可以保全的真谛，自觉自愿地遵循。河上公注：“曲己从众，不自专，则全其身也。”王弼注：“不自见其明则全也。”

“枉则直”，即能够弯曲，才能伸直，能屈才能伸，屈枉早晚会得到伸冤。如果不能弯曲，宁折不屈，就会直接折断，再也无法伸直。所以老子提倡“大直若屈”（第四十五章）。“枉”指弯曲、冤屈。“直”的本义为不弯曲，与“枉”“曲”相对。《说文解字》：“直，正见也。”《左传·襄公七年》：“正直为正，正曲为直。”这里指伸直、挺直。《荀子·劝学》：“蓬生麻中，不扶而直。”引申为申雪（冤屈）。苏轼《子姑神记》：“妾虽死不敢诉也，而天使见之，为直其冤。”河上公注：“枉，屈也。屈己而伸人，久久自得直也。”王弼注：“不自是则其是彰也。”

“洼则盈”，地势低洼，反而能充盈、盈满。“洼”即地势低洼。因为水“处众人之所恶”，从高处往人厌恶的低处流，“居善地”就是居洼地，只有低洼的地方才会有水流入，只要是低洼处总会有水流入，就能盈满。反之，高地常常处于干旱状态，即使暂时有水也会流走。“洼则盈”体现了老子的“处下”思想，老子在第六十一章说：“大国者下流……牝恒以静胜牡，以静为下。故大国以下小国，则取小国；小国以下大国，则取大国。故或下以取，或下而取。……夫两者各得其所欲，大者宜为下。”河上公注：“地洼下，水流之。人谦下，道归之也。”

“敝则新”，破旧、衰败，反而能革新、更新，不破不立，破旧立新，除旧布新，革弊鼎新，“故能蔽而新成”（第十五章）。“敝”指破旧、衰败、凋敝。河上公注：“自受弊薄，后己先人，天下敬之，久久自新也。”王弼注：“不自伐则其功有也。不自矜则其德长也。”

“少则得，多则惑”，少取反而能够得到、多得，贪多则会使人迷惑。“惑”指迷惑、惑乱、惶惑。对于少和多，老子总体上推崇少、排斥多：“少私寡欲”（第十九章），“希言自然”（第二十三章），“多言数穷，不如守中”（第五章），“五色，令人目盲；五音，令人耳聋；五味，令人口爽”（第十二章），“多藏必厚亡”（第四十四章），“天下多忌讳，而民弥贫；民多利器，国家滋昏；人多伎巧，奇物滋起”（第五十七章），“民之难治，以其智多”（第六十五章），“民之饥，以其上食税之多”（第七十五章）。

22.2 是以圣人执一为天下式。

“少则得，多则惑”，少到什么程度最好呢？老子的答案是“一”。“一”是最小的正整数，在老子的哲学体系中，“一”就是第一章论述的“有”，是“道”的外在表现，也就是宇宙天地万物之母，“道生一，一生二，二生三，三生万物”（第四十二章），从根本上讲“一”就是“道”。所以，“天得一以清，地得一以宁，神得一以灵，谷得一以盈，万物得一以生，侯王得一以为天下正”（第三十九章）。王弼注：“一，少之极也。”

我们在第十四章“执古之道，以御今之有”中讲过，“执”意为掌握、执行、施行、坚持，“执一”即执“道”，就是坚持、坚守“道”。“执一”通行版写作“抱一”。河上公注：“抱，守也。”学者们的解读是“抱一”在本章指“守一”，即坚守“道”，专精固守不失其“道”，或者说与“道”合为一体。“抱”确实有持守、守护的含义，但在第十章“载营魄抱一”中“抱一”是合一的意思。根据陈鼓应的研究，“执一”为道家常用词，屡见于《管子》的《心术》《内业》，后为《荀子·尧问》《韩非子·扬权》引用，《庄子·天地》《文子·道原》则直接用“执道”。所以本书采用帛书版的“执一”。

这里的“天下”指人世间或者当时的整个周王朝辖区。“式”即样式、法式、范式。王弼注：“式，犹则之也。”“天下式”就是天下的范式、楷模、法则。“是以圣人执一为天下式”，因此，圣人坚守“道”、遵守“道”，作为人世间的范式。河上公注：“式，法也。圣人守一，乃知万事，故能为天下法式也。”

22.3 不自见，故明；不自是，故彰；不自伐，故有功；不自矜，故长。

“不自见，故明”，意为不自我表现、不自我炫耀、不自我表扬，不显露自见，也就是忘我而进入灵明的大道境界，不自我炫耀、表扬，所以反而能明慧、明理、彰明，明白人生真谛。“见”读 xiàn，同“现”，意为表现、炫耀、显露。“自见”即自我表现、自我炫耀、自我表白、显露自己、自我欣赏、固执己见。汉代司马迁《报任少卿书》：“垂空文以自见。”三国魏曹丕《典论·论文》：“夫人善于自见，而文非一体，鲜能备善，是以各以所长，相轻所短。”《文选·嵇康·与山巨源绝交书》：“足下度内耳。不可自见好章甫，强越人以文冕也。”宋代曾巩《赠职方员外郎苏君墓志铭》：“然古之人，亦不必皆能自见，而卒有传于后者，以世有发明之者耳。”“明”本义为明亮、清晰。引申为明白、明智、明慧、明理、明哲、彰明。

有的学者把“不自见，故明”解读为不亲眼所见，所以清晰，并举例说，我们对几百年前一些朝廷斗争的基本逻辑，一定比“自见”的当时人更加明白。这种解读有望文生义之嫌，在逻辑上也说不通，亲眼所见不一定看得到真相，但不能以此反向得出“不亲眼所见，所以清晰”的结论，而且也与上下文脱节。

“不自是，故彰”，不自以为是、孤芳自赏，无执无为，不主观臆断、动辄发号施令，虚心接纳众人的意见和建议，“以百姓心为心”（第四十九章），就能得到众人的拥护、爱戴，所以反而能够彰显，得到表彰。“自是”即自以为是。“彰”指彰显、昭彰、表彰、显扬。

“不自伐，故有功”，不自我夸耀，所以有功劳。也就是不居功自傲，“功成而弗居”（第二章），“太上，不知有之……悠兮其贵言。功成事遂，百姓皆谓：‘我自然’”（第十七章），才能功德圆满，结果是“夫唯弗居，是以不去”（第二章），反而功勋不灭。“伐”本义为砍杀，这里指夸耀、自夸、伐善。《论语·公冶长》：“愿无伐善，无施劳。”《史记·淮阴侯列传》：“不伐己功，不矜其能。”“自伐”字面含义为自我戕害。《孟子·离娄上》：“国必自伐，而后人伐之。”这里指自我夸耀、自吹自擂。《红楼梦》第五十四回：“他们天天乏了，倒说你们连日辛苦，倒不是那矜功自伐的。”

“不自矜，故长”，即不自尊自大、骄矜自夸，不妄自尊大，深明功成身退的道理，始终保持谦逊的态度，不搞个人崇拜，所以能够长久。“矜”指骄矜、矜夸。“自矜”意为自尊自大、自负。《史记·项羽本纪》：“自矜伐功，奋其私智而不师古。”清代谭嗣同《仁学》：“今之自矜好古者，奚不自杀以从古人，而漫鼓其辅颊舌以争乎今也。”“故长”帛书版写作“故能长”。

22.4　夫唯不争，故天下莫能与之争。

正因为不与人相争，所以全天下没有人能与他争，即没有人能争得过他。这里的“天下”指所有的人。河上公注：“此言下贤与不肖无能与不争者争也。”本节是对第一节、第三节的归纳总结，“不争”就是“曲”“枉”“洼”“敝”“少”“不自见”“不自是”“不自伐”“不自矜”，“天下莫能与之争”就是上述“不争”的结果，具体是“全”“直”“盈”“新”“得”“明”“彰”“有功”“长”，反面教训是“多则惑”。

由此可见，老子是以退为进、以守为攻的高人，也是掌握、应用辩证法的高手，类似的句式和辩证思维（反向思维、逆向思维）反复出现：“夫唯弗居，是以不去”（第二章），“夫唯不争，故无尤”（第八章），“夫唯不盈，故能蔽而新成”（第十五章），“夫唯无知，是以不我知”（第七十章），“夫唯病病，是以不病”（第七十一章），“夫唯无以生为者，是贤于贵生”（第七十五章）。

22.5 古之所谓“曲则全”者，岂虚言哉？诚全而归之。

古人所说的“委曲可以保全”等，岂能是虚言？怎么会是虚假的空话呢？只要能够受得了委屈，就确确实实能够全身而退，平安归来，得到善终。

这里的“虚”不是第三章、第五章、第十六章的虚空、虚化、虚无之意，而是指虚假、不真实。“虚言”即虚假的言语、不真实的话、不切实际的言辞，与第八十一章的“信言”相对。《史记·秘始皇本纪》：“古者天下散乱，莫之能一，是以诸侯并作，语皆道古以害今，饰虚言以乱实，人善其所私学，以非上之所建立。”

小结

老子在本章从生活经验出发，继续运用逆向思维模式，论述了“曲”与“全”、“枉”与“直”、“洼”与“盈”、“敝”与“新”、“少”与“得”、“多”与“惑”六组相反相生、辩证统一的关系，这是继第二章“有无相生，难易相成，长短相形，高下相倾，音声相和，前后相随”之后，老子又一次阐述矛盾转化的辩证法思想。老子认为，事物常在对立的关系中产生，对立的双方可以相互转化，正面的可以走向反面，反面之中包含着正面。然而人们往往习惯于追求正面的目标，站在正面思考问题，结果常常只看到事物的表象，而老子则善于站在反面观察事物，透过事物的表象看到事物的本质内涵。老子在本章指出，“曲”中有“全”，“枉”中有“直”，“洼”中有“盈”，“敝”中有“新”，进一步深化了人们对矛盾转化思想的认识。

如何才能掌握老子的辩证法思想，并将其运用到社会生活中呢？老子给我们树立的标杆是圣人，做法就是守“道”（“执一”），这样就能做到“不自见”“不自是”“不自伐”“不自矜”，体现的是第八章“上善若水”“不争无尤”的思想。本章的“曲”“枉”“洼”“敝”“少”“不自见”“不自是”“不自伐”“不自矜”都是“不争”的表现，“不争”的结果是“天下莫能与之争”，具体就是“全”“直”“盈”“新”“得”“明”“彰”“有功”“长”，“多则惑”则是反面教材。老子最后语重心长地说，古人所说的“曲则全”怎么会是空话呢？

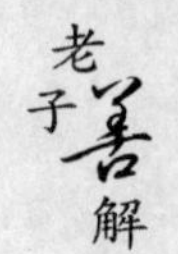

第二十三章　希言自然　从道同道

元典

希言自然。故飘风不终朝，骤雨不终日。孰为此者？天地。天地尚不能久，而况于人乎？故从事于道者，同于道；德者，同于德；失者，同于失。同于道者，道亦乐得之；同于德者，德亦乐得之；同于失者，失亦乐得之。信不足焉，有不信焉。

直译

少言寡语合乎自然。所以，狂风不会连续刮一整个早晨，暴雨不会持续下一整天。是谁造成这种情况的呢？是天地。天地尚且不能持久，更何况是人呢？所以，按“道”处事的人，就能融入“道”；投身“德”中的人，就能与“德”相同；失“道”、失“德”的人，就只能与失败者为伍。融入“道”的人，“道”也乐意帮助他；与“德”相同的人，“德”也乐意帮助他；与失“道”、失“德”者为伍的人，失败也与他如影随形。如果诚信、信誉不足，就会有人不相信他。

善解

23.1　希言自然。

“希”同“稀”，意为稀少。“言”指言语、说话，《老子》中的“言”一般指法令，相当于“言出法随”中的言。“希言”就是少言、贵言、少说话、沉默寡言，此处指减少发号施令，少扰民、不扰民。“自然”在这里指合乎自然、符合本性。“希言自然”即少言寡语合乎自然，少发号施令就能顺应自然之道。河上公注：“希言者，是爱言也。爱言者，自然之道。”王弼注：“听之不闻名曰希。下章言道之出言淡兮其无味也，视之不足见，听之不足闻。然则无味不足听之言，乃是自然之至者也。”

综观《老子》全篇，老子提倡“希言”“贵言”“不言”，反对“多言”：圣人“行不言之教”（第二章），“悠兮其贵言”（第十七章），“不言而善应”（第七十三章），“不言之教，无为之益，天下希及之”（第四十三章），所以“知者不言，言者不知”（第五十六章）；反之则是“多言数穷”（第五章）；如果不得不“言”，也要做到“言善信”（第八章），“善言，无瑕谪”（第二十七章），“言有宗，事有君”（第七十章）。

“不言”是“希言”到极致，只有真正的圣人才能做到，绝大多数统治者做不到，那怎么办呢？老子的答案就是“希言自然”，做不到无为、不发号施令，那就尽可能地谨言慎行，简政、少为，少讲话、少批示、少作长篇大论的报告，坚决杜绝政出多门、朝令夕改。与此同时，对百姓则要敞开言路，按照言论自由、言者无罪、闻者足戒的原则，让民众知无不言、言无不尽。

“希言自然”不仅是统治者应该恪守的金科玉律，也是普通人要谨记的金玉良言。“希言”的反面是多言、啰唆、喋喋不休，“自然”的对立面是造作、做作、牵强、别扭。所以，大家一定要明白，言多语失，言多必失，非说不可的也一定要言简意赅、言必有中，坚决不说害人害己的假话，少说言不由衷的空话、套话，切忌喋喋不休、言之无物。有个笑话说，夫妇两人去钓鱼，妻子一直在旁边喋喋不休，一会儿说钓鱼真有意思，一会儿说鱼怎么还不来，丈夫一心一意专注于钓鱼，大半天好不容易钓到一条鱼，妻子又说这条鱼太可怜了，丈夫生气地说，它要是早知闭嘴就不会如此了。

23.2　故飘风不终朝，骤雨不终日。孰为此者？天地。天地尚不能久，而况于人乎？

“飘风”就是疾风、狂风、暴风、大风、强风，如飓风、龙卷风、台风等。三国曹丕《杂诗二首》之二：“惜哉时不遇，适与飘风会。”这里的“朝”读 zhāo，泛指早晨。《诗经·小雅·何草不黄》：“哀我征夫，朝夕不暇。”《论语·里仁》:“朝闻道，夕死可矣。”“骤”即迅疾、猛快。“骤雨”即暴雨、大雨、大暴雨。“飘风”往往与“骤雨”相生相伴，称为飘风骤雨，也作飘风暴雨、飘风急雨、狂风暴雨。李白《草书歌行》:“飘风骤雨惊飒飒，落花飞雪何茫茫。”

“飘风不终朝，骤雨不终日”，狂风刮不了一整个早晨，暴雨下不了一整天。“飘风”“骤雨”的特点是来得急、去得快。《吕氏春秋·慎大览》:“江河之大也不过三日，飘风暴雨日中不须臾。”宋代张君房《云笈七签》:“大者用兵侵伐，小者居傲凌下，用心奢广，譬犹飘风暴雨，不可长久。”小时候我生活在靠近大海的长江边，暑假经常遇到强对流天气，突然间乌云滚滚、狂风大作、电闪雷鸣，紧接着就是暴雨倾盆，但往往过不了多久就会雨过天晴，与此形成鲜明对照的是和风细雨，尽管风不大，只是蒙蒙细雨，却往往能够下一整天或者好几天，在梅雨季节，更是淫雨纷纷数日甚至数十天难见阳光。

“孰为此者？天地。天地尚不能久，而况于人乎”，“飘风不终朝，骤雨不终日”这种情况是谁造成的？是天地，也就是自然界。天地如此狂暴尚且不能持久，更何况是人呢？天地推动的“飘风”“骤雨”尚且不能持久，更何况是人干的事情呢？

老子在第七章说“天长地久”，本处又说“天地尚不能久”，是不是自相矛盾？在老子的理论中，只有“道”永恒不灭、永不消失，“天长地久”是相对人而言的，天地如果与“道”相比则也是短暂的，“道”是“天地之始”“万物之母”，天地从“无”到“有”，由“道”所生，宇宙天地也有寿命，有生就有死，终有一天会毁灭，经历从“有”到“无”再到“有”的过程，产生新的天地。

本节的“天地尚不能久”是指因天地产生的“飘风”“骤雨”不能长久，老子在此借用“飘风”“骤雨”比喻暴政，警告统治者，天地造成的“飘风”“骤雨”都“不终朝”“不终日”，想依靠人为的高压统治、动用国家机器、压制言论等都不可能长久。

23.3　故从事于道者，同于道；德者，同于德；失者，同于失。

“从事”即投身……中，按……处理办事。河上公注：“从，为也。人为事当如道安静，不当如飘风骤雨也。”王弼注：“从事，谓举动从事于道者也。”

“从事于道者，同于道”，投身“道”中，按“道”处理问题、办理事情，遵循“道”施政的人，就能融入“道”，合于“道”，与“道”相同。河上公注：“同于道者，所为与道同也。”王弼注：“道以无形无为成济万物，故从事于道者，以无为为君，不言为教，绵绵若存而物得其真，与道同体，故曰同于道。”

“（从事于）德者，同于德”，投身“德”中，按“德”处理问题、办理事情，修养德行的人，就能融入德行，合于“德”，与“德”相同。河上公注：“德者谓为德之人也。同于德者，所为与德同也。”王弼注：“得少也，少则得，故曰得也，行得则与得同体，故曰同于得也。”

“（从事于）失者，同于失”，投身于失“道”、失“德”之中，不按“道”和“德”处理问题、办理事情的人，就只能背离“道”和“德”，只能与失败者为伍，就会失去一切。“失”指失“道”、失“德”，第二十六章的“失根”“失君”是具体表现。河上公注：“失，谓任己失人也。同于失者，所为与失同也。”王弼注：“行失则与失同体，故曰同于失也。”

23.4　同于道者，道亦乐得之；同于德者，德亦乐得之；同于失者，失亦乐得之。

能融入“道”，与“道”相同的人，“道”也乐意得到他、拥有他、帮助他，让他早日悟“道”、得“道”；能融入“德”，与“德”相同的人，“德”也乐意得到他、拥有他、帮助他；而背离“道”和“德”，与失“道”、失“德”者为伍的人，失“道”、失“德”之人也乐意得到他、拥有他，失败也就与他如影随形。河上公注：“与失同者，失亦乐失之也。”王弼注：“言随行其所，故同而应之。”

本节帛书版写作“同于德者，道亦德之；同于失者，道亦失之”，陈鼓应解读为：“同于德的行为，道会得到他；行为失德的，道也会抛弃他。”通行版本节内容与上一节对应，分为“道”“德”“失”三个层次；帛书版以“德”与“失（德）”相对立，“道”则分别以“德之”和“失之”相对应。

23.5 信不足焉，有不信焉。

本节内容已经出现在第十七章第二节，而帛书版甲本、乙本都没有，有的学者认为是错简重出。我认为，有可能是错简，但在此重复出现也可以理解为是对“同于失者，失亦乐得之”后果的进一步阐述，“信不足”是因为失“道”、失“德”，而且第十七章专门针对统治者与被统治者而言，因此解读为：“统治者的诚信不足，百姓当然就不会相信他。”而本节可以扩大到所有人，所以解读为诚信、信誉不足的人，就会有人不相信他。河上公注：“君信不足于下，下则应君以不足也。”“此言物类相归，云从龙，风从虎，水流湿，火就燥，自然之类也。”王弼注：“忠信不足于下焉，有不信焉。”

小结

本章与第十七章相呼应。老子在第十七章说“悠兮其贵言。功成事遂，百姓皆谓：‘我自然’”，本章开篇则说“希言自然”，两者提倡的都是清静无为、顺应自然，也就是第二章的“处无为之事，行不言之教”，这样就能“无为而无不为”（第四十八章），其表现就是“太上，不知有之”（第十七章）。

为了加深人们对“希言自然”的认识，老子通过“飘风不终朝，骤雨不终日”的自然现象，告诫统治者，“天地尚不能久”，严刑峻法的高压政策，飘风骤雨般的暴政，又怎么能长久呢？最好的结果也就是百姓“畏之”而已，最终则必然滑入“侮之”的深渊。

在老子看来，“道”并不玄奥莫测、难觅踪迹，“道”存在于万事万物之中，人与“道”的关系，如同农民都知道的“种瓜得瓜，种豆得豆”一样简单明了，就像“近朱者赤，近墨者黑”一样因果不爽。只要投身“道”中，尊“道”循“道”，就能融入“道”，合于“道”，得到“道”的帮助；反之，背离“道”，就会失去“道”，只能与失败者为伍，终将失去一切。为此老子告诫统治者，如果失去了“道”和“德”，“同于失者”，也就丧失了信誉和威信，百姓当然就不会相信他，“信不足焉，有不信焉”，结果只能走向失败，失去统治地位甚至生命。

第二十四章　企者不立　跨者不行

元典

企者不立，跨者不行，自见者不明，自是者不彰，自伐者无功，自矜者不长。其在道也，曰："余食赘形。"物或恶之，故有道者不处。

直译

踮起脚跟的人立不稳，跨跃前进的人行不远，自我表现的人不明智，自以为是的人得不到彰显，自我夸耀的人失去功勋，妄自尊大的人不能长久。这些行为在"道"来说，都是残羹剩菜、赘肉赘疣。众人厌恶这些行为，所以得"道"之人不这样处事。

善解

24.1　企者不立，跨者不行，自见者不明，自是者不彰，自伐者无功，自矜者不长。

"企者不立"意为踮起脚后跟站着的人，想要比他人站得高、看得远，结果反而立不稳、站不住。"企"本义为踮起脚跟。《说文解字》："企，举踵也。"有的版本把"企"写作"跂"，"跂"本义为多出的脚趾，通"企"，意为抬起脚后跟站着。《荀子·劝学》："吾尝跂而望矣，不如登高之博见也。"河上公注："跂，进也，谓贪权慕名，进取功荣，则不可久立身行道也。"老子告诉我们，干什么事都要脚踏实地，一步一个脚印儿，切忌好高骛远，否则企求过高、不切实际，就会站立不稳。

“跨者不行”，大踏步跨跃着向前的人，想要比他人走得快，结果却反而走不稳、行不远，这就是行稳才能致远、欲速则不达的道理。“跨”指跨越、跨跃、跃进。河上公注：“自以为贵而跨于人，众共蔽之，使不得行。”

本节后四句与第二十二章的“不自见，故明；不自是，故彰；不自伐，故有功；不自矜，故长”，一正一反，一脉相承，相得益彰。“自见”“自是”“自伐”“自矜”等已在第二十二章作过详细的解读。

“自见者不明”，意为自我表现、自我炫耀的人，自以为比他人聪明，到处炫耀，实际上是不明智、无明慧。河上公注：“人自见其形容以为好，自见其所行以为应道，殊不自知其形容丑而操行之鄙。”

“自是者不彰”，指自以为是的人，往往主观臆断，脱离民众，孤芳自赏，想要比他人名声更显赫，反而得不到显扬，不能彰显。河上公注：“自以为是而非人，众共蔽之，使不得彰明。”

“自伐者无功”，即自我夸耀的人，居功自傲，想要让自己的功劳盖过他人，反而没人承认他的功劳，失去其功勋。河上公注：“所谓辄自伐取其功美，即失有功于人也。”

“自矜者不长”，意为自尊自大、自高自大、骄矜自夸、妄自尊大的人，目中无人，不懂得谦逊退让，所以不能长久。有的专家把“不长”解读为不能做众人之长，或者不能居高位，我认为应该是不能长久，比不能久居高位更合适。

24.2　其在道也，曰：“余食赘形。”物或恶之，故有道者不处。

“其在道也，曰：‘余食赘形’”，“企”“跨”“自见”“自是”“自伐”“自矜”这些行为，对于“道”来说，从“道”的角度看，只能说是残羹剩菜、赘肉赘疣。

“其”在这里指“企”“跨”“自见”“自是”“自伐”“自矜”这些急躁、自夸、自矜的行为。“其在道也”有的版本写作“其于道也”，含义没有两样。“余”即剩余。“余食”就是剩余的食物，即剩饭剩菜、残羹剩菜。“赘”指身上多余的肉，即赘肉、赘疣、赘瘤、肿瘤。《释名》：“赘，属也。横生一肉属着体也。”“赘形”通行版写作“赘行”，有的学者认为“行”

古通“形”，但“赘行”容易产生误解。河上公注：“赘，贪也。使此自矜伐之人，在治国之道曰然，敛禄食，为赘行。”

“物或恶之，故有道者不处”，因为“企”“跨”“自见”“自是”“自伐”“自矜”这些行为令人讨厌，众人都厌恶这些行为，所以得“道”者不这样处事。

“物”本义为万物，此处指众人。南朝宋刘义庆《世说新语·言语》：“羊权为黄门侍郎，侍简文坐。帝问曰：‘夏侯湛作羊秉叙绝可想。是卿何物？有后不？’”唐代魏徵《十渐不克终疏》：“损己以利物。”柳宗元《衡阳与梦得分路赠别》：“直以慵疏招物议，休将文字占时名。”“恶”即厌恶、讨厌。“有道者”就是得“道”者、圣人。我们在第二章“处无为之事”中讲过，“处”意为治理、办理、处事。

“故有道者不处”帛书版写作“故有欲者弗居”，有的学者解读为故而对自己有所期望的人不这么做，认为“自见”“自视（自是）”“自伐”“自矜”为一般的行为法则所不许，因此不单是“有道者”，就是“有欲者”也应该“弗居”，“有欲者”的所欲乃“章（彰）”“明”“功”“长”，“弗居”者“自见”“自视”“自伐”“自矜”也。读过《老子》的人都知道，欲望与老子推崇的清静无为思想背道而驰，在老子看来，欲望是得“道”必须克服的障碍，所以老子说“咎莫大于欲得”（第四十六章），“不见可欲，使民心不乱”（第三章），提倡“少私寡欲”（第十九章），“圣人欲不欲”（第六十四章）。那么如何理解这里的“有欲者”呢？有欲望的人与“有道者”、圣人的价值观和为人处世显然是对立的，难道是帛书版在抄录过程中造成的失误吗？但甲本、乙本都写作“有欲者”，而且在第三十一章甲本也写作“有欲者”（乙本缺损），应该不会是两个抄本三处同时笔误。根据《说文解字》对“欲”的注释，“感于物而动，性之欲也，欲而当于理，则为天理，欲而不当于理，则为人欲”，据此，这里的“欲”应该是天理，而不是我们习惯上认知的人欲，天理可以等同于老子之“道”。又根据《集韵》《韵会》记载，“欲”音“裕”，义同；而按照《说文解字》对“裕”的注释，《方言》：“裕，道也。东齐曰裕。”再参照高明《帛书老子校注》的考证，“欲”在此处假借为“裕”，“有欲者”即“有裕者”，而“裕”与“道”不仅义同，而且古音亦通，也就是说“有欲者”即“有裕者”，“有裕者”即“有道者”。

综上所述，我推断老子原文可能是“有欲者”，其含义就是现在的“有道者”，后人为了避免读者对“欲”的误解而改为“有道者”，可惜的是竹简版第二十四章缺失，虽有第三十一章但不全，这部分内容正好缺损，无法验证此推断是否正确。第二章“功成弗居”中的“弗居”意为不居功自傲，用在这里显然不通。其实“居”在这里同“处”，意为处置、治理、处于。唐代柳宗元《梓人传》：“居天下之人，使安其业。”《孟子·离娄上》：“居下位而不获于上。”因此“弗居”即“不处”，意为不这样处置、处事。

小结

本章是第二十二章、第二十三章论述的继续，第一节的“企者”“跨者”“自见者”“自是者”“自伐者”“自矜者”就是第二十三章的“失者”，“企”“跨”与“飘风”“骤雨”喻指急躁，暗喻苛政、暴政，“企者不立，跨者不行”与第二十三章的“飘风不终朝，骤雨不终日”都是对“自见”“自是”“自伐”“自矜”行为的形象比喻和告诫。

以“企”“跨”“自见”“自是”“自伐”“自矜”为代表的急躁、自夸、自矜行为，都背“道”而驰，都是“余食赘形”，人人厌恶，其结局只能是“同于失者，失亦乐得之”（第二十三章），所以“有道者不处”。

那么得“道”之人应该如何处事呢？老子告诉我们：“玄德深矣、远矣！与物反矣”（第六十五章），就是与本章第一节的这些行为反其道而行之，概括为一句话是“处无为之事，行不言之教”（第二章），具体讲包括第十六章的“致虚极，守静笃”，第二十章的“我独泊兮，其未兆；沌沌兮，如婴儿之未孩；儽儽兮，若无所归……我独昏昏……我独闷闷”，第二十二章的“不自见”“不自是”“不自伐”“不自矜”，努力做到“希言自然”，“同于道”（第二十三章），“道法自然”（第二十五章）。

第二十五章　道法自然　周行不殆

元典

有物混成，先天地生。寂兮寥兮，独立而不改，周行而不殆，可以为天下母。吾不知其名，强字之曰道，强为之名曰大。大曰逝，逝曰远，远曰反。故道大，天大，地大，人亦大。域中有四大，而人居其一焉。人法地，地法天，天法道，道法自然。

直译

有一个东西浑然一体，先于天地诞生。寂静无声、虚空无形，独立存在、永不改变，循环运行、永不懈怠，可以成为天下万物之母。我不知道她的名字，勉强给她取一个字叫作“道”，再勉强给她取个名叫作“大”。膨胀扩大向外流逝叫作“逝”，向外逝去驶向远方叫作“远”，遥远到极点而返回叫作“反”。所以，“道”大，天大，地大，人也大。宇宙间有四大，而人居其中之一。人效法地，地效法天，天效法“道”，“道”纯任自然。

善解

25.1　有物混成，先天地生。寂兮寥兮，独立而不改，周行而不殆，可以为天下母。

“有物混成”即有一个东西浑然一体，或者说有一个自然形成的物体。“物”本义为万物，这里特指“道”。老子在第二十一章就说：“道之为物。”

本章第二节将此物“强字之曰道”。“混成”就是混合而成、浑然一体、自然形成。《梁书·沈约传》：“虽混成以无迹，实遗训之可秉。”这里的“混成”，强调这个“物”的混沌、浑朴、朦朦胧胧、模模糊糊的状态。可见“道”作为“物”，不是我们平常一般意义上的有形、具体的物体、东西，而是浑然一体、自然生成的既抽象又真实存在的“物”，对应于宇宙形成之初最原始的、混沌未开之际的状况，与老子在前面对“道”的形容、论述相一致：“视之不见”，“听之不闻”，“搏之不得”，“不可致诘”，“其上不皦，其下不昧”，“是谓无状之状，无物之象，是谓惚恍。迎之不见其首，随之不见其后”（第十四章）；“道之为物，唯恍唯惚。惚兮恍兮，其中有象；恍兮惚兮，其中有物”（第二十一章）。河上公注：“谓道无形，混沌而成万物。”王弼注：“混然不可得而知，而万物由之以成，故曰混成也。”

“物”竹简版写作“䖇”，楚简整理小组认为疑读作“道”，有的学者认为应该读为“状”。如果读作“道”，与本章第二节的“吾不知其名，强字之曰道”相矛盾；读作“状”或者“象”可能更符合老子的本意，“状”指物体外表形状、状态，“象”即物体的形象，“有状混成”即有物体的外表形状浑然一体，“有象混成”即有物体的形象浑然一体。

“先天地生”指这个“物”先于天地诞生、出生，即在天地形成前就已存在了。老子在第四章说“渊兮，似万物之宗……吾不知其谁之子，象帝之先”，即好像出生在天帝出现之前。这里进一步明确“道”这个“物”诞生于宇宙天地形成之前，实际上就是第一章所说的“天地之始”，也就是“无”。所以说这个“物”就是“道”，而且尚处于“无”的阶段，但其中孕育着“有”，是产生宇宙天地的母体，与下文的“可以为天地母”相呼应。老子“先天地生”的思想，是人类历史上一次伟大的思想解放，彻底打破了长期以来人们脑海中根深蒂固的“天”主宰一切的观念，第一次提出“道”先“天”后，明确是“道”创造了“天”，而不是“天”创造了“道”。

“有物混成，先天地生”，用现在天文学界宇宙大爆炸理论的观点描述就是，在宇宙形成之初死一般寂静的混沌状态中，有一个浑然一体的东西，也就是体积无限小、质量无限大且拥有极高温度的奇点，在137亿年前的宇宙大爆炸发生前就存在了。

“寂兮寥兮”即寂静无声、虚空无形。“寂”本义为静悄悄、没有声音。

《说文解字》："寂，无人声"，意为没有人的声音，即寂静无声、万籁俱寂。唐代常建《题破山寺后禅院》："万籁此都寂，但余钟磬音。""寥"本义为空虚，《说文解字》："廫，空虚也。字亦作寥。"引申为空旷、高远、冷清、稀疏。《楚辞·屈原·远游》："下峥嵘而无地兮，上寥廓而无天。"唐代王建《故行宫》："寥落古行宫，宫花寂寞红。""寂寥"就是寂静而空旷。唐代刘禹锡《秋词》："自古逢秋悲寂寥，我言秋日胜春朝。"孟浩然《夜归鹿门山歌》："岩扉松径长寂寥，惟有幽人自来去。"

"寂兮寥兮"强调"道"在天地产生之前的寂寥无声、无形无状、空虚寥落、空旷高远，就是现代科学研究证明的宇宙形成之初死一般的寂静、混沌。对应第一章"天地之始"的"无"，就是虚无，代表"道"的抽象无形、无声无息、无名无状、无影无踪，也与第四章的"道冲……渊兮，似万物之宗；湛兮，似或存"，第六章的"绵绵若存，用之不勤"，第十四章的"视之不见""听之不闻""搏之不得""迎之不见其首，随之不见其后"，第二十一章的"窈兮冥兮"等对"道"的论述相一致。河上公注："寂者无音声，寥者空无形。"王弼注："寂寥无形体也。"

"独立而不改"即独立存在、永不改变。这里的"独立"和"不改"分别突出"道"的独立性、唯一性和永恒性、绝对性。尽管"道"浑然一体，听不到它的声音，也看不见它的形体，但却不需要依靠他物、借助外力就能够独立存在，实际上因为它"先天地生"，是"天地之始"，也是"万物之母"，举世无双，所以也没有任何他物可以依靠、没有任何外力可以借助。而且作为宇宙的本原，永不更改、永不休止、永不消失，是永恒长存之"道"。河上公注："不改者化有常。"王弼注："返化终始，不失其常，故曰不改也。"

"周行而不殆"，指"道"周而复始、循环往复地运行，而且永不懈怠、永不停止、永不衰竭，相当于第十六章的"复"。"周行"即周而复始地循环运行。从空间上看就像月亮绕着地球旋转、地球绕着太阳旋转，从时间上讲就如昼夜更替，一年四季循环往复，春播、夏耨、秋收、冬藏。"殆"本义为危险，假借为"怠"，意为懈怠、懒惰。《诗经·商颂·玄鸟》："受命不殆。"《论语·为政下》："学而不思则罔，思而不学则殆。"

关于宇宙中星球的运行问题，早在1605年，根据著名的丹麦天文学家第谷·布拉赫观察、收集的非常精确的天文资料，特别是布拉赫的行星位置资料，德国天文学家开普勒发现了开普勒定律（也叫“行星运动三定律”）。其中，第一定律也称椭圆定律、轨道定律：每一个行星都沿各自的椭圆轨道环绕太阳运动，而太阳则处在椭圆轨道的两个焦点之一；第二定律也称面积定律：在相等时间内，向量半径（太阳和运动中的行星的连线）所扫过的面积都是相等的，揭示了行星绕太阳公转的角动量守恒；第三定律也称周期定律、调和定律：在以太阳为焦点的椭圆轨道上运行的所有行星，其椭圆轨道半长轴的立方与周期的平方之比是一个常量。1687 年牛顿发现的万有引力定律表明，自然界中任何两个物体都是相互吸引的，引力的大小跟这两个物体的质量乘积成正比，跟它们的距离的二次方成反比。万有引力定律不仅用物理学的理论证明了开普勒定律发现的行星运动规律，而且牛顿利用万有引力定律论证木星、土星的卫星围绕行星也有同样的运动规律，而月球除了受到地球的引力，还受到太阳的引力，从而解释了月球运动中早已发现的二均差等现象。另外，他还解释了彗星的运动轨道和地球上的潮汐现象，成功地预言并发现了海王星。

在 2500 年前没有任何天文观察设备、仅靠肉眼观察星象的情况下，老子“周行而不殆”的结论与其后 2000 多年的 17 世纪才出现的开普勒定律和万有引力定律相一致，这是多么的伟大、超前！与老子“周行而不殆”相对应，儒家讲“原始反终”“慎终追远”，佛家讲究“因果报应”“六道轮回”，《周易》则说“周流六虚”“反复其道”。周期性的循环往复是人类对自身文明的终极体验和看法，也是宇宙天体的运行规律。以太阳黑子活动规律为例，11 年为小周期，学术界称为“海尔周期”；300 年为中周期，就是中国的“王朝周期”；5000 年为大周期，也称为“竺可桢周期”。最近一次 300 年与 5000 年周期的重叠与开始，在 2006 年前后。

有人认为老子“独立而不改”与“周行而不殆”的论述自相矛盾，刚说“道”独立存在、永恒“不改”，紧接着又说“周行”而且还“不殆”。现代科学告诉我们，静止是相对的，运动是绝对的，就是说万事万物都在变化、运动，这与“周行而不殆”相一致。那么老子所说的“独立而不改”是不是与之相矛盾呢？要理解这个问题，就要明白，“独立而不改”与“周行而不殆”是从“道”的两个不同侧面来论述的。“周行而不殆”，是指“道”作为宇宙天地，即相当于第一章论述的“有”（代指“道”的外在表现，也就是宇宙天地万物），周而复始地循环运行而永不停止。“独立而不改”所说的永恒不改，是指“道”作为天地万物变化的总规律，也就是万事万物都在变或者说宇宙天地“周行而不殆”这个规律永恒“不改”，就像我们说“运动是绝对的”这个规律永恒不变，实际上“周行而不殆”符合现代科学论证的物质不灭定律、能量守恒定律、物质能量转化定律。

“可以为天下母”，可以成为天下万物之母。这里的“天下”指寰宇、整个宇宙，包含天地万物。“母”本义为母亲，引申为母体、根本、本原、根源。“天下母”即天下万物的母亲、根本、本原、根源。整个宇宙都产生于“先天地生”的“混成”之物（“道”），所以称其为“天下母”。老子在第五十二章说：“天下有始，以为天下母。”“天下母”即“万物之母”，“有，名万物之母”（第一章），所以“天下母”就是“有”，就是“道”，是产生天下万物的母体、根本，是宇宙形成之本原、产生天地万物的总根源。河上公注：“道养育万物精气，如母之养子。”通行版的“天下母”帛书版写作“天地母”，竹简版为“天下母”，其实“天下”“天地”都有宇宙的含义，考虑到老子在第五十二章使用的是“天下母”，所以本书也采用“天下母”。

25.2　吾不知其名，强字之曰道，强为之名曰大。

中国古代的文化人，不但有姓有名，而且还有字、号。表明家族的字叫作姓氏，起初姓起于女系，氏起于男系，后来姓氏专指姓，而且以男系为主。名即名字、名称，姓与名合称姓名。字是另取的别名，与名合称名字。号原指名和字以外另起的别号，后来也指名以外另起的字。《三国演义》里耳熟能详的人物都是如此。如曹操，姓曹，名操，字孟德；刘备，刘玄德；孙权，孙仲谋。再如大名鼎鼎的苏东坡，姓苏，名轼，字子瞻，号东坡。

老子在第四章说“吾不知其谁之子”，这里又说“吾不知其名”，我不知道她的名字。所以，只能勉强、笼统地给她取一个字叫“道”，又勉强地给她取一个名叫“大”。也就是说本章第一节讲的“先天地生”的“混成”之“物”，名“大”，字“道”，所以“大”就是“道”，“道”就是“大”，合起来名字为“大道”，即最高规律、最高理想。

“大”与“小”相对。《说文解字》曰：“大，天大，地大，人亦大。故大象人形。”《庄子·则阳篇》：“天地者，形之大。阴阳者，气之大。”

年辈较长或排行第一的为“大”，汉乐府《孤儿行》：“大兄言办饭，大嫂言视马。”有的地方把父亲、伯父、叔父叫大。“大”古同太、泰，读 tài，意为至高无上。取名为“大”形容“道”的至高无上、无边无际、无处不在、无所不能、无为而无不为、力大无穷。

本节的“强”与第十五章的“强”一样，读 qiǎng，意为勉强。老子为什么在这里连用两个“强”字呢？“强字之曰道”是因为，“道”不可道，可道非“恒道”，“道”不可言说，说不清道不明（即第一章所说的“道可道，非恒道；名可名，非恒名”），“绳绳兮不可名”（第十四章），“道恒无名”（第三十二章），所以只能勉强地给她取一个字叫“道”。河上公注：“我不见道形容，不知当何以名之，见万物皆从道生，故字之曰道也。”通行版、帛书版、竹简版都写作“字之曰道”，刘师培、易顺鼎等学者依据《韩非子·解老》《周易集解》等引文考证，认为古本有“强”字，从上下文内容考虑也应该有“强”字。

“强为之名曰大”则是因为，“道”生万物，而且“万物归焉而不为主，可名为大。以其终不自为大，故能成其大”（第三十四章），“天下皆谓我：‘道大’”（第六十七章），所以命名为“大”。河上公注：“不知其名，强名曰大。大者高而无上，罗而无外，无所不包，故曰大也。”那为什么还说是勉强呢？因为“道”从“无”到“有”，既有大的一面，又有小的一面，不仅其大无外，而且其小无内。“道恒无名、朴，虽小，天下莫能臣”（第三十二章），“衣养万物而不为主，可名于小”（第三十四章）。为了下面论述“大曰逝”“故道大”的需要，将其命名为“大”，反映了“道”大的一面，但也失去了其“小”的一面，所以说是勉强命名为“大”。王弼注：“吾所以字之曰道者，取其可言之称最大也。责其字定之所由，则系于大，大有系，则必有分，有分则失其极矣，故曰强为之名曰大。”

25.3 大曰逝，逝曰远，远曰反。

“大曰逝”即“道”在“无”中生“有”的过程中，从“无”到“有”，不断膨胀扩大，也就是从原点向外流逝、逝去，所以“曰逝”。这里的“大”意为扩大。“逝”本义为去、往。《说文解字》：“逝，往也。”《论语·阳货》：“日月逝矣，岁不我与。”解读为过往、去往、流逝，周流不息，往往指时间上的永恒。子在川上曰：“逝者如斯夫，不舍昼夜。”王弼

注："逝，行也，不守一大体而已。周行无所不至，故曰逝。"

"逝曰远"即不断向外流逝，离原点就越来越遥远，故"曰远"。"远"本义为走路走得长。《说文解字》："远，辽也。"意为距离大、相隔远，与"近"相对，也就是遥远、无止境，往往指空间上的无限。引申为离开。《孟子·梁惠王上》："君子远庖厨。"又意为扩大、扩展。如远境（扩大疆域）、远达（飞黄腾达）。河上公注："言远者，穷乎无穷，布气天地，无所不通也。"王弼注："远，极也。周无所不穷极，不偏于一逝，故曰远也。"

"远曰反"即遥远到极点就会返回到原点、原状，最终实现"周行而不殆"，因此"曰反"。"反"的本义是手心翻转，像物体翻覆的样子，颠倒、反转。《说文解字》："反，覆也。"这里通"返"，即返回、返还，回到本原。《战国策·卫策》："卫君以其言告边境，智伯果起兵而袭卫，至境而反。"《庄子·逍遥游》："旬有五日而后反。"南朝梁丘迟《与陈伯之书》："夫迷途知反，往哲是与。"老子把"道"的运动规律归纳为"反"，"反者，道之动"（第四十章）。在老子的语境中与"反"相近的就是"复"，有关论述详见第十六章。河上公注："言其远不越绝，乃复（反）在人身也。"王弼注："不随于所适，其体独立，故曰反也。"

不知大家注意到没有，"逝""远""返"有一个共同点，就是都从"辵"。"辵"从彳，从止，由"彳"和"止"会意，意为忽行忽止。《说文解字》："辵，乍行乍止也。"又意为奔走、疾走。《广雅》："辵，奔也。"由此可见，"逝""远""返"都与行走、移动、运动有关，而"大"（扩大、膨胀）也是一种运动方式。所以，在本节中老子论述的是宇宙的运行规律。下面我们就用现代天文学来解读一下"大曰逝，逝曰远，远曰反"。

1927年，比利时天文学家勒梅特首次提出了宇宙大爆炸假说，认为137亿年前发生了一次大爆炸，形成了宇宙天体。1929年，美国天文学家哈勃发现距离地球越远的太空天体，远离地球的速度越快，提出了关于距离与红移成正比的"哈勃定律"，即不同天体之间的距离越来越远，证明宇宙在不断地膨胀，被称为20世纪天文学最伟大的发现。1980年，美国麻省理工学院的阿兰·固斯提出了暴胀理论，也认为宇宙空间一直都在不断地增长，只不过自宇宙大爆炸以来，增长的速度逐渐降低。大家认真思考一下，"大曰逝，逝曰远"，不就是宇宙形成之初的大爆炸，因为大爆炸

产生强大的斥力，物质（天体）从原点向外极速膨胀，天体向遥远处流逝、扩散吗？

关于“反”的问题相对比较复杂一点。我们日常观察体会到的“反”，从时间上讲就是昼夜更替、四季循环往复，而其本质上是源于地球绕太阳旋转、月亮绕地球旋转。按照前面讲“周行而不殆”的时候说过的开普勒定律、万有引力定律的理论，“远曰反”就是一个相对较小的物体（星球）离开另一个相对较大的物体（星球）运动，遥远到一定距离后，因为万有引力形成反转，最终绕较大的物体（星球）做不规则圆周循环运动，也就是“周行而不殆”。

对于“远曰反”的思考，一直困扰我的问题是宇宙能不能从膨胀到收缩？宇宙会不会从“无”到“有”、再从“有”到“无”形成循环？按照老子“有无相生”（第二章）、“反者，道之动”（第四十章）的理论，“反”是“道”的运动规律，物极必反，所以遥远（膨胀）到极点必然要“反”（收缩），既然能从“无”到“有”，就总有一天会从“有”到“无”。但无论按照宇宙大爆炸假说，还是哈勃定律、暴胀理论，宇宙都在不断地膨胀，而根据物质不灭定律、能量守恒定律，宇宙是永恒存在的，所以我们从小接受的教育是宇宙在空间上无穷大、在时间上无限长，那么怎么又能“反”呢？

2020年获诺贝尔物理学奖的罗杰·彭罗斯的最新研究成果，终于解开了这个长期以来一直困扰我理不清头绪的难题。彭罗斯认为，宇宙一直处于循环状态之中，整个宇宙的变化是“有迹可循”的，而能够证明这种循环状态的证据便是存在于黑洞之中的霍金奇点。霍金奇点是黑洞“蒸发”以后逐渐形成的。在黑洞的生命尽头，必然会有另外一种新的模式存在，霍金奇点便是这种新的存在。这些霍金奇点携带了上一个宇宙坍缩后经过黑洞蒸发留下来的信息，即上一个“宇宙纪元”的信息。这些信息的存在，足以证明宇宙始终在循环之中。

在现代广义相对论中，黑洞是宇宙空间中存在的一种特殊天体，就引力而言，到目前为止宇宙中尚未发现其他天体的引力能够超过黑洞，任何靠近黑洞的物体最终也都会被吸收到黑洞之中。哪怕是光线从黑洞旁边经过，由于黑洞自身的时空曲率过大，最终也只能消失在黑洞之中。由此可见，黑洞其实就是将宇宙空间中的一切物质逐渐吸收到虚无之中的一种天体。

1934年德国天文学家沃尔特·巴德和瑞士天文学家弗里茨·兹威提出，当某一个大质量的恒星核停止工作，再也无法对外输出提供任何能量以后，恒星核内部就会发生崩塌现象，最终形成中子星或者黑洞。奥本海默提出的奥本海默极限给出了一个恒星最终变化的临界质量值，大约在1.5~3倍太阳质量之间。如果恒星质量小于这个质量值，恒星最终就会成为一个稳定的中子星；如果恒星质量大于这个质量值，最终就会经过无限坍缩形成黑洞。也就是说，黑洞由大质量的恒星走到生命尽头以后坍缩而成。由此推测，未来宇宙中很大一部分恒星最终都会逐渐形成黑洞并吸引周边左右天体物质，而始终处于运行状态的黑洞，也自然会在机缘巧合的情况下相互结合在一起。当时间跨度达到足够长以后，所有物质逐渐被吸收在一起，宇宙必然会回到一片虚无之中。最终，彻底回到奇点状态。所以，彭罗斯坚信，当宇宙不断膨胀到一定限度以后，最终必定会逐渐收缩在一起，为下一次的宇宙大爆炸积累能量。

需要指出的是，自从人类开始有意识地研究宇宙规律以来，世界各国的科学家都在想方设法地探索宇宙的起源、推测宇宙的终极走向，只可惜时至今日，由于人类科技文明的限制，科学家们依旧没有办法给出确切的答案。值得欣慰的是，至少到目前为止，人类对宇宙规律的研究成果都没有推翻老子的宇宙天地之道。

有的学者认为，“逝”指“有生于无”，是离开“无”而生成“有”的过程；“逝曰远”相当于“物壮则老”；“反”指复归于道；把“大曰逝，逝曰远，远曰反”解读为大道生成万物而逝去，逐步远离大道，远离大道终将返回。也有的专家解读为世间的一切包括“道”终会逝去，而且逝去得非常遥远，但最终达到最远的时候就会返回。还有的专家仅仅从字面意思解读为“大”称为“逝”，“逝”称为“远”，“远”称为“反”，跟没有解读一样。这些解读都没有从宇宙天地之道来理解，所以不仅与本章第一节联系不上，而且也与老子在其他章节对“道”的论述相矛盾。“道”作为宇宙天地之道，无所不在，如何逝去、远离？逝向何方？“大曰逝，逝曰远，远曰反”是对本章第一节“周行而不殆”的具体描述，如果用现代科学知识来解读，论述的是宇宙从“无”到“有”，再从“有”到“无”的过程，这里的“曰”可以理解为则、而。“大曰逝”即膨胀扩大而向外流

逝；“逝曰远”意为不断向外逝去而离原点越来越远；“远曰反”指遥远到极点则向原点返回。

25.4　故道大，天大，地大，人亦大。域中有四大，而人居其一焉。

“域”本作“或”，与“国”同义，“土”表示疆土，本义是疆域、疆界，泛指某种区域、范围。“域中”又名域内，本义为国中。唐代骆宾王《代徐敬业讨武曌檄》：“请看今日之域中，竟是谁家之天下。”泛指天下、空间内、宇宙间、寰宇中。河上公注：“无称，不可得而名，曰域也。”这里的“居”指占据、占有。《晋书·羊祜传》：“天下不如意，恒十居七八。”

宇宙之中有四大，即“道”、天、地、人，“道”大、天大、地大比较好理解。“道大”是因为“道”生养天地万物，无边无际、无处不在、无所不容、无所不能，包罗天地万物。“道生一，一生二，二生三，三生万物”（第四十二章）。“天大”是因为“天”包罗万象、无远弗届、无所不益，具有无限的开放性，“天行健，君子以自强不息”（《周易·大象传·乾》），天道运行刚劲雄健、刚强劲健，永不停息、永不懈怠，阳光照耀大地，雨露滋润万物。“地大”是因为“地”无所不载，“地势坤，君子以厚德载物”（《周易·大象传·坤》），大地厚实和顺，容载万物、孕育众生。而老子把“人”与“道”、天、地并列，在“四大”中占有一席，体现了中华文明与以西方文化为代表的其他文明对“人”与神及物之间关系认识的根本区别。

老子站在人类的视角，从地球看宇宙，认为人尽管相对“道”、天、地是渺小的，但在宇宙“四大”中“人居其一”。古希腊哲学家普罗泰戈拉也认为：“人是万物的尺度，是存在的事物存在的尺度，也是不存在的事物不存在的尺度。”就总体而言，西方学者习惯站在上帝的视角看世界，认为人是神创造的，是神的仆人，人生而有罪，必须由神来拯救。由此可见，那种认为西方文化价值体系中比中国更重视人的观点是站不住脚的。实际上，包括西方文化在内的其他文明更重视的是神和物，所以西方人的宗教信仰比较普遍，在宗教思想体系中，世界属于神而不属于人。古希腊希波克拉底讲“四行”，四种体质，四种液体，古印度也讲“四行”，佛教的“四大皆空”，四大指地、水、火、风，都没有人的位置。中国传统文化的“五行”，“四行”在东南西北四个方向，而五行居中，居中的正是人，起到统领其他“四行”的作用，人与天、地并列合为“三才”。《说文解字》：“人，天地之性最贵者也。”中国道家认同“人大”的观点，东晋葛洪在《抱朴子》中说：“有生最灵，莫过乎人。”儒家也认为人是最伟大的，顶天立地，浩气长存。孟子曰：“五百年必有王者兴，其间必有名世者。”荀子说：“水火有气而无生，草木有生而无知，禽兽有知而无义。人有气、有生、有知，亦且有义，故最为天下贵。”《尚书·泰誓》：“惟人万物之灵。”《孝经》：“天地之性人为贵。”《礼记·礼运》：“人以纵生，贵于横生。”人是纵向降生的，以此区别于横向出生的动物。又曰：“故人者，天地之德，阴阳之交，鬼神之会，五行之秀气也。故人者，天地之心也，五行之端也，食味、别声、被色，而生者也。”禽兽、草木皆天地所生，而不得为天地之心，“惟人为天地之心”，“故天地之生此为极贵”。

“人亦大”河上公本、王弼本、竹简版、帛书版都写作“王亦大”，本节的第二个“人”字也写作“王”。根据范应元、吴承志、奚侗、严灵峰、陈鼓应等学者的考证，老子原文为“人”，后来或者因为古文“人”作“三”而误为“王”，或者因为“古之尊君者妄改之”，即认为君王作为人中之君，是众人之主，无所不制，可以与“道”“天”“地”相匹敌为大，为了尊君而有意改为“王”。王弼注：“天地之性，人为贵，而王是人之主也。虽不职大，亦复为大与三匹，故曰王亦大也。”中国文化中的“人”是包括“王”在内的整个人类，而不是西方文化强调的个体之人，人类处在地球食物链的顶端，是天地万物的精英，作为相对独立于天地万物的具有自我意识的灵性生物，精神世界的能动性使人区别于完全依赖本能驱动的其他动物，具备领悟、效法天道的“觉悟”，在“参赞天地化育”的过程中，展示自身与生俱来的天赋禀性，发挥主观能动性、创造性和改造世界的能力，实现自己的自由意志与仁爱之心。按照马克思主义的观点，世界是人的世界，人虽然脱胎于动物，具有自然性（兽性），但又具有独特的属性（精神性，也就是人性），人性意味着人可以实现对自身自然性的超越。因此，在整个宇宙中“人”最有价值，某种意义上可以说是万物之王、万物之长，是万物的代表，而“王”则包含在“人”中，与“人”不是并列的概念，相对于“人”来说是绝对少数，如果把“人”改为“王”，明显缺乏代表性，无法与“道”“天”“地”相提并论；从老子的行文习惯

分析，与“天地”并列的是“人”而不是“王”，“天地尚不能久，而况于人乎”（第二十三章），“故道大，天大，地大，人亦大”（第二十五章），而“王”多以侯王、王公组词出现；再从与本章第五节的“人法地”的衔接看，也应该用“人”而不是“王”。

25.5 人法地，地法天，天法道，道法自然。

上一节说“域中有四大”，那么“四大”之中有大小之分吗？它们之间又是什么关系呢？老子的答案是，“人法地，地法天，天法道，道法自然”。这里的“法”指效法、仿效、取法。《周易·系辞上》：“知崇礼卑，崇效天，卑法地，天地设位，而易行乎其中矣。”《孟子·公孙丑上》：“则文王不足法与？”从被动的角度看，也可以理解为人受制于地，地受制于天，天受制于“道”，“道”受制于自然。因此，“四大”从大到小的排列顺序为“道”、天、地、人。

“人法地”即人效法地，就是要遵循大地的规律生存、生产、行事。老子在第六十四章说：“圣人欲不欲，不贵难得之货；学不学，复众人之所过；是以能辅万物之自然而不敢为。”人是伟大的，也是渺小的，“人定胜天”是一种大无畏的豪迈气概，或者说我们最终一定能够找到并了解、认识、掌握大自然的规律，从而遵循这个规律达到“胜天”的境界，绝不能违背大地规律盲目妄为。所以我们要坚持新发展理念，其中之一就是绿色发展，实现人与自然的和谐发展。河上公注：“人当法地安静和柔，种之得五谷，掘之得甘泉，劳而不怨，有功而不置也。”

“地法天”即地效法天，就是大地要遵循天体运行规律运转。“天法道”即天效法“道”，就是天体要按照“道”的规律来运行，具体而言就是“周行而不殆”“大曰逝，逝曰远，远曰反”。

既然“道”在“四大”中最大，我们前面也讲过，“道”无所不容、无所不能、包罗天地，是“天地之始”“万物之母”，那为什么“道”要效法“自然”呢？难道“自然”比“道”更高、更大吗？实际上这里的“自然”不是现在自然科学定义的大自然、自然界、宇宙万物。我们在第十七章就讲过，在老子的语境中，宇宙万物对应的是“有”“天地”，而“自然”则意为自然而然、顺其自然、纯任自然、合乎自然，符合本然、本真、本质、本性（符合自然法则、自然规律）。这里的“自然”就是指纯任自然，这是“道”的本质，而不是“道”之外还有一个比“道”更大、更高的“自然”，否则上一节的“域中有四大”就应该改为“域中有五大”了。

“道法自然”即“道”纯任自然，效法“道”自己的本然、本真，不受任何外界的影响、干扰，保持“道”的本来状态，按照“道”的本质、本性“独立而不改，周行而不殆”。河上公注：“道性自然，无所法也。”另外，“道法自然”体现在“道”不干涉万物，不指使万物，不向万物发号施令，而是尊重万物的天性，让万物顺其自然、自化自成，按照各自的本性自主生长、自由繁衍，这恰恰是“道”的伟大之处，也是“道”之所以被尊崇的原因所在。老子在第五十一章说：“道之尊，德之贵，夫莫之命而恒自然。”

因为“人法地，地法天，天法道，道法自然”，所以人、地、天最终都要效法“道”、效法“自然”，即效法本性、本质、本真。天地效法“自然”的体现是“天地不仁，以万物为刍狗……天地之间，其犹橐籥乎？虚而不屈，动而愈出”（第五章）。那么人效法“自然”获得的启示是什么呢？我认为是“无为”。“道法自然”应用在为人处世上就是“处无为之事”（第二章），即以“无为”的态度对待事物，按照“无为”的原则来处事，“是以圣人无为，故无败”（第六十四章），对统治者而言就是“圣人不仁，以百姓为刍狗”（第五章），“太上，不知有之……悠兮其贵言。功成事遂，百姓皆谓：‘我自然’”（第十七章）。所以，“道法自然”的反面就是“有为”“妄为”。

小结

一方面，老子认为天地万物都由“道”而产生，“道”是世界的本原，是宇宙万物的总根源；另一方面，“道者万物之奥”（第六十二章），其中蕴含着真理，而且作为普遍适用的最高规律，贯穿于宇宙、人类社会的方方面面。因此，“道”既是人们认识世界的对象，又是认识世界、进行实践的方法、钥匙，人类要想把握真理，就必须认识“道”。

如果说第一章重点揭示了“道”从“无”到“有”的宇宙、天地、万物起源之奥秘，告诉我们“道”是生养天地万物的总根源，那么本章的重点则是论述“道”是贯彻于宇宙、天地、万事万物的总规律、总法则，也就是说“道”不仅孕育、生养天地万物，而且天地万物都要遵循“道”的规律、法则运行。

本章第一节的“有物混成”“寂兮寥兮”强调“道”不同于一般之物的混沌、浑朴、寂静、虚无，“先天地生”“可以为天下母”与第四章“象帝之先”及第一章“天地之始”“万物之母”相呼应，继续论述“道”是宇宙的本原。“独立而不改”则强调“道”的唯一性和永恒性；“周行而不殆”与第三节的“大曰逝，逝曰远，远曰反”论述宇宙运行、变化的总规律，或者说是最高的规律。第二节的“吾不知其名”对应第一章“道可道，非恒道；名可名，非恒名”和第四章的“吾不知其谁之子”，对此老子把这个混成之物勉强命名为“道”，也叫“大”。第四节从第二节的“强为之名曰大”引申出寰宇四大，其重点则在“人亦大”，将人与“道”、天、地并列为“四大”。第五节通过明确“四大”之间的关系，论述宇宙、天地、万物必须遵循的总法则，归根结底就是“道法自然”。

本章论述的“人”“地”“天”“道”四者之间的关系，其中“天”与“人”的关系是中国传统思想的基本问题，不同于西方传统哲学立足“形而上的世界”与“形而下的世界”分割、主客二分对立的基础之上，中国人一直生活在浑然一体的“一个世界”（实现世界），所以“天人合一”一直在中国思想文化界占据主导地位。但同样是“天人合一”，儒家合于伦理之“家”、道德之“心”，所以倡导奋发有为、修身齐家治国平天下、“为天地立心，为生民立命，为往圣继绝学，为万世开太平”；而老子哲学则合于“天道自然”（“人法地，地法天，天法道，道法自然”），所以主张“无为”“不争”“功遂身退”“少私寡欲”“知其雄，守其雌”。两者的共同点是都认识到解决“天人关系”的落脚点在“人”而不在“天”，关键是要克服因人的意识而产生的欲望，所以都把“静”作为实现“天人合一”的途径，儒家要求“安如山”“静如水”，老子则说“致虚极，守静笃”（第十六章）、“不欲以静，天下将自正”（第三十七章）、“清静为天下正”（第四十五章）。

第二十六章　重为轻根　静为躁君

元典

重为轻根，静为躁君。是以圣人终日行不离静重，虽有荣观，燕处超然。奈何万乘之主，而以身轻天下？轻则失根，躁则失君。

直译

重是轻的根本，静是躁的主宰。因此，圣人整天行“道”，始终守静、持重，虽然有繁华的景观、奢华的生活，仍然能够安闲处之、超然物外。怎奈大诸侯国的君主却轻率地治理天下？轻率就会失去根本，躁动则会失去主宰。

善解

26.1　重为轻根，静为躁君。

“重为轻根”，即重是轻的根本，厚重、稳重是轻浮、轻佻的根本。“重”本义为分量大，与“轻”相对。引申为重量、重要、重视、厚重、稳重。“轻”本义为分量小，与“重”相对。引申为轻率、轻浮、轻视、轻佻。正常情况下，自然界的物质重在下、轻在上，植物根在下、身在上，反之则为异常，所以我们办任何事也要懂得轻重缓急，不可轻重倒置、头重脚轻。老子认为“夫轻诺必寡信”（第六十三章），“祸莫大于轻敌，轻敌几丧吾宝”（第六十九章）。关于“轻”与“重”的问题，影响中国人价值判断最深远的是司马迁《报任安书》中的："人固有一死，或重于泰山，或轻于鸿毛。"这句话被一代伟人毛泽东在其讲演《为人民服务》时引用而广为人知。

"静"指安静、平静、宁静、寂静、清静、静谧。"躁"的本义为性急、不冷静。《管子·心术》："躁者不静。"《论语·季氏》："言未及之而言，谓之躁。""君"本义为君王、君主、国家的最高统治者，由"尹"（表示治事）与"口"（表示发布命令）会意，意为发号施令、治理国家。此处引申为主宰、主人。

老子把万物归根、返回本根称为"静"，而"静曰复命"（第十六章），"静胜躁……清静为天下正"（第四十五章），"我好静，而民自正"（第五十七章），"牝恒以静胜牡"（第六十一章）。"静"的对立面是"动"，在"静"与"动"这组相互对立的关系中，老子告诉我们"浊以静之徐清"（第十五章），显然推崇"静"，而"躁"的对立面是冷静，如果说"动"是中性词的话，"躁"则是贬义词，以"躁"组合而成的常用词是躁动、躁狂、暴躁、急躁、烦躁、骄躁、浮躁。所以，在老子看来"静"与"躁"不是一般的相对关系，而是"静为躁君"，即静是躁的君主，冷静是急躁的主子，清静是浮躁的主宰。河上公注："人君不静则失威，治身不静则身危。龙静，故能变化；虎躁，故夭亏也。"

有的学者把本节的"君"理解为人君、统治邦国的君王。蒋锡昌《老子校诂》："'重为轻根，静为躁君。'言人君纵欲自轻，则失治身之根；急功好事，则失为君之道也。"这种解读把一个普遍适用的哲学命题，缩小到对具体事物的论述上，大大降低了老子思想的高度，而且也容易造成对本章第三节的误读。

26.2　是以圣人终日行不离静重，虽有荣观，燕处超然。奈何万乘之主，而以身轻天下？

"圣人"在帛书版、《韩非子·喻老》及众多唐宋版本中都写作"君子"。有的学者认为这里的"君子"就是指"圣人"，而有的专家则认为"君子"指卿大夫，与下文的"万乘之主"相对应，老子之所以特意用"君子"而不用"圣人"，是因为"圣人"是得"道"之人、理想之主，追求"无为而治"，懂得"不以兵强天下"（第三十章）、"夫兵者，不祥之器，物或恶之，故有道者不处”（第三十一章）的道理，不应该终日行军打仗、管理辎重之事。

“静重”几乎所有的版本都写作“辎重”。“辎”本义为古代一种有帷盖的大车，又称“辎车”。《释名》：“辎车，载辎重卧息其中之车也。”引申为行军时运输部队携带的物资。《淮南子》：“隧路亟，行辎治，此司空之官也。”“辎重”是军队行军时携带的军械、粮草、衣被等作战必需的物资，后扩展为对作战部队提供后勤补给、保养等勤务支援的必要人员、物资、装备。

本节是我刚开始读《老子》感到困惑的内容之一，主要是感觉“君子终日行不离其辎重”这一句在文中显得很突兀，与上下文内容联系很不顺畅，而老子还用“是以”两字与上文连接，“重为轻根，静为躁君”怎么会得出君子从早到晚行动都不离开“辎重”这个结论的呢？有的学者对此解释为，“辎重”是行军打仗取胜最重要的保障，所以常说“兵马未动，粮草先行”，不离开“辎重”体现圣人（君子）的稳重、谨慎。也有的专家把“辎重”理解为车辆，解读为君子整天行走不离开载重的车辆，感觉更别扭。

其实这里的关键在于“辎”字。河上公注：“辎，静也。圣人终日行道，不离其静与重也。”如果把“辎”改为“静”，上下文就通顺了，但“辎”怎么也与“静”的含义不沾边，不知河上公是如何把“辎”与“静”联系起来的。后来看到有日文版本把“辎重”写作“轻重”，解读为君子整日行动都不离开“轻重”二字，意为抓住主要矛盾。“轻重”虽然比不上“静重”，但比“辎重”强多了，关键是“轻”的繁体字“輕”与“辎”的繁体字“輜”字形相近而误为“辎”也能有让人接受的理由。再后来读到严灵峰说，疑原作“静”，后因“静”与“轻”近音，而上文有“重为轻根”，所以误作“轻”，再因“轻”（輕）与“辎”（輜）字形相近而误为“辎”。这样推断，不仅使本节能够起到承上启下的作用，也解开了河上公注之谜，而且与“圣人”也不相矛盾。

“圣人终日行不离静重”，即圣人从早到晚整天行“道”，始终守静、持重，因为他们是得“道”之人，懂得“重为轻根，静为躁君”的道理。“守静”是老子教给我们的两大修“道”法宝之一，是学“道”之人通向得“道”境界的修行途径，而且老子的要求是“守静笃”（第十六章），就

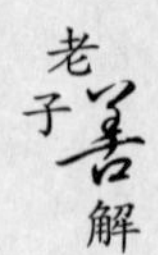

是一心一意地守住清静，坚守极致的宁静，尽可能地保持清静无为而听任万物行于自然，与本章终日不离的要求相一致。老成持重是得“道”之人的形象，慎重、稳重、庄重、厚重是得“道”的表现。老子在第十五章说：“古之善为道者……豫兮若冬涉川，犹兮若畏四邻，俨兮其若客，涣兮其若凌释，敦兮其若朴。”

“虽有荣观，燕处超然”，虽然有繁华的景观、奢华的生活，仍然能够安闲处之、超然物外。“荣”本义为梧桐，金文字形像两支如火把相互照耀的花朵或穗头形，草本植物的花称为“荣”。《尔雅》：“木谓之华，草谓之荣，不荣而实者谓之秀，荣而不实者谓之英。”象征草木茂盛，引申为繁荣、兴盛、荣华富贵。这里的“观”指外观、景观。“荣观”即繁华荣盛的景观，象征荣华富贵的奢华生活，引申为荣名、荣誉。“燕”古同“宴”，意为安乐、安闲。又假借为“安”，意为安逸、安乐。《易·中孚》：“虞吉有它不燕。”明代刘基《诚意伯刘文成公文集》：“燕坐于华堂之上。”“处”在这里指对待、处置、处物。《礼记·檀弓下》：“何以处我？”“燕处”有退朝而处、闲居之意，这里指安乐对待、安闲处之。“超然”即超脱、超逸、超尘拔俗、超然物外、超凡入圣。“超然”体现了圣人虚空无欲，回归自然、返回人的自由本性，无物羁绊，从根本上讲就是“道法自然”。

因为“观”有楼观、台观、宫阙之意，受“君子”的影响，有的学者把“虽有荣观，燕处超然”解读为虽然有豪华的宫阙，仍能安居泰然。还有的学者把“燕处”理解为后宫，即嫔妃的居处，用以指代嫔妃，把“虽有荣观，燕处超然”写作“虽有荣观燕处，超然”，解读为卿大夫领兵作战，以辎重为重，虽然有豪华的宫殿和后宫的嫔妃，也超然不顾。

“奈何万乘之主，而以身轻天下”，怎奈拥有兵车万辆的大国君主却轻视国家统治权，或者说用轻率的举动治理国家？实际上是因为这些君主不懂得“重为轻根，静为躁君”的道理，不能像圣人那样“终日行不离静重，虽有荣观，燕处超然”，所以这些没有得“道”的“万乘之主”以自身为重而以天下为轻，不知轻重、本末倒置。“乘”是车辆的计量单位，等同于辆。“万乘之主”即拥有一万辆战车的君主，在春秋战国时期相当于一个大诸侯国的国君。“轻”即轻视。这里的“天下”指国家政权、统治权。河上公注：“奈何者，疾时主伤痛之辞。万乘之主，谓王。王者至尊，而以其身行轻躁乎？疾时王奢恣轻淫也。”宋代苏辙注：“人主以身任天下，而轻其身，则不足以任天下矣。”与“万乘之主，而以身轻天下”相对立的是第十三章的“贵以身为天下，若可寄天下”。

综上所述，本节前半句的行为与后半句的行为一正一反，老子肯定前者、否定后者，也就是说前者行为的主人应该比后者行为的主人（“万乘之主”）高明。后者“万乘之主”是没有得“道”的普通之君，所以前者只能是得“道”之君（“圣人”，就是第二章第三节所说的虚位之君），而不是相当于卿大夫的“君子”，否则两者不在同一个层次上，没有可比性，而且卿大夫比其上的国君还高明也说不通。如果说“辎重”与“君子”还能勉强相配的话，与“圣人”则显然无法匹配，这也从另一个角度证明“辎重”改为“静重”的合理性。

26.3 轻则失根，躁则失君。

“轻则失根，躁则失君”，轻率就会失去根本，躁动则会失去主宰。“轻”与“躁”具有相似的指向，可以通过一个“浮”字联系在一起，“轻”是轻浮，“躁”是浮躁，都是远离本性的表现，就如同树木失去了树根、心灵失去了宁静，树木失去树根则会死亡，心灵失去宁静就会发狂。本节与第一节首尾呼应，告诫统治者一定要脑子清醒、处事稳重，沉着冷静、无为而治，不要轻举妄动、狂妄躁动，要深思熟虑、谋定而动，不要仓促草率、意气用事。老子说“谷神不死，是谓玄牝。玄牝之门，是谓天地根”（第六章），可见“失根”就是失“道”。老子又说：“失者，同于失……同于失者，失亦乐得之。”（第二十三章）

“根”帛书版、王弼本写作“本”，虽然含义还是根本，但对照第一节，以“根”为佳。河上公本等版本把“轻则失根，躁则失君”写作“轻则失臣，躁则失君”，解读为轻率、轻浮就会失去贤臣的辅佐，躁动就会丢掉君王的位子。这显然是误读了“君”字，故用“臣”与“君”相对，不仅与第一节的内容对不上，而且含义也不通。

本章老子通过对“重”与“轻”、“静”与“躁”（动）两对矛盾关系

的论述，明确“重”和“静”是矛盾的主要方面（“重为轻根，静为躁君”）。所以，在老子看来，统治者应当向圣人看齐，始终守静、持重（“终日行不离静重”），远离“轻”“躁”，虽然有繁华的景观、奢华的生活，也要能够安然处之、超然物外。然而，与此形成鲜明对照的是，春秋战国时期的大国君主却骄奢淫逸，以自身为重而轻视天下。老子站在百姓的立场，对此痛心疾首，不得不严厉地警告统治者，轻浮就会失去根本，躁动则会失去主宰，轻率地治理国家，妄动干戈，就必定失去天下，走向灭亡。

第二十七章　善行无迹　善言无瑕

元典

善行，无辙迹；善言，无瑕谪；善数，不用筹策；善闭，无关楗而不可开；善结，无绳约而不可解。是以圣人恒善救人，故无弃人；恒善救物，故无弃物。是谓袭明。故善人者，不善人之师；不善人者，善人之资。不贵其师，不爱其资，虽智大迷，是谓要妙。

直译

善于行走的，不留车辙、足迹；善于言谈的，不留瑕疵，没有过失；善于计数的，不用计算工具；善于关闭的，不用门闩他人也打不开；善于打结的，不用绳索捆绑他人也解不开。所以，圣人总是人尽其才，因而没有被遗弃的人；总是物尽其用，因而没有被废弃之物。这（善救人、物）就叫作内藏明慧。因此，善人是不善人的老师，不善人是善人的镜鉴。（不善人）不尊重他的老师，（善人）不珍爱他的镜鉴，虽然（自以为）聪明，（实则是）大迷糊，这就是要旨奥妙所在。

善解

27.1　善行，无辙迹；善言，无瑕谪；善数，不用筹策；善闭，无关楗而不可开；善结，无绳约而不可解。

“善行，无辙迹”，善于行走的人，不会留下辙痕、足迹。“辙”即车轮滚动留下的辙印、痕迹。“迹”指足迹。从本质上讲，“善行”就是“处无为之事”（第二章），懂得并且遵循客观规律，不留痕迹就把该办的事办成，绝不拖泥带水给别人带来不必要的麻烦。河上公注：“善行道者求之于身，不下堂，不出门，故无辙迹。”王弼注：“顺自然而行，不造不始，故物得至，而无辙迹也。”

“善言，无瑕谪”，擅长言谈、会说话的人，善于语言表达，滴水不漏、没有破绽、没有漏洞，不留瑕疵，没有过失，让他人无以指摘。“善言”即擅长言谈。“瑕”指玉石上的斑点，比喻瑕疵、缺点；“谪”即责备、指摘；“瑕谪”意为过失、缺点。按照老子的一贯思想，“善言”不是滔滔不绝、口若悬河，也不是故作神秘、模棱两可、顾左右而言他，更不是左右逢源、阿谀奉承、吹嘘拍马，那老子的“善言”是什么呢？就是在“贵言”（第十七章）的前提下，做到“言善信”（第八章）、“希言自然”（第二十三章）、“言有宗”（第七十章），也就是“行不言之教”（第二章），少言、不言就能减少失言的可能性，当然也就少漏洞；反之口才再好，言多必失，也只能是“多言数穷”（第五章）。河上公注：“善言谓择言而出之，则无瑕谪过于天下。”王弼注：“顺物之性，不别不析，故无瑕谪可得其门也。”

“善数，不用筹策”，即善于计数、擅长计算的人，不必使用计数工具。“数”读 shǔ，指点数、计数、数数。《说文解字》：“数，计也。”河上公本等写作“计”，意为计算。“筹”指用竹、木等材料制成的用来计数，或者作为领取凭证的小棍或者小片，也称为筹码。“策”最初是指写字用的竹片、木片，后指数学上的计算工具，与“筹”通用。“筹策”泛指古代计数、计算的工具。河上公注：“善以道计事者，守一不移，所计不多，而不用筹策，而可知也。”王弼注：“因物之数不假形也。”

“善闭，无关楗而不可开”，善于关闭、会闭守的人，没有门闩，或者不上门闩，别人也不可能打开。“关”即闩门的横木。《说文解字》：“关，以木横持门户也。”“楗”指竖插在门闩上使闩拨不开的木棍。“楗”帛书版写作“籥”，通“钥”，指上穿横闩下插地上的直木。“关楗”即关闭门户的门闩，横的叫关，竖的叫楗。古代的门闩为木制，后来木棍子改为金属棍子，就用“键”代替“楗”，所以现在使用的“关键”就是门闩的意思。河上公注：“善以道闭情欲，守精神者，不如门户有关楗可得开。”

"善结，无绳约而不可解"，善于打结的人，不用绳索捆绑，别人也无法解开。"结"指打结。"约"为约束、制约。"绳约"指用绳索约束、制约，意为用绳索捆绑。河上公注："善以道结事者，乃可结其心，不如绳索可得解也。"

本节的"善"意为善于、擅长、长于，还有高明、工巧之意，"善行""善言""善数""善闭""善结"之人都是善工（高手）、善手（能手）。

27.2 是以圣人恒善救人，故无弃人；恒善救物，故无弃物。是谓袭明。

所以，圣人总是善于救助、挽救他人，做到人尽其才，因而就没有被抛弃、遗弃的人；总是善于抢救、拯救事物，也就是善于利用万物包括常人眼中的废物、无用之物，做到物尽其用，因而就没有被废弃的东西。这（善救人、善救物）就叫作内藏聪明智慧，或者称为暗藏明慧。河上公注："圣人所教民顺四时，以救万物之残伤，不贱石而贵玉，视之如一，善救人物，是谓袭明大道也。"

"救人"既包括一般意义上的治病救人，也包括挽救处于险境之人，还包括挽救、改造犯错和犯罪的有罪之人，使他们成为有用之人。更高层次的是按照每个人的具体情况，因材施教、知人善任、用其所长，让每个人都各尽所能、人尽其才，当然也就"无弃人"。"恒善救人"可以理解为佛教中的普度众生。"救物"既包括抢救、修缮损坏之物，也包括废物利用、变废为宝，更高层次的是循环利用、物尽其用。

"袭"本义为死者穿的衣服，衣襟在左边。这里意为因袭、承袭。《史记·秦始皇本纪》："五帝不相复，三代不相袭。"又引申为覆盖。张衡《西京赋》："张甲乙而袭翠被。"具有内藏、暗藏之意。这里的"明"即第十六章、第五十五章"知常曰明"之"明"。"袭明"就是承袭恒常之道，内藏聪明智慧，这是真正的聪明。

圣人之所以有"无弃人""无弃物"这样人尽其才、物尽其用的大智慧，是从天地无私（即第七章的"天地所以能长且久者，以其不自生，故能长生"）中得到的启示，包括人在内的万物都是平等的共生关系，都是宇宙这个共同体的组成部分，不应受到人为好恶的影响。

27.3　故善人者，不善人之师；不善人者，善人之资。不贵其师，不爱其资，虽智大迷，是谓要妙。

《老子》全书与人相关的用词包括圣人、善人、有德之人、众人、人、俗人、愚人、不善人、无德之人、弃人。圣人就是“有道者”、“古之善为道者”、得“道”之人（对圣人的论述详见第二章第三节）；众人和人代指所有的人，相当于百姓、民众；俗人即世俗之人，与众人近义，如果一定要有所区别的话，俗人就是众人之中相对而言的庸俗之人、低俗之人、媚俗之人；愚人原意为笨人、愚蠢之人，但老子却把与世俗之人不同的得“道”之人称为“愚人”；弃人就是废人、无用之人，被抛弃、遗弃的人。有德之人、无德之人分别相当于“善人”和“不善人”。

下面重点讲一讲“善人”和“不善人”。“善人”指为善之人、行善之人、善为之人。本章第一节讲述的“五善”（“善行”“善言”“善数”“善闭”“善结”）就是“善人”善行、善为的具体表现。按此标准，“善人”相当于我们常说的“高人”，但老子对“五善”的论述，关键不在“五善”本身，而在于做到“五善”的方式方法，就是“四无一不用”（“无辙迹”“无瑕谪”“无关楗”“无绳约”“不用筹策”），要做到“四无一不用”唯一的办法就是按“道”行事，从而像“善利万物”的水一样“事善能”。所以，“善人”可以理解为入“道”、尊“道”、循“道”、行“道”之人，也就是“几于道”之人，接近于圣人。

“不善人”是相对“善人”而言的，但不是“善人”的对立面“恶人”。第一，按照老子的观点，善与不善是后天人们的价值、是非判断，带有明显的人为道德痕迹，而一旦有了人为的价值判断，有了善恶之别，老子认为这已经不符合“道”的本质、脱离了“道”的境界。第二，“善人”与“不善人”不是绝对不变的，而是可以相互转化的，“善人”如果不能守“道”就有可能蜕化为“不善人”，而“不善人”只要努力向善、为善就能改造成长为“善人”。第三，在老子的观念中没有“恶人”的概念，只要有圣人“恒善救人”，就连“弃人”都没有，更不会有恶人。第四，一方面，“善人”要不忘初心，永存善念，以“不善人”为反面教材，时刻警醒自己；另一方面，不仅不要鄙视、歧视、打击、抛弃“不善人”，而且要向圣人看齐，善救他们，使其转化为“善人”。第五，“不善人”不要自暴自弃，而要以善为师、与善为伍，努力转化为“善人”。由此可见，“不善人”在某种意义上讲就是俗人、愚人。

所以老子说“善人者，不善人之师；不善人者，善人之资”，这里的“资”即借鉴，可资借鉴、以资参考。这段话的意思是，善人是不善人的老师，不善人是善人的镜鉴。不善人要以善人为榜样，向善人学习，向善人靠拢，努力使自己成为善人；善人也不能居功自傲，要时刻以不善人为镜鉴，引以为鉴，“涤除玄览”，反观自身，“不自见”“不自是”“不自伐”“不自矜”。河上公注：“人之行善者，圣人即以为人师。资，用也。人行不善者，圣人犹教导使为善，得以给用也。”王弼注：“举善以师不善，故谓之师矣。资，取也。善人以善齐不善，以善弃不善也。故不善人，善人之所取也。”

“不贵其师，不爱其资，虽智大迷，是谓要妙”，（不善人）不珍视、不尊重他的老师（善人），（善人）不爱惜、不珍爱他的借鉴，也就是不以不善人为镜鉴，虽然表面上是智慧的聪明人，也就是自以为聪明，实则是个大迷糊、糊涂蛋，即使是聪明人也会受迷惑，这就叫作要诀玄妙，就是要旨奥妙所在，称为精深微妙之“道”。“贵”意为贵重、看重、珍视。“爱”即爱惜、珍爱。“迷”就是迷糊、迷惑、迷惘。“妙”即奥妙、玄妙。“要妙”亦作“要眇”，意为精深微妙。河上公注：“虽自以为智，言此人乃大迷惑。”王弼注：“虽有其智，自任其智，不因物，于其道必失，故曰虽智大迷。”

小结

本章是老子继第八章论述“善”之后，又一次全面论述“善”。第八章通过自然界中最常见的水，论述了上善若水任方圆、泽被万物、不争无尤的处世哲学。本章则通过“五善”（“善行”“善言”“善数”“善闭”“善结”）实现“四无一不用”（“无辙迹”“无瑕谪”“无关楗”“无绳约”“不用筹策”），体现了老子“处无为之事，行不言之教”（第二章）的哲学思想；通过圣人自然无为的待人接物方式，阐述了人尽其才、物尽其用的大智慧，更展现了圣人“善救人”“善救物”，从而“无弃人”“无弃物”及其“与善仁”的博大心胸；通过“善人”与“不善人”相互学习、互为借

鉴关系的论述，深化了人们对“天下皆知美之为美，斯恶已；皆知善之为善，斯不善已”（第二章）这一辩证法思想的认识。老子最后一针见血地指出，如果“不善人”不以“善人”为师，“善人”不以“不善人”为戒，那么“虽智大迷”。

第二十八章　知雄守雌　大制不割

元典

知其雄，守其雌，为天下谿；为天下谿，恒德不离，复归于婴儿。知其白，守其黑，为天下式；为天下式，恒德不忒，复归于无极。知其荣，守其辱，为天下谷；为天下谷，恒德乃足，复归于朴。朴散则为器，圣人用之则为官长，故大制不割。

直译

知道雄刚，却能坚守雌柔，甘为天下的溪谷；成为天下的溪谷，永恒之“德”不会离开，就能返归纯真无邪的婴儿状态。知晓明白，却能保持糊涂，愿为天下的范式；成为天下的范式，保有永恒之“德”而没有差错，就能回归初始的无极境界。知道荣耀，却能安于屈辱，能为天下的空谷；成为天下的空谷，永恒之“德”得以富足，就能重归朴实无华的自然状态。淳朴的“道”分散形成万事万物，圣人用它就能成为百官首长。所以，完美的大制作不人为分割。

善解

28.1　知其雄，守其雌，为天下谿；为天下谿，恒德不离，复归于婴儿。

“知其雄，守其雌，为天下谿”，就是知道雄刚、雄健，却能坚守、保持雌柔，就能成为天下的溪谷，深知自己刚强有力，反而要守住柔弱德行，甘为天下的溪涧。“雄”指雄性、雄劲、雄威、雄壮，象征刚强有力、强大，比喻躁动、好胜。河上公注：“雄以喻尊。”王弼注：“雄，先之属也。”“雌”指雌性，象征柔美、柔弱，比喻柔静、谦下。本章的“天下”指人世间、天地间。“谿”同溪，指溪壑、溪谷，溪谷处下，而且与山谷一样象征虚空。“谿”在老子的语境中常被用来指代“道”。河上公注：“如是则天下归之，如水流入深谿也。”王弼注：“是以圣人后其身而身先也，谿不求物，而物自归之。”

“为天下谿，恒德不离，复归于婴儿”，成为天下的溪谷，永恒之“德”就不会离开，最终就能重新回归到纯真无邪的婴儿状态。“恒德”，即永恒之“德”、普世之“德”，也就是“道”。婴儿状态是什么样的呢？老子告诉我们，要“专气致柔”如婴儿（第十章），“沌沌兮，如婴儿之未孩”（第二十章）。可见在老子心目中，婴儿状态的人性是最纯真、最无欲的，婴儿的特点是柔软、弱小、无知却又纯洁、无邪、柔和，婴儿之所以可爱就在于天真烂漫。“复归于婴儿”，也就是守雌、为雌、雌伏，懂得示弱、示柔。河上公注：“常复归志于婴儿，蠢然而无所知也。”

28.2　知其白，守其黑，为天下式；为天下式，恒德不忒，复归于无极。知其荣，守其辱，为天下谷；为天下谷，恒德乃足，复归于朴。

“知其白，守其黑，为天下式”，就是知道白色，却要守住黑色，明知光亮，却要安于黑暗，知道自己清楚明白，却保持糊涂，实际上是要保持你中有我、我中有你，浑然一体的“玄同”状态，就像黑色中包含各种颜色却无法区分一样，这样就能成为天下的范式、楷模、法则，或者说愿做天下的楷模。河上公注：“白以喻昭昭，黑以喻默默。人虽自知昭昭明白，当复守之以默默，如暗昧无所见。如是则可为天下法式，则德常在。”

白与黑是自然界两种最常见的颜色，也是最经典、最经久不衰的衣服颜色。俗话说：“男要俏，一身皂；女要俏，三分孝。”中国人对黑白情有独钟，太极图、围棋、中国画都是黑白两色。在中国传统“五行”中，白对应西方的白虎，黑对应北方的玄武。在现代社会，人们习惯于黑白分明、非黑即白，普遍喜欢“白”，嫌弃“黑”，说到“白”就联想到明白、清楚、白净、白嫩、白皙、白金、白领、白璧无瑕、白马王子，而提到“黑”则对应黑暗、黑恶、黑帮、黑道、黑店、黑金、黑幕、黑手、黑市、黑心、黑社会、黑灯瞎火、黑色收入、黑箱操作等，所谓一白遮百丑，所以皮肤美白是化妆品的一大卖点。但老子却要知白、守黑，提倡黑白玄同，不要刻意区分，在老子看来“白”就是“智”“知”，是“昭昭”“察察”；“黑”则是“玄”，是“昏昏”“闷闷”，把“道”比喻为“玄牝”。“天下式”就是第二十二章讲过的天下的范式、楷模、法则。

“为天下式，恒德不忒，复归于无极”，意为成为天下的范式，就能保有永恒之“德”而没有差错，最终就能重新回归到初始的无极境界，也就是“复归于无物”（第十四章）。河上公注：“德不差忒，则长生久寿，归身于无穷极也。”

“忒”读 tè，意为差错、失误。《易经·豫卦》：“故日月不过，而四时不忒。”“极”本义为房屋的正梁。引申为最高处、顶点、尽头、极点、极度、极限、极端、极致。“无极”本义为没有中心，无边无际、无穷无尽。《左传·僖公二十四年》：“女德无极，妇怨无终。”唐代元稹《奉和窦容州》：“自叹风波去无极，不知何日又相逢。”这里的“无极”指最终的真理，或者说形成宇宙万物的本原，因为其无形无象、无味无臭、无声无色、无始无终、无可指名，所以称为“无极”，用以强调“道”的终极性。庄子在《逍遥游》中说：“无极之外，复无极也。”意思是世界无边无际，无穷之外，还是无穷。

“知其荣，守其辱，为天下谷”，知道自身的荣耀、荣誉，却能守住耻辱、安于屈辱，耐得住别人的羞辱、侮辱，愿为天下的深谷。河上公注：“如是则天下归之，如水流入深谷也。”“荣”指受人敬重，与“辱”相对，如光荣、荣耀、荣誉。“辱”指羞辱、耻辱、侮辱、屈辱。“谷”就是山谷，象征虚空、博大，比喻胸怀广阔。所谓虚怀若谷，在老子的语境中常被用来指代“道”，把“道”称为“谷神”，强调“古之善为道者，……旷兮其若谷”（第十五章），“上德若谷”（第四十一章）。

“为天下谷，恒德乃足，复归于朴”，成为天下的深谷，永恒的德性就能富足、完美，最终就能重新回归到朴实无华的自然状态，实现返璞归真，也就是回归于淳朴的“道”。“朴”本义为未经加工雕琢的原木，形容朴实无华、朴厚、朴素、淳朴，引申为本质、本性。这里指事物淳朴的自

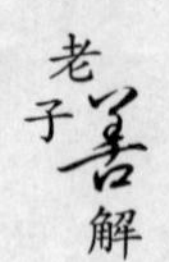

然原始状态。老子说："古之善为道者，……敦兮其若朴"（第十五章），希望人们"见素抱朴"（第十九章）。

为什么第二节把两句合在一起呢？因为根据易顺鼎、马叙伦、高亨、张松如、陈鼓应等学者的考证，本节原文应该是"知其白，守其辱，为天下谷；为天下谷，恒德乃足，复归于朴"，中间的"守其黑，为天下式；为天下式，恒德不忒，复归于无极。知其荣"23个字为后人所加。首先，从《老子》其他章节看，老子在第四十一章说"大白若辱"，也是以"白"对"辱"，"辱"不仅有羞辱、耻辱、侮辱之意，还有黑垢的含义，而且"辱"作侮辱时，老子以"宠"而不是"荣"对"辱"。老子在第十三章说"宠辱若惊"，除本章外，"荣"只出现在第二十六章的"虽有荣观"，其含义与"辱"也不相对。其次，从其他书籍的引用和帛书版看，《庄子·天下》仍为"知其白，守其辱，为天下谷"；帛书版写作"知其白，守其辱，为天下浴。为天下浴，恒德乃足。恒德乃足，复归于朴。知其白，守其黑，为天下式。为天下式，恒德不贷。恒德不贷，复归于无极"，没有"知其荣"而重复"知其白"；《淮南子·道应》则为"知其荣，守其辱，为天下谷"，应该是不知古代"辱"有"黑"的含义，而把"白"改为"荣"；再后来为了与下文"朴散则为器"相衔接，把"知其荣，守其辱，为天下谷；为天下谷，恒德乃足，复归于朴"调整到后面，形成通行版的句式，其逐步添改的痕迹比较明显。最后，从第一节、第二节的整体内容看，"天下谿""天下谷"含义相同，而与"天下式"无关联，同样"复归于婴儿""复归于朴"含义相近，而与"复归于无极"差距比较大。

我认同上述学者的观点，认为中间的23个字为后人所加，但这些内容经过2000多年的演变、传播，已经为人们所熟悉，而且与老子的思想也不矛盾，更为重要的是，其中的"无极"以及与此相关联的"太极"是中国古代哲学的重要概念。"无极"代表着华夏民族祖先对世间万物诞生之前的理解，即宇宙大爆炸之前状态的抽象理解，所以本书对后增的23个字予以保留。

关于"无极"的出处，一种观点认为出自《易经》，即"无极生有极，有极生太极，太极生两仪，两仪生四象，四象演八卦，八八六十四卦"，后来的学者进一步丰富发展为"无极生太极，太极生两仪；两仪生三才，三才生四象；四象生五行，五行生六合；六合生七星，七星生八卦；八卦生九宫，一切归十方”。但根据有关专家的论证，《易经》并没有说到“无极”而只有“太极”。《易经·系辞上》：“是故易有太极，是生两仪。”即使这段话，多数学者也认为不是出自《易经》而是后来的《易传》。《易传·系辞上传》第十一章：“是故易有太极，是生两仪，两仪生四象，四象生八卦，八卦定吉凶，吉凶生大业。”另一种观点认为“无极”出自《老子》第二十八章，道家认为老子的“复归于无极”第一次提出了“无极”的概念。按照道家的理论，“无极”“太极”分别对应第一章的“无”和“有”，再根据第四十二章的内容，“无极”“太极”“两仪”则分别是“道”、“一”和“二”，“道生一”就是“无极生太极”，“一生二”就是“太极生两仪”，“二生三，三生万物”则相当于“两仪生四象，四象生八卦”。

儒家也讲“无极”“太极”，有的学者认为《易传》就是孔子所作。宋代儒家理学思想的开山鼻祖周敦颐，在当时儒释道合流的大趋势下，把道家的“无极”、《易传》的“太极”、《中庸》的“诚”以及五行阴阳学说等思想进行熔铸提炼改造，力图克服玄学、佛学空无本体论的理论局限，实现了对以往哲学思辨的理论总结，形成“合老庄于儒”、融合儒道哲学的新思想，不仅对后来的“二程”、朱熹的思想有“发端之功”，为宋明道学在本体论上开辟了新的途径，而且也为其后的道家提供“无极”“太极”等宇宙本体论的范畴和模式。周敦颐有关“无极”“太极”的思想主要体现在《太极图说》中，“无极而太极。太极动而生阳，动极而静，静而生阴，静极复动。一动一静，互为其根。分阴分阳，两仪立焉。阳变阴合，而生水火木金土。五气顺布，四时行焉。五行一阴阳也，阴阳一太极也，太极本无极也”。其中的“无极而太极”“太极本无极”来源于老子“天下万物生于有，有生于无”的哲学思想。“无极而太极”，“无极”可名之为“无”，但“无”中蕴含着“有”，因此“无极”不是绝对的空；“太极本无极”，“太极”可名之为有，但“有”源于“无”，因此“太极”不是具体的物。

28.3　朴散则为器，圣人用之则为官长，故大制不割。

“器”本义为器具、器物。《说文解字》：“器，皿也。象器之口，犬所以守之。”这里泛指万事万物。“器”从大的方面可以分为自然物、人为物、人物三类。人为物又可以分为日常实用物（包括生产物品和生活用品）、象征物（如礼器、文物、艺术品），象征物还可以派生出货币、文字等特殊功能物。

“朴散则为器”，按字面理解就是，没有经过加工雕刻的原木分散成各种器具、器物。根据第二节“复归于朴”的分析，这里的“朴”就是“道”，所以应该解读为真朴、淳朴之“道”发散开来则形成万事万物，也就是“道”生万物。提请各位读者注意，老子在这里用“散则为器”，而不是“制为器”，是有深意的，强调“朴”是自然、自发、散漫地松开，而不是人为分割、割裂，所以有的学者把“朴散则为器”解读为将原木分割制作成为器物是不正确的，至少是不准确的。

“圣人用之则为官长”，就是圣人用它就可以成为百官之长，就是成为统治者、领导者。“官长”指百官之长、首长，也就是统治者、领导者、君主。对于“圣人用之”的“之”指代的是什么，学者的观点不尽相同。有的学者认为是“器”，能利用好“器”，也就是用好万物，物尽其用，就能成为百官之长；有的学者则认为是“朴”，能沿用真朴、保持质朴，就能成为统治者；也有的学者认为是“朴散则为器”的原理、规律，掌握、利用好这个原理、规律，就能成为领导者。本节是在前两节论述基础上的总结，可以从更全面的角度来理解，要想成为“官长”，首先要做到“三知”（知雄、知白、知荣）、“三守”（守雌、守黑、守辱）；然后成为“天下谿”“天下式”“天下谷”，这样就能恒德不离、不忒、乃足，再复归于婴儿、无极、朴，最终“朴散则为器”。懂得这样一个完整的修炼过程和认知体系的当然就是圣人，圣人自觉地用这个过程和认知体系为人处世，就能自然而然地成为众人拥戴的领袖。

“大制不割”，意为完美的大制作不人为地分割、割裂、损害原物。“制”指制作、制造，“大制”就是大制作、宏伟的制作、高明的制作、技艺精湛的制作。“割”本义为用刀分解牲畜的骨肉，泛指用刀截断，意为分割、割裂，引申为割伤、损害、灾害。

“朴散则为器”、“道”生万物就是“大制不割”的典范。“朴”可以散为“器”，“道”可以生万物，但不破坏“朴”的淳朴、不割裂“道”的完整，而且“器”与“器”、物与物之间相互联系及相互作用，宇宙天地万物构成一个完整的系统。河上公注：“万物之朴散，则为器用也……圣人用之，则以大道制御天下，无所伤割。治身，则以天道制情欲，不害精神也。”

有的学者把“制”解读为制作器物、“大制”解读为大的器物，所以，大的器物是不可分割的，并认为国家也可以理解为大器物，所以国家不可分割。也有的学者把“制”解读为制度，“大制”解读为大的制度、政治制度、完美的格局，所以完整的政治制度是不可分割的。这两种解读，从纯文字的角度来说也说得通，但对照本章前面的内容特别是本节“朴散则为器”的论述，老子的“大制不割”是普世原则，而不仅仅局限于国家、政治制度层面。

小结

本章老子再一次以其逆向思维的视角，明确指出：能做到“三知”（知雄、知白、知荣）、“三守”（守雌、守黑、守辱），甘为“天下谿”“天下式”“天下谷”，就能“恒德不离”“恒德不忒”“恒德乃足”，最终目标是“三复归”（复归于婴儿、复归于无极、复归于朴）。婴儿、无极、朴分别象征天真无邪、无边无际、淳朴自然，都代表初始、本始、原始、自然状态。老子的“复归”概念，从修“道”的角度看，就是提倡回归自然素朴状态，即返璞归真、清静无为，这与儒家提倡的用仁、义、礼、智、信来规范人、约束人、塑造人的思想背道而驰；从教化、引导的层面讲，就是倡导“行不言之教”，反对按照圣贤所制定的清规戒律去束缚人们，认为这些说教扭曲了人的本性，也就是不合于“道”。

本章的“三复归”是第十四章“复归于无物”、第十六章“复归其根”的具体表现，“三复归”的共同指向是“天地之始”，即复归到宇宙形成之前“无”的状态。“天下万物生于有，有生于无”（第四十章），无中生有，所以老子说“朴散则为器”，也就是“道”生万物，其演变过程就是“道生一，一生二，二生三，三生万物”（第四十二章），圣人掌握并实践老子的上述思想，所以能“为官长”。

老子对本章的总结是“大制不割”，这是本章的核心思想，也是对第二章“有无相生”思想的进一步论述。首先，“雄”与“雌”、“白”与“黑”、“荣”与“辱”，与第二章的美与丑、善与恶、难与易、长与短、高与下、音与声、前与后等，既对立又统一而不可分割，都没有高低贵贱之分。其次，“三守”的前提是“三知”，“三守”与“三知”是统一的整体。

后来有的学者只强调“三守”，不知“三知”的重要性，把“守雌”“守黑”“守辱”理解为雌伏、示愚、忍辱，其实老子的“三守”是建立在“三知”基础上的主动、自愿的坚守与坚持，而不是被迫无奈的退缩、逃避，体现的是守静、守柔、玄同、处下、内敛。再次，“朴散则为器”就是“大制不割”最形象的注释，正因为“大制不割”，所以能够“复归于朴”，从另一个侧面论述了从“无”到“有”、从“有”到“无”、“有无相生”，也给我们提供了系统性、整体性观察、认识宇宙的独特视角。最后，“大制不割”体现了老子的“无为”思想，老子倡导顺其自然的“朴散则为器”，反对人为的分割、割裂。

在中国古代典籍中，“器”是与“道”相对的哲学概念，“器”是有形象的，指具体事物或名物制度，而“道”则是无形象的。《易传·系辞》：“形而上者谓之道，形而下者谓之器。”宋代张载说：“形而上者是无形体者，故形而上者谓之道也；形而下者是有形体者，故形而下者谓之器。”“见乃谓之象，形乃谓之器。”对于“器”与“道”的关系，中国传统哲学的观点是“道器不割”“体用不二”，这是中国古代哲学的立足基点、“最高原理”，也是其与西方传统哲学的根本区别所在。老子认为“道”生万物，“朴散则为器”，所以“道”无所不在，“譬道之在天下，犹川谷之于江海”（第三十二章），所以“大制不割”。庄子也认为“道”无所不在，瓦砾屎溺皆有“道”，所以“道必无乎逃物”。朱熹对此的观点是，“道是道理，事事物物皆有个道理；器是形迹，事事物物皆有个形迹。有道须有器，有器须有道”。又说“有此器则有此理，有此理则有此器，未尝相离。却不是于形器之外别有所谓理”。明代王夫之《周易外传》说：“天下唯器而已。道者器之道，器者不可谓之道之器也。无其道则无其器……无其器则无其道。”清代章学诚进一步指出：“道不离器，犹影不离形。”

第二十九章　天下神器　为者败之

元典

将欲取天下而为之，吾见其不得已。夫天下神器，不可为也，不可执也。为者败之，执者失之。【是以圣人无为，故无败；无执，故无失。】夫物或行或随，或嘘或吹，或强或羸，或培或堕。是以圣人去甚、去奢、去泰。

直译

如果想要治理天下却人为强行作为，我看他达不到目的。天下是神圣的公器，不可以强行统治，也不可以人为掌控。强行作为就会失败，人为把持则会失去天下。【因此，圣人不强行作为，所以不会失败；不人为把持，所以不会失去天下。】世人的秉性各异，有的在前面行走，有的在后面跟随；有的慢慢地嘘气，有的用力地吹气；有的强壮，有的羸弱；有的自我增益，有的自我损毁。所以，圣人去除极端，去掉奢侈，丢去过分。

善解

29.1　将欲取天下而为之，吾见其不得已。夫天下神器，不可为也，不可执也。为者败之，执者失之。【是以圣人无为，故无败；无执，故无失。】

“将欲取天下而为之，吾见其不得已”，意为如果想要治理天下却人为强行作为，我看他达不到目的，是不可能成功的。“将”意为如果、假若。“取”的甲骨文字形左边是耳朵、右边是手(又)，合起来表示用手割耳朵，本义为古代捕获野兽或战俘时割取左耳以计数。引申为夺取、强取、取得。根据蒋锡昌的考证,《广雅·释诂》:“取，为也。”《国语》:“疾不可为也。”韦解:“为，治也。”所以，“取”通“为”,“为”通“治”。本节的两处“天下”，都是指国家。这里的“取天下”即治理国家。“为”即“有为”，指作为、治理、统治，老子用“为”与“无为”相对立，多指人为、妄为，违背客观规律乱作为，条件不成熟硬作为、强行作为。这里的“不得已”不是不得不如此、无可奈何、迫不得已的意思，而是指得不到、做不到、达不到目的，这里的“已”为助词。河上公注:“不得天道人心。”

受“只能马上取天下，焉能马上治天下”的影响，有的学者把“取天下”解读为用武力夺取天下或者夺取国家政权，如果仅从字面理解，这种解读也没有问题，但这里的“取天下”明显与后面的“为之”相对立，而用武力夺取天下本身就是“为之”的表现，显然前后矛盾。“取天下”还出现在第四十八章、第五十七章，分别是“取天下恒以无事，及其有事，不足以取天下”和“以无事取天下”，也都应该解读为“治理天下”，而不能解读为“夺取天下”。

“天下神器，不可为也，不可执也”，国家是神圣的公器，不可以强行统治，也不可以人为掌控。“神器”即神奇的器物、神物，泛指某一方面非常有用的器具，常被用来比喻政权、帝位。“天下神器”即国家是神圣的公器。“执”本义为拘捕、捉拿，引申为掌握、控制、掌管、掌控。《史记·魏公子列传》:“公子执辔愈恭。”《淮南子·说山训》:“执狱牢者无病。”

“天下神器”为什么“不可为”“不可执”？因为天下是天下人的天下，靠强力人为统治它，就不能顺应民意、获得民心，就不可能长久，所以“不可为”；天下不是一个有形的普通器物，而是一个无形的神圣器物，无法捉住它、掌控它、把持它，所以“不可执”。老子说“为者败之，执者失之”，强行统治天下就会失败，人为把持则会失去天下，“为”和“执”的后果是“败”和“失”，从反面论述了“天下神器”“不可为”“不可执”。

有的专家把“天下神器”的“天下”解读为天下人。河上公注：“器，物也，人乃天下之神物也；神物好安静，不可以有为治。”我认为，这里的“天下”解读为国家更合适，与后面的“不可为也”尤其是“不可执也”搭配更顺畅。

王弼本缺失“不可执也”，而有的版本在本节“执者失之”后还有“是以圣人无为，故无败；无执，故无失”。帛书版则有“不可执也”，而无“是以圣人无为，故无败；无执，故无失”。根据一些学者的考证，王弼注：“万物以自然为性，故可因而不可为，可通而不可执也。物有常性而造为之，故必败也。物有往来而执之，故必失矣。”可见王弼看到的原文就有“不可执也”；对应紧接着的“为者败之，执者失之”，也应该有“不可执也”；再看第六十四章“为者败之，执者失之。是以圣人无为，故无败；无执，故无失”，“无执”即“不可执”。至于“是以圣人无为，故无败；无执，故无失”，与第六十四章重复，疑为错简，放在本章更合适。

29.2 夫物或行或随，或嘘或吹，或强或羸，或培或堕。

“夫物或行或随”，意为世人的秉性、性情各异，有的在前面行走，有的在后面跟随。“物”本义为万物，一般指人以外的具体的东西，这里泛指包括人在内的万事万物，从后面的四组八种行为看，则完全是从人的视角论述人的秉性、性情。“行”指行走、前行、强行。“随”即跟随、随行、顺从。

“或嘘或吹”，有的慢慢地嘘气，有的用力地吹气，体现出来的是有的性缓、有的性急。“嘘”即嘘气，本义为缓缓吐气、呵出热气。《声类》：“出气缓曰嘘。”《庄子·齐物论》：“仰天而嘘。”又有叹息、制止、驱逐之义，因此有的版本写作“噤”，即噤声，意为闭口不出声。“吹”本义为合拢嘴唇用力地吹气。《声类》：“出气急曰吹。”引申为吹捧、吹牛、自夸。《庄子·齐物论》：“夫言非吹也。”

“或强或羸”，有的强壮，有的羸弱，有的强健，有的虚弱。“强”指强健、强壮。“羸”读 léi，本义为瘦弱、羸弱，与“强壮”相对。《资治通鉴·唐纪》：“皆羸老之卒。”引申为疲惫、虚弱。老子在其他章节都用“弱”与“强”相对，“弱其志，强其骨”（第三章），“将欲弱之，必固强之……柔弱胜刚强”（第三十六章），“故坚强者死之徒，柔弱者生之徒”

（第七十六章），“弱之胜强”（第七十八章），唯独此处用“羸”对“强”，这在含义上没有区别，其用意是与后面“或培或堕”押韵。

本节最后一句不同的版本差异比较大，本书采用帛书版的“或培或堕”。“培”本义为给植物或墙、堤等的根基垒土，引申为增益、增添、培养、培育。“堕”古同“隳”，读 huī，意为荒废、废弃、损毁、败坏。“或培或堕”，即有的自我增益，有的自我损毁。河上公本写作“或载或隳”。“载”即装载、运载，引申为安稳地坐在车上。“隳”即毁坏、崩毁，引申为危险。河上公注：“载，安也。隳，危也。”王弼本写作“或挫或隳”。“挫”本义为折断、摧折，引申为挫败、挫折，解读为有的挫败敌人，有的自我毁坏。但王弼注为“有的自爱，有的自毁”，显然王弼看到的原文不是“挫”，更可能是“培”，自我培育、自我增益，这是自珍、自爱的表现。还有的版本写作“或载或堕”，把“堕”理解为掉落、堕落，解读为有的安稳地坐在车上，有的从车上掉落下来。

29.3 是以圣人去甚、去奢、去泰。

“甚”的小篆字形，从甘、从匹，甘是快乐，匹为匹耦，即沉溺于男女之欢，本义为异常安乐。《说文解字》：“甚，尤安乐也。”引申为过甚、极端、过分、过度。《列子·汤问》：“甚矣，汝之不惠。”老子在第四十四章说：“甚爱必大费。”“奢”即奢侈、奢靡、奢华、奢望，与“俭”相对。《韩非子·十过》：“常以俭得之，以奢失之。”“泰”本义为平安，引申为泰侈、骄泰、骄纵、傲慢。《国语·晋语》：“骄泰奢侈。”这里指极、太、过分。“去甚、去奢、去泰”，去除极端，去掉奢侈，丢去过分。

河上公注：“甚，谓贪淫声色。奢，谓服饰饮食。泰，谓宫室台榭。”把“甚”“奢”“泰”一一对应统治者骄奢淫逸的精神生活和奢侈过度的物质生活，其优点是明确了统治者“去甚、去奢、去泰”的目标，针对性、操作性比较强，但过于具体、机械，难免实用主义的弊病。从老子的一贯思想看，老子反对一切极端、奢侈、过分的东西，而不局限于贪淫声色、服饰饮食、宫室台榭，其根本思想是顺其自然、“无为而治”。针对极端、过分，老子说“甚爱必大费”，提倡“守中”“玄同”“和光同尘”；针对奢侈，老子说“治人事天，莫若啬”，“我有三宝……二曰俭……俭，故能广”，所以提倡“不贵难得之货”而“少私寡欲”。

小结

第二十八章的“大制不割”体现了老子的“无为”思想，老子在本章则开门见山地从反面告诉统治者“有为”治理的危害性，想要通过“有为”的方式治理天下必然失败，因为天下是神器，“不可为也，不可执也”，否则“为者败之，执者失之”。同样的道理，世人的秉性千差万别，统治者要顺其自然、因势利导，放手让百姓自由发展、自我成长，鼓励百家争鸣、百花齐放，切不可强行妄为、搞“一刀切”，统治者要做的是“去甚、去奢、去泰”，做任何事情都不要走极端，不要铺张浪费，不要好大喜功，而要清静无为、勤俭节约。

第三十章　天道好还　物壮则老

元典

以道佐人主者，不以兵强天下。其事好还。师之所处，荆棘生焉；大军之后，必有凶年。善有果而已，不以取强。果而勿矜，果而勿伐，果而勿骄，果而不得已，果而勿强。物壮则老，是谓不道，不道早已。

直译

用“道”辅佐君主的人，不用兵戎逞强于天下。用兵戎逞强于天下，一定会遭到报应。军队经过的地方，必然荆棘丛生；大战之后，必然出现荒年。善于用兵之人，只要取胜就立即停战，不再用兵逞强好胜。取胜后不妄自尊大，不自我夸耀，不骄傲自满，用兵取胜是不得已而为之，取胜后不逞强。事物达到鼎盛就会衰老，这叫作不守“道”，不守“道”就会早亡。

善解

30.1　以道佐人主者，不以兵强天下。其事好还。师之所处，荆棘生焉；大军之后，必有凶年。

“以道佐人主者，不以兵强天下”，用“道”辅佐君主的人，不用兵戎逞强于天下（世界），不靠武力统治天下，不以战争称霸天下。这与第二十九章“将欲取天下而为之，吾见其不得已”一脉相承。

“人主”即众人之主，指古代的君主、侯王、国君、帝王，也就是人君。《战国策·赵策》：“岂人主之子孙则必不善哉。”《文选·陆机·豪士赋序》：“人主操其常柄，天下服其大节。”“兵”甲骨文字形，上面是“斤”，是短斧之类，下面是“廾”（读 gǒng），为双手，合起来像双手持斧，本义为兵器、武器。《说文解字·廾部》：“兵，械也。”《孟子·梁惠王上》：“填然鼓之，兵刃既接，弃甲曳兵而走。”引申为兵士、军队、兵戎，与军事、武力、战争有关的事物。这里的“强”指强横、强暴、强虐、逞强。

“其事好还”，指依靠武力夺取天下，以兵戎逞强于天下，一定会遭到报应。“其事”就是指前面的“以兵强天下”，泛指用兵之事。“好”意为容易、常常会发生，这里是肯定的意思。“还”读 huán，本义为返还，引申为还报、回报、回击、报应、报复、报答。后人把因果循环、报应不爽、善有善报恶有恶报的天理称为“天道好还”。明代王世贞《鸣凤记》：“天道好还如寄，人心公论难违。”对统治者来说，其报应就是“为者败之，执者失之”（第二十九章），而且“兵强天下”的后果、罪孽、报应远不止此。所以老子说，“兵者，不祥之器”（第三十一章），“是以兵强则灭”（第七十六章）。古今中外的历史已经充分证明，穷兵黩武、依靠强大的军队、通过战争的手段称霸天下的人，其统治都不可能稳固、长久。河上公注：“其事好还自责，不怨于人也。”王弼注：“为始者务欲立功生事，而有道者务欲还反无为，故云其事好还也。”李嘉谟注：“杀人之父，人亦杀其父，杀人之兄，人亦杀其兄，是谓好还。”林希逸注：“我以害人，人亦将以害我，故曰其事好还。”

“其事好还”竹简版写作“其事好”，在全章的末尾（相当于本章第二节“果而勿强”之后），用以对全章作总结。帛书版甲本缺损，乙本只剩“其”，位置与通行版一致，考虑到“其事好还”的含义更深刻，也为众人所熟悉，所以仍予采用。

“师之所处，荆棘生焉”，军队驻扎的地方，经过、所到之处，人心浮动，为了躲避战乱四处逃散，无人安心耕作，结果必然田地荒芜，荆棘丛生。“师”本义为古代军队编制的一级，二千五百人为一师。《说文解字》：“二千五百人为师。”《周礼·地官·小司徒》：“五人为伍，五伍为两，四两为卒，五卒为旅，五旅为师。”后泛指军队。《左传·庄公十年》：“十年春，齐师伐我。”这里的“处”不读chǔ，而读chù，意为处所、地方。贺知章《回乡偶书》：“儿童相见不相识，笑问客从何处来。”王弼注：“言师凶害之物也，无有所济，必有所伤，贼害人民，残荒田亩，故曰荆棘生焉。”

“大军之后，必有凶年”，大战之后，血流成河，生灵涂炭，民众死的死、逃的逃，而且战争还往往与天灾同降，必然出现荒年、灾年，其结果就是民生凋敝、民不聊生、饿殍遍野。“军”本义为围成营垒，因为古代打仗主要靠车战，驻扎时用战车围起来形成营垒，以防敌人袭击。引申为军队、战争。“凶年”就是荒年、灾年，即收成不好、闹饥荒的年岁，也作“凶岁”。《孟子·梁惠王上》：“是故明君制民之产，必使仰足以事父母，俯足以畜妻子，乐岁终身饱，凶年免于死亡。”唐代薛能《题逃户》：“几界蓓农桑，凶年竟失乡。”

帛书版甲本、乙本都没有“大军之后，必有凶年”。根据马叙伦、劳健、陈鼓应等学者的考证，王弼只对“师之所处，荆棘生焉”进行了注释，认为王弼本应该也没有“大军之后，必有凶年”。竹简版则“师之所处，荆棘生焉；大军之后，必有凶年”都没有。按照老子一贯的简洁文风，这段文字可能本来没有，是后来者在传抄过程中增加的，或者类似的文字另有出处，后人认为与老子的前文很贴切而引入，但考虑“师之所处，荆棘生焉；大军之后，必有凶年”是“以兵强天下”“其事好还”的具体表现，能起到很好的举例作用，经过2000多年的传播，已经广为人知而成为名句，所以本书予以保留。

30.2　善有果而已，不以取强。果而勿矜，果而勿伐，果而勿骄，果而不得已，果而勿强。

“果”本义为果子、果实。《说文解字》：“果，木实也。”引申为成果、结果、结局。对于本节连续出现的六个“果”字的确切含义，专家们的解读分歧比较大。王弼注：“果，犹济也。言善用师者，趣以济难而已矣，不以兵力取强于天下也。”宋代司马光《道德真经论》：“果，犹成也。大抵禁暴除乱，不过事济功成则止。”王安石《老子注》：“果者，胜之辞。”我认为，解读为“济难”比较牵强，解读为“成果”比较符合本义，解读为“获胜”则更直截了当，与后面的“勿矜”“勿伐”“勿骄”联系也更紧密，而且“果”本身就有胜、克的含义。《左传·宣公二年》：“杀敌为果，致果为毅。”《尔雅·释诂》：“果，胜也。”

“善有果而已，不以取强”，意为善于用兵之人，只要取胜（达到战争目的），就立即停战，不继续用兵逞强好胜、称霸于天下。这里的“善”指善于用兵的人。“已”就是停止。“果而已”即取得成果、获得胜利就停止战争。“取强”即逞强好胜。河上公注：“善用兵者，当果敢而已，不美之。”

“善有果而已”，竹简版写作“善者果而已”，帛书版写作“善者果而已矣”，还有的版本写作“善战者果而已矣”，这里“善”“善者”“善战者”都是指善于用兵的人。

“不以取强”取自竹简版，帛书版写作“毋以取强”，两者含义一致，通行版写作“不敢以取强”。根据俞樾等学者的考证，“敢”字应为衍文。从王弼的注释“不以兵力取强于天下也”看，老子原文应该没有“敢”字。好在“不敢”不仅有“因为怯懦而没有胆量、勇气做某事”之意，还有“不要”之意，“不敢以取强”可以解读为“不要用兵逞强于天下”。

“果而勿矜”，取胜后不要自矜，即不妄自尊大。老子在前面已经说过，“不自矜，故长”（第二十二章），反之“自矜者不长”（第二十四章）。河上公注：“当果敢谦卑，勿自矜大也。”

“果而勿伐”，取胜后不要自伐，即不自我夸耀。“不自伐，故有功”（第二十二章），反之则“自伐者无功”（第二十四章）。河上公注：“当果敢推让，勿自伐取其美。”

“果而勿骄”，取胜后不要自我骄傲。因为“富贵而骄，自遗其咎”，而“功遂身退，天之道也”（第九章）。河上公注：“骄，欺也。果敢勿以骄欺人。”王弼注：“吾不以师道为尚，不得已而用，何矜骄之有也？”

“果而不得已”，靠武力取胜是不得已而为之。强调战争是敌人挑起的，不是我方主动发起的，这仗是迫不得已而不得不打，是被迫无奈的奋起反击。这里的“不得已”意为迫不得已、不得不如此、无可奈何，不同于第二十九章的“得不到、做不到、达不到目的”。

“果而勿强”，取胜后不要逞强，更不要杀红了眼而滥杀无辜。“果而勿强”其实就是“善有果而已，不以取强”，两者头尾相呼应；“果而勿矜，果而勿伐，果而勿骄”是“果而勿强”的具体化，“果而勿强”则是“果而勿矜，果而勿伐，果而勿骄”的概括、总结；“果而不得已”是“果而勿强”的原因所在。

“果而勿矜，果而勿伐，果而勿骄，果而不得已，果而勿强”在不同的版本不完全相同，“矜”“伐”“骄”三字次序也不一致。帛书版甲本写作“果而勿骄，果而勿矜，果而勿伐，果而勿得已居，是谓果而不强”。帛书版乙本“骄”“矜”“伐”三字次序与甲本一致，但最后一句抄漏了“不”字，为“是谓果而强”。竹简版写作“果而弗伐，果而弗骄，果而弗矜，是谓果而不强”。虽然不同版本文字不尽相同，但含义并无不同，所以本书采用通行的河上公本和王弼本的表述。

30.3　物壮则老，是谓不道，不道早已。

“物壮则老”，事物达到鼎盛就会走向衰老，其原理就是盛极而衰。河上公注：“万物壮极则枯老也。”“壮”本义为人体高大、肌肉壮实，引申为强壮、强盛、壮年、鼎盛。“老”本义为年老。《说文解字》：“老，考也。七十曰老。”《礼记·曲礼》：“七十曰老。”引申为衰老。《左传》：“臣之壮也，犹不如人；今老矣，无能为也已。”唐代李贺《金铜仙人辞汉歌》：“衰兰送客咸阳道，天若有情天亦老。”

“是谓不道，不道早已”，这叫作不守“道”，违反“道”就会早早停止、很快死亡。“不道”有的版本写作“非道”，意为不合于“道”，不遵循“道”，不守“道”，违反“道”，反其“道”而行之。这里的“已”意为停止，引申为死亡。“早已”即早死、早亡。河上公注：“枯老者，坐不行道也。不行道者早死。”王弼注：“飘风不终朝，骤雨不终日，故暴兴必不道早已也。”

“物壮则老”是每一个生命体无法幸免的自然规律，古今中外的王朝也无不盛衰兴亡循环更替。那老子说“物壮则老，是谓不道，不道早已”又是什么意思呢？当然不是要人们违反自然规律，追求所谓的长生不老，而是针对上面的“兵强天下”“其事好还”“果而勿强”而言的，这里的“壮”就是指“兵强天下”“取强”。老子告诫统治者（君主及其辅佐之人），要懂得物极必反、盛极而衰、“反者，道之动”（第四十章）的道理，知雄守雌、知荣守辱、复归于朴，不争强好胜，“不以兵强天下”，“善有果而已，不以取强”，“果而勿强”，否则“其事好还”，结果必然“物壮则老”，加速王朝的灭亡，这就是不守“道”。

小结

老子在第二十九章最后说“是以圣人去甚、去奢、去泰”，对一个国家的最高统治者来说，最极端的事情莫过于用兵打仗，战争历来都是残酷而惨烈的，第一次、第二次世界大战至今让人不寒而栗，2022年2月开始的俄乌战争双方也是损失惨重。为此，老子在本章开头就明确指出，“以道佐人主者，不以兵强天下”，否则“其事好还”。

老子看到了太多的“师之所处，荆棘生焉；大军之后，必有凶年”的血腥案例。所以，老子厌恶战争、反对战争，更反对滥杀无辜，是一个坚定的和平主义者、反战主义者，但不是投降主义者，如果面对他国侵略，老子主张迫不得已而战，他在第五十七章还明确了用兵取胜的计谋，即“以奇用兵”，这与孙武（比老子小26~40岁）所著的《孙子兵法》中的“兵者诡道也”不谋而合。老子希望人们尤其是统治者要牢记自卫反击战的目的是打垮、赶走入侵之敌，而不是“兵强天下”，因此一旦达到目的就要及时停战，而不要逞强好胜、妄自尊大、自我夸耀，因为打仗是不得已而为之，所以获胜后要见好就收，不要赶尽杀绝。老子对此的总结是“物壮则老，是谓不道，不道早已”，如果“善有果”而继续“取强”“兵强天下”就是“壮”，“壮”则趋向衰老，这就是不合乎“道”，结果是早亡。

第三十一章　不祥之器　道者不处

元典

夫兵者，不祥之器，物或恶之，故有道者不处。君子居则贵左，用兵则贵右。兵者，不祥之器，非君子之器，不得已而用之，恬淡为上。胜而不美，而美之者，是乐杀人。夫乐杀人者，则不可得志于天下矣。吉事尚左，凶事尚右。偏将军居左，上将军居右，言以丧礼处之。杀人之众，以哀悲莅之；战胜，以丧礼处之。

直译

兵器是不吉祥的器物，人们都厌恶它，所以有“道”的人不使用它。君子平时以左为尊贵，用兵打仗则以右为尊贵。兵器是不吉祥的器物，不是君子该使用的器具，迫不得已才用它，恬静淡泊对待为上策。用兵取胜不要自我得意，如果得意扬扬，是以杀人为乐。以杀人为乐的人，不可能在天下实现他的志愿。吉庆祥和之事崇尚左方，凶丧险恶之事则崇尚右方。副将处于左边，上将处在右边，这就是说以丧礼对待用兵之事。杀人过多，要用哀伤、悲痛的心情面对它；战争取得胜利，要用丧礼的仪式来处置它。

善解

31.1　夫兵者，不祥之器，物或恶之，故有道者不处。

“夫兵者，不祥之器”，即兵器是不吉祥、不吉利的器物。河上公

注："祥，善也。兵者惊精神，浊和气，不善人之器也。""兵"本义为兵器、武器。古代把常用的兵器合称为"五兵"，但对"五兵"的定义各不相同。《周礼·夏官司马·司兵》："掌五兵五盾，各辨其物与其等，以待军事。"汉代郑玄注："郑司农云：'五兵者：戈、殳、戟、酋矛、夷矛。'"《穀梁传·庄公二十五年》："陈五兵。"注："矛、戟、钺、楯、弓矢也。"《匡谬正俗》："谓五方之兵，东矛、南弩、西戈、北铩、中央剑也。"《世本》："蚩尤以金作兵。兵有五，一弓，二殳，三矛，四戈，五戟。""夫兵者"原来的通行版写作"夫佳兵者"，曾经给专家的解读带来困惑，帛书版出土后，肯定了有关学者"佳"字为衍文的推断。

"物或恶之，故有道者不处"在第二十四章出现过一次，但两者厌恶的对象不同，含义也不尽相同。第二十四章众人厌恶的是"企""跨""自见""自是""自伐""自矜"这些行为，所以得"道"者不这样处事；而本章人们厌恶的是兵器这种不吉祥的器物，所以得"道"的人不使用它。"处"在第二十四章指处事、处置，在本章引申为执掌、使用。河上公注："兵动则有所害，故万物无有不恶之。有道之人不处其国。"

"物"本义为万物，此处则特指人。有的学者把"物"理解为包括动物在内的万物，解读为万物都厌恶兵器，或者动物也厌恶兵器，所以得"道"的人不使用它，这是不正确的。动物最多害怕兵器，其他的物体则没有情感判断，只有人才会厌恶或者喜爱兵器。人们厌恶兵器实际上是反对战争、反对杀戮。要从根本上避免战争，就必须销毁武器。所以，汉代贾谊在《过秦论》中说："收天下之兵，聚之咸阳。"

"故有道者不处"帛书版写作"故有欲者弗居"，有的学者解读为故而对自己有期望的人不凭借兵器来行事，认为"不居兵"是一条底线，而不是要求"有道者"的高线。这种解读不仅不符合老子的本意，而且其解读内容本身也说不通，对自己有期望的人不凭借兵器来行事，难道对自己没有期望的人就可以凭借兵器来行事？这是由于对"有欲者"的误解造成的，其实帛书版的"有欲者"就是"有道者"，详细解读参见第二十四章第二节。

31.2　君子居则贵左，用兵则贵右。兵者，不祥之器，非君子之器，不得已而用之，恬淡为上。胜而不美，而美之者，是乐杀人。夫乐杀人者，则不可得志于天下矣。

“君子居则贵左，用兵则贵右”，君子日常生活中以左为尊贵，用兵打仗、指挥作战则以右为尊贵，即君子平时以左为上，战时以右为上，平时与战时、和平年代与战争年代正好相反。

“君子”与“小人”相对，在春秋时代以前两者分别是指贵族统治者和被统治的百姓。《国语·鲁语上》说：“君子务治而小人务力。”意为贵族统治者致力于统治，百姓致力于苦力。到了春秋末期以后，“君子”指道德人格高尚的人，“小人”指道德卑劣的人。所谓“君子坦荡荡，小人长戚戚”。《论语》曰：“君子喻于义，小人喻于利。”我们现在经常说“以小人之心度君子之腹”。根据《庄子·天下》的论述，道家黄老派将人分为天人、神人、至人、圣人、君子、百官、民七等，君子“以仁为恩，以义为理，以礼为行，以乐为和”，这是儒家理想中的人格代表，在现实政治生活中相当于卿大夫、宰相。

“居”指居常、平素家居，即日常生活、平时。《论语·先进》：“居则曰：‘不吾知也。’”这里的“用兵”即使用兵器，引申为调兵遣将、指挥战争，使用武力、进行战争。

中国历史上“贵左”的传统是怎么形成的呢？古代的君王以坐北朝南为正座，因此帝王术叫作南面之术，讲究前（南）有照（水），后（北）有靠（山），左青龙（丘），右白虎（丘），左右合称两边有抱，即有山丘环抱。左青龙在东方，太阳从东方升起，旭日东升、朝气蓬勃，带来光明和希望，代表朝阳和生机，称为阳生；右白虎处西方，太阳从西天落下，夕阳西下、日落西山，带来黑暗和恐惧，代表黑夜和死亡，称为阴杀。所以古人以左为阳、以右为阴，阳生而阴杀，左边尊贵、右边卑下，体现了古人阳尊阴卑、天人合一的传统思想理念。

“兵者，不祥之器，非君子之器，不得已而用之，恬淡为上”，兵器是不吉祥的器物，不是君子该使用的器具，只是迫不得已才使用它，最好恬静淡泊处之，也就是说恬静淡泊是上策。河上公注：“非君子所贵重之器也，兵革者，不善之器也。谓遭衰逆乱祸，欲加万民，乃用之以自守。”

“恬”的本义是安静、恬静，引申为安逸、泰然。“淡”本义为味淡，引申为淡泊、不追求名利。《庄子·山木》：“且君子之交淡若水，小人之交甘若醴。”“恬淡”即恬静淡泊、安适宁静。《庄子·天道》：“夫虚静恬淡寂漠无为者，天地之平而道德之至。”第八章讲“上善若水”中的“上”意为最好的，这里可以理解为上策。

“不得已而用之，恬淡为上”与第三十章的“果而不得已”遥相呼应。什么情况下是“不得已”呢？就是为了抗击侵略、保家卫国、自卫反击，只有这时才被迫拿起武器与入侵之敌英勇作战，但即使是这样，老子也认为要“善有果而已，不以取强”（第三十章）。

“胜而不美，而美之者，是乐杀人”，打仗取胜也不要自以为美、自我得意，自以为美、自我赞美，实际上是以杀人为乐，也就是喜欢杀人。河上公注：“不贪土地，利人财宝。虽得胜而不以为利己也。美得胜者，是为喜乐杀人者也。”“美”本义为味美，这里指得意、高兴，也就是美滋滋地得意扬扬。

“夫乐杀人者，则不可得志于天下矣”，凡是以杀人为乐、喜欢杀人的人，不可能在天下实现他的志愿，不可能取得真正的成功。河上公注：“为人君而乐杀人者，此不可使得志于天下。为人主必专制人命，妄行刑诛。”“得志”即实现志愿、获得成功。《易经·贲卦》：“白贲无咎，上得志也。”《文选·嵇康·与山巨源绝交书》：“故四民有业，各以得志为乐，唯达者为能通之。”唐代白居易《琵琶行》：“弦弦掩抑声声思，似诉平生不得志。”这里的“天下”指人世间。

31.3　吉事尚左，凶事尚右。偏将军居左，上将军居右，言以丧礼处之。杀人之众，以哀悲莅之；战胜，以丧礼处之。

“吉事尚左，凶事尚右”，吉庆的事情，崇尚左方，以左为尊、为上，凶丧不吉祥的事情，则崇尚右方，以右为尊、为上，这是因为古人认为阴间与阳间正好上下左右颠倒。

“尚”即崇尚、尊崇。“吉事”指吉祥、吉庆之事，比如结婚、生子、乔迁、祝寿、祭祀等。“凶事”泛指坏事、不祥之事，比如丧事、上坟等，与“吉事”相对。《左传·昭公二年》：“作凶事，为凶人。”特指丧事。《周礼·春官·司服》：“凡凶事服弁服。”唐代柳宗元《故弘农令柳府君坟前石表辞》："以其素廉，家之蓄不足以充凶事，遂殡于是邑。"也指战事。《汉书·严助传》："兵者凶事，一方有急，四面皆从。"

"偏将军居左，上将军居右，言以丧礼处之"，偏将军地位比上将军低却居左（处于左边），上将军位高权重反而居右（处于右边），这就是说以丧礼的仪式来对待用兵打仗，即按照"凶事尚右"的丧礼处置行事。河上公注："偏将军卑而居阳者，以其不专杀也。上将军尊而居右者，其言主杀也。上将军居右，丧礼尚右，死人贵阴也。"

"偏将军"即起辅助作用的将军、副将，是古代低等级的杂号将军，也称裨将。"上将军"为中国古代高级武将的官名，后泛指行军作战时军中的主帅。这里的"居"指处于、处在。《孟子·离娄上》："居下位而不获于上。""处"即处置、办理、对待。

"杀人之众，以哀悲莅之；战胜，以丧礼处之"，意为杀人众多，要用哀伤、悲痛的心情面对它；战争取得胜利，要用丧礼的仪式来处置它。反之则是"美之者，是乐杀人"。河上公注："伤己德薄，不能以道化人，而害无辜之民。古者战胜，将军居丧主礼之位，素服而哭之，明君子贵德而贱兵，不得已诛不祥，心不乐之，比于丧也。知后世用兵不已，故悲痛之。"吕惠卿注："夫以丧礼处之，则是不祥之器，而不美之可知已。以悲哀泣之，则是不乐杀人也可知已。老君之察于礼学如此，而谓老君绝灭礼学，岂知其所以绝灭之意乎？"

"哀悲"通行版写作"悲哀"，帛书版甲本为"悲依（哀）"，乙本缺损，竹简版为"哀悲"，王弼本也写作"哀悲"，可见原文是"哀悲"。"莅"本义为走到近处察看，这里指面临、面对、对待。"莅"通行版写作"泣"，有的学者解读为哭泣，"以哀悲泣之"即用哀伤、悲痛的心情哭泣战死者。查帛书版甲本、乙本都写作"立"，相关专家研究认为"立"是"蒞"的省字；再看竹简版则写作"蒞"，而"蒞"同"莅"，是"莅"的异体字；《说文解字》："竦，临也。"根据其注释，经典蒞或作涖，注家皆曰临也。《道德经》释文云："古云莅字，《说文》作竦。"按，莅行而竦废矣。而"涖"也同"莅"，是"莅"的异体字。综上所述，"泣"字应该是"蒞"或者"涖"之笔误，所以本书用"莅"。

小结

本章是老子继第三十章阐述战争的残酷后果、天道好还的道理，并告诫统治者“善有果而已，不以取强”后，再一次论述战争之道，进一步阐明其反对战争、痛恨战争、爱好和平的美好愿望，反复强调“兵者，不祥之器”，“非君子之器”，所以“物或恶之”，“有道者不处”，迫不得已用兵，则要牢记“恬淡为上”。为了进一步加深人们对战争的印象，老子通过当时的礼仪传统，告诉人们要以丧礼对待战争和胜利，以哀伤、悲痛的心情面对死难者，切不可因为打了胜仗而自以为美，如此是以杀人为乐，“不可得志于天下”。

第三十二章　道恒无名　万物自宾

元典

道恒无名、朴，虽小，天下莫能臣。侯王若能守之，万物将自宾。天地相合，以降甘露，民莫之令而自均。始制有名，名亦既有，夫亦将知止，知止可以不殆。譬道之在天下，犹川谷之于江海。

直译

“道”永远无名而质朴，虽然微小，但天下没有人能让它臣服。诸侯、天子如果能够坚守大道，万物就会自动宾服。天地相交合，得以降下甘甜的雨露；民众不需要王侯发号施令，就自觉地均分利益。万物创始就有了名称，名称既然已经有了，就应该知道适可而止，适可而止就不会有危险。“道”存在于天下，犹如河川自然流归江海。

善解

32.1　道恒无名、朴，虽小，天下莫能臣。侯王若能守之，万物将自宾。天地相合，以降甘露，民莫之令而自均。

“道恒无名、朴，虽小，天下莫能臣”，“道”永远无名而质朴，虽然微小，但天下没有人能让它臣服。王弼注：“朴之为物，以无为心也，亦无名，故将得道，莫若守朴。”王弼注：“道无形不系，常不可名，以无名为常，故曰道常无名也。”

关于“道”的不可名状我们在第一章作过详细的阐述，第十四章明确指出“绳绳兮不可名”，第二十五章进一步指出，“有物混成，先天地生……吾不知其名，强字之曰道，强为之名曰大”，这些论述与本章的“道恒无名”一脉相承，第三十七章更是以“无名”指代“道”。“朴”在第十五章、第十九章、第二十八章中多次出现，本义为未经加工雕琢的原木，在这里比喻“道”的质朴。“臣”本义为男性奴隶，这里指臣服。这里的“天下”指所有的人。

通行版把“道恒无名”写作“道常无名”，有的专家解读为，“道”通常没有固定的名字。这实际上是对“常”字的误解，这里的“常”是指恒常，即恒久、永远，而不是通常、平常、常常之意。

“道恒无名、朴，虽小”，有的版本写作“道恒无名，朴虽小”，把“朴”解读为“道”的本质，认为“朴虽小”就是“道”的本质虽然弱小，形容“道”隐而不可见。河上公注：“道朴虽小，微妙无形。”我认为，这里的“小”不是指“道”的本质小，而是因为“道”处于“无”的状态，常人因为没有得“道”，当然看不见、摸不着，从而表面上显得渺小、卑微、微小、幽微，也就是老子所说的“视之不见”“搏之不得”“是谓无状之状，无物之象，是谓惚恍。迎之不见其首，随之不见其后”（第十四章），所以老子把“搏之不得”称为“微”，也就是“小”，而圣人则“见小曰明”（第五十二章）。“道”的“小”还体现在“万物作焉而不辞”（第二章），所以老子说“衣养万物而不为主，可名于小”（第三十四章）。从本质上讲，“道”生养天地万物，包罗宇宙天地，无边无际、无处不在、无所不容、无所不能，无与伦比的伟大、强大。因此，“道”既“其小无内”，又“其大无外”，认为“道”的本质弱小的观点是错误的，这说明“道恒无名，朴虽小”的断句不正确，“朴”与“无名”讲的都是“道”，“小”讲的也是“道”，指“道”的隐而不可见性，即“道隐无名”（第四十一章），而不是讲“朴”弱小。

“天下莫能臣”有的版本写作“天下不敢臣”，意为天下无人敢让它臣服。河上公注：“天下不敢有臣使道者也。”王弼注：“巧者可以事役也，力者可以重任也。朴之为物，愦然不偏，近于无有，故曰莫能臣也。”

“侯王若能守之，万物将自宾”，诸侯、天子如果能够坚守大道，天下万物就会自动归附。实际上万物“自宾”的是“道”，而诸侯、天子守

“道”，所以万物也就归附于诸侯、天子。河上公注：“侯王若能守道无为，万物将自宾服从于德也。”王弼注：“抱朴无为，不以物累其真，不以欲害其神，则物自宾而道自得也。”

“侯”本义为箭靶。《诗经·齐风·猗嗟》：“终日射侯。”《说文解字》：“侯，春飨所射矦也。”《小尔雅·广器》：“射有张布谓之矦。”后为中国古代五等爵位的第二等。《礼记·王制》：“王者之制禄爵，公、侯、伯、子、男凡五等。”泛指诸侯。《礼记·王制》：“内诸侯禄也，外诸侯嗣也。”又为古代对士大夫的尊称，泛指达官贵人，所谓侯门深似海。《史记》卷四八《陈涉世家》：“王侯将相宁有种乎？”

“王”本义为天子、君主。《释名》：“王，天子也。”《说文解字》：“天下所归往也。”董仲舒曰：“古之造文者，三画而连其中谓之王。三者，天、地、人也；而参通之者，王也。”孔子曰：“一贯三为王。”殷周时代帝王才能称“王”。《诗经·小雅·北山》：“溥天之下，莫非王土；率土之滨，莫非王臣。”春秋时期，楚、吴、越等诸侯国国君也开始称“王”；战国时，各诸侯国国君普遍称“王”。《国语·越语上》：“越王勾践栖于会稽之上。”从秦代开始，天子改称皇帝，“王”成为对贵族或功臣的最高封爵，即诸侯王，王、侯并列。《后汉书·张衡列传》：“王侯以下。”

“侯王”泛指诸侯，即诸侯国国君。从《老子》涉及“侯王”的内容看，可以理解为“侯”与“王”，即诸侯与天子。《文选·干宝·晋纪总论》：“将相侯王连头受戮，乞为奴仆而犹不获。”“宾”本义是宾客，与主人相对，这里指宾服、服从、归附。“自宾”即自然、自动宾服、归附。

“天地相合，以降甘露，民莫之令而自均”，天地相交合，得以降下甘甜的雨露，民众不需要王侯发号施令，就自觉地均分、分享利益。“天地相合”指天地阴阳之气相合，“合”在老子的话语体系中是产生万物之举，就是第四十二章“三生万物”中的“三”，类似的还有第五十五章的“牝牡之合”。“以降甘露”象征风调雨顺，自然生态和谐协调。“均”即均匀、平均、均分、均等。“自均”就是自然、自觉地均分和分享利益。“民莫之令而自均”象征国泰民安、天下太平、社会和谐。站在自然的角度讲，体现了天地不仁、没有亲疏，雨露均沾。从侯王与民众的关系看，如果侯王守“道”，就像孔子所说的那样“其身正，不令而行”；反之，如果侯王不守“道”、违背“道”，则“其身不正，虽令不从”。河上公注：“侯王动作能与天相应，天即（降）下甘露善瑞也。”王弼注：“言天地相合则甘露不求而自降。我守其真性无为则民不令而自均也。”河上公注：“天降甘露善瑞，则万物莫有教令之者，皆自均调若一也。”“民莫之令而自均”有的版本写作“人莫之令而自均”。

32.2 始制有名，名亦既有，夫亦将知止，知止可以不殆。

“始制有名”，万物创始后，为了相互区别，就产生各种名称。从第一章我们知道，“无，名天地之始”，“始”也就是“无”，“无”中生“有”，“有”生万物，“无”是天地万物的起始。“制”即制作、制造。“始制”指万物从无到有创始、制作，所以有的学者解读为万物兴作，这可以理解为第二十八章所说的朴散为器。河上公注：“始，道也。有名，万物也。道无名，能制于有名，无形，能制于有形也。”王弼注：“‘始制’，谓朴散始为官长之时也。始制官长，不可不立名分以定尊卑，故‘始制有名’也。”

“名亦既有，夫亦将知止，知止可以不殆”，名称既然已经有了，就应该知道适可而止，把握好立身行事的分寸、限度，适可而止就不会有危险。“既”指既然、已经。《论语·季氏》：“既来之，则安之。”《孟子·梁惠王上》：“兵刃既接。”“止”即停止、止步，引申为分寸、限度。“知止”就是要知道止步，懂得分寸，掌握限度，适可而止，也就是我们现在常说的“知敬畏、存戒惧、守底线”。“不殆”就是没有危险。

老子在第十六章说：“道乃久，没身不殆”，这里又说“知止可以不殆”，可见“知止”是得“道”的表现。河上公注：“既，尽也。有名之物，尽有情欲，叛道离德，故身毁辱也。”王弼注：“过此以往，将争锥刀之末，故曰‘名亦既有，夫亦将知止’也。遂任名以号物，则失治之母也，故‘知止所以不殆’也。”

“夫亦将知止，知止可以不殆”有的版本写作“天亦将知之，知之所以不殆”，解读为天道也将会被人知道，知道后就没有危险了。河上公注：“人能法道行德，天亦将自知之。天知之，则神灵佑助，不复危殆。”我认为，此段与本书现在采用的文字相比，上下文联系不畅，给人的启示少，而且从第四十四章的“知止不殆，可以长久”看，用“知止”比“知之”更合适、更深刻。

32.3 譬道之在天下，犹川谷之于江海。

“譬道之在天下，犹川谷之于江海”，“道”存在、充斥于天下，犹如河谷与江海相流通、河流自然流归江海一样，强调“道”确实存在，就好像百川东流终到海。王弼注：“川谷之求江与海，非江海召之，不召不求而自归者，世行道于天下者，不令而自均，不求而自得，故曰犹川谷之于江海也。”高明注：“言道泽被于万物，则万物莫不德化，譬犹江海善下川谷，则川谷无不归宗也。”

这里的“天下”指寰宇、宇宙。“犹”就是第五章讲过的犹如、如同、好比。“川”为象形字，甲骨文字形，左右是岸，中间是流水，本义即河流。《说文解字》：“川，贯川通流水也。”《释名》：“穿也。穿地而流也。”《周礼·冬官·考工记》：“凡天下之地势，两山之间，必有川焉。”“谷”泛指水流，“川谷”在这里对应江海可以解读为河流、河谷。

小结

在本章中，老子将“道”的特征归纳为无名、质朴、微小。这三个特征老子在不同的章节也多次讲过，现在将其合在一起是要告诉人们，“道”虽然微小，但因为其永远无名、质朴，所以“天下莫能臣”，统治者如果能够坚守无名、质朴之“道”，懂得分寸、适可而止，则天下风调雨顺、雨露均沾、国泰民安、社会和谐，百姓必然自动归附。这是因为“道”存在于宇宙天地万物之中，就好像川谷终归江海，天下万物莫不“自宾”于“道”，侯王守“道”、合于“道”，所以万物宾服。从本质上讲，本章表达的仍然是老子“道法自然”“无为而治”的政治思想。

第三十三章　知人者智　自知者明

元典

知人者智，自知者明。胜人者有力，自胜者强。知足者富，强行者有志。不失其所者久，死而不亡者寿。

直译

认识他人是聪明，认清自己才是明慧。战胜别人的人有力量，战胜自我的人才是真正的强大。知道满足的人富有，顽强前行的人有志气。不丧失道德根基之所在的人能够长久，身死而精神不灭的人才是真正的长寿。

善解

33.1　知人者智，自知者明。胜人者有力，自胜者强。

“知人者智，自知者明”，能识人的人有智慧，了解他人是聪明，能认识、体察他人的品性与才能是“智”，能认清自己的人明智、明慧，了解自己、认识自我才是“明”。河上公注：“能知人好恶，是为智。人能自知贤与不肖，是为反听无声，内视无形，故为明也。”

“知人”即识人、了解他人，指能认识、体察他人的品性与才能。《书经·皋陶谟》：“知人则哲，能官人。”“自知”字面的含义是自己明了、自然知晓。汉代王充《论衡·实知》：“不学自知，不问自晓，古今行事，未之有也。”这里指了解自己、认识自我。明代宗臣《报刘一丈书》：“夫才德不称，固自知之矣；至于不孚之病，则尤不才为甚。”

在老子的话语体系中，“智”不是指大智慧，而是指侧重于计谋的小聪明。所以，老子认为“智慧出，有大伪”（第十八章），“绝智弃辩，民利百倍”（第十九章），“虽智大迷，是谓要妙”（第二十七章），“民之难治，以其智多。故以智治国，国之贼；不以智治国，国之福”（第六十五章）。相对应“智”，老子推崇的是“明”，老子对“明”的要求是，“知常曰明”（第十六章）、“不自见，故明”（第二十二章），“见小曰明”（第五十二章），了解、认识、懂得、知晓恒常之道称为“明”，不自我表现、不自我炫耀、不自我表扬、不显露自见才能“明”，能察见细小叫作“明”。

俗话说，人心隔肚皮，知人知面不知心，可见“知人”之难，所以把能看出人的品行才能的眼力称为“知人之明”，能知人善任就是一个优秀的领导人，能知人而礼贤下士则更是高人。但在老子看来，“知人”只能算是小聪明，“自知”才可以称得上圣明。按照老子的理论，“知常”、“不自见”、“见小”与“自知”同称为“明”，即做到“知常”“不自见”“见小”，才能“自知”。所以说“知人”难，“自知”比“知人”更难，也就是说了解自己、认识自我，比了解他人、认识别人更高明。《荀子·荣辱》：“自知者不怨人，知命者不怨天；怨人者穷，怨天者无志。”有自知之明的人不抱怨别人，懂得命运的人不埋怨天。

一代伟人毛泽东曾经说过，人贵有自知之明。只有时刻保持清醒的自我认识，才不会被别人虚伪客套甚至别有用心的赞美所迷惑，做任何事都能量力而行；如果没有自知之明，就容易狂妄自大、自我膨胀，甚至走向灭亡。典型的如战国时期赵国的赵括，缺乏自知之明，自以为熟读兵书就能用兵天下第一，实际上他只会纸上谈兵，毫无实战经验，结果不仅害了自己，而且使40万赵军将士被秦军坑杀。

“胜人者有力，自胜者强”，能战胜别人的人强壮有力量，能战胜自己的人才是真正的强大。“自胜”不单单要有力量，更要有超越自我的果敢、决心和毅力，“自胜”的关键是克制自我的欲望和惰性。河上公注：“能胜人者，不过以威力也。人能自胜己情欲，则天下无有能与己争者，故为强也。”

33.2 知足者富，强行者有志。

“知足者富”即知道满足的人富有，这里的富有不是物质上的富有，而是指精神层面的富有。“知足”本义为知道满足、安于现状，某种意义上有“知止”的含义。《文选·曹植·责躬诗》：“危躯授命，知足免戾。”“知足”之“富”体现在安贫乐道、没有贪欲，这种富有是永恒、长久的“富”，是人一辈子的财富。所以老子说，“知足不辱，知止不殆”（第四十四章），“知足之足，恒足矣”，反之则是“祸莫大于不知足”（第四十六章）。河上公注：“人能知足，则长保福禄，故为富也。”

“强行者有志”，努力不懈、顽强前行、勤奋不止、自强不息的人有志气、有志向。河上公注：“人能强力行善，则为有意于道，道亦有意于人。”“强行”本义为强制进行、勉强行事，这里指努力不懈、顽强前行。严灵峰等学者根据王弼注“勤能行之，其志必获”，认为“强行”应为“勤行”之误，又疑“强”与“勤”古代相通假，老子在第四十一章说“上士闻道，勤而行之”，所以“强行”就是顽强勤奋不懈地行“道”。“有志”即有志气、有志向、有抱负。

33.3 不失其所者久，死而不亡者寿。

这里的“所”不是指我们现在常讲的工作场所、生活处所，而是指人的立身之所、人生价值之所在，也就是人的人生定位、价值取向、安身立命的道德根基之所在。所以，“不失其所者久”，字面含义是不失去自己所在地方、场所的人能够长久，这里指不丧失道德根基之所在的人能够长久，也就是得“道”者能够长久。老子认为“道”最长久，“天乃道，道乃久”（第十六章），宇宙天地万物唯有顺应“道”、得“道”才能长久，“天地所以能长且久者，以其不自生，故能长生”（第七章），“有国之母，可以长久。是谓深根固柢，长生久视之道”（第五十九章）。河上公注：“人能自节养，不失其所受天之精气，是可以久。”

“死而不亡者寿”，身体死亡而精神不灭的人才是真正的长寿，也就是我们常说的永垂不朽。“死”指身体死亡。“不亡”指精神永不灭亡。河上公注：“目不妄视，耳不妄听，口不妄言，则无怨恶于天下，故长寿。”王弼注：“身没而道犹存。”

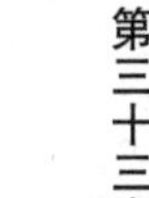

小结

本章论述了自我修养的方法、要诀。在老子看来，“知人”“胜人”很重要，但“自知”“自胜”更重要；“知人”“胜人”固然难，而“自知”“自胜”更难。“自知”难就难在“知不足”，而“自知之明”，明也就明在“知不足”，“知不足”才能不骄傲自满，通过不断学习、努力补齐短板，从而不断进步；“自胜”难就难在“不知足”，而“自胜之强”，强也就强在“不知足”，“不知足”才能永葆进取之心，自强不息、永攀新的高峰，从而超越自我永无止境。

在“知足”与“强行”之间，老子更推崇哪一个呢？从语句顺序上看似乎“强行”更重要，但无论是“强行”还是“勤行”，都更接近儒家自强不息的拼搏精神，与老子反复强调的“道法自然”相比不在同一个层次。“强行者有志”其导向是有志者事竟成，与“为学日益”相通，而且总体上讲，老子不提倡“强”和“志”，其哲学思想知雄守雌、崇“弱”贬“强”，把“弱其志”作为圣人之治的施政目标之一。“知足”则更接近老子一贯的清静无为思想，所以“知足”比“强行”更重要、更难。“知足”难就难在要知足常乐，“知足者富”，富就富在安贫乐道。老子在第二十八章说“知其荣，守其辱，为天下谷；为天下谷，恒德乃足”，知道自身的荣耀、荣誉，却能守住耻辱，耐得住别人的羞辱、侮辱。

老子最后告诉我们，只有达到“自知”“自胜”“知足”“强行”的人，才能“不失其所”，“知足不辱，知止不殆，可以长久”（第四十四章），最终“死而不亡”，实现永垂不朽。

第三十四章　大道泛兮　其可左右

元典

大道泛兮，其可左右。万物恃之以生而不辞，功成而不有。衣养万物而不为主，可名于小；万物归焉而不为主，可名为大。以其终不自为大，故能成其大。

直译

大道广泛啊，可以存在于（相互对立的）左右（阴阳、正反）两面之中。万物依赖“道”生长而它不推辞，（“道”助万物）成功而不占为己有。护养万物而不自以为是万物之主，可以命名为“小”；万物归附而不自以为是万物之主，可以命名为“大”。正因为“道”始终不自大，所以能够成就其真正的伟大。

善解

34.1　大道泛兮，其可左右。万物恃之以生而不辞，功成而不有。

“大道泛兮”即大道广泛啊。“泛”本义为漂浮，引申为漫溢、广泛、空泛、宽泛，突出“道”的无处不在、无所不包。河上公注：“言道泛泛，若浮若沉。”通行版写作“大道氾兮”，“氾”同“泛”，后改为“泛”。因为“氾”有大水漫流、淹没之意，有的学者解读为，大道如河水漫流，或

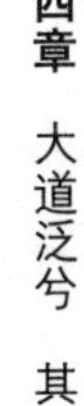

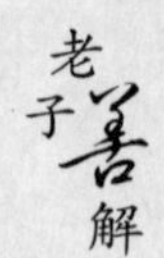

者大道如河水滔滔。

“其可左右”，有的学者解读为“道”因为广泛流行，可以左右逢源；有的专家解读为“道”虽然大（无处不在），但却能被左右役使。我认为，“左右逢源”太过功利，不符合“道”的本质属性；“道”是客观规律、终极真理，只能被认识、遵循，用“役使”不仅动宾搭配有问题，而且“道”是客观存在，岂可为他人所左右。“道”可以存在于（相互对立的）左右（阴阳、正反）两面之中，反映的是“道”无处不在、无所不至的特性。正因为“道”无处不在而又守中，所以中国共产党明确提出既要反对“右”，又要反对“左”，既不能走“左”的封闭僵化的老路，也不能走“右”的改旗易帜的邪路。

“万物恃之以生而不辞，功成而不有”，宇宙间的万事万物都由“道”生育（“道”是万物之母），都要依赖、依靠、仰仗“道”而生存与成长，天地万物每时每刻都离不开“道”的养育，而“道”并不推辞、拒绝，有求必应；“道”助万物成功，却不占有、不居功，不求回报。这既呼应了本节前半部分所说的“大道泛兮”，又进一步论述了“道”的伟大无私，也与第二章的“万物作焉而不辞，生而不有，为而不恃，功成而弗居”一脉相承。“恃”指依赖、依靠。“不辞”在本章指不推辞、不推却、不躲避。《文选·张华·励志诗》：“山不让尘，川不辞盈。”河上公注：“道不辞谢而逆止也。”“不有”意为不占有、不居功。河上公注：“有道不明其有功也。”

34.2　衣养万物而不为主，可名于小；万物归焉而不为主，可名为大。

“衣养万物而不为主，可名于小”，“道”护持、养育万物而不自以为是万物之主，即不去主宰万物，可以命名它为“小”，或者说它是渺小的。从另一个角度看，则是宇宙间任何微小的事物中都有“道”。王弼注：“万物皆由道而生，既生而不知其所由。万物各得其所，若道无施于物。故名于小矣。”

“衣”在这里意为覆盖，引申为护持。《易经·系辞下》：“古之葬者，厚衣之以薪。”《管子·度地》：“以徒隶给大雨，堤防可衣者衣之。”“衣养”即护养，就是第五十一章的“养之覆之”。“衣养”有的版本写作“爱养”，解读为珍爱养育；也有的版本写作“衣被”，解读为覆盖、护持。“不为主”即不自以为是万物之主，不主宰万物。

“万物归焉而不为主，可名为大”，万物都归附、臣服于“道”，它还是不自以为是万物之主，仍然不去主宰万物、支配万物，而是让万物自己主宰自己，可以命名它为“大”，或者说它是伟大的、强大的。“归”指归附、归服、臣服。

有的版本在“可名于小”和“可名于大”之前分别有“常无欲”和“常无名”，“常无欲”强调“道”的无私无欲，“常无名”强调“道”不追求名利，突出其伟大，帛书版在“可名于小”之前有“恒无欲也”，“可名于大”之前则没有相应的内容，有关学者研究认为其应该都是衍文。

34.3 以其终不自为大，故能成其大。

“自为大”即自以为大，也就是自大、自我夸大、自以为了不起。“以其终不自为大，故能成其大”，正因为“道”始终不自以为大，所以能够成就其伟大。有的版本把“以其终不自为大”写作“是以圣人终不为大”，从本章前面的内容看，一直在讲“道”，所以“以其终不自为大”上下文更顺畅，“是以圣人终不为大”出现在第六十三章，“为大”也不能等同于“自为大”。

小结

老子在第三十二章说“道”微小，而本章则说“道”无处不在，可以存在于相互对立的左右两面之中，既可以命名为“小”，又可以命名为“大”。称其为“小”，是因为“道”护养万物却不自以为是万物之主，任万物自我成长，感觉不到“道”的存在；称其为“大”，是因为万物归服“道”却不主宰万物，体现“道”的博大胸怀。“道”表面上是渺小、卑微的，其小无内，微小得看不见、摸不着，但实际上却是无与伦比的伟大、强大，其大无外，而“道”之所以从根本上讲是伟大的，是因为其始终不自大。

本章给我们的启示是，衣养万物、万物所归的“道”都不自大，何况人乎？所以，“有道者”都深知“生而不辞，功成而不有”“不为主”“不

自大”的道理。作为普通人，我们要对照老子的教导，按照“三不”（“不辞”“不有”“不为主”）精神，不断躬身自省，努力消除自身的贪欲（包括占有欲、支配欲、表演欲、夸大欲），任何时候都“不自大”。如果自己对社会作了一点小贡献、对他人有一点小恩小惠，能不能不自夸、不自大、不头脑发热、不自以为是？比如生养了孩子、为人父母，能不能不强迫孩子学这学那，放手让孩子快乐成长、自我发展？能不能不干涉孩子的恋爱婚姻，不提这个条条那个框框，放手让孩子自主恋爱、择偶、成家？自己辛辛苦苦成功地创办了一家企业、一个社会组织，能不能让社会共享而不是占为己有？能不能不以主宰自居、时时把住不放、事事亲力亲为，而是大胆放心地放手让他人管理？

第三十五章　道之出口　淡乎无味

元典

执大象，天下往。往而不害，安平泰。乐与饵，过客止。道之出口，淡乎其无味。视之不足见，听之不足闻，用之不可既。

直译

执守大道，天下人就都来归往。归往而又不相互伤害，则天下平和、安泰。音乐和美食，吸引过往的行人止步。而“道”从口中说出，却淡然无味。看它不足以看见，听它不足以听到，但用它却用之不尽。

善解

35.1　执大象，天下往。往而不害，安平泰。

“执”本义为捉拿、捉住，引申为执掌、执守、把握、施行、坚持。“象”指人们思想、思维中出现的无形景象、形象，与“道”一样看不见、摸不着，只能通过大脑去感悟、感受，被老子用来指代无形无状的“道”。后来人们用“大象”来指代大道、道理、世界一切事物的本原，象征帝王一统天下。《文选·干宝·晋纪论晋武帝革命》：“于是百姓与能，大象始构矣。”河上公注：“象，道也。”王弼注：“大象，天象之母也。”这里的“天下”指所有的人。“往”即归往、归向。

“执大象，天下往”，谁把握住大道，谁施行大道，谁坚守大道，天下的人就都往他那里去，都去投奔他、投靠他，自觉接受他的统治，其所在之地就成为天下人向往的地方。老子告诉统治者、领导者，要想实现天下归心、民心所向、众望所归，就必须“执大象”，统治者如果能够执守大道，则“万物将自宾”“民莫之令而自均”（第三十二章）。但“大象无形”（第四十一章），如何才能“执”呢？就是用心用脑去感悟、在实践中体悟，最终得“道”、尊“道”、循“道”、行“道”。

“往而不害”，因为统治者“执大象”，民众心悦诚服地往他那里去，自愿服从他的统治、领导，所以只会拥戴他而不会伤害他，能“执大象”的统治者当然也不会伤害自愿投奔、归附他的百姓。因此，这里的“不害”是统治者与百姓两不相害。

对于本节的“安”字，学者们有两种不同的解读：一种理解为安乐、安宁、平静；另一种认为是则、于是、乃之意。《荀子·仲尼》：“委然成文，以示之天下，而暴国安自化矣。”那么到底哪一种解释更合理呢？让我们先讲一讲“平”和“泰”。“平”本义为语气平和舒顺，引申为平安、平静、安静、安定、平均、平等。“泰”本义为平安，引申为安定、平和、安泰、顺遂如意、舒适安乐、泰然自若。显然，这里的安乐、安宁、平静的含义已经包含在“平”和“泰”之中，所以把“安”理解为连词更合适，从与“往而不害”的逻辑关系看，“安平泰”应该解读为于是平和、安泰。有的学者把“平”解读为平等、平均，把“泰”解读为通泰、美好，要么按现代的政治理想强加于老子，要么与“往而不害”不相匹配。“安平泰”有的版本写作“安平太”，有的专家把“太”解读为天下太平，其实古代“太”通“泰”，《说文解字》就未收录“太”。

35.2 乐与饵，过客止。

“乐”即音乐。“饵”本义为糕饼，引申为食物的总称。“过客”即路过的客人、路人。《韩非子·五蠹》：“穰岁之秋，疏客必食。非疏骨肉，爱过客也，多少之实异也。”《史记·魏公子列传》：“然嬴欲就公子之名，故久立公子车骑市中，过客以观公子，公子愈恭。”在这里指普通人、众人、俗人，与“有道者”、圣人、君子相对。

《潇洒走一回》的歌词写道：天地悠悠，过客匆匆，潮起又潮落，恩恩怨怨，生死白头，几人能看透。这就是“过客”的真实写照，人的一生，与宇宙天地相比就是一瞬间，而“天地尚不能久”（第二十三章）。那么谁能恒久呢？“谷神不死”（第六章），“道乃久”（第十六章）。所以，要长久就向“道”学习，“道法自然”（第二十五章），“执大象”，与“道”同在，就能做到“不失其所者久，死而不亡者寿”（第三十三章）。

“乐与饵，过客止”，有音乐和美食，就能吸引匆匆过往的行人停下脚步，欣赏美妙的音乐，品尝美味佳肴。很多人对老子在讲“道”的过程中突然插入本节内容感到不理解，实际上老子是为了给下文做铺垫。老子认为，不管是有形的物质享受——美食，还是无形的精神享受——音乐，人们被其吸引是天性使然，不必苛责。老子是“道法自然”的自然主义者，不是不食人间烟火的虚无主义者，提倡“虚其心，实其腹”（第三章），“甘其食，美其服，安其居，乐其俗”（第八十章），不反对正常的生活享受，只是不能过分、过度地享受，否则就走向“道”的对立面。用老子的话说就是“五音，令人耳聋；五味，令人口爽”（第十二章），所以要“少私寡欲”（第十九章），但不是“绝私无欲”。

35.3　道之出口，淡乎其无味。视之不足见，听之不足闻，用之不可既。

“道之出口，淡乎其无味”，“道”说出口，即“道”从口中说出，或者是“道”表述出来，淡然无味。这与上一节形成鲜明对比，音乐和美食很吸引人，陌路之人都会停下匆忙的脚步，闻乐起舞，闻香觅食，但“道”却平淡无味，对有的人来说，那简直是索然无味、枯燥乏味，所以求“道”之路漫长而又曲折，需要足够的耐心和韧劲。然而，我们必须认识到，平平淡淡才是真，真理看起来平淡无奇、简洁明了，就如同阳光、空气、清水一样淡而无味。相反，假话、空话、套话、大话特别是溜须拍马的恭维话，往往辞藻华丽、滔滔不绝、长篇大幅，人们称之为花言巧语。

“视之不足见，听之不足闻”，看它不足以看见，听它不足以听到，也就是第十四章所说的“视之不见”“听之不闻”“迎之不见其首，随之不见其后”，强调“道”的无形、无声，与“道之出口，淡乎其无味”一起，反衬“道”的作用巨大（“用之不可既”）。

“既”的甲骨文字形，左边是食器的形状，右边像一人吃罢而掉转身体将要离开的样子，本义是吃罢、吃过，引申为尽、全部。《左传·僖公

二十二年》："及其未既济也。"《国语·齐语》："故拘之以利，结之以信，示之以武，故天下小国诸侯既许桓公，莫之敢背。"

"用之不可既"通行版写作"用之不足既"，帛书版写作"用之，不可既也"，竹简版写作"而不可既也"。这里指"道"的作用取之不尽、用之不竭，用"不可"比"不足"更合适。"用之不可既"是本章的落脚点和结论，解开了第一节"执大象，天下往"的奥秘，首尾遥相呼应。

小结

为什么现在解读《老子》的著作越来越多，但我们却越读越糊涂呢？因为有的专家舞文弄墨、故弄玄虚。比如有一专家对本章的解读是："老子在本章中描述了宇宙整体的形象，'大象'指宇宙整体。宇宙的整体形象从逻辑上讲就是一个'箭头'。可把宇宙从其始点到'我'所在的位置看成是一条轨道。人能利用其'心法'走完这条轨道。老子认为，人要经过'安、平、太、乐、饵'五个阶段，才能使'心法'产生作用，从而达到轨道终点'过客止'。可这个终点也是宇宙的始点。宇宙的轨道即从这个始点到'心法'的出发点，虽然这是一条重建的宇宙轨道。自然的和重建的在逻辑上一致，故自然的宇宙轨道也可由重构的宇宙轨道来代表。"不知道读者看了专家的上述论述是否明白？反正我是没有看懂，看了比不看还糊涂。

其实，本章在《老子》一书中属于相对容易理解的，旨在告诉统治者，只要把握住大道、坚守大道（执大象），就会天下归心、国泰民安（安平泰）。同时提醒统治者，"道"不像音乐和美食那样吸引人，而是"淡乎其无味"，不但平淡无味，而且看不见、听不到，但一定要明白"道"的作用巨大，可以取之不尽、用之不竭，实际上这是告诫统治者一定要"无为而治"。

第三十六章　欲歙先张　欲取先予

将欲歙之，必固张之；将欲弱之，必固强之；将欲废之，必固兴之；将欲取之，必固与之。是谓微明。柔弱胜刚强。鱼不可脱于渊，国之利器不可以示人。

直译

想要合拢它，必先张开它；想要削弱它，必先增强它；想要废除它，必先让它兴盛；想要夺取它，必先给予它。这就叫作微妙玄通的明慧。柔弱战胜刚强。鱼不能脱离深渊，国家的锋利宝器不可以炫示于人。

善解

36.1　将欲歙之，必固张之；将欲弱之，必固强之；将欲废之，必固兴之；将欲取之，必固与之。

“将欲”即将要、想要、打算。有的学者把“欲”理解为欲望，把“将欲”解读为“把欲望”，这明显缩小了老子论述的涵盖面，这里的“歙”“张”等并不限于欲望，而是普遍适用的道理。“固”本义为坚固，又有一定、已经、本来、原来、姑且、暂且之意。所以有的学者理解为一定，但这与“必”重复；有的专家解读为暂且，“想要……暂且……”可以说得通，但容易给人以权谋、权宜之计的感觉，不符合老子的一贯思想。如果把“将欲”作为目标，“必固”作为条件，则“固”可以理解为已经，把“必固”解读为“必先”更通顺。

“将欲歙之，必固张之”，想要收缩、收敛它，必须先张开它。收缩、合拢与扩张、张开一正一反，张开了才能收拢，反之亦然，收拢了才能张开。“歙”读 xī，不读 shè，本义为吸气或通过呼吸吸入。《说文解字》：“歙，缩鼻也。”也作“噏”。通“翕”，意为收缩、敛息、合拢。“翕”与“张”相对，合称翕张，就是一合一开。《淮南子·本经》：“开阖张歙。”《淮南子·兵略》：“（用兵之道）为之以歙，而应之以张。”“歙”河上公本写作“噏”，帛书版乙本、《韩非子·喻老》写作“翕”，帛书版甲本写作“拾”，意为收拾、收敛。

“将欲弱之，必固强之”，想要削弱它、弱化它，必须先增强它、强化它，想要让它弱小、柔弱，必须先让它强大、刚强。

“将欲废之，必固兴之”，想要废除它、废弃它，必须先兴盛、振兴它。帛书版写作“将欲去之，必固与之”。“去”即去除。据劳健、高亨、冯达甫、陈鼓应等学者研究认为，“与”古通“举”。《礼记·礼运》：“选贤与能”即“选贤举能”。古文常以“举”对“废”，“举”指兴起、兴举、复兴。

“将欲取之，必固与之”，想要夺取它、获取它，必须先给予它、施与它。帛书版写作“将欲夺之，必固予之”。“与”本义为赐予、施与、给予，同“予”。

36.2　是谓微明。柔弱胜刚强。

“微”即微小、细微、微妙。“明”指明智、明慧、高明、睿智。“微明”意为微妙至极的明智、睿智，能明察秋毫、分辨细微变化的明慧，深藏不露的高明，类似于第十五章的“微妙玄通”。也有的专家解读为似微实明，看似幽微，实则明显。对于“有道者”来说，第一节讲的内容，看似微妙，其实都是最普通的道理。还有的学者解读为微妙的预见，或者是几先的征兆，认为“张之”“强之”“兴之”“与之”之中，已有“歙之”“弱之”“废之”“取之”的预兆，所以称为“微明”。“几”有隐微之意，把“微”解读为几先勉强说得过去，但把“明”理解为预见、征兆则有点牵强附会，而且微妙的预见、几先的征兆本身也不好理解，不如明察秋毫的睿智或者微妙玄通的明慧更贴切。

“柔弱”意为柔软、柔顺、谦和、软弱、弱小。《隋书》卷七十七《徐则传》：“至于五更而死，肢体柔弱如生，停留数旬，颜色无变。”“刚强”本义是刚烈强劲、刚毅坚强，这里与“柔软”相对，意为刚硬倔强、刚烈强横。《三国志》卷十二《徐奕传》：“昔西门豹佩韦以自缓，夫能以柔弱制刚彊者，望之于君也。”其中的“刚彊”即刚强，“彊”通“强”。《国语·晋语》：“申生甚好仁而彊。”

老子认为柔弱是“道”的最大作用，“弱者，道之用”（第四十章），体现“道”顺其自然、润物无声，却作用无穷。柔弱之所以能够战胜、胜过刚强，是因为“天下之至柔，驰骋天下之至坚”（第四十三章），“坚强者死之徒，柔弱者生之徒”（第七十六章），所以“弱之胜强，柔之胜刚”（第七十八章）。河上公注：“柔弱者久长，刚强者先亡也。”

本节是对上一节四个“将欲”（“歙”“弱”“废”“取”）、四个“必固”（“张”“强”“兴”“与”）的总结，能够理解四个“将欲”、四个“必固”的逻辑关系，就称得上“微明”。那么老子又是怎么从中得出“柔弱胜刚强”这个结论的呢？在老子看来，“张”“强”“兴”“与”到一定程度后，必然“歙”“弱”“废”“取”，这就是“柔弱胜刚强”的道理。高亨《老子正诂》：“老子戒人勿以张为可久，勿以强为可恃，勿以举为可喜，勿以与为可贪耳。故下文曰‘柔弱胜刚强’也。”

“是谓微明。柔弱胜刚强”有的版本写作“是谓微明：柔之胜刚，弱之胜强”。

36.3　鱼不可脱于渊，国之利器不可以示人。

“鱼不可脱于渊”即鱼不可以脱离深渊，不能离开自身居住的地方。“渊”即深水、深潭，这里指鱼居住的地方。《后汉书·伏湛列传》：“智略谋虑，朝之渊薮。”其中“渊”“薮”分别指鱼所居之处和兽所聚之处，渊薮比喻人或物聚集的地方。

我们常说鱼儿离不开水，这是因为离开了水，鱼就无法生存。但老子为什么要强调不可离开的是深渊而不是泛泛之水？仔细考量，老子想说的是，即使鱼还在水中，但如果是在浅水，就容易被人或者其他动物发现，仍然处于危险状态，只有藏在深渊才能确保安全，这就是老子在第五十章所说的"盖闻善摄生者，陆行不遇兕虎，入军不被甲兵……夫何故？以其无死地焉"。

"国之利器不可以示人"，字面的含义是国家的锋利宝器不可以让外人看见。"利"本义为刀剑锋利，引申为要害的、重要的。"利器"本义为锋利的兵器，引申为重要的武器、军力、武力、兵权、有效的工具，也比喻英才。"国之利器"就是统治国家的有效工具、要害法宝，泛指利于国家的事物，既包括强大的军队和武器装备，也包括好的制度、体制、机制、法律、国策、战略等。"国之利器"有的版本写作"邦之利器"，因为春秋时期的国是诸侯国，也称为邦。"示人"指让人看见、让人知道，引申为向人炫耀。

有的专家把"国之利器不可以示人"理解为国家重要的秘密武器、治国理政的法宝或者秘诀必须深藏不露，不可以让外人知道，认为这是老子的韬光养晦战略，与本章的前两节内容一样讲的都是以退为进的权谋之术，并据此认为老子是阴谋家。也有的学者认为，本节与本章前面两节没有逻辑关系，显得脱节、多余，怀疑是错简窜入。

我认为，上述观点都是对老子思想的误读，按照老子一贯的思想，"国之利器不可以示人"，就是不可以向他人炫示、炫耀军力与威权。对外不可以耀武扬威、穷兵黩武，以武力称霸天下，"以道佐人主者，不以兵强天下"（第三十章）；对内不可以依靠国家机器以严刑酷法恐吓百姓，"民不畏死，奈何以死惧之"（第七十四章）。实际上，在老子看来，对外显示军力、对内高压统治都是逞强恃暴之举，就像鱼儿躁动离开深渊必为人所制伏一样，必然给国家带来危险，导致统治无法持续稳固。

综上所述，"鱼不可脱于渊"是为了便于读者更形象地理解"国之利器不可以示人"，"国之利器不可以示人"并没有秘不示人、以退为进、图谋后发制人之意，其体现的正是前两节论述的欲歙先张、欲弱先强、欲废先兴、欲取先予、柔弱胜刚强的道理，这也是本章的正确结论。

小结

老子通过对"歙"与"张"、"弱"与"强"、"废"与"兴"、"取"与"与"四组关系的阐述，论述"柔弱胜刚强"的道理，并用"鱼不可脱于渊”这样形象生动的比喻，告诫统治者“国之利器不可以示人”，要善于知雄守雌、知荣守辱、致虚守静、守中守柔，不可恃强自炫而陷邦国于危难之中。

第一节论述的四组关系中，“歙”“弱”“废”“取”是目标，“张”“强”“兴”“与”是前提条件、方法手段，老子把欲歙先张、欲弱先强、欲废先兴、欲取先予叫作“微明”。从哲学的高度思考，这是老子“反者，道之动”（第四十章）理论的应用，体现了事物的两重性和矛盾转化辩证关系。老子通过对宇宙天地特别是包括人在内的万物进行深入而普遍的观察，“万物并作，吾以观复”（第十六章），得到了“夫物芸芸，各复归其根”（第十六章）的结论，据此老子认为，“远曰反”（第二十五章），事物发展到某个极限后，就必然会向相反的方向转化，这就是物极必反。所以，想要合拢就要张开到极点（无法再进一步张开，就只能合拢），想要削弱它就让它强大到极点（“强梁者不得其死”），想要废除它就让它兴盛到极点（“物壮则老”），想要夺取它先给予它到极点（“金玉满堂，莫之能守”“益之而损”）。

我们普通人面对上述四组关系时，除了“将欲取之，必固与之”，其他三组关系往往与老子的观点相反，我们习惯于收缩是为了扩张、示弱是为了强大、废除是为了兴盛（不破不立）。那么能把这四组关系倒过来吗？按照物极必反的理论，倒过来一样成立：收缩到极点就必然会膨胀，柔弱到极点就开始强壮，彻底废除了旧的事物就会有新的事物兴起，想要给予先要获取（比如国家要收取了税金才能通过第二次分配给予百姓）。老子之所以如此论述，是老子哲学崇阴贬阳、知雄守雌思想的体现，从阴阳的角度讲，“歙”“弱”“废”“取”属阴，“张”“强”“兴”“与”属阳。不同的是，我们更多的是站在自我的立场看问题，而老子则是以“道”的视角进行思考。

第三十七章　道恒无为　万物自化

元典

道恒无为而无不为。侯王若能守之，万物将自化。化而欲作，吾将镇之以无名之朴。无名之朴，夫将不欲。不欲以静，天下将自正。

直译

“道”永远不恣意妄为，却能无所不为。诸侯、天子如果能够坚守无为之“道”，万物就会自然化育。因自然化育而产生贪欲，我将用“道”的质朴、淳朴去镇服与安抚。“道”的质朴，将使万物不起贪欲。没有了贪欲，则万物清静淡泊，天下将自行回归正道。

善解

37.1　道恒无为而无不为。侯王若能守之，万物将自化。

老子所说的“无为”不是没有作为，而是要顺应自然、不以个人主观意志而人为地妄为，不违背客观规律乱作为，条件不成熟时不要硬作为，相当于我们现在常说的不越位。“无不为”就是无所不为，实际上也就是“有为”。“无为”与“有为”是从“无”和“有”衍生出来的，“无为”与“无不为”（“有为”）两者的关系看起来相互对立、相互矛盾、背道而驰，实际上是对立统一、相反相成的辩证关系。“无为”是第一位的，“无不为”是第二位的；“无为”不是什么都不作为（相当于我们现在常说的缺位），而是强调不妄为；“无不为”不是什么都可以妄为，而是强调没有什么是“无为”不能为的，没有什么不可以做成功；“无为”是“无不为”的前提，“无不为”是“无为”的结果，“无为”是因，“无不为”是果；“无为”是实现“无不为”的唯一正确方法、路径，如果做不到“无为”，也就无法真正实现“无不为”；“无不为”是“无为”的目标、方向，如果失去了“无不为”这个目标，为“无为”而“无为”，则走向虚无主义的泥潭；只要循“道”而行，克服自我的贪欲，不依据主观意愿肆意妄为，顺其自然，按照自然规律“清静无为”，就一定能够“无不为”“无不治”。

“道恒无为而无不为”，“道”永远顺应自然、不恣意妄为，却能无所不为，没有什么事是“道”所不能为、不能做成的。“道”无为就是“道法自然”，“道”无不为就是“道生万物”。通行版写作“道常无为而无不为”，有的学者因此解读为“道”经常无为却能无所不为。河上公注：“道以无为为常也。”这里的“常”应该解读为恒常，而不是经常、常常。帛书版写作“道恒无名”，竹简版写作“道恒无为”，本书在通行版“道常无为而无不为”的基础上改“常”为“恒”。

“侯王若能守之，万物将自化”，诸侯、天子如果能够坚守无为之“道”，天下万物就会自然化育、自生自长、自动驯化，百姓就能自我教化、自我感化、自我成长、自我治理。

“侯王”即诸侯与天子，“侯王若能守之”指诸侯、天子如果能够坚守大道。

“化”指变化、教化、感化、造化、化育。古字为“匕”。甲骨文，从二人，像二人相倒背之形，一正一反，以示变化。《易·系辞传》：“知变化之道。”虞注：“在阳称变，在阴称化，四时变化。”荀注：“春夏为变，秋冬为化，坤化为物。”《说文解字》：“化，教行也。”段注：“上匕之而下从匕谓之化。”《增韵》：“凡以道业诲人谓之教。躬行于上，风动于下，谓之化。”《礼记·学记》：“化民成俗。”《韵会》：“天地阴阳运行，自有而无，自无而有，万物生息则为化。”《周礼·春官·大宗伯》：“以礼乐合天地之化。”

“化”在儒家、佛家、道家文化中具有特殊意义。因推行教化而有声誉称为化声，教化播扬于某地称为化行，化诲则指开导教诲，化雨比喻善于施教、犹如雨水滋润植物一样，化服即感化顺服，化盗指感化盗贼使其

为良民，化物意为化育、感化外物，化作即化育生成，化胎指化育成胎，化气为化育之气，化光即德化光大，化向意为受德化而归顺，化流即德化传布，化力指造化之力，化元即造化的本原，化功为造化之功，佛教僧人、道教道士募集财物称为化缘、化斋。

“自化”意为自我教化、自我感化、自然化育、自生自长。“万物自化”是诸侯、天子坚守无为之“道”的结果。“故圣人云：我无为，而民自化；我好静，而民自正；我无事，而民自富。”（第五十七章）《庄子·秋水》：“何为乎，何不为乎，夫固将自化。”李白《赠范金卿二首》诗之二：“为邦默自化，日觉冰壶清。”

老子在第三十二章说：“侯王若能守之，万物将自宾。”这里又说：“侯王若能守之，万物将自化”，其强调的重点都是坚守“无为”之大道，通过“无为”实现“自化”“自宾”是老子的治国理政之“道”。《史记·太史公自序》：“李耳无为自化，清静自正。”

37.2 化而欲作，吾将镇之以无名之朴。无名之朴，夫将不欲。

“化而欲作”指在自然化育过程中贪欲兴起，因自然化育而产生贪欲。“欲”本义是欲望，这里特指贪欲。“作”意为兴起、产生、发生、出现。“欲作”，贪欲兴起。

“吾将镇之以无名之朴”，我将用“道”的质朴、淳朴去镇服与安抚、安定。“镇”即镇压、镇服、镇抚、安定，竹简版写作“贞”，假借为“定”，意为安定。“无名”在这里代指“道”。“无名之朴”就是“道”的质朴、淳朴。既然“侯王若能守之，万物将自化”，为什么在“自化”的过程中还会产生贪欲呢？因为这里“自化”的“万物”特指人而不是其他的物，是普通的民众而不是“无为”的圣人，“有欲”是人的本能，对普通人来说其中难免夹杂着贪欲、贪念，那怎么办呢？老子教给我们的办法是“镇之以无名之朴”，也就是要人们尊“道”、循“道”，“清静无为”。老子为什么要“以无名之朴”镇服、安定贪欲？因为老子认为“咎莫大于欲得”（第四十六章）。对统治者来说，“镇之以无名之朴”的最高境界、最佳方法是老子在第五十七章所说的：“我无欲，而民自朴。”

“无名之朴，夫将不欲”，有“道”的质朴镇服，万物就不产生贪欲，或者说就能够自我克制贪念，不让贪欲兴起。老子告诉我们，只要有“无名之朴”的镇抚、安定，贪欲就不会兴起，至少能做到“少私寡欲”（第十九章）。

本节的第二个“无名之朴”，竹简版省略，帛书版乙本写作“镇之以无名之朴”。

“不欲”竹简版写作“知足”，意为知足就不会有贪欲；帛书版写作“不辱”，意为不会因为贪欲而遭受屈辱。我认为，单就词义而言，“不欲”最合适，与前文“化而欲作”衔接最顺畅，后文用“不欲以静”更贴切；“知足”是“不欲”的表现，用“知足”也说得过去，而且很可能更接近老子的原文；而“不辱”则显得勉强，“不辱”是“知足”的结果，很可能是受到“知足不辱”（第四十四章）的影响而笔误，而且“不辱以静”更说不通。

还有的版本把“不欲”写作“无欲”，意为没有贪欲。我认为，老子的本意应是“不欲”，而不是“无欲”，上面的“化而欲作”已经清楚地表明,“自化”难免“有欲”，所以要“镇之以无名之朴”，目的就是“不欲”，即努力克制自己的贪念，不让贪欲兴起，而不是没有贪欲，否则老子就不会提出“镇之以无名之朴”。

37.3　不欲以静，天下将自正。

“不欲以静”即不起贪欲，没有了贪念，万物就清静淡泊，也就是第三章所说的“不见可欲，使民心不乱”。这里的“以”指则、就。“不欲”竹简版写作“知足”，帛书版写作“不辱”，有关解读参见上一节。

“天下将自正”就是国家将会自行回归正道，所有的人将会自我走上正轨，人世间将会自动恢复安定正常。司马迁《史记·货殖列传》：“天下熙熙，皆为利来；天下攘攘，皆为利往。”没有了贪欲则不会熙熙攘攘、你争我夺，就能宁静致远、淡泊明志，即“浊以静之徐清”（第十五章），进而“清静为天下正”（第四十五章）。

这里的“天下”可以解读为国家，也可以理解为所有的人、人世间。“天下”竹简版写作“万物”，帛书版写作“天地”。“正”本义是不偏斜、平正，后引申为正直、正道、正轨。“自正”即自行回归正道，自我走上正轨，自动恢复安定正常。“自正”竹简版写作“自定”，意为万物就会自我安定，自行平安稳定。

小结

本章是《老子》上篇《道经》的最后一章，也是对《道经》的总结，“无为而无不为”的朴治主义思想，是老子哲学思想最重要的组成部分。“无为”之法被称为老子的“心法”，是老子构建治国理政之道、为人处世之道、养生益寿之道思想体系的主要方法与秘密武器，是老子治理之道的核心和精髓。

老子的“无为”思想是从哪里来的？当然不是从天上掉下来的，而是老子在探索宇宙天地之道的过程中，从“道”的自然本性之中发现、体悟、总结、提炼出来的。老子在第二十一章说：“自今及古，其名不去，以阅众甫。吾何以知众甫之状哉？以此。”意思是，古往今来，“道”的名字永不消失，用它可以看到万物的本原。我依靠什么知道天地万物的本原的呢？就是依靠“道”。

什么是老子的“道”？老子在第一章说：“无，名天地之始；有，名万物之母……玄之又玄，众妙之门。”“无”和“有”都是“道”，是不同阶段的“道”，都内含在“道”中。“无”不是什么都没有，而是“惚兮恍兮，其中有象；恍兮惚兮，其中有物。窈兮冥兮，其中有精；其精甚真，其中有信”（第二十一章）。“无”和“有”“同出而异名，同谓之玄”（第一章），你中有我、我中有你，浑然一体，“无”中孕育着“有”，“有”中包含着“无”，“故有无相生”（第二章），相反相成。从“无”到“有”，天地万物本来无所谓美丑、善恶、是非，美丑、善恶是后天人们的价值、是非判断，带有明显的人为道德痕迹。所以老子在第二章说：“天下皆知美之为美，斯恶已；皆知善之为善，斯不善已。”在第二十章又说：“唯之与阿，相去几何？美之与恶，相去若何？”为了进一步讲明白“有无相生”的道理，老子通过列举难与易、长与短、高与下、音与声、前与后五组相互对立的事物，阐述矛盾的对立转化规律，认为一切事物都存在相互依存、相互作用、相反相成的自然辩证关系，一切事物都有对立面，万事万物都以对立面为自己存在的前提，不离不弃、如影相随，而且相反的关系不断地变化运动，万事万物及其价值判断也不停地变化着，相互对立的双方可以在变化运动中相互转化，这就是第二章所说的“难易相成，长短相形，高下相倾，音声相和，前后相随”。“无”和“有”作为抽象的哲学概念难以被人理解，为了便于世人更好地从感性上认识“无”和“有”的关系，老子告诉我们：“三十辐共一毂，当其无，有车之用。埏埴以为器，当其无，有器之用。凿户牖以为室，当其无，有室之用”，所以“有之以为利，无之以为用”（第十一章）。

因为“道可道，非恒道；名可名，非恒名”（第一章），“道”说不清道不明，无法用语言来表述清楚。所以，除了“无”和“有”，老子还从不同的角度对“道”进行描述。“道冲，而用之或不盈。渊兮，似万物之宗；湛兮，似或存……吾不知其谁之子，象帝之先”（第四章）。“是谓玄牝。玄牝之门，是谓天地根”（第六章），“视之不见”“听之不闻”“搏之不得”“其上不皦，其下不昧。绳绳兮不可名，复归于无物。是谓无状之状，无物之象，是谓惚恍。迎之不见其首，随之不见其后”（第十四章），“道之为物，唯恍唯惚”（第二十一章）。在第二十五章又说：“有物混成，先天地生。寂兮寥兮，独立而不改，周行而不殆，可以为天下母。吾不知其名，强字之曰道，强为之名曰大。”为了进一步增强人们对“道”的感性认识，老子在第八章以自然界中最接近“道”的水为例来论述：“上善若水。水善利万物而不争，处众人之所恶，故几于道。居善地，心善渊，与善仁，言善信，政善治，事善能，动善时。”

如何认识“玄之又玄”的“道”呢？老子教给我们的方法是“观”。“恒无，欲以观其妙；恒有，欲以观其徼”（第一章），即从虚无的“无”体悟出“道”从“始”到“妙”再到“母”，也就是从“无”到“有”的奥秘，领悟“道”的奥妙；再从有形的“有”观察出“母”与“妙”和“始”的边界、界限、不同，体会“道”的端倪；最终，分辨出作为不同阶段的“道”，厘清“无”（“始”）与“有”（“母”）的区别、差异。从“万物并作”中“观复”，即从生到亡、再从亡到生的生死循环规律，就是“夫物芸芸，各复归其根”（第十六章）。老子观察发现“道”的运行规律是“大曰逝，逝曰远，远曰反”（第二十五章），即“道”在“无”中生“有”的过程中不断膨胀扩大，向外流逝，离原点就越来越遥远，遥远到极点就会返回到原点，最终实现“周行而不殆”。

在老子的哲学体系中，相对于“有”更推崇“无”，把“无”定义为世界万物的本原，认为“无”更接近“道”的本质。因为崇尚“无”，所以推崇与“无”相关的无为、无知、无欲、无私、无身、无名、无形，而

其中最根本的是“无为”。

“道”的自然本性是如何体现“无为”的呢？老子从“飘风不终朝，骤雨不终日”中，悟出“天地尚不能久，而况于人乎”的“无为”之道，所以老子说：“道之出口，淡乎其无味。视之不足见，听之不足闻”，但却“用之不可既”（第三十五章），“大道泛兮，其可左右。万物恃之以生而不辞，功成而不有。衣养万物而不为主，可名于小。万物归焉而不为主，可名为大。以其终不自为大，故能成其大”（第三十四章）。“道”对待天地万物的态度是，“万物作焉而不辞，生而不有，为而不恃，功成而弗居”（第二章），“天地不仁，以万物为刍狗”（第五章），天地任凭万物按照自然之道，自作自息，自生自灭，“天地之间，其犹橐籥”，却能“虚而不屈，动而愈出”（第五章），“绵绵若存，用之不勤”，结果是“谷神不死”（第六章）、“天长地久”（第七章）。其原因是什么呢？“天地所以能长且久者，以其不自生，故能长生”（第七章）。

人为什么要效法“道”的“无为”呢？老子认为，“孔德之容，唯道是从”（第二十一章），“功遂身退，天之道也”（第九章），而“人法地，地法天，天法道，道法自然”（第二十五章）。“无为”是一个人得“道”成为圣人的修炼路径，而且“无为”与得“道”互为因果，只有长期坚持清静“无为”，才能最终得“道”，反过来也只有修炼成为“有道者”才能真正做到“无为”。要得“道”，首先要“知恒”，知晓恒道就能明慧，“知常容，容乃公，公乃全，全乃天，天乃道，道乃久，没身不殆”（第十六章），而且要全身心地融入“道”，“故从事于道者，同于道”，这样“同于道者，道亦乐得之”（第二十三章），而最难能可贵的是要始终如一地坚守“道”，“是以圣人执一为天下式”（第二十二章）。

“无为而治”是一个统治者、领导者、管理者统治、治理、管理的最高境界，是最完美、最高超的领导艺术。老子认为，“希言自然”（第二十三章），“多言数穷，不如守中”（第五章），少言寡语才合乎自然，统治者应该少发号施令，“是以圣人处无为之事，行不言之教”（第二章），像“天地不仁”一样，“圣人不仁，以百姓为刍狗”（第五章），像水一样“善利万物而不争，处众人之所恶”（第八章），像“道”对待万物一样“生之畜之，生而不有，为而不恃，长而不宰”（第十章），结果却是“太上，不知有之。……悠兮其贵言。功成事遂，百姓皆谓：‘我自然’”（第十七章）。

所以“有道者”能够做到“后其身而身先，外其身而身存”，就像“无为而无不为”的道理一样，“非以其无私邪？故能成其私”（第七章）。老子同时从反面告诫统治者，欲速则不达，“企者不立，跨者不行，自见者不明，自是者不彰，自伐者无功，自矜者不长”，这些行为对于“道”来说，只能说是残羹剩菜、赘肉赘疣，即“余食赘形”，被众人所厌恶（“物或恶之”），“故有道者不处”（第二十四章）。如果进取功名之心过强，就要想办法“挫其锐，解其纷；和其光，同其尘”（第四章）。

为此，老子给统治者树立的榜样是，“古之善为道者，微妙玄通，深不可识”，“豫兮若冬涉川，犹兮若畏四邻，俨兮其若客，涣兮其若凌释，敦兮其若朴，旷兮其若谷，混兮其若浊，澹兮其若海，飂兮若无止”（第十五章），处事慎重，为人谨慎，庄重严肃，消除误会涣然冰释，敦厚淳朴，胸襟旷达，安静恬淡，却又行动迅疾；“众人熙熙，如享太牢，如春登台。我独泊兮，其未兆；沌沌兮，如婴儿之未孩；儽儽兮，若无所归。众人皆有余，而我独若遗。我愚人之心也哉！俗人昭昭，我独昏昏；俗人察察，我独闷闷。澹兮其若海，飂兮若无止。众人皆有以，而我独顽且鄙”，我之所以“独异于人”，是因为我“贵食母”（第二十章）；“不自见”“不自是”“不自伐”“不自矜”（第二十二章），不自我表现，不自以为是，不自己夸耀，不自尊自大；时时刻刻保持清醒的头脑，不管是顺境（得宠）还是逆境（受辱），都要有忧患意识、危机意识、风险意识，“宠辱若惊”，就是“宠为下，得之若惊，失之若惊”，始终绷紧防范化解重大风险挑战这根弦，做到“贵大患若身”，这样就能“贵以身为天下，若可寄天下；爱以身为天下，若可托天下”（第十三章）；内藏明慧（“袭明”），“善行，无辙迹；善言，无瑕谪；善数，不用筹策；善闭，无关楗而不可开；善结，无绳约而不可解。是以圣人恒善救人，故无弃人；恒善救物，故无弃物”，不仅要知道“善人者”是“不善人之师”，而且要懂得“不善人者”可以成为“善人之资”，如果“不贵其师，不爱其资，虽智大迷，是谓要妙”（第二十七章）；“知其雄，守其雌，为天下谿；为天下谿，恒德不离，复归于婴儿。知其白，守其黑，为天下式；为天下式，恒德不忒，复归于无极”（第二十八章）；有“将欲歙之，必固张之；将欲弱之，必固强之；将欲废之，必固兴之；将欲取之，必固与之”的“微明”，明白“柔弱胜刚强”“鱼不可脱于渊，国之利器不可以示人”的道理（第三

十六章）；像“道”一样，“万物恃之以生而不辞，功成而不有。衣养万物而不为主”，“万物归焉而不为主”（第三十四章）；有“知人”之智、“自知”之明、“胜人”之力、“自胜”之强、“强行”之志，这样就能“不失其所”“死而不亡”（第三十三章）。

“无为”的本质是要顺应自然、不以自我主观意志人为地妄为，不违背客观规律乱作为，老子反对所谓的“仁义”“智慧”“巧辩”“巧利”。因为“大道废”，才“有仁义”，“智慧出”，则“有大伪”（第十八章）。所以，“绝智弃辩，民利百倍；绝仁弃义，民复孝慈；绝巧弃利，盗贼无有”（第十九章）。“智辩”“仁义”“巧利”都是文饰，不足以教化民众、治理天下。那怎么办呢？老子的答案是回归自然、顺应自然。老子明确告诉统治者：“道恒无为而无不为”“侯王若能守之，万物将自化”。只要坚持“执古之道，以御今之有”，就“能知古始，是谓道纪”（第十四章），顺应自然，不恣意妄为，清静淡泊，轻徭薄赋，与民休养生息，“保此道者，不欲盈。夫唯不盈，故能蔽而新成”（第十五章），“万物将自宾。天地相合，以降甘露，民莫之令而自均”（第三十二章），这就是所谓“执大象，天下往。往而不害，安平泰”（第三十五章），民心所向，天下归心，国泰民安，长治久安。反之，“不知常，妄作凶”（第十六章），百姓就会从“畏之”发展到“侮之”，因为“信不足焉，有不信焉”（第十七章），最终必然“六亲不和”“国家昏乱”（第十八章）。

“不知常，妄作凶”的极端是谋权篡位、穷兵黩武、嗜杀成性。为此，老子严厉地警告那些想谋逆的野心家，“将欲取天下而为之，吾见其不得已。夫天下神器，不可为也，不可执也。为者败之，执者失之”（第二十九章）；并警示好战者，“夫兵者，不祥之器，物或恶之，故有道者不处”“兵者，不祥之器，非君子之器，不得已而用之”；提醒领兵作战的统帅，“杀人之众，以哀悲莅之；战胜，以丧礼处之”（第三十一章）。所以，“君子居则贵左，用兵则贵右”“吉事尚左，凶事尚右。偏将军居左，上将军居右，言以丧礼处之”（第三十一章）。春秋末期，周王朝名存实亡，诸侯普遍僭越，纷纷“挟天子以令诸侯”，诸侯国之间相互征战，各诸侯国也内乱不止，狼烟四起，烽火遍地。《史记·太史公自序》曰：“春秋之中，弑君三十六，亡国五十二”，这一切使老子切身体会到战争对国家、对社会、对生态特别是对民众的巨大伤害，“师之所处，荆棘生焉；大军之后，必有凶年”（第三十章），殷切希望统治者不到万不得已切勿轻言开战，“以道佐人主者，不以兵强天下”，而且要明白“其事好还”，所以即使迫不得已为了反侵略而战，也要“善有果而已，不以取强。果而勿矜，果而勿伐，果而勿骄，果而不得已，果而勿强”（第三十章），“恬淡为上，胜而不美”，因为“美之者，是乐杀人”，而“乐杀人者，则不可得志于天下矣”（第三十一章），这就是“物壮则老，是谓不道，不道早已”（第三十章）的道理。

老子同时指出，在万物自化的过程中，难免会有贪欲兴起，即所谓“化而欲作”。对此，老子给出解决的办法是“镇之以无名之朴”。“朴”的本质是“大制不割”（第二十八章），即保持事物的淳朴无华。“镇之以无名之朴”就是“虚其心，实其腹；弱其志，强其骨”（第三章），“知其荣，守其辱，为天下谷；为天下谷，恒德乃足，复归于朴”（第二十八章）。因为“道恒无名、朴，虽小，天下莫能臣”（第三十二章），“朴散则为器，圣人用之则为官长”（第二十八章）。只要有“无名之朴”的镇抚，则“夫将不欲”，就能“不尚贤，使民不争。不贵难得之货，使民不为盗。不见可欲，使民心不乱。……使民无知无欲”（第三章），结果是“夫唯不争，故无尤”（第八章），“夫唯不争，故天下莫能与之争”（第二十二章）。

而实际上老子真正担心的不是普通百姓的欲望，而是统治者的贪欲膨胀不能去除，所以去除贪欲的落脚点、关键点在于“使夫智者不敢为也”（第三章）。为此，反复谆谆告诫统治者，“五色，令人目盲；五音，令人耳聋；五味，令人口爽；驰骋畋猎，令人心发狂；难得之货，令人行妨”，所以要学习圣人“为腹不为目”“去彼取此”（第十二章）。老子语重心长地教育统治者一定牢牢谨记“持而盈之，不如其已；揣而锐之，不可长保。金玉满堂，莫之能守；富贵而骄，自遗其咎”（第九章）、“曲则全，枉则直，洼则盈，敝则新，少则得，多则惑”（第二十二章）、“始制有名，名亦既有，夫亦将知止，知止可以不殆。譬道之在天下，犹川谷之于江海”（第三十二章）、“知足者富”（第三十三章）的道理，坚决做到“去甚、去奢、去泰”（第二十九章），认真修为，努力使自己“见素抱朴，少私寡欲，绝学无忧”（第十九章）、“虽有荣观，燕处超然”（第二十六章），并时刻反躬自问：是否做到了“爱民治国，能无为乎”（第十章）。这样统治者的贪欲才不会兴起，没有贪念就能“致虚极，守静笃”（第十六章），做

到“众人熙熙，……我独泊兮，其未兆；……澹兮其若海”（第二十章），这不就是本章所说的“不欲以静”吗？

什么叫静？老子认为，“归根曰静，静曰复命；复命曰常，知常曰明”（第十六章）。“不欲以静”的修炼路径又是什么呢？老子告诉我们，“载营魄抱一”而无离，“专气致柔”如婴儿，“涤除玄览”而无疵，“天门开阖”能为雌，“明白四达”能无知（第十章），“能浊以静之徐清”“能安以动之徐生”（第十五章）。老子希望统治者牢记“重为轻根，静为躁君”“轻则失根，躁则失君”，要稳重、清静，不可轻率、浮躁，“万乘之主”不能“以身轻天下”，“是以圣人终日行不离静重”（第二十六章），并且鼓励侯王说，能够做到“不欲以静”，则“天下将自正”，最终就能实现“为无为，则无不治”（第三章）的理想治理状态。

老子提出的通过“道法自然”“无为而治”实现“自宾”“自均”“自化”“自正”“自定”“自富”“自朴”的治理思想、方法、理念，开世界“自治”理论之先河。同样，法家“制之以刑、绳之以法”的“法治”理论，儒家“为政以德”、以仁义礼智信的道德观和道德教化治理天下的“德治”思想，都为我国健全自治、法治、德治相结合的治理体系提供了有益的借鉴。

党的十九大报告和党的十九届四中全会通过的《中共中央关于坚持和完善中国特色社会主义制度推进国家治理体系和治理能力现代化若干重大问题的决定》明确要求，健全党组织领导的自治、法治、德治相结合的城乡基层治理体系，充分汲取了中国古代道家、法家、儒家之自治、法治、德治理论的精华，集三家治理思想之大成，体现了对中华优秀传统文化中治理思想理论的创造性转化、创新性发展，是“坚持把马克思主义基本原理同中国具体实际相结合、同中华优秀传统文化相结合”的产物。

下篇 德经

第三十八章　上德不德　是以有德

元典

上德不德，是以有德；下德不失德，是以无德。上德无为，而无以为【；下德为之，而有以为】。上仁为之，而无以为；上义为之，而有以为；上礼为之，而莫之应，则攘臂而扔之。故失道而后德，失德而后仁，失仁而后义，失义而后礼。夫礼者，忠信之薄而乱之首。前识者，道之华而愚之始。是以，大丈夫处其厚，不居其薄；处其实，不居其华。故去彼取此。

直译

"上德"之人，不刻意显露"德"，所以有"德"；"下德"之人，不愿意失去表面的"德"，所以没有真正的"德"。"上德"之人，顺应自然不妄为，因而无心作为【；"下德"之人，总想有所作为，而且有意作为】。"上仁"之人，有所作为，但无心作为；"上义"之人，愿意有所作为，而且有意作为；"上礼"之人，想要有所作为，但无人回应，就只能伸出手臂强迫别人就范。所以，失去了"道"，才讲德行；失去了"德"，才提倡仁爱；失去了"仁"，才要求守义；失去了"义"，才强调礼。礼，是忠厚诚信衰薄（的产物），也是祸乱的开端。先知先觉者（制定的礼），是"道"的虚华，愚昧的肇始。所以，大丈夫立身敦厚，而不居于浅薄；处世朴实，而不居于虚华。因此，放弃后者（薄华），选取前者（厚实）。

善解

38.1 上德不德，是以有德；下德不失德，是以无德。

“德”的本义为登高、攀登，引申为品德、道德、德性、德行、品行，泛指人们共同生活及行为的准则和规范。在老子的哲学体系中，“德”是仅次于“道”的第二大概念，《老子》由上篇《道经》、下篇《德经》组成，所以又名《道德经》。《老子》一书中“德”共出现45次，其中，上篇10次，下篇35次。“道”与“德”是道家哲学最根本的两个观念，所以道家也称为道德家。

那么“道”与“德”是什么关系呢？“道”是“德”的本质内涵，无形、无状、无物；“德”是“道”的外在显现，是“道”发挥作用的结果，有形、可见，也就是说“道”的属性表现为“德”，凡是符合于“道”的行为就是“德”；两者的关系类似于“无”与“有”，“道”为本体，“德”为功用，一阴一阳、一隐一现、一内一外，对立统一、不可分割；相对于“德”，老子更推崇“道”，“道”是客观规律，不管“道”是否显现出“德”都永恒存在，而“德”只有外显出来才存在，也就是说“道”比“德”更具有永恒性、层次更高；“道”恍恍惚惚，“视之不见”“听之不闻”“搏之不得”“是谓无状之状，无物之象”（第十四章），而“德”实实在在，可以表现出来让人看得见，“道”需要通过“德”的外在表现，才能让人真真切切地感受到、体悟到。《庄子·天地》：“物得以生谓之德。”苏辙注：“夫德者，性之端，道之用也。”

因此，老子根据“德”显现、表现、显露的方式，将“德”分为“上德”和“下德”：自然而然、无意无心、无目的表现、显露的，为“上德”；刻意、有意、故意、有意图、有目的表现、显露的，为“下德”。

“上德不德，是以有德”，具备“上德”的人，即最有德行的人，顺其自然，遵“道”而行，不自恃有“德”，不刻意显露“德”，而实际上内藏真正的“德”，所以有“德”。河上公注：“言其德合于天地，和气流行，民德以全也。”范应元注：“孔子不居其圣，乃所以有德。体道而有得于己之谓德？”苏辙注：“圣人之德配天，而无所不利。天何言哉？故上德不以德为德，是以有大德。”

我们在讲“上善若水”时说过，“上”指高等级、最好的，“上善”就是至善，是最高境界的善行。“上德”即至德。这里的“不德”不是不道德、没有“德”，而是指不追求表面的“德”，不自恃有“德”，不倡言“德”，不显露“德”，深藏不露，所以普通人看不到他的“德”。河上公注：“不德者，言其不以德教民，因循自然，养人性命，其德不见，故言不德也。”

在老子的哲学体系中，把至高无上的“德”称为“上德”（“尚德”“至德”）、玄秘而深邃的“德”称为“玄德”、最高境界的“德”称为“孔德”（“大德”）、永恒之“德”称为“恒德”。“生之畜之，生而不有，为而不恃，长而不宰，是谓玄德”（第十章），“孔德之客，唯道是从”（第二十一章），“为天下谿，恒德不离，复归于婴儿……为天下式，恒德不忒，复归于无极……为天下谷，恒德乃足，复归于朴”（第二十八章）。上述“上德”“玄德”“孔德”“恒德”完全合乎于“道”，是“道”的完美展现、全息重现，与“道”一脉相承，与水一样“几于道”，可以视同为“道”。

“下德不失德，是以无德”，“下德”之人，即德行不高的人，不离开形式上的“德”，拘泥于形式上的“德”，刻意追求、显露表面的“德”，所以无法从本质上体现“德”，没有真正的“德”。王弼注：“求而得之，必有失焉，为而成之，必有败焉。”苏辙注：“下德才有微善，执为大德，扬名要誉，是以无德。”

这里的“不失德”不是不丧失道德、没有失去“德”，而是指不离开形式上的“德”，不愿意失去表面的“德”，恪守形式上的“德”，刻意显露“德”，自恃有“德”，言必称“德”，与老子倡导的“功成弗居”背道而驰。河上公注：“不失德者，其德可见，其功可称也。”林希逸注：“‘不失德’者，执而未化也。”

有的学者按照时间顺序来划分“上德”与“下德”，把“上德”译为上古君主、“下德”译为后世君主。河上公注：“上德谓太古无名号之君，德大无上，故言上德也……下德谓号谥之君，德不及上德，故言下德也。”我认为，“上德”“下德”不应局限于君王，可以适用所有符合标准的人，其划分的标准应该是德行的高下，而不是时间上的先后，就历史上的君王而言，其优劣也不是按照时间顺序线性排列的。

38.2 上德无为，而无以为【；下德为之，而有以为】。

“无为”，就是顺应自然、不人为妄为。读懂本节的关键在于对“以”字的理解，这里的“以”指目的在于。《书经·泰誓下》：“郊社不修，宗庙不享，作奇技淫巧以悦妇人。”所以“无以”不是通常意义上的不停止、不得已、没有，而是无目的，引申为无意、无心。“无以为”也不是无用、没用、没有作为之意，而是无意作为、无心作为。王弼注：“无以为者，无所偏为也。”林希逸注：“‘以’者，有心也。‘无以为’是无心而为之也。”

“上德无为，而无以为”，“上德”之人，顺应自然不妄为，也无心作为、无意作为，不故意作为，结果是无为而治、无为而无不为，一切自然成功。河上公注：“谓法道安静，无所施为也。言无以名号也。”有的版本把“无以为”写作“无不为”，我认为，“无不为”是“无为”的结果，但从上一节“上德不德，是以有德”看，这里强调的是“上德”之人的行为，而不是结果，所以“无以为”更确切。帛书版、王弼本也都是“无以为”，之所以误写为“无不为”，应该是有的学者受第三十七章“道恒无为而无不为”的影响而擅自误改。

“为之”与“无为”相对，也就是“有为”，字面的意思是有所作为，作为“无为”的对立面，则意为强行作为，条件不成熟硬作为，甚至是违背客观规律乱作为，也就是逆天强行、恣意妄为、胡作非为。“有以为”与“无以为”相对，就是有意作为、有心作为。

对于本节有关“下德”的论述，学术界历来争议比较多。王弼本写作“下德为之，而有以为”，意为“下德”之人，总想有所作为，而且有意作为，作为的目的就是功成名就，青史留名。王弼注：“善名生，则有不善应焉。故下德为之，而有以为也。凡不能无为而为之者，皆下德也，仁义礼节是也。将明德之上下，辄举下德以对上德。至于无以为，极下德下之量上，仁是也。足及于无以为，而犹为之焉。为之而无以为，故有为为之患矣。本在无为，母在无名。弃本舍母，而适其子，功虽大焉，必有不济。名虽美焉，伪亦必生。”有的版本则写作“下德为之，而无以为”，意为“下德”之人，能够有所作为，但无心作为。然而对照本章第三节，“为之，而有以为”与“上义”重复，“为之，而无以为”与“上仁”重复，更为重要的是不仅内容重复，而且造成次序上的混乱与矛盾。如果按照“上德”“下德”“上仁”“上义”的顺序，“上义”是“为之，而有以为”，“上仁”是“为之，而无以为”，所以“下德”只能以“无为”高于“上仁”的“为之”，而“上德”也是“无为”，所以“下德”只能以“有以为”低于“上德”的“无以为”。因此，有的版本写作“下德无为，而有以为”，这是“下德”介于“上德”与“上仁”之间唯一满足排列顺序的表述，但“无为”与“有以为”显然自相矛盾。“无为”之人“为而不恃，功成而弗居”（第二章），又怎会有意作为、有心作为呢？把“上德”与“下德”都定位在“无为”，通过“无以为”与“有以为”来加以区分，也不符合老子对“上德”与“下德”的划分依据，对照本章第一节，“上德”与“下德”的区别就在于“无为”还是“有为”。

从上述分析可以发现，“下德”怎么表述都说不通，这也是学术界长期争论不清的原因所在，直到马王堆帛书《老子》的出土才最终解决了这个悬而未决的问题。帛书版本节写作“上德无为而无以为也”，没有“下德”部分的内容。由此我们可以推断，“下德为之，而有以为”是汉代帛书版成书之后至魏晋王弼本成书之间的学者（最有可能的就是王弼）为了与第一节“上德”“下德”相对应而添加的，后来的学者在研读、注释、解读的过程中，发现“下德为之，而有以为”与上下文存在逻辑上的矛盾，就根据各自的理解加以修改，结果衍生出各种版本。可惜的是竹简版第三十八章内容缺失，无法进一步验证上述推论。

如果上述推断成立的话，我们又面临新的问题。老子在第一节明确区分了“上德”与“下德”，本节却只论述“上德”而没有“下德”相应的内容，那么在老子的哲学体系中到底有没有“下德”？又怎么理解“上德”与“下德”以及“上仁”“上义”“上礼”之间的关系呢？我认为，“上德”与“下德”的区别是“无为”还是“为之”，“上德”属于“道”的范畴，对应“无为”，“下德”才是“德”（也就是我们通常所说的“道德”）的范畴，对应“为之”；“上仁”“上义”“上礼”同属于“下德”，都对应“为之”，也就是说“下德”包括“上仁”“上义”“上礼”，其共同之处就是“为之”。所以，本节没有专门论述“下德”，如果一定要与第一节对应的话，也只能表述为“上德无为，而无以为；下德为之”。“下德”是如何“为之”的呢？这就是本章第三节要论述的内容，而“为”的不同方式、程度、结果，正是“上仁”“上义”“上礼”之间的区别所在。

38.3 上仁为之，而无以为；上义为之，而有以为；上礼为之，而莫之应，则攘臂而扔之。

“上仁为之，而无以为”，“上仁”之人，能够有所作为，知道如何作为，但无心作为、无意作为，不故意作为，也就是愿意做仁德之事，不需要寻找理由，自然而然就做了。“仁”本义为博爱、人与人相互亲爱，引申为仁义、仁爱。《说文解字》：“仁，亲也。”《礼记·经解》：“上下相亲谓之仁。”《韩非子·解老》：“仁者，谓其中心欣然爱人也。”“上仁”即上等仁人、最仁爱的人，最懂得仁道的人。

“仁”是孔子思想体系的核心概念，儒家把完美的道德情感称为“仁”，其他的义、礼、智、信、忠、孝、恭、悌、宽、恕等都是由“仁”衍生出来的，也就是说人类一切美好的情感都可以归之于“仁”。“仁”是发自内心的亲爱，所以儒家提倡与人为善、仁爱他人，从我做起，推己及人，“夫仁者，己欲立而立人，己欲达而达人”（《论语·雍也》），“为仁由己”“己所不欲，勿施于人”（《论语·颜渊》）。相对于孔子对“仁”的偏爱，老子更推崇“道”的自然无为、无私无欲，无所谓仁爱不仁爱。老子说：“天地不仁，以万物为刍狗；圣人不仁，以百姓为刍狗。”（第五章）尽管老子将“仁”排在“下德”之首，虽然“上仁”与“上德”一样“无以为”，但毕竟是“为之”，无法与“无为”的“上德”相提并论，所以老子的观点是“大道废，有仁义”（第十八章），因而主张“绝仁弃义”（第十九章），复归于“道”。

“上义为之，而有以为”，“上义”之人，愿意有所作为，而且有意作为，最终也能够作为，也就是行义事，但要寻找理由、要有契机，比如危急关头的见义勇为。“义”本义为正义，泛指公正合宜的道理、行为。《孟子·告子上》：“生，亦我所欲也；义，亦我所欲也。二者不可得兼，舍生而取义者也。”“上义”即上等义士、最有正义的人。

“上礼为之，而莫之应，则攘臂而扔之”，“上礼”之人，想要有所作为，但没有人愿意回应，就只能捋起袖子、伸出手臂，强迫别人服从，也就是提倡、强调礼仪，但没有人愿意响应，就只能伸出手臂强迫别人就范、演习礼仪。河上公注：“谓上礼之君，其礼无上，故言上礼。为之者，言为礼制度，序威仪。言礼华盛实衰，饰伪烦多，动则离道，不可应也。言礼烦多不可应，上下忿争，故攘臂相仍引。”

“礼”本义为举行仪礼、祭神求福，引申为礼仪，泛指符合统治者整体利益的行为准则。《左传·昭公二十五年》：“夫礼，天之经也，地之义也，民之行也。”“上礼”即最讲礼、最守礼仪的人。“攘臂”指捋起袖子、伸出手臂，形容激动奋起的样子。《孟子·尽心下》：“冯妇攘臂下车，众皆悦之。”《史记·苏秦列传》：“于是韩王勃然作色，攘臂瞋目。”“扔”本义为牵引、拉。清代王念孙《广雅疏证》卷一下《释诂》：“扔，引也。”这里意为强力牵引，强迫他人就范。

不知各位读者读到“上礼为之，而莫之应，则攘臂而扔之”时有何联想。20 世纪 80 年代，我读到该段话时脑海里浮现的是小时候“批林批孔”时被灌输的孔子周游列国、宣传其克己复礼为仁的思想，结果却落得“累累若丧家之犬”的画面，这里没有讽刺、贬低孔子的意思，只是感叹到了礼崩乐坏（丧失了道德仁义）的动乱时代，想要依靠“礼”来恢复太平盛世是多么的艰难，犹如逆水行舟，更似螳臂当车。

38.4　故失道而后德，失德而后仁，失仁而后义，失义而后礼。夫礼者，忠信之薄而乱之首。

“失道而后德，失德而后仁，失仁而后义，失义而后礼”，丧失、失去了“道”以后，才讲德行；丧失、失去了“德”以后，才提倡仁爱；丧失、失去了仁爱以后，才要求守义；丧失、失去了义以后，才强调礼。

这里的“失德”就是字面上失去“德”的意思，而不是本章第一节“不失德”的对立面，对照本章第二节的分析，确切地讲失去的是“上德”。《韩非子·解老》写作“失道而后失德，失德而后失仁，失仁而后失义，失义而后失礼”，解读为丧失“道”就会失去“德”，丧失“德”就会失去仁，丧失仁就会失去义，丧失义就会失去礼。从失道、失德到失仁、失义、失礼是一个道德水准不断衰微的过程，退而求其次、层层设防符合人的本性，而失去了前者就会失去后者则显得过于机械，没有逻辑上的必然性，所以“失道而后德……失义而后礼”比“失道而后失德……失义而后失礼”更有哲理，更符合老子的本意。

“夫礼者，忠信之薄而乱之首”，礼是忠厚诚信观念淡薄、衰薄、不足

的产物，也是祸乱的开端、开头、起点。“薄”指淡薄、衰薄、衰微、不足。“首”即开始、开端。因为人们失去了道德、没有了仁义诚信，所以才会人为地制定一套“礼”（道德规范、行为准则），用以规范、约束、限制人们的行为，所以说礼是“忠信之薄”。如果再进一步连礼都失去不讲了，也就是突破了道德的最后底线，那必然会产生祸乱，所以说礼也是“乱之首”。河上公注：“言礼废本治末，忠信日以衰薄。礼者，贱质而贵文，故正直日以少，邪乱日以生。”

在对待“礼”的态度上，儒家认为“礼”是“仁”的外在表现，孔子就常常“仁”“礼”并言，所以儒家孜孜以求的政治理想就是克己复礼为仁，只要每个人都能约束自己的行为，克制自己的私欲，时时处处依礼而行，天下就能进入仁的境界，体现的是存于心的“仁”与行于外的“礼”相一致。《论语·颜渊》：“颜渊问仁。子曰：‘克己复礼为仁。一日克己复礼，天下归仁焉。为仁由己，而由人乎哉？’颜渊曰：‘请问其目。’子曰：‘非礼勿视，非礼勿听，非礼勿言，非礼勿动。’颜渊曰：‘回虽不敏，请事斯语矣。’”

而老子则对“礼”持否定态度，将其排在“下德”的末位。因为在老子看来，如果说同属于“下德”的“仁”“义”是发自内心的自觉自愿的自我道德约束，“礼”则带有一定的强迫性，所以“上礼为之，而莫之应，则攘臂而扔之”。在老子所处的年代，统治者一方面自己沉溺于声色犬马，另一方面却打着圣人的旗号，强迫民众遵守其制定的道德规范，把种种繁文缛节强加于百姓，“礼”已经蜕变为统治者用于约束百姓服从其残酷统治的精神枷锁。所以老子崇尚“上德无为，而无以为”，抨击“礼”对人性的束缚，认为“礼”是“忠信之薄而乱之首”。实际上老子不仅否定“礼”，对“仁”“义”也不推崇，因为“仁”“义”已经失“道”。

38.5　前识者，道之华而愚之始。是以，大丈夫处其厚，不居其薄；处其实，不居其华。故去彼取此。

“前识者，道之华而愚之始”，所谓的先知先觉者制定的种种礼仪规范，不过是“道”的虚华、浮华，也是愚昧、愚蠢的肇始。“前识”就是先识、先见、先知先觉、先见之明。“前识者”本义是有先见之明的人、先知先觉者。河上公注：“不知而言，知为前识。”这里指先知先觉者制定的礼，即礼仪规范、行为准则。王弼注："前识者，前人而识也，即下德之论也。""华"本义为花。《尔雅·释草》："木谓之华，草谓之荣。"《诗经·周南·桃夭》："桃之夭夭，灼灼其华。"引申为虚华、浮华。

"是以，大丈夫处其厚，不居其薄；处其实，不居其华"，所以，大丈夫选择厚重而不选择轻薄，立身处世敦厚而不居于浅薄；处世朴实，而不居于虚华。

"大丈夫"指有道者、圣人、君子。这里的"处"意为处身、置身、立身。"处其厚"即处身于厚重的一面，就是立身敦厚。河上公注："大丈夫，谓得道之君也。处其厚者，处身于敦朴。""薄"即衰薄，这里指礼的衰薄。"居其薄"即居于浅薄、轻薄的一面。

"处其实"即处身于朴实、诚实的一面，就是选择淳朴、诚实，处世笃实。河上公注："处忠信也。""不居其华"即不居于虚华、浮华，就是不选择虚华、浮华。河上公注："不尚华言也。"王弼注："载之以道，统之以母，故显之而无所尚，彰之而无所竞。用夫无名，故名以笃焉，用夫无形，故形以成焉。守母以存其子，崇本以举其末，则形名俱有，而邪不生。大美配天，而华不作。"

"故去彼取此"，因此，放弃、舍去后者，选取、采用前者，就是放弃浅薄、轻薄和虚华、浮华，选取厚重、敦厚和朴实、诚实。

小结

本章是《德经》的开篇，也是《德经》的核心内容，"德"与"道"都是老子哲学体系中最重要的核心概念。通行版以《德经》为下篇，排在全书第三十八章，而帛书版和《韩非子·解老》以《德经》为上篇，所以本章就成为全书第一章，居于全书之首，既是开篇入门又起到提纲挈领的作用。

"德"是"道"的外在显现，是"道"发挥作用的结果，而"道"是"德"的本质内涵，需要通过"德"才能表现出来。从认识论的角度看，从现象到本质、从具体到抽象，更符合认识事物的规律，弄懂"德"是深入认识"道"的基础和前提，如果不能全面理解"德"，就无法真正体悟"道"，由此可见本章的重要性，从某种意义上讲，读不懂本章就不可能读懂全书。

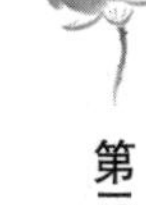

老子把“德”分为“上德”与“下德”两大类。“上德”：“不德”（不追求表面的“德”），而且“无为”“无以为”，所以“有德”；“下德”：“不失德”（不愿意失去表面的“德”），而且“为之”，所以“无德”（没有真正的“德”，没有得“道”之圣人的“德”），但有仁、义、礼。“下德”又按照“为之”的方式、程度、结果划分为“仁”“义”“礼”三个层次：“上仁”是“无以为”，“上义”是“有以为”，“上礼”是“莫之应，则攘臂而扔之”，三者的共同点就是“下德”的“不失德”“无德”“为之”。

需要指出的是，老子只说到“失义而后礼”，而没有明说“失礼”以后的事。“失礼”就是彻底的“失德”（丧失“下德”），为了避免与本章第一节和第四节的“失德”相混淆，又便于与“上德”“下德”相呼应，可以称其为“缺德”。仿照上面“上德”“下德”的描述，“缺德”的特征是“失礼”，不为、胡为、乱为、妄为，没有仁爱之心、不守义、不讲礼，所以“欠德”。

对照第十七章的论述，“上德无为，而无以为”对应“太上，不知有之”，“上德”之人和“太上”就是得“道”的圣人，当然是最好的统治者，“处无为之事”而无心作为，所以百姓不知道他的存在；“上仁为之，而无以为”对应“其次，亲之”，“上仁”之人，能够有所作为，却无心作为，自然而然就做成了，所以百姓发自内心地亲近他、拥戴他；“上义为之，而有以为”对应“其次，誉之”，“上义”之人，愿意有所作为，但需要寻找理由有意作为，所以百姓赞誉他、称颂他，以满足统治者对名誉的追求；“上礼为之，而莫之应，则攘臂而扔之”对应“其次，畏之”，“上礼”之人，想要有所作为，但没有人愿意回应，就只能伸出手臂，强迫别人服从，所以百姓既畏惧他、害怕他，又憎恶他、怨恨他；“缺德失礼，而胡作非为”则对应“其次，侮之”，“缺德”之人，彻底丧失了道德，没有了仁、义、礼，骑在民众的头上作威作福，必然走向人民的对立面，百姓忍无可忍，最后只能轻侮他、侮辱他，揭竿而起推翻他的统治。

面对从失道、失德到失仁、失义这样一个道德水准不断沦丧的局面，老子把“礼”看作是守住“德”的最后底线，尽管还属于“下德”的范畴，但离“缺德”已经不远了，已经接近祸乱的起点，一旦“失礼”则无药可救。“夫礼者，忠信之薄而乱之首。前识者，道之华而愚之始”。从人类社会发展的实际情况看，“失礼而后法和刑”，老子对此的观点是，“法令滋彰，盗贼多有”（第五十七章），“民不畏死，奈何以死惧之”（第七十四章）？“失礼而后法和刑”难以生效，那么出路在哪里呢？老子开出的药方是“大丈夫处其厚，不居其薄；处其实，不居其华”，从根本上讲就是回归大道，放弃薄华，选取厚实。

有的学者认为，老子在本章把政治分成了两个类型、五个阶段（层次）、十五个小阶段（级）。两个类型即“无为”和“有为”,“道”和“德”属于“无为”的类型，仁、义、礼属于“有为”的类型。五个阶段是道、德、仁、义、礼。每个阶段又分为上、中、下三个小阶段，这就构成十五个小阶段，这就是老子“非常道”的核心内容。这种划分方法违背了老子的原意，也明显不科学。第一，在老子的哲学体系中，“道”是至高无上的，所以“道”不能再分三六九等，也从来没有上道、中道、下道的论述。第二，老子确实以“无为”和“为之”为依据划分两类，但划分的对象是“德”，分为“上德”与“下德”两类。按照老子的论述，“上德”就是“道”,“下德”才是道德意义上的“德”,“上德”“下德”分别对应“无为”“为之”。所以把“德”归入“无为”不正确。第三，“仁”“义”“礼”同属于“下德”范畴，所以“仁”“义”“礼”同“上德”（“道”）、“下德”的类别不在一个层次上，“道”“德”“仁”“义”“礼”不能并列，不可相提并论。第四，不仅“道”不能分为三等，“德”也只能分为“上德”和“下德”。我们在本章第二节已经详细论述过，为了与第一节的“上德”“下德”相对应，只能表述为“上德无为，而无以为；下德为之”，不知道处于“上德”与“下德”之间的“中德”还能如何表述？另外，对“仁”“义”“礼”老子也只提到“上仁”“上义”“上礼”，没有中、下的说法，不知又该如何区分？

第三十九章　至誉无誉　硌硌如石

元典

昔之得一者：天得一以清，地得一以宁，神得一以灵，谷得一以盈，万物得一以生，侯王得一以为天下正。其致之也，谓天无以清，将恐裂；地无以宁，将恐废；神无以灵，将恐歇；谷无以盈，将恐竭；万物无以生，将恐灭；侯王无以正，将恐蹶。故贵以贱为本，高以下为基。是以侯王自称孤、寡、不毂。此非以贱为本邪？非乎？故至誉无誉。是故不欲琭琭如玉，硌硌如石。

直译

过往得到“道”的：天得“道”而清明，地得“道”而宁静，神得“道”而灵验，河谷得“道”而充盈，万物得“道”而生长，诸侯、天子得“道”而能成为天下首领。反推而言（如果不能得“道”）：天就不能清明，恐怕将要崩裂；地就不能安宁，恐怕将要塌陷而废弃；诸神就不灵验，恐怕将要歇绝；河谷就不能充盈，恐怕将要枯竭；万物就不能生长，恐怕将要灭绝；诸侯、天子就不能守正，恐怕将要失位、亡国。所以，尊贵以卑贱为根本，崇高以低下为基础。因此，诸侯、天子自称“孤”“寡”“不毂”，这不就是以低贱为根本吗？难道不是吗？所以，最高的美誉无须夸誉。因此，（圣人）不要玉石那样的高贵，而要像石块那样坚实。

39.1　昔之得一者：天得一以清，地得一以宁，神得一以灵，谷得一以盈，万物得一以生，侯王得一以为天下正。

“一”是最小的正整数，象征开始。《汉书》曰：“元元本本。数始于一。”《说文解字》：“一，惟初太始，道立于一，造分天地，化成万物。”《淮南子·诠言》：“一也者，万物之本也。”在老子的哲学体系中，“一”就是“道”，体现“道”的唯一性、绝对无偶性。老子说“道生一，一生二，二生三，三生万物”（第四十二章），表面上看“一”是“道”所生的“孩子”，实际上这里的“道”就是第一章的“无”，“一”就是第一章的“有”，是“道”的外在表现，也就是宇宙天地万物之母。“得一”就是得“道”，“是以圣人执一为天下式”（第二十二章）。河上公注：“一，无为，道之子也。”王弼注：“一，数之始而物之极也。各是一物之生，所以为主也。物皆各得此一以成。”范应元注：“物有万殊，道唯一本。”与“一”相通的是“元”，“元”就是初始、太始。《周易》第一卦就是“元亨利贞”，孔子解读为人生伦理道德的本原——“仁”。

“昔”即从前、以前、往昔。河上公注：“昔，往也。”王弼注：“昔，始也。”“昔之得一者”，即古往今来历史上凡是得到“道”的人。

“天得一以清，地得一以宁”，天得“道”而清明、清朗，地得“道”而安宁、宁静。河上公注：“言天得一，故能垂象清明。言地得一，能安宁不动摇。”在封建社会，皇帝是天子，代表天，天对应“乾”，皇后代表地，地对应“坤”，皇帝、皇后分别是天下男女中最尊贵的人，又都是唯一的，所以根据老子的这段话，明清两代皇帝、皇后的寝宫分别命名为乾清宫、坤宁宫，以祈求天清、地宁。

“神得一以灵”，即神得“道”而灵验、灵妙（有灵性）。河上公注：“言神得一，故能变化无形。”“神”就是第六章讲过的天神，天地万物的创造者、主宰者和统治者。“灵”本义为巫，古时楚人称跳舞降神的巫为灵。《说文解字》：“灵巫也。以玉事神。”引申为神灵、灵魂、灵验、有灵性。唐代刘禹锡《陋室铭》：“水不在深，有龙则灵。”

“谷得一以盈，万物得一以生”，河谷得“道”而盈满、充盈，万物

得“道”而生长、滋生。这里的“谷”指河谷，“盈”即盈满、充盈，“生”为生长、滋生。河上公注：“言万物皆须道以生成也。”对于万物而言，“道”就犹如阳光雨露。帛书版无“万物得一以生”，有的学者认为是河上公注释后增加的。

“侯王得一以为天下正”，即诸侯、天子得“道”就能成为天下的首领、君主。“侯王”即诸侯与天子。这里的“天下”指整个国家，在老子所处的年代就是周王朝统治的区域。“正”本义是不偏斜、在正中间，后引申为正统、正宗、官长、君长、主事者，如里正、村正。《礼记·王制》：“成狱辞，史以狱成告于正，正听之。”《尚书·说命下》：“昔先正保衡，作我先王。”“天下正”意为天下的首领、君主，可以理解为老子所处时代的周天子。

有的学者把“天下正”解读为天下公正、安定。河上公注：“侯王得一，故能为天下平正。”我认为，天下公正、安定是“侯王得一”无为而治的结果，但对照前面“天得一以清……万物得一以生”都是讲“得一”者的情况，这里也应该针对侯王而不是“侯王得一”无为而治的情况。“天下正”王弼本写作“天下贞”。“贞”本义为占卜，引申为忠贞、坚贞、贞节、贞操，假借为“正”，意为正直、正道。《论语·卫灵公》：“君子贞而不谅。”有的学者把“天下贞”解读为天下的模范、楷模。

39.2　其致之也，谓天无以清，将恐裂；地无以宁，将恐废；神无以灵，将恐歇；谷无以盈，将恐竭；万物无以生，将恐灭；侯王无以正，将恐蹶。

“致”通“至”，意为极、最、极致。《管子·君臣下》：“致赏则匮。”物极必反，“其致之”意为反之，与后面的“谓”结合在一起就是反推而言之，即假设天、地、神、谷、万物、侯王不能“得一”、不能得“道”会怎么样。有的学者认为“致”犹推，“其致之”即推而言之。我认为，从本节的内容对照上一节的论述，解读为“反推而言”更合适。“谓”帛书版写作“胃”，在每一句前都有，傅奕本作“以”。

“天无以清，将恐裂”，天就不能清明，恐怕将要崩裂、破裂。河上公注：“言天当有阴阳弛张，昼夜更用，不可但欲清明无已时，将恐分裂不为天。”王弼注：“用一以致清耳，非用清以清也。守一则清不失，用清则恐裂也。故为功之母不可舍也。是以皆无用其功，恐丧其本也。”

“地无以宁，将恐废”，地就不能安宁，恐怕将要塌陷、废弃、荒芜。“废”帛书版、王弼本写作“发”，有的学者解读为迸发，实际上“发”也通“废”，读 fèi，意为崩坏、停止。《晏子春秋》：“君夜发不可以朝。”严灵峰等学者则认为，此处的“发”是因为传抄过程中失去“广”字旁造成的误写。从《老子》全文看，帛书版和竹简版第十八章的“大道废”以及帛书版第三十六章（竹简版第三十六章缺失）的“将欲废之”都没有写作“发”，可见严灵峰的推论可以成立。河上公注：“言地当有高下刚柔，节气五行，不可但欲安静无已时，将恐发泄不为地。”

“神无以灵，将恐歇”，诸神就不灵验，恐怕将要歇绝、消失。“歇”即休息、停止、歇绝、歇灭、消失。河上公注：“言神当有王相囚死休废，不可但欲灵变无已时，将恐虚歇不为神。”

“谷无以盈，将恐竭”，河谷就不能充盈，恐怕将要枯竭、干涸。“竭”即枯竭、干涸、竭尽。河上公注：“言谷当有盈缩虚实，不可但欲盈满无已时，将恐枯竭不为谷。”

“万物无以生，将恐灭”，万物就不能生长，恐怕将要灭绝。与第一节的“万物得一以生”相一致，帛书版没有“万物无以生，将恐灭”。

“侯王无以正，将恐蹶”，诸侯、天子就不能守正，恐怕将要失位、亡国。“蹶”即摔倒、跌倒，比喻失败、挫折，这里引申为失位、亡国。“正”有的版本写作“贞”。“无以正”王弼本写作“无以贵高”，帛书版写作“毋已贵以高”，有的学者解读为不能保住高贵的地位，而根据易顺鼎等学者的分析推测，先是有人把“贞”误写为“贵”，后又有人看到下面的“贵以贱为本，高以下为基”，以为是承接上文而来，所以在“贵”后再妄加“高”，但贵、高两字在此确实解释不通。

39.3　故贵以贱为本，高以下为基。是以侯王自称孤、寡、不穀。此非以贱为本耶？非乎？故至誉无誉。是故不欲琭琭如玉，硌硌如石。

“贵以贱为本，高以下为基”，尊贵以卑贱为根本，崇高以低下为基础，也就是尊贵基于卑贱，崇高基于低下。河上公注：“言必欲尊贵当以薄贱为本。若禹稷躬稼，舜陶河滨，周公下白屋也。言必欲尊贵，当以下为本基，犹筑墙造功，因卑贱成高，下不坚固，后必倾危。”

对于贵与贱、高与下的关系，在老子看来它与“有无相生”（第二章）一样，是相互依存、相互作用、相反相成的辩证关系，所以老子说“不可得而贵，不可得而贱”（第五十六章），“高下相倾”（第二章）。而按照老子一贯的反向思维模式，相对于贵和高，老子更倾向于贱和下。老子告诉我们，“富贵而骄，自遗其咎”（第九章），“牝恒以静胜牡，以静为下。故大国以下小国，则取小国；小国以下大国，则取大国。故或下以取，或下而取……大者宜为下”（第六十一章），所以提倡“自爱不自贵”（第七十二章），“高者抑之，下者举之”（第七十七章），“江海所以能为百谷王者，以其善下之，故能为百谷王。是以圣人欲上民，必以言下之”（第六十六章），“善用人者为之下”（第六十八章），谦卑处下是得“道”的标志。由此可见，“贵以贱为本，高以下为基”是“得一”的表现，是对本章第一节、第二节的总结和概括。

“孤”本义为幼年丧父。《说文解字》：“孤，无父也。”《孟子·梁惠王下》：“老而无子曰独，幼儿无父曰孤。”父母双亡者称为孤儿。《管子·轻重》：“民生而无父母，谓之孤子。”古代把男人丧妻称为“孤宿”，“孤宿”的男人称为鳏夫。后引申为孤单、孤独。

“寡”意为少，与众、多相对，也有孤单、孤独之意。古代妇人丧夫、男子无妻或丧偶统称为“寡”。《小尔雅·广义》：“凡无妻无夫通谓之寡。”后逐渐专指妇人丧夫，称为“寡居”，“寡居”的女人为寡妇。寡夫、寡汉与鳏夫的区别是，前者是无配偶男人的统称，后者专指丧偶的男人。

“毂”是套在车轴上的部件，车轴从毂中间穿过，这里的“毂”读 gū，“不毂”即不能像车毂那样虚空而发挥作用。河上公注：“不毂喻不能如车毂，为众辐所凑。”有的版本将“不毂”写作“不谷”，意为不善，不能像山谷一样虚怀若谷，古代把不能生育或者生育而夭折的绝嗣无后之人称为“不善”。我认为，写作“不谷”可能是因为“谷”的繁体字“穀”与“毂”字形相近造成的。

人们通常把孤儿和寡妇合称为孤寡，把没有劳动能力而又无依无靠的人称为鳏寡孤独，这些都是需要体恤救助的可怜之人。《战国策·齐策》：“哀鳏寡；恤孤独。”《左传·昭公十四年》：“救灾患，宥孤寡。”综上所述，“孤、寡、不毂”都是百姓最厌恶、最忌讳的不吉祥的称谓。“人之所恶，唯孤、寡、不穀”（第四十二章）。那为什么古代的君主要自称“孤、寡、不穀”呢？老子的答案是“侯王自称孤、寡、不穀。此非以贱为本邪？非乎？”诸侯、天子自称“孤”“寡”“不穀”，这不就是以低贱为根本吗？难道不是吗？

由此可见，“孤”“寡”“不穀”是古代君主的自我谦称，目的是以低贱为根本，以争取臣民的拥护、爱戴，这是从“贵以贱为本，高以下为基”得到的智慧。这里的“孤”和“寡”是同义词，统称为孤家寡人，不同的是一般天子、皇帝自称寡人，国君、王、侯自称孤。《礼记·曲礼下》：“庶方小侯，入天子之国曰某人，于外曰子，自称曰孤。”后来，自称孤家、寡人则成为君王的专利，然而又有几个君王还记得“自称孤、寡、不穀”的初心呢？孤家寡人逐步从君王的自我谦称演变为野心家的代称，称孤道寡成为指责妄图篡位之人的专有名词，现在则把脱离群众、孤立无助的人称为孤家寡人，把掌握政治、经济大权的少数巨头叫作寡头。

“自称”帛书版、王弼本写作“自谓”。根据易顺鼎等学者的论证，倾向于“自称”。第四十二章的“人之所恶，唯孤、寡、不穀，而王公以为称”以及《战国策·齐策》的“虽贵必以贱为本，虽高必以下为基，是以侯王称孤寡不谷”也都用“称”。“非乎”有的版本写作“非欤”“非也”，含义没有什么不同。

“至誉无誉”，就是最高的赞誉、极致的美誉，无须夸誉，没有称誉。“至”意为极、最。“誉”本义为称赞、赞美，引申为赞誉、美誉、夸誉、荣誉、美名、誉望、名望。“至誉”即极致的赞誉、最高的美誉。“无誉”意为无须夸誉，没有称誉。

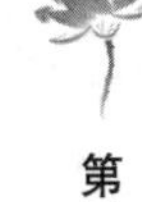

对于名誉问题，老子的理想是“道恒无名”（第三十二章），“大象无形”“道隐无名”（第四十一章）。因为“天下皆知美之为美，斯恶已；皆知善之为善，斯不善已”，“是以圣人处无为之事，行不言之教……功成而弗居”（第二章），所以要牢记“多言数穷，不如守中”（第五章）的教诲，时刻躬身自问“名与身孰亲”（第四十四章）。对一个统治者来说，“得一以为天下正”的标准是“上德不德，是以有德……上德无为，而无以为”（第三十八章），治国理政的最高境界就是“太上，不知有之”（第十七章），而“誉之”已经是第三等次，与“不知有之”之间还隔开了“亲之”，所以老子说“至誉无誉”。有的学者把“至誉无誉”解读为过高的荣誉就等于没有荣誉，这显然是误读。

“至誉无誉”帛书版甲本写作“致数与无与”，乙本写作“至数輿无輿”，王弼本写作“致数舆无舆”，河上公本写作“致数车无车”。这里“致”通“至”，问题不大，但“与”“舆”“车”在这里都解释不通。高延第等学者的研究认为，根据《庄子·至乐》原文是“至誉无誉”，后“誉”讹为近音字“舆”；“与”的繁体字“與”同“舆”字形相近，又讹为“舆”的近形字“與”（与）；“舆”泛指“车”，常常合称车舆，从而讹为“舆”的同义字“车”。

“是故不欲琭琭如玉，硌硌如石”，因此不愿像玉那样稀少珍贵，宁愿像石块那样坚固。“琭”是玉的名称。《广韵》：“琭，玉名。”“琭琭”形容稀少。“琭琭如玉”指像玉那样稀少，而物以稀为贵，所以引申为像玉那样稀少贵重。“硌”即大石。《山海经》：“上无草木，而多硌石。”“硌硌”形容像大石一样坚硬。“硌硌如石”指像石块那样坚实、坚固。

这里的“是故”根据帛书版增加。帛书版乙本写作“是故不欲禄禄若玉，硌硌若石”。“禄禄”形容平凡的样貌。《庄子·渔父》：“不知贵真，禄禄而受变于俗，故不足。”“禄禄”与玉联系不上，疑是笔误，此两字甲本缺失。

“琭琭”有的版本写作“瑑瑑”。“瑑”读 zhuàn，指玉器上隆起的雕刻花纹。“瑑瑑”形容玉的华美。有的版本写作“碌碌”。“碌”即小石。“碌碌”一般多指平庸、忙碌，这里形容玉石的色彩美丽。南朝梁刘勰《文心雕龙·总术》：“落落之玉，或乱乎石；碌碌之石，时似乎玉。”“瑑瑑如玉”与“碌碌如玉”都是指像玉那样华丽、晶莹，与石块的粗糙相对。

“硌硌”通行版写作“珞珞”。“珞”同“砾”，即小石块。《五音集韵》：“音雳。与砾同。小石曰砾。”“珞珞”形容石头坚硬的样子，比喻石块粗糙。有的版本写作“落落”。“落落”形容堆积的样子，比喻众多，与“琭琭”相对。“落落如石”即像石块一样众多，意指因数量多而低贱。

不管用词如何不同，现实生活中玉石稀少、珍贵、华美，代表贵、高，石块粗糙、坚固、众多，代表贱、下，对此人们的认识是一致的，老子提出不欲如玉而如石的观点，是要告诉统治者，不要如玉那样为人所贵，而要如石那样为人所贱，不要像美玉那样华而不实，而要像普通的石块那样坚固、实用，甘为国家之基石，也就是不要追求外表的华美，而要追求内在的朴实、淳朴，这正是“贵以贱为本，高以下为基”思想的体现。苏辙注：“非若玉之琭琭，贵而不能贱，石之珞珞，贱而不能贵也。”范应元注：“夫一乃万物之本，至贵至高，而无形无声，非称美可尽，而况其他乎？故推而极之，数数称美者无美也，不德者，乃有德也。是以王侯不欲禄禄若玉之贵，但硌硌若石之贱也。”

小结

老子认为，宇宙的本原只有一个，宇宙的总规律也只有一个，宇宙中相互矛盾的对立体，相互依存、相互转化，最终总要归于一体。所以老子把得“道”称为“得一”，通过对古往今来天、地、神、谷、万物、侯王“得一”以及不能“得一”正反两方面截然相反结果的描述，论述了“道”的作用，强调“道”的普遍意义。天、地、神、谷、万物、侯王都源于“道”，如果失去“道”，就会天崩地裂、万物灭绝。

具体到人类社会，对立的双方是统治者与被统治者，如何才能和谐地归一呢？老子馈赠给统治者的法宝是“贵以贱为本，高以下为基”，这是老子政治哲学的闪光点之一。统治者要清醒地认识到，百姓是立国安邦的根本和基础，“水能载舟亦能覆舟”，没有了“下贱”的民众，就没有“高贵”的侯王。因此，统治者要时时刻刻“谦卑”“处下”“居后”，“自称孤、寡、不穀”，做到“生而不有，为而不恃，功成而弗居”，明白“至誉无誉”的道理，不做华而不实的美玉，甘当坚固、实用的国之基石。

然而历史上又有几个统治者能够践行“贵以贱为本，高以下为基”呢？只有中国共产党始终坚持把马克思主义基本原理同中国具体实际相结合、同中华优秀传统文化相结合，以人民为中心，把人民放在至高的位置，一切依靠人民，一切为了人民。毛泽东早在1958年就写下“卑贱者最聪明，高贵者最愚蠢”的批语，这是对“贵以贱为本，高以下为基”最好的诠释。

第四十章　反动弱用　无中生有

元典

反者，道之动；弱者，道之用。天下万物生于有，有生于无。

直译

循环往复、相反相成，是“道”的运动规律；柔弱、示弱，是“道”的作用所在。天下万物产生于“有”，而“有”产生于“无”。

善解

40.1　反者，道之动；弱者，道之用。

“反”通“返”，即颠倒、反转、转换、返回、返还、反复、循环，回到本原，物极必反。周而复始地循环往复运行，是宇宙万物运动变化的客观规律。从空间上看就像月亮绕着地球旋转、地球绕着太阳旋转，太阳、月亮东升西落，以及因月亮围绕地球有规律旋转而形成的潮涨潮落；从时间上讲就如昼夜更替，一年春夏秋冬四季循环往复，冬去春来，春播、夏耨、秋收、冬藏，以及因季节四时变化而产生的花开花落、春暖花开、秋风落叶、夏暑冬寒。老子把这种循环往复总结为“周行而不殆”，并进一步描述为“大曰逝，逝曰远，远曰反”（第二十五章），即宇宙形成之初的大爆炸，因为大爆炸产生强大的斥力，物质（天体）极速膨胀扩大（曰大），因膨胀扩大而从原点向外流逝（曰逝），不断向外逝去驶向远方（曰远），遥远到极点，因为万有引力形成反转，又向原点返回，最终做不规则圆周运动，实现“周行而不殆”，因此“曰反”。“道之动”即“道”的运动规律。老子认为，事物的运动变化都遵循规律而行，而循环往复（“反”）即是其运动规律之一，如果没有“反”，“道”就失去了“周行而不殆”的动力，“道”也就没有了“独立而不改”的生命力。所以，老子说“反者，道之动”。

“反者，道之动”竹简版写作“返也者，道潼（动）也”，因此很多学者把此处的“反”仅仅解读为“返”。从老子的哲学思想体系看，“反”还有另一层含义，就是相反、对立，与“正”相对，引申为反对、反抗、反向、反作用。老子在前面的章节多次阐述矛盾双方的对立转化规律，认为一切事物存在相互依存、相互作用、相反相成、对立统一的自然辩证关系，任何事物都出现在相反相成的状态中，都存在对立面，万事万物都以对立面为自己存在的前提，不离不弃、如影相随，而且事物往往向相反的方向运动发展。相反相成、矛盾对立的双方可以在不断变化的运动过程中相互转化，老子认为这种相反相成的作用是事物变化发展的永恒动力，是自然界和人类社会运动发展的根本规律，并将其概括为“反者，道之动”。

老子将相反相成的“反者，道之动”理论用于实践，形成了独特的反向思维模式，成为其观察事物、思考问题的有效方式方法，这是老子与孔子等其他华夏先贤的不同之处。老子在论述事物时更多地讲“不是什么”，而不是讲“是什么”，所以《老子》中频繁出现“不”“弗”“无”。老子是反向思维的大师，善于从常人惯性思维的反面出其不意地提出独特的见解。“处无为之事，行不言之教。万物作焉而不辞，生而不有，为而不恃，功成而弗居”（第二章），“不尚贤，使民不争。不贵难得之货，使民不为盗。不见可欲，使民心不乱……虚其心……弱其志，强其骨；恒使民无知无欲，使夫智者不敢为也”（第三章），“天地不仁”“圣人不仁”（第五章），“水善利万物而不争，处众人之所恶”（第八章），“五色，令人目盲；五音，令人耳聋；五味，令人口爽；驰骋畋猎，令人心发狂；难得之货，令人行妨”（第十二章），“及吾无身，吾有何患”（第十三章），“太上，不知有之”（第十七章），“大道废，有仁义；智慧出，有大伪；六亲不和，有孝慈；国家昏乱，有忠臣”（第十八章），“绝智弃辩，民利百倍；

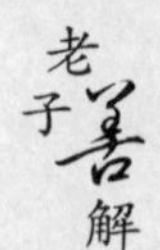

绝仁弃义，民复孝慈；绝巧弃利，盗贼无有”（第十九章），“俗人昭昭，我独昏昏；俗人察察，我独闷闷”（第二十章），“曲则全，枉则直，洼则盈，敝则新，少则得，多则惑”（第二十二章），“飘风不终朝，骤雨不终日”（第二十三章），“企者不立，跨者不行”（第二十四章），“知其雄，守其雌……知其白，守其黑……知其荣，守其辱”（第二十八章），“胜而不美”（第三十一章），“将欲歙之，必固张之；将欲弱之，必固强之；将欲废之，必固兴之；将欲取之，必固与之”（第三十六章），“上德不德，是以有德”（第三十八章），“至誉无誉。是故不欲琭琭如玉，硌硌如石”（第三十九章）。

中国古人很早就把反向思维应用在投资方面，《史记·货殖列传》记载，范蠡的老师、春秋时期著名谋士及经济学家计然指出：“论其有余不足，则知贵贱。贵上极则反贱，贱下极则反贵。贵出如粪土，贱取如珠玉。财币欲其行如流水。”即了解掌握了货物的过剩还是短缺，就能知道价格的高低。价格高到极点就会下跌，低到极点就会上涨。当价格高到极点时，要把货物当粪土一样及时卖出；当价格低到极点时，要把货物当珍宝一样及时购进。货物钱币要像流水一样及时流通周转。范蠡根据老师的上述理论，在实践中提出了“积贮之理”“旱则资舟，水则资车”，人弃我取，人取我予，两次辞去高官，散尽家财，白手起家，富甲一方。

作为普通人，我们从“反者，道之动”中至少可以得到两点启示：一是要深刻领悟循环往复这个客观规律，凡事物极必反，做人做事不能走极端，剑走偏锋也许能获胜一时，但决不可能成功一世；二是要学会反向思维，面对逆境要看到希望，不要心灰意冷、丧失斗志，而是要奋力拼搏，越挫越勇；身处顺境要居安思危，切不可忘乎所以，更不能嚣张跋扈，而是要更加谦虚谨慎，如履薄冰。

我们在第三章讲过，“弱”本义为气力小、势力差、柔弱，用作动词为削弱、弱化、示弱。老子崇弱、尊柔、贵阴、守雌，认为柔胜刚、弱胜强，反对锋芒毕露、争强好胜，提倡柔弱、示弱、处下、忍让、谦逊，倡导“上善若水”“功成弗居”，一再推崇柔软、弱小、纯真、无欲、无邪的婴儿。“弱其志”（第三章），“水善利万物而不争，处众人之所恶，故几于道”（第八章），“专气致柔，能如婴儿乎”（第十章），“沌沌兮，如婴儿之未孩”（第二十章），“恒德不离，复归于婴儿”（第二十八章），“以道佐人主者，不以兵强天下”“师之所处，荆棘生焉；大军之后，必有凶年”（第三十章），“夫兵者，不祥之器，物或恶之，故有道者不处”（第三十一章），“柔弱胜刚强”（第三十六章），“天下之至柔，驰骋天下之至坚”（第四十三章），“守柔曰强”（第五十二章），“含德之厚，比于赤子”“骨弱筋柔而握固”（第五十五章），“人之生也柔弱，其死也坚强。草木之生也柔脆，其死也枯槁。故坚强者死之徒，柔弱者生之徒。是以兵强则不灭，木强则折。强大处下，柔弱处上”（第七十六章），“天下莫柔弱于水，而攻坚强者莫之能胜”“弱之胜强，柔之胜刚”（第七十八章）。所以，老子说“弱者，道之用”，柔弱是“道”的最大作用，赞赏“道”运作时不带压力，润物细无声，“生而不有，为而不恃，长而不宰”（第十章）。王弼注：“柔弱同通不可穷极。”

老子“弱者，道之用”的思想与西方社会盛行的弱肉强食、适者生存的思想正好相反，所以“弱者，道之用”也是老子反向思维的结果，是“反者，道之动”在实践层面的应用。

40.2　天下万物生于有，有生于无。

这里的“天下”即寰宇、全宇宙。关于“无”和“有”已经在第一章进行了全面的论述。“有”是“万物之母”，所以说“天下万物生于有”。“无”是“天地之始”，“有”是“道”的外在表现，也就是宇宙天地，所以，“无”是产生“有”（宇宙天地）之母，从“无”到“有”，“无”中生“有”，“有生于无”。“天下万物生于有，有生于无”，天下万物产生于“有”，而“有”产生于“无”。严复注：“无不真无。”《黄帝四经·道原》：“一度不变……万物得之以生，百事得之以成。”

本节竹简版写作“天下之物生于有，生于无”，帛书版甲本这部分内容缺损，乙本写作“天下之物生于有，有生于无”，与通行版相比，两者都把万物的“万”字写作“之”，不同的是竹简版少了一个“有”字。对此，有的专家认为，竹简版才是《老子》的原文，解读为天下万物既生于“有”，又生于“无”。其理由是，老子在第二章明确指出“有无相生”，可见“有”与“无”是并列关系，不是“有生于无”的从属关系，“无”在“有”之先是逻辑上的先，不是时间上的先。还有的学者认为“无”对应“道”、“有”对应“德”，本就没有先后，是表里关系，都是万物的始源，所以不存在“有生于无”。陈鼓应对此总结道，竹简版与帛书版虽只有一字之差，但在哲学解释上有重大的差别，前者属于万物生成论问题，而后者属于本体论范畴，从《老子》整体思想来看，我认同“万物生于有，有生于无”。

在第一章解读“无，名天地之始；有，名万物之母”时讲过，“无”是宇宙天地的本始，“有”是产生万事万物的母体，“无”和“有”是不同阶段的“道”，“无”在前，“有”在后，“无”是第一阶段、第一位的，“有”是第二阶段、第二位的，从“无”到“有”，“无”中生“有”。再从第四十二章“道生一，一生二，二生三，三生万物”分析，“道生一”就是从“零”到“一”，从“无”到“有”，“无”中生“有”。老子从“无”到“有”的哲学思想，不仅诠释了宇宙天地的起源，而且也符合自然客观规律，“无”就是宇宙形成之前体积无限小、质量无限大、拥有极高温度的奇点，“有”就是137亿年前宇宙大爆炸形成的宇宙天体。所以，“天下万物生于有，有生于无”更符合老子的哲学思想，如果改为“万物既生于‘有’，又生于‘无’”，则不仅平淡无奇，而且失去了老子创立“无”和“有”这两个哲学概念的意义，第一章的“恒有，欲以观其徼”就是要认清“有”与“无”的不同之处，虽然“无”和“有”都是“道”，但从“无”到“有”已经发生质的变化，就像女婴和母亲都是女性，但女婴长大为少女，少女发育成熟后为人妻，再生育子女为人母，就有了代的跨越。至于“有无相生”，强调的是“无”“有”双方相互依存、循环往复、相反相成的对立统一关系，从更高的层次上讲，其中蕴含着从“无”到“有”，再从“有”到“无”的循环往复，并进而开始新一轮的“无”中生“有”，体现的正是上一节的“反者，道之动”。

小结

老子用“反者，道之动；弱者，道之用”这样极其简练的文字，阐述了“道”的运动规律和作用所在，虽然只有十个字，却是老子悟透了宇宙天地万物产生之后的至理名言，蕴含了无比深厚的哲理。“天下万物生于有，有生于无”，揭示了宇宙形成的本质，既是对第一章“无，名天地之始；有，名万物之母”的述说，也为第四十二章“道生一，一生二，二生三，三生万物”做了很好的铺垫，起到了承上启下的作用。

用一个“反”字概括宇宙天地、万事万物的运行、变化、发展规律，老子是人类哲学史上第一人，这样的思想不仅在当时是超前的，即使在今天也仍然令人敬佩，让读者回味无穷，值得我们深思。在老子的哲学思想中，与“反”相通的是“复”，老子把万物从生到死、再从死到生这样一个繁衍生息、周而复始、永无止境的规律概括为“复”，老子在“万物并作”中观察到万物最终都各自回归到它的本根，老子称其为“归根”，就是生命完成了从生到死的过程，重新回归虚无寂静之“无”的状态，所以叫作“静”，也就是回归天命，因此也称为“复命”，是新一轮万物“并作”的起始，这不就是循环往复之“反”吗？

“反者，道之动”容易让人联想到“反动”，而“反动”又有倒行逆施、反对进步、反对革命的含义，由此形成了斗争哲学。古代统治者最痛恨的就是“反”字，最怕的就是臣子谋反、百姓造反，采取的对策是镇压、“以死惧之”，从而形成压迫—反抗—再压迫—再反抗的恶性循环，结果只能是从“民不畏威”到“民不畏死”直至“民之轻死”。老子认为“反动”是“道”运动的客观规律，所以老子哲学的应对之策是“不争”，就是遵循规律，顺其自然，返回本根。老子在第十六章说“归根曰静，静曰复命；复命曰常，知常曰明”，而宇宙天地万物运行的恒常之道就是第二十五章所说的“独立而不改，周行而不殆……大曰逝，逝曰远，远曰反”，认识了这个规律，当然就能避免纷争，而且能够“不争而善胜”（第七十三章），其理论依据就是“弱者，道之用”，因为柔弱是“道”的最大作用，是“道”之所以“用之或不盈”（第四章）、“用之不勤”（第六章）的根本原因所在。

第四十一章　大象无形　道隐无名

元典

上士闻道，勤而行之；中士闻道，若存若亡；下士闻道，大笑之。不笑不足以为道。故建言有之：明道若昧，进道若退，夷道若颣；上德若谷，广德若不足，建德若偷，质真若渝；大白若辱，大方无隅，大器晚成，大音希声，大象无形。道隐无名。夫唯道，善贷且成。

直译

上等士人听闻“道”，就勤奋践行；中等士人听闻“道”，半信半疑；下等士人听闻“道”，则哈哈大笑。不被嘲笑，就不足以成为“道”。因此，老话说得好：光明之“道”好像暗昧，前进之“道”好似后退，平坦之“道”好像崎岖不平；崇高之“德”就像低下的山谷，广大之“德”好像有不足，刚健之“德”好似偷惰，质朴纯真却好像已经变质；最洁白的却好像是黑垢，最方正的却没有棱角，最大的器物最晚完成，最大的声音听不到声响，最大的形象没有形状。“道”幽隐而没有名称，只有“道”善于施与万物并且成就万物。

41.1　上士闻道，勤而行之；中士闻道，若存若亡；下士闻道，大笑之。不笑不足以为道。

这里的“士”不是古代的士卒、武士，也不是现在军队的士兵、战士，而是指士人、士民。《战国策·魏策》：“此庸夫之怒也，非士之怒也。”

“上士闻道，勤而行之”，上等士人听闻“道”后，就积极勤奋、尽心尽力地践行“道”。“勤”即勤奋、尽心尽力。河上公注：“上士闻道，自勤苦竭力而行之。”因为“上士”已经“几于道”，对“道”心领神会，心有灵犀一点通，所以能够“勤而行之”。

“中士闻道，若存若亡”，中等士人听闻“道”后，将信将疑，时而记在心里，时而忘在一边。“若”即有时、或。“存”即留存，这里指留存在心间。“亡”通“忘”。《列子·仲尼》：“知而亡情，能而不为，真知真能也。”汉代王充《论衡·语增》：“为长夜之饮，亡其甲子。”河上公注：“中士闻道，治身以长存，治国以太平，欣欣然而存之。退见财色荣誉，惑于情欲，而复亡之也。”因为“中士”刚刚入“道”，对“道”一知半解、似懂非懂，还没有真正领悟“道”的真谛、本质，所以“若存若亡”。“若存若亡”竹简版写作“若昏（闻）若亡”，意为时而听见、时而忘记，类似于左耳进右耳出，强调的是不上心、不走心。

“下士闻道，大笑之”，下等士人听闻“道”后，则哈哈大笑，也就是嘲笑。说明“下士”不仅不学、不懂“道”，而且根本不信“道”，对“道”漠不关心，暗示其浅薄无知，认识问题往往只见现象不知本质。河上公注：“下士贪狠多欲，见道柔弱，谓之恐惧，见道质朴，谓之鄙陋，故大笑之。不为下士所笑，不足以名为道。”

“不笑不足以为道”，不被嘲笑，也就是不被“下士”所笑，不足以成为“道”，就不是真正的“道”。为什么“不笑不足以为道”？因为“道”是深奥、神秘、玄妙、无形、无状的，“玄之又玄”（第一章），“渊兮，似万物之宗；湛兮，似或存”（第四章），“视之不见”“听之不闻”“搏之不得”“其上不皦，其下不昧，绳绳兮不可名，复归于无物。是谓无状之状，无物之象，是谓惚恍。迎之不见其首，随之不见其后”（第十四章），“道之为物，唯恍唯惚。惚兮恍兮，其中有象；恍兮惚兮，其中有物。窈兮冥兮，其中有精；其精甚真，其中有信”（第二十一章）。所以，只有真正的“上士”才能得“道”、行“道”，“下士”因不懂“道”、不信“道”而“大笑之”就对了，“下士”都能得到的“道”就不是真正的“道”。

41.2　故建言有之：明道若昧，进道若退，夷道若纇；上德若谷，广德若不足，建德若偷，质真若渝；大白若辱，大方无隅，大器晚成，大音希声，大象无形。

“建言有之”，就是有人立言，实际上是指古人立言，用通俗的话讲就是老话说得好。“建言”本义为陈述，这里指立言，即通过言辞或文章提出建议、意见、立论，陈述主张。

“明道若昧，进道若退，夷道若纇”，光明、明亮的“道”好像昏暗、暗昧，前进的“道”好像在倒退、后退，平坦的“道”好像崎岖不平。“昧”即暗昧、幽昧、昏暗。“夷”意为平坦。王安石《游褒禅山记》：“夫夷以近，则游者众；险以远，则至者少。”“夷道”即平坦的大道。《淮南子·原道》：“驰骋夷道。”“纇”本义为丝上的结，引申为缺点、毛病。《淮南子·氾论训》：“明月之珠，不能无纇。”对大道而言最大的缺点、毛病就是崎岖、不平坦。上述“明”与“昧”、“进”与“退”、“夷”与“纇”都是相反相对的，其原理就是老子所说的“反者，道之动”（第四十章），“正言若反”（第七十八章）。

“上德若谷”，最崇高的“德”就像低下的山谷，形容具有崇高德性的人胸怀如同山谷一样博大、虚空、深广，可以包容世间的一切。我们在第三十八章讲过，“上德”即至德，等同于“道”，“道”至高无上，又虚怀若谷。“道”是“谷神”（第六章），“旷兮其若谷”（第十五章），“为天下谷”（第二十八章）。所以，老子说“上德若谷”。

“广德若不足”，广大、广阔的“德”好像有不足。“广”本义为宽大的房屋。《说文解字》：“广，殿之大屋也。”段玉裁注：“殿谓堂无四壁……覆乎上者曰屋，无四壁而上有大覆盖，其所通者宏远矣，是曰广。”泛指宽广、广阔，引申为大、盛大、远大。《茅屋为秋风所破歌》：“安得广厦千万间，大庇天下寒士俱欢颜。”“广德”即大德。

“建德若偷”，强健、刚健的“德”好像在偷懒、怠惰，松松垮垮。高亨注："'建德若偷'，犹言强德若弱耳。""建"通"健"，意为强健、刚健。"偷"本义为苟且、敷衍、马虎，引申为偷安、偷惰、偷弛、偷懒、松懈、懈怠、怠惰，这里形容松松垮垮的样子。

"质真若渝"，质朴纯真的"德"好像已经变质，变得混浊、污浊。"真"本义为真人，这里指纯真。"质真"即质朴纯真。"渝"本义为水由净变污，引申为改变，改变成"质真"的对立面，就是变质，变得混浊、污浊。人们常说的褒义词是忠贞不渝、坚贞不渝、生死不渝，而老子却说"质真若渝"。有的学者认为，依据上文"广德若不足，建德若偷"，"质真若渝"疑为"质德若渝"，而"德"古代写作"悳"，字形与"真"相似，可能误作"真"。帛书版甲本本章内容缺损，乙本只有"质"，后面三个字缺损，竹简版"质"字缺损，写作"□贞女愉"，"真"写作"贞"，可见由"悳"误作"真"的推论不成立。

"大白若辱"，最洁白的却好像是黑垢，最洁白的东西看起来好像有污垢。"大白"指最白、洁白。"辱"原意指羞辱、污辱、玷辱，引申为污浊、污垢、黑垢。"大白若辱"与"知其白，守其辱"（通行版写作"知其白，守其黑"，我们在第二十八章已经论述过，原文应该是"知其白，守其辱"）前后呼应。"大白若辱"通行版、竹简版、帛书版乙本都排在"上德若谷"与"广德若不足"之间，我认为是错简，故调整到"质真若渝"与"大方无隅"之间。

"大方无隅"，最方正的却没有棱角。"方"本义为并行的两船，泛指并列、并行，引申为方形、方正、方直。"隅"本义为山水弯曲边角处，引申为角、角落、棱角。《诗经·邶风·静女》："静女其姝，俟我于城隅。"正因为圣人"大方无隅"，品行方正却没有棱角，所以"方而不割"（第五十八章）。

"大器晚成"，字面的含义是最大的、最贵重的器物需要经过较长时间才能制成，所以相比一般的、小的器物制成得要晚。我们在第二十八章讲过，"器"本义为器具、器物，从大的方面可以分为自然物、人为物、人物三类，这里的"器"就不是指一般的器物，而是指特殊的"器"，也就是人，人是唯一能够否定自身为器之"器"。子曰："管仲之器小哉！"（《论语·八佾》）孔夫子又说"君子不器"（《论语·为政》）。所以，这里的"大器"不是指最大的、最贵重的器物，而是得"道"的

圣人。《法言·先知》："先自治而后治人之谓大器。"因此，老子说"大器晚成"实际上想要告诉人们的是，得"道"不是一朝一夕就能成功的，而是需要长时间的不懈体悟、修炼。"大器晚成"现在用于比喻能担当重任、取得重大成就的人物要经过长期的磨炼才能成才、成名，所以成功比较晚。

"大音希声"，最大的声音、最响亮的音是无声之音，没有回声、回响，听不到声响。我们在第二章讲过，"声"即声响，"声"组合成音乐节奏的乐音称为"音"。"希"本义为刺绣，假借为"稀"，老子把耳朵听不到称为"希"，"听之不闻，名曰希"，形容事物之间的距离远，声音无法传达，"希声"即无声。王弼注："大音，不可得闻之音也。有声则有分，有分则不宫而商矣。分则不能统众，故有声者非大音也。"

"大象无形"，最大的形象看起来反而不见形体，没有形状。"象"指景象、印象、形象。"形"指形状、形体、实体。"象"与"形"的区别是，"象"是指人们思想、思维中出现的景象、形象，是无形的，看不见、摸不着，是想象中的虚幻形象，只能通过大脑去感悟、感受；"形"是指实体的外表形状、形体，是有形的，看得见、摸得着。我们在第三十五章已经讲过，"大象"即大道，也就是老子之"道"。所以，"大象无形"，实际上是指"道"没有实体、没有形体，与"象"一样看不见、摸不着，得"道"需要人们用心用脑去感悟、体悟。

本节的八个"若"，帛书版乙本写作"如"，竹简版写作"女"（如）。

41.3 道隐无名。夫唯道，善贷且成。

"道隐无名"，即"道"幽隐而没有名称。隐而无名是老子反复强调的"道"的特征。"名可名，非恒名"（第一章），"渊兮，似万物之宗；湛兮，似或存"（第四章），"绵绵若存"（第六章），"绳绳兮不可名"（第十四章），"吾不知其名，强字之曰道，强为之名曰大"（第二十五章），"道恒无名"（第三十二章），"无名之朴"（第三十七章）。

"夫唯道，善贷且成"，只有"道"善于施与万物且成就万物，老子在此强调万物自始至终都离不开"道"。"贷"本义为施与、给予。《说文解字》："贷，施也。"《广雅》："贷，予也。"王弼注："贷之，非唯供其乏而已。一贷之，则足以永终其德，故曰善贷也。成之，不如机匠之裁，无物而不济其形，故曰善成。”“善贷且成”帛书版乙本写作“善始且善成”，意为使万物善始善成、善始善终。

小结

在第一节中，老子根据人们对待“道”的不同态度，分为上中下三等，可以作为自我判断学“道”、修“道”进展的标准。这里给人印象深刻的是“下士闻道，大笑之”，而老子却说“不笑不足以为道”，说明“道”的深奥、玄妙，与第三节的“道隐无名”相呼应。我们在现实生活中经常会遇到不懂装懂而“大笑之”的人和事，如果读懂了《老子》就应该明白，这是因为其不懂“道”，所以即使受到对方的嘲讽与攻击，也不必与其做无谓之争。站在对方的角度，争论的结果不仅无法使其明慧，反而可能伤害到他；站在自我的角度，争论白费口舌，不如“勤而行之”。

第二节，老子引用古人总结的三组十二句话，通过“明”“进”“夷”三“道”却似“昧”“退”“颣”，“上”“广”“建”三“德”却像“谷”“不足”“偷”，“质真”却若“渝”等一系列相反相成、对立统一的矛盾体，既进一步论证了上一章的“反者，道之动；弱者，道之用”的道理，又让人明白了为什么“下士闻道，大笑之”，也体现了老子一贯的反向思维模式。世上至善至美的事物往往以其对立的表象示人，揭示了本质与现象互为矛盾对立而又互相依存的辩证关系，而这种辩证思维早在老子之前就已经被华夏先贤所认识、掌握。需要指出的是，我们对这十二句格言不能过度反推，不能因为“明”“进”“夷”往往好像是“昧”“退”“颣”，就反推出“昧”“退”“颣”就是“明”“进”“夷”，其底层逻辑是要看其合不合“道”，这才是问题的关键所在。

本章最为后人熟知的是第二节的“五大”，特别是“大器晚成，大音希声，大象无形”可以说家喻户晓，这是得“道”的至高境界，我们要善于从中汲取智慧。“大白若辱”：要知白守辱、和光同尘，不要过于黑白分明、两极对立；“大方无隅”：要品行方正、为人正直，但不要锋芒毕露，也就是“方而不割”；“大器晚成”：认准了方向和目标，就要致虚守静，耐得住寂寞、沉得下心，顺其自然，不要好大喜功、急于求成；“大音希声”：声音不在高低，而在于音与声相互和谐、和合，和颜悦色、循循善

诱远胜于声色俱厉；“大象无形”：“执大象”重在悟透其中的核心要义，而不是华丽的外表，“处其厚，不居其薄；处其实，不居其华”，要兼容百态，有意化无意，重本质、轻外表，不刻意追求表面形象的亮丽光鲜。

第三节是对前面两节的总结，为什么只有“上士闻道”才“勤而行之”，“下士闻道”却“大笑之”？为什么最好的事物看起来却有瑕疵？就是因为“道隐无名”，而事物能从“反面”走到至高、至大，则是因为“道”的“善贷且成”。

第四十二章　道生万物　负阴抱阳

道生一，一生二，二生三，三生万物。万物负阴而抱阳，冲气以为和。人之所恶，唯孤、寡、不穀，而王公以为称。故物或损之而益，或益之而损。人之所教，我亦教之。“强梁者不得其死！”吾将以为教父。

直译

“道”产生一（从“无”到“有”，“无”中生“有”，产生混沌的“元气”），一产生二（混成之物产生天和地，“元气”分化为阴、阳二气），二产生三（天地交合、阴阳和合），三产生万物（和合产生万物）。世间万物都背阴而向阳，阴阳互相激荡交融，达到均匀和谐（的状态，从而形成新的统一体）。人们最厌恶的，就是成为孤儿、鳏夫和寡妇，因品行不善而被斥为“不穀”，而君王公侯却以“孤、寡、不穀”自称。因此，世间的事物，有时减损它却反而得到增益，有时有益于它却反而受到损害。别人这样教导我，我也这样教导他人：“强横霸道的人不得善终！”我把这句话作为教导他人的第一教条。

42.1　道生一，一生二，二生三，三生万物。

这里的“道”就是第一章论述的“无”，“无”不是什么都没有，而是

“有物混成”的“无”，产生于宇宙形成之前，是宇宙大爆炸之前的无形能量，即所谓“惚兮恍兮，其中有象；恍兮惚兮，其中有物。窈兮冥兮，其中有精；其精甚真，其中有信”（第二十一章），可以形象地理解为“零”。这里的“一”就是第一章论述的“有”，是“道”的外在表现，也就是宇宙天地，是“万物之母”，也可以理解为中国传统文化中的“元气”。我们在第一章讲过“有”和“无”都是“道”，所以老子有时也用“一”表示“道”，第二十二章“是以圣人执一为天下式”与第三十九章“昔之得一者”中的“一”即指“道”，体现“道”绝对无偶的唯一性，强调“道”是独一无二的统一体。

综上所述，这里的“道”指“无”，用数字表示就是“零”，“无”是宇宙天地之始，也是产生“有”（宇宙天地）之母；“一”即“有”，用“一”这个数字表示“有”，目的是衍生出下文的“二”“三”，共同构成逻辑严密的万物生成论。《说文解字》：“一，惟初太始，道立于一，造分天地，化成万物。”所以，“道生一”就是从“零”到“一”，从“无”到“有”，“无”中生“有”，形成混沌的“元气”，用现代科学语言表述就是大爆炸形成宇宙。司马光《道德真经论》：“道生一，自无入有。”

“道生一”、“无”生“有”后，“无”不再是混沌的、“有物混成”的“无”，而是包含实“有”之“无”；“有”也不再混成于“无”之中，而是相对独立于“无”的有形之物，某种程度上还可以反作用于“无”；“无”与“有”成为相对独立的“你是你，我是我”的存在。“一生二”就是“道”形成“无”和“有”之别。如果用“无”“有”解释“二”让人还是比较费解，那么可以用大家比较常用的“天地”解释“二”。在老子的话语体系中，“天地”在某种意义上讲也代表“道”，按本书版本统计，“天地”一词共出现九次，多数与宇宙万物的产生有关。如“无，名天地之始”（第一章），“玄牝之门，是谓天地根”（第六章），“有物混成，先天地生”（第二十五章），“天地相合，以降甘露”（第三十二章）。所以，“一生二”也可以解读为混成之物产生天和地。对应于中国传统文化，“无”就是阴，“有”就是阳。“一生二”即混沌的“元气”（包含阴、阳二气）分化为清气（阴气）、浊气（阳气），阴、阳二气是万物生成的基本元素，清气上升为天，浊气下降为地。

有的学者认为，用“无”“有”解释“二”比较符合《老子》原意，用“天地”解释“二”也可以在《老子》中找到依据，而“阴阳”概念则直到《庄子》才大量出现，用以解读《老子》不合适。我认为，用阴阳解读“二”并不违背老子本意，“三生万物”紧接着就是“万物负阴而抱阳”，类似的还可以用牝牡、雌雄解读“二”。从另一个角度讲，一个理论、学说被后来的理论反复证明，或者用后来的学术概念也解释得通，恰恰证明这个理论放之四海而皆准的可行性和经久不衰的生命力。老子的“一生二”是中国传统文化中最根本、最基础的“二分法”的理论源头，长期以来“二分法”是中国人最重要的方法论和认识论之一，我们现在常说的“一分为二”也来源于此。

虽然历代学者对“道生一，一生二”解读不尽相同，但相对而言，“道生一，一生二”还比较容易理解，看法也比较接近，而对“二生三，三生万物”的认识则分歧更大，焦点在于对“三”的解读。很多学者把“三”解读为天、地、人三才，认为阴、阳相互作用产生天、地、人。《说文解字》：“三，天、地、人之道也。从三数。”有的学者认为，“三”是“三气”，阴气、阳气相互作用产生“中气”，把“二生三，三生万物”解释为：有了阴阳，很多东西就产生出来了。河上公注：“阴阳生和清浊三气，分为天地人也。”还有的学者认为，第二章“有无相生”所生者即为“三”。这些论述都有一定道理，但还没有把“二生三，三生万物”的本质讲透彻。大家认真思考一下，阴和阳、雌和雄、女和男相遇，应该发生什么？是不是阴阳和合、雌雄交配、男女相爱交欢？结果产生新的物体、生命。所以，“三”就是和合、交合、交配、交尾、交欢，“二生三”即天地交合、阴阳和合等，就是第三十二章的“天地相合”、第五十五章的“牝牡之合”，其结果则是“以降甘露”“三生万物”，即和合产生万物。

因为“三生万物”，老子对“三”情有独钟。在第十四章将“道”描述为“三不”：“视之不见，名曰夷；听之不闻，名曰希；搏之不得，名曰微。”第二十八章则将得“道”的途径归纳为“三知”（知雄、知白、知荣）、“三守”（守雌、守黑、守辱）、“三天下”（天下谿、天下式、天下谷）、“三恒德”（恒德不离、恒德不忒、恒德乃足）、“三复归”（复归于婴儿、复归于无极、复归于朴）。在第五十章又说：“生之徒，十有三；死之徒，十有三；人之生，动之于死地，亦十有三。”第六十七章总结出“持而保之”的人生三大法宝（慈、俭、不敢为天下先）。

42.2 万物负阴而抱阳，冲气以为和。

在本节中，老子明确提到“阴”和“阳”的概念，实际上在上一节的“一生二，二生三”中已经暗含了阴阳的概念，“二”就是指阴、阳。阴阳是中国古代“二分法”最常用的概念，即宇宙中贯通物质和人事两大相反相成、辩证统一的对立体。《易经》用“--”表示阴，用“—”表示阳，分别称为阴爻、阳爻，三爻组成八卦：乾（☰）、兑（☱）、离（☲）、震（☳）、巽（☴）、坎（☵）、艮（☶）、坤（☷）。

中国传统文化把宇宙万物都划分为对立统一的阴和阳两大类，如虚与实、静与动、柔与刚、弱与强、软与硬、小与大、后与前、轻与重、黑与白、暗与亮、内与外、反面与正面、无形与有形、精神与物质、魂魄与身体、被动与主动、消极与积极、无为与有为、牝与牡、雌与雄、女与男、月亮（太阴）与太阳、夜（黑夜）与昼（白天），等等。

老子用“无”和“有”对应“阴”和“阳”，“道”则是“无”和“有”、“阴”和“阳”的对立统一体。宇宙万物从“无”到“有”，“无”中生“有”，完成“零”的突破，实现“道生一”；自从“有”（对应“阳”）成为相对独立于“无”（对应“阴”）的有形之物后，万物都可以划分为阴阳两类，即“一生二”；阴阳交合（“二生三”），交合产生万物（“三生万物”）。

需要特别指出的是，“无”和“有”是相对的，万物都是“无”和“有”的对立统一体，“阴”与“阳”也是相对的，既对立又统一，不可绝对化，宇宙万物无不内部阴阳并存、外部阴阳对立。例如，人的身体与魂魄分别对应实与虚，所以身体与魂魄对应是阳，但身体又有前后、向背、上下、内外之分，身体的背部、内部就是阴。又如月亮对应太阳为阴，因此也叫太阴，但月亮是宇宙中的有形实体，与看不见摸不着的无形之物相比属于阳，所以月亮是阳中之阴。类似的如空气，作为无形的气态，与有形的固体物质相比是阴，但空气属于实有之物，对应于虚空的真空则属阳。

“万物负阴而抱阳”，意为万物都背阴而向阳，日常生活中负阴抱阳最典型的事例莫过于向日葵随着太阳转向。“负”意为背负在背后，“抱”即怀抱在胸前。实际上“万物负阴而抱阳”是对上一节“一生二”的进一步论述，万物都由阴阳和合而产生，又都包含阴阳。河上公注：“万物无不负阴而向阳，回心而就日。”

“冲气以为和”，意为阴阳二气互相激荡、相互交融、互相冲击产生中和之气，从而达到一种均匀和谐的状态，进而形成新的统一体，也就是上一节的“二生三”，即天地交合、阴阳和合。

“冲”在《老子》中一共出现三次，这是第二次。我们在第四章讲“道冲”的时候说，“冲”通“盅”，意为空虚。“道冲”即“道”是虚空无形的。有的学者把“冲气”之“冲”也解读为虚空。河上公注：“万物中皆有元气，得以和柔，若胸中有藏，骨中有髓，草木中有空虚，与气通，故得久生也。”本节的“冲”不同于“道冲”之“冲”，而是通“沖”，本义为向上涌流。《说文解字》曰：“沖，涌摇也。从水、中声。”在中国古代五行学说中，“冲”意为两者力量自然相向运动产生的作用，把五行之气相冲克者互称为“冲气”。这里的“冲气”指阴阳二气互相激荡、交冲。“和”本义为和谐、协调，引申为汇合、结合，这里指阴阳和合达到和谐状态。后世的学者按照气场理论，把“和”解释为“和气”，有时也把这种阴阳二气互相冲击而产生的中和之气称为“冲气”，再结合本章第一节，认为“一”是“元气”，“二”指阴、阳二气，“三”是“和气”，“和气”是阴阳二气交合相冲的结果（中和之气），也称为“冲气”。

42.3 人之所恶，唯孤、寡、不榖，而王公以为称。

为什么“人之所恶，唯孤、寡、不榖”？从第三十九章中我们知道，“孤、寡、不榖”即幼年丧父或者父母双亡和男人丧妻“孤宿”、女人丧夫“寡居”、绝嗣无后的不善之人，普通人对这些不吉、不祥的称谓，当然是最厌恶、最忌讳的，可以说是深恶痛绝。那为什么君主、侯王还要自称“孤、寡、不榖”？我们在第三十九章讲过，侯王从“贵以贱为本，高以下为基”得到智慧，自己以孤家、寡人、不榖这些恶名作为自己的称号，意在告诉天下百姓自己时时刻刻心存弱者，目的是树立“明君”的形象，以争取臣民的拥护、爱戴。河上公注：“孤寡不榖者，不祥之名，而王公以为称者，处谦卑，法虚空和柔。”

这里的“王公”与第三十二、三十七、三十九章的“侯王”是什么关系呢？“王”即我们在第三十二章所讲的天子。“公”是封建制度最高爵位。《礼记·王制》：“王者之制禄爵，公、侯、伯、子、男凡五等。”《公羊传·隐公五年》：“王者之后曰公；其余大国称侯；小国称伯、子、男。”泛指诸侯国国君。《左传·庄公十年》：“十年春，齐师伐我，公将战。”也是古代朝廷最高官位的通称，后泛称朝中最高掌权者。周王朝将“太师”“太傅”“太保”合称“三公”，西汉“三公”改为“大司徒”“大司马”“大司空”。“王公”在古代指天子与诸侯，后泛指达官贵人。本章的“王公”就是天子与诸侯，“侯王”为诸侯与天子，由此可见“王公”与“侯王”实际上是一回事。

42.4　故物或损之而益，或益之而损。

“损”的本义是减少，后引申为损失、亏损、丧失、伤害、有害。“益”的小篆字形像器皿中有水漫出，古同“溢”，后引申为增益、增加、扩大、帮助、有益、更加、利用、好处。“损”与“益”是反义词，减损对增益，损害对有益。《尚书·大禹谟》：“满招损，谦受益。”

世间的事物，为什么“损之而益”（减损它却反而得到增益）、“益之而损”（有益于它却反而受到损害）？这体现了老子一贯的对立统一思想，也是“反者，道之动”（第四十章）的规律在起作用。“损之而益”是因为减损到极致必然开始增益，这就是“吃亏是福”“谦受益”。所以老子说，“为道日损”，损到什么程度呢？“损之又损，以至于无为”（第四十八章），而王公自称“孤、寡、不毂”，就是懂得“损之而益”的道理，“贵以贱为本，高以下为基”，用众人厌恶的不吉利词汇自称，表面上损害了自己的利益，实际却有益于巩固其统治。“益之而损”的道理是增加到一定程度时必然盈满，盈满而溢不就是减损的开始吗？所以说“满招损”。

有的学者把“或损之而益，或益之而损”解读为由于没有把握好“冲气”的合理界限，因而事与愿违。我认为，解读为物极必反、“满招损，谦受益”更符合老子的本意。王弼注：“愈多愈远，损则近之。损之至尽，乃得其极。既谓之一，犹乃至三。况本不一而道可近乎？损之而益（益之而损），岂虚言哉！”

42.5　人之所教，我亦教之。“强梁者不得其死！”吾将以为教父。

“人之所教”即别人这样教导我，实际上是说古人流传下来教育人的训诫。“我亦教之”意为我也这样教导其他人。河上公注：“谓众人所以教，去弱为强，去柔为刚。”王弼注：“我之非强使人从之也，而用夫自然，举其至理，顺之必吉，违之必凶。故人相教，违之自取其凶也，亦如我之教人，勿违之也。”

“强梁者不得其死”即强横的人不得善终。“强梁”意为强横、强暴、刚强横暴、强劲有力、勇武。“强梁者”指粗暴、残忍、凶狠、欺凌弱小、性情残暴的人，也是强盗的另一种称呼。《水浒传》：“贪财好色最强梁，放火杀人王矮虎。”《初刻拍案惊奇》卷十一：“常见大人家强梁僮仆，每每借着势力，动不动欺打小民。”《三国演义》第一百十八回：“所向无敌，前无强梁，节制众城，网罗进逸。”《红楼梦》第一回：“训有方，保不定日后作强梁。”所谓“不得其死”就是横死，即不得好死、不得善终，其对立面是寿终正寝、正常死亡，或者称为良死。河上公注：“强梁，谓不信玄妙，背叛道德，不从经教，尚势任力也。不得其死者，为天所绝，兵刃所伐，王法所杀，不得以寿命死也。”

“吾将以为教父”即我将此奉为教条，就是我把这句话（“强梁者不得其死”）作为教导他人的首要教条、第一教条。“父”在这里读 fǔ，通“甫”，意为开始、起初，可以解读为首要、第一。河上公注：“父，始也。”所以，这里的“教父”不是基督教的神学家，也不是天主教里的男性监护人，而是指首要教条、第一教条。

本章的重点是前两节揭示的宇宙万物生成规律，也就是阐述“道”创生万物的过程，是老子对宇宙天地万物形成、发展的根本观点，可以称为老子的宇宙生成论，反映了老子的世界观、宇宙观。老子认为，天地万物从“无”到“有”，“无”中生“有”，从少到多，由简到繁，混成之物产生天和地，天地交合、阴阳和合产生万物。老子把宇宙天地想象成一对原始的夫妇，万物则是它们的子女，“天地相合”“牝牡之合”的宇宙万物生成模式，就是来源于人类父母生子女的感性经验，因而是一种朴素的唯物论。“道生一，一生二，二生三，三生万物”，是对第一章“无，名天地之始；有，名万物之母”及第四十章“天下万物生于有，有生于无”形象生动的具体描述。“万物负阴而抱阳”，是对“一生二”的进一步论述，万物都由阴阳和合而产生，都背阴而向阳，是阴和阳的统一体，本身又都可以分为阴和阳，揭示了矛盾存在于一切事物之中的客观规律。“冲气以为和”，即阴阳二气互相激荡、互相交融、互相冲击产生中和之气，从而达到一种均匀和谐的状态，进而形成新的统一体。也就是“二生三”，揭示了相互对立的矛盾双方相互作用可以达到和谐与统一的规律，体现了老子的辩证思想。

对于本章后三节的内容，不少学者认为与前两节相脱节，疑似错简，并从内容上分析认为放在第三十九章更合适。虽然前后两部分内容看似联系不紧密，但老子在后半部分所提出的以进为退和“谦受益、满招损”的处事原则，合乎辩证法的思想，而“强梁者不得其死”的古训，意在告诫统治者不要对弱者实行强权统治。

探索宇宙起源、万物本原是人类不懈的追求，中国历代先贤也不例外，为了便于读者更全面、深入地理解老子的宇宙万物生成论，特将中国传统文化中比较有影响的有关宇宙万物产生的论述与老子的理论简要比较如下。

一是《黄帝四经》的论述。《黄帝四经·道原》：“恒先之初，迥同太虚。虚同为一，恒一而止。湿湿梦梦，未有明晦……一者其号也，虚其舍也。无为其素也，和其用也。”宇宙之初为原始“太虚”状态，混沌为“一”，分不清天地，看不清明暗……“一”是它的名号，这也不过是一个虚设，“无”是它的根，“和”则是它的作用所在。这里的“太虚”又名“大虚”，对应于老子的“有”和“一”，所以说“一者其号也”，而“无”是它的根，也就是说“无”是“太虚”的源头，与本章第一节的“道生一”相通。这里的“和”指和合，是“道”发挥作用、产生万物的关键所在，对应于本章的“三”。《黄帝四经·十大经·观》又说：“黄帝曰群群□□□□□□为一，无晦无明，未有阴阳。阴阳未定，吾未有以名。今始判为两，分为阴阳，离为□四（时）□□□□□□□□□□□□□因以为常，其明者以为法而微道是行。行法循□□牝牡，牝牡相求，会刚与柔，柔刚相成，牝牡若刑（形）。下会于地，上会于天。”宇宙刚形成时，混混沌沌，窈窈冥冥，没有阴阳之别，也就是还处在“阴阳未定”的“太虚”状态，与上述《道原》篇前半部分的论述相一致。“判为两，分为阴阳”，就是老子所说的“一生二”，在空间上形成天与地，在属性上分为阴和阳。“离为四时”即在时间上进一步离析为春、夏、秋、冬四季。“牝牡相求，会刚与柔，柔刚相成，牝牡若刑（形）。下会于地，上会于天”，即雌雄相求，刚柔相济，相辅相成，阴阳和合形成万物，阳气向下与阴气合会于地而生就了五谷草木，阴气向上与阳气会合于天而生成了日月星辰，对应于本章的“二生三，三生万物”。

二是《易经》的论述。《易传·系辞上》：“是故易有太极，是生两仪，两仪生四象，四象生八卦，八卦定吉凶，吉凶生大业。”所谓“太极”即天地未开、混沌未分阴阳之前的状态，是世界的本原。孔颖达疏：“太极谓天地未分之前，元气混而为一，即是太初、太一也。”这里的“生”不是简单地产生，而是意在演化。关于“两仪”的解说很多，综合历代易学家的论述，有八种说法，分别为阴阳、天地、奇偶、刚柔、玄黄、乾坤、春秋、不变与变，这里应该是天地。孔颖达疏：“混元（指太极）既分，即有天地（指两仪），故曰‘太极生两仪’，即《老子》云‘一生二’也。”又曰：“不言天地而言两仪者，指其物体；下与四象（青龙、白虎、朱雀、玄武）相对，故曰两仪，谓两体容仪也。”宋代张载认为指阴阳二气，“一物（太极）两体（两仪）气也”。关于“四象”的解释也有很多，除了上面的青龙、朱雀、白虎、玄武四种飞禽走兽外，常见的有太阳（老阳）、太阴（老阴）、少阴、少阳，从数学角度讲为七、九、八、六，从方位角度论为东、南、西、北，从一年季节说为春、夏、秋、冬，还有金、木、水、火和阴、阳、刚、柔两种说法。总之，按照《易经》的理论，“太极”是天地未分的统一体，是万物产生的源头；由太极演化分为天地（阴阳），“太极六气，含三为一”，称为“太极生两仪”；世间万物因天地阴阳二气而生，天地运行而有四时，四时运行演变出雷、风、火、山、泽，然后万物生成。

三是《庄子》的论述。《庄子·内篇·齐物论》：“有始也者，有未始有始也者，有未始有夫未始有始也者；有有也者，有无也者，有未始有无

也者，有未始有夫未始有无也者。俄而有无矣，而未知有无之果孰有孰无也……一与言为二，二与一为三。自此以往，巧历不能得，而况其凡乎！故自无适有，以至于三，而况自有适有乎！无适焉，因是已！”庄子在此以从“无”到“有”、由少到多以至无穷来解读“道生一，一生二，二生三，三生万物”。有的学者据此将“道生一”理解为“道是独一无二的”，“一生二”意为“浑沌未分的统一体蕴含着‘无’和‘有’的两面”，“二生三”指“(道)由无形质落向有形质则有无相生而形成新体”，“三生万物”就是“万物都是在这种有无相生的状态中产生的”。《庄子·外篇·天地》：“泰初有无，无有无名。一之所起，有一而未形，物得以生，谓之德；未形者有分，且然无间，谓之命；留动而生物，物成生理，谓之形；形体保神，各有仪，则谓之性；性修反德，德至同于初。”进一步明确宇宙源起的太初始于“无”，然后是混一状态的“一”，万物都从这“一”产生，产生过程是“分”而“无间”，这就是“天命”。什么东西“分”而“无间”呢？庄子称之为“未形者”，也就是“一”。分为什么呢？本篇没有讲，从《田子方》篇分析应该是分为阴、阳。所以，“未形者有分”就是“一”分为阴、阳，对应本章的“一生二”；“无间”就是阴阳和合，对应本章的“二生三”。“留动而生物，物成生理”，指阴气滞留、阳气运动而后生成万物，这就是万物生成的机理，对应本章的“三生万物”。据《庄子·外篇·田子方》记载，老子在为孔子描述万物“初生之浑沌虚无之境”时说：“至阴肃肃，至阳赫赫；肃肃出乎天，赫赫发乎地；两者交通成和而物生焉，或为之纪而莫见其形。”庄子以老子的口吻告诉读者，极致的阴气出自苍天，极致的阳气发自大地，两者相互交通和合而生成万物，回答了《天地》篇“未形者有分”分为什么的问题。“两者交通成和”即阴气与阳气相互交通和合，就是本章的“二生三”，也就是“冲气以为和”。“交通成和而物生”则对应本章的“三生万物”。

四是《吕氏春秋》的论述。《吕氏春秋·大乐》：“万物所处，造于太一，化于阴阳。”“太一”是万物之源，万物由阴阳二气变化而成。“太一”是什么呢？“道也者，视之不见，听之不闻，不可为状……道也者，不可为形，不可为名。强谓之太一。”可见“太一”就是“道”，对应本章的“一”。“太一”如何生万物？“太一出两仪，两仪出阴阳，阴阳变化，一上一下，合而成章。”这里的“两仪”指天地。“章”，汉代高诱注“犹形也”。也就是说“太一”生万物的过程是“太一”生天地，天地生阴阳，对应本章的“一生二”；然后阴阳上下和合产生有形的万物，“阴阳变化，一上一下”对应“二生三”，“合而成章”对应“三生万物”。

五是《淮南子》的论述。《淮南子·天文训》：“道始于一，一而不生，故分而为阴阳，阴阳合和而万物生，故曰‘一生二，二生三，三生万物’。”《淮南子·原道》又说：“所谓无形者，一之谓也，所谓一者，无匹合于天下者也。”也就是说，“一”指独立无偶的无形之“道”，“二”即阴阳，“三”是阴阳合和。对于《黄帝四经》中“离为四时”的论述，《淮南子·天文训》说：“阴阳之专精为四时，四时之散精为万物。”

从上述比较分析可以发现，《黄帝四经》中宇宙产生万物的模式是从“一”开始，而后到“二”，再到“四”，最终形成万物，《易经》则在“四”后面增加了“八”，《庄子》《吕氏春秋》《淮南子》都是在对《老子》解读基础上的进一步阐述，这些论述都没有超越《老子》的理论，而且还普遍缺失从“零”到“一”的论述。正因为如此，为了补上“零”这一课，后世的学者们从第二十八章的“恒德不忒，复归于无极”和本章“道生一，一生二，二生三，三生万物”得到启发，综合各种学说，把万物产生的过程完善为：“无极生太极，太极生两仪。两仪生三才，三才生四象，四象生五行，五行生六合，六合生七星，七星生八卦，八卦生九宫，一切归十方。”宋代周敦颐《太极图说》：“无极而太极。太极动而生阳，动极而静，静而生阴……阴阳一太极也，太极本无极也。”这里的“无极”相当于“无”“零”，“太极”相当于“有”“一”，“无极生太极”就是“无”中生“有”、从“零”到“一”，也就是“道生一”。

“无极生太极”解决了从“无”到“有”的问题，但从“两仪生三才”到“一切归十方”好像环环紧扣、完美无缺，其实是既烦琐又没有讲清原理，反观老子的万物生成论，则既简洁明了又深藏万物形成发展的科学哲理，即使按现代天文学理论解读也完全说得通，完美地体现了对“判天地之美，析万物之理”的不懈追求。本章“道生一，一生二，二生三，三生万物”中的一、二、三都有特定的含义，绝不是仅仅用来表示万物生成由简到繁的过程。蒋锡昌《老子校诂》：“《老子》一二三，只是以三数字表示道生万物，愈生愈多之义。”但蒋锡昌又说，“一即道也，自其名而言之谓之道，自其数而言之谓之一”，即“一”就是“道”，自相矛盾。

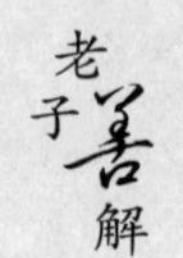

第四十三章　天下至柔　驰骋至坚

元典

天下之至柔，驰骋天下之至坚。无有入无间，吾是以知无为之有益。不言之教，无为之益，天下希及之。

直译

天下最柔软、最柔弱的东西，能够驾驭、驰骋于天下最坚硬的东西。无形之物能够进入没有间隙的地方，我因此知道“无为”的有益之处。不用语言的教导，“无为”的益处，天下很少有人能够做到。

善解

43.1　天下之至柔，驰骋天下之至坚。

天下最柔软、最柔弱的东西，自由自在地奔驰、穿行在最坚硬的物体中，或者说天下最柔软、最柔弱的东西，能够控制、战胜和驾驭最坚硬、最坚强的东西。这里的“天下”指寰宇、全宇宙。“至”即最、极端。“驰”指跑得很快，“骋”即放开、奔跑。“驰骋”即骑马奔跑、奔驰，这里也可以理解为控制、战胜、驾驭。

“至柔”能在“至坚”中“驰骋”，不仅仅是因为快，更体现了“至柔”的自由自在、无拘无束、无影无踪、无坚不摧，就是所谓的如入无人之境的感觉。“驰骋”在这里把一个深奥的哲理演化为一幅生动的画面，“驰骋”

于“至坚”，给人放荡不羁、横冲直撞、所向披靡、酣畅淋漓的畅快，然而仔细观察，“驰骋”的却是“至柔”，给人的是自由自在地奔驰在原野那种无拘无束的感觉，两者的对比让人印象更加深刻。

猛一看这句话确实让人觉得不可思议，“至柔”怎么能“驰骋”于“至坚”呢？这与我们惯常的经验相背离，我们不是习惯于用坚硬、锐利的东西穿刺和穿透柔软的物体吗？所以我们常常崇尚坚强、刚毅、锋利，反对软弱、退让、愚钝。但只要仔细观察、认真思考、深入体悟，就不难明白其中的道理，在现实生活中也不乏“至柔”“驰骋”于“至坚”的实例，最典型的就是水。老子在第七十八章说：“天下莫柔弱于水，而攻坚强者莫之能胜，以其无以易之。弱之胜强，柔之胜刚。”滴水穿石，抽刀断水水更流，这不就是“至柔”“驰骋”于“至坚”、弱胜强、柔胜刚吗？现代工业已经把水、气体作为切割金刚石等坚硬物体的利器。

把老子“天下之至柔，驰骋天下之至坚”的理论，应用于治国之道，就能明白可以马上得天下、不可马上治天下的道理，其正面榜样就是汉初推行黄老之道，行怀柔之策，让百姓休养生息，所以有了“文景之治”，也为汉武帝开疆拓土奠定了雄厚的物质基础和人才储备。

老子的上述理论同样适用于家庭生活。按照《红楼梦》中贾宝玉的观点，女人是水，男人是泥，水当然可以软化泥于无形。如果妻子能发挥女性天生柔软、柔弱的优势，柔情似水、以退为进，必定家业兴旺、福泽子孙；反之，如果妻子不懂得为妻之道，一味强势好胜，得理不让人，与丈夫以刚对刚、锋芒毕露，轻则丈夫一味退缩、消极避让，对家庭不管不问，重担都落到妻子的肩上，长此以往阴盛阳衰，成为没有出息的窝囊废，重则夫妻之间针锋相对、形同水火、家庭不睦、永无宁日，甚至家破人亡。请各位读者明鉴，我没有重男轻女的思想，而是站在女人的立场，把老子“柔弱胜刚强”的哲理应用于夫妻之道，顺其自然，以柔克刚，不要赢了面子丢了里子。

43.2 无有入无间，吾是以知无为之有益。

“无有”不是一般意义上的没有，这里的“有”指有形，“无有”即没有形体的无形之物、无形的力量。“间”指间隙、间隔。无形的东西、力量及能量能够进入、穿透没有间隙的东西，我因此知道了“无为”的有益

之处、好处。

实际上“至柔”也是无形的，我们常说水无常形。“至柔”与“无有”的共同点是无形，能够“驰骋”于“至坚”与“入无间”的根本原因则是“至柔”与“无有”符合“道”的本质，就是虚空、无形，老子进一步从中悟出了“无为之有益”的深刻道理。

43.3 不言之教，无为之益，天下希及之。

不用语言、政令、不发号施令来说教，不说出来的教导，顺其自然、无为而治，天下很少有人能够知道并且做到。这里的“天下”指所有的人。“希”同“稀”，意为稀少、很少，有的版本直接写作“稀”。“希及之”意为很少有人能够赶上它，也就是能做到。

“不言”是“无为”的表现，“教”只是手段而不是目的，“不言之教”的目标是“无为之益”，要先达到“无为”，而后才能得“益”。然而天下绝大多数人本末倒置，把“教”当作目的，好为人师，好大喜功，总想名垂千秋、万古流芳，喋喋不休，朝令夕改，频繁地发号施令，所以“不言之教，无为之益”总是“希及之”。

小结

本章第一节老子通过“至柔”“驰骋”于“至坚”这样颠覆人们常识的格言，阐述“柔”与“坚”的关系，告诉我们“柔弱胜刚强”（第三十六章）的道理。老子认为，“道”是柔弱的，但却无坚不摧，其作用恰恰在于其柔弱而不是刚强，“弱者，道之用”（第四十章），柔弱就是“道”的最大作用。因此，老子称赞赤子“骨弱筋柔而握固”（第五十五章），指出“守柔曰强”（第五十二章），“人之生也柔弱，其死也坚强。草木之生也柔脆，其死也枯槁。故坚强者死之徒，柔弱者生之徒”（第七十六章），相反“强梁者不得其死”（第四十二章）。

第二节又通过“无有”入“无间”的论断，强调虚无的作用，进而知晓了“无为之有益”。老子认为，“道”是虚空的，但作用却无穷无尽，“道冲，而用之或不盈”（第四章），看似虚空、“无为”的无形之物其中隐藏着无穷无尽的能量，所以“无有”入“无间”体现的是“无为”的

"有益"。

概括而言，"无为"才会柔弱而"至柔"，"至柔"才能"驰骋"于"至坚"；"无为"才会虚空而"无有"，"无有"才能入"无间"。老子对此感叹道："不言之教，无为之益，天下希及之。"那么如何才能做到呢？唯有学"道"、体"道"、悟"道"，成为得"道"之人，才能像圣人一样"处无为之事，行不言之教"（第二章）。

第四十四章　知足不辱　知止不殆

元典

名与身孰亲？身与货孰多？得与亡孰病？甚爱必大费，多藏必厚亡。知足不辱，知止不殆，可以长久。

直译

名声与身体哪个更亲近？生命与货利哪个更重要？得到（名利）与失去（生命）哪个更有害？过分的爱好必然造成极大的耗费，过多的收藏必定招致惨重的损失。知道满足就不会遭受屈辱，知道停止就不会有危险，这样就可以长久。

善解

44.1　名与身孰亲？身与货孰多？得与亡孰病？

"名与身孰亲"，名声、名誉与身体、生命相比，哪个更亲近？或者说哪个更应该、更值得珍惜？"名"即名声、名誉。"身"指身体，引申为生命、性命。宋代文天祥《指南录·后序》："国事至此，予不得爱身。""亲"本义为亲爱，引申为亲近、亲密。老子推崇的"道"的特征之一就是无名，"绳绳兮不可名"（第十四章），"道恒无名"（第三十二章），"道隐无名"（第四十一章）。所以，与"名"相比，老子显然更亲"身"，"贵大患若身……贵以身为天下，若可寄天下；爱以身为天下，若可托天下”（第十三章）。

“身与货孰多”，身体、生命与货物、财富相比，哪个更重要、更值得重视？“货”指货物，引申为财产、财富。“多”本义为数量大。《说文解字》：“重也。从重夕。夕者，相绎也，故为多。重夕为多，重日为叠。”进一步从重叠之“重”引申为轻重之“重”，即重要、重视。《汉书·灌夫传》：“士亦以此多之。”老子对此的观点是，“不贵难得之货，使民不为盗”（第三章），“绝巧弃利，盗贼无有”（第十九章），而“难得之货，令人行妨”（第十二章），“财货有余，是谓盗夸”（第五十三章），是以“圣人欲不欲，不贵难得之货”（第六十四章）。

“得与亡孰病”，得到与失去相比，哪个更糟糕、更有害，损害更大？“亡”本义为逃离、出走，引申为丧失、失去。《战国策·秦策五》：“亡赵自危。”汉代贾谊《过秦论》：“秦无亡矢遗镞之费。”“病”本义为疾病，引申为损害、有害。按照老子一贯的思想，这里的“得”指得到本节前文的“名”与“货”，也就是名利，“失”就是失去“身”。对此老子的观点很明确，“咎莫大于欲得”（第四十六章）。如果泛泛地讲“得与亡”就可能难以区别“孰病”。比如对宠爱，老子就说“宠为下，得之若惊，失之若惊”（第十三章）；而如果得的是“道”，那么失去什么都值得，“天得一以清，地得一以宁，神得一以灵，谷得一以盈，万物得一以生，侯王得一以为天下正”（第三十九章）。

44.2　甚爱必大费，多藏必厚亡。

“甚爱必大费”，过分的爱好必定招致极大的耗费、破费、浪费。这里的“甚”即过分、极端。“甚爱”即过分喜爱一个东西，这里过分爱好的是名利，也可以理解为爱慕虚名。“大费”即极大的耗费、巨大的浪费、更大的破费。所以老子说“五色，令人目盲；五音，令人耳聋；五味，令人口爽”（第十二章），“是以圣人去甚、去奢、去泰”（第二十九章），“治人事天，莫若啬”（第五十九章）。河上公注：“甚爱色，费精神；甚爱财，遇祸患。所爱者少，所亡者多，故言大费。”

“多藏必厚亡”，过多、太过丰富的贮藏与收藏必定招致重大、惨重的损失。“厚”本义为地壳厚，扁平物体上下两面之间距离大，与“薄”相对，引申为厚重、丰厚、多、大。“厚亡”即亡失很多，形容损失重大、

惨重。所以老子告诫人们“金玉满堂，莫之能守；富贵而骄，自遗其咎”（第九章）。

44.3 知足不辱，知止不殆，可以长久。

“知足不辱”，知道满足，就不会受到羞辱，不会遭受屈辱。因为“祸莫大于不知足”，所以“知足之足，恒足矣”（第四十六章），“知足者富”（第三十三章），富就富在安贫乐道，没有贪欲，当然就不会受辱。

“知止不殆”在第三十二章已经作过解读，就是知道停止、节制，掌握限度，懂得适可而止，就不会遇到危险。

老子在第十六章说：“道乃久，没身不殆”，在第三十二章又说：“知止可以不殆”，可见“知止”是得“道”的表现，体现了得“道”者的清静无为。“知足”体现的是顺其自然、安贫乐道，同样也是得“道”的表现。所以，“知足”“知止”就可以长久。

小结

本章中老子提出了重生命、轻名利的思想。老子将名利与人自身的生命价值相比较，告诉人们要贵生重死，自省自重自爱，学会知足常乐，对名利的追求要适可而止，不可重名而轻身、贪利而奋不顾身。

在第一节，老子一连用了三个疑问句来追问人们经常遇到而又忽视的问题，即名与身、身与货、得与失孰轻孰重？很多人觉得这些问题都不是问题，这些道理显而易见，似乎每个人都应该明白，谁不知道生命的宝贵、生命是一其余都是零？谁不知道身体是人生的本钱？谁不知道要爱惜自己的身体？其实不然。不要说普通的芸芸众生、凡夫俗子，就是古今中外的名人雅士，真正能够体悟生命价值和意义，并坚持在整个人生旅途中完美地处理好名利与身体、生命关系的人，也是凤毛麟角。三个问题中，从认识论的角度讲，第二个问题最容易达成共识，“钱财乃身外之物，生不带来，死不带去”的大道理好像人人都懂，可叹又有多少人能够躲过“人为财死，鸟为食亡”的魔咒！更不要说涉及名声、名誉、荣辱得失的问题。世上有多少人用青春、健康换取钱财、功名，死到临头、英年早逝才追悔莫及！所以，老子的这三问不是明知故问，更不是画蛇添足、多此一举，而是每个人都需要经常扪心自问、时刻反思并提醒自己、警醒自己的人生大问题。

第二节老子从反面对第一节的问题发出警世之言，为人们指明了得失相依、过犹不及的道理，读来如重槌击胸，耐人寻味、发人深省。但有人却据此认为老子片面追求长生不老，忽视了人生的理想追求，不注重物质条件的改善，是消极避世。这是对老子的误解，也是对《老子》的误读。老子不是反对任何的名和利，老子反对的是不利于身体健康的过度追求功名利禄，反对的是“甚爱”与“多藏”，即吝啬鬼和守财奴，反对的是令人目盲的“五色”、令人耳聋的“五音”、令人口爽的“五味”、令人心发狂的“驰骋畋猎”、令人行妨的“难得之货”（第十二章），而不是适度的“爱”与“藏”，即必要的财富，就像“无为”不是不为，而是不要妄为一样，老子不仅不反对而且提倡“实其腹”（第三章）、“为腹不为目”（第十二章）。老子是朴实的自然主义者，而不是缥缈的虚无主义者，并不反对顺其自然、在自由自在中获得精神财富和物质财富，实现自身的人生价值，关键是要把握好一个“度”字，要懂得“金玉满堂，莫之能守；富贵而骄，自遗其咎”（第九章），在处理名利与身体的关系中，不能本末倒置，不惜以身体健康甚至生命为代价和赌注追名逐利，否则就会在吝啬、贪婪中迷失自我，最终必定“大费”“厚亡”，得不偿失，甚至身败名裂、遗憾终身。

第三节则从正面给予人们正确的答案，就是“知足”和“知止”。“知足”是老子总结“古之善为道者”人生经验后提出的处世原则，这是一种建立在循“道”基础之上的积极处世态度，要求人们“不贵难得之货”（第三章），安贫乐道，清静无为。“知止”就是要正确对待自身的生存环境，做事要恰到好处，对世俗名利不要念念不忘、汲汲以求，而是要适可而止，使人类能始终保持一种良性生存状态。“知足”能够常乐，“知止”可以“不殆”，只要切实做到“知足”和“知止”就“可以长久”。

第四十五章　大成若缺　其用不弊

元典

大成若缺，其用不弊。大盈若冲，其用不穷。大直若屈，大巧若拙，大辩若讷。静胜躁，寒胜热。清静为天下正。

直译

最完美的好像有缺陷，但其作用不会衰竭。最盈满的好像仍有虚空，但其作用不会穷尽。最挺直的好像是弯曲的，最灵巧聪明的好像很笨拙，最善雄辩的好像很木讷。虚静胜过浮躁，清寒胜过浊热。清静是为天下正道。

善解

45.1　大成若缺，其用不弊。大盈若冲，其用不穷。

“大成若缺，其用不弊”，最完美的（极大的）成就（成功）好像有缺陷（欠缺），但其作用不会衰竭。最圆满的东西好像有所残缺，但使用起来没有弊端。“成”即成功、成果、成就。“缺”指缺乏、缺漏、缺少、缺失、缺陷、缺损、欠缺、残缺。“用”为用处、用途、使用、作用。“弊”本义为仆，即向前倒下，引申为弊病、弊端、弊害、衰败、衰竭。老子认为，因为“若缺”所以“其用不弊”，有欠缺才能进步、才能更加圆满，否则“反者，道之动”（第四十章），物极必反，满招损，大成无缺就会走向反面，盛极而衰，所以老子提倡“功成而弗居”（第二章），“功成而不有”（第三十四章），“功成而不处”（第七十七章）。

“大盈若冲，其用不穷”，极限的充盈好像虚空（最盈满的东西却好像仍是虚空的一样），但其作用不会穷尽。“盈”即充盈、盈满。“冲”在第四章、第四十二章已经出现两次，此处与第四章“道冲”的“冲”是一个含义，即通“盅”，意为空虚，与“盈”相对。“穷”指穷尽、穷竭。“大盈若冲，其用不穷”与“道冲，而用之或不盈”（第四章）异曲同工，“大盈若冲”“冲而用之”的结果是“不盈”，“不盈”则“谷神不死”（第六章），“夫唯不盈，故能蔽而新成”（第十五章），生生不息，从而“其用不穷”。所以“其用不穷”，用的就是“若冲”，只有虚空才能更加充盈、作用无穷。

45.2　大直若屈，大巧若拙，大辩若讷。

“大直若屈”，最挺直、笔直的好像是弯曲的，最刚直的好像是屈服的，最直率的好像是受委屈的。“直”的本义为不弯曲，与“枉”“曲”相对。《左传·襄公七年》：“正直为正，正曲为直。”这里指挺直、笔直、正直、刚直、直率。“屈”的本义是弯曲。《正字通》：“凡曲而不伸者皆曰屈。”引申为屈服、委屈、冤枉。与“大直若屈”相对应的是“曲则全，枉则直”（第二十二章）。

“大巧若拙”即极端灵巧聪明的人表面上好像很笨拙，类似于大智若愚，其反面是锋芒毕露。“巧”本义为技艺高明、精巧，这里指灵巧、聪明，与“拙”相对。“拙”指笨拙。“巧”在老子的语境中与“智”“辩”联系在一起，即智巧、巧辩，基本上是反面的，某种意义上与伪诈同义，老子认为“人多伎巧，奇物滋起”（第五十七章），在第十九章说“绝巧弃利，盗贼无有”。所以得“道”之人具备“大巧”的内涵却不锋芒毕露，而是要“若拙”。曾国藩也信奉“天道忌巧，去伪存拙”的人生信条，这种半聪半拙的智慧为他带来了最终的成功。

“大辩若讷”即极致雄辩的人好像很木讷，最有辩才的人表面上好像不善言辞、言语迟钝。“辩”本义为辩论、申辩，引申为有口才、善言辞，能言善辩。“大辩”即最善雄辩、最会用言辞辩论。“讷”指木讷、口拙、口笨，说话迟钝，不善于用言辞表达。老子一贯反对“多言”、提倡“少言”甚至“不言”，“多言数穷，不如守中”（第五章），“悠兮其贵言”（第十七章），“希言自然”（第二十三章），所以圣人“行不言之教”（第二章），“知者不言，言者不知”（第五十六章），“天之道”是“不言而善应”（第七十三章），因此老子强烈反对容易引起纷争矛盾的“辩”，主张“绝智弃辩”（第十九章），认为“善者不辩，辩者不善”（第八十一章），而“大辩若讷”则是得“道”的表现。

45.3　静胜躁，寒胜热。清静为天下正。

“静胜躁，寒胜热”，虚静、沉着、清静胜过躁动、浮躁，寒冷、清寒胜过炎热、浊热。竹简版写作“喿（躁）勑（胜）苍（沧），青（清）勑（胜）然（热）”，帛书版甲本写作“趮（躁）胜寒，靚（静）胜炅（热）”，通行版写作“躁胜寒，静胜热”，解读为躁动、运动、活动可以克服寒冷，能够抵御严寒；安静可以克服炎热，能够抵御酷热。“静胜热”还说得过去，所谓心静自然凉，而“躁胜寒”则明显违背老子一贯的崇阴、虚静思想，老子对“躁”的看法是“躁则失君”（第二十六章）。所以，“静胜躁，寒胜热”更符合老子的思想，与下文“清静为天下正”衔接更通顺（寒和静更接近清静，躁和热则是清静的对立面），老子在第二十六章说，“静为躁君”，静是躁的主宰，“静”对“躁”更合适。

“清静为天下正”，清静无为是天下正道（圣人统治天下的法则）。“清静”就是清新安静、清爽寂静、清心虚静、清淡心静，也就是老子提倡的自然无为。“正”意为“止于一”，本义是不偏斜、平正，后引申为正统、正道、正规、正轨、正路、正途、正理、正宗。这里的“天下”为寰宇、全宇宙。在老子看来，“清静”是达到“道”的唯一途径，“天下正”其实就是使宇宙万物都统一于“道”。因为“正”通“政”，所以有的版本写作“天下政”，解读为清静无为才能成为天下的首领、君主；有的版本则写作“天下贞”，解读为清静无为就能成为天下的模范、楷模。老子在第三十九章说：“侯王得一以为天下正”，意为诸侯、天子得“道”就能成为天下首领，是“清静为天下正”的表现之一，显然“清静为天下正”的适用范围要超过“侯王得一以为天下正”。

小结

本章老子用“五大”（“大成”“大盈”“大直”“大巧”“大辩”）描述了得“道”之人的本质内涵——事业成就圆满、内心充盈无比、最正直无私、极端灵巧聪明、极致雄辩大才，也是修“道”之人修炼要达到的最完美、最理想的内在人格的目标；用“五若”（“若缺”“若冲”“若屈”“若拙”“若讷”）描述了得“道”之人的外在表现，也是“保此道者，不欲盈”（第十五章）的自我追求。综上所述，“有道者”是内含“五大”与外形“五若”辩证统一的完美组合，这也是“道者”为什么“深不可识”的原因所在；“五大”是修炼需要达到的高度，但不能自我满足，要不断发现自己的不足，始终保持“不盈”，即使已经做到“五大”，也要保持“五若”的心态，给人“五若”的感觉。

那么如何做到“五大”与“五若”的辩证统一呢？应该说做到“五大”很难，而达到“五大”的高度，还要保持“五若”的心态，永不满足、修炼不止，就更难，正像郑板桥说的：“聪明难，糊涂尤难，由聪明而转入糊涂更难。”老子教给我们的答案是，在深刻认识“静胜躁，寒胜热”的基础上，保持清静无为，最终以“清静”实现“天下正”，使宇宙万物都统一于“道”。

第四十六章　天下有道　却马以粪

元典

天下有道，却走马以粪；天下无道，戎马生于郊。祸莫大于不知足，咎莫大于欲得。故知足之足，恒足矣。

直译

天下按“道”治理，退还战马用以施肥；天下不按“道”治理，战马在郊野生小马驹。祸患之中没有大过不知足的，罪过之中没有大过贪得无厌的。所以，知道满足这种满足，才是永恒的满足。

善解

46.1　天下有道，却走马以粪；天下无道，戎马生于郊。

“天下有道，却走马以粪”，天下按“道”治理，也就是统治者无为而治、治理天下符合“道”，天下太平安定，就把战马退还给农民用以给庄稼施肥，比喻和平年代战士解甲归田，战马无用武之地、被退役用以耕种。这里的“天下”指人世间。“却”即退却、退回，这里指让战马退役，将其退还给农民。“走马”即善跑的马、奔跑的马，这里指战马。“粪”即粪地、施肥。

“天下无道，戎马生于郊”，天下不按“道”治理，也就是统治者肆意妄为、治理天下不符合“道”，天下动荡、战火连绵，因为战马不够用，怀孕的牝马也被派上战场，就在郊外生育。“戎马”即战马、军马，常借指军事、战争。《汉书·刑法志》：“戎马四万匹，兵车万乘。”“郊”本义为上古时代国都外百里以内的地区，泛指郊野、郊外。“生于郊”即在郊野生育。

有的学者把“生”解读为“兴”，认为“戎马生于郊”即大兴戎马于郊野，指兴兵征战，“兴戎马”与“却走马”相对。还有的学者把“生”理解为“生事”，认为“戎马生于郊”即在两国相交之处以戎马相见。我认为，尽管解读的含义差不多，但按照老子大道至简的风格，不需要拐这么多弯，直接解读为战马在郊野生育，与退战马还耕相对，既一目了然，又生动形象。

另外，有的专家把“郊”解读为两国相交之境，过于机械，也不准确。《尚书·费誓》：“鲁人三郊、三遂。”注：“国外曰郊，郊外曰遂。天子六军，则六乡、六遂。大国三军，故鲁三郊、三遂也。”可见不同等级的邦国，其“郊”的数量是不一样的，而且“郊”外还有“遂”，“郊”与国境、边界是不同的概念，更为重要的是战场也不一定就在两国相交之境。所以，解读为泛指的郊野更合适，这里的重点是小马驹出生在郊野战场，比喻战事的频繁，与是否在两国边境无关。

46.2　祸莫大于不知足，咎莫大于欲得。故知足之足，恒足矣。

“祸莫大于不知足，咎莫大于欲得”，祸患、灾祸没有比不知足更大的了，过失、罪过没有比贪得无厌更大的了，灾祸之中没有大过不知满足的，罪过之中没有大过贪得无厌的。“咎”本义为灾祸、灾殃。《说文解字》：“咎，灾也。”引申为过失、罪过。“欲得”意为贪得无厌。

“祸莫大于不知足，咎莫大于欲得”，竹简版写作“罪莫厚乎甚欲，咎莫憯乎欲得，祸莫大乎不知足”，解读为罪恶没有比过度的欲望更深重的，灾祸没有比贪得无厌更惨痛的，祸患没有比不知足更大的。这里的“憯”读 cǎn，同“惨”。帛书版甲本（乙本此部分内容缺损）写作“罪莫大于可欲，祸莫大于不知足，咎莫憯于欲得”，解读为罪恶没有比欲望膨胀更大的，祸患没有比不知足更大的，灾祸没有比贪得无厌更惨痛的。这里的“可欲”指可使欲望膨胀的东西，即足以引起欲念的事物，常指美色、珍宝、高官厚禄。

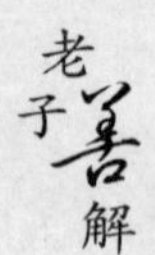

“知足之足，恒足矣”，知足（知道满足）这种满足，是永恒的满足，才会永远满足。所以老子说“知足者富”（第三十三章），富就富在安贫乐道，足就足在精神上的满足，而不是物质上的满足，只有精神上的满足、自觉自愿地安贫乐道，清心寡欲，才能真正获得永恒的满足，从源头上根本性地去除贪欲，这样就能“知足不辱，知止不殆，可以长久（第四十四章）。

有的学者认为，从这里可以看出老子的财富观决定于主观的知足与不知足，即决定于“欲不欲”，所以带有唯心主义色彩。我们不能用现代理论苛求古人，而把自己的观点强加于老子。第一，老子这里不是论述财富观，而是人生观。老子从来不反对必要的物质生活，既提倡“虚其心”，又把“实其腹”作为“虚其心”的物质基础，符合唯物主义物质决定精神的思想。第二，老子针对的对象是统治者，而不是广大的百姓，老子反对的是统治者的贪得无厌，特别是因此而发动战争，陷民众于水深火热之中。老子在第五十三章把统治者“服文采，带利剑，厌饮食，财货有余”称为“盗夸”，希望统治者“知足”的目的是防止出现“朝甚除，田甚芜，仓甚虚”的情况。第三，即使按照现代社会的标准衡量，“知足”也与唯心主义画不上等号。足与不足在任何社会都是相对的，没有绝对的标准，如当今世界的很多问题仍然是“不知足”造成的，之所以战争不止，还不是因为霸权国家的统治阶级的贪得无厌。

小结

老子把天下按“有道”与“无道”划分为两种截然相反的类型，“有道”就是无为而治，结果国泰民安、天下无战事；“无道”就是肆意妄为，结果战乱不止、民不聊生；而判断“有道”还是“无道”的标准非常形象直观，就是战马的用途和出生之地，“有道”是“却走马以粪”，“无道”则“戎马生于郊”。

老子从人道主义出发，痛心战争给百姓带来的痛苦和灾难，体现了老子一贯的反战思想，并且一针见血地指出，战争的根源是统治者的贪得无厌、不知满足，严厉地告诫统治者，“祸莫大于不知足，咎莫大于欲得”，“不知足”“欲得”是最大的祸根和罪过，人祸远远大于天灾，“师之所处，荆棘生焉；大军之后，必有凶年”（第三十章），谆谆教诲统治者，“夫兵者，不祥之器，物或恶之，故有道者不处”（第三十一章）。

为了从根本上防止、减轻人性中贪欲带来的灾祸，针对统治者的贪得无厌，老子开出的治病药方是“知足”，而且不是一般的知足，而是“知足之足”，最终达到“恒足”。“知足”从本质上讲体现的是“少私寡欲”（第十九章），“圣人欲不欲，不贵难得之货”（第六十四章），这不仅是得“道”之人的处世原则，而且“知足者富”（第三十三章），这种精神上的富有、满足，是真正永恒的满足，可以从源头上根本性地去除贪欲，避免统治者为一己之私发动战争，也有利于整个社会的安定，“不见可欲，使民心不乱”（第三章），“我无欲，而民自朴”（第五十七章）。

第四十七章　不行而知　不见而明

元典

不出户，知天下；不窥牖，见天道。其出弥远，其知弥少。是以圣人不行而知，不见而明，不为而成。

直译

不用出门户就能知道天下事理，不用望窗外就可以见识天地万物发展变化的规律。走出去越远，知道的反而越少。因此，圣人不必亲自出行，就能知道天下之事；不必亲自观察，就能明察秋毫；不必亲力亲为，就能成就事业。

善解

47.1　不出户，知天下；不窥牖，见天道。

“户”是保护室内的门户，门的一半叫户，也就是小门、内门、房门。“窥”指窥视、窥探、窥见。“牖”是窗户。“见”即见识、了解。“天道”就是第九章所说的“天之道”，即天的道理、天理，也就是自然之道、自然规律、自然法则。《易经·谦卦》：“谦，亨，天道下济而光明，地道卑而上行。”《尚书·汤诰》：“天道福善祸淫，降灾于夏。”《庄子·庚桑楚》：“夫春气发而百草生，正得秋而万宝成。夫春与秋，岂无得而然哉？天道已行矣。”晋代陶渊明《怨诗楚调示庞主簿邓治中》：“天道幽且远，鬼神茫昧然。”

一个人怎么可能不用出门户就能知道天下大事，不用望窗外就可以见识天地万物发展变化的规律呢？因为能“不出户，知天下；不窥牖，见天道”的人不是普通的常人，而是得“道”的天人、真人、圣人、贤人，他们与“道”合而为一，“微妙玄通”（第十五章），“大成若缺”“大盈若冲”（第四十五章），清静无为，心灵清明，具备洞察外界自然、透视现实世界的能力，掌握了“执古之道，以御今之有”（第十四章）、“既得其母，以知其子”（第五十二章）的原理，能用“道”推知天下事理。有人会说世界上真有这样的人吗？当然有！历史上的高人能够“运筹帷幄决胜千里之外”，连秀才都能不出门便知天下事，何况是“深不可识”的圣人！

47.2　其出弥远，其知弥少。

人们常说读万卷书不如行万里路，老子却告诉我们，走出去越遥远，知道的反而越少，是不是觉得很奇怪？行万里路当然可以获得很多信息，也可以增长见识，但老子所说的“知”不是一般的信息、见识，而是把握天下大事走势、掌握天地万物发展演变规律的大智慧，这种“知”仅仅靠读万卷书、行万里路无法获取，而且信息不是知识，更不是智慧，更何况其中还有不少无用的信息。因此信息太多不一定是好事，结果往往是在信息爆炸中眼花缭乱、迷失方向。现在每天有多少人在网上晒各种旅游的图片，又有多少人忙碌于网红地打卡，但有几个人能“知天下”，更不要说“见天道”？多数人可能连去过的地方的风土人情都说不上来。这不就是老子说的那种“其出弥远，其知弥少”吗？在移动互联网时代，我们对有害信息的危害感受越来越深，有多少人迷失在信息的海洋无法自拔！

47.3　是以圣人不行而知，不见而明，不为而成。

老子的结论是，圣人不出行就能知道天下之事、外界情况；不亲自察看、不亲眼察见，就能明白、明了；不妄为就能成功，就能成就大事。这里的“不行”对应第一节的“不出户”，“知”就是“知天下”，“不见”即不窥见，对应第一节的“不窥牖”。“明”指明晓天道，就是第一节的“见天道”。那么圣人是通过什么办法做到的呢？老子教给我们的方法是“观”。

那怎么观呢？“恒无，欲以观其妙；恒有，欲以观其徼”（第一章），“万物并作，吾以观复”（第十六章），“以身观身，以家观家，以乡观乡，以邦观邦，以天下观天下。吾何以知天下之然哉？以此”（第五十四章）。

本节的“不为”不是不作为，而是不妄为，不强行去作为，也就是“无为”。河上公注：“上无所为，则下无事，家给人足，万物自化就也。”

“不见而明”有的版本写作“不见而名”，帛书版甲本缺损，乙本残存“而名”。虽然“名”可以通“明”，但从《老子》的其他章节看，“见”多与“明”相连。“不自见，故明”（第二十二章），“自见者不明”（第二十四章），“见小曰明”（第五十二章），《韩非子·喻老》引文也作“不见而明”，因此“不见而名”可能是传抄过程中的笔误所致。

小结

第四十六章的“知足”强调的是实现精神上的满足，是自我内心主观世界的“知”，而本章则要实现“知天下”“见天道”，是对外部客观世界的“知”，两者一内一外，其共同之处都是通过“涤除玄览”，达到“明白四达，能无知”（第十章）的最佳状态。

认知客观世界的最高境界是“知天下”，但人的生命是有限的，而客观世界无论在空间上还是在时间上都是无限的，即使能做到读万卷书、行万里路也无法真正“知天下”。如何解决这个难题呢？老子认为，世界万物都遵循某种客观规律运行，这个规律就是“道”，“人法地，地法天，天法道，道法自然”（第二十五章），如果能够“见天道”，认识掌握了这个规律，就能“知天下”。而要认识“道”，绝对不能单凭个人有限的实践得到的感性认识，更需要通过抽象的逻辑思维予以推理分析，得出理性认识。对此，老子教给我们的方法是“致虚极，守静笃”（第十六章），清除杂念，使心灵深处明澈如镜，以此内观自省，从而察看内心、览照外界，这样就能“不出户，知天下；不窥牖，见天道”。反之，如果没有理性认识的指导，一味地强调户外实地观察，只能得到大量无序的感性认识，甚至可能迷失在五彩缤纷的大千世界，“众人熙熙，如享太牢，如春登台”（第二十章），结果只能是“其出弥远，其知弥少”。因为圣人“执古之道，以御今之有”（第十四章），“既得其母，以知其子”（第五十二章），所以能够“不行而知，不见而明，不为而成”。

我们之所以对“圣人不行而知，不见而明，不为而成”持怀疑态度，是因为我们长期以来受到儒家思想的影响，对“为学日益”的重要性深信不疑，却不懂得“为道日损”的道理，这就是下一章要论述的内容。

第四十八章 为学日益 为道日损

元典

为学日益，为道日损。损之又损，以至于无为。无为而无不为。取天下恒以无事，及其有事，不足以取天下。

直译

探求学问，知识、经验与日俱增；求“道”修“道”，欲望、束缚逐日减少。减少又减少，一直达到“无为”的境界。顺应自然、不恣意妄为，就能无所不为。治理天下永远都要采用无所事事的方式，等到有事，就不足以治理天下了。

善解

48.1 为学日益，为道日损。

“为学日益”，求学、探求学问，一天比一天增加。有的学者认为，“学”指当时政教礼乐方面的学问，“为学”就是对仁义圣智礼乐法等的追求。河上公注：“‘学’谓政教、礼乐之学也；‘日益’者，情欲文饰，日以益多。”蒋锡昌认为，“为学日益”，“以情欲日益为目的；情欲日益，天下所以生事多扰也”。政教礼乐是后世儒家孜孜以求的内容，其“为学”的方法就是对这些学问的日积月累并不断实践，这就是儒家圣贤倡导的精卫填海、愚公移山、只要功夫深铁杵磨成针、孜孜不倦、不耻下问的治学精神，最终要达到的目标是学富五车、满腹经纶，掌握修身、齐家、治国、平天下的经世之学。而老子之“学”泛指一切书本知识、实践经验，所以“为学日益”的是知识和经验，而不是情欲文饰，尽管老子相对而言更推崇“为道日损”，但并没有彻底否定“为学日益”，只是“为学日益”的是后天学习积累的碎片化的小学问，“为道”需要的是回归大道的大智慧，“为学日益”在这里起到了与“为道日损”相对、比对的作用。

“为道日损”，学“道”、求“道”、修“道”、循“道”、行“道”，一天比一天减少。老子认为，“道”是自然之“道”、无为之“道”，“为道”是探索认识宇宙万物的本原和演变发展规律以及人生的本质，“为道”的根本在于悟“道”，而不是我们一般意义上的学习，无法采用“为学日益”的方法通过不断积累知识和经验来实现，而是要“致虚极，守静笃”，依赖心灵的“玄览”“静观”，不断地求索、修为、体悟、领悟、冥想、顿悟，需要通过直觉来感受、把握天地万物淳朴、未分化的状态，从而得以“观其妙”“观其徼”（第一章）、“观复”（第十六章），“不出户，知天下；不窥牖，见天道”（第四十七章）。所以，“为学”要做加法，“为道”则要做减法，“为道”一天比一天减少的是内心的私欲、贪欲以及后天积累的知识、经验、世俗偏见、执念、谬误对“为道”的束缚，领悟“道”之奥秘，最终的目标是成为“有道者”、圣人。对此，老子在第十九章说“绝学无忧”，在第六十四章又说“学不学，复众人之所过”，目的都是拒绝学习世俗的学问知识，丢弃浮华虚文，断绝智巧心思，返回质朴的本原，集中学习别人所不学习的“道”，从而进入逍遥自在的“无为”境界。

本节帛书版乙本（甲本内容缺失）写作“为学者日益，闻道者日云（损）”，竹简版写作“学者日益，为道日员（损）”，显然“为道”与“闻道”相比，不仅与“为学”更匹配，而且含义也更深刻，“闻道”并不必然“为道”，“勤而行之”有之，“若存若亡”有之，“大笑之”也有之，所以“闻道”与“日损”没有必然的逻辑关系。

对于“益”和“损”的问题，张岱年认为“主损的思想，创始于老子”。我认为，相对而言老子更倾向于“损”，但并不反对“益”。老子在第四十二章说“或损之而益，或益之而损”，即使本节的“日益”与“日损”也只是“为学”与“为道”的不同方法而已，不可错配，“为道”固然要“日损”而不能“日益”，“为学”则需要知识的日积月累，不能采用

“日损”的方法，在这里“日益”与“日损”不仅并不矛盾，而且相反相成、相得益彰。老子对“益”和“损”的贡献是在哲学史上第一次辩证地看待两者的关系，把“损”摆在与“益”同等甚至更高的位置，体现了老子“大道从简”的思想。

48.2 损之又损，以至于无为。无为而无不为。

“损之又损，以至于无为”，私欲妄见减少再减少，最终达到“无为”的境界。世人习惯上总是希望多多益善，所以对“为学日益”习以为常，老子却告诉我们“少则得，多则惑”（第二十二章），所以明确指出“为道日损”，而且要“损之又损”。那么要“损”到什么程度呢？老子的答案是“一”，“是以圣人执一为天下式”（第二十二章），就是减少到“无为”的境界，达到“无知无欲”（第三章）、无疵、无名、无形、无执、“见素抱朴，少私寡欲”（第十九章）的程度，从而“营魄抱一”“专气致柔”“涤除玄览”（第十章），这样就能“复归于婴儿”“复归于无极”“复归于朴”（第二十八章），最终返璞归真、清静无为。

“无为而无不为”，就是顺应自然、不恣意妄为，就能无所不为，就没有什么事情做不成。实际上是已经“为道”成功，是得“道”的表现，因为“道恒无为而无不为”（第三十七章），“我无为，而民自化；我好静，而民自正”（第五十七章）。有关“无为”与“无不为”的辩证关系已经在第三十七章作过详细的论述。

48.3 取天下恒以无事，及其有事，不足以取天下。

“取天下恒以无事”，治理天下永远都要采用无所事事的方式，也就是无为而治、无为而无不为。“取天下”即治理国家，不能解读为夺取国家政权，否则与后面的“无事”相冲突，要夺取国家政权岂能“无事”。河上公注：“取，治也。”“无事”即无所事事、无所用事，就是无为、无扰攘之事。水能载舟亦能覆舟，“取天下”的根本之道是取信于民，得到百姓的拥戴。平安无事、内无纷争、外无战事是治国理政的最高境界，也是百姓梦寐以求的太平盛世。所以老子说：“以正治国，以奇用兵，以无事取天下。……我无事，而民自富；我无欲，而民自朴。”（第五十七章）

“及其有事，不足以取天下”，等到有事，就不足以治理天下了，实际上是不足以取信于天下。这里的“有事”与上面的“无事”相对立，就是“有为”，指统治者因为私心、贪欲，恣意妄为，或者政策措施繁多严苛，或者好大喜功、穷兵黩武、无事生非，或者贪图享乐、苛捐杂税、横征暴敛。所以老子在第二十九章说：“将欲取天下而为之，吾见其不得已。夫天下神器，不可为也，不可执也。为者败之，执者失之。”而“不足以取天下”与“为者败之，执者失之”的原因是，“民之饥，以其上食税之多”，“民之难治，以其上之有为”（第七十五章）。

小结

老子在本章告诉人们“为道”的方法是“日损”，与我们熟悉的“为学”之道“日益”正好相反。“日益”是不断积累、丰富自己的知识与经验，每天都有新收获；而“日损”是要不懈地克制、去除自身内心的私欲与贪念，解除后天积累的知识、经验、世俗偏见对“为道”的束缚。这既是“为道”的方法，也是“为道”的结果。所以，“为学”是“从无到有”的过程，“为道”是“从有到无”，通过“心法”探索宇宙万物本原的过程；“为学”的目标是“有为”、治国平天下，“为道”的目标是“无为而无不为”，是更高层次的“有为”。

所以，“为道”就是要“损之又损”，一直“损”到“无为”的高度，但这仍不是最终目标，“无为”的结果导向是“无不为”。因为“取天下恒以无事，及其有事，不足以取天下”。怎么才能实现天下平安无事呢？其实很简单，关键是统治者要清静无为，顺其自然，多做减法、少做加法。天下本无事，只要统治者不没事找事、无事生非，就能大事化小、小事化了，其衡量的标准就是第四十九章的“以百姓心为心”。

第四十九章　圣人无心　天下浑心

元典

圣人恒无心，以百姓心为心。善者吾善之，不善者吾亦善之，德善。信者吾信之，不信者吾亦信之，德信。圣人在天下，歙歙焉，为天下浑其心，百姓皆注其耳目，圣人皆孩之。

直译

圣人永无私心，以百姓的心为本心。善良的人，我善待他；不善良的人，我也善待他；这样整个天下都能够得到善良。诚实守信的人，我信任他；言而无信的人，我也信任他；这样整个天下都能够得到诚信。圣人治理天下，收敛自己的主观意志，天下百姓回归浑朴之心，都专注于自己的事情，圣人都像孩子一样微笑。

善解

49.1　圣人恒无心，以百姓心为心。

圣人永远都没有私心，永远没有以自我为中心的主观意志、个人成见，而是以百姓的心为本心、以百姓的意志为意志、以百姓的意愿为意愿。“无心”本义为无意、没有心情、没有做某事的念头，不是故意的、不是存心的，这里与“百姓心”相对，指无个人意志，也就是没有私心。“百姓心”即民心，意为百姓的意志、意愿、感情。

是否“以百姓心为心”，是判断一个古代统治者是不是圣人的基本标准。老子认为，理想的统治者应该收敛欲望，克服以自我为中心的主观意志，放下执念，不是把自我的主观意志强加给百姓，而是充分体察百姓疾苦，顺其自然，顺应百姓的呼声、愿望，实际上就是老子反复强调的清静无为，这样就能“我无为，而民自化；我好静，而民自正；我无事，而民自富；我无欲，而民自朴”（第五十七章），“百姓皆谓：‘我自然’”（第十七章）。

“圣人恒无心”通行版写作“圣人无常心”，也有的写作“圣人无恒心”，历代不少学者对“常心”“恒心”进行了大量的论述。“恒心”一般指持之以恒的毅力、持久不变的意志，或者人所常有的善良本心，这些用在本节显然不通，因此只能把“常心”“恒心”解读为恒常不变之心，或者个人的主观意志，而从人的普遍性讲，永恒不变之心就是私心，“无恒心”意为没有固定不变的心，就是没有固定不变的主观意志、个人成见。但从老子的整体哲学思想看，只有“道”是永恒的，人心是可变的，老子认为“驰骋畋猎，令人心发狂”（第十二章），所以才要“虚其心”，“不见可欲，使民心不乱”（第三章）。实际上古代很多版本写作“圣人无心”，也可以证明老子并无“常心”“恒心”的概念，所以本书采用帛书版乙本（甲本缺损）的“圣人恒无心”。

49.2 善者吾善之，不善者吾亦善之，德善。信者吾信之，不信者吾亦信之，德信。

“善者吾善之，不善者吾亦善之，德善”，善良的人，我以善良对待他；不善良的人，我也同样以善良对待他。这样天下人都学会以善待人，人人向善，民众就都善良了，整个社会就能够得到善良。“善者”即善良的人，相当于第二十七章中的“善人”。

“信者吾信之，不信者吾亦信之，德信”，诚实守信的人，我以诚信对待他，相信他、信任他；不讲诚信、言而无信的人，我也同样以诚信对待他，相信他、信任他。这样天下人都学会诚实守信，民众就都诚信了，整个社会就能够得到诚信。

这里的“德”可以解读为品德、道德，但不是《老子》中与“道”对应的哲学范畴的“德”，也可以通“得”，意为得到、获得。所以，为了避

免误解、混淆，有的版本把“德善”“德信”直接写作“得善”“得信”。

有人根据本节的内容，认为老子不分是非，缺乏斗争精神，是典型的老好人主义。我认为，本节的论述不是普通人之间如何对待善与不善、诚信与失信的态度及方法问题，而是圣人如何对待百姓、怎么体现“以百姓心为心”的问题，不能离开上下文泛泛而论。就一般而言，在对待善与不善、诚信与失信的问题上，有四种不同方法、态度可供选择。一是老子提倡的善与不善都以善处之、信与不信都以信待之，这是老子圣人之道的一贯思想，就是“报怨以德”（第六十三章）；二是最易被人接受，大多数人采用的以善对善、以不善对不善，以信待信、以不信待不信，就是“以德报德，以怨报怨”“以牙还牙，以眼还眼”；三是孔夫子倡导的“以直报怨，以德报德”（《论语·宪问》）思想，以善对善、以正直对不善，以信待信、以公正待不信，是介于第一、第二种之间的中间路线；四是恶人、小人采用的“以怨报德”思想，善与不善都以不善处之、信与不信都以不信待之。

作为普通人、下位者、弱势方，以善对善、以不善对不善，以信待信、以不信待不信，无可厚非。但对于上位者、强势方特别是统治者而言，则不能仅仅按照普通人的标准要求自己，必须要有更高的追求，应该以圣人的标准严格要求自己，“以百姓心为心”，把百姓都当作自己的孩子，像父母对待自己的孩子一样对待天下的百姓（也就是按照儒家思想解读的本章第三节的“圣人皆孩之”），用善心、诚心对待所有的人（包括善者与不善者、信者与不信者），这样就能自觉自愿地做到“善者吾善之，不善者吾亦善之”“信者吾信之，不信者吾亦信之”，以及“是以圣人恒善救人，故无弃人；恒善救物，故无弃物”（第二十七章）。

49.3 圣人在天下，歙歙焉，为天下浑其心，百姓皆注其耳目，圣人皆孩之。

“圣人在天下，歙歙焉”，圣人立于天下、治理天下，收敛自己的主观意志、怵惕自己的欲望。“歙”意为吸气，引申为收缩、收敛。“歙歙”又作“怵怵”，指怵惕，意为恐惧警惕、小心谨慎。“圣人在天下”要“歙歙”的是什么呢？就是统治者的“心”，要收敛自我主观意志、怵惕自己的欲望，处处小心谨慎，不张扬个性，不把自己的意志强加于人，“以百姓心为心”，体现的是“处无为之事，行不言之教”（第二章），在客观上起到了“为天下浑其心”的作用，天下百姓之心自然回归于混沌、浑朴的原始状态，也就是回归到“道”之上，回归到清静无为的本性上。

“百姓皆注其耳目”，即百姓都专注于自己的耳目。“注”本义为灌入、注入，这里指集中、专注，即心神凝聚集中于一点，“注耳”即倾耳聆听，“注目”即以目注视。

对于百姓为什么要专注于自己的耳目，专注耳目的目标是什么，“圣人皆孩之”到底是什么意思，学者们的分歧比较大。“孩”同“咳”，本义为小孩的笑，作为动词又可以理解为“把……当作婴儿看待”，即视同婴儿。有的专家认为，“圣人在天下，歙歙焉”的目的是，“为天下浑其心”，让“百姓皆注其耳目”，专注于自己的事情，不要去管别人的事情，而有“道”的统治者则把百姓视同婴儿，像父母对待自己的孩子一样对待天下的百姓，视民如子、爱民如子。有的学者则在“为天下浑其心”后用分号或者句号，把本节前后分开，认为“皆注其耳目”即都竞相用“智”追求自己的欲望。王弼注：“各用聪明。”释德清《老子道德经解》：“百姓皆注其耳目者，谓注目而视，倾耳而听，司其是非之昭昭。”如此“注其耳目”，与“为天下浑其心”背道而驰，必然造成天下纷争，所以“圣人皆孩之”，即圣人为了社会的稳定而极力让百姓重新回归到婴孩般的纯真状态。

我认为，把统治者与百姓理解为父母与子女的关系，爱民如子是儒家的为政思想，不是老子的治国理政之道，而且有的版本写作“圣人皆咳之”，可见把“孩”解读为“把……当作婴儿看待”不如用其本义（小孩的笑）。而有目的地促使百姓回归到婴孩般的浑朴状态，不符合老子的无为思想，也与“圣人不仁，以百姓为刍狗”（第五章）的自然主义哲学思想相背离。为此，“圣人在天下，歙歙焉”是“圣人恒无心，以百姓心为心”的具体表现，体现了老子的无为思想，其收敛的是自身的意志、私心，并无在主观上“为天下浑其心”的有为目的，只是在客观上起到了“行不言之教”的榜样作用，结果百姓自然回归到浑朴的原始状态，都专注于过好自己的生活，如此无为而治，圣人当然就会如同婴儿一样发自内心地开心微笑。如果非要说百姓专注于自己以外的事，站在百姓的视角也是专注于观察统治者是否“恒无心”、是否“以百姓心为心”，如果统治者“无为”“好静”“无事”“无欲”，百姓则“自化”“自正”“自富”“自朴”，自然“浑其心”而专注于自己的耳目；反之，统治者自己有私心，却还想

“为天下浑其心”，又怎么会成功呢？所以圣人要让百姓回归到婴孩般的纯真状态，首先自己要“恒德不离，复归于婴儿”（第二十八章）；“沌沌兮，如婴儿之未孩”（第二十章）。

小结

有的学者认为，古代的圣人相当于现代的科学家，圣人的职责是负责传承八卦和文字，与百姓没有统治与被统治的关系，所以圣人能以百姓之心为心，他们作为传统文化的继承者而受到广泛爱戴，他们的成果往往能推动社会进步，因此百姓都很关注圣人的工作，圣人则像对待自己的孩子一样对待工作。

我认为，圣人就是得“道”之人，是老子心目中理想的统治者，对此已经在第二章作过详细的论述，《老子》就是写给统治者、执政者的。老子在本章描述了他心目中理想的统治者形象，阐述了他“以百姓心为心”的民本思想、政治理念、执政宗旨，在老子看来，理想的执政者（圣人）从来没有自己的私心，都是以民心为自己的本心。老子希望所有的统治者能够向圣人看齐，以“道”治国，没有私心、贪欲，以百姓的意志为意志，不以自己的好恶区别对待百姓，而是用善良和诚信对待全天下的百姓（包括“不善者”“不信者”），使天下人都学会以善待人、诚实守信，并且时刻保持警惕、小心谨慎，用自身的“不言之教”引导天下百姓回归于浑朴的原始状态，使其专注于自己的本分，这样统治者就能像孩童一样发自内心地微笑。

“圣人恒无心，以百姓心为心”是本章的核心，开中国以重民、爱民、养民、富民为核心的民本思想之先河，后来儒家的孔子、孟子、荀子等都倡导民本思想。《尚书·夏书·五子之歌》：“民惟邦本，本固邦宁。”《礼记·缁衣》：“子曰：‘民以君为心，君以民为体；心庄则体舒，心肃则容敬。心好之，身必安之；君好之，民必欲之。心以体全，亦以体伤；君以民存，亦以民亡。’”《管子·牧民》：“政之所兴，在顺民心。政之所废，在逆民心。”《孟子·尽心下》：“民为贵，社稷次之，君为轻。是故得乎丘民而为天子，得乎天子为诸侯，得乎诸侯为大夫。诸侯危社稷，则变置。”《荀子·哀公》：“君者，舟也；庶人者，水也。水则载舟，水则覆舟。”北宋程颐《代吕晦叔应诏疏》："为政之道，以顺民心为本，以厚民生为本，以安而不扰为本。"范仲淹《岳阳楼记》："先天下之忧而忧，后天下之乐而乐。"清代黄宗羲《明夷待访录·原臣》："故我之出而仕也，为天下，非为君也；为万民，非为一姓也。盖天下之治乱，不在一姓之兴亡，而在万民之忧乐。"

古今中外的历史已经反复证明，民心是最大的政治，民心向背决定一个政权的兴衰成败，统治者只有"以百姓心为心"，才能得民心、顺民意、守民心，得民心者得天下，守民心者守天下。中国共产党成立一百多年来，在推进马克思主义中国化时代化的进程中，坚持把马克思主义基本原理同中国具体实践相结合、同中华优秀传统文化相结合，把中华优秀传统文化作为我党理论创新的"根"。始终坚持以人民为中心，就是汲取了"以百姓心为心"为代表的中华文明宝库中民本思想的智慧结晶，可以说与老子提出的"以百姓心为心"的民本思想一脉相承。

第五十章　出生入死　摄生之道

出生入死。生之徒，十有三；死之徒，十有三；人之生，动之于死地，亦十有三。夫何故？以其生生之厚。盖闻善摄生者，陆行不遇兕虎，入军不被甲兵。兕无所投其角，虎无所用其爪，兵无所容其刃。夫何故？以其无死地焉。

直译

人始于生而终于死。（其中属于）长寿一类的，占十分之三；短命一类的，占十分之三；本来可以长寿，却自己走向死路的，也占十分之三。这（动之于死地）是什么原因呢？因为养生过分，奉养过厚。听说善于养生的人，在陆地上行走不会遇到犀牛和老虎，到军队中参战不披铠甲、不拿兵器。犀牛没有地方顶它的角，老虎没有地方用它的爪，兵器没有地方用上它的刃。这是什么原因呢？因为没有能够置他于死亡的地方。

善解

50.1　出生入死。

一看到“出生入死”，我们首先想到的是赴汤蹈火、舍生忘死的献身精神，脑海里闪现的最经典的场景是关云长单刀赴会、赵子龙长坂坡七进七出。这是因为我们从小受到“出生入死”这个成语的影响，将其理解为冒着极大的生命危险，不顾个人安危，不避艰险，将生死置之度外，离开生路、走向死路，舍生忘死地从事某项崇高的事业。《旧五代史·唐书·末帝本纪上》："我年未二十从先帝征伐，出生入死，金疮满身，树立得社稷，军士从我登阵者多矣。"《三国演义》第十三回："吾等出生入死，身冒矢石，功反不及女巫耶？"

老子在这里最早使用"出生入死"，意为从出生到死亡，即从娘胎生出来，最终走向死亡入葬的人生过程，实际上就是字面本身的含义（出来为生、进入为死）。《韩非子·解老》："人始于生而卒于死，始之谓出，卒之谓入，故曰出生入死。"河上公注："出生，谓情欲出无内，魂定魄静，故生也。入死，谓情欲入于胸臆，精神劳惑，故死。"王弼注："出生地，入死地。"后来"出生入死"用于兵法，把打仗时冒着生命危险、不顾生死在敌人的阵地里进进出出称为"出生入死"，才引申出现在成语的意思。

现在的人尤其是老年人，都忌讳谈论生死问题，其实有生就有死，有死才有生。人从出生，到步入死亡，始于生而终于死，是一个不可逆转的自然规律，不以人的意志为转移。人从一出生就决定了必然走向死亡，犹如倒计时的沙漏。李白在《春夜宴从弟桃花园序》中感慨道："夫天地者，万物之逆旅也；光阴者，百代之过客也。而浮生若梦，为欢几何？"按照《黄帝内经》上卷《素问》之"上古天真论"篇记载，岐伯曰："丈夫八岁，肾气实，发长齿更。二八，肾气盛，天癸至，精气溢泻，阴阳和，故能有子。三八，肾气平均，筋骨劲强，故真牙生而长极。四八，筋骨隆盛，肌肉满壮。五八，肾气衰，发堕齿槁。六八，阳气衰竭于上，面焦，发鬓颁（斑）白。七八，肝气衰，筋不能动。八八，天癸竭，精少，肾脏衰，形体皆极则齿发去。""女子七岁，肾气盛，齿更发长。二七，而天癸至，任脉通，太冲脉盛，月事以时下，故有子。三七，肾气平均，故真牙生而长极。四七，筋骨坚，发长极，身体盛壮。五七，阳明脉衰，面始焦，发始堕。六七，三阳脉衰于上，面皆焦，发始白。七七，任脉虚，太冲脉衰少，天癸竭，地道不通，故形坏而无子也。"分别论述了男、女从出生到衰老的演变过程，即使是"道者"也就"年皆百岁"而已。

50.2　生之徒，十有三；死之徒，十有三；人之生，动之于死地，亦十有三。夫何故？以其生生之厚。

“徒”本义为步行，引申为徒党，即同一类或同一派别的人。《左传·襄公三十年》：“岂为我徒。”《孟子·滕文公下》：“圣人之徒也。”这里可以理解为同一类、同一族、同一属性的人。

“十有三”即十分之三。王弼注：“犹云十分有三分。”有的学者所谓的养生理论，生搬硬套，把“十有三”解释为“九窍四关”或者“四肢九窍”。河上公注：“言生死之类各有十三，谓九窍四关也。其生也，目不妄视，耳不妄听，鼻不妄香臭，口不妄言味，手不妄持，足不妄行，精神不妄施，其死也及是也。”这给人们学习、理解本节的内容造成困惑。

人终有一死，但却有长寿与短寿、好死（寿终正寝、自然死亡）与横死（赖死、非正常死亡）之别。在本节中，老子将人按照生死情况分为三类，各占十分之三。

第一类为“生之徒”。我们在第二章讲过，“生”的本义为草木从土里生长出来、滋长，引申为生存。《论语·颜渊》：“爱之欲其生，恶之欲其死。”这里指长久生存，即长生、长寿。“生之徒”即属于长生、长寿一类的人。

第二类为“死之徒”。“死”本义为生命终止、死亡，在这里与上面“生之徒”的“生”即“长生”相对，指夭折、短命。“死之徒”即属于夭折、短命、短寿一类的人。

第三类为“人之生，动之于死地”。这里的“动”指妄动、妄为，违反了人类生存的自然规律，也就是违背了“道”。这类人按先天自然属性属于“生之徒”，本来可以长生、长寿，却因为自身人为的原因妄动而走向死路，转变成为夭折、短寿的人。

老子认为，各有十分之三的人由于自然原因长寿或者短寿，还有十分之三的人本来可以长寿，却因为自我人为妄动作死而短寿。那么“人之生，动之于死地”的原因是什么呢？老子的结论是“生生之厚”。这里有两个“生”，第一个为动词，意为养育。《周礼·太宰》：“生以驭其福。”注：“生，犹养也。”第二个为名词，意为生命。《孟子·告子上》：“生，亦我所欲也；义，亦我所欲也。二者不可得兼，舍生而取义者也。”“生生”即养育生命，就是我们现在常说的养生。“厚”指丰厚、很多。“生生之厚”就是第五十五章的“益生”，即养生过厚、过度、过分，因为贪欲太多，为了追求长生、长寿而过分养生及人为盲目补益，奉养过厚，营养过剩，声色犬马，享受过多，结果本来大多数人自然而然就能长生、长寿，却因违背自然规律，物极必反，反而过早走向死亡，成为早夭之人。老子将此称为“动之于死地”，用现在的话说就是自己作死。王弼注：“生不可益，益之则夭也。”司马光《道德真经论》：“大约柔弱以保其生者三，刚强以速其死者三，虽志在爱生而不免于趋死者亦三。其所以爱生而趋死者，由其自奉养太厚故也。”

令人可叹的是，古往今来绝大多数人对“生生之厚”的危害视而不见。君不见历史上有多少包括所谓明君贤臣在内的名人贤士因为追求长生不老吃“神丹妙药”而呜呼哀哉！有多少人为求延年益寿而求神拜佛！当今世界又有多少人为了追求长寿而过度运动到关节坏死、疯狂减肥到走不动路，另一方面又为了补充各种微量元素把保健品当饭吃，还有人吃尽了地上跑的、天上飞的、水中游的、洞里藏的，如癞蛤蟆、蝙蝠、娃娃鱼、果子狸、毒蛇、穿山甲以及各种知名不知名的昆虫、蛆、虫卵，甚至活吃猴脑和刚出生的幼鼠，吃冬虫夏草吃到吐、吃人参吃到流鼻血……这些都是“动之于死地”的“生生之厚”的举动，有的甚至已经超过了“生生之厚”的程度，又怎么能不生生把自己从“生之徒”变为“死之徒”呢？岐伯对此批评说：今时之人“以酒为浆，以妄为常，醉以入房，以欲竭其精，以耗散其真，不知持满，不时御神，务快其心，逆于生乐，起居无节，故半百而衰也”（《黄帝内经》上卷《素问》之“上古天真论”篇）。河上公云：“所以动之死地者，以其求生活之事太厚，违道忤天，妄行失纪。”

有的学者把“徒”解释为途、机会，把本节解读为：人活在这个世界上，活的机会占十分之三，死的机会占十分之三，自己乱动走向死途的也占十分之三。我认真翻阅了常用的工具书，没有找到可以把“徒”解释为途、机会的依据，而且对本节的这种解读也不好理解，与上下文也无法贯通，据此解读第七十六章的“坚强者死之徒，柔弱者生之徒”更说不通。

有人因为本节的内容就讽刺老子是不会数数，论述不严密，三个十分之三加起来只有十分之九，剩下的十分之一去哪里了？请不要心急，认真阅读本章第三节就能明白到底谁数不清数。

50.3　盖闻善摄生者，陆行不遇兕虎，入军不被甲兵。兕无所投其角，虎无所用其爪，兵无所容其刃。夫何故？以其无死地焉。

“摄”本义为牵曳。《说文解字》：“摄，引持也。从手，聂声。”引申为摄持、摄养、摄护、保养、护养。“摄生”即保养身体、护养生命，也就是养生。《文选·左思·吴都赋》：“土壤不足以摄生，山川不足以周卫。”

“摄生”是老子的首创，与近代从西方翻译过来的“卫生”（保卫生命）相比，“卫生”更多的是消极防御、治理疾病，而“摄生”则更具主动性、自主性，自己摄持、把握自己的生命。所以，后世的道家认为，道家的养生是“摄生”，超出了一般意义的养生，“善摄生者”能够通过修“道”修养身心性命，最终可以进入神仙境界，长生不老。《神仙体道通鉴》认为，老子就是得“道”的仙人，舜禹时代的广成子、后来的彭祖都是老子，汉武帝还见过老子。当然这是对老子的神化而不是现实，也不是老子的本意，但积极、主动、治未病、把生命掌握在自己手中，“无身”而“贵身”、“无以生为”而“贵生”的“摄生”之道，值得我们去体悟、践行。

“兕”读 sì，古代一种似牛的野兽，确切地说是雌犀牛。《尔雅·释兽》：“兕，似牛。”晋代郭璞注：“兕，一角，青色，重千斤。”《论语·季氏》：“虎兕出于柙，龟玉毁于椟中，是谁之过与？”这里的“被”读 pī，古同“披”。《楚辞·屈原·国殇》：“操吴戈兮被犀甲，车错毂兮短兵接。”“甲”指铠甲。“兵”即第三十一章所说的兵器。“甲兵”即铠甲和兵器，泛指兵器、武器装备。《诗经·秦风·无衣》：“王于兴师，修我甲兵，与子偕行。”《韩非子·十过》：“府无储钱，库无甲兵。”“不被甲兵”即不披甲持兵、不披甲执兵。

按照本章第二节的论述，还缺十分之一的人没有讲，这部分人就是“善摄生者”。老子说：“盖闻善摄生者，陆行不遇兕虎，入军不被甲兵。”结果是本来属于“死之徒”的，因为“善摄生”而成为“生之徒”。王弼注：“善摄生者，无以生为生，故无死地也。”

根据本节的内容，再结合本章第二节的论述，我们可以推知，按照自然规律，本来十分之六的人属于“生之徒”，十分之四的人属于“死之徒”；由于后天有不同的作为，十分之三的人因为“动之于死地”而由“生之徒”变为“死之徒”，十分之一的人因为“善摄生”而由“死之徒”变为“生之徒”；最终“生之徒”占十分之四，“死之徒”占十分之六，正好与初始状态颠倒过来。看到这里还有人认为老子不会数数吗？其实老子的逻辑是非常严密的，而且从中我们可以知道，有一半（占总数的十分之三）的人由“生之徒”变为“死之徒”，却只有四分之一（占总数的十分之一）的人由“死之徒”变为“生之徒”；按人数统计，由“生之徒”变为“死之徒”的是由“死之徒”变为“生之徒”的三倍。所以黄帝才会发出“余闻上古之人，春秋皆度百岁，而动作不衰；今时之人，年半百而动作皆衰，时世异耶？人将失之耶”（《黄帝内经》上卷《素问》之“上古天真论”篇）的疑问。

有的学者把“陆行不遇兕虎，入军不被甲兵”解读为在陆地上行走，不用躲避犀牛和老虎；到军中参战，不躲避刀枪剑戟。道家学派的人更认为，“善摄生者”是得“道”的仙人，像《封神榜》描写的“天人”一样，不仅不用躲避兕虎，而且可以入山林驱野兽，甚至将其作为自己的坐骑，打仗的时候则是刀枪不入，所以“入军不被甲兵”。我认为，这些解读与《老子》原文的字面含义不符，更与老子哲学的总体思想相背离，也与本节中的“兕无所投其角，虎无所用其爪，兵无所容其刃”及“以其无死地”相冲突。

还有的专家把“不被甲兵”解读为不会遭受到甲士兵器的伤害。从上文“陆行不遇兕虎”与下文“兵无所容其刃”及“以其无死地”的上下文贯通，以及全书对得“道”之人描述的品行分析，我认为，解读为“不披铠甲、不拿兵器”更符合老子的本意。河上公对此解读为：“不好战以杀人。”

“兕无所投其角”，即犀牛没有地方顶出它的角，也就是找不到可以用锐角攻击的地方。“投”即投掷、投射。

“虎无所用其爪”，即老虎没有地方使用上它的爪，也就是找不到可以下爪的地方。有的版本把“虎无所用其爪”写作“虎无所措其爪”。“措”意为安排、处置，我们常说措手不及，所以“措爪”就是“用爪”。

“兵无所容其刃”，即兵器没有地方用上它的刃，也就是找不到可以下刃的地方。“容”本义为容纳，这里假借为“用”。

“善摄生者”因为“陆行不遇兕虎”，当然“兕无所投其角，虎无所用其爪”。但为什么“入军不被甲兵”却能做到“兵无所容其刃”呢？实际上这个问题与为什么“陆行不遇兕虎”是一样的，答案就是下面要论述的“善摄生者”能够做到“无死地”。更具体的原因就是“善胜敌者不与”（第六十八章），即善于克敌制胜的人不直接交战，而是运筹帷幄决胜千里之外，所以“入军不被甲兵”也能“兵无所容其刃”。河上公注：“养生之人，虎兕无由伤，兵刃无从加之也。”

“善摄生者”为什么能够“陆行不遇兕虎，入军不被甲兵”？为什么“兕无所投其角，虎无所用其爪，兵无所容其刃”？因为他不入死地，身上没有致命的部位，没有能够置他于死亡之地。实际上是“善摄生者”懂得“图难于其易，为大于其细”（第六十三章），“其安易持，其未兆易谋”“治之于未乱”（第六十四章）的道理，从源头上防微杜渐，防患于未然，趋利避害避免与兕虎相遇，运筹帷幄而不直接交战，如同《黄帝内经》所说的上医之道在于“不治已病治未病”，所以没有死地。王弼注：“器之害者，莫甚乎戈兵；兽之害者，莫甚乎兕虎。而令兵戈无所容其锋刃，虎兕无所措其爪角，斯诚不以‘欲’累其身者也，何死地之有乎！”《韩非子·解老》：“动无死地，而谓之善摄生。”

那么“善摄生者”为什么“无死地”？如何才能做到“无死地”呢？老子在本章没有进一步说明，但在其他章节却有很多论述，如“天地所以能长且久者，以其不自生，故能长生”（第七章），“上善若水。水善利万物而不争，处众人之所恶，……夫唯不争，故无尤”（第八章），“功遂身退”（第九章），“载营魄抱一”而“无离”、“专气致柔”“如婴儿”、“涤除玄览”而“无疵”、“生而不有，为而不恃，长而不宰”（第十章），“为腹不为目”（第十二章），“致虚极，守静笃”（第十六章），“见素抱朴，少私寡欲”（第十九章），“沌沌兮，如婴儿之未孩”（第二十章），“少则得，多则惑”（第二十二章），“道法自然”（第二十五章），“去甚、去奢、去泰”（第二十九章），“知止可以不殆”（第三十二章），“不失其所者久，死而不亡者寿”（第三十三章），“柔弱胜刚强”，“鱼不可脱于渊”（第三十六章），“大丈夫处其厚，不居其薄”（第三十八章），“知足不辱，知止不殆，可以长久”（第四十四章），“清静为天下正”（第四十五章），“知足之足”（第四十六章），“为道日损”（第四十八章），“圣人在天下，歙歙焉”（第四十九章），“既知其子，复守其母，没身不殆。塞其兑，闭其门，终身不勤”（第五十二章），“含德之厚，比于赤子”（第五十五章），“治人事天，莫若啬……有国之母，可以长久。是谓深根固柢，长生久视之道”（第五十九章），“我有三宝”，“一曰慈，二曰俭，三曰不敢为天下先”（第六十七章），“善胜敌者不与”（第六十八章），“勇于不敢则活”（第七十三章），“柔弱者生之徒”（第七十六章），“执左契，而不责于人”（第七十九章），“甘其食，美其服，安其居，乐其俗”（第八十章），“善者不辩，……圣人不积，……天之道，利而不害；圣人之道，为而不争”（第八十一章）。概括起来就是清静无为、与世无争、宁静淡泊、致虚守静、玄览无疵、少私寡欲、适可而止、柔弱处下、顺其自然、趋利避害、节俭淳朴、知足常乐、上善若水、乐善好施、宽厚待人。

岐伯在回答黄帝的疑问时则指出：“上古之人，其知道者，法于阴阳，和于术数，食饮有节，起居有常，不妄作劳，故能形与神俱，而尽终其天年，度百岁乃去。”“恬惔虚无，真气从之，精神内守，病安从来。是以志闲而少欲，心安而不惧，形劳而不倦，气从以顺，各从其欲，皆得所愿。故美其食，任其服，乐其俗，高下不相慕，其民故曰朴。是以嗜欲不能劳其目，淫邪不能惑其心，愚智贤不肖，不惧于物，故合于道。所以能年皆度百岁而动作不衰者，以其德全不危也。”（《黄帝内经》上卷《素问》之“上古天真论”篇）

有的学者把“以其无死地”解读为当大道没有安排他死的时候，他怎么动都不会“动之于死地”，他怎么都死不了。这种理解正好与老子的本意相悖，老子原文的意思是：“生之徒”需要防止“生生之厚”，才能不“动之于死地”；“死之徒”则唯有做到“无死地”，才有可能成为“生之徒”。不管是“生之徒”还是“死之徒”，如果非要作死而往犀牛角上撞、往老虎嘴里送，焉有不死之理？

小结

本章老子专门讨论有关“生”与“死”的问题。老子用“出生入死”四个字概括了人的一生，“出”就是生，“入”就是死。人生就是在这一出一进之间，就像演话剧一样，演员从后台到前台，出现在观众面前，演完了这一幕谢幕进入后台，台上就空无一人。老子的“出生入死”与中国远古哲学的生死观一脉相承，尧、舜、禹都认为“生者寄也，死者归也”，人活着就像寄住在旅馆，死亡就如同回家睡觉。按照《易经·系辞》的记载，与老子同时代的孔子也认为，“原始反终，故知生死之说”“明乎昼夜之道而知”，通过观察宇宙物理自然的变化，明白了昼夜交替的道理，就懂得了生死，人生如莲，活着像白天开花，死亡如夜里休息。

老子从“万物并作”中“观复”，发现天地万物从生到亡、再从亡到生的生死循环规律。所以认为“出生入死”是不可逆转的自然规律，不仅人有生有死，天地万物也是如此，都要经历“出生入死”的过程，没有什么物体能够永恒存在。“绳绳兮不可名，复归于无物”（第十四章），“夫物芸芸，各复归其根。归根曰静，静曰复命”（第十六章），“飘风不终朝，骤雨不终日。孰为此者？天地。天地尚不能久，而况于人乎”（第二十三章）。

那还有没有什么东西可以“长生不死”“永生不亡”吗？老子告诉我们唯有“道”。“谷神不死，是谓玄牝。玄牝之门，是谓天地根。绵绵若存，用之不勤”（第六章），“独立而不改，周行而不殆”（第二十五章）。在老子看来，“出生”就是从“无”到“有”、“无”中生“有”，从“视之不见”到可以“观其徼”，从无形到有形，能够显现出来，所以“生”用“出”；“入死”就是自“有”复归于“无”，从有形到无形，“复归于无物……迎之不见其首，随之不见其后”，所以“死”用“入”。“天下万物生于有，有生于无”（第四十章），而“有无相生”（第二章），所以“道”能够生生死死、周而复始。“大曰逝，逝曰远，远曰反”（第二十五章）。

那么人可以“长生”吗？如何才能长寿呢？老子认为既然唯有“道”可以“永生不亡”，人能够得“道”也就可以“长生”。“同于道者，道亦乐得之；同于德者，德亦乐得之”（第二十三章），“万物得一以生”（第三十九章）。具体而言，老子告诉我们，大部分的人（约十分之六）本来就是长寿之人（“生之徒”），只要顺应自然，避免因“生生之厚”而“动之于死地”即可。老子明确指出的“动之于死地”的行为是，“强梁者不得其死”（第四十二章），“今舍慈且勇，舍俭且广，舍后且先，则必死矣”（第六十七章），“人之生也柔弱，其死也坚强……故坚强者死之徒”（第七十六章）。而对于本来属于短寿一类的人（“死之徒”），则必须要努力使自己成为“善摄生者”，“善摄生者”的秘诀是“以其无死地”。

因为河上公从养生的角度注释《老子》，所以后世不少人将《老子》

当成养生宝典，其中影响力最大的就是本章。尽管“出生入死”是自然规律，无论先天是“生之徒”还是“死之徒”，作为个体自己都无法选择，但后天个人可以选择不同的行为方式从而得到不一样的结局。因此，从养生的角度讲，《老子》给我们提供了两种截然相反的养生模式或者说养生哲学：“生生之厚”与“善摄生”。老子的态度非常明确，坚决反对“生生之厚”，反对过度养生，认为这是不祥之兆，“益生曰祥”（第五十五章）。

河上公为本章所加的标题为“贵生”，从养生的角度看，应该说已经将原文的含义总结得比较到位、透彻，贵重生命、珍惜生命是养生的目的所在。但老子明确指出，“唯无以生为者，是贤于贵生”（第七十五章），“贵生”还不是养生的最高境界，只有清静恬淡、顺其自然，不为了追求长生而妄为、强为，不把保命养生看得过重而过分厚养的人，才是真正懂得养生真谛的人，胜过只知珍惜生命的人。老子认为只有“无以生为”而“贵生”，才是“善摄生”，才能“无死地”，就像练武之人的最高境界不是武力值有多高，而是没有死穴，从而做到无招胜有招、无形胜有形，确保始终立于不败之地。

与“无以生为”而“贵生”相一致，老子倡导“无身”而“贵身”。老子在第十三章说：“贵大患若身……吾所以有大患者，为吾有身；及吾无身，吾有何患？”“无身”，即在精神生活方面不片面追求名声、身份、地位等身外之物，不追逐享受令人纵情发狂的声色犬马之娱，就是第三章倡导的“不尚贤”“不贵难得之货”“不见可欲”，也就是第十二章所说的“不为目”，减少、限制、放弃“五色”“五音”“五味”“驰骋畋猎”“难得之货”等过度物欲享乐，防止“目盲”“耳聋”“口爽”“心发狂”“行妨”的弊害。“贵身”则是指在满足基本生活、生存条件方面，爱惜、珍视自己的身体，努力做到丰衣足食，也就是第十二章所说的“为腹”。老子认为“贵身”必须“无身”，如果做不到精神层面的“无身”，再好的物质保障、医疗保障，也无法实现“贵身”的目标；“无身”就是要忘记自己“有身”，一切顺其自然，放弃贪欲和奢靡，返璞归真，回归自然，追求心神的宁静、恬淡，这才是最好的“贵身”。

按照老子的理论，人生最大的敌人是永不满足的贪欲，“咎莫大于欲得”（第四十六章）。本章第三节提到的“兕”“虎”“甲兵”都是用来举例的象征性事物，实际上既泛指各种危险，又用以比喻人的欲望，贪欲对人的伤害是最大的，也是最危险的。纵使世界上没有兕虎，也没有兵器，如果不能去除贪欲，人们无形的欲望对自身的伤害要比有形的刀兵、兕虎不知要凶猛多少倍。

由上可见，要做到“无死地”，关键就是要“少私寡欲”，控制欲望，去除贪念。只有不被自己的欲望所累，才能长生、长寿。但对于普通民众而言，“有欲”是人的本能，有时难免有贪欲、贪念，那怎么办呢？老子教给我们的办法是“镇之以无名之朴”（第三十七章），即用“道”的质朴、淳朴去镇服和安抚，以“清静无为”镇服贪欲。

综上所述，老子在本章讲的是生死，其实传授的还是清静无为之道。老子的“摄生”之道就是“无身”而“贵身”、“无以生为”而“贵生”，这是老子“无为而无不为”思想在养生领域的延续和应用，是老子独特的养生辩证法、“无为”摄生法。通过本章的学习，我们对老子有关养生益寿的论述作一个全面的梳理，至少可以得到如下的珍贵启示。

其一，无为摄生。“无为”是一个人得“道”成为圣人的修炼路径，也是老子“摄生”之道的精髓，要深刻体悟、努力践行老子的养生辩证法，体悟大道、返璞归真，学习圣人“处无为之事”，以“无为”的态度对待养生，按照“无为”的原则来摄生，把“无为”的原则作为衡量是否符合老子“摄生”之道的准绳。惜命养生、追求长寿是人的本能，无可厚非，但不能过于惜命、贪生怕死而妄为，实际上很多人最终不是死于疾病，而是死于对死亡的恐惧、过度治疗，或者亡于过度养生。当今社会的养生热、各种保健品骗局以及“养生专家”的早逝，都是过于“贵身”的写照。正确的方法是，按照老子的“无为”摄生法，既敬重生命，又看淡生死，不作死又不怕死；既重视养生、善于养生，又不刻意养生；面对疾病，既在战术上高度重视，科学积极地治疗，又在战略上藐视，把生死看开，置之度外。“无为”摄生的目标是，“无以生为”而不“生生之厚”进而避免“动之于死地”而实现“贵生”，“无身”而“无患”进而达到“无死地”而“贵身”，“不自生”而“长生”，“外其身而身存”，而不是秉承“好死不如赖活”的信条，妄自追求长生不死。“好死不如赖活”本身就是一个逻辑错误，“好死”就是寿终正寝，怎么还能赖活？“出生入死”的最高境界就是哭着来笑着走，无疾而终、寿终正寝是“善摄生”的表现和结果，“善摄生者”要避免的人生悲剧是不得好死、不得善终。一个人如果生不如死，再长寿又有什么意义呢？所以，摄生既要延年益寿，更要追求生命的质量。

其二，“道法自然”。“无为”的本质是要顺应自然、不以自我主观意志人为地恣意妄为，不违背客观规律乱作为。既然“出生入死”不以人的意志为转移，我们唯一能做的就是尊重自然规律，“唯道是从”（第二十一章），积极勤奋地践行“道”。“上士闻道，勤而行之”（第四十一章），而且要全身心地融入“道”，“故从事于道者，同于道”（第二十三章），并且始终如一地坚守“道”，“是以圣人执一为天下式”（第二十二章）。“天地所以能长且久者，以其不自生，故能长生”（第七章）。天地为什么长久？是因为天地效法“道”而“不自生”。“道”又为什么长久？因为“道法自然”（第二十五章）。而“人法地，地法天，天法道”（第二十五章），人效法自然要从效法天地“不自生”开始，向天地学习，努力让自己“外其身”。“天地不仁，以万物为刍狗”（第五章），就要按照自然之道，随遇而安，舍得放下，放飞自我，自作自息。这对老年人来讲尤其重要，要懂得“持而盈之，不如其已；揣而锐之，不可长保”（第九章）的道理，功名利禄、宠辱得失、荣华富贵、庇荫后代都是身外之物，不仅要放得下荣宠、名利、金钱、财富、地位，而且要放得下儿孙，儿孙自有儿孙福，做到“生而不有，为而不恃”，不占有、不居功，不求回报，要时刻问一问自己：“名与身孰亲？身与货孰多？得与亡孰病？”（第四十四章）避免“物壮则老，谓之不道，不道早已”（第五十五章）。

其三，知足知止。顺其自然不是放任自流，不是随心所“欲”，“金玉满堂，莫之能守；富贵而骄，自遗其咎”（第九章），“甚爱必大费，多藏必厚亡”（第四十四章），“祸莫大于不知足，咎莫大于欲得”（第四十六章）。一定要懂得自我克制私欲，做到“功遂身退”。“知足者富”（第三十三章），富就富在安贫乐道，足就足在精神上的满足，而不是物质上的满足，只有精神上的满足、自觉自愿地安贫乐道，才能真正获得永恒的满足，从源头上根本性地去除贪欲，“去甚、去奢、去泰”（第二十九章），节俭淳朴，知足常乐。所以，“知足之足，恒足矣”（第四十六章），知道满足才是永恒的满足。“知止”就是要知道止步，懂得分寸，掌握限度，适可而止，“知敬畏、存戒惧、守底线”，这样就不会有危险。“知止可以不殆”（第三十二章），“知足不辱，知止不殆，可以长久”（第四十四章），坚决防止贪得无厌、养生过度，无论运动锻炼、控制体重，还是饮食起居、养生保健，凡事适可而止，努力做到食饮有节，起居有常，“甘其食，美其服，安其居，乐其俗”。

其四，养心养德。养生关键在于养心，养心之要在于养德。养心就是上面所述的“无身”，致虚守静，精神内守，志闲少欲，心安不惧，形劳不倦，注重内心的宁静淡泊，清静虚无，“载营魄抱一”而“无离”，“涤除玄览”而“无疵”（第十章）。身心合一，始终做到“不见可欲”，“少私寡欲”，恬淡虚无，虚心实腹，弱志强骨。“为腹不为目”，时刻警惕“令人目盲”的“五色”、“令人耳聋”的“五音”、“令人口爽”的“五味”，特别是“令人心发狂”的“驰骋畋猎”和“令人行妨”的“难得之货”。养德就是要“上善若水”，乐善好施，“心善渊，与善仁”（第八章）。老子说“不失其所者久”（第三十三章），只有不丧失人的人生定位、价值取向、安身立命的道德根基之所在，才能够长久。养德不是追求形式上的“德”，不是刻意显露、追求表面的“德”，更不是言必称“德”、满口仁义道德礼义忠信，而是遵“道”而行，内藏真正的“德”而深藏不露，“尊道而贵德”。老子说“上德不德，是以有德……上德无为，而无以为”（第三十八章），“上德若谷”（第四十一章），要胸怀博大、虚空、深广，虚怀若谷，包容世间的一切，宽厚待人，“旷兮其若谷”（第十五章）。

其五，柔弱不争。老子明确指出，“人之生也柔弱，其死也坚强……故坚强者死之徒，柔弱者生之徒”（第七十六章）。人的一生中，刚出生时的婴儿是最柔弱的，却也是生命力最旺盛的。老子说“含德之厚，比于赤子……骨弱筋柔而握固。未知牝牡之合而朘作，精之至也。终日号而不嗄，和之至也”（第五十五章）。所以，我们要牢记“守柔曰强”的教诲，经常躬身自问：“专气致柔，能如婴儿乎”“天门开阖，能为雌乎”（第十章）。然而，人要一辈子做到“守柔”很难，“弱之胜强，柔之胜刚，天下莫不知，而莫能行”（第七十八章）。那怎么办呢？老子教给我们的办法是向至柔至善的水学习，“水善利万物而不争，处众人之所恶……夫唯不争，故无尤”（第八章）。老子不仅推崇“柔弱”，而且提倡“不争”和“不敢”。“处众人之所恶”就是处下，体现的是谦让、谦卑，“江海所以能为百谷王者，以其善下之”（第六十六章）。“不争”体现的是得“道”之人的崇高品德，“圣人之道，为而不争”（第八十一章），“不敢进寸，而退尺”（第六十九章），“是谓不争之德”（第六十八章）。老子告诫我们，“勇于敢则杀，勇于不敢则活”（第七十三章），“善者不辩，辩者不善”（第八十一章），难得糊涂，不做无谓的争强好胜之举。“沌沌兮，如婴儿之未孩；儽儽兮，若无所归……我愚人之心也哉！俗人昭昭，我独昏昏；俗人察察，我独闷闷”（第二十章）。混混沌沌，如同婴儿还不会笑；闲云野鹤一样到处闲散游荡，好像无所归宿……稀里糊涂；俗人都明明白白，唯独我昏昏昧昧；俗人都明察秋毫，唯独我浑浑噩噩。世界上女性平均寿命明显高于男性，其重要原因：一是女性比男性柔弱或者说更懂得柔弱的益处，善于守雌；二是因为女性虚静处下，“牝恒以静胜牡，以静为下”（第六十一章）。自然界容易躁动、争强好胜的雄性可以逞一时之勇，但最终肯定比虚静的雌性先败下阵来。

其六，动静结合。摄生要正确理解、处理、把握动与静之间对立统一的辩证关系，做到“澹兮其若海，飂兮若无止”，既“能浊以静之徐清”，又“能安以动之徐生”（第十五章）。静是动的对立面，运动得太过就会像奔腾的河水一样混浊而不清醒，所以要通过“静”的方式达到“徐清”；安逸、安静得太久就会死气沉沉、缺乏生机，所以要通过“动”的方式实现“徐生”；而从动到静、从静到动需要一个转变的过程，所以要“徐”而不可急，切不可操之过急。俗话说得好，“心急吃不了热豆腐”“欲速则不达”。从动到静、从静到动循环往复，就是我们在第四章中所说的，“道”的作用以动态的“冲”与静态的“不盈”两种方式周而复始，这是宇宙天地万物生生不息的动力所在。在面临危机、心乱如麻、躁动不安的时候，要守得住初心，耐得住寂寞，善于使用平时练就的“静”功夫，“致虚极，守静笃”（第十六章），做到心如止水，即庄子所说的“身如槁木，心如死灰”，临危不惧、沉着冷静，化险为夷、化危为机，千万不可急功近利，更不能肆意妄为、胡作非为。面对顺境、承平日久、缺乏奋斗精神的时候，不能耽于安逸，而要善于用“动”的方式，勇于挑战自我，让自己充满生机活力，永不懈怠。具体到养生方面，要因人而异、劳逸结合、动静相宜，既不要做“宅人”，大门不出二门不迈，也不要与他人盲目攀比，强迫自己成为运动健将。理想的状态是“外动内静”与“外静内动”相结合：在运动中“外动内静”，身体运动、内心安静；在休息时“外静内动”，身体休息、大脑不停止思考；“外动”是适量的身体运动，“外静”是及时

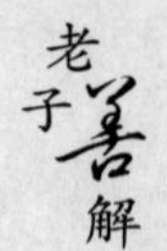

的放松休息，一张一弛；“内静”不是心不在焉，更不是心灰意冷，而是内心平静、心灵淡定、沉着冷静；“内动”不是心潮澎湃、心旌摇曳，更不是心浮气躁、心慌意乱、心猿意马，而是在心静的基础上动脑思考、深思熟虑。

第五十一章　道生德畜　尊道贵德

元典

道生之，德畜之，物形之，势成之。是以万物莫不尊道而贵德。道之尊，德之贵，夫莫之命而恒自然。故道生之，德畜之，长之育之，亭之毒之，养之覆之。生而不有，为而不恃，长而不宰，是谓玄德。

直译

“道”生产万物，“德”蓄养万物，“物”（内在规律）塑造万物的形体，“势”（外部环境）影响万物的成长。所以，万物无不尊崇“道”而贵重“德”。“道”之所以被尊崇，“德”之所以被贵重，就在于“道”“德”不干涉万物，而是永远让万物顺其自然。因此，“道”生产万物，“德”蓄养万物，任万物成长、发育，亭亭玉立、成熟结果，贮藏万物、复返大道。“道”生产万物而不据为己有，“德”蓄养万物而不自恃有恩，长养万物而不主宰万物，这就是玄妙的上德。

善解

51.1　道生之，德畜之，物形之，势成之。

“之”指世间万事万物。“道生之”即“道”生产万事万物，赋予万物生机，具体而言就是第四十二章所论述的“道生一，一生二，二生三，三生万物”。

“德畜之”指“德”或者说德性（万物的本性）蓄养、养育万物。“畜”即蓄养、养育、繁殖。河上公注：“德，一也。一生布气而畜养。”

“物形之”即“物”（事物的内在规律、自然本性）塑形万物，从而成为独特的个体，或者说万物各自的内在规律（“物理”）塑造或者说决定其各种各样的形体、形态，用现代科学语言可以表述为“万物各自的基因决定其形体、形态”，这其中的原理类似于我们常说的“龙生龙，凤生凤，老鼠生儿会打洞”。河上公注：“一为万物设形象也。”

“物”本义为万物，这里则指“物理”，即事物的内在规律、法则或道理，也可以理解为事物的本性。《周书》卷四《明帝纪》：“天地有穷已，五常有推移，人安得长在，是以生而有死者，物理之必然。”唐代杜甫《曲江》诗二首之一：“细推物理须行乐，何用浮名绊此身。”具体地讲，“物”是由“道”赋予、“德”体现的具体事物的本性（自然属性）及内在规律，相当于现代科学中的基因。

有的学者把“物形之”解读为万物呈现各种形态，或者更笼统地说成万物成形，没有讲清其中的原理。也有的学者认为是由已有之物而受形，没有明确已有之物的形态从何而来。还有的专家解读为外界各种力量塑造万物的形态，这些明显不符合老子的本意，老子认为万物的形态、形状是由其内在的本性（即“物”，从根本上讲就是“道”）决定，外部条件只能起到“势成之”的作用。

“势”本义为权势、权力，引申为力量、势能、情势、形势。历代学者对于此处“势”的解读分歧比较大。一是笼统地解读为力、力量，但没有明确是万物内在的力量还是外力。二是势能，即万物内在的力量、趋势，这种解读“势”相当于前文的“物”。三是对立、成对，其原理类似于“万物负阴而抱阳”（第四十二章）。林希逸：“势则有对矣，故曰：‘势成之。’阴阳之相偶，四时之相因，皆势也。”严灵峰：“彼此相资，互为利用，势相依倚；故曰：‘势成之。’”

这里的“势”指情势、形势，即外部环境，特指自然界的形貌，如地势、山势。《周礼·考工记·匠人》：“凡天下之地势，两山之间，必有川焉。”唐代柳宗元《至小丘西小石潭记》：“其岸势犬牙差互，不可知其源。”这样就引申为万物所处的自然环境，也可以理解为自然的力量。河上公注：“寒暑之势。”释德清：“势者凌逼之意。若夫春气逼物，故物不得不生。秋气逼物，故物不得不成。”

“势成之”即“势”（外部环境）成就万物，更确切地说是外部的自然环境（“情势”）影响万物成长，这里的影响既可以是促使、助推其成长，也可以是限制、妨碍其成长。《晏子春秋·杂下之十》：“橘生淮南则为橘，生于淮北则为枳，叶徒相似，其实味不同。所以然者何？水土异也。”

“势成之”帛书版写作“器成之”，意为外部的器具帮助万物成长。也有的学者把“物形之，器成之”解读为“形成物、成为器”。高明：“夫物生而后则畜，畜而后形，形成而为器。其所由生者道也，所畜者德也，所形者物也，所成者器也。”

王弼注：“物生而后畜，畜而后形，形而后成。何由而生？道也。何得而畜？德也。何由而形？物也。何使而成？势也。唯因也，故能无物而不形。唯势也，故能无物而不成。凡物之所以生，功之所以成，皆有所由。有所由焉，则莫不由乎道也。故推而极之，亦至道也。随其所因，故各有称焉。”

冯友兰认为：“万物的形成和发展，有四个阶段。首先，万物都由‘道’所构成，依靠‘道’才能生出来（‘道生之’）。其次，生出来以后，各得到自己的本性，依靠自己的本性以维持自己的存在（‘德畜之’）。有了自己的本性以后，再有一定的形体，才能成为物（‘物形之’）。最后，物的形成和发展还要受周围环境的培育和限制（‘势成之’）。”

本节论述的不是万物形成、发展的四个阶段，而是“道”“德”“物”“势”对于万物形成、发展所起的作用。“道”是“天地之始”“万物之母”（第一章），是宇宙的本原、“万物之宗”（第四章），“道”生万物，宇宙天地万物皆由“道”而生，这就是“道生之”。“道”无形、无状、无物，“视之不见”“听之不闻”“搏之不得”“是谓无状之状，无物之象”（第十四章），“大象无形”（第四十一章），由“道”赋予万物的本性需要通过“德”表现出来，万物依靠“德”（本性）的蓄养得以生存，称为“德畜之”。每个事物的形态、形状都是由其各自内在的先天本性（“物”）所决定，称为“物形之”。事物的成长、发育则还要受到后天所处的外部环境（“势”）的影响，这就是“势成之”。“道”“德”“物”“势”四者中，“道”是第一位的，起到决定性作用，“道”是“德”的本质内涵，“德”是“道”的外在显现，两者一隐一现、一内一外，对立统一、不可分割，所以“道

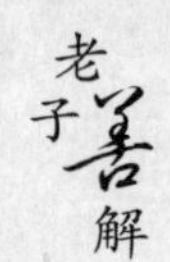

生之”与“德畜之”不是万物形成、发展的两个阶段，而是强调两者对万物的不同作用。万物的本性决定于“道”，表现为“德”，万物的先天本性（“物”）由“道”赋予、由“德”体现，所以其形态、形状归根到底最终决定于“道”。而外部环境（“势”）从更宏观层面看，本身就是宇宙的一部分，也是由“道”而生，所以从根本上讲“势”还是决定于“道”。

51.2　是以万物莫不尊道而贵德。

因为“道”生产万物，“德”蓄养万物。所以，万物无不尊敬“道”、尊崇“道”，贵重“德”、珍视“德”。王弼注：“道者，物之所由也；德者，物之所得也。由之乃得，故曰不得不尊；失之则害，故不得不贵也。”冯友兰认为：“没有‘道’，万物无所从出；没有‘德’，万物就没有了自己的本性；所以说‘万物莫不尊道而贵德’。”道家讲究尊道贵德，体现的是老子“道法自然”、无为而治的哲学思想。而儒家提倡尊师重道，儒家的道不是道家之“道”，而是指师长的教诲、传授的知识。《后汉书·孔僖传》：“臣闻明王圣主，莫不尊师贵道。”尊师重道体现了儒家尊师重教的思想，已经成为中华民族的传统美德。

51.3　道之尊，德之贵，夫莫之命而恒自然。

“命”本义为用口发布命令。《说文解字》：“命，使也。”朱骏声按：“在事为令，在言为命，散文则通，对文则别。令当训使也，命当训发号也。”“莫之命”即没有谁发号施令。“道”之所以被尊崇，“德”之所以受到珍视，就在于“道”“德”没有干涉万物，不指使万物，不向万物发号施令，而是永远纯任自然，尊重万物的天性，让万物顺其自然、自化自成，按照各自的本性自主生长、自由繁衍。所以老子在第五章说：“天地不仁，以万物为刍狗。”或者换一个角度讲，万物尊崇“道”、贵重“德”，并没有谁命令万物这样做，永远是自然而然产生的。河上公注：“道一不命召万物，而常自然，应之如影响。”冯友兰认为：“‘道’生长万物，是自然而然如此的；万物依靠‘道’长生和变化，也是自然如此的；这就是说并没有什么主宰使它们如此，所以说：‘夫莫之命而常自然’。”

有的学者认为“莫之命而恒自然”与孟子所说的“莫之为而为者，天也；莫之致而至者，命也”（《孟子·万章上》）是一个意思，或者说相得益彰。实际上老子要强调的是“道法自然”，用于治国理政就是无为而治，而孟子则是通过天意、命运为夏王朝从原来的举贤禅让制演变为血缘世袭制提供理论依据，其思想高度、深度显然不及前者。

“莫之命”帛书版写作“莫之爵”。“爵”本义为古代青铜酒器，引申为爵位、封爵。《礼记·王制》：“任事然后爵之，位定然后禄之。”“道之尊，德之贵，夫莫之爵而恒自然”，“道”被尊崇，“德”受到珍视，并不是因为其封有爵位，而是出于万物的自然本性。

51.4 故道生之，德畜之，长之育之，亭之毒之，养之覆之。

“道生之，德畜之，长之育之”，“道”生产万物，“德”蓄养万物，任万物成长、发育。河上公注：“道之于万物，非但生之而已，乃复长养成孰覆育，全于性命。人君治国治身，亦当如是也之。”王弼注：“谓成其实，各得其庇荫，不伤其体矣。”“育之”帛书版甲本写作“遂之”，“遂”意为遂滋，即养育、滋养，也可以理解为成功。“遂之”即遂滋万物、滋养万物，而让万物功成事遂，则与上一节的“恒自然”相呼应。“功成事遂，百姓皆谓：‘我自然’”（第十七章）。

本节最关键、最难解的是“亭”“毒”两字。“亭”本义为古代设在路旁的公房，供旅客停宿。《说文解字》：“亭，民所安定也。”引申为安宁、安定、亭育、化育。“毒”本义为毒草滋生，引申为毒害、伤害。对于如何解读“亭之毒之”，历史上学者们做了大量的研究：其一是成长、成熟，这是最通行的解读。河上公本等直接写作“成之熟之”，解读为使万物成长、成熟。根据清代学者毕沅的考辨，“亭”与“成”、“毒”与“熟”，声义相近。高亨认为：“‘亭’当读为‘成’，‘毒’当读为‘熟’，皆音同通用。”其二是亭育、化育。《张说·撰姚崇碑》：“皆以亭毒为亭育。古毒育者义通。”所谓“亭以品其形，毒以成其质”。其三解读为安定。《广雅·释诂》：“毒，安也。”而“亭”有安定之义。“亭之毒之”即“定之安之”。其四是安宁心性。陈鼓应认为，“毒”有“保安”之义，“亭之毒之”的意思是使万物安宁其心性。其五把“亭”和“毒”理解为停止、毒害。“亭”同“停”。《汉书·西域传上》：“其水亭居，冬夏不增减，皆以为潜行地下。”“亭之毒之”意为让万物停止生长，考验万物、毒害万物，使万物经受毒虫的侵害。

亭育（养育、培育）、化育与前文的“育之”重复，安定和安宁心性则与上下文联系不畅，停止、毒害暗合“天地不仁”之义，但同样有上下文衔接的问题，从生物生命的全周期看，成长、成熟相对通顺，只是成长与前面的“长之”重叠。所以，可解读为开花、结果。“亭”指亭亭玉立，对应开花；“毒”为成熟，对应结果。

“养”本义为饲养，引申为保养、护养、调养、滋养、贮藏、隐蔽。“覆”本义为翻转、倾覆，引申为覆盖、遮蔽、埋伏、保护、庇护、维护。“覆”又通“复”，即复返、返回。《汉书·冯唐传》：“赏赐决于外，不从中覆也。”单纯从字面的含义解读，“养之覆之”可以按两者一致的方向理解为护养、滋养万物，庇佑、保护万物；也可以从相互对立的角度解释为护养、滋养万物，倾覆、遮蔽万物。护养、滋养与蓄养有相似之处，庇佑、保护与“恒自然”相矛盾，所以从与前面开花、结果相衔接考虑，解读为贮藏、隐蔽万物，覆盖、遮蔽万物，复返大道，使其得以“归根”“复命”，类似于秋收冬藏，为新一轮的春播做准备，从而使万物不断繁衍。“覆之”帛书版乙本（甲本缺损）写作“复之”，即是“复命”之意。

51.5　生而不有，为而不恃，长而不宰，是谓玄德。

本节的内容已经在第十章第七节出现过，并从圣人按“道”治国理政、为人处世的维度进行了解读。

“生而不有，为而不恃”在第二章从“圣人处无为之事，行不言之教”的角度解读为，生育、养育子民，但不据为己有；为政治国、放任百姓有所作为，但不自恃己功，不自恃对百姓有恩。这里则指“道”生产万物，却不以万物为己有；“德”蓄养万物、兴作万物，任万物成长，有所施为，却不自恃对万物有恩。这里的“为”指创作、制作、兴作。《尔雅》：“造作，为也。”

“长而不宰”在第十章解读为圣人引导百姓自由成长而不去主宰，这里指“道”“德”长养万物或者说使万物生长、发育，却不主宰万物，不以为自己是万物的主宰。河上公注：“道长养万物，不宰割以为利也。”

“玄德”即玄秘而深邃的德性，潜在深厚的品德，也就是上德、尚德、大德，最高境界的德。河上公注：“道之所行，恩德玄暗，不可得见。”而王弼的注释更为贴切：“有德而不知其主也。出乎幽冥，是以故谓之玄德也。”

小结

在前面的章节，老子多次论述过“道”和“德”以及两者之间的关系，本章则第一次全面阐述了“道”和“德”与“万物”的关系，特别是“德”在万物成长、发育、成熟中的作用。老子认为，“道”生万物、创造万物，又内在于万物，成为万物各自的本性，并通过“道”的化身“德”体现出来，而万物各自的内在本性决定其形体、形态，发展成为不同的独特个体，外部环境则影响万物的成长。所以万物无不“尊道”“贵德”，但这并不是有谁命令万物这样做，而是自然而然产生的。“道”生产万物，“德”蓄养万物，任万物成长、发育，开花、结果，贮藏、繁衍。“道”生产万物而不据为己有，“德”蓄养万物而不自恃有恩，长养万物而不主宰万物，称为“玄德”。

因为“道”隐无形，所以尽管“道”是第一位的，起到决定性作用，生产万物，赋予万物生机，但我们能感受到的是“德”蓄养万物。本章的“物形之，势成之”“长之育之，亭之毒之，养之覆之”都可以视为“德畜之”的范畴，可见“德”在万物成长、发展过程中有着举足轻重的作用。因此，如果说第四十二章的重点是阐述“道”生万物，那么本章的重点是论述“德”畜万物，这是继第三十八章后又一次集中论述“德”。

本章的一大贡献是老子提出了“夫莫之命而恒自然”“长而不宰”的观点，尽管“道”生万物、“德”畜万物，但并不含有什么主观的意识，也不具有任何目的性，整个过程是自然而然的，“道”“德”以“无为”的方式生养万物，不干涉万物的繁衍生息，而是顺其自然，不谋求主宰万物，也不是万物的主宰；万物按照客观存在的自然规律、适应各自所处的具体环境，在无为自然状态下成长、发育、成熟、繁衍，即“道法自然”（第二十五章）。这是朴素的唯物主义思想，这种毋庸置疑的无神论思想，彻底否定了超自然意志的存在，让一切主宰世界的上帝、鬼神没有立足之地，达到了轴心时代人类哲学思想的最高水平。

第五十二章　塞兑闭门　见小守柔

元典

天下有始，以为天下母。既得其母，以知其子；既知其子，复守其母，没身不殆。塞其兑，闭其门，终身不勤；开其兑，济其事，终身不救。见小曰明，守柔曰强。用其光，复归其明，无遗身殃。是谓袭常。

直译

天地万物都有起始，它是天下万物的母亲。已经得知了万物的母亲，就可以推知它的孩子；已经认识了它的孩子，再返回固守它的母亲，就终身不会有危险。堵塞（嗜欲的）孔穴，关闭（欲念的）门户，终身不受劳苦之病痛；打开（嗜欲的）孔穴，助长欲望之事，终身得不到救赎。能察见细小叫作"明"，能坚守柔弱叫作"强"。运用智慧之光，（观察世界，内观自我，）回归内在的明慧，就不会给自身遗留灾殃。这就叫作沿袭恒常之道。

善解

52.1　天下有始，以为天下母。既得其母，以知其子；既知其子，复守其母，没身不殆。

这里的"天下"是指寰宇、整个宇宙，包含天地万物。"天下有始，以为天下母"是第一章"无，名天地之始；有，名万物之母"的另一种叙述方式。“始”即“天地之始”的始，“母”就是“万物之母”的母；“始”对应于“无”，“母”对应于“有”，“无”与“有”都是“道”；“始”为女之初，也就是女婴，用于天地万物就是起始、本始、始源；“母”为已经生育的女人，就是母亲，用于天地万物就是本原、根源。

“天下有始”就是天地万物都有起始、源头、本始。按照老子的理论，宇宙天地万物都是从“无”开始，从“无”到“有”，从女婴到母亲。所以，天地万物的源头、本始，就是天地万物的母亲，也就是天地万物的本原、根源。河上公注：“始，有道也。道为天下万物之母。”王弼注：“善始之，则善养畜之矣。故天下有始，则可以为天下母矣。”

“既得其母，以知其子”，既然已经得知、掌握了它（万物）的母亲（“道”），就可以推知、认识它（“道”）的孩子（万物）。“既”即既然、已经。“母”是天地万物之母，也就是“道”。“子”则是“道”的子女，也就是天地万物。有的版本把“以知其子”写作“复知其子”，意为也就知道了它的孩子。河上公注：“子，一也。既知道已，当复知一也。”老子通过母与子血缘相通、相互关联的关系，告诉人们虽然“道”深奥玄妙、玄之又玄，令人难以捉摸，但可以通过其子（天地万物）反推其母（“道”），也就是从相对更容易了解的万事万物中更好地把握“道”，掌握天地万物的本原和运行规律。

“既知其子，复守其母”，已经认识了它（“道”）的孩子（万物），再返回去固守、坚守它（万事万物）的母亲，也就是认识了万物，再去坚守“道”，这样就能“没身不殆”。河上公注：“已知一，当复守道，反无为。”

“没身不殆”就是终身不会有危险。王弼注：“母，本也；子，末也。得本以知末。不舍本以逐末也。”老子在第十六章说：“天乃道，道乃久，没身不殆”，符合上天、顺应自然，就是符合、顺应“道”，也就是得“道”，得“道”就能天长地久，就能终身没有危险。所以，“得其母”而且“复守其母”，当然就“没身不殆”。老子在第三十二章、第四十四章还说：“知止不殆”，贪多是俗人的共性，“知止”则是得“道”者清静无为的体现，只有得“道”才能自觉地“知止”。

52.2 塞其兑，闭其门，终身不勤；开其兑，济其事，终身不救。

“兑”是八卦中的兑卦，代表沼泽，卦形为“”，因卦形引申为口、

空穴。《易·说卦》："兑为口。"《说文解字》："兑，说也。从儿，台声。"意为喜悦。《诗经·大雅》："行道兑矣。"这里借为"阅"，"阅"同"穴"。"门"即门户、门径，我们在第十章讲过，"天门"即自然之门，对人而言就是耳目口鼻等感官。这里的"兑""门"就是指人的五官七窍。"勤"本义为劳累、劳苦、勤劳、勤苦，这里借为"瘽"，意为劳苦之病。

为什么堵塞、塞住孔穴，关闭、闭合门户，就能终身不用劳作、不受劳累，没有劳苦之病痛呢？因为这里堵塞、关闭的孔穴、门户不是一般意义上的孔穴、门户，而是嗜欲的孔穴、欲念的门户。"塞其兑，闭其门"就是要去除私心杂念、嗜欲妄念，这与老子一贯提倡的"不言""无为"相契合。河上公注："兑，目也，目不妄视也；门，口也，使口不妄言。""人当塞目而不妄视，闭口不妄言，则终身不勤苦。"王弼注："兑，事欲之所由生；门，事欲之所由从也。无事永逸，故终身不勤也。"清代高延第《老子正义》："兑，口也。口为言所从出，门为人所由行，塞之闭之，不贵多言，不为异行。"

有的学者认为，"塞其兑，闭其门"，"作为一个比喻是可以的，如果作为普遍规则就有偏激之嫌。这就像在生活中，少说话的人未必深刻，少出门的人未必专心。既然'母'是'万物之母''天下之母'，那么如果封闭，也就不再有万物，不再有天下。只有交流，才能'天下一体'；只有交流，才有大道之大"。还有的专家认为，老子告诫人们不要逞聪明，一味外露，而要收敛自省，内敛含蓄，这样才不会给自己带来灾祸。因为眼睛睁开，就会或多或少受到诱惑；张开嘴巴，说不定就会惹来灾祸。在错综复杂的情况中，含蓄低调，韬光养晦，才是保全自己的最好策略。这样做人确实无益于社会，但有利于养生，在当今高度紧张的快节奏生活中，适当地塞兑闭门，对于健康肯定是大有裨益的。我认为，这些解读已经脱离了老子的本意，属于借题发挥。

"开其兑，济其事"与"塞其兑，闭其门"正好相反，打开嗜欲的孔穴，助长纷扰的欲望之事，就会陷入欲海不能自拔，"终身不救"，终身得不到救赎、不可救药，终身不可能得"道"。"济"在这里读 jì，指救济、帮助、补益、助益、助长。河上公注："开目视情欲也；济，益也，益情欲之事。"王弼注："不闭其源，而济其事。故终身不救。"

52.3　见小曰明，守柔曰强。用其光，复归其明，无遗身殃。是谓袭常。

“见小曰明”，即能察见细小、细微，也就是以小见大、一叶知秋、见微知著，善于从细微处着眼，发现隐藏于其中的发展趋势，叫作“明”。“见”意为观察、见识、察见。《韩非子·主道》：“道在不可见。”“小”指细小、细微。“明”就是明白、明智、明慧。早在2600多年前，老子就认识到注重细节、从细微处把握大势的重要性，可以说老子是“细节决定成败”理论的祖师爷。河上公注：“萌芽未动，祸乱未见，为小；昭然独见，为明。”王弼注：“为治之功，不在大。见大不明，见小乃明。”

老子把得“道”称为“明”。“知常曰明”（第十六章、第五十五章），意为了解、认识、懂得、知晓“恒道”叫作明智、明慧。第二十二章说：“不自见，故明。”反之，“自见者不明”（第二十四章）。第三十三章又说：“自知者明。”本节的“见小”与上述“不自见”“自知”，都是“知恒”的表现或者说结果。当然这里的“见”都不是简简单单用眼睛就能看见的，而是要用老子教给我们的方法，就是“观”和“玄览”，只有这样才能透过事物的表象认识其本质。“观”是老子推崇的认识事物的重要方法，就是用心去观、观摩总结、比较观察。“玄览”的意思是闭着眼睛在黑暗中观看，也就是内观、内察、内视，深入观察、照见自己的内心。“见小”就是用清静、虚空的心灵来内观、照视和照见细小及细微萌芽、发端。内观、“玄览”是老子提倡的体“道”、悟“道”、得“道”的修为方法和路径，与用眼睛外看是完全不同的认识事物的方式。

“守柔曰强”，能坚守、守持柔弱，叫作刚强、坚强、自强不息。王弼注：“守强不强，守柔乃强也。”为什么“守柔曰强”？因为老子认为“弱者，道之用”（第四十章），“柔弱胜刚强”（第三十六章），所以“人之生也柔弱，其死也坚强。……坚强者死之徒，柔弱者生之徒。……强大处下，柔弱处上”（第七十六章），“天下莫柔弱于水，而攻坚强者莫之能胜，以其无以易之。弱之胜强，柔之胜刚”（第七十八章）。

光一般都是向外照射，包括我们的眼光也是一样，而明是要向内透亮。所以这里的“用其光”要求我们既要善于用敏锐的目光观察世界，更要懂得收回眼光，将其转化为内心的智慧之光、冷静的理性之光，时刻内观、“玄览”自己的内心，照视自我，不断地涤除瑕疵，这样就能“复归其明”，回归自我内在的光明、明慧。

“无遗身殃”就是不会给自身遗留、留下及带来灾殃、祸害、祸患、麻烦。“遗”即遗留、留下。“殃”即灾殃、祸害、祸患。河上公注：“内视存神，不为漏失。”

“袭”意为因袭、沿袭、承袭。这里的“常”就是第十六章“复命曰常”之“常”。“袭常”即沿袭、承袭恒常之道，也就是遵循客观规律，与第二十七章的“袭明”同义。“袭”通行版写作“习”，“习”古通“袭”。河上公注：“人能行此，是谓习修常道。”

小结

老子是世界上第一个提出宇宙始终问题的哲学家，在第一章就把“无”命名为“天地之始”，在第十四章又说“能知古始，是谓道纪”。张岱年《中国哲学大纲》：“在老子以前，似乎无人注意到宇宙始终问题；到老子乃认为宇宙有始，是一切之所本。”如果再看第五十一章的“道生之”，老子清楚地告诉我们，“道”生万物，宇宙的起始就是“道”，所以“道”是宇宙万物之母。紧接着老子把“道”与万物的关系比作人们熟知的母子关系，以便通过了解相对容易观察的万事万物把握“玄之又玄”的“道”。老子认为，从万物中去寻求根源、把握规则，认识万物则要遵循规律，不要偏离根源，这样就能“没身不殆”。老子“知母”“知子”的认识论、方法论，在遥远的先秦时代就给我们提供了解开深奥哲学问题的金钥匙。

如何才能“守母”“守道”呢？老子教给我们的方法是“塞其兑，闭其门”，也就是堵塞嗜欲的孔穴，关闭欲念的门户，“使民无知无欲”（第三章），这样就能终身不受劳苦之病痛；反之，“开其兑，济其事”，则会迷失自我，必将终身得不到救赎。

而要“知母”“知子”、认识事物、把握规则，就要善于“见小”“守柔”，用智慧之光、理性之光，外观世界、内察自我，回归内在的明慧，从而做到“不出户，知天下；不窥牖，见天道……不行而知，不见而明，不为而成”（第四十七章）。

第五十三章　行于大道　唯施是畏

元典

使我介然有知，行于大道，唯施是畏。大道甚夷，而人好径。朝甚除，田甚芜，仓甚虚。服文采，带利剑，厌饮食，财货有余，是谓盗夸。非道也哉！

直译

假使我稍有知识，行进在大道上，唯独畏惧的是走入邪路。大道很平坦，但人君却喜好走狭窄的小路。（结果）朝堂腐败至极，田间一片荒芜，仓库空虚无比。（然而统治者却依旧）穿着华丽的衣服，佩带锋利的宝剑，吃腻了精美的饮食，钱财绰绰有余，这就叫作盗魁。无“道”至极！

善解

53.1　使我介然有知，行于大道，唯施是畏。

“使我介然有知”，假使、假设我微有所知，稍有知识。这里的“我”表面上指老子，实际上是侯王、圣人、统治者。“介”本义为铠甲，现在多指两者之间，与界、间相通，用于人相当于“个”，表示微贱，如一介书生。“介”在这里通“芥”，意为细微。《战国策·齐策四》：“无纤介之祸者。”《汉书·元后传》：“遇共王甚厚，不以往事为纤介。”这里的“介然”指微小、稍微，而不是坚定执着、坚正不移。

“行于大道，唯施是畏”，行进在大道上，唯独、唯一畏惧和害怕的是走入邪路、曲折的弯路。“施”从㫃（yǎn），也声，本指旗帜。《说文解字》：“施，旗旖施也。”即旗帜随风飘动的样子。《毛传》曰：“施，移也。”假借为“迤”，意为逶迤、迤逦，形容道路弯弯曲曲、曲折连绵。“施”在这里读yì，是斜的古字，意为迂回曲折着走路，即斜行。《孟子·离娄下》：“蚤起，施从良人之所之，遍国中无与立谈者。”汉代赵岐注：“施者，邪施而行，不欲使良人觉也。”

本节与下一节的“大道”可以按字面理解为有形的道路，而实际上老子真正要说的是无形的“道”。

53.2 大道甚夷，而人好径。朝甚除，田甚芜，仓甚虚。

“大道甚夷，而人好径”，大道很平坦，但人君却喜好走狭窄的小路，与第四十一章的“夷道若纇”相呼应。“甚”即很、非常。“夷”即平坦。《庄子·胠箧》：“夫川竭而谷虚，丘夷而渊实。”《后汉书·马援传》：“从壶头则路近而水崄，从充则涂夷而运远，帝初以为疑。”“好”即喜好。“径”本义为步行小路，《说文解字》：“径，步道也。”与“夷道”相对，引申为崎岖狭窄的邪路。《礼记·曲礼》：“送丧不由径。”注：“径，邪路也。”河上公注：“径，邪不平正也。”“而人好径”有的版本写作“而民好径”，从老子的本意分析，其针对的读者不是百姓而是统治者，所以用“人”比“民”更准确，这里的“人”指人君，与前面的“我”一样都是指侯王。

“朝”即朝廷、朝堂。“除”本义是宫殿的台阶。《说文解字》：“除，殿陛也。从𨸏，余声。”𨸏即阜，《释地》《毛传》皆曰：“大陆曰阜。”《秦风》传曰：“阜，大也。”《郑风》传曰：“阜，盛也。”“除”从𨸏取渐而高之意。“朝甚除”意为朝堂很高大宏伟，象征朝政非常败坏。河上公注：“高台榭，宫室修。”当然“除”也可以按现在的字义解读为废除。“朝甚除”意为朝堂制度被废除、朝纲不振，君王不上朝、不议政，同样反映的是朝廷腐败、朝政荒废。

与庙堂宏伟高大、富丽堂皇形成鲜明对比，或者说朝政荒废的结果，就是“田甚芜，仓甚虚”，田地、农田很荒芜，粮仓、仓储、国库很空虚。

53.3　服文采，带利剑，厌饮食，财货有余，是谓盗夸。非道也哉！

"服文采，带利剑"，穿着华丽的衣服，佩带锋利、锐利的宝剑。"服"为穿（衣服）。"文采"本义为文才、文辞、才华，一般指文艺方面的才华。汉代司马迁《报任安书》："而文采不表于后世也。"这里指华丽、艳丽的色彩。

"厌饮食"就是吃得太饱、太好而不喜欢吃了，珍馐佳肴吃得过多而厌食。"厌"在这里不是厌恶、嫌弃的意思，而是厌饫，意为吃腻，指因吃得过多而不喜欢。"厌饮食"就是老子在第十二章所说的"五味，令人口爽"的真实写照。

"厌饮食"有的版本写作"餍饮食"。"厌"的繁体字为"厭"，从厂（hǎn），猒（yàn）声，由"犬、肉、甘"三部分合起来会意，表示吃饱、满足，后写作"餍"，即餍饱、餍足。《孟子》："其良人出，则必餍酒肉而后反（返）。""餍饮食"即餍饱、餍足、饱足饮食，饭饱酒足。帛书版乙本"厌"写作"猒"，即饱足。《列子·杨朱》："而美厚复不可常猒（厌）足，声色不可常翫（玩）闻。"

"财货有余"即钱财和货物过多而剩余、富余、多余，指统治者尽占天下财富，然而"金玉满堂，莫之能守"（第九章），"难得之货，令人行妨"（第十二章），如果不能"损有余而补不足"（第七十七章），结果必然是"多藏必厚亡"（第四十四章）。

"盗夸"就是大盗、盗首、盗魁。"夸"本义为奢侈。《说文解字》："夸，奢也。从大，亏声。"引申为大。《广雅·释诂》："夸，大也。"《文选·左思·吴都赋》："横塘查下，邑屋隆夸。"

"盗夸"《韩非子·解老》写作"盗竽"，"竽也者，五声指长者也。故竽先，则钟瑟皆随；竽唱，则诸乐皆和"。"竽"是古代的吹奏乐器，形状像现在的笙，不同的是竽36簧，后减为23簧，笙则13簧。竽战国时盛行于民间，是当时的主导乐器，竽先奏、领奏，其他乐器跟奏，所以是乐器之首，"盗竽"意为盗首。"盗夸"帛书版乙本写作"盗杅"。"杅"指古代浴盆、盛浆汤等的器皿，同"盂"。有的学者认为"杅"与"竽""夸"通用，这个说法没有依据，"杅"应该是"竽"的笔误，否则解释不通。

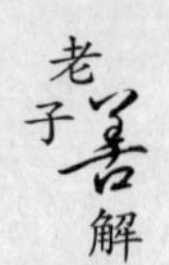

“非道”即无“道”，“非道也哉”指不是正道、不符合“道”、多么无“道”、无“道”至极！

河上公注：“百姓不足而君有余者，是由劫盗以为服饰，持行夸人，不知身死家破、亲戚并随也。”王弼注：“凡物不以其道得之，则皆邪也，邪则盗也；夸而不以其道得之，窃位也。故举非道以明非道，则皆盗夸也。”

小结

老子在本章开篇痛心疾首地指出，作为一个统治者如果稍有良知，就会行走在大道上，唯恐走上邪路。然而绝大多数的统治者却不走平坦的大道，偏走狭窄曲折的小路，结果只能是“朝甚除，田甚芜，仓甚虚”，这是统治者不行“大道”而“好径”的必然结果。更令人气愤的是，统治者依然“服文采，带利剑，厌饮食，财货有余”，统治者的贪得无厌与老百姓悲惨的生活形成强烈的对比。统治者作威作福、恃强凌弱，对民众横征暴敛，肆意妄为，过着荒淫奢靡的生活，而百姓却民不聊生，农田荒芜、粮仓空虚。老子对此深恶痛绝，寥寥数语就把统治者的丑恶嘴脸描绘得淋漓尽致，并把这些给百姓带来无尽苦难的统治者斥责为“盗夸”、窃国大盗，无“道”至极！

第五十四章　善建不拔　善抱不脱

元典

善建者不拔，善抱者不脱，子孙以祭祀不辍。修之于身，其德乃真；修之于家，其德乃余；修之于乡，其德乃长；修之于邦，其德乃丰；修之于天下，其德乃普。故以身观身，以家观家，以乡观乡，以邦观邦，以天下观天下。吾何以知天下之然哉？以此。

直译

善于建树的不可拔除，善于抱持的不会脱离；子孙以此（遵守、践行这个道理），祭祀就不会中止。（按“道”）修德于自身，他的德性就会朴实纯真；修德于家庭，全家的德性就会富余；修德于一乡，整乡的德性就会长久；修德于邦，邦的德性就会丰厚；修德于天下，全天下的德性就会普及。因此，要以自身观照别人，以自家观照别家，以本乡观照他乡，以本邦观照他邦，以自己所在的天下观照其他的天下。我是怎么知道天下大事的呢？就是通过这个方法。

54.1　善建者不拔，善抱者不脱，子孙以祭祀不辍。

“善建者不拔”，即善于建树的不可拔除，指善于建树的人，其建立的事业不可能被拔除。原因在于“固其根而后营其末，故不拔也”（王弼《老子指略》)。“建”指建立、建树。河上公注：“建，立也。善以道立身立国者，不可得引而拔也。”

“善抱者不脱”，即善于抱持不会脱离，指善于抱持、抱守、固定的人，其所抱持的东西不会脱手、脱落，不可能被人夺走。“抱”本义为用手臂围住，引申为环绕、抱持、抱住。河上公注：“善以道抱精神者，终不可拔引解脱。”

“子孙以祭祀不辍”，即子孙以此（善建不拔、善抱不脱），也就是都能遵守、践行这个道理，祭祀就不会中止、停止，后代就不会断绝，子子孙孙、世世代代延绵不断。“辍”即中止、停止，有的版本写作“绝”，意为断绝。河上公注：“为人子孙，能修道如是，长生不死，世世以久，祭祀先祖，宗庙无绝时。”

54.2　修之于身，其德乃真；修之于家，其德乃余；修之于乡，其德乃长；修之于邦，其德乃丰；修之于天下，其德乃普。

“修”的本义是装饰、修饰。《说文解字》：“修，饰也，从彡，攸声。”《礼记·礼运》：“义之修而礼之藏也。”《楚辞·屈原·九歌·湘君》：“美要眇兮宜修。”再由“饰”通“拭”，引申为文饰、恢复完美、修炼、修道、修德、修为、修行。段玉裁注：“饰即今之拭字，拂拭之则发其光彩，故引申为文饰。……不去其尘垢，不可谓之修，不加以缛采，不可谓之修。”匡衡曰：“治性之道，必审己之所有余，而强其所不足。”现在把道家修养练功、炼丹等活动称为修炼，把各种宗教教徒虔诚地学习教义并将其贯彻落实到自己的行动中称为修道，修行则专指道教、佛教的信徒虔诚地学习教义并按教义行事。

“修”是老子给人们指明的体“道”、得“道”的方法与路径，也是成为本章第一节所说的“善建者”与“善抱者”的途径。那么如何“修”呢？老子从身、家、乡、邦国、天下五个层次分别作了论述。

第一，修身。“修之于身，其德乃真”，按“道”修德于自身，他的德性就会朴实纯真。修身就是修己，即自我修养，具体讲就是修养身心，修身养性，陶冶身心，修省退悔，修身反省，涵养德性。一方面逐步提高自我道德修养，另一方面退而自悔，不断反省自己，发现修为不足之处，以便更好地修行。老子把“修之于身”列为修“德”悟“道”的首条，强调修德首先要从自身修起，从修心做起，修养身心、修好积德，不断提高自身的品德修养。儒家也十分看重修身，孔夫子曰："自天子以至于庶人，壹是皆以修身为本。"（《礼记·大学》）

"真"在中国传统文化中具有特殊意义，道家把修真得道之人称为真人，将神仙尊称为真君。《说文解字》："真，仙人变形而登天也。"《庄子·大宗师》："而已反其真，而我犹为人猗。"《庄子·列御寇》："夫免乎外内之刑者，唯真人能之。"引申为真诚、诚实。《庄子·渔父》："真者，精诚之至也……真在内者，神动于外，是所以贵真也。"所以老子明确修身的目标是"其德乃真"，达到"质真若渝"（第四十一章）。河上公注："修道于身，爱气养神，益寿延年。其德如是，乃为真人。"

如何修身呢？老子的方法是"唯道是从"（第二十一章），虚静无为，"致虚极，守静笃"（第十六章），"见素抱朴，少私寡欲"（第十九章），"涤除玄览"（第十章），"为而不争"（第八十一章），"功遂身退"（第九章），修身的最高境界是"处无为之事，行不言之教"（第二章）。后世道家个人修行的方法，包括修道（学习教义）、修好修积（行善积德）、修服（道教修炼服气的方法，服气即吐纳）、修持（持戒修行）、修真（道教学道修行的方式）、修炼（修养练功、炼丹）、修仙（指道家炼丹服药、安神养性，以求长生不老的法门）。儒家对修身的要求是格物、致知、诚意、正心，强调通过认知事物获得知识，博学于文，进而择善而从，使自己意念真诚、心思端正，约之以礼，用诚心、仁爱、谦卑祛除轻浮、骄傲、自大。《礼记·大学》："欲修其身者，先正其心；欲正其心者，先诚其意；欲诚其意者，先致其知，致知在格物。物格而后知至，知至而后意诚，意诚而后心正，心正而后身修。"

第二，修家。"修之于家，其德乃余"，按"道"修德于家庭，以"道"治家，家庭的德性就会有余、富余，所谓"积善之家，必有余庆"。修家对应于儒家的齐家。河上公注："修道于家，父慈子孝，兄友弟顺，夫信妻贞。其德如是，乃有余庆及于来世子孙。"

第三，修乡。"修之于乡，其德乃长"，按"道"修德于一个乡，用道德影响全乡，整个乡的德性就会增长、长久，长盛不衰。河上公注："修道于乡，尊敬长老，爱养幼少，教诲愚鄙，其德如是，乃无不覆及也。"

第四，修邦国。"修之于邦，其德乃丰"，按"道"修德于一个邦国，以“道”管理邦国，整个邦国的德性就会丰厚、丰足、丰盛。修邦国对应于儒家的治国。“邦”就是“国”，竹简版、帛书版甲本写作“邦”，帛书版乙本、王弼本因避汉高祖刘邦名讳写作“国”，《老子》原文应该是“邦”，这样与“丰”押韵，用“国”则失韵。从邦国的层面修德，主要是修近（整顿内务）、修事（治理政事）、修文偃武（修明文教，停止武备）。河上公注：“修道于国，则君信臣忠，仁义自生，礼乐自兴，政平无私，其德如是，乃为丰厚也。”

第五，修天下。“修之于天下，其德乃普”，按“道”修德于天下，以“道”治天下，全天下的德性就会无限普及、普遍。修天下对应于儒家的平天下。这里的“天下”指整个国家，即周王朝统治的区域。普天之下，“行于大道，唯施是畏”，唯独畏惧的是走入曲折的弯路。从天下的层面修德，主要是修明（政治清明）、修言（统一号令）、修文（采取措施强化文治，主要指修治典章制度、提倡礼乐教化等）。河上公注：“人主修道于天下，不言而化，不教而治，下之应上，信如影响。其德如是，乃为普传。”

54.3　故以身观身，以家观家，以乡观乡，以邦观邦，以天下观天下。吾何以知天下之然哉？以此。

在第一章中，老子教给我们认识“道”的方法是“观”。“观”是儒释道三家都普遍使用的认识万事万物最重要的方法之一。“观”和“修”都是修“德”、得“道”的方法和途径，“观”是老子认识论的核心，“修”则是老子实践论、方法论的核心。如果说“修”重在学习、践行，那么“观”则重在体悟、领悟，不仅要用眼睛观看，更要用心去“观”，内“观”自心，就是第十章所说的“玄览”，以此发现自身心灵深处的尘垢（私心杂念、贪欲妄念），并通过“镇之以无名之朴”，实现“不欲以静”（第三十七章）。所以，“观”千万不要只观表面，而是要由表及里、透过现象看本质，入木三分，做到心领神会。

因此，老子告诉我们，在“修”的过程中要善于推己及人地“观”：“以身观身，以家观家，以乡观乡，以邦观邦，以天下观天下”，即通过自身“观”别人，通过自家“观”别家，通过本乡（自己所处的乡）“观”他乡（其他的乡），通过本邦（自己所处的邦）“观”他邦（其他的邦），通过自己所在的天下“观”其他的天下（可以理解为其他人的天下，也可以理解为已经过去的天下和未来的天下）。河上公注："以修道之身，观不修道之身；以修道之家，观不修道之家也；以修道之乡观不修道之乡也。"

这里的"观"既包括上面所说的内"观"、"玄览"，也包括第一章提到的综观（综合观察）、以物观物。所以老子说："吾何以知天下之然哉？以此。"意为我是怎么知道天下之大事的呢？就是通过（上述"以物观物"）这个方法。老子在第四十七章说，"不出户，知天下；不窥牖，见天道。……是以圣人不行而知，不见而明，不为而成"，其道理就是"以物观物"这个方法。王弼注："此上之所云也。言吾何以得知天下乎？察己以知之，不求于外也。所谓不出户，以知天下者也。"

小结

在第五十三章老子从反面痛斥了"好径"的"盗夸"，本章则从正面阐述"行于大道"的修行准则、途径和功用。老子给我们树立的榜样是"善建者不拔，善抱者不脱"，如果子孙能够照此践行，就能永世不绝。

"善建者""善抱者"其实就是圣人、得"道"者。如何才能成为"善建者""善抱者"，或者说如何才能得"道"呢？老子的答案是"修"，也就是修德，进而悟道。那么如何"修"呢？老子罗列了修德的五个层次，并告诉我们要从自身修起，逐步扩展到修家、修乡、修邦国、修天下，这与儒家有关修身的观点不谋而合，都从自身讲到天下，都把修身作为立身处世的根基，都强调要加强自身修养、勤练内功。《礼记·大学》："身修而后家齐，家齐而后国治，国治而后天下平。"两者的区别在于，老子强调的是从修身出发自然而然地发展到修天下，修德的结果是"真""余""长""丰""普"，德性遍天下；儒家则以平天下为终极目标，把修身、齐家、治国作为平天下的手段。《礼记·大学》："古之欲明明德于天下者，先治其国；欲治其国者，先齐其家；欲齐其家者，先修其身。"另一个不同之处是，老子在从家到邦（国）之间增加了乡，而儒家的修齐治平则直接从齐家到治国，显得有些突兀。在这一点上，老子与管子的思想接近。《管子·牧民》："以家为乡，乡不可为也；以乡为国，国不可为也；以国为天下，天下不可为也。以家为家，以乡为乡，以国为国，以天下为天下。毋曰不同生，远者不听；毋曰不同乡，远者不行；毋曰不同

国，远者不从。如地如天，何私何亲？如月如日，唯君之节。”

“观”是老子教给我们认识、体悟“道”的方法和途径，而认识“道”是修德悟道的入门基础，从某种意义上讲，“观”也是“修”的内容之一。那么如何“观”呢？老子认为应该与“修”的路径相一致，以自身观照他人为起点，扩及到“观”家族、乡里、邦国、天下，这就是圣人“不出户，知天下”的原因所在。

“观”的关键在于“悟”。无论是第一章的“观妙”“观徼”，还是第十六章的“观复”，其要义都在于由“观”而悟，透过现象看本质，世事洞明，内化于心，而不是徒有其表。如果无法做到“塞其兑，闭其门”（第五十二章），不能用心去体悟，只是走马观花式的浮于表面的肤浅观察，不仅无益于“修德悟道”，而且有可能聪明反被聪明误。东汉末年的杨修以长于观察、颖悟过人而闻名于世，任曹操丞相府的主簿，掌管文书事务。建安十九年春，曹操率大军进驻陕西阳平，与刘备争夺汉中之地，因刘军防守严密，无懈可击，加之春雨连绵，曹操颇有退兵之意。一天，曹操独自一人吃饭，一个军令官前来请示当晚军中用什么口令。此时，曹操正用筷子夹着一块鸡肋骨，于是脱口而出：“鸡肋。”消息传到杨修耳里，他便做开拔的准备，一个文书问其原因，杨修告知文书，丞相用“鸡肋”作为军中口令，“鸡肋”的含义是“食之无肉，弃之可惜”，丞相用此比喻我军目前的处境，说明丞相已考虑好撤军之事了。当晚，曹操巡营时见三军都在整理行装，查问得知是杨修的猜度而起，便以惑乱军心的罪名处死了杨修。杨修“观”而不能“悟”，结果身首异处的教训深刻而惨痛。

第五十五章　含德之厚　比于赤子

元典

含德之厚，比于赤子。毒虫不螫，猛兽不据，攫鸟不搏。骨弱筋柔而握固。未知牝牡之合而朘作，精之至也。终日号而不嗄，和之至也。知和曰常，知常曰明。益生曰祥，心使气曰强。物壮则老，谓之不道，不道早已。

直译

蕴含厚德之人，好比初生的婴儿。毒虫不会螫刺他，猛兽不会抓捕他，鸷鸟不会搏击他。（赤子）筋骨柔弱，可是小手握成拳头却很牢固；不知道男女交合之事，但小生殖器官却时常勃起，这是精气充沛到极点的缘故；整天号啕大哭，但嗓音却不会嘶哑，这是真气和谐到极致的缘故。知道和谐称为恒常之道，知晓“恒道”叫作明智。过度养生就是不祥之兆，内心恣逞意气就是逞强好胜。因“益生”而强壮就会衰老，这叫作不守“道”，不守“道”则会早早衰亡。

善解

55.1　含德之厚，比于赤子。毒虫不螫，猛兽不据，攫鸟不搏。骨弱筋柔而握固。未知牝牡之合而朘作，精之至也。终日号而不嗄，和之至也。

“含德之厚，比于赤子”，蕴含深厚道德的人，好比襁褓中初生的婴

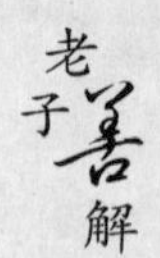

儿。或者说德性深厚的人，如同初生的婴儿。“含”指衔在嘴里，不吐出也不咽下，这里意为藏在里面，即包含、蕴含。“赤子”即初生的婴儿。《书经·康诰》：“若保赤子，惟民其康乂。”

为什么要把蕴含深厚道德的人比作赤子？因为老子认为婴儿是柔软、弱小、纯真、无欲、无邪的代表，是得道之人的状态。所以，老子在第十章说：“专气致柔，能如婴儿”，在第二十章说：“沌沌兮，如婴儿之未孩”，在第二十八章又说“恒德不离，复归于婴儿”。河上公注：“谓含怀道德之厚者也，神明保佑含德之人，若父母之于赤子也。”张之纯注：“赤子，婴儿也。天真未凿，无施无为，故以为此。”

“毒虫不螫”即毒虫不会螫刺、螫咬他（赤子）。“毒虫”指毒蜂、蜘蛛、蜈蚣、蛇、蝎等有毒的虫子。“螫”读 shì，指含有毒腺的毒虫用牙或针钩刺咬人畜。帛书版写作“蜂虿虺蛇不螫”。“蜂”即毒蜂；“虿”读 chài，指蝎子一类的毒虫；“虺”读 huǐ，本义为蜥蜴，古代指毒蛇，后泛指蛇类。河上公注：“蜂虿蛇虺不螫。”

“猛兽不据，攫鸟不搏”，猛兽不会攫取他、抓捕他，鸷鸟不会搏击他。“据”本义为占据，这里指兽类用爪、足等攫取和抓捕猎物。“攫”指鸟用爪迅速抓取、攫取。“攫鸟”即鸷鸟，用爪攫取食物的鸟，凶猛的鸟，如鹰、雕、枭等。“搏”即搏击。《礼记·儒行》：“鸷虫攫搏。”疏：“以脚取之为攫，以翼击之为搏。”竹简版写作“攫鸟猛兽弗扣”，帛书版甲本写作“攫鸟猛兽弗搏”，乙本写作“攫鸟猛兽弗捕”，与“蜂虿虺蛇不螫”对应。

有的版本把“搏”写作“抟”，解读为用手抓。这明显是把“搏”与“抟”的繁体字“摶”搞混了，把“抟”解读为用手抓则有望文生义之嫌，“抟”本义为把东西捏聚成团，引申为集聚，同“团”，意为会合在一起，“攫鸟不抟”解释不通。

河上公注：“赤子不害于物，物还反其本，有毒之虫，不伤于人。”王弼注：“赤子无求无欲，不犯众物，故毒虫之物无犯之人也。含德之厚者不犯于物，故无物以损其全也。”

“骨弱筋柔而握固”，（赤子）筋骨柔弱，可是小手握成拳头或者攥东西却很牢固、紧固。河上公注：“赤子筋骨柔弱，而持物坚固，以其意专心不移也。”王弼注：“以柔弱之故，故握能周固。”

“牝”即雌性动物，与“牡”相对，“牡”即雄性动物。《说文解字》：“牝，畜母也。从牛，匕声。”“牡，畜父也。从牛，土声。”“牝”与“牡”也分别指雌、雄生殖器，其字形就是由雌、雄生殖器的形状演变而来，“牝”虚，“牡”实。汉代东方朔《神异经》：“男露其势，女张其牝。”“牝牡之合”指雌雄（男女）交合，就是第四十二章中的“三”，“二生三”，即天地交合、阴阳和合、男女交欢。帛书版乙本写作“牝牡之会”。

“朘”为男孩生殖器。《说文解字》：“朘，赤子阴也。”“作”指兴起、振作。“朘作”即生殖器勃起。帛书版乙本写作“朘怒”，“怒”意为奋起、奋发、旺盛。《庄子·逍遥游》：“（鹏）怒而飞，其翼若垂天之云。”《庄子·外物》：“草木怒生。”“朘怒”即生殖器奋起。河上公注：“赤子未知男女之合会，而阴作怒者，由精气多之所致也。”“朘作”通行版写作“全作”，有的专家把“全作”解读为全面生长。王弼注：“作，长也。无物以损其身，故能全长也。言含德之厚者，无物可以损其德，渝其真。柔弱不争而不摧折，皆若此也。”也有的专家认为，“朘”与“全”近音，故假借，实际上这里的“朘”读 zuī 而不读 juān（朘削、朘刻），本文根据帛书版乙本采用“朘”。

“精”本义为挑选过的优质细米，这里指“精气”，是构成人体的基本物质，也是人体生长发育及各种功能活动的物质基础。《素问·金匮真言论》：“夫精者，生之本也。”《灵枢·经脉》：“人始生，先成精，精成而脑髓生。”东汉王充《论衡·论死》：“人之所以生者，精气也。”“精”包括“先天之精”和“后天之精”。“先天之精”与生俱来，禀受于父母的生殖之精，是构成胚胎发育的原始物质，具有生殖、繁衍后代的基本功能，并决定着每个人的体质、生理、发育，在一定程度上还决定着寿命的长短。人在出生离开母体后，这“精”就藏于肾，成为肾精的一部分，是代代相传、繁殖、生育的物质基础。“后天之精”指人出生以后，摄入的饮食物通过脾胃运化功能生成的水谷精气，以及脏腑生理活动中化生的精气通过代谢平衡后的剩余部分，藏之于肾。

“未知牝牡之合而朘作”，（赤子）还不知道男女交合之事，但小生殖器官却时常勃起。这是什么原因呢？有人说是尿憋的，也有人说是做梦，但老年人为什么再憋也不行？婴儿不懂男女交合之事，又怎么会做桃色之梦呢？老子告诉人们，其原因是“精之至也”，即这是精气充沛饱满到极

点的缘故，婴儿肾精没有任何的损耗，充足到了极点，所以不懂男女交合之事，没有交合的梦境，也能自然勃起。

“号”意为大声哭，哀号、号啕大哭。《说文解字》：“号，痛声也。从口，在丂上。”“嗄”即嗄哑、嗄嘶，意为嗓音嘶哑。“终日号而不嗄”，（赤子）整天号啕大哭，但嗓音却不会嘶哑。这又是什么原因呢？老子的答案是“和之至也”，即这是真气和谐到极致、冲和之气极端淳厚充盈、心灵清明和谐的缘故。婴儿的号哭不仅使用嗓音，还通过胸腔等多个器官共同发声，并且各器官相互和谐产生共鸣，所以能够“终日号而不嗄”，很多美声唱法的歌唱家也是懂得并利用这个原理发声，得以长时间、高音量歌唱而不会嗓音嘶哑。河上公注：“赤子从朝至暮啼号，声不变易者，和气多之所致也。”王弼注：“无争欲之心，故终日出声而不嗄也。”

55.2　知和曰常，知常曰明。益生曰祥，心使气曰强。

“知和曰常”即知道和谐的道理、认识到冲和的作用称为恒常之道。“和”即和合、和谐，和谐实际上就是得“道”的状态，是“道法自然”的结果；“和”文化体现中华民族特有的智慧，是中华优秀传统文化的重要组成部分，在老子看来“知和”是得“道”的表现。“常”就是恒常之道，即事物发展的永恒法则。第十六章说“复命曰常”，意为复归本原、回归本性称为恒常之道，宇宙万物的本性就是和谐、清静、虚空，所以“知和”“复命”都称为恒常之道。河上公注：“人能知和气之柔弱有益于人者，则为知道之常也。”王弼注：“物以和为常，故知和则得常也。”

“知常曰明”意为知晓、了解、认识、懂得并且谨守恒常之道才叫作真正的明智、明慧。“明”即明白、明智、明慧。河上公注：“人能知道之常行，则日以明达于玄妙也。”王弼注：“不皦不昧，不温不凉，此常也。无形不可得而见，曰明也。”

竹简版、帛书版甲本都把“知和曰常，知常曰明”写作“和曰常，知和曰明”，帛书版乙本写作“□□常，知常曰明”。

“益生曰祥”意为过度养生、人为地补益以延长寿命，即纵欲贪生、声色犬马，是灾祸发生之兆、不祥之兆，不仅不能延年益寿，反而会早衰、早老、早夭、早亡，“益生”就是“动之于死地”的“生生之厚”（第五十章），道家养生的大忌。王弼注：“生不可益，益之则夭也。”

“益”的小篆字形像器皿中有水漫出，古同“溢”，引申为盈溢。《庄子·列御寇》：“有貌愿而益。”清代王筠《说文释例》卷四《形声之美》：“益从水，而溢又加水，然水只可在皿中，而益之意，即兼有泛溢之意。”这里的“益生”不是指有益于生命，而是超出自身实际需要的过度养生，也就是纵欲贪生，就是第五十章的“生生之厚”、第七十五章的“求生之厚”“贵生”。

“祥”的本义是凶吉的预兆、预先显露出来的迹象。徐铉曰：“祥，详也。天欲降以祸福，先以吉凶之兆详审告悟之也。”预兆可以是吉兆。如《周礼·春官》：“以观妖祥，辨吉凶。”（郑玄注：“妖祥，善恶之征。”）《国语·周语》：“袭于休祥。”（注：“福之先见者也。”）也可以说是凶兆。如《尚书正义·咸有一德》：“亳有祥，桑、谷共生于朝。”（孔传：“祥，妖怪。”）《庄子·庚桑楚》：“孽狐为之祥。”（李注：“怪也。”）“祥”也是古代丧祭名，周年祭称为小祥，两周年祭称为大祥，亲丧的祭日称祥日，亲丧满13个月或25个月的祭祀叫作祥祭。这里的“祥”不是祥和、祥瑞、吉祥，而是不吉祥的凶兆、灾祸发生之兆。

“心使气曰强”，内心恣逞意气就是逞强好胜。“使气”指恣逞意气、发抒志气，犹使劲。《宋书·刘瑀传》：“明年，迁御史中丞。瑀使气尚人，为宪司甚得志。”唐代苏鹗《杜阳杂编》：“鱼朝恩专权使气，公卿不敢仰视。”南朝梁刘勰《文心雕龙·才略》：“嵇康师心以遣论，阮籍使气以命诗。”“心使气”意为用内心意念和欲望指使、使用、支配精气及气力，恣逞意气、发抒志气，所以称为“强”。这里的“强”不是强大、坚强，而是逞强、争强。河上公注：“心当专一和柔，而气实内，故形柔。而反使妄有所为，和气去于中，故形体日以刚强也。”

有的专家把“益生曰祥，心使气曰强”解读为：使精气充沛、元气和谐，从而实现延年益寿就是吉祥；气力不强于外，而驱动于内（心）才是真正的强大，赤子“骨弱筋柔而握固”“终日号而不嗄”，皆是“心使气”之验，认为婴儿处于“心使气”的状态，对于外物没有欲望，凡情志思维都由心内自由发生，没有丝毫的物欲情欲，所以“毒虫不螫，猛兽不据，攫鸟不搏”“未知牝牡之合而朘作”。上述解读如果仅仅孤立地从本段文字的字面含义理解，也可以自圆其说，但从老子的整体思想分析，则明显与本意相违背。在老子的思想体系中，“益”“强”是背“道”而驰的。老子认为，“为道日损”（第四十八章），“损之而益”“益之而损”（第四十二章），“以道佐人主者，不以兵强天下。……善有果而已，不以取强。……果而勿强”（第三十章），“弱者，道之用”（第四十章），“强梁者不得其死”（第四十二章），“人之生也柔弱，其死也坚强。……故坚强者死之徒，柔弱者生之徒。是以兵强则灭，木强则折。强大处下”（第七十六章）。反对“生生之厚”“求生之厚”“贵生”，提倡的是“损之又损，以至于无为”（第四十八章）、“专气致柔”（第十章）、“柔弱胜刚强”（第三十六章）、“冲气以为和”（第四十二章）。所以，“益生”“心使气”不是老子所提倡的而是反对的，虽然气力驱动于内强于外，但无心更强于有心，“专气”、“冲气”、“和气”、不“使气”强于“心使气”。

55.3　物壮则老，谓之不道，不道早已。

“物壮则老”（事物达到鼎盛就会衰老，也就是盛极而衰）本是自然规律，一切生命体莫不生、壮、老、死自然循环往复，这里的“物壮”不是一般意义上的由盛而衰，而是特指上一节的“益生”“心使气”造成的“祥”“强”。因为人为地“益生”“心使气”而“壮”“强”就会更早地趋于“老”，所以称为“不道”，不守“道”的结果就是早衰早死。“物壮则老”被后世道家作为主张长生求仙的理论基础，而实际上老子不是要人们违反自然规律，追求所谓的长生不老，而是要人们向婴儿看齐，始终保持柔软、弱小、纯真、无欲、无邪的初生状态，“专气致柔”（第十章），“沌沌兮，如婴儿之未孩”（第二十章），“知和”“知常”，清静“无为”，顺其自然，这样就能寿终而寝、寿终正寝，就不会早壮、早衰、早老、早亡。

“物壮则老”不仅是每一个生命体无法幸免的自然规律，古今中外的王朝也无不盛衰兴亡循环更替。本节的内容与第三十章第三节重复，只是把“是谓”改为“谓之”，需要特别指出的是，第三十章是针对统治者而言，告诫统治者要清静无为，而“不以兵强天下”，“善有果而已，不以取强”，“果而勿强”，否则“其事好还”，结果必然“物壮则老”，加速王朝的灭亡，这就是不守“道”的结果。

小结

老子把得“道”之士、厚德之人比喻为初生的婴儿（赤子），赤子的特点是外表柔弱而内心纯洁无邪，这正是得“道”之人的状态。赤子对万物无伤害之力更无伤害之心，所以“毒虫不螫，猛兽不据，攫鸟不搏”，犹如得到神灵保佑一般，历史上反复出现的“狼孩”就是明证，第五十章说“善摄生者，陆行不遇兕虎，入军不被甲兵”其实也是这个道理。赤子看似弱不禁风（“骨弱筋柔”），却精气充沛饱满到极点（“精之至”），所以“未知牝牡之合而朘作”，更难能可贵的是赤子真气和谐到极致（“和之至”），所以“终日号而不嗄”。

“和”在全书中出现多次，体现了不同境界的“和”。第二章说“音声相和”，音与声相互和谐协调才会悦耳动听。第四章、第五十七章说“和其光”，调和光芒在第四章指“道”的属性，在第五十七章是实现“玄同”的途径，包含了为人处世的人生哲理。第四十二章说“冲气以为和”，即阴阳二气互相激荡、相互交融、互相冲击产生中和之气，从而达成一种均匀和谐的状态，进而形成新的统一体，某种意义上反映了矛盾双方经过斗争而达到和谐的原理。本章的“和”指顺其自然的得“道”状态，“知和”则是得“道”的表现，所以老子从赤子的“和之至”得出“知和曰常”的结论，并进一步指出“知常曰明”。反之，过度养生、纵欲贪生（“益生”）和内心恣逞意气（“心使气”）、争强好胜，属于违和、失和之举，违反自然规律，背离赤子的软弱本性，只能适得其反，这就是老子所说的“物壮则老”，称之为“不道”，结果就是早亡。

第五十六章　知者不言　言者不知

元典

知者不言，言者不知。塞其兑，闭其门；挫其锐，解其纷；和其光，同其尘。是谓玄同。故不可得而亲，不可得而疏；不可得而利，不可得而害；不可得而贵，不可得而贱。故为天下贵。

直译

知“道”的人不说，多言的人不知“道”。堵塞（嗜欲的）孔穴，关闭（欲念的）门户；摧折锐锋，化解纷争；调和光芒，混同尘世。这就叫作“玄同”。所以，（百姓）既不能（通过亲近他而）得到他的亲近，也不会（因为疏远他而）被他疏远；既不能（通过顺从他而）得到利益，也不会（因为反对他而）受到迫害；既不能（通过攀附他而）得以高贵，也不会（因为得罪他而）受到轻贱。因此被天下人珍重。

善解

56.1　知者不言，言者不知。

本节字面上的意思是知道的人不说话，说话的人不知道。竹简版写作“智之者弗言，言之者弗智”，有智慧的聪明人、通晓事理的智者不多说话，而整天喋喋不休及到处说长论短的人则无知、不聪明、缺少智慧。

那么到底是“知”还是“智”？“知”指的是知什么？为什么知道了

不说、说了就是不知道？我认为，“知者”知的是“道”的奥妙、精妙、妙用，所以“知者”就是知晓“道”的人，也就是“智者”（智慧之人）。而“道”是说不清、道不明的，即“道可道，非恒道”（第一章）。因此，知“道”之人都勤而行“道”，不敢多言。所以，老子一贯反对“言”尤其是“多言”，认为“希言自然”（第二十三章），“多言数穷，不如守中”（第五章），“天之道……不言而善应”（第七十三章），崇尚“贵言”（第十七章），提倡圣人“行不言之教”（第二章）。“言”对统治者而言就是法令、政令、命令、号令。知“道”的统治者不随便地发号施令，朝令夕改、轻易发号施令的统治者不知“道”。河上公注：“知者贵行，不贵言也，驷不及舌，多言多患。”王弼注：“因自然也，造事端也。”

尽管老子的“知者不言，言者不知”针对的是统治者的政令繁多、朝令夕改，把种种繁文缛节强加于百姓，对普通人来说同样具有借鉴意义。现实生活中，滔滔不绝者，不管是为了掩盖什么，还是自我炫耀，或者自作聪明，夸夸其谈，都不是明智之举，搬弄是非则更是令人生厌、为人不齿。

56.2 塞其兑，闭其门；挫其锐，解其纷；和其光，同其尘。是谓玄同。

“塞其兑，闭其门”，我们在第五十二章已经讲过，就是堵塞嗜欲的孔穴，关闭欲念的门户。河上公注：“塞闭之者，欲绝其源。”不同之处在于，第五十二章是“守母”“守道”的要诀，而本章则是实现“玄同”的途径。

“挫其锐，解其纷；和其光，同其尘”，就是摧折其锋芒，化解其纠纷，调和其光芒，混同于尘世。“挫锐”“解纷”“和光”“同尘”在第四章指“道”的属性，在这里与“塞其兑，闭其门”都是实现“玄同”的途径。“挫锐”“解纷”是处事的行为方式，“揣而锐之，不可长保”（第九章），不要锋芒毕露、固执己见，而要化解纷争。“和光”“同尘”是生存状态、人生境界，调和光泽，既照亮、温暖他人，又不是光芒四射、令人目眩，混同尘世，既带领百姓风雨同舟，又与百姓打成一片，低入尘埃。

在第一章中，老子在开篇设置了人“道”必须攻克的五关，其中第四关就是“玄同”关：“无”和“有”，“此两者，同出而异名，同谓之玄”。即“无”和“有”尽管名称不同，但都源自“道”，又都称为“玄”。所以，

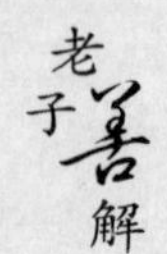

“无”是“玄”又是“道”，“有”是“玄”也是“道”，“玄”亦是“道”，但“道”“玄”“无”“有”又不完全等同，这就是“玄同”。第一章的“玄同”强调的是“无”和“有”你中有我、我中有你，浑然一体的本质，而本节则是对“玄同”的进一步阐述，老子把“塞兑”“闭门”“挫锐”“解纷”“和光”“同尘”这样一种去除了贪欲、收敛了锋芒、消除了高低贵贱、淡泊无欲、超然物外、混同于尘世的“玄妙齐同”之境界叫作“玄同”，即与“道”混同为一，就是浑然一体的大同之“道”。河上公注：“玄，天也。人能行此上事，是谓与天同道也。”

56.3　故不可得而亲，不可得而疏；不可得而利，不可得而害；不可得而贵，不可得而贱。故为天下贵。

“亲”本义为亲爱，引申为亲近、亲密，与“疏”相对。《孟子·梁惠王下》：“王无亲臣矣。”我们常把“亲”与“疏”合在一起进行对比。《汉书·叙传上》：“因召宗族，各以亲疏加恩施，散数百金。”人们习惯用亲疏贵贱形容各种不同身份、不同地位、不同关系的人。《史记·乐书》：“使亲疏贵贱长幼男女之理皆形见于乐。”

对“不可得而亲，不可得而疏；不可得而利，不可得而害；不可得而贵，不可得而贱”的解读，各种版本和相关的文章五花八门、众说纷纭，如果仔细加以梳理、归纳，则与对《老子》的总体解读一样，可以大体归纳为儒释道三类。

第一类是按儒家思想解读。一是功利目的论，倡导的是道德正确，反对的是功利的目的性。有的学者把“得”理解为得利，把“得而”解读为“为了得利（出于得利的目的）而……”：不可为了得利（出于得利的目的）而特别（有意）亲近别人（他），也不可为了得利而特别（有意）疏远别人（他）；不可为了得利而特别（有意）给人（他）利益，也不可为了得利而特别（有意）加害于人（他）；不可为了得利而特别（有意）重视别人（他），也不可为了得利而特别（有意）轻贱他人（他）。有的专家把“得”理解为获得：不因为从谁那里获得什么而亲近他或疏远他，不因为从谁那里获得什么而认为他有利或有害，不因为从谁那里获得什么而认为他高贵或卑贱。二是中庸论，强调的是不偏不倚，以孔子的“近之则不逊，远之则怨”（《论语·阳货》）为理论依据。有的学者解读为：既不能够跟别人亲近，也不能够跟别人疏远；既不能够让别人获利，也不能够让别人受害；既不能够让别人高贵，也不能够让别人卑贱。有的学者解读为：既不会（被他）太亲近，也不会（被他）太疏远；既不会获得他太多的利益，也不会受到他太多的伤害；既不会被他过多的尊重，也不会被他过多的轻视。

第二类是按佛家思想解读，提倡的是“无分别心”、一切随缘。有的学者解读为：眼中没有亲近、疏远之分，没有利益、得失之害，没有高贵、卑贱之别。有的学者则理解为：不刻意使一些人得以亲近，也不刻意使一些人受到疏远；不刻意使一些人获得利益，也不刻意使一些人遇到祸害；不刻意使一些人过分尊贵，也不刻意使一些人过于卑贱。

第三类是以传统道家的“境界说”来解读，则干脆把“得而”理解为没有意义的虚词，这里又分两种：一是超凡脱俗的神仙论，解读为既不可能亲近他（谁都亲近不了他），也不可能疏远他（无法疏远他、不会疏远他）；既不可能利用他（无法让他得利），也不可能伤害他（无法让他受害）；既不可能尊重他（无法使他高贵），也不可能轻贱他（无法使他低贱）。二是消极避世论，解读为“不分亲，不分疏；不分利，不分害；不分贵，不分贱”，或者“不分亲疏，不分利害，不分贵贱”，或者更简洁的“不分亲疏、利害、贵贱”。

儒家功利目的论具有明显的教化色彩，从根本上讲，与老子的“道法自然”“不言之教”“圣人不仁”等思想相背离。从逻辑上讲，如果说“不因为从谁那里获得什么而亲近他”还说得过去的话，“不因为从谁那里获得什么而疏远他”则说不通，“不因为从谁那里获得什么而认为他有害”“不因为从谁那里获得什么而认为他卑贱”同理。从语法上讲，亲、疏、利、害、贵、贱是动词“得”的宾语，不是得利的手段。从具体字义上讲，原文没有特别、有意的含义。总之，儒家中庸论把他人（百姓）看作“难养”的女子与小人，把老子的论述当作加固统治的手段，既与前文的“玄同”联系不上，更不符合老子的“无为”思想，在字义上原文没有太和过多的含义。

佛家的解读看空一切，在某种程度上与道家消极避世论的解读有相似之处，而老子在这里提倡的是“玄同”，所以并不是眼中没有亲疏、利害、贵贱之分，而是强调圣人应该和光同尘、顺其自然，一切按“道”的准则行事，该亲则亲、该疏则疏，在字义上原文也没有刻意、一些人、

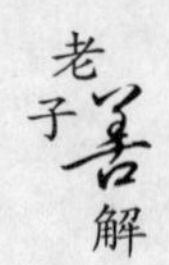

过分的含义。

道家神仙论除了把“利”误解为“利用”，根本的谬误是一个人可以有自己的意志，可以决定自己怎么做、怎么对待他人，但即使是伟人、圣人，也无法决定或者改变他人对自己的看法和行为，这只有神仙才能做到。道家消极避世论看似简洁，体现了圣人没有亲疏、利害、贵贱之分，但过于笼统，老子要讲的是得“道”的统治者与百姓的关系，明确圣人不会因为民众对其的不同态度而被区别对待，要解决的是赋予被统治者独立的人格，而不是不受外界干扰、不作区分，更不是消极避世，像鸵鸟一样“躲进小楼成一统，管他冬夏与春秋”。

学者们的分歧之所以如此之大，在于其受到自身思想体系的影响，当然也有《老子》原文简洁给人造成理解上不确定的困惑，这里的关键是“得而”二字。我认为，要准确解读，必须抛弃长期受到儒释道影响形成的固有思维定式，尽可能站在老子的立场思考、分析问题。从本章上下文和老子的整体思想看，“得而”在这里等同于“得其”，“其”指达到“玄同”境界的“有道者”，省略的主语是百姓。“有道者”经过“塞其兑，闭其门；挫其锐，解其纷”，达到了“和光同尘”的“玄同”境界，已经跨越了人世间狭隘的人伦藩篱，超越了亲疏、利害、贵贱的世俗范畴。对“有道者”而言，一切都按“道”行事、纯任自然，不会因为他人（对统治者而言就是百姓）的不同行为而有亲疏远近、利害得失、高低贵贱之别。所以，百姓既不能（通过亲近他或者有血缘等关系而）得到他的亲近，也不会（因为疏远他或者没有血缘等关系而）被他疏远；既不能（通过迎合、顺从他而）得到利益，也不会（因为反对他而）受到伤害、迫害；既不能（通过攀附、依附他而）得以高贵，也不会（因为得罪他而）被他轻贱、鄙视。如果把“有道者”变为主语，也可以解读为：“有道者”既不能（因为百姓亲近他而）亲近百姓，也不能（因为百姓疏远他而）疏远百姓；既不能（因为百姓迎合、顺从他而）给利百姓，也不能（因为百姓反对他而）伤害百姓；既不能（因为百姓攀附、依附他而）珍重百姓，也不会（因为百姓得罪他而）轻贱百姓。

老子在这里要构建的理想社会是统治者与被统治者都拥有独立的人格，统治者不会因为百姓的行为而好恶，百姓就不需要根据统治者的好恶被迫改变自己的行为。“不可得而亲，不可得而疏”体现的是“天地不仁，以万物为刍狗；圣人不仁，以百姓为刍狗”（第五章）和“天道无亲”（第七十九章）；“不可得而利，不可得而害”反映的是“不尚贤，使民不争”（第三章）；“不可得而贵”是“不宠”，“不可得而贱”是“不辱”，“不可得而贵，不可得而贱”则与“宠辱若惊”（第十三章）相呼应。河上公注：“不以荣誉为乐，独立为哀。志静无欲，与人无怨。身不欲富贵，口不欲五味，不与贪争利，不与勇争气。不为乱世主，不处暗君位。不以乘权故骄，不以失志故屈。”王弼注：“可得而亲，则可得而疏也。可得而利，则可得而害也。可得而贵，则可得而贱也。”苏辙注：“凡物可得而亲，则亦可得而疏；可得而贵，则亦可得而贱。”

竹简版、帛书版将本节写作“故不可得而亲，亦不可得而疏；不可得而利，亦不可得而害；不可得而贵，亦不可得而贱”。

这里的“天下”指人世间、所有人。因为能够超越亲疏、利害、贵贱之分，所以是天下（人世间）最了不起的人，能够被天下人（所有人）贵重、珍重、尊重，被视为天下（人世间）最高贵的人。河上公注：“其德如此，天子不得臣，诸侯不得屈，与世沉浮，容身避害，故为天下贵也。”王弼注：“无物可以加之也。”

小结

老子告诉统治者，智慧（得“道”）的统治者不随意发号施令，朝令夕改的统治者无知。如何成为“知（智）者”呢？老子给出的法门或者说途径就是“塞兑”“闭门”“挫锐”“解纷”“和光”“同尘”，摒除物欲，藏锋敛锷，超尘拔俗，最终与“道”混同为一，进入超然物外的“玄妙齐同”之得“道”境界。这样就能以豁达的心胸和公正的态度对待万物，“道法自然”，不会因为百姓的行为而有亲疏、利害、贵贱之别。所以被天下人珍重。

第五十七章　以正治国　以奇用兵

元典

以正治国，以奇用兵，以无事取天下。吾何以知其然哉？以此。天下多忌讳，而民弥贫；民多利器，国家滋昏；人多伎巧，奇物滋起；法令滋彰，盗贼多有。故圣人云："我无为，而民自化；我好静，而民自正；我无事，而民自富；我无欲，而民自朴。"

直译

用正道治理邦国，用诡道指挥作战，用清静无为之道统治天下。我是怎么知道这些道理的呢？是根据以下的论述：天下禁忌越多，民众越发贫困；民间利器越多，国家越加昏乱；人主智巧越多，奇事愈益兴起；法令越是彰显，盗贼反而增多。因此，圣人说："我无为，民众就自我化育；我爱好虚静，民众就自行回归正道；我不滋事扰民，民众就自然富裕；我没有贪欲，民众就自然淳朴。"

善解

57.1　以正治国，以奇用兵，以无事取天下。

"以正治国"，就是用正规之道、正常之道、正道治理邦国。"正"本义是不偏斜、平正，这里指正规、正常、正统、正道。这里的"国"指邦国，不是我们现在理解的国家概念。有的学者认为，"以正治国"就是以清静无为之“道”治理国家。我认为，应该是用正道（正常的方式方法）治理邦国，它与紧接着的“以奇用兵”（用出奇制胜的方式方法指挥作战）相对应，“以无事取天下”才是以清静无为之“道”治理天下。河上公注：“天使正身之人，使至有国也。”

“以奇用兵”即以诡道用兵，意为用出人意料与令人不测的奇特、奇巧、奇险方法、计策指挥作战。“奇”本义是奇特、奇异，引申为出人意料、令人不测。帛书版写作“畸”，本义为零碎的田地，引申为不整齐、不正规、不正常。“用兵”即使用兵器，引申为调兵遣将指挥作战、使用武力进行战争。《国语·越语下》：“古之善用兵者，因天地之常，与之俱行。”有的学者把“奇”解读为诡诈。河上公注：“奇，诈也。”“以奇用兵”的关键不在诡诈，其根本在于根据千变万化的战场形势，以出其不意攻其不备、诡变莫测的计谋出奇制胜。《孙子兵法》：“兵者，诡道也。故能而示之不能，用而示之不用，近而示之远，远而示之近。利而诱之，乱而取之，实而备之，强而避之，怒而挠之，卑而骄之，佚而劳之，亲而离之。攻其无备，出其不意。”

关于“正”和“奇”的关系，《孙子兵法》曰：“凡战者，以正合，以奇胜。”2000多年来，正奇之用已经成为中国人的谋略之一，也得到现代企业家的推崇，深交所有个上市公司就命名为“奇正藏药”，而港股则有“正奇金融”。“以正合，以奇胜”即以正常、常规兵力当敌，以奇兵出奇制胜。但对什么是“正兵”、什么是“奇兵”的解读却不尽相同：最常见的解读是正面当敌、对阵交锋的为正兵，旁出奇袭的为奇兵；三国时期的曹操认为，正奇是先后关系，先出的为正兵，后出的为奇兵，如果是侧翼的军队先进攻，正面的主力再压上去攻击，则侧翼为正兵，正面主力为奇兵；唐代名将李靖认为，“正合奇胜”的思想出自早于孙子1000多年的黄帝兵法——《握奇文》（又名《握机文》），“奇”原为“机”，指机动兵力，“奇”在这里指奇零、余数、零头。《汉书·食货志》：“操其奇赢。”（注：“谓有余财。”）《管子·禁藏》：“旁人奇利。”（注：“余也。”）正奇之法不是奇谋诡计，而是分兵之法。就用兵而言，“正合奇胜”千变万化，不变的是分兵作战，但谁是正兵、谁是奇兵，从制订作战计划到实际交战直至战斗结束可以相互转化，如日月循环罔替，像四季周而复始。一般在作战计划中正面的主力军为正兵，侧翼、后面埋伏的机动部队（预备队）为奇兵，

实际作战中如果侧翼的军队先斜刺里冲杀出来，计划中的奇兵就变为正兵，正面的主力再发动进攻就成为奇兵；如果主力军队投入战斗后，侧翼的军队又撤下来，正面的主力就又变回正兵，侧翼的原预备队恢复为奇兵；如果侧翼又分左右，再加上后面埋伏的军队，变化就更加复杂。所以，《孙子兵法·兵势篇》说："奇正相生，如循环之无端。孰能穷之？"

"以无事取天下"，以清静无为的原则治理、统治天下。"无事"即无所事事、无扰攘之事，就是"无为"。平安无事、内无纷争、外无战事是治理天下的最高境界，也是百姓梦寐以求的太平盛世。我们在第二十九章讲过，"取天下"即治理国家，不能解读为夺取国家政权，否则就与前面的"无事"相抵触。"以无事取天下"与第四十八章的"取天下恒以无事，及其有事，不足以取天下"一以贯之。河上公注："以无事无为之人，使取天下为之主。"

有的学者认为，老子在治理问题上的"无为"构想，其逻辑有些简单、片面，且与"以正治国"相矛盾，"以正治国"就是来治理"不正"的，任民众"自然化育"并不可靠，丛林规则常常是优胜劣汰，并指出老子理论不足的原因是未曾见识从战国到秦汉的政治大实践。王弼也把"以正治国"与"以无事取天下"相对立："以道治国，则国平；以正治国，则奇正起也；以无事，则能取天下也……故以正治国，则不足以取天下，而以奇用兵也夫。以道治国，崇本以息末；以正治国，立辟以攻末。本不立而末浅，民无所及，故必至于奇用兵也。"前者是对老子"无为"思想的曲解，我们在前面的章节已经反复强调，"无为"不是不作为、不治理，不是听天由命，而是要顺应自然、不人为妄为，不违背客观规律乱作为，条件不成熟不要硬作为。把"以正治国"与"以无事取天下"相对立则属于断章取义，这里的"国"是统辖于"天下"的邦国，"国"与"天下"不在一个层次上，老子把"治国""用兵"统一于"取天下"，"正""奇"都服务、服从于"无事"，"以正治国，以奇用兵，以无事取天下"是一个统一的整体。

57.2 吾何以知其然哉？以此。天下多忌讳，而民弥贫；民多利器，国家滋昏；人多伎巧，奇物滋起；法令滋彰，盗贼多有。

"吾何以知其然哉？以此"，即我是怎么知道这些道理的呢？是根据以下的论述。这里的“此”指下面四个排比句的论述，实际上是老子通过观察当时的社会现象得出的治理结果。竹简版、帛书版都没有“以此”二字。

“天下多忌讳，而民弥贫”，人世间的禁忌、避讳越多，民众的生活就越贫困。这里的“天下”指人世间。“忌讳”即禁忌、避讳。在“普天之下，莫非王土，率土之滨，莫非王臣”的时代，“天下多忌讳”实际上就是统治者的禁忌繁多，这也不能干，那也不能做，所以百姓就越来越贫困。河上公注：“天下，谓人主也。忌讳者，防禁也。令烦则奸生，禁多则下诈，相殆故贫。”竹简版写作“天（下）多忌讳，而民弥畔”，“畔”古同“叛”。《孟子·公孙丑下》：“寡助之至，亲戚畔之。”天下禁忌越多，民众越加叛逆。

“民多利器，国家滋昏”，即民众手中锋利的武器越多，国家就越昏暗、动乱。“利器”即锋利的兵器。《尚书·说命上》：“铁须砺以成利器。”“滋”即更加、愈益。“国家滋昏”竹简版写作“邦滋昏”，帛书版甲本（乙本缺损）写作“邦家滋昏”，东周时期的国即邦，周王朝统治的范围称为天下，诸侯国管辖的区域称为邦国。严灵峰、蒋锡昌等人的研究认为，“民多利器”应为“人多利器”或者“朝多利器”，“人”指人主，即君王，这样就与本节的“天下多忌讳”“人多伎巧”“法令滋彰”相一致，都是对统治者而言的，阐述“有事”“取天下”的问题。从《老子》的其他章节看，也与第三十六章的“国之利器不可以示人”和第五十三章的“朝甚除”相印证，对此我认为有道理，这样把“利器”解读为权谋也可以说得通，也解决了河上公注释（“利器者，权也。民多权则视者眩于目，听者惑于耳，上下不亲，故国家昏乱”）的矛盾。

“人多伎巧，奇物滋起”，人主（诸侯、天子）的技巧、智巧越多，邪事、奇事就愈益兴起。这里的“人”指人主（侯王）而不是民众。河上公注：“谓人君、百里诸侯也。”“伎”通“技”，指技艺、才能。《淮南子·道应训》：“故圣人之处世，不逆有伎能之士。”《新唐书·卫伯玉传》：“少习武伎。”有的版本直接写作“技”。“巧”本义为技艺高明、精巧，引申为机巧、巧诈、巧言、巧佞、淫巧。“伎巧”本义为技术、技艺，这里指技巧、智巧。“奇”指奇怪、异常、极端、非法、奇邪。“奇物”意为稀奇古怪的奇特事物，即奇事、邪事、乖舛之事物。河上公注：“多知技巧，谓刻画宫观，雕琢章服，奇物滋起，下则化上，饰金镂玉，文绣彩色，日以

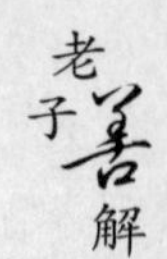

滋甚。”老子在第十九章说“绝巧弃利，盗贼无有”，而得“道”之人则“大巧若拙”（第四十五章）。

“人多伎巧”竹简版写作“人多智（知）”，帛书版甲本（乙本缺损）写作“人多知（智）”。“人多伎巧，奇物滋起”有的版本写作“民多智慧，而邪事滋起”，民众智慧越多，邪事就越是滋生。与第十八章的“智慧出，有大伪”相呼应。王弼注：“民多智慧，则巧伪生；巧伪生，则邪事起。”从老子的本意看，这里用“民”不如用“人”，其理由与上面对“民多利器”和“人多利器”的分析相同。

“法令滋彰，盗贼多有”，法令越是彰明、彰显森严，盗贼反而越来越多。按照老子无为而治的治国理政之道，解决盗贼的根本之策是统治者的无为、好静、无事、无欲（详见本章第三节），其实老子在第三章就说“不贵难得之货，使民不为盗”，在第十九章又明确指出“绝巧弃利，盗贼无有”。“法令”竹简版、帛书版乙本（甲本缺损）、河上公本写作“法物”。河上公注：“法物好物也。珍好之物滋生彰著，则农事废，饥寒并至，故盗贼多有也。”

上述四个排比句从“无为而治”的反面论述了“有为”治理的危害性，既论证了上一节“以无事取天下”的重要性、必要性，又为下一节从不同层面论述“无为而治”的效果作了很好的铺垫。

57.3　故圣人云：“我无为，而民自化；我好静，而民自正；我无事，而民自富；我无欲，而民自朴。”

“我无为，而民自化”，我顺应自然、不妄为，“处无为之事”，民众就自我教化、自我感化、自然化育、自生自长。通过“无为”实现“自化”是老子的治国理政之“道”，老子在第三十七章就明确指出：“道恒无为而无不为。侯王若能守之，万物将自化。”河上公注：“圣人言：我修道承天，无所改作，而民自化成也。”

“我好静，而民自正”，我爱好虚静、喜好清静，“行不言之教”，民众就自行回归正道，自我走上正轨，自动恢复安定正常。老子在第三十七章说：“不欲以静，天下将自正。”在第四十五章又说：“清静为天下正。”河上公注：“圣人言：我好静，不言不教，民皆自忠正也。”

“我无事，而民自富”，我清静无为，不生事、不滋事，天下就没有事情，民众自然也就富足、富裕。河上公注：“我无徭役征召之事，民安其业故皆自富也。”

“我无欲，而民自朴”，我没有欲望，民众就自然淳朴、朴实。河上公注：“我常无欲，去华文，微服饰，民则随我为质朴也。”王弼注：“上之所欲，民从之速也。我之所欲，唯无欲，而民亦无欲自朴也。此四者，崇本以息末也。”“无欲”竹简版、帛书版乙本（甲本缺损）写作“欲不欲”，意为向往不起贪欲。

本节的“我”指得“道”的统治者，统治者“无为”“好静”“无事”“无欲”的结果是百姓的“自化”“自正”“自富”“自朴”，这是对“无为而治”的进一步论述，其中“无为”是纲，“好静”“无事”“无欲”是“无为”在不同层面的具体表现，“自化”“自正”“自富”“自朴”是“无为而治”实现的成果。

小结

本章是老子继第三十七章后再一次全面论述治国理政之道，而且比第三十七章更全面、更深入、更具体，其基本原则仍然是“无为”，这也是在第二章、第三章、第十章、第三十七章、第三十八章、第四十三章、第四十八章从不同角度阐释“无为”的基础上，站在治国理政的高度从正反两个方面论述“无为而治”的重要性、必要性和可行性。

老子开篇就提出了“治国”“用兵”“取天下”的原则，“治国”与“用兵”一“正”一“奇”，“治国”“用兵”服务于“取天下”的总目标，相互对立的“正”与“奇”必须统一于“取天下”的“无”（无事），实际上就是“无为”。

老子将“道法自然”的天道用于人道，反复强调“无事取天下”，在第四十八章就说“取天下恒以无事，及其有事，不足以取天下”。本章描述的“天下多忌讳，而民弥贫；民多利器，国家滋昏；人多伎巧，奇物滋起；法令滋彰，盗贼多有”，就是“有事”的具体表现，这也是老子生活的春秋时代，统治者自以为是、肆意妄为，社会动荡不安、战乱频发，民众不得安宁、生活在水深火热之中的真实写照，可见老子的“无为”思想不是凭空臆想，而是有感而发、有的放矢。

在老子看来，之所以“有事”，是因为诸侯、天子私欲膨胀，为了各自的利益你争我夺，对外穷兵黩武，“以兵强天下”，对内横征暴敛，所以提倡“以无事取天下”。为此，老子借圣人之口，提出了“无为”“好静”“无事”“无欲”的治国方略，这样民众就能“自化”“自正”“自富”“自朴”，这是老子“无为”政治思想想要构建的治国理政的理想模式，可能难以被统治者接受、采用，难免被人诟病为脱离实际的空想，但仍然对统治者具有警示意义。

第五十八章　祸福相依　孰知其极

元典

其政闷闷，其民淳淳；其政察察，其民缺缺。祸兮，福之所倚；福兮，祸之所伏。孰知其极？其无正也！正复为奇，善复为妖。人之迷，其日固久。是以圣人方而不割，廉而不刿，直而不肆，光而不耀。

直译

为政宽厚，民众就淳朴敦厚；为政严苛，民众就会虚伪狡黠。灾祸为福泽所倚靠，福运中潜伏着祸端。谁知道它的终极？是福是祸没有定准！正常的反复为奇异的，善良的又会变成邪恶的。人们对此已经迷惑很久了。因此，圣人方正而不伤害（他人），廉利而不刺伤（他人），直率而不放肆，光亮而不耀眼。

善解

58.1　其政闷闷，其民淳淳；其政察察，其民缺缺。

“其政闷闷，其民淳淳”，为政宽厚，国家政令宽宏，那里的民众就淳朴、敦厚。“闷闷”本义为闷声不响，形容浑浑噩噩、懵懵懂懂、昏昏昧昧的样子，这里指淳厚、宽厚。王弼注：“言善治政者，无形无名，无事无政可举，闷闷然，卒至于大治，故曰其政闷闷也。”“淳”即淳朴、淳厚、敦厚、质朴。王弼注：“其民无所争竞，宽大淳淳，故曰其民淳淳也。”

“其民淳淳”有的版本写作“其民醇醇”，“醇”古代通“淳”，本义为酒味浓厚，后引申为淳朴、质朴。《汉书·景帝纪赞》：“至于移风易俗，黎民醇厚。”河上公注：“政教宽大，故民醇醇富厚，相亲睦也。”

“其政察察，其民缺缺”，为政严苛，国家政令严厉，那里的民众就疏薄诈伪、阴险狡诈。我们在第二十章已经讲过，“察察”表面上意为明察秋毫、明辨是非、不徇私情，实际上是形容严厉、苛刻的样子。王弼注：“立刑名，明赏罚，以检奸伪，故曰察察也。”“缺”本义为器具破损，引申为缺失、缺陷。“缺缺”形容有小聪明而又疏薄诈伪、阴险狡诈的样子。唐代柳宗元《桐叶封弟辨》：“是直小丈夫缺缺者之事，非周公所宜用，故不可信。”统治者依靠严刑峻法来维护统治，“制之以刑、绳之以法”，企图使百姓慑于刑罚而“畏之”，面对统治者的苛政，民众敢怒不敢言，只能以“缺缺”应对，口是心非、阳奉阴违，上有政策、下有对策。河上公注：“其政教急疾，言决于口，听决于耳也。政教急，民不聊生，故缺缺日以疏薄。”

58.2　祸兮，福之所倚；福兮，祸之所伏。孰知其极？其无正也！正复为奇，善复为妖。人之迷，其日固久。

“祸兮，福之所倚；福兮，祸之所伏”，祸患啊，为福泽所倚靠，也就是福运倚傍着灾祸；福运啊，是灾祸所隐藏的地方，也就是祸端潜伏在福运之中。“祸”指祸患、灾祸、祸害、祸端。“福”即福运、福气、福泽、福分。“倚”指倚靠、依靠。河上公注：“倚，因也，夫福因祸而生，人遭祸而能悔过责己，修道行善，则祸去福来。”“伏”本义为俯伏，这里指潜伏、隐藏。河上公注：“祸伏匿于福中，人得福而为骄恣，则福去祸来。”

“孰知其极？其无正也”，谁知道它（祸与福相互变换的结果）的终极在哪里？谁知道它的最终结果是什么？它没有规律、标准，其结果无法确定，没有定准。这里的“其”指上述“祸兮，福之所倚；福兮，祸之所伏”，福、祸相互变换的结果。“极”本义为房屋的正梁。引申为尽头、极点、极限、极端、终极。《史记·货殖列传》：“至治之极。”“正”本义是不偏斜、平正，这里引申为决定、确定、规律、标准。《周礼·天官》：“宰夫令羣（群）吏，正岁会，正月要。”注：“正，犹定。”张昭远《旧唐书》：“以土圭正日景。”《后汉书·张衡传》：“尽璇机之正。”河上公注：“祸福更相生，谁能知其穷极时。”王弼注：“言谁知善治之极乎？唯无可正举，无可形可，闷闷然而天下大化，此其极也。”

“正复为奇，善复为妖”，正常的反复为奇异的、正中的又变为极端的、平正的转为奇邪的、善良的再变成邪恶的。这是对本节前两句的进一步论述和总结。“妖”本义为反常怪异的事物或现象，这里与“善”相对指邪恶。王弼注：“以正治国，则便复以奇用兵也。故曰正复为奇。立善以和万物，则便复有妖之患也。”

“人之迷，其日固久”，人们已经迷惑很久了，已经分辨不清祸与福、正与奇、善与妖，不明白它们循环相生的道理。“固”本义为坚固，这里指已经。宋代文天祥《指南录·后序》：“以小舟涉鲸波，出无可奈何，而死固付之度外矣。”人们为什么迷惑、不知道祸福相依的道理呢？因为众人失去“道”的时间已经很长了，所以迷惑于祸、福之谜，如果是“有道者”，或者能够尊“道”、循“道”则不会迷惑。“人之迷”有的版本写作“民之迷”。

58.3 是以圣人方而不割，廉而不刿，直而不肆，光而不耀。

“方而不割”，指圣人品行方正、方直而不伤害他人。“方”本义为并行的两船，泛指并列、并行，引申为方正、方直。“割”本义为用刀分解牲畜的骨肉，泛指用刀截断，意为分割、割裂，引申为割伤、损害、伤害。为什么圣人能够做到“方而不割”呢？因为圣人“大方无隅”（第四十一章），圣人是最方正的，却没有棱角，所以能够不伤害人。河上公注：“圣人行方正者，欲以率下，不以割截人也。”

“廉而不刿”，锋利、有棱角而不刺伤人。“廉”本义为厅堂的侧边，引申为棱角（廉隅）、锋利（廉利）、正直、刚直、廉洁。“刿”即刺伤、割开。“廉而不刿”有的版本写作“廉而不害”，解读为廉洁、清廉而不伤害人。河上公注：“害，伤也。圣人廉清，欲以化民，不以伤害人也。今则不然，正己以害人也。”

“直而不肆”，直爽、直率而不恣纵、放肆，更不肆无忌惮。“直”本义为不弯曲，这里指直爽、直率。“肆”本义是摆设、陈列，这里指恣纵、放肆、肆无忌惮。王弼注：“以直导物，令去其僻，而不以直激沸于物也。所谓大直若屈也。”

"光而不耀"，光亮而不耀眼，荣耀而不夸耀，更不耀武扬威。"光"即光芒、光亮、光泽、光耀、荣耀。"耀"本义为照耀，引申为炫耀、耀眼、显耀、夸耀、自夸。"不耀"就是"不自伐""故有功"（第二十二章），反之，"自伐者无功"（第二十四章）。河上公注："圣人虽有独知之明，常如暗昧，不以耀乱人也。"

小结

本章老子阐述了政治、社会、人生方面的辩证思想，因为其中的千古名句"祸兮，福之所倚；福兮，祸之所伏"而成为《老子》流传最为深远的篇章之一，此句亦是自古以来最为著名的哲学命题，经常被学者们借以阐述老子的辩证法思想。

老子在第一节给我们呈现了两种截然不同的为政风格或者说执政理念，即"闷闷"与"察察"。"闷闷"是老子崇尚的"无为而治"的为政风格，"为无为，则无不治"（第三章），"无为而无不为"（第四十八章），"我无为，而民自化"（第五十七章）。所以，"闷闷"的结果是"其民淳淳"，民众越来越淳朴、敦厚，当然就能天下大治。"察察"对应的则是"有为"，想要的是明察秋毫、不徇私情，这是法家倡导的执政理念，结果却是"其民缺缺"，上有政策、下有对策，百姓越来越狡诈。"其政察察，其民缺缺"与"水至清则无鱼，人至察则无徒"（《大戴礼记·子张问入官篇》）是一个道理。所以老子在第二十章说："俗人察察，我独闷闷。"把"察察"与"闷闷"作为判断俗人与圣人的标准，从为政的层面讲，俗人就是无"道"的统治者，我就是圣人、有"道"的君王。

第二节的核心是"祸兮，福之所倚；福兮，祸之所伏"，就是祸福相依，"祸"中隐藏着"福"，"福"中潜伏着"祸"，"祸"与"福"不是绝对的，它们不仅相互依存，还能相互转化，也就是坏事可以引发出好的结果，好事也可以引发出坏的结果，与另一个成语"塞翁失马，焉知非福"同义，体现老子一贯的对立统一的辩证思想。当代哲学家冯友兰评价说："老子哲学中的辩证法思想是春秋战国时期社会的剧烈变革在人们思想中的反映。在中国哲学史上，《周易》以降，即有辩证法的思想，但用一般的规律形式把它表达出来，这还是老子的贡献。但是，老子还没有把客观辩证法作为自然界和社会中最一般的规律提出来。”冯友兰同时批评老子缺乏斗争精神，认为“祸”“福”相互转化“都是在一定的条件下才是如此，例如主观的努力或不努力等，都是条件。在各种条件中，最主要的是对立面的斗争。按照《老子》所讲的，好像不必有斗争……这是不合事实的。《老子》的这种思想，是没落奴隶主阶级意识的表现。他们失去了过去的一切，自以为是处在祸中，但又不敢公开反抗，只希望它自动地转化为福。这也是不可能的”。冯先生前半部分的评价是比较中肯的，但对老子的批评则明显带有时代局限性的烙印。首先，老子在这里只是阐述矛盾双方的对立统一，你中有我、我中有你，并没有论及相互之间的转化，更没有说矛盾双方的转化不需要条件、不需要努力，所以冯先生的批评有无的放矢之嫌。其次，用当代出现的阶级斗争学说批评2500多年前的古代哲学思想是对古人的苛责，而且把转化的条件说成最主要的是对立面的斗争也失之偏颇。最后，说老子的思想“是没落奴隶主阶级意识的表现”，因为“失去了过去的一切，自以为是处在祸中，但又不敢公开反抗”，显然不符合事实，在第十二章、第三十章、第三十一章、第五十三章、第五十七章、第七十五章等章节，老子都对无道君王的私欲膨胀、肆意妄为、横征暴敛、穷兵黩武以及由此给百姓造成的种种灾祸进行了或委婉或一针见血的批评，从老子的整体论述看，其立场明显是站在百姓一边，即“以百姓心为心”。

如何正确掌握、应用老子祸福相依的辩证思想呢？就是要按照唯物辩证法对立统一的观点，充分应用矛盾双方在一定条件下可以相互转化的理论，在现实生活中，不要孤立地看待“祸”与“福”，不要认为“祸”就是“祸”、“福”就是“福”，而是将对立的两者统一起来。遇到“祸”要想到与之对立的“福”，从“祸”中看到“福”的希望。首先，调整好心态，保持乐观向上的情绪，防止陷入悲伤而不能自拔，鼓励自己“失败是成功之母”，以积极的态度面对逆境，自强不息、奋斗不止，不失去信心和勇气。其次，善于从失败中汲取教训，从灾祸中查找短板、发现问题，努力亡羊补牢，一方面杜绝“祸不单行”，另一方面积极创造条件促使“祸”向“福”的转化，实现因祸得福、坏事变成好事。而有了“福”则要想到与之对立的“祸”，从“福”中看到“祸”的风险，不可得意忘形，要告诫自己“福无双至”，面对顺境要懂得居安思危，绷紧防范化解风险这根弦，防止乐极生悲、好事变成坏事。

《韩非子·解老》说："人有祸，则心畏恐；心畏恐，则行端直；行端直，则思虑熟；思虑熟，则得事理。行端直，则无祸害；无祸害，则尽天年。得事理，则必成功。尽天年，则全而寿。必成功，则富与贵。全寿富贵之谓福。而福本于有祸。故曰：'祸兮福之所倚。'以成其功也。人有福，则富贵至；富贵至，则衣食美；衣食美，则骄心生；骄心生，则行邪僻而动弃理。行邪僻，则身夭死；动弃理，则无成功。夫内有死夭之难而外无成功之名者，大祸也。而祸本生于有福。故曰：'福兮祸之所伏。'"

祸与福、正与奇、善与妖，相互依存又相互转化，"孰知其极？其无正也！"从而造成"人之迷，其日固久"。人们迷惑的原因何在呢？老子认为是失"道"太久。所以，在纷繁复杂的祸福、正奇、善妖相互转化中，要做到不迷失方向，根本之道是回归大道，这样就能透过表面看本质。作为一个统治者、领导人、管理者就是"其政闷闷"，坚持"守中"（第五章），防止走向极端，具体而言就是第三节的"方而不割，廉而不刿，直而不肆，光而不耀"。"方""廉""直""光"总体上讲是为政者良好的品格、作风、行为，但即使这样也要把握好火候，时刻提醒自己清静无为、顺其自然，千万不能用力过度、不要操之过急，更不要自认为是"方""廉""直""光"而肆意妄为，要防止因"方""廉""直""光"过头而走向反面（"割""刿""肆""耀"），否则就会因"其政察察"而"其民缺缺"。只有"其政闷闷"，才能"其民淳淳"，最终闷闷然实现大治，其原理就是祸福相依、"正复为奇，善复为妖"。

有的学者认为，本章各段落间的文义不符，上下文衔接不畅、联系不紧密，可能有错简的情况。从上面的小结可以看出，全章分为三节，上下贯通，前后呼应。

第五十九章　治人事天　唯啬早服

元典

治人事天，莫若啬。夫唯啬，是谓早服。早服谓之重积德；重积德，则无不克；无不克，则莫知其极；莫知其极，可以有国；有国之母，可以长久。是谓深根固柢，长生久视之道。

直译

统治人民、侍奉天地、养护身心，没有比“啬”（节俭）更好的方法了。唯有节俭，才是尽早服从“道”。早日服从“道”，就是不断积德；不断积德，就能攻无不克；无所不克，就没人知道他的极限；（有了这种）没人知道极限（的能力），就可以统治国家；（掌握了）统治国家的根本，就能长治久安。这就是深根固本、长久生存、永不衰老的道理。

善解

59.1　治人事天，莫若啬。

“治人”即治理人民、治理百姓，也就是治理国家。《孟子·滕文公上》：“劳心者治人，劳力者治于人。”“事”指侍奉、供奉、使用、从事，也作治、治理。《史记·曹相国世家》：“卿大夫已下吏及宾客，见参不事事。”对于“天”的解读有两种不同的观点。一是上天、自然，“事天”即供奉上天、侍奉自然，或者使用、整治自然。二是天禀、天赋、天命，“事

天”意为保养天赋、蓄养天命，即保守先天的精气，保持婴儿的淳朴，养护清静的身心。

很多学者认为，从下文的“啬”和“长生久视”相联系，这里的“事天”即“治身”。《吕氏春秋·先己》：“凡事之本，必先治身，啬其大宝。”《吕氏春秋·情欲》：“古人得道者，生以寿长，声、色、滋味能久乐之，奚故？论早定也。论早定则知早啬，知早啬则精不竭。”河上公注：“治身者当爱精气不放逸。”奚侗注：“啬以治人，则民不劳；啬以治身，则精不亏。”林希逸注：“治国者如此，养生者亦如此，养生而能啬，则可以长生。”陈鼓应也认为：“本章在于讲怎样来治国养生，对于如何去应对自然（天）则只字未提。所以‘事天’当依林希逸作‘养生’解。《孟子·尽心上》也曾说：‘存其心，养其性，所以事天也。’这是养生之所以为‘事天’解的一个有力旁证。”

“啬”甲骨文字形像粮食收入谷仓，本义为收获谷物，后借用为爱惜。朱骏声《说文通训定声》：“本训当为收谷，即穑之古文也。转注为爱濇（涩，为不滑、不通畅之意）之义，或借为濇。”《说文解字》：“啬，爱濇也。从来，从㐭。来者，㐭而藏之。故田夫谓啬夫。”即“啬”意为爱惜。来（繁体“來”）就是谷物用仓廪储藏起来。因此农夫被称为啬夫。后引申为吝啬，过分爱惜、节俭，小气舍不得。因为文学作品中葛朗台等吝啬鬼的人物形象深入人心，所以大多数人忘记了“啬”有爱惜、节俭的含义，一看到“啬”首先联想到的就是吝啬、小气等贬义词。实际上这里的“啬”指爱惜、吝惜、节俭、节约、节省，与第六十七章所述的“三宝”之一的“俭”同义。《韩非子·解老》：“少费谓之啬。”中国近代民族工业先驱张謇深谙“啬”的本质，不仅号“啬庵”，而且在南通建了啬园，并最终长眠于此。

有的学者认为，“啬”的对象首先是无形的精力、精气而不是有形的财物。我认为，无论从“啬”的本义还是老子的本意，首先是有形的物质财富，进而延伸到无形的精神能量。所以，“事天”既可以解读为“治身”，也可以理解为治理天地（自然），“啬”用于治理天地就是节约资源，“道法自然”，用新时代的话语即坚持绿色发展理念，实现人与自然和谐发展。“事天”理解为治理天地（自然），与下文的“长生久视”也不矛盾，正因为节约资源、保护环境，才能天长地久、永续发展。

“治人事天，莫若啬”，意为统治人民、管理国家，保养天赋、养护身心，侍奉天地、治理自然，没有比“啬”更好的方法了。统治国家，爱惜的是民力，节俭的是国力；养护身心，爱惜的是生命，吝惜的是精气；治理自然，爱惜的是生态，节约的是资源。这里的“莫若”意为莫如、莫过。

59.2　夫唯啬，是谓早服。早服谓之重积德；重积德，则无不克；无不克，则莫知其极；莫知其极，可以有国；有国之母，可以长久。

“夫唯啬，是谓早服”，唯有节俭，才是早日服从“道”、顺服“道”。“服”指服从、顺服。“早服”即早日、尽早地服从、顺服。服从、顺服谁呢？当然是“道”，老子说“孔德之容，唯道是从”（第二十一章）。“早服”竹简版写作“早备”。“备”即准备、预备、防备、储备。“夫唯啬，是谓早备”，指唯有节俭，才是早做准备、储备，所谓有备无患。有的学者因此认为“服”通“备”，把“早服”解读为早做准备或者提前积蓄能量。我查遍了汉语字典、词典都没有发现“服”通“备”或者有“准备”“积蓄能量”含义的依据。如果一定要在“服”与“备”之间建立联系的话，“服”有从事之义，及早从事可以起到早做准备、防备、储备的作用，从而提前积蓄能量。然而在老子看来，从事（“服”）的关键不在早晚，而在于从事的对象。“从事于道者，同于道；德者，同于德；失者，同于失”（第二十三章），所以及早从事的应该还是“道”。此外，早做准备或者提前积蓄能量与“啬”及下面的“重积德”没有必然的逻辑关系。

有的学者把“重积德”解读为“重在积德”，这是不正确的。这里的“重”读 chóng，意为重复、重叠、双重、多、再。“积”即积累、积蓄。“重积德”字面含义就是重复、加倍积德，不断地积累德行。《荀子·劝学》：“积善成德。”从老子一贯的思想看，老子认为“为道日损”“损之又损，以至于无为”（第四十八章），因此这里的“重积德”应该是不断地回归本性，即“复归于婴儿”（第二十八章），从而“沌沌兮，如婴儿之未孩”（第二十章），因此不是做加法而是做减法，通过减法不断接近“德”最终入“道”。由此可见，“重积德”既是“啬”的过程，也是“啬”的结果。所以，“啬”称为“早服”，“早服”称为“重积德”，“啬”也可以称为“重积德”。

“克”指攻克、战胜。“无不克”就是没有什么不能攻克、战胜，也就是攻无不克、战无不胜，没有什么不能胜任。

“莫知其极”，即没人知道他的极限、极点，无法估量他的能力、作用。这里的“其”指“治人事天”能够“啬”、做到“早服”、“重积德”而“无不克”之人（也就是得“道”之人、“有道者”）的能力、作用和威力。“极”意为顶点、尽头、极点、极限、极端、极致。

“莫知其极，可以有国”，有了这种没人知道极限的能力，就可以拥有、保有国家，也就是统治、治理国家。

“有国之母，可以长久”，掌握了治理国家的根本、原则，就可以长治久安。在老子的语境中“道”是“万物之母”，“母”是“有”，也是“道”，就是根本、规则、原则。王弼注：“国之所以安，谓之母。重积德，是唯图其根。然后营末，乃得其终也。”

59.3　是谓深根固柢，长生久视之道。

“深根固柢”比喻根基坚固而不动摇。“根”和“柢”都是树根，不同的是向四周横向侧伸的称“根”或者“蔓根”“树蔸”，垂直向下扎的称为“柢”或者“直根”。《韩非·解老》曰：“树木有曼根，有直根。直根者，书之所谓柢也，柢也者，木之所以建生也。曼根者，木之所以持生也。”有的版本把“深根固柢”写作“深其根，固其柢”，含义一样。

有的学者因为成语“根深柢固”同“根深蒂固”，把“柢”写作“蒂”。虽然“根深蒂固”也比喻基础牢固，不可动摇，但“柢”是树根，而“蒂”是瓜果或者花与枝茎相连的部分，一旦成熟必然瓜熟蒂落，“深根”与“固柢”是并列关系，相辅相成，而与“固蒂”没有必然的逻辑关系，所以“柢”与“蒂”在这里不应替换，还是“深根固柢”更确切。

“长生”，意为长久生存、生命长存，生命永恒不朽。“久视”字面含义为长久注视。宋代苏辙《黄州快哉亭记》：“变化倏忽，动心骇目，不可久视。”能够长久注视意味着耳目不衰，比喻不老，形容长寿。圣历三年（700）五月，洪州僧人胡超合长生药，武则天服之，疾小愈，取“长生不老”之意改年号为久视（700 年五月—701 年正月）。

“长生久视”即长久生存、永不衰老，用于治国就是基业长存、国本永固，用于治理天地就是长盛不衰、永续发展，用于养生就是长生不老。《抱朴子·内篇·对俗》：“得其深者，则能长生久视。”明代赵弼《两教辨》：“岂比尔道者之言，拘拘乎养此幻躯，惟求长生久视，作漏世之精也耶！”

小结

本章老子阐述了治国和养生的原则和方式，概括为一个字就是“啬”。“啬”是“治人事天”的法宝，治国理政、养生益寿、为人处世及与大自然和谐相处都要“啬”，做到“去甚、去奢、去泰”（第二十九章）。“啬”体现在治国理政方面，就是“无为”，清静淡泊，轻徭薄赋，与民休养生息，“处无为之事，行不言之教”（第二章），要爱惜百姓，少发号施令，做到“希言”（第二十三章）、“贵言”（第十七章）、“守中”（第五章），不争强好胜、穷兵黩武，不到万不得已不要轻言开战，“以道佐人主者，不以兵强天下”，“师之所处，荆棘生焉；大军之后，必有凶年”（第三十章），即使迫不得已为了反侵略而战，也要“善有果而已，不以取强。果而勿矜，果而勿伐，果而勿骄，果而不得已，果而勿强”（第三十章），“夫兵者，不祥之器，物或恶之，故有道者不处”，“兵者，不祥之器，非君子之器，不得已而用之”，“杀人之众，以哀悲莅之；战胜，以丧礼处之”（第三十一章）。“希言”“贵言”“守中”同样适用于养生益寿、为人处世。

“啬”体现在养生益寿方面，要知足知止，懂得“知足不辱，知止不殆，可以长久”（第四十四章）及“祸莫大于不知足，咎莫大于欲得”（第四十六章）的道理，尽最大努力减少欲望，认真修为，节俭淳朴，知足常乐，使自己“见素抱朴，少私寡欲”（第十九章），“塞其兑，闭其门”（第五十二章），饮食起居、养生保健，凡事适可而止，努力做到饮食有节，起居有常，“甘其食，美其服，安其居，乐其俗”。

需要指出的是，“啬”也不能过分，否则“甚爱必大费”（第四十四章），过分、极端的吝惜必定招致巨大的破费、损耗。后世的道家把“啬”作为养生的法门，专注于保养精气，认为生活中的色、音、味都会消耗身体中的精气，因而主张节欲，提倡远离尘世，我认为这已经偏离了老子的无为摄生之道。

老子认为，只有深刻理解“啬”的真谛，才能早日服从于“道”、从事于“道”，才能不断累积“啬德”，从而能够无所不克，具备无法估量的能力，这样就可以有效地统治国家。因为已经掌握了治理国家的根本，所以就能够长治久安，这就是深根固本、长盛不衰之道。

第六十章　治国之道　若烹小鲜

元典

治大国，若烹小鲜。以道莅天下，其鬼不神；非其鬼不神，其神不伤人；非其神不伤人，圣人亦不伤人。夫两不相伤，故德交归焉。

直译

治理大国，就像烹饪小鱼。用“道”统治天下，鬼怪就不神验了；非但鬼怪不灵验，即使灵验也不伤害人了；非但鬼怪即使灵验都不伤人，圣人也不伤害人。鬼怪和圣人都不伤人，所以“德”就回归了。

善解

60.1　治大国，若烹小鲜。

“鲜”本为鱼名，假借为鱻，泛指鲜鱼、活鱼、水产食物。我的家乡江苏省南通市有一道名菜叫作“鱼吃羊”，就是把羊肉馅放入清洗干净的鲫鱼腹中一起烹饪，味道十分鲜美，恰到好处地体现了“鲜”从鱼、从羊表示味道鲜美的含义。“小鲜”即小鱼。

“治大国，若烹小鲜”，即治理大国就像烹饪小鱼一样。为什么是“烹小鲜”而不是“烹大鲜”呢？第一，从语言文字角度分析，用“小”可以与大国的“大”对仗，“大”与“小”形成鲜明对比。第二，从生活实践看，对于真正喜好水产品的人，新鲜的小鱼、小虾远比大鱼更有吸引力，用“烹小鲜”作比喻令人回味无穷。小时候我经常与同伴钓鱼捉蟹，就味道的鲜美而言，小河沟里的野生小鱼比现在人们推崇的价格昂贵的三文鱼、银鳕鱼、石斑鱼更令人难忘。第三，从根本上讲，老子说“治大国，若烹小鲜”是为了生动形象地阐述“无为而治”的治国理政之道，就是下一节的“以道莅天下”，在某种程度上与第五十九章的“治人事天，莫若啬”一样，体现了圣人对百姓的吝惜。

如何才能烹制好“小鲜”呢？首先，“小鲜”之所以吸引人，就在于其纯粹的鲜美味道，而要保持其独特的原汁原味，就不要过多地加工，不要添加过多的调料。对应于治国理政就是“处无为之事”，按自然法则纯任自然，清静无为，化繁为简，返璞归真，“以无事取天下”，让百姓在休养生息中“自化”。其次，小鱼肉质细嫩，要避免其骨肉分离、支离破碎，烹制时必须小心翼翼，不能大手大脚随意翻炒，更不能反复搅动。对应于治国理政就是“行不言之教”，防止“法令滋彰”，要懂得“希言自然”的道理，努力做到“悠兮其贵言”甚至“不言”，少发号施令，少做指示批示，更不要朝令夕改、反复无常，以免百姓茫然失措、无所适从。最后，要防止“小鲜”烤煳烧焦，就要注重把握火候。对应于治国理政就是“澹兮其若海……能浊以静之徐清”，“动善时”，善于把握时机、掌握分寸，懂得“知止”，不操之过急。河上公注：“鲜，鱼。烹小鱼，不去肠，不去鳞，不敢挠，恐其糜也。治国烦则下乱，治身烦则精散。”

对于“治大国，若烹小鲜”，有的学者理解为展现统治者的帝王气概，侯王是天选之子，治理国家对他来说就是小菜一碟，轻松自如，不值一提。也有的学者解读为举重若轻，把大事当小事来做，不要有太大的压力，不妨轻松面对。还有的学者认为，管理就是游戏，游戏就要好玩，“烹小鲜”的过程给人带来快乐，像“烹小鲜”一样治理大国，就能乐在其中。“治大国，若烹小鲜”的道理就是“图难于其易，为大于其细。天下难事，必作于易；天下大事，必作于细”（第六十三章），其本质则是“以道莅天下”。

60.2 以道莅天下，其鬼不神；非其鬼不神，其神不伤人；非其神不伤人，圣人亦不伤人。

“以道莅天下”，就是用“道”治理、统治天下。“莅”本义为走到近处察看，引申为治理、统治、管理。《韩非子·喻老》：“楚庄王莅政三年。”《孟子·梁惠王上》：“莅中国而抚四夷也。”这里的“天下”指国家。“治大国，若烹小鲜”就是“以道莅天下”的具体表现。

本节容易造成混乱的就在于“鬼”和“神”二字。“鬼”甲骨文字形，下面是个“人”字，上面像一个可怕的脑袋，本义为人死后的灵魂，即亡魂。《说文解字》：“鬼，人所归为鬼。”《礼记·祭义》：“众生必死，死必归土，此之谓鬼。”引申为万物的精怪。《论衡·订鬼》：“鬼者，老物之精也。”唐代杜甫《移居公安山馆》：“山鬼吹灯灭，厨人语夜阑。”

“神”本义为神灵。“鬼”与“神”两者既有关联又有区别：阳魂为神，阴魄为鬼；气之伸者为神，屈者为鬼；在中国传统文化里面，鬼的法力比神小，有的鬼甚至怕人。“鬼”与“神”合称为鬼神，即亡魂与神灵。《论语·先进》：“季路问事鬼神。”鬼神泛指神灵、精气，偏指鬼。之所以给人造成误解，是因为有的学者把“神”理解为神灵，而实际上本节的“神”意为神验、灵验。《后汉书·张衡传》：“验之以事，合契若神。”即这里的“神”就是第三十九章的“灵”，老子为了与“人”押韵，就用“神”替换“灵”（如第三十九章“灵”正好与“清”“宁”“盈”押韵）。

“其鬼不神”，即鬼不灵了，而不是鬼没有神了。有的学者把“其鬼不神”解读为鬼不起作用，邪魔就不能作怪、作乱了。我们常说鬼怪，认为鬼会作怪，所以鬼不灵了，当然也就不能作怪了，但“神”本身并无作怪、作乱的含义。河上公注：“以道德居位治天下，则鬼不敢见其精神以犯人也。”

“非其鬼不神，其神不伤人”，意为非但鬼怪不灵了，即使其灵验也不伤人。这是为什么呢？因为“以道莅天下”，一方面，没有了冤屈之鬼，鬼就不会因为要伸冤而伤害人；另一方面，大道之行也，朗朗乾坤，鬼怪即使灵验想作怪，也伤害不到人了。河上公注：“其鬼非无精神也，邪不入正，不能伤自然之人。”有的学者把“其神不伤人”解读为鬼的神灵不伤害人，这明显是对“神”的误读，而且鬼的神灵也说不通，鬼是人死后的灵魂，灵魂怎么还有神灵呢？有的学者解读为“神本身也不妨碍人”，也是对“神”的误解，把“鬼”与“神”并列，成为两个不同的主体，与“其神”二字对不上。

“非其神不伤人，圣人亦不伤人”，不但鬼怪灵验都不伤人了，圣人也不伤害人。这里的“圣人”泛指统治者，而统治者能够“以道莅天下”，就是得“道”的君王，懂得“治人事天，莫若啬”（第五十九章）的道理，清静无为，轻徭薄赋，爱惜百姓，“处无为之事，行不言之教”（第二章），不争强好胜，不穷兵黩武，“不以兵强天下”，即使迫不得已而战，也“善有果而已，不以取强。果而勿矜，果而勿伐，果而勿骄，果而不得已，果而勿强”（第三十章），是谓“圣人亦不伤人”。有的学者把“非其神不伤人”解读为“不仅神不妨碍人”，还是由于对“神”的误解。

60.3　夫两不相伤，故德交归焉。

这里的“两”指鬼怪与圣人，“两不相伤”即鬼怪和圣人都不伤人。所以，“德”就返回来了。也就是因为圣人用“道”治理天下，鬼怪就不灵验了，两者（鬼怪与圣人）都不伤害百姓了，所以“德”回归到“道”，百姓都能够得到“德”的恩泽，其实“德交归”就是“以道莅天下”。

有的学者把“两不相伤”解读为“神祇与圣人都不伤人”，问题还是出在对“神”的理解上。王弼注：“神不伤人，圣人亦不伤人，圣人不伤人，神亦不伤人，故曰两不相伤也，神圣合道交归之也。”还有的学者解读为“鬼和神是两个，神和圣又是两个，他们都不出来伤人了”，这就更说不通了。

小结

本章继第五十九章继续论述治国之道，开篇第一句“治大国，若烹小鲜”因形象生动而广为流传，已成为千古名言。老子把治国理政比喻为“烹小鲜”，以人们日常生活中常见的行为，用简洁明了的语言，阐述纷繁复杂的治国谋略，让人对其“以道莅天下”、无为而治的治国之道印象深刻。

老子认为“道”生万物，只要“以道莅天下”，像“烹小鲜”一样治理国家、统治百姓，让人恐惧的鬼怪就不灵验了，即使其显灵也不能伤人，而且统治者也不伤害人，这样“德”就回归到“道”。老子一针见血地指出，决定百姓祸福的不是鬼怪而是统治者，关键在于其是否遵循大道，从根本上否定了超自然意志的存在，让一切主宰世界的上帝、鬼神没有立足之地，这种朴素的唯物主义思想，无疑是跨时代的大智慧。

第六十一章　大国处下　牝静胜牡

元典

大国者下流，天下之牝，天下之交也。牝恒以静胜牡，以静为下。故大国以下小国，则取小国；小国以下大国，则取大国。故或下以取，或下而取。大国不过欲兼畜人，小国不过欲入事人。夫两者各得其所欲，大者宜为下。

直译

大国（要像）位居河流的下游（那样），处在天下雌柔的地位，即天下万物交汇之处。雌柔总是凭虚静胜过雄刚，因为虚静处下（的缘故）。所以，大国用谦下（的态度）对待小国，就能取得小国（的信赖）；小国用谦卑（的态度）对待大国，就能取得大国（的信任）。因此，或者大国因谦下而取得小国（的信赖），或者小国因为谦卑而取得大国（的信任）。大国不要过分地想要兼并小国，小国不要过分地想要侍奉大国。这样两者（大国与小国）就能各得其所，（相对而言）大国更应当谦下。

善解

61.1　大国者下流，天下之牝，天下之交也。牝恒以静胜牡，以静为下。

“大国者下流”，大国处于、位居河流的下游。“下流”即河流的下游，引申为卑微的地位、上位者的恩泽扩及百姓。汉代王充《论衡·逢遇》："或高才洁，行不遇，退在下流。"《淮南子·主术训》："君德不下流于民，而欲用之，如鞭蹄马矣。"河上公注："治大国当如居下流。不逆细微。"王弼注："江海居大而处下，则百川流之。大国居大而处下，则天下流之，故曰大国下流也。""国"帛书版甲本写作"邦"，乙本和通行版写作"国"。

"天下之牝，天下之交"，处在天下阴性、雌柔的地位，居于天下万物交汇、汇合之地。"牝"本义为雌性的禽兽，泛指阴性的事物，溪谷、锁孔等也称"牝"。《大戴礼记·易本命》："丘陵为牡，溪谷为牝。"河上公注："大国，天下士民之所交会。牝者，阴类也。柔谦和而不昌也。"王弼注："天下所归会也，静而不求，物自归之也。"王弼本写作"天下之交，天下之牝"，帛书版甲本、乙本都是"天下之牝"在前，实际上"天下之牝""天下之交"都是"下流"的结果或者说具体化，两者是并列关系，谁前谁后含义都一样。

"牝恒以静胜牡，以静为下"，雌性、女性和雌柔总是能够通过虚静胜过雄性、男性、雄刚，因为虚静体现的是处下。处下不就是居于"下流"之位吗？这是对"大国者下流"的进一步阐述，而老子认为处下是强大的表现，故"强大处下"（第七十六章）。"牝"和"牡"分别代表阴柔与阳刚、柔弱与刚强、虚静与躁动、退让与进取、卑下与高上，有关"牝"和"牡"的解读参见第五十五章。虽然自然界容易躁动、争强好胜的雄性可以逞一时之勇，但最终肯定比虚静的雌性先败下阵来。

"下"本义为下面，位置在下，身份、地位低。引申为居人之下、下顾、谦让、退让，如礼贤下士、争执不下。《三国志》："寇恂相下之义，以济国事。"唐代韩愈《师说》："其下圣人也亦远矣。"又引申为夺得、攻取、攻下。《史记·陈涉世家》："皆下之。"

"牝"恒胜"牡"，表面上是雌胜雄、阴胜阳，实际上是"静胜躁"（第四十五章），因为"静为躁君"，反之"躁则失君"（第二十六章），而"牝"则"以静胜"。王弼注："以其静，故能为下也。牝，雌也。雄躁动贪欲，雌常以静，故能胜雄也。以其静复能为下，故物归之也。""牝"恒胜"牡"又体现了"柔弱胜刚强"（第三十六章）的思想，所谓"天下之至柔，驰骋天下之至坚"（第四十三章），"天下莫柔弱于水，而攻坚强者莫之能胜”（第七十八章）。

61.2　故大国以下小国，则取小国；小国以下大国，则取大国。故或下以取，或下而取。

“大国以下小国，则取小国”，意为大国用谦下、谦让的态度对待小国，就能取得小国的信赖。这里的“下”既是谦下、谦让、退让，又起到了攻下、夺取的作用。这里的“取”实际上是指大国通过谦下、谦让的姿态取得小国的信任、依赖，使小国心悦诚服地归顺、依附、臣服于大国，而不是通过武力强取豪夺。河上公注：“能谦下之，则常有之。”王弼注：“大国以下，犹云以大国下小国，小国则附之。”

“小国以下大国，则取大国”，即小国用谦卑、卑下的态度对待大国，就能取得大国的信任。这里的“取”实际上是指小国通过谦卑、卑下的态度，取得大国的信任，见容于大国，取悦于大国，得到大国的接纳、庇护。《孟子·梁惠王上》：“小固不可以敌大。”河上公注：“此言国无大小，能执谦畜人，则无过失也。”“则取大国”帛书版写作“则取于大国（邦）”，即取信于大国。

“或下以取，或下而取”，意为有的（大国）以谦下的态度取得（小国的信赖），有的（小国）因为谦卑而取得（大国的信任）。这里的“下”就是前面的“大国以下小国”“小国以下大国”，“取”即前面的“取小国”“取大国”，靠什么取？就是“以静为下”，也就是谦下、谦卑。王弼注：“言唯修卑下，然后乃各得其所。”

对于“取”，有的学者认为借为“聚”，有的版本直接写作“聚”，并把本节的内容解读为：所以，大国对小国谦下，可以会聚小国；小国对大国谦下，就可以聚集于大国；因此，有时大国谦下以会聚小国，有时小国谦下而聚集于大国。我认为，对应于谦下、谦卑，理解为取信，逻辑性更强。

61.3　大国不过欲兼畜人，小国不过欲入事人。夫两者各得其所欲，大者宜为下。

“大国不过欲兼畜人”，就是大国不要过分地想要兼并、占有小国，蓄养、统治其民众。“欲”本义为欲望，这里指希望、想要。《论语·子路》：

“欲速，则不达。”《论语·卫灵公》：“工欲善其事，必先利其器。”这里的“兼”指兼并、合并。“畜”即蓄养、养育。“兼畜人”即把人聚在一起蓄养，也就是兼并小国，聚拢、养护小国的人民。河上公注：“大国不失下，则兼并小国而牧畜之。”

“小国不过欲入事人”，意为小国不要过分想要侍奉、顺从大国之人。“事”指侍奉、供奉，“入事人”即侍奉、供奉别人，这里指小国侍奉、顺从大国。

“两者各得其所欲”，即（大国、小国通过谦下、谦卑）两者各得其所，都得到了自己想要的，即各自都达成了自己的愿望，其意思可以理解为两者各自都满足了自己的欲望，但从前面对“欲”的解读，译写为“各自得到其想要的”比“各自都满足了自己的欲望”更符合原意。

“大者宜为下”，即相对而言大国比小国更应当谦下。因为从实力地位出发，小国处于弱势，容易做到谦卑，而大国往往会因为实力强大而高高在上，甚至恃强凌弱，因此大国更应当谦下，这是大国与小国能否“各得其所欲”的关键所在。“宜”本义为适宜，这里指应该、应当。王弼注：“小国修下，自全而已，不能令天下归之；大国修下，则天下归之。故曰各得其所欲，则大者宜为下也。”老子认为，大国的态度决定了人类是否能和平相处，所以“大者宜为下”，与本章开头的“大国者下流”首尾呼应。

对于本节的解读，关键在于对“不过欲”的理解。有的学者理解为欲望不要过度。如果用在“大国不过欲兼畜人”还勉强说得过去，用在“小国不过欲入事人”则完全不通，侍奉别人本身就不是欲望，更谈不上过度。也有的学者理解为不过、仅仅、只是想要，把“大国不过欲兼畜人”解读为“大国仅仅只是想要兼并小国、畜养其民众而已”，这不仅与第二节大国通过谦下取信于小国的论述背道而驰，而且大国想要兼并小国还说仅仅而已，那么不是仅仅还要怎么样？这不像是老子的言论。

我对此的解读是，大国要牢记“下小国”的目的是“取小国”（是取信于而不是夺取小国），所以不要过分地想要兼并小国；小国也要记住“下大国”的目的是“取大国”（即取得大国的信任，谦卑不是卑躬屈膝，更不是卖国求荣），所以不要过分地想要通过侍奉大国而苟延残喘。这样大国、小国就能各得其所，而要实现这样的目标，大国比小国更应当谦下。

这是不是有点“国家不分大小、强弱、贫富一律平等，尊重各国人民自主选择的发展道路和社会制度”“构建和平共处、总体稳定、均衡发展的大国关系”“和谐共处，大国更要有大国的样子”的味道？

小结

老子在本章论述邦国（诸侯国）之间的和平相处之道，概括为一个字就是“下”，即谦下、处下，用谦下、谦让和谦卑的态度处理国与国之间的关系，与此关联的是雌柔、虚静，处下是雌柔的体现，而之所以能够谦下、处下，是因为“静”。老子认为，雌性柔弱虚静，甘居下位，反而能够战胜容易躁动、争强好胜的雄性。所以，大国要学习雌性的柔弱虚静，像处于江河下游那样，处在天下雌柔的位置，成为“天下之牝”，也就是成为天下的溪谷，这就是第二十八章所说的“知其雄，守其雌，为天下谿”。“为天下谿”，则“恒德不离，复归于婴儿”，“为天下谷”，则“恒德乃足，复归于朴”；而充当天下各国交会之所，既体现了大国的谦卑处下，“上善若水”，“处众人之所恶”（第八章），又有海纳百川、恩泽天下之意。老子在第六十六章说：“江海所以能为百谷王者，以其善下之，故能为百谷王。是以圣人欲上民，必以言下之。”

老子处理“国际关系”的政治主张是“大国以下小国”“小国以下大国”，这样就能相互取信，具体而言就是“大国不过欲兼畜人，小国不过欲入事人”。老子认为，在处理邦国关系的问题上，大国起到决定性作用，能否实现“两者各得其所欲”，百姓能否过上安稳的和平生活，关键在于大国统治者的态度，强调“大国者下流”“大者宜为下”，即大国要处下、谦让、包容小国，不恃强凌弱，不欺压、侵略、兼并小国，如此则天下太平。

虽然老子论述的“国际关系”与我们现在所说的国际关系不可同日而语，但其方法、观点仍然值得借鉴，然而我们在相当长的时间内误解了老子的本意。任继愈先生在《老子新译》中说：“这里老子讲的大国领导小国，小国奉承大国，是希望小国大国维持春秋时期的情况，不要改变。他希望社会永远停留在分散割据状态。这是和历史发展的方向背道而驰的。”这显然是用今人的逻辑批评古人的思想，没有从老子所处的时代背景深入

解读老子的理论。老子生活的春秋末期，大诸侯国竞相挟天子以令诸侯，为了争霸天下，相互兼并，战争频繁、狼烟四起，百姓生活在水深火热之中，老子站在反对战争的立场，论述了正确处理邦国关系的为政之道，反映了当时百姓的普遍心声，体现了老子“以百姓心为心”的民本思想，目的是让百姓从兼并战争带来的灾难中解脱出来，这哪里有“希望社会永远停留在分散割据状态”的意思呢？

第六十二章　天下大道　万物之奥

元典

道者万物之奥。善人之宝，不善人之所保。美言可以市，尊行可以加人。人之不善，何弃之有？故立天子、置三公，虽有拱璧以先驷马，不如坐进此道。古之所以贵此道者何？不曰：求以得，有罪以免邪？故为天下贵。

直译

“道”是万物奥妙深藏之地，是善良之人的法宝，也是不善之人应该保持的（护身之宝）。美好的言辞可以用来交易，高尚的行为则可以受人推崇。（那么）人自身不好的东西，有什么办法抛弃呢？请看：天子即位、三公就职，即使先双手奉上拱璧，再献上驷马，还不如进献“道”。古人珍视“道”的原因是什么呢？不是说：追求“道”就可以得到，即使有罪也能免去罪过吗？所以“道”才被天下人看重。

62.1　道者万物之奥。善人之宝，不善人之所保。

“道者万物之奥”，即“道”是宇宙万物奥妙（玄机）深藏之地。“奥”本义为房屋的西南角，是古时祭祀设神主或尊者居坐之处，泛指房屋及其他深处隐蔽、不为人看见的地方，引申为深奥、深藏、奥妙。河上公注：

"奥，藏也。道为万物之藏，无所不容也。"

"奥"又读 yù，同"燠"，意为温暖。王弼注："奥，犹暖也，可得庇荫之辞。"解读为"道"是万物的庇荫。"奥"帛书版写作"注"，"注"本义为灌入、注入，这里指集中、聚集，即"道"是万物聚集之所，也有的学者解读为"主"，意为"道"是万物之主。

"善人"指为善之人、行善之人、善为之人，是入"道"、尊"道"、循"道"和行"道"之人，也就是"几于道"之人，接近于圣人；"不善人"就是俗人、愚人。

"宝"的甲骨文字形像房子里有贝和玉，本义为珍宝，泛指珍贵的东西。"保"的甲骨文字形像用手抱孩子，本义为背子于背，引申为保持、保护、保全、守住。这里也可以理解为依靠、仗恃。《左传·僖公二十三年》："保君父之命而享其生禄，于是乎得人。"

因为"道"可以庇荫万物（当然包括"善人"和"不善人"），所以是为善之人的珍贵宝物，也是不善之人应该保有、保持的护身法宝，为善之人因修"道"而保德，不善之人可以求"道"而保身。河上公注："善人以道为身宝，不敢违也。道者，不善人之保倚也，遭患逢急，犹自知悔卑下。"有的版本把"不善人之所保"写作"不善人之所不保"，意为不善之人不懂得保有这个护身法宝，从与本章第三节"求以得，有罪以免"的上下文衔接分析，用"不善人之所保"更合适。

62.2　美言可以市，尊行可以加人。人之不善，何弃之有？故立天子、置三公，虽有拱璧以先驷马，不如坐进此道。

"美言可以市"，即嘉言可以用以市场行为，意为美好的言辞有利于买卖双方达成交易。河上公注："美言者独可于市耳。夫市交易而退，不相宜善言美语，求者欲疾得，卖者欲疾售也。"王弼注："言道无所不先，物无有贵于此也。虽有珍宝璧马，无以匹之。美言之，则可以夺众货之贾，故曰美言可以市也。"

"美言"有多种含义，字面含义为美好的言辞，就是善言、嘉言。《国语·周语下》："夫耳内和声，而口出美言，以为宪令，而布诸民。"也可以理解为华丽好听的言语、浮华的言辞、美饰之词、替人说好话等。

"市"本义为市场。《说文解字》："市，买卖所之也。"《易·系辞下》：

“庖牺氏没，神农氏作，列廛于国，日中为市，致天下之民，聚天下之货，交易而退，各得其所。”《战国策·秦策》：“臣闻争名者于朝，争利者于市。”《孟子·公孙丑下》：“古之为市也，以其所有，易其所无者。”《周礼·地官》：“大市，日昃而市，百族为主；朝市，朝时而市，商贾为主；夕市，夕时而市，贩夫贩妇为主。”引申为交易、购买、收买、换取。《晋书·祖逖传》：“（石勒）与逖书，求通使交市。逖不报书，而听互市，收利十倍。”《论语·乡党》：“沽酒、市脯，不食。”《国语·齐语》：“市贱鬻贵。”古乐府《孔雀东南飞》：“杂彩三百匹，交广市鲑珍。”《新唐书·裴耀卿传》：“今朕有事岱宗，而怀州刺史王丘饩牵外无它献，我知其不市恩也。”

“尊行可以加人”，高尚的行为可以受人尊崇。“尊行”即高尚的行为。“加”意为重，让……重视，“加人”即见重于人，被人推崇、器重、尊重、敬仰。河上公注：“加，别也。人有尊贵之行，可以别异于凡人，未足以尊道。”

“美言可以市，尊行可以加人”见于河上公本、王弼本，《淮南子·道应训》写作“美言可以市尊，美行可以加人”，后被广泛采用，解读为：华丽好听的言语可以获取、赢得别人的尊崇，美好的言辞可以换来荣誉，动人的举止可以增饰人的外表，美好的行动可以受人器重、推崇。有的学者认为可能是河上公、王弼注释时抄漏了美行的“美”字，就把上半句末尾的“尊”字错移到下半句。

我对“美言可以市尊”一直疑惑不解，总觉得有点沽名钓誉的含义，与老子的总体思想相冲突。后来帛书版面世后，发现甲本、乙本都写作“美言可以市，尊行可以贺（加）人”，与河上公本、王弼本相一致，足以证明《淮南子·道应训》之误。再对照其他章节对“言”特别是“美言”的论述，老子明显反对“多言”“美言”，明确指出“信言不美，美言不信”（第八十一章），认为“多言数穷，不如守中”（第五章），推崇敏于行而讷于言，提倡“希言”“贵言”“不言”“行不言之教”。所以，“美言”可以“市尊”肯定与老子的上述论述相矛盾，而且“尊行”显然比“美行”更能获得他人的尊重、敬仰，可见老子在这里仍然是贬“美言”而褒“尊行”。我据此推断，不是河上公、王弼抄漏了字，而是《淮南子》成书过程中，为了与“美言”对仗而把“尊行”写成“美行”，把后半句的“尊”

字移到上半句末尾。

为了解决“美言可以市尊，美行可以加人”与其他章节的矛盾问题，有的学者认为，本章的“美言”是指符合“道”的善言、嘉言，而不是浮华之词、美饰之词，因而有别于第八十一章的“美言”（花言巧语），在这里“美言”与“美行”同样重要，一句话可以让人如沐春风，也可以伤人于无形，俗话说“口是伤人斧，言是割舌刀”。所以，一个人想要修炼自己，必然要从自己的一言一行开始。这种自圆其说的观点缺乏说服力。

对“人之不善，何弃之有”的理解，归纳起来主要有两种解读。第一种，从“道”的本质讲，“道”庇荫包括善人和不善之人在内的天下万物，所以就是不善之人，“道”也不会抛弃他，体现“道”的普世性和慈悲为怀。第二种，站在不善之人的角度，因为“道”是“不善人之所保”，所以不善之人怎么能抛弃“道”，也就是不善之人不应该抛弃“道”，只要坚持求“道”，不离开“道”，不仅可以“有罪以免”，而且可以逐步修炼为善人，反映“道”的重要性和无所不能。善人与不善之人是相对的，而“道”是绝对的，“道”是“善人之宝，不善人之所保”，善人可以“求以得”，不善人可以“有罪以免”。上述两种解读，从字面的意思都还可以说得通，但结合上下文，都显得有点突兀，而且“人之不善”不应该解读为“不善人”，前者是指人的不善，后者则是不善的人。从适用范围看，“人之不善”比“不善人”更具普适性，所谓人无完人，即使圣人也有不善之处。所以，可以解读为：人自身不好（不善）的东西（行为、品行），有什么办法抛弃呢？即自身的缺点如何克服呢？答案就是下一节的求“道”，“求以得，有罪以免”。

“立天子、置三公”就是拥立天子、设置三公，与后面的“虽有拱璧以先驷马，不如坐进此道”相连接，在这里可以理解为“天子即位、三公就职”。“三公”在不同时期名称不完全相同，在周王朝“三公”为太师、太傅、太保，分别负责传授、德义、养生，专门讲解阴阳之道。《尚书·周书·周官》：“唯周王抚万邦……立太师、太傅、太保，兹唯三公，论道经邦，燮理阴阳。”蔡沈注引：“贾谊曰：保者，保其身体；傅者，傅之德义；师者，道之教训，此所谓三公也。”而同期的诸侯国的“三公”则为司徒、司马、司空。帛书版甲本“三公”写作“三卿”，指古代的司徒、司马、司空，也泛指上卿、中卿、下卿。

“拱璧”是古代一种中间有圆孔的圆形璧玉。“驷马”是四匹马驾的车，为天子、诸侯、大臣及战时所用。《孙子兵法·作战》：“凡用兵之法，驰车千驷。”古代献礼，轻物在先，重物在后。所以，拱璧在先，驷马在后，先双手奉上拱璧，再献上驷马。“坐进”即进献、进奉。

老子认为，拱璧、驷马虽然是大家珍爱的礼物，但都是有形之物，真正的无价之宝则是无形的“道”。所以，老子说“虽有拱璧以先驷马，不如坐进此道”，先双手奉上拱璧，再献上驷马，不如进献“道”，也就是说“道”是进献给天子、三公最好的礼物，把“道”进献给天子、三公，不仅可以帮助他们抛弃“不善”，而且告诉他们治国理政之道，让他们以“道”治理天下，既能够巩固其统治，也有利于包括善人和不善人在内的所有天下苍生，使善人得宝，不善人得保。

62.3　古之所以贵此道者何？不曰：求以得，有罪以免邪？故为天下贵。

为什么古人把“道”看得如此重要呢？古代为什么这么看重“道”呢？古人珍视“道”的原因是什么呢？不是说：有求就可以获得，有罪能得以免除吗？所以“道”才被天下人看重、珍视。

“求以得”即有求就可以得到，相当于有求必应。为什么呢？因为求的是“道”，而“道”乃“万物之奥”，所以追求“道”就能够得到。“求以得”王弼本写作“以求得”，包括帛书版在内的其他版本都写作“求以得”，应该是王弼注释时的笔误。“有罪以免”呼应本章第一节的“不善人之所保”，因为有罪的人只要得到“道”，就可免去罪过，所以不善之人也要保有、保持“道”这个护身法宝。在这点上老子的思想比孔子的“人谁无过，过而能改，善莫大焉”（《左传·宣公二年》）更有积极意义，因为孔子仅仅是针对君子而言，而老子则扩展到包括“不善人”、有罪之人在内的所有人，只要努力求“道”、悟“道”，都给予改正的机会，免除其罪过，这也是“道”“为天下贵”的原因所在。

小结

老子从人类的视角论述“道”的意义和价值。“道”是全人类的法宝，是人世间最宝贵的珍宝。无论是高高在上的天子、三公还是普通百姓，无论是“善人”还是“不善人”，都离不开“道”，“道”庇荫上自天子下至庶民，包括“善人”与“不善人”在内的天下所有人，所以“为天下贵”。

“道”的可贵之处在于其能够一视同仁，实际上遵循的是“道法自然”，体现的是“天地不仁”。一方面，“道”是“善人之宝，不善人之所保”，所以不仅“善人”能够“求以得”，即使是“不善人”也可以“求以得”，而且能够“有罪以免”；另一方面，即使贵为天子、三公，先奉上拱璧，再献上驷马，还“不如坐进此道”。

第六十三章　图难于易　为大于细

元典

为无为，事无事，味无味。大小多少，【报怨以德。】图难于其易，为大于其细。天下难事，必作于易；天下大事，必作于细。是以圣人终不为大，故能成其大。夫轻诺必寡信，多易必多难。是以圣人犹难之，故终无难矣。

直译

以“无为”的原则作为，以“无事”的方式做事，以“无味”的标准品味。无论大小，不管多少，【都用德来回报怨恨。】解决难事要从容易处着手，成就大业要从细小处开始。天下难事，必须从容易的事情做起；天下大事，必须从细小的事情做起。因此，圣人始终不想做大事，却能成就大业。轻易许诺，一定缺乏信用；把事情看得太容易，做起来必定会遇到很多困难。所以，圣人总是把事情看得很难，因此终究没有困难。

善解

63.1　为无为，事无事，味无味。

“为无为”，即以“无为”的态度对待事物，按照“无为”的原则来治理，以“无为”的方式去作为。“无为”之法是老子理想中圣人的治国理政之道，为此老子在第二章说“圣人处无为之事”。

“事无事”，即以“无事”的方式去做事，做事不生事。“无事”本义为无所事事、无所用事，而在老子的语境中就是无为、无扰攘之事。所以老子说：“取天下恒以无事”（第四十八章），“以无事取天下……我无事，而民自富”（第五十七章）。

“味无味”，即以“无味”的标准去品味。“无味”是不添油加醋、不人为地增加味道。为什么要以“无味”的标准去品味？老子从日常生活实践得出“五味，令人口爽”（第十二章）的切身体会，五味杂陈使人味觉失灵，就无法品味，要想知味首先要口中“无味”。老子进而上升到哲学的高度，明确指出“道之出口，淡乎其无味”（第三十五章），所以提倡“恬淡为上”（第三十一章）。“无味”实际上对应的就是“道”的清静、纯朴，“味无味”就是玩味纯净的原汁原味，品味自然的清淡无味、恬淡寡味。

“为无为”“事无事”“味无味”一脉相承，都讲究顺其自然、遵循自然规律，反对人为地妄为，其中“为无为”是纲，“事无事”“味无味”是“为无为”的具体表现，以“无为”的行为方式做事，以“无为”的心态品味生活。“为无为，事无事，味无味”，反映的是老子“无为而无不为”的人生观和处世哲学，也是循“道”之人“为道日损”所追求的人生境界。河上公注：“因成循故，无所造作，不预设备，除烦省事也，深思远虑，味道意也。”王弼注：“以无为为居，以不言为教，以恬淡为味，治之极也。”冯达甫注：“为无为，行动不造作，一本于自然。事无事，干事不造事，纯顺于自然。味无味，玩味着恬淡，恙安于自然。”

有的学者认为“味无味”中的“味”可以理解为“知”，解读为以“无知”的态度去认知，这样理解亦无不可，符合老子“恒使民无知无欲”（第三章）的思想，但已经是延伸意义。也有的学者把“为无为，事无事，味无味”解读为把无为当作（有）为，把无事当作（有）事，把无味当作（有）味。这种解读含义不清，不知所云，如果说“把无为当作为”还能勉强说得过去的话，“把无事当作（有）事”，岂不是无事生事，与老子的本意背道而驰。

63.2　大小多少，【报怨以德。】图难于其易，为大于其细。天下难事，必作于易；天下大事，必作于细。是以圣人终不为大，故能成其大。

对于“大小多少”的解读，学者们分歧比较大，归纳起来主要有以下几种：一是结合后文的“图难于其易，为大于其细”，解读为“大生于小，多生（起）于少”。二是根据下文“圣人终不为大，故能成其大”，解读为“大的看作小，多的看作少”，或者“视大为小，视多为少”，或者“以大为小，以多为少”。河上公注：“陈其戒令也，欲大反小，欲多反少，自然之道也。”释德清注：“世人皆以名位为大，以利禄为多而取之。然道至虚微淡泊无物，皆以为少小。圣人去功与名，是去其大多，而取其少小。”三是认为“大”“多”是动词，理解为“把小看成大，把少看成多”，或者“视小为大，视少为多”，或者“以小为大，以少为多”，与第二种解读正好相反。高亨注：“大小者，大其小，小而以为大也。多少者，多其少，少而以为多也。视星星之火，谓将燎原。睹涓涓之水，云将漂邑。即谨小慎微之意。”四是将第二、第三种解读进行折中，译写为“大可以为小，小可以为大；多可以为少，少可以为多”。五是干脆认为有缺损脱字，不宜解读。姚鼐：“下有脱字，不可强解。”

第一种解读符合客观规律，相对来说最佳，但与下文“报怨以德”无法衔接，如果按照有的学者的观点，“报怨以德”是错简，则基本接近完美，竹简版“大小多少”写作“大少（小）之”，后面接“多易必多难”（中间是否有缺损值得怀疑），而且即使这样，仍然存在一个与第二至第四种解读相同的问题，就是有过度解读、牵强附会之嫌。从老子的整体思想看，在“多”与“少”的问题上更倾向于“少”，老子在第二十二章说“少则得，多则惑”，而对于“大”与“小”则倾向不明显。在老子看来，“道”从“无”到“有”，既有大的一面，又有小的一面，不仅其大无外，而且其小无内。“强为之名曰大……故道大，天大，地大，人亦大”（第二十五章），“道恒无名、朴，虽小，天下莫能臣”（第三十二章），“见小曰明”（第五十二章），“衣养万物而不为主，可名于小；万物归焉而不为主，可名为大”（第三十四章）。因此，本着大道至简的原则，把“大小多少”解读为“无论大小，不管多少”，这样既解决了“以大为小，以多为少”与

“以小为大，以少为多”的分歧，也避免了第一种解读与下文“报怨以德”衔接不顺的问题，删除“报怨以德”也没有问题。苏辙注：“世人莫不畏大而诲小，难多而易少。至于难而后图，大而后为，则事常不济矣。圣人齐大小，一多少，无所不畏，无所不难，安有不济者哉？”

“报怨以德”，即以德去报答怨恨，用恩德回报仇怨。河上公注：“修道行善，绝祸于未生也。”王弼注：“小怨则不足以报，大怨则天下之所欲诛。顺天下之所同者，德也。”有的学者认为，“报怨以德”在此与上下文不相关联，疑为错简，应该移至第七十九章。

对于用什么方式报怨报德，有四种不同的观点。其一，老子提倡的“报怨以德”，体现的是圣人“以百姓心为心”、对待百姓“皆孩之”的博大胸怀和“善者吾善之，不善者吾亦善之”（第四十九章）的为人处世之道，可以称之为“圣人之道”。其二，“以德报德，以怨报怨”，也就是“以其人之道，还治其人之身”“以牙还牙，以眼还眼”，即以善对善、以不善对不善，以信待信、以不信待不信，可以称之为“常人之道”，最易被人接受、为多数人所采用，其问题是冤冤相报何时了。《墨子·兼爱中》：“夫爱人者，人必从而爱之；利人者，人必从而利之；恶人者，人必从而恶之；害人者，人必从而害之。”其三，孔夫子倡导的“以直报怨，以德报德”（《论语·宪问》：“或曰：‘以德报怨，何如？’子曰：‘何以报德？以直报怨，以德报德。’”），即以正直、公正回报、回击仇怨，以恩德回报恩德，是介于第一、二种之间的中间路线，可以称之为“君子之道”。其四，“以怨报德，以怨报怨”，这是恶人之道、小人之道，为世人所唾弃。《国语·周语中》曰：“以怨报德，不仁。”

上述四种报怨报德的方式中，老子的“报怨以德”是最高境界。人生在世，难免会有磕磕绊绊，以德报怨，不记人过，宽宏大量，不是无能，而是大度；不是懦弱，而是修养；不是恐惧，而是宽容，这是人生的至高智慧。至于何以报德的问题，对于大德高人、圣人、“有道者”而言，根本无须他人回报，如果一定要报的话那就是“回归大道”。中国人耳熟能详的蔺相如与廉颇的故事中，蔺相如的所作所为就是“报怨以德”的典范，蔺相如的忍辱退让换来了廉颇的负荆请罪，其得到的回报则是赵国政局的稳固，“将相和”因此成为千古美谈。

“图难于其易，为大于其细”，意为解决困难的事要从其容易的地方开始，解决难题先从容易的开始，成就大业要从细微之处入手，即从小事做起，要从小处着眼。“图”本义为谋划，这里指设法对付。《左传·隐公元年》：“无使滋蔓，蔓难图也。”“图难”就是设法对付困难，即解决困难。“为大”指做大事情、成就大业。“细”即细微之处。河上公注：“欲图难事，当于易时，未及成也。欲为大事，必作于小，祸乱从小来也。”

“天下难事，必作于易；天下大事，必作于细”，即天下难事，必须从容易的事情开始做起；天下大事，必须从细小的事情开始做起。前者就是“图难于其易”，后者则是“为大于其细”。这里的“天下”指人世间。“作”本义为人起身。《说文解字》：“作，起也。从人，从乍。”这里指开始工作。《乐府诗集》：“日出而作，日入而息。”

“圣人终不为大，故能成其大”，字面的含义是圣人始终不想做大事情，所以最终能成就他的大业。表面看起来好像自相矛盾，其实老子是说，得“道”的统治者懂得“为大于其细”“天下大事，必作于细”的道理，“治大国，若烹小鲜”（第六十章），不好大喜功，不好高骛远，不一上来就想着成就惊天伟业，而是始终从小事、易事做起，防微杜渐，把问题解决在萌芽状态，犹如《黄帝内经》所说的“不治已病治未病”，在旁人看来好像没有做什么大事，最终却在不知不觉中成就了大业。这不就是第四十八章的“取天下恒以无事，及其有事，不足以取天下”吗？也是本章第一节“为无为，事无事，味无味”的实际应用，与第十七章的“太上，不知有之”相呼应。河上公注：“处谦虚，天下共归之也。”

有的学者把“不为大”解读为不自以为大。“不自以为大”与本节的“为大于其细”“天下大事，必作于细”联系不上，而且“不自以为大”老子在第三十四章用的是“不自为大”（“以其终不自为大，故能成其大”）。

63.3 夫轻诺必寡信，多易必多难。是以圣人犹难之，故终无难矣。

“轻诺必寡信”，指轻易许诺的人必定很少守信用。老子认为，“信言不美，美言不信”（第八十一章），“希言自然”（第二十三章），所以反对“多言”，提倡“贵言”，“行不言之教”（第二章），做到“言有宗，事有君”（第七十章），“不言而善应”（第七十三章）。所以，一方面不要草率地许诺，一旦经过深思熟虑许下诺言，就要一诺千金，克服一切困难也要

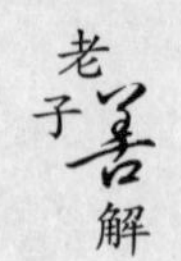

兑现诺言，做到“言必行，行必果”；另一方面，现实生活中“营于利者多患，轻诺者寡信”（汉代刘向《说苑·谈丛》），所以不要轻易听信他人的诺言，既要听其言，更要观其行。河上公注：“不重言也。”

“多易必多难”，意为把事情想得太容易，做起来就必定会遇到很多困难，把事情看得有多易做起来就有多难。“多易必多难”是“图难于其易”“天下难事，必作于易”的反例，如果事先掉以轻心、准备不足、盲目乐观，结果必然仓促应战、措手不及、功败垂成。河上公注：“不慎患也。”

“是以圣人犹难之，故终无难”，所以圣人把事情设想得很艰难，也就是把容易的事情都当作难事来处理，体现对易事、小事的重视，因此最终就没有难事，没有克服不了的困难。河上公注：“圣人动作举事，犹进退重难之，欲塞其源。圣人终身无患难之事，由避害深也。”王弼注：“以圣人之才，犹尚难于细易，况非圣人之才，而欲忽于此乎？故曰犹难之也。”张之纯注：“唯先思其难，故终无难。”

小结

老子在第三章说“为无为，则无不治”，本章则进一步从“为无为”拓展到“事无事，味无味”，“事无事”则事竟成，“味无味”则回味无穷。短短的九个字（实际上只使用了四个字）蕴含着无穷的哲理，从某种意义上说是体“道”的最高境界，让人不得不惊叹汉字的神奇，更叹服老子用字的简洁和睿智，但这却仅是本章的引子。

本章的重点是将“为无为，事无事，味无味”这样的原则细化为可操作的方法，就是“图难于其易，为大于其细”，处理难事要先从容易的地方着手，成就大业要从细小处开始，所以“天下难事，必作于易；天下大事，必作于细”，反之“轻诺必寡信，多易必多难”，而圣人深谙此道，“终不为大”“犹难之”，所以“能成其大”“终无难”。这些朴素的道理，不仅是治国理政的法宝，也对我们日常生活中的为人处世大有裨益。

第六十四章　其安易持　慎终如始

元典

其安易持，其未兆易谋；其脆易泮，其微易散。为之于未有，治之于未乱。合抱之木，生于毫末；九层之台，起于累土；千里之行，始于足下。为者败之，执者失之。是以圣人无为，故无败；无执，故无失。民之从事，恒于几成而败之。慎终如始，则无败事。圣人欲不欲，不贵难得之货；学不学，复众人之所过；是以能辅万物之自然而不敢为。

直译

局面安稳的时候容易把持，事态没有预兆的时候容易谋定；事物脆弱的时候容易消解，微小的时候容易消散。在矛盾还没有产生时就要去处理，在动乱没有发生时就要去治理。合抱的大树，生长于细小的萌芽；九层的高台，筑起于第一堆泥土；千里的远行，起始于脚下第一步。强行妄为必然失败，执意把持必然失去。因此，圣人不妄为，所以不会失败；圣人不把持，所以不会损失。民众做事，总是在几乎就要成功的时候失败。慎终如始，就能立于不败之地。圣人追求人所不追求的（“无欲”），不看重难以得到的货物；学习别人不学的（大智慧），避免众人所犯的过错；因此，就能够辅佐万物回归自然本性而不敢妄自作为。

善解

64.1 其安易持，其未兆易谋；其脆易泮，其微易散。为之于未有，治之于未乱。

"安"指安稳、安定、平静。"持"即拿着、握住。《说文解字》："持，握也。"引申为掌握、控制、保持、维护、坚守、防守、治理。《韩非子·五蠹》："夫仁义辩智，非所以持国也。"《荀子·正名》："犹引绳墨以持曲直。"

"其安易持"，指局面安定的时候容易持守、掌控、治理，事态安稳的时候容易保持、维护。老子在第八十章描述的理想社会是百姓"甘其食，美其服，安其居，乐其俗"，这样就能"邻国相望，鸡犬之声相闻，民至老死不相往来"。反之，动乱的时候就难以把控。《吕氏春秋·察今》："悖乱不可以持国。"河上公注："治身治国，安静者易守持也。"

"其未兆易谋"，事情在没有显露征兆、预兆的时候容易谋划，事变没有出现迹象时容易图谋，事态还没有显现苗头的时候容易谋定。"未兆"意为尚未显出迹象，尚未显露征兆、预兆，即还没有显现迹象。河上公注："情欲祸患，未有形兆时易谋正也。"王弼注："以其安不忘危，持之不忘亡。谋之无功之势，故曰易也。"范应元注："由此而推之天下国家方安之时。易为持守，祸乱未兆之时，亦易为谋虑也。"

"其脆易泮"，事物脆弱的时候容易溶解、消解、分离。"脆"本义为容易折断，这里指脆弱。"泮"本义为古代天子诸侯举行宴会或作为学宫的宫殿，作动词时意为冰雪溶解、解冻、消解。《诗经·邶风·匏有苦叶》："士如归妻，迨冰未泮。"又通"判"，意为分离。《史记·郦生陆贾列传》："自天地剖泮未始有也。"

"泮"竹简版写作"畔"，"泮"通"畔"。河上公本等写作"其脆易破"，解读为脆弱的东西容易攻破、破碎、破裂、破除。河上公注："祸乱未动于朝，情欲未见于色，如脆弱易除破。"又因"泮"通"判"，有的版本写作"其脆易判"。

"其微易散"，指事物在起初细微、微小的时候容易消散、散失。这也是老子在第六十三章提出的"为大于其细"的原因所在。河上公注："其未彰著，微小易散去也。”“微”竹简版写作“几”。“几”读 jī，本义为细微、隐微。《说文解字》：“几，微也，殆也。”《易·系辞》：“几者，动之微，吉之先见者也。”

“为之于未有”，即在矛盾还没有产生时就要去处理，事端还没有发生时就要作为，也就是要早做准备，把该做的事情做好。河上公注：“欲有所为，当于未有萌芽之时，塞其端也。”

“治之于未乱”，在动乱没有发生时就要去治理，其道理与中华传统医学强调的“上医治未病”异曲同工。河上公注：“治身治国，于未乱之时，当豫闭其门也。”

64.2　合抱之木，生于毫末；九层之台，起于累土；千里之行，始于足下。

“合抱之木，生于毫末”，两臂才能抱拢、合围的树木，生长于细小的萌芽，参天大树是从细小的萌芽、幼苗生长起来的。“合抱”指两臂抱拢、环绕，形容树木的粗大。“合抱之木”即参天大树。“毫末”即毫毛、毛发的末端，多指笔端，比喻极其细微。这里指细小的萌芽、幼苗。

“九层之台，起于累土”，即九层的巍峨高台，筑起于第一堆泥土，是从第一筐土开始堆积起来的。“累”指重叠、堆积、积聚。《楚辞·招魂》：“层台累榭，临高山些。”《史记·周本纪》：“西伯积善累德，诸侯皆向之。”“累土”即堆积起来的土块。有的学者把“累”解读为低。河上公注：“从卑至高。”严灵峰注：“累土，地之低者。”把“累”解读为低没有依据，而且九层高台不一定起于低处，但不管起于低处还是高处肯定是从第一筐土开始堆积起来的。

“千里之行，始于足下”，意为千里的远行，起始于脚下第一步，即从脚下开始起步的。

64.3　为者败之，执者失之。是以圣人无为，故无败；无执，故无失。

“为者败之，执者失之”，在第二十九章出现过，针对的是天下神器，所以解读为：人为统治天下就会失败，强行把持则会失去天下。本节从一般意义上讲，意为强行作为、人为地妄为，必然招致失败；硬性把持、紧

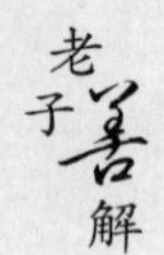

抓不放，必有损失，必然失去，有所执着必将遭受损失。河上公注：“有为于事，废于自然；有为于义，反于仁；有为于色，废于精神也。执利遇患，执道全身。坚持不得，推让反还。”竹简版甲组、丙组都写作“为之者败之，执之者远之”，“远”即远离而去。

“无为，故无败；无执，故无失”，意为不强行作为，无所作为，所以不会失败；不硬性把持，不执迷不化，无所执着、放弃执念、放手利益，就没有损失，无所谓失去。河上公注：“圣人不为华文，不为色利，不为残贼，故无坏败。圣人有德以教愚，有财以与贫，无所执藏，故无所失于人也。”

64.4　民之从事，恒于几成而败之。慎终如始，则无败事。

“民之从事，恒于几成而败之”，民众做事，总是在做到几乎就要成功的时候，即非常接近、快要达到成功的时候失败了，也就是人们常说的功败垂成。“几”即非常接近、达到、几乎、差不多。河上公注：“从，为也。民人为事，常于功德几成而贪位好名，奢泰盈满而自败也。”范应元注：“其始也未必不谨，其终也多至于贪肆，故常于其事近乎成而败之。若能谨终如始，则庶几无败事矣。”

为什么“民之从事，恒于几成而败之”？因为普通人做事往往虎头蛇尾，刚开始还能做到小心翼翼、谨小慎微，但往往稍有业绩就贪多、贪快、贪大及贪图功名，容易骄傲自满、忘乎所以，不能慎始慎终，实际上是不能做到“无为”，即忘记了顺其自然，结果必然是功亏一篑、功败垂成。克服“恒于几成而败之”的方法就是老子所说的“慎终如始”，事情结束的时候还像开始那样小心谨慎，即自始至终都慎重行事，“则无败事”，就不会失败，没有办不成的事情。

本节竹简版甲组写作“临事之纪，慎终如始，此无败事矣”。丙组写作“慎终若始，则无败事矣。人之败也，恒于其且成也败之”。帛书版甲本写作“民之从事也，恒于其成事而败之。故慎终若始，则无败事矣”。乙本写作“民之从事也，恒于其成而败之。故曰：‘慎终若始，则无败事矣’”。还有的版本写作“民之从事，恒于几成而败之，不慎终也。故曰：‘慎终如始，则无败事’”。

64.5　圣人欲不欲，不贵难得之货；学不学，复众人之所过；是以能辅万物之自然而不敢为。

“欲不欲”字面的意思是，想要别人不想要的，追求人所不追求的，向往别人不向往的。这里的第一个“欲”是动词，指欲想、想要、想得到、向往。实际上圣人想要的“不欲”就是“无欲”，即不起贪欲。“欲不欲”与第三章的“不见可欲”、第十九章的“少私寡欲”指向近似。老子认为，“咎莫大于欲得”（第四十六章），“我无欲，而民自朴”（第五十七章）。河上公注：“圣人欲人所不欲。人欲彰显，圣人欲伏光；人欲文饰，圣人欲质朴；人欲于色，圣人欲于德也。”

“不贵难得之货”，即不贵重、不看重、不稀罕那些难以得到的稀有之物。这是“欲不欲”的具体表现，“难得之货”是别人想得到的，“不贵难得之货”就是不想要别人想要的。河上公注：“圣人不眩为服，不贱石而贵玉。”老子在第三章说：“不贵难得之货，使民不为盗。”

“学不学，复众人之所过”，字面的意思是学习别人不学习的，免除众人所犯的过错。老子的意思是，学习大众所学知识以外的大智慧，使民众返回质朴的本原，从而进入逍遥自在的“无为”境界，避免、纠正众人所犯的过错。所以老子说“绝学无忧”。河上公注：“圣人学人所不能学，人学智诈，圣人学自然；人学治世，圣人学治身，守道真也。众人学问反，过本为末，过实为华。复之者，使反本也。”这里的第一个“学”是动词。“不学”就是“无学”，不学习所谓的知识，也就是第十九章的“绝学”，丢弃浮华虚文，断绝智巧心思。“复”本义是返回，引申为恢复、还原、免除。汉代晁错《论贵粟疏》：“民有车骑马一匹者，复卒三人。”“复卒三人”指免除三人的兵役。“复”在这里可以理解为避免、纠正、改正。“学不学”竹简版甲组写作“教不教”，即教人所不教，有的学者解读为效法人们未能效法的大道，我认为应该是“行不言之教”，通过身教引导众人避免犯错。

“是以能辅万物之自然而不敢为”，因此能够辅佐万物回归自然本性、顺应自然、自我成长而不敢妄加干预、妄自作为。这里的“不敢为”是指不敢妄为，“自然而不敢为”就是“无为”。河上公注：“圣人动作因循，不敢有所造为，恐远本也。”通行版写作“以辅万物之自然而不敢为”，紧

接上句“复众人之所过”，而竹简版甲组写作“是故圣人能辅万物之自然，而弗能为”，丙组写作“是以能辅万物之自然，而弗敢为”，帛书版写作“能辅万物之自然，而弗敢为”。考虑到本节与上一节没有直接的因果关系，所以把通行版本节开头的“是以”移到本句，并参考竹简版、帛书版，把“是以”改为“是以能”，这样把两句改为三句，因为圣人“欲不欲”“学不学”，所以“能辅万物之自然而不敢为”。

小结

老子在本章接着上一章继续阐述操作层面的方法。老子认为，任何事物的变化发展都会经历起始、生成、成长、壮大、衰亡的过程，在本章开篇老子连用四个“易”（易持、易谋、易泮、易散）强调事物在安稳状态和起始、微小、萌芽阶段（“安”“未兆”“脆”“微”），容易维持事物良好的发展态势，容易把握、掌控局面，容易化解矛盾、纠纷。“未有”“未乱”对应的就是“安”“未兆”“脆”“微”，所以要“为之于未有，治之于未乱”，即凡事要防患于未然，也就是第六十三章所说的“图难于其易，为大于其细。天下难事，必作于易；天下大事，必作于细”。

为了进一步阐述事物发展的规律，强调事物起始的重要性，老子通过人们日常能遇到又易于理解的事例，以一个排比句“合抱之木，生于毫末；九层之台，起于累土；千里之行，始于足下”形象生动地告诉人们，做任何事都要从最初始、最基本、最基础的小事开始做起，只有经过脚踏实地的逐步积累，才能有所成就，千万不要好高骛远。“生于毫末”“起于累土”“始于足下”都是指事物的开端，对应于第一节的“未有”“未乱”，是“为”和“治”的最佳时机。这段排比句，不仅成为中国人耳熟能详的千古名言，而且对后世的思想家产生了深刻的影响。荀子在《劝学篇》就说：“积土成山，风雨兴焉；积水成渊，蛟龙生焉；积善成德，而神明自得，圣心备焉。故不积跬步，无以至千里；不积小流，无以成江海。”

本章后三节的内容有的学者认为与前面两节关联度不高，而且其中“为者败之，执者失之”重复出现在第二十九章，所以可能是错简。尽管在帛书版甲本、乙本中本章有缺损，但都有后三节的相关内容，“为者败之，执者失之”也重复出现在第二十九章；而在竹简版中，没有第二十九章的内容，本章后三节的相关内容与前两节的内容分别出现在甲组的两处，两处之间不相连，而且后三节的相关内容在丙组重复出现（内容略有不同）。

我认同第三节的内容是错简的观点，将其移到第二十九章更合适。至于第四节、第五节有可能是错简，但放在本章也能说得通。第四节是对前两节的补充，指出普通人常犯的错误（“恒于几成而败之”），目的是防止人们从一个极端（不懂得“为之于未有，治之于未乱”的道理）走向另一个极端（虎头蛇尾、半途而废、有始无终），所以既要迈好第一步，又要“慎终如始”，这样就能立于不败之地。第五节则论述圣人避免出现众人所犯过错的方法与途径（“欲不欲”“学不学”），所以“能辅万物之自然而不敢为”。

第六十五章　与物反矣　乃至大顺

元典

古之善为道者，非以明民，将以愚之。民之难治，以其智多。故以智治国，国之贼；不以智治国，国之福。知此两者，亦稽式。恒知稽式，是谓玄德。玄德深矣、远矣！与物反矣，然后乃至大顺。

直译

古代善于用"道"治理国家的人，不是用"道"让民众明察秋毫，而是让民众大智若愚。民众之所以难以治理，就是因为他们智巧太多。用智巧心机来治理国家，是国家的祸害；不以智巧心机来治理国家，则是国家的福运。识别上述两种治理国家的方式（"以智治国"与"不以智治国"）及其结果（"国之贼"与"国之福"），就是治国的法则。永远懂得这个治国法则，就是"玄德"（最高境界的大德）。"玄德"深奥啊、玄远啊！与万物一起返回本原，最后到达极致和顺的最高境界（完全顺应自然规律）。

善解

65.1　古之善为道者，非以明民，将以愚之。

"古之善为道者"就是古代善于学习、把握、遵循、践行"道"的圣人，这里指古代善于用"道"治理国家的统治者。河上公注："谓古之善以道治身及治国者。"

“非以明民，将以愚之”，字面意思是，不是用“道”让民众变得聪明、明辨事理、明察秋毫，而是将“道”用来让民众变得愚昧。不少人据此诟病老子提倡实行“愚民政策”，认为“非以明民，将以愚之”是典型的愚民思想，中国历史上很多统治者为了便于统治而施行“愚民政策”，其理论源头就在于《老子》，并由此造成了中国人长期缺乏科学创新精神。实际上这里的“明”不是聪明、明慧，而是老子一贯反对的“智”，即智巧伪诈、狡猾奸诈。可能因为“明”在其他章节都是褒义词，从而造成了人们的误解，如果把“明”改为“智”，也许争议就不会如此之大。这里的“愚”也不是愚昧，而是敦厚、淳朴的大智若愚；“愚之”不是欺骗、愚弄人民，而是要让老百姓去除巧诈之心，回归到敦厚、朴实的自然本性。河上公注：“不以道教民，明智巧诈也。将以道德教民，使朴质不诈伪也。”王弼注：“明谓多智巧诈，蔽其朴也。愚谓无知守真，顺自然也。”

65.2　民之难治，以其智多。故以智治国，国之贼；不以智治国，国之福。

“民之难治，以其智多”，民众之所以难以管理，就是因为他们智巧太多，聪明过头，满脑子的巧诈、伪智。实际上对一个单位、企业的管理也是如此，所以某位著名企业家的名言就是要砍掉基层员工的脑袋，一心一意做好执行工作，不要七嘴八舌。这里的“智”不是指智慧，而是智巧。老子对“智”一贯持反对立场，认为“智慧出，有大伪”（第十八章），“绝智弃辩，民利百倍”（第十九章），“不贵其师，不爱其资，虽智大迷”（第二十七章）。河上公注：“以其智多，故为巧伪。”王弼注：“多智巧诈，故难治也。”有的版本把“智多”写作“多智”，含义相同。

“以智治国，国之贼”，用智巧心机来治理国家，是国家的祸害。“贼”本义是残害、伤害，一般指偷盗或者抢劫的人，先秦两汉时期把作乱叛国危害人民的人称为“贼”，引申为仇敌、祸害。《荀子·修身》：“谄谀我者，吾贼也。”贾谊《论积贮疏》：“淫侈之俗日日以长，是天下之大贼也。”为什么“以智治国”是“国之贼”？因为如果统治者以智巧心机来治理国家，则上有政策，下有对策，百姓必然相应地以巧诈、伪智应对统治者，结果是百姓“智多”而“难治”，最终祸害国家，统治者也必然成为“天下之大贼”。历史上的王莽就是“以智治国”、祸害国家的典型代表。河上公注：

“使智慧之人治国之政事，必远道德，妄作威福，为国之贼也。”王弼注：“智犹治也，以智而治国，所以谓之贼者，故谓之智也。民之难治，以其多智也。当务塞兑闭门，令无知无欲。而以智术动民，邪心既动，复以巧术防民之伪。民知其术，防随而避之，思惟密巧，奸伪益滋，故曰以智治国，国之贼也。”

“不以智治国，国之福”，不以智巧心机来治理国家，则是国家的福运、福泽、福气、福分。“不以智治国”是“以智治国”的反面，也就是以“道”治国，清静无为，用“愚人之心”待民，百姓必然会返璞归真、回归淳朴本性，举国上下真诚相待、相亲相助，君臣勠力、官民同心，这就是国家之福、百姓之福。所以老子在第六十章说：“以道莅天下，其鬼不神；非其鬼不神，其神不伤人；非其神不伤人，圣人亦不伤人。”

65.3　知此两者，亦稽式。恒知稽式，是谓玄德。玄德深矣、远矣！与物反矣，然后乃至大顺。

“知此两者，亦稽式”，能够识别这两种治理国家的方式（“以智治国”与“不以智治国”）及其结果（“国之贼”与“国之福”），就是治国的准则、法则。“稽”本义为停留、阻滞，引申为考核、治理，这里指准则、楷模。《荀子·儒效》：“千举万变，其道一也，是大儒之稽也。”“式”即样式、法式、范式。“稽式”就是法则、法式。有的版本把“稽”写作“楷”。

“恒知稽式，是谓玄德”，永远知晓、懂得“以智治国，国之贼；不以智治国，国之福”这个治国法则，就是最高境界的大德。河上公注：“玄，天也。能知治身及治国之法式，是谓与天同德也。”老子在第十章、第五十一章说：“生而不有，为而不恃，长而不宰，是谓玄德。”可见“玄德”是符合“道”的上德、大德。有的学者把“恒知稽式”解读为能知道这两条治国的法则，实际上这两种治理国家的方式合起来才是治国法则，一正一反，所以是一个法则而不是两个。张之纯注：“常知楷式，便不以机智陷滋民心。而合于无为之用矣，故曰玄德。”

“玄德深矣、远矣”，最高境界的大德深奥得深不可测，遥远到遥不可及。“玄德”即玄秘而深邃的德性，也就是上德、尚德、大德，最高境界的德。“玄”本身就有深邃、玄远之意，老子常用“玄”“深”“远”形容“道”及有道者。“玄之又玄，众妙之门”（第一章），“谷神不死，是谓玄牝”（第六章），“古之善为道者，微妙玄通，深不可识”（第十五章），“强字之曰道，强为之名曰大。大曰逝，逝曰远，远曰反”（第二十五章）。河上公注：“玄德之人深不可测，远不可及也。”

“与物反矣”，字面的含义是与一般的事物相反，可以理解为一般的统治者“明民”“以智治国”，圣人则反之为“愚之”“不以智治国”。河上公注：“玄德之人，与万物反异，万物欲益己，玄德施与人也。”从老子的整体思想分析，以及与下文“乃至大顺”看，这里的“反”应该就是第二十五章“远曰反”中的“反”，即返回本原、返璞归真，与万物一起回归自然本性、返回原始的淳朴状态。王弼注：“反其真也。”

“乃至大顺”，乃至最大的和顺，就是完全顺应天理大道、自然规律。“大顺”指顺乎伦常的天道。《汉书·文帝纪》：“孝悌，天下之大顺也。力田，为生之本也。”又指自然的规律、顺序。《汉书·司马迁传》：“夫春生夏长，秋收冬藏，此天道之大经也，弗顺则无以为天下纪纲，故曰：‘四时之大顺，不可失也。’”河上公注：“玄德与万物反异，故能至大顺，顺天理也。”

小结

本章开篇的“古之善为道者，非以明民，将以愚之”，往往令初读《老子》的人诧异，怀疑老子推崇“愚民政策”。实际上老子是观察到所处时代诸侯国之间你争我夺、百姓生活在水深火热之中的现实有感而发。老子认为，之所以如此是因为“聪明人”太多。“民之难治，以其智多”，所以要“愚民”，而不是“明民”。而民之所以“智多”，就是因为统治者推崇伪诈巧智，起到了反向的示范作用，即所谓“其政察察，其民缺缺”（第五十八章）。“以智治国”，必然尔虞我诈大行其道，虚伪浮夸蔚然成风，所以老子将其痛斥为“国之贼”，而把“不以智治国”称为“国之福”。从本质上讲，老子提倡的“不以智治国”就是其一再强调的“无为而治”。

由此可见，老子所谓的“愚民”不是愚弄百姓，而是希望民众保持真淳质朴。老子认为，能不能实现“愚民”目标的关键在于统治者是否率先垂范。所以，统治者要带头“愚己”，只有统治者做到“其政闷闷”，才能“其民淳淳”（第五十八章）。因此，统治者必须要向圣人看齐，就如老子

在第二十章所说的那样，“我愚人之心也哉！俗人昭昭，我独昏昏；俗人察察，我独闷闷”，这样就能“恒使民无知无欲，使夫智者不敢为也”（第三章）。

老子告诉统治者，知晓“以智治国”与“不以智治国”截然不同的治理结果乃是治国法则，牢记这个法则就是最高境界的大德，这个大德如此深远，归根到底就是返回本原、顺应天道。

第六十六章　百谷王者　以其善下

元典

江海所以能为百谷王者，以其善下之，故能为百谷王。是以圣人欲上民，必以言下之；欲先民，必以身后之。是以圣人处上而民不重，处前而民不害。是以天下乐推而不厌。以其不争，故天下莫能与之争。

直译

江海之所以能成为众多河流汇聚之地，是因为江海善于处在低下的位置，故而成为百川最终的归宿。所以，圣人想要居于民众之上，必须对人民表示谦下；想要统领民众，必须身居民众之后。所以，圣人处于上位，但民众并不觉得负重；处于前面，但民众不觉得有碍。因此，天下百姓都乐于推举他而不厌弃他。正因为他不争，所以天下没有人能与他相争。

善解

66.1　江海所以能为百谷王者，以其善下之，故能为百谷王。

“谷”泛指水流。“百谷”即“百川”，是众多河流（江、河、湖、泽）的总称。《诗经·小雅·十月之交》：“百川沸腾，山冢崒崩。”《庄子·秋水》：“秋水时至，百川灌河。”“王”，本义为天子、君主。《说文解字》：“王，天下所归往也。”这里指众多河流最终流往之所在。

江海与“百谷”（百川）是什么关系呢？汉代焦赣《易林·谦之无妄》：

“百川朝海，流行不止，道虽辽远，无不到者。”《淮南子·汜论训》：“百川异源，而皆归于海。”《乐府诗集·长歌行》：“百川东到海，何时复西归？”唐代王之涣《登鹳雀楼》：“白日依山尽，黄河入海流。”李白《将进酒·君不见》：“黄河之水天上来，奔流到海不复回。”清代毛奇龄《禹庙》：“一自百川归海后，长留风雨在江东。”从上可见，江海是众多河流汇聚的地方，是百谷的主宰，也是百川最终的归宿，所以说江海“为百谷王”，“谷王”也就成为江海的别名。

江海能成为百谷王的原因是什么呢？老子说：“以其善下之，故能为百谷王。”即江海善于处下，能甘居下位。老子认为“高以下为基”（第三十九章）。“处下”是圣人得“道”内心强大的表现，“强大处下，柔弱处上”（第七十六章）。“处下”也是治理国家，特别是处理国与国之间关系的法宝。老子明确指出，“大国者下流，……牝恒以静胜牡，以静为下。故大国以下小国，则取小国；小国以下大国，则取大国。故或下以取，或下而取。……大者宜为下”（第六十一章）。

善于处下既体现了江海的气魄、宽阔，更体现了江海的包容、宽宏，能够容纳百川之水，得到百谷的归附，故称为“百谷王”。晋代袁宏《三国名臣序赞》：“形器不存，方寸海纳。”李周翰注：“方寸之心，如海之纳百川也，言其包含广也。”李白在《金门答苏秀才》说：“巨海纳百川，麟阁多才贤。”林则徐书两广总督府对联：“海纳百川，有容乃大；壁立千仞，无欲则刚。”

从本质上讲，江海能成为百谷王则是“上善若水”（第八章）、谦卑处下的善果，体现了“道”的不争之德。水之所以能“几于道”，是因为“水善利万物而不争，处众人之所恶”，人往高处走，而水却与常人相反，从高处往人厌恶的低处流。

河上公注：“江海以卑下，故众流归之，若民归就王。”范应元注：“江海所以能为众水以归者，以其善下之，而居不争之地也。譬天下之归于王者，以其谦下而不争也。”朱谦之注：“王，往也。百谷王，谓为百川之所归往，故能为百谷长也。”《淮南子·说山训》：“江河所以能长百谷者，能下之也。夫惟能下之，是以能上之。”

66.2　是以圣人欲上民，必以言下之；欲先民，必以身后之。是以圣人处上而民不重，处前而民不害。是以天下乐推而不厌。

“欲上民，必以言下之”，想要居于民众之上，即统治人民，必须用言辞对人民表示谦下、卑下，把自己摆在人民之下。也就是要想成为民众之王，就要向江海看齐，向“几于道”的水学习，善于并且心甘情愿地处在百姓之下，“善用人者为之下”（第六十八章），从根本上讲就是“圣人恒无心，以百姓心为心”（第四十九章）。这不就是中国共产党人一贯坚守的“以人民为中心”的价值观吗？只有这样，统治者才能得到百姓的衷心拥护，就像百川归海一样，人心所向，众望所归。河上公注：“（圣人）欲在民上，法江海处谦虚。”《金人铭》曰：“君子知天下之不可上也，故下之。”

“欲先民，必以身后之”，想要站在民众之前，即成为人民的领袖，领导人民、统治百姓，一定要把自己放在人后，即身居民众之后，先人后己。通俗地讲，就是吃苦在前、享乐在后，也就是我们耳熟能详的范仲淹在《岳阳楼记》中倡导的“先天下之忧而忧，后天下之乐而乐”的为政理念，体现了得“道”的统治者拥有江海一般宽广的胸襟气魄和以天下为己任的远大政治抱负。老子在第七章说“是以圣人后其身而身先”，在第六十七章又说“不敢为天下先，故能成器长。今舍慈且勇，舍俭且广，舍后且先，则必死矣”。范应元注：“圣人卑辞退己，非欲上民先民；而民自尊让之也。此言欲者，俾为人君者欲要上民先民，谦辞后己也。”《金人铭》曰：“（君子）知众人之不可先也，故后之。”

“处上而民不重”，处于民众之上，位居人上，但民众并不会感到负担沉重，没有觉得受到压迫，感觉不到受累。这里的“处”意为处于、处身、置身。“重”的金文字形像人站着背囊袋，本义为分量大。《说文解字》：“重，厚也。”徐锴：“壬者，人在土上，故为厚也。”竹简版把“重”写作“厚”。在这里可以理解为负重，也可以解读为受累。《诗经·小雅·无将大车》：“无将大车，维尘雍兮。无思百忧，祇自重兮。”郑笺：“重，犹累也。”《汉书·荆燕吴传》：“事发相重。”颜注：“重犹累也。”河上公注：“圣人在民上为主，不以尊贵虐下，故民戴而不为重。”范应元注：“处之上而民弗重，犹四体之戴元首也。”张之纯注：“载之在上，而不厌其重，故无恶而倾之之弊。”高亨注：“民戴其君，若有重负，以为大累，即此文所谓重。故重犹累也。而民不重，言民不以为累也。”

“处前而民不害”，处于民众之前，位居人前，领导民众、引导民众，但民众不会觉得有妨害、妨碍，民众跟随圣人如影随形。有的学者把“民不害”解读为民众不伤害统治者（圣人）。河上公注：“圣人在民前，不以光明蔽后，民亲之若父母，无有欲害之心也。”张之纯注：“导之于前，而不见其害，故无背而去之心。”这里的分歧出在对“害”的对象和字义理解上。从“害”的对象分析，按照上下文看，应该是“民”而不是“圣人”，否则“圣人处上而民不重”就说不通，而且如果“害”的是圣人，则“欲先民，必以身后之”只能理解为：“想要站在民众之前，但害怕民众的伤害，所以一定要把自己放在民众之后”，那么这样的统治者还会被“天下乐推而不厌”吗？再从“害”的字义看，其本义为伤害、损害。《说文解字》：“害，伤也。”但也有妨碍、妨害的含义。《孟子·滕文公上》：“曰：‘许子奚为不自织？’曰：‘害于耕。’”《汉书·董仲舒传》：“贤材虽未久，不害为辅佐。”所以，应该解读为民众不会觉得有妨碍，也就是民众没有感到、受到妨碍。“往而不害，安平泰”（第三十五章）。

“天下乐推而不厌”，天下百姓都乐于推举、推崇、拥戴圣人，而不厌恶、厌倦和厌弃他。这里的“天下”指所有的人。“推”即推崇、推戴、推荐、推举。“推”竹简版写作“进”，意为推进、举荐。《三国志》：“夫人性不妒忌，多所推进，故久见爱待。”因为圣人“处上而民不重，处前而民不害”，所以天下百姓都乐而不厌地推举、拥戴圣人为他们的统治者。河上公注：“圣人恩深爱厚，视民如赤子，故天下乐（共）推进以为主，无有厌之者。”

66.3　以其不争，故天下莫能与之争。

正因为他不争，所以天下没有人能与他相争，全天下没有人能争得过他。河上公注：“天下无厌圣人时，是由圣人不与人争先后也。言人皆争有为，无有与吾争无为。”

“不争”是老子反复强调的为人处世之道。老子认为，“水善利万物而不争，……夫唯不争，故无尤”（第八章），提倡“不尚贤，使民不争”（第三章）。本节的“以其不争，故天下莫能与之争”与第二十二章的“夫唯不争，故天下莫能与之争”同义，“不争”的结果是“不争而善胜”（第七十三章），所以老子说“圣人之道，为而不争”（第八十一章）。

小结

老子善于用形象的具体事物阐述深奥的哲理，在第三十二章说“譬道之在天下，犹川谷之于江海”，在本章开篇他又说“江海所以能为百谷王者，以其善下之，故能为百谷王”，都是以江海容纳川谷为喻，把自然界海纳百川的现象上升到哲理的高度，本章以江海甘居低位的品格来告诫统治者，要以谦下忍让的态度对待民众，甘于处下居后，这样才能巩固其统治地位。

老子之所以要求统治者向圣人学习，做到“欲上民，必以言下之；欲先民，必以身后之”，是有感于当时的统治者普遍凌驾于万民之上，作威作福、肆意欺压、横征暴敛，百姓不堪重负、深受其害，所谓“民之饥，以其上食税之多……民之轻死，以其上求生之厚”（第七十五章）。所以老子告诉君王只有做到“处上而民不重，处前而民不害”，天下百姓才会“乐推而不厌”。反之，民众一旦忍无可忍，到了“民不畏死”（第七十四章）的地步，终究会揭竿而起。

对此老子总结说，百姓“乐推而不厌”的原因是统治者的“不争”，“以其不争，故天下莫能与之争”。因为圣人明白，正是由于“上善若水”“水善利万物而不争”（第八章），江海才能成为“百谷王”，所以“圣人之道，为而不争”（第八十一章）。

第六十七章　圣人三宝　慈俭居后

元典

天下皆谓我："道大，似不肖。"夫唯大，故似不肖。若肖，久矣其细也夫！我有三宝，持而保之：一曰慈，二曰俭，三曰不敢为天下先。慈，故能勇；俭，故能广；不敢为天下先，故能成器长。今舍慈且勇，舍俭且广，舍后且先，则必死矣！夫慈，以战则胜，以守则固。天将救之，以慈卫之。

直译

天下人都对我说，"道"太大，好像不像（如何具体的东西）。正因为大，所以才不像（如何具体的东西）。如果像，（"道"）早就很细小了。我有三大法宝，持有并加以保存：一是慈爱，二是节俭，三是不敢居于天下人的前面。因为慈爱，所以能够勇敢；因为节俭，所以能够广积财富；因为不敢居于天下人的前面，所以能成为万物的君长。如果舍弃慈爱而追求勇敢，舍弃节俭而广聚财富，舍弃居后而谋求争先，那就必死无疑了！慈爱，用以作战就能取胜，用以防守则能坚固。上天要救助一个人，就用慈爱护卫他。

善解

67.1　天下皆谓我："道大，似不肖。"夫唯大，故似不肖。若肖，久矣其细也夫！

"天下皆谓我：'道大，似不肖。'"天下人都对我说，"道"太大，好像什么都不像，也就是与任何东西都不相像。这里的“天下”指所有的人。“肖”读 xiào，意为相似、相像，“不肖”即不相像、不相似、不像。《说文解字·肉部》：“肖，骨肉相似也。不似其先，故曰不肖也。”帛书版乙本（甲本缺损）写作“天下皆谓我大，大而不肖”。

“夫唯大，故似不肖”，正因为太大，所以才似乎与什么都不相像。河上公注：“唯独名德大者为身害，故佯愚似若不肖。无所分别，无所割截，不贱人而自贵。”帛书版甲本写作“夫唯大，故不肖”，乙本写作“夫唯不肖，故能大”，乙本明显颠倒了老子原文的因果关系，应该是传抄过程中的笔误。

“若肖，久矣其细也夫”，如果与什么具体的东西相像，它早就变得很细小、很渺小了。这里“矣”与“也夫”都是虚词。“久矣其细”就是“其细久矣”。“细”即细小、细微。帛书版甲本就写作“若肖，细久矣”（乙本与通行版一致）。

“道”是“天地之始”“万物之母”（第一章），“天下万物生于有，有生于无”（第四十章），“道生一，一生二，二生三，三生万物”（第四十二章），“道”生养万物，“长之育之，亭之毒之，养之覆之”（第五十一章）。所以，“道”隐藏在万物之中，宇宙间任何微小的事物中都有“道”，天地万物都有“道”的基因，应该无不与“道”相像。那为什么老子却说“似不肖”呢？老子的答案是：“夫唯大，故似不肖。”

我们怎么理解老子的这个答案呢？“大”就是“道”，“道”就是“大”，合起来为“大道”，“大”也是“道”的特征之一。老子在第二十五章说“强字之曰道，强为之名曰大”，在第三十四章又说“大道泛兮，其可左右”。“道”大到什么程度呢？“大曰逝，逝曰远”（第二十五章），即“道”在无中生有的过程中不断膨胀扩大，从原点向外流逝至无穷远的极点。由此可见，“道”包罗天地万物，至大无外、无边无际、无处不在、无所不包，“道”外无“道”。正因为“道”大，所以与万物都相像，结果反而与任何一个具体事物都不相像。与此同时，人作为万物之一，也在“道”中，所谓“不识庐山真面目，只缘身在此山中”，难以分辨到底“肖”还是“不肖”。更为重要的是，“道”无形无状、神秘莫测，“视之不见，……是谓无状之状，无物之象”（第十四章），“大象无形”（第四十一章），所以也只能在“肖”与“不肖”、似与不似之间。“夫唯大，故似不

肖”体现了“道”的抽象性，所以“道”与任何具象的东西都不相像。

怎么才能相像呢？老子说：“若肖，久矣其细也夫！”即若要相像就必须放弃大，只有从细微处着眼才能相像。王弼注：“肖则失其所以为大矣，故曰：‘若肖，久矣其细也夫。’”现在我们鉴定印章的真伪或所使用的图片是否侵权，都是通过把局部放大到一定程度时进行对比鉴别的。再以中国画为例，写意山水只能形似，要逼真则必须是工笔画，但从艺术价值的角度来看，写意画远远高于工笔画，传世的中国名画都是写意画。

学者们普遍认为，本节的内容与本章的其他内容相脱节，可能是错简，对于应该归于何处的疑问，从《老子》全书的内容看，只有第三十四章专门论述“道”的大小问题。

67.2　我有三宝，持而保之：一曰慈，二曰俭，三曰不敢为天下先。

“我有三宝，持而保之”，我有三件法宝，持有并且保存、守卫它们。“持”即拿着、握住、执持。“保”指保存、守卫、护养、依靠、守住。“保”也通“宝”，意为珍爱、珍视、珍贵之物。《史记·周本纪》：“展九鼎保玉。”帛书版乙本写作“我有三宝，持而宝之”，解读为我有三件宝贝，紧紧抓着并把它们视作珍宝。范应元注：“老氏自谓我有三宝，持守而珍贵之。韩非云：‘事必万全，而举无不当，则谓之宝矣。’谓以三者为宝，吾执持而宝之，珍惜之义也。”

“一曰慈”，一是慈爱。“慈”即慈爱。《说文解字》：“慈，爱也。从心，兹声。”慈爱更多地体现上对下、长对幼的仁慈和怜爱。《后汉书·寇恂传》：“臣闻天地之于万物也，好生；帝王之于万人也，慈爱。”河上公注：“爱百姓若赤子。”范应元注：“吾之心慈爱素具，由爱亲爱君推而爱人爱物，皆自然之理，兹为第一宝也。”

“慈”也有仁爱之义，这是儒家的“慈”，体现的是宽仁厚爱。《孟子·离娄下》：“仁者爱人。”《淮南子·修务训》：“尧立孝慈仁爱，使民如子弟。”伊斯兰教也提倡仁爱，告诫信徒既要热爱真主，也要仁爱大众，对父母要孝敬，对近亲要友善，对邻居要和睦，对贫困之人要富有同情心，对于奴隶和仆人也要宽厚。佛家也讲“慈”，佛家的“慈”是慈悲，把佛和菩萨爱护众生、给予人欢乐和幸福称为“慈”，把拔除众人的痛苦和悲伤叫作“悲”。佛家追求的是慈悲为怀、慈航普度、慈光普照，更多体现的是怜悯之心。在大乘佛教中，佛、菩萨以追求慈悲及智慧为最高目标。

相对而言，老子的慈爱比较接近佛家的慈悲，与儒家的仁爱相比，虽然都是“慈”，都是伟大的爱，但如同老子崇阴、孔子尊阳一样，两者的区别比较明显。如果说老子的慈爱体现的是阴柔的母爱，像柔弱的水一样；那么孔子的仁爱则体现的是阳刚的父爱，像刚强的山一样。相比较而言，慈爱具有更多的奉献、牺牲、无我、无私精神，先人后己，提倡“报怨以德”（第六十三章），像水一样“利万物而不争，处众人之所恶”（第八章），“善者吾善之，不善者吾亦善之”（第四十九章），而且把爱扩展到万物，“是以圣人恒善救人，故无弃人；恒善救物，故无弃物”（第二十七章）；仁爱则是在礼的基础上的爱，有先后等级之分，相对慈爱而言更具理性色彩，提倡“以直报怨，以德报德”（《论语·宪问》），也更容易被大众接受、实践。

针对儒家爱有等差的仁爱理论，墨子在《墨子·兼爱》中主张没有等级差别、无人己亲疏厚薄的兼爱伦理学说，倡导平等之爱。《荀子·成相》也说：“尧让贤，以为民，泛利兼爱德施均。”与墨家的兼爱比较接近的是基督教的博爱，即广泛地爱一切人，将爱心平等地遍及所有人。三国魏曹植《当欲游南山行》：“长者能博爱，天下寄其身。”宋代欧阳修《乞出表》之二：“臣闻愚诚虽微而苟至，可以动天；大仁博爱而无私，未尝违物。”《孝经·三才章》：“先王见教之可以化民也。是故先之以博爱，而民莫遗其亲。”孙中山《军人精神教育》：“博爱云者，为公爱而非私爱，即如‘天下有饥者，由己饥之；天下有溺者，由己溺之’之意。”墨家的兼爱比儒家的仁爱更具平等性、普世性，而老子的慈爱则比墨家的兼爱更具利他性和无私性。

“二曰俭”，二是节俭。“俭”的本义是自我约束、不放纵。《说文解字》：“俭，约也。”《易·否象传》：“君子以俭德避难。”这里指节俭、俭省、俭约，与奢靡、浪费、挥霍相对。《韩非子·难二》：“俭于财用，节于衣食。”《左传·庄公二十四年》：“俭，德之共也；侈，恶之大也。”《淮南子·主术训》：“君人之道，处静以修身，俭约以率下。”《五代史平话·周史·卷上》：“周天子平生好俭约，遗令用纸衣瓦棺，嗣天子不敢

违也。”

“俭”体现的是老子无为而无不为的朴治思想，老子认为“咎莫大于欲得”（第四十六章），反之“我无欲，而民自朴”（第五十七章），“圣人欲不欲，不贵难得之货”（第六十四章），爱惜万物，提倡恬淡无欲，“见素抱朴，少私寡欲”（第十九章），我们现在常把“俭”与“朴”联系在一起，称为“俭朴”。“俭”的对立面是“奢”，所以老子主张“去甚、去奢、去泰”（第二十九章）。在老子的话语体系中，与“俭”最接近的是“啬”。老子在第五十九章说：“治人事天，莫若啬。夫唯啬，是谓早服。”老子认为，节俭就是服从“道”，是治国理政最好的办法。后人将“俭”与“啬”组合成“俭啬”。《初刻拍案惊奇·卷二十四》：“原来徽州人心性俭啬，却肯好胜喜名，又崇信佛事。”

老子留给我们的三大法宝之一的“俭”，经过历代圣贤的发扬光大，成为中国人质朴勤劳的美德，勤俭节约成为中华民族的优良传统之一。《墨子》：“俭节则昌，淫佚则亡。”《韩非子》：“侈而惰者贫，而力而俭者富。”《荀子·天论》：“强本而节用，则天不能贫。”三国诸葛亮在临死前写下的著名《诫子书》曰：“夫君子之行，静以修身，俭以养德。”唐代李商隐《咏史二首·其二》：“历览前贤国与家，成由勤俭破由奢。”《大宋宣和遗事·元集》：“常叹贤君务勤俭，深悲庸主事荒淫。”《朱子治家格言》：“一粥一饭，当思来之不易；半丝半缕，恒念物力维艰。”清代金缨《格言联璧》：“俭则约，约则百善俱兴；侈则肆，肆则百恶俱纵。”毛泽东在中华人民共和国成立之初提出了“厉行节约、反对浪费”的勤俭建国方针。2013年，习近平在新华社《网民呼吁遏制餐饮环节“舌尖上的浪费”》上作出批示，要加大宣传引导力度，大力弘扬中华民族勤俭节约的优秀传统，大力宣传节约光荣、浪费可耻的思想观念，努力使厉行节约、反对浪费在全社会蔚然成风。

“三曰不敢为天下先”，三是不敢居于天下人的前面，不敢做天下第一，不敢以天下人领袖自居。“不敢为天下先”就是甘于居后、处下，体现了老子虚静谦退、不争无尤的思想。“水善利万物而不争，……夫唯不争，故无尤”（第八章），“夫唯不争，故天下莫能与之争”（第二十二章），“以其不争，故天下莫能与之争”（第六十六章），“天之道，不争而善胜”（第七十三章），“圣人之道，为而不争”（第八十一章）。老子又说，“牝恒以静胜牡，以静为下。……故或下以取，或下而取。……大者宜为下”（第六十一章），“江海所以能为百谷王者，以其善下之，故能为百谷王。是以圣人欲上民，必以言下之；欲先民，必以身后之。是以圣人处上而民不重，处前而民不害”（第六十六章），“是以圣人后其身而身先”（第七章）。

67.3 慈，故能勇；俭，故能广；不敢为天下先，故能成器长。

“慈，故能勇”，因为慈爱，所以能够勇敢、忠勇。“勇”本义为果敢、胆大。“勇”既有勇敢、英勇、忠勇，也有匹夫之勇的勇猛、勇悍。《论语·宪问》：“仁者不忧，知者不惑，勇者不惧。”《庄子》：“勇悍果敢，聚众率兵，此下德也。”《吕氏春秋·论威》：“勇，天下之凶德也。”河上公注：“以慈仁，故能勇于忠孝也。”

有的学者把“勇”理解为勇于谦退、勇于防御，把“慈，故能勇”解读为“唯圣人抱有慈心，然后士兵能有防御之勇也。”这种解读过于狭隘。因为《增广贤文》中的“慈不掌兵”广为人知，所以很多人把“慈”理解为软弱、懦弱，等同于心慈手软，将其与“勇”对立看待，这完全是由于对“慈”和“勇”的片面理解造成的。

其实，老子的“慈”是慈爱，是母性之爱，具有伟大的无私奉献、勇于牺牲、舍身无我的精神，无论是人类还是动物界，奋不顾身舍身护子、救子的故事广为流传，这是真正的勇敢、无私的勇气、勇往直前的大无畏精神气概，是顶天立地的勇士。梁启超《新民说》：“妇人弱也，而为母则强。”这有助于我们更好地理解老子的“慈，故能勇”。而“慈不掌兵”意为太心软了就不要管理军队，这个“慈”实际上是不讲原则、无组织无纪律约束的心慈手软。老子把“勇”与“慈”联系在一起，显然是舍生忘死的无私之勇，而不是鲁莽的匹夫之勇，所以“慈，故能勇”类似于孟子的“仁者无敌”（《孟子·梁惠王上》）。

再看兵家对“慈”与“勇”的论述。《孙子兵法》要求为将者具备智、信、仁、勇、严五德，即军队统帅要有谋略能策划，有信誉能团结上下，有仁爱能呵护士兵爱兵如子、保护百姓以得到拥护，有勇武能身先士卒，纪律严明能令行禁止。“仁”在“勇”前，这个“仁”即是爱，与慈爱同义。《孙子兵法·九变篇》说：“必死者可杀也；必生者可虏也；忿速者可侮也；廉洁者可辱也；爱民者可烦也。凡此五者，将之过也，用兵之灾

也。覆军杀将必以五危，不可不察也。”排在第一位的就是为将者有勇无谋、只知死拼蛮干而被诱杀于疆场，比为将者临阵畏怯、贪生怕死而被俘虏的危害性更大，是将帅最易犯的错误、最致命的弱点。

“俭，故能广”，因为节俭，所以能够广积财富、扩大财富。“广”即宽广、广阔、扩大、扩充、远大。一个国家的统治者能够节俭，则国库能够扩大、充实，国家的前景能够广阔、远大，百姓的活路就能宽广。河上公注：“天子身能节俭，故民日用广矣。”王弼注：“节俭爱费，天下不匮，故能广。”《韩非子·解老》：“智士俭用其财则家富，圣人爱宝其神则精盛，人君重战其卒则民众，民众则国广。”范应元注：“俭约，故能不暴殄天物，而使天下不尚奢侈，家给人足，可谓广矣。”

“不敢为天下先，故能成器长”，不敢居于天下人的前面，不敢做天下第一人，不敢以天下人领袖自居，所以能成为万物的君长、天下人的领袖。“器”，本义为器具、器物，这里泛指万事万物。“器长”即万物的首长、君长。王弼注：“唯后外其身，为物所归，然后乃能立成器，为天下利，为物之长也。”

67.4 今舍慈且勇，舍俭且广，舍后且先，则必死矣！

有的学者把“今”理解为今世、现在，将“且”解释为求、取，将本节解读为：现在舍弃慈爱而求取勇敢，舍弃节俭而求取宽广，舍弃后退而求取争先，是走向死路。河上公注：“今世人舍慈仁，但为勇武也。舍其俭约，但为奢泰。舍其后已，但为人先。所行如此，动入死地。”范应元注：“以此三者处上，则帝王天子之德也。以此三者处下，则玄圣素王之道也。今去其慈而好勇斗狠，去其俭而奢侈多欲，去其后而与人争先，是谓入死门矣。”

“今”本义为现在，但这里应该解读为假使、如果。《墨子·公输》：“今有人于此。”《韩非子·五蠹》：“今有构木钻燧于夏后氏之世者，必为鲧禹笑矣。”“且”本身并没有求、取的含义，只是在这里起转折的作用，相当于“而”或者“却”，对应“舍”的反义，省略了相应的动词，可以根据具体情况补充，不一定非要用求、取。为此，本节应该解读为，如果舍弃慈爱而求取勇敢，舍弃节俭而广聚财富、广敛钱财，舍弃甘居人后而处处争先，那就必死无疑。

67.5　夫慈，以战则胜，以守则固。天将救之，以慈卫之。

“夫慈，以战则胜，以守则固”，慈爱，用以作战就能取胜，用以防守就能坚固。无论是国家的统治者还是军队的将帅，只要心怀慈爱、爱兵如子，“以百姓心为心”（第四十九章），定能将士同心、官民和谐、百姓亲附、同仇敌忾。所以，上阵如同父子兵，所向披靡，坚守阵地军民一心，必然固若金汤。为此，老子在第六十九章说，“抗兵相若，哀者胜矣”，其中的“哀”就是怜悯、慈悲之意。

“天将救之，以慈卫之”，上天要救助、挽救一个人，就会用慈爱护卫他、守卫他，也就是赋予他慈爱之心、仁慈之性，让他自觉地立于不败之地，防止“舍慈且勇，舍俭且广，舍后且先”，避免“动之于死地”（第五十章）。河上公注：“天将救助善人，必与慈仁之性，使能自当助也。”

小结

本章第一节论述的是“道”因为伟大所以抽象。本章的重点则是阐述得道之人应该保持的人生“三宝”：一是慈爱、怜悯；二是节俭、俭啬；三是谦退、不争。老子告诉我们，慈爱才能勇敢，节俭才能广聚财富，谦退才能成为万物之君长；反之，如果舍弃慈爱而追求勇敢，舍弃节俭而广聚财富，舍弃居后而谋求争先，那就死定了！“三宝”中“慈”处于首位，最为关键，所以老子总结说：“夫慈，以战则胜，以守则固。天将救之，以慈卫之。”

第六十八章　善士不武　善战不怒

元典

善为士者不武，善战者不怒，善胜敌者不与，善用人者为之下。是谓不争之德，是谓用人之力，是谓配天，古之极也。

直译

善于为将帅的人，不勇武好斗；善于作战的人，不怒形于色；善于克敌制胜的人，不直接参与作战；善于用人的人，对人谦逊卑下。这叫作不争强好胜的品德，这叫作善于使用他人的力量，这叫作符合天道，这是自古流传下来的最高准则。

善解

68.1　善为士者不武，善战者不怒，善胜敌者不与，善用人者为之下。

这里的“士”不是普通的士兵、士卒、武士，而是指统率兵卒的将领、将帅。《孟子·梁惠王上》：“危士臣，构怨于诸侯，然后快于心与？”王弼注：“士，卒之帅也。”“善为士者”，即善做将帅之人。

“武”本义为勇猛、猛烈。泛指干戈军旅之事、战斗、军事。《韩非子·五蠹》：“德不厚而行武。”《孙子·行军》：“故令之以文，齐之以武。”《左氏春秋·宣公十二年》：“楚庄王曰，夫文止戈为武。又曰，夫武，禁暴戢兵，保大定功，安民和众，丰财者也。武有七德。”“不武”，即不勇猛逞强、不勇武好斗。

“善为士者不武”，善于为将之人，善做将帅的人，不逞勇武，不勇猛逞强，也就是不崇尚武力、不好战争。张之纯注：“以盛气强力摧折人者，曰武。善为士者，不先陵人，故不武也。”有的学者把“士”理解为武士，解读为真正的武士不崇尚武力。不尚武如何称武士，望文生义，不能自圆其说。也有的学者把“为”理解为管理、统率、率领，把“士”理解为士卒。“善为士者”，即善于统率士卒之人，与善于为将之人含义相同。

“善战者不怒”，善于用兵作战的人，不怒形于色，不怒发冲冠，不怒气冲天。“怒”本义是发怒，明显地表形于外的生气。《说文解字》：“怒，恚也。从心，奴声。”河上公注：“善以道战者，禁邪于胸心，绝祸于未萌，无所诛怒也。”发怒容易冲动，是领兵作战的大忌。三国名将张飞即因怒而被部将杀害，反之司马懿被蜀将以穿女人衣服侮辱，却能“不怒”，最终取胜。《孙子兵法·九变篇》云：“忿速者可侮也。”急躁易怒，很有可能被对手戏弄，经不起敌方激将法的刺激，往往因为一时怒气而冲动蛮干，最终失败。

“善胜敌者不与”，善于战胜敌人、克敌制胜的人，不参与作战，不直接与敌人交锋。这里的“与”读 yù，意为参与。《礼运·大同》：“昔者仲尼与于蜡宾。”《左传·僖公三十二年》：“蹇叔之子与师。”“与师”即参军作战，“不与”就是不与师，不参与作战。汉初的张良是“善胜敌者不与”的典范。《史记·高祖本纪》：“夫运筹策帷帐之中，决胜于千里之外，吾不如子房。”孙武把“善胜敌者不与”进一步发展为“不战而屈人之兵”，要求统帅善于“上兵伐谋”，其次伐交，把攻城作为下策，与师攻城是不得已而为之。老子在第三十一章明确指出：“兵者，不祥之器，非君子之器，不得已而用之。”“善胜敌者不与”也是“入军不被甲兵……兵无所容其刃”（第五十章）的原因所在。有的学者把“与”解释为争斗。王弼注：“不与争也。”高亨注：“‘与’犹‘斗’也，古为对斗为‘与’。”

“善用人者为之下”，善于用人、擅长用人的人，对人态度谦逊卑下，甘居人下。“处下”是老子反复倡导的为人处世之道，“高以下为基”（第三十九章），“大国者下流……牝恒以静胜牡，以静为下。故大国以下小国，则取小国；小国以下大国，则取大国。故或下以取，或下而取……大者宜为下”（第六十一章），“江海所以能为百谷王者，以其善下之，故能为百谷王。是以圣人欲上民，必以言下之”（第六十六章）。河上公注：“善用人自辅佐者，常为人执谦下也。”范应元注：“谦下者，人心悦服，而愿为之用也。”

68.2　是谓不争之德，是谓用人之力，是谓配天，古之极也。

“不争之德”即不争强好胜的品德。河上公注：“谓上为之下也。是乃不与人争之道德也。”“不争”是老子反复强调的得“道”之人应该具备的崇高品德，或者说修“道”之人要努力追求的为人之道，与老子“持而保之”的三大法宝之一的“不敢为天下先”异曲同工，体现了老子的“无为”思想，也是领兵为将不战而胜的法宝。老子告诉我们，“不尚贤，使民不争”（第三章），“水善利万物而不争……夫唯不争，故无尤”（第八章），“曲则全，枉则直……夫唯不争，故天下莫能与之争”（第二十二章），“以其不争，故天下莫能与之争”（第六十六章），“天之道，不争而善胜”（第七十三章），“圣人之道，为而不争”（第八十一章）。

“用人之力”意为善于使用他人的力量，发挥别人力量的能力，就是调动一切可以调动的积极因素，发挥各方面的积极性，使用所有可以使用的力量，甚至是敌对方的力量，类似于太极拳的借力打力。河上公注：“能身为人下者，是谓用人臣之力也。”帛书版甲本、乙本都没有“之力”两字，“是谓用人”可以解读为这叫作善于用人。

“是谓配天，古之极也”，这就是符合天道，是自古流传下来的最高准则、最高标准。“配天”即与上天相匹配、相媲美，可以解读为符合天道、顺应天意。《尚书·君奭》：“故殷礼陟配天，多历年所。”蔡沉集传：“故殷先王终以德配天，而享国长久也。”《楚辞·屈原·大招》：“德誉配天，万民理只。”《礼记·中庸》：“高明配天。”孔颖达疏：“言圣人功业高明，配偶于天，与天同功，能覆物也。”宋代苏轼《兴龙节功德疏文》：“伏愿皇帝陛下，配天而治，如日之中，安乐延年。”郭沫若《文艺论集·王阳明礼赞》：“横则齐家、治国、平天下，纵则赞化育、参天地、配天。”这里的“极”指最高准则、最高标准。《诗经·周颂·思文》：“莫匪尔极。”司马迁《报任安书》：“立名者，行之极也。”河上公注：“能行此者，德配天也。是乃古之极要道也。”

小结

本章是老子继第三十章、第三十一章之后再一次专门阐述其军事思想。本章的重点是论述为将之道，概括起来就是“三不一下”，即“不武”“不怒”“不与”“为之下”，老子说这就是“不争之德”“用人之力”，称为“配天”，是“古之极”。

“不与”类似于诸葛孔明的统率之道，用老子的话说就是“入军不被甲兵”（第五十章）；“为之下”体现的是老子的“处下”用人之道，对于将帅而言就是礼贤下士、爱兵如子。但用“不武”“不怒”来要求将帅，对照关羽、张飞、赵子龙等耳熟能详的名将，感觉对不上号。战争是人世间最大的争斗，我们把军阀混战的时代称为大争之世，老子却把“不争之德”用在两国相争的战争上，让人觉得不可思议，实际上这是由老子军事思想的反战观决定的。老子认为，“夫兵者，不祥之器，物或恶之，故有道者不处”（第三十一章），主张“不以兵强天下”“善有果而已”（第三十章），战争是“不得已而用之，恬淡为上”，而“武”“怒”对应的就是“乐杀人”，“乐杀人者，则不可得志于天下矣”（第三十一章），这就是老子提倡“不武”“不怒”的思想根源。“不武”“不怒”也是老子三大法宝中的第一宝“慈”在军事上的应用，老子在上一章说：“慈，故能勇……舍慈且勇……则必死矣！夫慈，以战则胜，以守则固。”

第六十九章　轻敌必败　哀兵必胜

元典

用兵有言："吾不敢为主，而为客；不敢进寸，而退尺。"是谓行无行，攘无臂，扔无敌，执无兵。祸莫大于轻敌，轻敌几丧吾宝。故抗兵相若，哀者胜矣。

直译

用兵作战有一句话："我不敢主动进攻，而被动防守；不敢前进一寸，反而后退一尺。"这就叫作布阵却像无阵可布，奋臂却像无臂可举，临敌却像无敌可迎，手持兵器却像没有兵器可握。灾祸没有大过轻敌的，轻敌就会丧失我的法宝（慈爱、节俭、不敢为天下先）。因此，两军对垒军力相当的时候，慈悲的一方获胜。

善解

69.1　用兵有言："吾不敢为主，而为客；不敢进寸，而退尺。"是谓行无行，攘无臂，扔无敌，执无兵。

"用兵"，即使用兵器，引申为调兵遣将指挥作战、使用武力进行战争。"用兵有言"，即用兵作战有一句话。傅奕本作"用兵者有言"，意为兵法家曾说过。

"吾不敢为主，而为客"，我不敢主动进攻，而是被动防守，也就是我不敢采用攻势而是采用守势。“主”与“客”相对，战争中敌我双方，按进攻与防守分为“主”和“客”，主动进攻的一方为“主”，被动防守的一方为“客”。“为主”代表进犯、侵略、好战，“为客”则是退守、自卫、止战，体现的是不得已而应战。河上公注：“主，先也，不敢先举兵。”

“不敢进寸，而退尺”，不敢进攻前进一寸，反而后退一尺。这是“不敢为主，而为客”的具体表现，与侵略成性的好战者所持有的得陇望蜀、得寸进尺的战争观正好相反。

老子对战争的态度是，“不敢为主”“不敢进寸”，而要“为客”“退尺”。这是老子三大法宝之一的“不敢为天下先”在战争中的具体运用，体现了老子一贯的反战思想：迫不得已应战、被迫自卫，“善有果而已，不以取强”（第三十章），不主动出兵进攻，而是采取守势，被动防守、退守，宁可后退一尺，也不敢前进一寸。老子强调，“兵者，不祥之器，非君子之器，不得已而用之，恬淡为上。胜而不美，而美之者，是乐杀人。夫乐杀人者，则不可得志于天下矣”（第三十一章）。所以，“善为士者不武”（第六十八章）。

“行无行”，即排兵布阵、摆列阵势，却好像没有阵势一样。“行”在这里读 háng，本义为道路。《诗经·小雅·小弁》：“行有死人，尚或墐之。”引申为行列、步行的阵列与行阵。《诗经·大雅·常武》：“左右陈行，戒我师旅。”第一个“行”为动词，意为布阵、排阵、摆列阵势。第二个“行”为名词，即行列、阵势。

“攘无臂”，指捋起袖子露出手臂，却像没有手臂一样。“攘”即捋，指卷袖露出手臂。三国曹植《美女篇》：“攘袖见素手，皓腕约金环。”“攘臂”多用于形容激动奋起。《孟子·尽心下》：“冯妇攘臂下车，众皆悦之。”这里用于战争则为振臂发怒之意，“攘无臂”对应第六十八章的“善战者不怒”。

“扔无敌”，意为迎敌、临敌，却像没有敌人一样。“扔”的甲骨文字形像以手牵引或投掷东西的样子，本义为牵引、投掷，引申为抛弃、摧毁。因此，有的学者解读为“明明扔到了战火前线，却看不到敌人”，也有的学者解读为“摧毁敌人，却像没有敌人一样”。实际上这里的“扔”应该解释为“就”。《博雅》：“扔，引也，就也。”《说文解字》：“扔，因也。”又曰：“因，就也。”《广韵》：“就，成也，迎也。”可见“扔敌”即就敌、迎敌、临敌，可以引申为抗敌。

“执无兵”，即手持兵器，却像没有兵器一样。“执”本义为捉拿。引申为拿着、手持。“兵”即第三十一章所说的兵器。《韩非子·五蠹》：“执干戚舞。”这里的“执无兵”对应第六十八章的“善胜敌者不与”。

“行无行，攘无臂，扔无敌，执无兵”，在句式上类似于第六十三章的“为无为，事无事，味无味”，从字面含义上讲，就是“行阵若无阵，攘臂若无臂，扔敌若无敌，执兵若无兵”，而从前文的“不敢为主，而为客；不敢进寸，而退尺”的原则分析，应该解读为“有阵若无阵可行，有臂若无臂可攘，有敌若无敌可扔，有兵若无兵可执”，体现的是退守、慎战。范应元注：“苟无意于争，则虽在军旅，如无臂可攘，无敌可扔，无兵可执，而安有用兵之咎邪！”

有的学者按照后世道家玄学理论，将“行无行，攘无臂，扔无敌，执无兵”解读为摆出没有阵法的阵法，挥动没有胳膊的胳膊，抵抗没有敌人的敌人，手持没有兵器的兵器，目的是让敌人不知道你摆的是什么阵法、出的是什么招式、使的是什么兵器，因为最高明的阵势在于无阵势，最有力的攻击不需要挥动手臂，也不需要手持兵器。这明显不是老子的用兵之道，与前文“不敢为主，而为客；不敢进寸，而退尺”也没有逻辑关系。

“行无行，攘无臂，扔无敌，执无兵”帛书版甲本、乙本都写作“行无行，攘无臂，执无兵，乃无敌”，有的学者认为“乃”是“扔”的笔误，也有的学者把“乃无敌”解读为于是无敌于天下。

69.2 祸莫大于轻敌，轻敌几丧吾宝。

“祸莫大于轻敌”，祸患、灾祸没有比轻视敌人更大的了，灾祸之中没有大过轻敌的，最大的灾祸没有大于轻视敌人的了。从战略的高度讲，轻敌则容易狂妄好战、得寸进尺，与第一节的“不敢为主，而为客；不敢进寸，而退尺”背道而驰，背离了老子的反战思想；从战术的角度讲，轻敌则容易骄傲自满，骄兵则必败无疑。所以，老子说轻敌是最大的灾祸。轻敌也是好大喜功的孪生兄弟，是不知足、欲壑难填的表现，老子在第四十六章就说“祸莫大于不知足，咎莫大于欲得”。

“轻敌几丧吾宝”，轻视敌人就会丧失我的法宝。“几”在这里是肯定的意思。“吾宝”就是第六十七章的三宝：“慈”“俭”“不敢为天下先”，而对一个具体的人而言最珍贵的就是身体、生命。轻敌好战则“乐杀人”而失去“慈”，轻敌好大喜功而扩大战争规模则背离“俭”，轻敌冒进而率先进攻则违背“不敢为天下先”，轻敌战败而被杀则丧失宝贵的生命。

69.3　故抗兵相若，哀者胜矣。

“抗兵相若”，指相互对抗的两军旗鼓相当，或者说两军对阵势均力敌。“抗”本义为抵抗、抵御。这里的“兵”不是兵器，而是指军队。《韩非子·五蠹》：“举兵伐徐，遂灭之。”《史记·廉颇蔺相如列传》：“赵亦盛设兵以待秦，秦不敢动。”“抗兵”即相互对抗的军队，对垒的两军。“若”本义为顺从，引申为同、相当。《孟子》：“布帛长短同，则贾相若。”韩愈《师说》：“彼与彼年相若也。”这里的“相若”指相互对抗的两军（“抗兵”）的战斗力相当、不相上下。“相若”河上公本、王弼本等写作“相加”，王弼注：“抗，举也；加，当也。”帛书版甲本、乙本都写作“相若”。

“哀者胜矣”，即慈悲的一方可以获胜。“哀”本义为悲痛、悲伤，引申为悲愤。我们现在用哀兵必胜来形容两军对垒时，受到欺侮、处境绝望而悲愤反抗的一方必能获胜。受此影响，有的学者把“哀者胜矣”解读为悲愤的一方可以获胜。但无论从本章前面的内容看，还是依据老子总体的军事思想，都与受辱而绝地反击对不上。实际上，这里的“哀”不能理解为哀伤、哀痛、悲愤，而应该解读为慈悲。《说文解字》：“哀，闵也。”引申为同情、怜悯。唐代柳宗元《捕蛇者说》：“君将哀而生之乎。”所以，本节的“哀”对应的是第六十七章老子三宝中的“慈”，与“轻敌几丧吾宝”相呼应，轻敌者缺失的就是“哀”，“哀”是克服轻敌思想的一剂良药，“不敢为主，而为客；不敢进寸，而退尺”正是“哀”的体现，老子在第三十一章也说“杀人之众，以哀悲莅之”。老子在第六十七章说，“夫慈，以战则胜，以守则固”，与“哀者胜矣”异曲同工，其内在逻辑是懂得慈悲就不会轻敌、好战、乐杀。

小结

本章老子继续论述用兵之道，与第六十八章一致的地方是老子一以贯之的反战思想，不同之处是第六十八章论述的是为将之道，本章则以古训

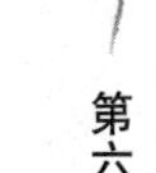

的形式，从哲学的高度阐述军事上的攻守、进退问题。老子主张退守、反对进攻，“不敢为主，而为客；不敢进寸，而退尺”体现的是“三宝”之一“不敢为天下先”的思想，成为以退为进、以守为攻军事思想的理论源头；而“行无行，攘无臂，扔无敌，执无兵”则重申谦下忍让、无为不争的处世哲学，与第六十八章的“善胜敌者不与”一脉相承，类似于“不战而屈人之兵”。

作为反面教材，老子认为“祸莫大于轻敌”，因为轻敌背离了老子的“三宝”。轻敌容易助长狂妄好战的倾向，结果就是大开杀戒、草菅人命，背离了“慈”，有慈悲之心就不会轻易出兵；轻敌不仅增加了主动开战的概率，而且往往因为好大喜功而扩大战争规模、陷入战争泥潭，结果就是劳民伤财，背离了“俭”，节俭就会慎战；轻敌冒进则背离了“不敢为天下先”，不争先就不会轻易挑起事端、草率开战。轻敌必骄，骄兵则必败，所以老子说：“抗兵相若，哀者胜矣。”后演化为世人所熟知的“哀兵必胜，骄兵必败”这个兵家常识，但这已经脱离了老子的原意。

需要指出的是，老子的“哀者胜矣”是有前提的，就是“抗兵相若”。只有旗鼓相当的时候，慈悲的一方才可以获胜，而不是只要慈悲就能胜利。老子厌恶战争、反对战争，是坚定的和平主义者，但他不是投降主义者，如果面对他国侵略，则主张“不得已而用之”（第三十一章），而且还要“以奇用兵”（第五十七章）。老子不是虚无主义者，不为了反战而反战，其反对的是滥杀无辜，认为正义战争的目的是止战，因此必须取胜。所以，“吾不敢为主”也好，“不敢进寸”也罢，至少要“抗兵相若”，只有具备足够的实力，才能实现止战的目标，才能有慈悲的资格。

第七十章　被褐怀玉　世人希知

元典

吾言甚易知，甚易行。天下莫能知，莫能行。言有宗，事有君。夫唯无知，是以不我知。知我者希，则我者贵。是以圣人被褐而怀玉。

直译

我的言论（“道”）很容易知晓，也很容易施行。但天下却没有人能够明白，没有人能够实行。言论有宗旨，行事有根据。正因为不知道(我“言有宗，事有君”)，所以才不知晓我（说的“道”)。知晓我的人稀少，仿效我的人更稀贵。因此，圣人身披粗衣，却怀揣美玉。

善解

70.1　吾言甚易知，甚易行。天下莫能知，莫能行。

这里的“吾”和下面的“我”可以理解为老子本人，也可以解读为得“道”的圣人，实际上是“道”的人格化。

“吾言甚易知，甚易行”，我的言论很容易知晓、明白，非常容易实行、施行。

“天下莫能知，莫能行”，天下没有人能够知晓、明白，但没有人能够实行。帛书版写作“而天下莫之能知也，莫之能行也”。

70.2 言有宗，事有君。夫唯无知，是以不我知。

“言有宗”，即言论有宗旨、主旨。“宗”本义为宗庙、祖庙，引申为祖先、祖宗、宗旨、根本、主旨。“宗”在《老子》全书一共就出现了两次，另一处出现在第四章。老子说“渊兮，似万物之宗”，即“道”像深不可测的深渊，好像是宇宙万物的祖宗、根本。由此可见，“宗”指“万物之宗”，也就是“道”，所以这里言论的宗旨、主旨就是“道”与自然规律。

“事有君”，指办事、做事、行事有主宰，也就是有根据。“君”本义为君王、君主、国家的最高统治者，由“尹”（表示治事）与“口”（表示发布命令）会意，意为发号施令、治理国家，引申为主宰。王弼注：“君，万物之主也。”“君”在《老子》全书一共出现五次，除了本章，第三十一章有两处“君子”，其余两次都在第二十六章，“静为躁君”“躁则失君”，静是躁的主宰，躁动则会失去主宰。“君”就是清静，也是指“道”，老子行事的主宰与根据就是“道”。

有的学者把“言有宗，事有君”解读为言论有祖宗，事情有君主，也就是这些言论是祖宗说的，这些事是君主传下来的。这种解读与老子的本意完全相反。老子的言论（“道”）肯定汲取了前人（祖宗）的思想，但是在前人基础上的创新，老子的“道”是一个全新的理论，老子的理论是要告诉君王（统治者）按“道”行事，成为得“道”的圣人，而不是告诉大家按照历史上君王传下来的方式行事。

“夫唯无知，是以不我知”，按字面的含义是正因为无知，所以才不知晓我、不理解我。这里的“不我知”即“不知我”。问题的关键是对什么无知？不知晓我什么？有的学者把“无知”解读为人们被各种名利诱惑，从而不了解自己。这种解读不仅与老子的本意不相符，而且把不知晓老子言论的原因归结为不了解自己，在逻辑上说不通。因此，应该解读为，正因为人们不知道我“言有宗，事有君”，所以才不知晓我说的“道”。

70.3 知我者希，则我者贵。是以圣人被褐而怀玉。

“知我者希，则我者贵”，能够知晓我言论（“道”）的人稀少，能够仿效、效法我的人更可贵、更难得。这是老子对“夫唯无知，是以不我知”

发出的感叹。“希”同“稀”，意为稀少、很少。“则”本义为准则、法则。由金文“鼎”与“刀”会意，古代的法律条文曾刻铸在鼎上，以便让人遵守。引申为仿效、效法。《尚书·无逸》：“继自今嗣王，则其无淫于观，于逸，于游，于田。”注：“戒成王效法文王也。”《诗经·小雅·鹿鸣》：“君子是则是效。”释德清注：“则，谓法则。言取法也。”

这里重点讲一下“贵”，其本义为物价高，与“贱”相对，引申为珍贵，珍贵意味着稀少。晋代葛洪《抱朴子·明本》：“然物以少者为贵，多者为贱。”唐代白居易《小岁日喜谈氏外孙女孩满月》：“物以稀为贵，情因老更慈。”蒋锡昌注：“物以稀为贵，则‘贵’亦希也。”所以这里的“贵”指稀贵、稀少，与第十七章的“悠兮其贵言”中的“贵”类似，可以进一步引申为难得、难能可贵，即能够效法我的人比能知晓我的人更稀少，实在是难得、难能可贵。有的学者把“贵”解读为珍贵，把“则我者贵”理解为我就更珍贵了，显然没有能够真正理解这里“贵”的含义。

“被褐而怀玉”，外披粗衣，内怀美玉。这里的“被”读 pī，通“披”，指搭衣于肩背或穿着。《楚辞·屈原·国殇》：“操吴戈兮被犀甲，车错毂兮短兵接。”《史记·陈涉世家》：“将军身被坚执锐。”有的版本把“被”直接写作“披”。“褐”本义为粗布或者粗布衣服，比喻贫穷卑贱的人。《左传·哀公十三年》：“旨酒一盛兮，余与褐之父睨之。”杜预注：“褐，寒贱之人。”这里的“玉”就是“道”，“怀玉”就是有“道”、得“道”之人。老子用“被褐而怀玉”感叹因为人们不知晓“道”、不效法“道”，所以圣人明明“怀玉”（怀揣美玉，象征有“道”、得“道”），却被人们看作“被褐”（穿着粗布衣服），也就是把得“道”的圣人当作粗鄙卑贱之人。

小结

老子在本章的核心观点是对世人（实际上专指统治者）不知“道”、不行“道”的悲叹与无奈。

老子在第六十八章和第六十九章两章中，连续阐述了他的反战思想，但他感觉统治者听不进去，军人不屑于听，百姓可能觉得深奥而听不懂，所以在本章开篇他就告诉人们：“吾言甚易知，甚易行。”在老子看来，他的言论（“道”）讲的是宇宙天地的本质、万事万物的本性，具体而言就是

顺应自然的宇宙天地之道（朴实无华的自然法则，天地万物运行的客观规律），是“无为而治”的治国理政之道，是“不争”“慈俭”“谦和”的为人处世之道，是“虚静”“柔弱”的延年益寿之道。因此，老子说“言有宗，事有君”。这里的“宗”和“君”就是老子之“道”。作为“域中有四大”的人也是万物之一，与天地万物一样生于“道”，最终必将归于“道”，只要按照老子的教诲，“人法地，地法天，天法道，道法自然”（第二十五章），本于自然、效法自然，合乎天道、顺乎自然，回归虚静、淳朴的本性，人们对老子的言论就应该很容易理解，也非常容易实行。

既然如此，老子为什么又说“天下莫能知，莫能行”呢？因为人们在现实世界的权力、地位、名誉、金钱、美色的诱惑下，被各种贪欲所左右，虚静、淳朴的本性逐渐消失，离“道”越来越远，从而忘记了老子的“言有宗，事有君”，所以就不知晓老子的“道”（“夫唯无知，是以不我知”）。为此，老子痛心疾首地感叹道：“知我者希，则我者贵。”结果，得“道”的圣人明明怀揣美玉（“道”），却不为世人所认识，而被当作身披粗布衣服的贫困卑贱之人。

有的学者认为，本章内容流露了老子因政治抱负难以实现而感到怀才不遇的苦闷心情，也因此才乘青牛西去归隐。这完全是对《老子》的误读，与老子一贯推崇的“虚静”“无为”思想背道而驰。不为世人理解的孤独感是一个真正的思想家无法回避的问题，作为提出“无为”思想的哲学家，老子早已超然物外，其关心的是天下能否“行于大道”，真正痛心的是“天下莫能知，莫能行”，类似于第五十三章的“大道甚夷，而人好径”，而不是个人遭遇的不平，更不会因怀才不遇而苦闷。

还有的学者认为，之所以“知我者希，则我者贵”，是因为老子没意识到任何治国方略，都必须符合统治阶级的利益，否则就不会被采纳。其实不是老子没意识到其治国理政之道与统治阶级的意愿背道而驰，而是老子站在真理一边，站在百姓一边，一切以天理正道为道，一切“以百姓心为心”。

第七十一章　不知知病　病病不病

元典

知不知，尚矣；不知知，病也。圣人不病，以其病病。夫唯病病，是以不病。

直译

知道却不自以为知，最高明；不知道却自以为知，则有病。圣人没有（“不知知”的）毛病，是因为把毛病当作毛病。正因为把病当作病，所以才不会有病。

善解

71.1　知不知，尚矣；不知知，病也。

“知不知，尚矣”，知道却不自以为知，最好、最高明，是最值得崇尚的品德。“尚”，崇尚，通“上”。河上公本、王弼本写作“知不知，上”。河上公注：“知道言不知，是乃德之上。”《文子·符言》写作“知不知，上也”。“尚矣”，即最上等的、最好的、最高明的。虽然知道却不自以为知道，掌握了知识却好像没有知识一样，这不是装糊涂，而是“大知若不知”，已经达到融会贯通的“大知”却好像“无知”。对已知的事物不主观武断，这是圣人大智若愚、虚怀若谷的表现，也就是第四十五章的“大成若缺”“大盈若冲”“大直若屈，大巧若拙，大辩若讷”。所以老子对此称赞曰“尚矣”！

“不知知，病也”，不知道却自以为知，就是有病了。“不知知”与“知不知”正好相反，意为本来没有知识，却自以为自己很有学问。“病”本义为疾病，引申为弊病、缺点、瑕疵。“不知知”可以分为两种情况：一是明明不知道，却没有认识到自己不知，自以为知，是愚昧、无知，自以为是，则可怜、可悲、可叹；二是知道自己不知，却在别人面前装作知道，则是浅薄、自大，不懂装懂，好为人师，可笑、可恶、可恨、可耻。无论前者还是后者，都是弊病、缺点，都是有毛病，肯定在认知或者品行方面出了问题。老子称之为“病也”，品格有毛病、不正常。河上公注：“不知道而言知，是德之病也。”王弼注：“不知知之不足任，则病也。”

儒家对待“知”与“不知”的态度是，知之为知之，不知为不知。子曰：“由，诲汝知之乎？知之为知之，不知为不知，是知也。”孔子说：“子路啊，我告诉你，知道吗？知道的就是知道的，不知道的就是不知道的，这就是关于知道的真谛。”结合本节老子的论述，人们对待“知”与“不知”的态度可以分为三种：“知不知”，“知之为知之，不知为不知”，“不知知”。这三种态度对应三类人，圣人“知不知”，君子“知之为知之，不知为不知”，小人（俗人、庸人）则“不知知”。

有的学者把“知不知”解读为知道未知（不知道）的，把“不知知”解读为不知道已知（应该知道）的，纯粹从字面讲也说得过去。但是，“知道未知（不知道）的”，不就把未知变成已知、不知道的变成知道的了吗？那就没有未知、不知道的了；而“不知道已知（应该知道）的”，是谁已知、谁应该知道的？如果是自己说不通，那是逻辑有问题而不是品格有毛病，如果是他人则很正常，不能定义为“病矣”。这类解读可能受到“为无为，事无事，味无味”（第六十三章）、“欲不欲”“学不学”（第六十四章）、“行无行，攘无臂，扔无敌，执无兵”（第六十九章）等句式的影响，把“知不知”“不知知”也按动宾结构对待，实际上这里“知”与“不知”、“不知”与“知”都是并列关系。

还有的学者把“知不知”解读为知道自己有所不知，知道自己无知，从字面上讲没有问题，可以理解为自知之明，对应于第三十三章的“自知者明”，称之为“尚矣”也说得通；但相应的“不知知”就应该解读为不知道自己已经知道，则在逻辑上完全说不通。因此，“不知知”只能解读为不知道却自以为知，而“知不知”与“不知知”相对立，应该解读为知道却不自以为知。《淮南子·道应训》的引文“知而不知，尚矣；不知而知，病也”，也印证了“知不知”解读为知道自己无知、知道不知的谬误。

71.2 圣人不病，以其病病。夫唯病病，是以不病。

“圣人不病，以其病病”，圣人没有（“不知知”这种）毛病，是因为圣人把（“不知知”这个）毛病当作弊病，也就是认识到“不知知”是病，所以能防治这个病，从而不会犯病。“病病”，前一个“病”意为“以……为病”“把……当作弊病、毛病”，后一个“病”是指“不知知”这个毛病。河上公注：“圣人无此强知之病，以其常苦众人有此病。”

有的学者将“病”解读为缺点、危害，将“病病”理解为把“不知知”这个缺点（危害）当作缺点（危害），整句解读为：圣人没有缺点（危害），是因为圣人把“不知知”这个缺点（危害）当作缺点（危害）。还有的学者把“病病”理解为厌恶（讨厌）这种弊病，整句解读为：圣人没有弊病，是因为圣人厌恶（讨厌）“不知知”这种弊病，当然就不会去沾染这种毛病。我认为，没有缺点不如没有毛病直接、形象，“圣人没有危害，是因为圣人把危害当作危害”则不太通，而厌恶、讨厌的前提是认识到“不知知”是病，把病当作病。

“夫唯病病，是以不病”，正因为把“不知知”这个毛病当作弊病，正视并且不去沾染这种毛病，重视并且深刻提醒自己注意预防这个毛病，所以才没有这个毛病。河上公注：“夫唯能病苦众人有强知之病，是以不自病。”对于普通人来说，如果做不到圣人那样通过预防实现“治未病”从而不得病，能够做到定期体检尽早发现、发现毛病及时治疗、治疗后按时复查、不断巩固疗效直至彻底清除病根也不失为中策，千万不能讳疾忌医、自欺欺人。

本节帛书版写作“是以圣人之不病也，以其病病，是以不病也”，可以解读为：因此，圣人之所以没病，是因为他将毛病当作毛病，所以才不会有病。王弼本写作“夫唯病病，是以不病。圣人不病，以其病病，是以不病”，根据蒋锡昌的考证，因为“夫唯病病，是以不病”误倒到前面，所以衍生出“是以不病”，而“……□□。夫唯□□，是以（故）□□”是

老子惯用的特有句式，在第二章、第十五章、第六十七章、第七十一章、第七十二章曾反复出现。

小结

本章的核心是对于“知”与“不知”的态度。老子肯定“知不知”，称赞为“尚矣”。老子在第七十章感叹“天下莫能知”，本章则把“不知知”痛斥为“病也”，说明老子对与“知不知”背道而驰的“不知知”更为深恶痛绝，以“不知知”为耻、视“不知知”为病。老子希望人们向圣人看齐，做到“不知知”，如果做不到“不知知”，则至少要“知之为知之，不知为不知”。老子告诉人们，圣人之所以没有“不知知”的毛病，是因为圣人把“不知知”当作弊病。

第七十二章　民不畏威　大威将至

元典

民不畏威，则大威至。无狎其所居，无厌其所生。夫唯不厌，是以不厌。是以圣人自知不自见，自爱不自贵。故去彼取此。

直译

民众不畏惧（统治者的）威压，那么，大的危害就会降临。（统治者）不要封闭民众的居所，不要压榨民众的生活。正因为（统治者）不压榨（民众），所以（民众）才不厌恶（统治者）。因此，圣人认识自己而不自我表现，珍爱自己而不自显高贵。所以，要舍去后者（“自见”“自贵”），而取前者（“自知”“自爱”）。

善解

72.1　民不畏威，则大威至。

“畏”，即畏惧、敬畏。“威”本义为威力，引申为威胁、威慑、权势、威信、威严、尊严、虐害、危害、伤害、刑罚。“畏威”，即畏惧声威、敬畏威势、畏惧权势。《国语·晋语八》：“民畏其威，而怀其德，莫能勿从。”《左传·僖公十五年》：“德莫厚焉，刑莫威焉，服者怀德，贰者畏刑。”《梁书·卷五四·诸夷传·海南诸国传》：“或泛海三年，陆行千日，畏威怀德，无远不至。”《旧唐书·卷六二·李大亮传》：“其自竖立称藩附庸者，请羁縻受之，使居塞外，必畏威怀德，永为蕃臣。”《左传·襄公三十一年》：“有威而可畏谓之威。”

“民不畏威”，民众不畏惧声威、不敬畏威势、不害怕威压，即统治者已经没有威严、尊严，不能威服、威折百姓。再进一步分析，统治者之所以没有威严、尊严，是因为其已经“失德”，不能“以百姓心为心”（第四十九章）。而“畏威”是与“怀德”联系在一起的，民众因为“怀德”，感念统治者的德惠，感怀其恩德，所以心悦诚服地“畏威”，现在统治者已经让百姓无德可怀，当然就不会“畏威”。“民不畏威”的极致状态就是第七十四章的“民不畏死”。当百姓因为统治者“失德”，横征暴敛，战乱不止，民不聊生，朝不保夕，苦苦地挣扎在死亡线上，连基本的生存条件都不具备，生不如死，唯一的出路就是铤而走险、奋起反抗、发动暴动。

“则大威至”，那么，大的危害、刑罚、祸乱就要来到了。这里的“威”即危害、伤害、刑罚，引申为祸乱。为什么“民不畏威”就会“大威至”呢？因为统治者“失德”，民众不敬畏威势、不害怕威压，甚至“犯上作乱”。统治者为了维护其统治，必然会变本加厉地推行严刑峻法，直至动用国家机器残酷镇压百姓，这就必然增加国家财政支出，百姓需要负担更多的苛捐杂税，从而进一步激化矛盾，引起更大的反抗，形成恶性循环，结局只能是战乱纷起、遍地狼烟，给国家和民众造成巨大的伤害。古今中外每个王朝的末期，都是“民不畏威，则大威至”的生动案例。唐代柳宗元《捕蛇者说》：“孔子曰：‘苛政猛于虎也。’吾尝疑乎是，今以蒋氏观之，犹信。呜呼！孰知赋敛之毒，有甚于是蛇者乎！”

72.2　无狎其所居，无厌其所生。夫唯不厌，是以不厌。

“无狎其所居”，统治者不要封闭民众的居所，也就是不要用武力像闸门一样控制百姓的居所，而是要让百姓自由自在地生活。“狎”本义为驯犬，引申为亲近、接近、拥挤，通“狭”。《玉篇》：“亦作狭。”河上公本等直接写作“狭”。“狭”本义为窄，引申为狭迫、逼迫。帛书版甲本写作“闸”，本义为开闭门，引申为封闭、截住、截断、拦住。

“无厌其所生”，统治者不要压制民众谋生的道路，不要压迫、压榨民众的生活。这里的“厌”读 yā，意为压。《说文解字》：“厌，笮也。”指一物压在另一物上。段玉裁注：“此义今人字作压，乃古今字之殊。”《汉书·五行志下之上》："地震陇西，厌四百余家。"泛指压制、抑制、压迫、压榨、镇压。《汉书·翼奉传》："东厌诸侯之权，西远羌胡之难。"《左传·昭公二十六年》："将以厌众。"《汉书·传·谷永杜邺传》："折冲厌难。"注："厌者，压也。"我们在第二章讲过，"生"的本义为草木从土里生长出来、滋长，这里指生活。《楚辞·屈原·涉江》："哀吾生之无乐兮，幽独处乎山中。"唐代柳宗元《捕蛇者说》："自吾氏三世居是乡，积于今六十岁矣。而乡邻之生日蹙。"

"夫唯不厌，是以不厌"，正因为统治者不压制、压迫、压榨民众，所以民众不厌恶统治者。第一个"厌"与上句的"厌"同义，指压制、压迫、压榨，是针对统治者的行为而言；第二个"厌"读 yàn，意为厌恶、憎恶、嫌弃，是针对百姓的行为而言，指民众对统治者的厌恶、反抗、斗争。正因为统治者不压榨百姓，"是以天下乐推而不厌"（第六十六章）。

72.3　是以圣人自知不自见，自爱不自贵。故去彼取此。

"自知不自见"，了解自己，有自知之明，而不自我表现、自我炫耀，不自我欣赏、固执己见。"自知"就是了解自己、认识自我。明代宗臣《报刘一丈书》："夫才德不称，固自知之矣；至于不孚之病，则尤不才为甚。"老子在第三十三章说"知人者智，自知者明"。"自见"即自我表现、自我炫耀，这是《老子》中第三次出现"自见"，其他两次为"不自见，故明"（第二十二章），"自见者不明"（第二十四章）。由此可见，在老子看来"自知"与"不自见"都是"明"，是明智、明慧。知人难，自知更难，而做到"自知不自见"则尤其难。

"自爱不自贵"，自我爱惜、珍爱，但不要自以为是、自我显示高贵，不自视高人一等，也就是不要骄傲自大、目中无人。这样就能"以其终不自为大，故能成其大"（第三十四章）。

"去彼取此"，即舍去后者而采取前者，也就是舍去"自见""自贵"，采取"自知""自爱"。

小结

本章中，老子站在百姓的立场，反对高压恐怖统治，反对暴政欺压百

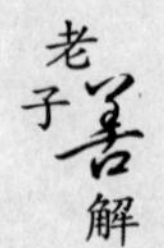

姓。他告诫统治者，哪里有压迫哪里就有反抗，如果到了“民不畏威”的地步，就会激发民众的群体反抗，百姓只能铤而走险，“则大威至”。其实百姓的要求并不高，他们最朴素的愿望就是能有安居乐业的生活，所以统治者一定要做到“无狎其所居，无厌其所生”，只有这样才能不被百姓厌恶，才会得到百姓的爱戴和拥护。因此，“圣人自知不自见，自爱不自贵”。儒家也有类似的观点，《孟子·离娄下》：“仁者爱人，有礼者敬人。爱人者人恒爱之，敬人者人恒敬之。”《荀子·君道》则从反面告诫统治者：“故有社稷者而不能爱民，不能利民，而求民之亲爱己，不可得也。”

第七十三章　不争善胜　坦然善谋

元典

勇于敢则杀，勇于不敢则活。此两者，或利或害。天之所恶，孰知其故？【是以圣人犹难之。】天之道，不争而善胜，不言而善应，不召而自来，繟然而善谋。天网恢恢，疏而不失。

直译

勇于坚强则死，勇于柔弱则活。这两种做法（“勇于敢”和“勇于不敢”），一个有利，一个有害。上天所厌恶的，谁知道是什么缘故呢？【因此，圣人把事情设想得很艰难。】自然之道：不争斗却善于取胜，不言语却善于回应，不召唤却自动到来，坦然而善于筹谋。自然的罗网恢宏宽阔，虽然稀疏却不会漏失。

善解

73.1　勇于敢则杀，勇于不敢则活。此两者，或利或害。天之所恶，孰知其故？【是以圣人犹难之。】

“敢”本义为勇敢、有胆量，引申为不畏惧、果敢、坚强。“不敢”，即胆怯、胆小、懦弱、害怕、怯懦、怯弱、柔弱。世人长期形成的普遍社会价值取向是崇尚勇敢和坚强，鄙视胆怯和懦弱，而老子则相反，提倡“不敢”，推崇“柔弱”：“专气致柔，能如婴儿乎”（第十章），“善有果而已，不以取强”（第三十章），“柔弱胜刚强”（第三十六章），“天下之至柔，驰骋天下之至坚”（第四十三章），“守柔曰强”（第五十二章），“是以能辅万物之自然而不敢为”（第六十四章），“不敢为天下先，故能成器长”（第六十七章），“吾不敢为主，而为客；不敢进寸，而退尺”（第六十九章），“人之生也柔弱，其死也坚强。草木之生也柔脆，其死也枯槁。故坚强者死之徒，柔弱者生之徒。是以兵强则灭，木强则折。强大处下，柔弱处上”（第七十六章），“天下莫柔弱于水，而攻坚强者莫之能胜，以其无以易之。弱之胜强，柔之胜刚”（第七十八章）。

“勇于敢则杀，勇于不敢则活”，勇于表现果敢、坚强则死亡，勇于显示胆怯、柔弱则可活命。“杀”本义为杀戮，引申为死、亡，与“活”相对应。人们对“勇于敢”可能比较好理解，但对于“勇于不敢”则往往不解，难道胆怯、柔弱也需要勇气吗？图一时之快、逞一时之勇固然需要勇气，但这只是匹夫之勇，而要做到像韩信一样为了实现自己追求的远大目标而忍辱负重、甘受胯下之辱则更需要勇气。

有人可能会说老子贪生怕死，如果面对敌人侵略，难道我们就因为“勇于敢则杀，勇于不敢则活”而不英勇抵抗、视死如归吗？这完全是对《老子》的误读，老子在这里强调的是“不争而善胜”的“天之道”，而不是面对外敌入侵的抵御之道。虽然老子因为所处的年代，具有强烈的反战思想，但并不反对抵御侵略的正义之战，只是认为“兵者，不祥之器，非君子之器，不得已而用之”（第三十一章），主张“善有果而已”（第三十章）。

“此两者，或利或害”，这两种方式、态度（即两个“勇于”：“勇于敢”和“勇于不敢”，也就是勇敢、坚强与胆怯、柔弱，更确切地说是逞强与示弱），有的有利，有的有害。很显然老子的意思是“勇于不敢”（示弱）则有利（“则活”），“勇于敢”（逞强）则有害（“则杀”）。

“天之所恶，孰知其故”，上天所厌恶的，谁知道是什么缘故呢？“天”本义为人的头顶。《说文解字》：“天，颠也。至高无上，从一大。”段玉裁注：“颠者，人之顶也。”古人以“天”为万物主宰者，称为天帝、上天。《孟子·告子下》：“天将降大任。”《史记·项羽本纪》：“此天之亡我，非战之罪也。”

上天厌恶的是什么呢？就是上面所说的“勇于敢”，即勇敢、坚强、逞强，所以结果是“则杀”；反之，上天喜爱、同情的是什么呢？就是上面所说的“勇于不敢”，即胆怯、害怕、示柔，所以结果是“则活”。这是什么原因呢？实际上就是下一节开头所说的“天之道”。

老子之“道”与我们长期以来受儒家思想影响形成的思维模式背道而驰，常人认为“两强相遇勇者胜”，老子却说“勇于敢则杀，勇于不敢则活”；“人之所恶，唯孤、寡、不穀，而王公以为称”（第四十二章），“侯王自称孤、寡、不穀”（第三十九章）；“水善利万物而不争，处众人之所恶，故几于道”（第八章）。

“是以圣人犹难之”，因此圣人把事情设想得很艰难。本句曾出现在第六十三章，帛书版甲本、乙本都没有，不少古本也没有，疑是错简重出。有的学者把“圣人犹难之”解读为“圣人也很难把握”或者“圣人也难以解说明白”，显然是错误的，如果是普通人、俗人很难把握或难以解说明白还可以说得通，而圣人是得“道”之人，按“道”行事，又怎么会不懂得“勇于敢则杀，勇于不敢则活”的道理呢？

73.2　天之道，不争而善胜，不言而善应，不召而自来，繟然而善谋。

“天之道”即天的道理、天理，也就是自然之道、自然规律、自然法则。《庄子·天道》：“是故古之明大道者，先明天而道德次之。”

“不争而善胜，不言而善应，不召而自来”，不争但善于取胜，不言语但善于回应，不召唤却自动到来。“不争”与“不言”（贵言、少言）是老子反复提倡的，“行不言之教”（第二章），“不尚贤，使民不争”（第三章），“多言数穷，不如守中”（第五章），“水善利万物而不争……夫唯不争，故无尤”（第八章），“悠兮其贵言”（第十七章），“夫唯不争，故天下莫能与之争”（第二十二章），“希言自然”（第二十三章），“知者不言”（第五十六章），“以其不争，故天下莫能与之争”（第六十六章），“是谓不争之德”（第六十八章），“圣人之道，为而不争”（第八十一章）。

“繟然”意为坦然、安然、宽舒、舒缓的样子，有的版本直接写作“坦然”。“繟然而善谋”，字面的意思是坦然、安然但善于谋划和筹谋。给人的感觉是表面没有心机但内心却充满计谋、权谋，怎么看都与天道、圣人联系不到一起。我认为，问题的关键出在对“谋”的解读上。“谋”本义为考虑、谋划，引申为商议、咨询。《广雅》："谋，议也。"《国语·鲁语》："咨事为谋。"所以，"繟然而善谋"正确的解读是，坦然而善于商议。可以进一步理解为，客观世界安闲自然，却井井有条，好像早就商议、策划好的一样。实际上老子在这里强调的是天道有其自身的规律，其有序性是自然属性，不是人为谋定，所以只要遵循、顺应天道，就能不谋而合，一切都会井然有序。

73.3　天网恢恢，疏而不失。

"天网恢恢"，自然的罗网宽阔广大、恢宏无边。"天网"即自然之网、自然的法网，看似无形，却是天罗地网、无处不在，可以网罗万物。"恢恢"形容宽阔广大的样子。《庄子·养生主》："恢恢乎其于游刃必有余地矣。"唐代柳宗元《柳河东集》："恢恢然有古人形貌。"

"疏而不失"，稀疏但不会漏失。"疏"本义为疏导、开通，这里指稀疏、稀少、宽疏，与密相对。清代龚自珍《病梅馆记》："以疏为美，密则无态。""疏"往往与"失""漏"联系在一起。《三国演义》第十六回："玄德恐有疏失，急鸣金收军入城。"《儒林外史》第五十一回："那苗镇台疏失了海防，被抚台参拿了。"《南齐书·王晏传》："而晏每以疏漏被上呵责，连称疾久之。"《旧唐书·李淳风传》："今灵台候仪，是魏代遗范，观其制度，疏漏实多。"《魏书·任城王传》："天网恢恢，疏而不漏。"《盐铁论》："网疏则兽失。"而老子在这里却说"疏而不失"，这是因为此网不是普通之网，而是"天网"，对应的是自然法则、"天之道"，广大而稀疏，却没有漏失。

小结

老子在本章第一节提出了"勇于敢则杀，勇于不敢则活"的论点。"勇于敢"和"勇于不敢"是两种截然相反的为人处世态度，同样是勇，结果却有天壤之别。老子认为，"勇于不敢"就是顺应天道，自然清静，主动示弱，谨慎小心，按客观规律行事，必定无为而治；反之，"勇于敢"就是违背客观规律蛮干，强悍妄为、争强好胜、意气用事、贸然行事，必定会受到客观规律的惩罚，遭遇灭顶之灾。所以，前者有利，后者有害，结果分别是“活”和“杀”。其原因何在？老子说“天之所恶，孰知其故”。尽管普通人无法知道确切的缘由，但可以理解为是由上天的好恶（意志）决定的，而老子又说“天地不仁，以万物为刍狗”（第五章），即上天是没有好恶的。所以，从本质上讲，这是由“天之道”（自然规律）决定的，是自然法则使然。

那么“天之道”是什么呢？就是第二节所说的“不争”、“不言”、“不召”、“繟然”（不急），也就是自然规律、自然法则，看似柔弱、退让，实则作用、能量巨大无比，只要遵循“天之道”行事，就能取得“善胜”“善应”“自来”“善谋”的结果，这是柔弱胜刚强的自然规律，体现了老子柔弱不争、清静无为的人生哲学。

最后，老子告诉人们，“天之道”无所不在，控制着整个宇宙的演化，宇宙天地万物都按“天之道”运行，任何违背“天之道”的人和事物都会遭受相应的惩罚：“天网恢恢，疏而不失。”

第七十四章　民不畏死　何以惧之

元典

民不畏死，奈何以死惧之？若使民恒畏死，而为奇者，吾得执而杀之，孰敢？恒有司杀者杀。夫代司杀者杀，是谓代大匠斲。夫代大匠斲者，则希不伤其手矣。

直译

民众不畏惧死亡，怎能用死亡吓唬他们呢？如果能使民众总是害怕死亡，对为邪作恶的人，我将他抓起来杀掉，谁还敢（为非作歹）？总是有行刑官负责杀人。代替行刑官杀人，就像代替木匠用斧头砍木头。代替木匠用斧头砍木头，很少有不砍伤自己的手的。

善解

74.1　民不畏死，奈何以死惧之？

百姓不畏惧、不害怕死亡，怎能用死亡恐吓他们，让他们感到恐惧呢？老子告诫统治者，如果政局恶化到民众连死都不怕的地步，就十分危险，不可能再用砍头镇服他们。这是老子对企图用强权、暴力镇压民众，维护暴政的统治者的严厉诘问（当头棒喝）。到了这个时候还想用死亡威胁、吓唬百姓，那就太晚了！

“民不畏死”与第七十五章的“民之轻死”同义。贪生怕死是人的本性，俗话说“好死不如赖活着”。那民众为什么“不畏死”“轻死”呢？实际上，“民不畏死”是“民不畏威”（第七十二章）发展的必然结果。“民不畏威”是因为统治者“失德”，百姓生活在水深火热之中，如果统治者能够改弦易辙，采取怀柔政策，清静无为，给民众一条生路，做到“无狎其所居，无厌其所生”（第七十二章），也许还能挽狂澜于既倒。可惜无数的史实表明，面对“民不畏威”的现实，统治者不仅不反思自己的“失德”行为，反而为了维护其统治，变本加厉地采用高压政策，动用国家机器残酷镇压人民，不断激化矛盾，形成恶性循环，直至百姓生不如死，老百姓连赖活着都不可能，就像《诗经·小雅·苕之华》所说：“知我如此，不如无生。”民不堪命则唯有铤而走险发动起义。《史记·陈涉世家》：“今亡亦死，举大计亦死，等死，死国可乎？”到了这个地步，百姓当然不再“畏死”。一旦发展到“民不畏死”的境地，统治者再想“以死惧之”就来不及了。“奈何以死惧之”帛书版写作“奈何以杀惧之”，意为怎能用杀头恐吓他们。

2500 多年前老子发出的“民不畏死，奈何以死惧之”的诘问，绝望中藏着希望、悲凉中透着豪迈、无奈中有着抗争，具有跨越时空的强大生命力和永恒魅力，成为历代被压迫者奋起反抗的响亮口号，以及中华民族抵御外敌入侵的铮铮誓言，激励着一代又一代华夏儿女舍生取义。

74.2 若使民恒畏死，而为奇者，吾得执而杀之，孰敢？

“若使民恒畏死”，如果能使民众总是害怕死亡。如何让民众总是害怕死亡呢？其实就是老子反复强调的“无为”，让百姓自由自在地过上丰衣足食的小康生活，国泰民安、安居乐业，人民才会眷恋美好的生活而畏惧死亡，这样绝大多数的人就不会铤而走险。

“为奇者，吾得执而杀之，孰敢”，为邪作恶的人，我可以将他抓起来杀掉，谁还敢为非作歹？这里的“奇”指奇怪、奇邪、奇诡、诡诈、邪恶。王弼注：“诡异乱群谓之奇也。”“执”甲骨文字形右边是人、手被铐住，本义为捉拿。《说文解字》：“执，捕罪人也。”即拘押、抓起来。帛书版没有“执”字，写作“吾得而杀之”，“得”与“执”有重复之嫌。“之”指“为奇者”。河上公注：“以道教化而民不从，反为奇巧，乃应王法，执而杀之。”

74.3 恒有司杀者杀。夫代司杀者杀，是谓代大匠斲。夫代大匠斲者，则希不伤其手矣。

“恒有司杀者杀”，总是有行刑官负责杀人。“司”甲骨文字形表示一个人用口发布命令，有统治、管理之义，本义为职掌、主管。“司杀者”，即主管行刑杀人的人，也就是行刑官。按照老子的一贯思想，特别是第七十三章“勇于敢则杀，勇于不敢则活。此两者，或利或害。天之所恶，孰知其故”的论述，“司杀者”可以理解为“天之道”，也就是自然规律，人违背自然规律、逆天而行就会被杀。“恒有司杀者杀”也就是总是由自然规律主宰决定人的生死。帛书版写作“若民恒且必畏死，则恒有司杀者”，如果民众总是畏惧死亡，则永远都有行刑官。

“代司杀者杀，是谓代大匠斲”，代替行刑官杀人，就像代替木匠用斧头砍木头。“斲”读 zhuó，同“斫”，意为砍、削，有的版本直接写作“斫”。《说文解字》：“斲，斫也。”《庄子 · 天道》：“轮扁斲轮于堂下。”《史记 · 酷吏列传》：“汉兴，破觚而为圜，斲雕而为朴。”这里指用斧头砍木头。

“代大匠斲者，则希不伤其手矣”，代替木匠用斧头砍木头，很少有不砍伤自己的手的。“希”同“稀”，意为稀少、很少。

小结

本章是第七十二章的续篇，核心是告诫统治者不要把维护统治的希望建立在严刑峻法之上。老子在第七十二章说“民不畏威，则大威至”，再往前一步就是“民不畏死”，至此统治者还想“以死惧之”为时已晚。老子认为，民众只有在安居乐业的情况下才会害怕死亡，这样将极少数为邪作恶之人绳之以法，谁还敢为非作歹？即使这样，也应该由行刑官负责杀人，实际上老子主张人的生死由“天之道”决定。老子认为，天地万物都“道法自然”，人的生死也应该顺应自然，统治者为了一己之私、打着替天行道的幌子用刑罚代替自然规律杀人，就是“代司杀者杀”，这是越俎代庖、草菅人命，就像“代大匠斲者，则希不伤其手矣”，其结果必然反受其害。

第七十五章　无以生为　贤于贵生

元典

民之饥，以其上食税之多，是以饥。民之难治，以其上之有为，是以难治。民之轻死，以其上求生之厚，是以轻死。夫唯无以生为者，是贤于贵生。

直译

民众之所以饥饿，是因为统治者吞食的赋税太多，因此才挨饿。民众之所以难以治理，是因为统治者恣意妄为，因此难以统治。民众之所以看轻死亡，是因为统治者追求长生而奉养奢厚，因此看轻死亡。唯有不为了长生而妄为的人，胜过（过分）看重生命之人。

善解

75.1　民之饥，以其上食税之多，是以饥。民之难治，以其上之有为，是以难治。民之轻死，以其上求生之厚，是以轻死。

“民之饥，以其上食税之多，是以饥”，民众之所以陷于饥饿，是因为统治者吞食的赋税太多，因此百姓才挨饿。“其上”即民众的上面，也就是统治者、统治阶级。古今中外，凡是民不聊生、食不果腹的年代，无不是统治者贪得无厌、横征暴敛之时。杜甫“朱门酒肉臭，路有冻死骨”就是对此论述的生动描写。

“民之难治，以其上之有为，是以难治”，民众之所以难以治理，是因为统治者恣意妄为，因此难以统治。“有为”字面的意思是有所作为，这里与“无为”相对，意为违背客观规律乱作为，条件不成熟硬作为，也就是逆天强行、恣意妄为、胡作非为。“无为”是老子反复强调的治国理政之道，在《老子》全书一共出现12次，而“有为”仅在此出现。为什么统治者“有为”百姓就难以统治呢？因为统治者好大喜功，一门心思搞政绩工程，不是增加赋税劳民伤财，就是朝令夕改、政令烦苛，历史上最典型的莫过于隋炀帝。对此，百姓轻则你有政策我有对策，结果就是“民之难治，以其智多”（第六十五章）；重则逼上梁山奋起反抗，当然就更难以统治了。

“民之轻死，以其上求生之厚，是以轻死”，民众之所以看轻死亡，是因为统治者过分追求长生而奉养奢厚，因此百姓看轻死亡。“轻死”意为看轻死亡、不重视死亡，也就是不在乎死、不怕死。“民之轻死”就是第七十四章的“民不畏死”。“求生”本义为谋求生存、求取生路，是本能的求生欲望。《论语·卫灵公》：“志士仁人无求生以害仁，有杀身以成仁。”《史记·伍子胥列传》：“然恨父召我以求生而不往，后不能雪耻，终为天下笑耳。”这里指追求长生不老。“求生之厚”就是第五十章的“生生之厚”，“求生之厚”的问题不在“求生”，这是人的本能，无可厚非，而是出在“厚”字上。老子在第六十七章说“我有三宝，持而保之”，其二就是“俭”，而“求生之厚”恰恰与“俭”背道而驰。由此可见，“民之轻死”不是百姓的本意，只是因为统治者片面追求养生、妄图长生不老，贪欲太多、奉养过厚、奢侈淫逸，极大地加重了百姓的赋税、徭役，民众被逼得没有生路、生不如死，只有拼死反抗一条路可走。

帛书版、王弼本把“民之轻死，以其上求生之厚，是以轻死”写作“民之轻死也，以其求生之厚也，是以轻死”，有的学者解读为百姓看轻死亡，是因为他们求生的愿望太强烈，所以看轻死亡。这既与上两句中“民”与“其上”的对比不一致，本身含义也前后矛盾，既然求生愿望强烈又怎么会“轻死”呢？根据严灵峰等专家的考证，应该是传抄过程中遗漏了“上”字。

75.2　夫唯无以生为者，是贤于贵生。

“无以生为”即不以生而作为，也就是不为了追求长生而妄为、强为，从正面理解就是清静恬淡、顺其自然，不过分看重生命。“贤于”意为胜过、超过。《战国策·赵策》：“贤于长安君。”唐代韩愈《师说》：“师不必贤于弟子。”“贵”，即以……为贵，看重、重视。“贵生”即以生命为贵，看重、珍惜生命。“贤于贵生”，即胜过、超过看重、珍惜生命。

“夫唯无以生为者，是贤于贵生”，从字面含义讲，就是只有不为了追求长生而妄为、强为的人，即只有不把保命养生看得过重而过分厚养的人，才能胜过珍惜生命之人。这从道理上似乎讲不通，实际上老子的这句话是对统治者说的，针对的是统治者的“求生之厚”，要解决的是“民之轻死”，所以这里的“贵生”是指过分看重生命，某种程度上就是“求生之厚”、过分惜命、过度厚养，正好与“无以生为”相反。老子告诉统治者，要解决“民之轻死”的问题，就不要“求生之厚”，而要努力成为“无以生为者”。只有统治者从自身做起，避免“食税之多”“有为”“求生之厚”，才能从根本上解决“民之饥”“民之难治”“民之轻死”的问题，百姓才会“贵生”而不会“轻死”，天下才能太平，政权才能得以稳固，从而统治者就能够“外其身而身存”（第七章），其结果则是“贤于贵生”。河上公注：“夫唯独无以生为务者，爵禄不干于意，财利不入于身。”

“贵生”是道家子华子学派以生命最为贵重的思想源头。《吕氏春秋》的《贵生》篇，从“圣人深虑天下，莫贵于生”开头讲起，主张耳目鼻口等“四官”之欲，“利于生者则为”，“害于生则止”，亦即“耳目鼻口不得擅行，必有所制”，这就是“贵生之术”，并列举诸多典故，论述“贵生”思想，得出“道之真，以持身”的结论，把不符合“贵生”思想的行为比喻为“以随侯之珠弹千仞之雀”，而生命“岂特随侯珠之重也哉”。子华子说：“全生为上，亏生次之，死次之，迫生为下。”而“所谓尊生者，全生之谓；所谓全生者，六欲皆得其宜也。所谓亏生者，六欲分得其宜也……所谓死者，无有所以知，复其未生也。所谓迫生者，六欲莫得其宜也，皆获其所甚恶者。服是也，辱是也……故曰迫生不若死。”《吕氏春秋·情欲》又说：“天生人而使有贪有欲。欲有情，情有节。圣人修节以止欲，故不过行其情也……圣人之所以异者，得其情也。由贵生动，则得其情矣；不由贵生动，则失其情矣。此二者，死生存亡之本也。”所以“古之治身与天下者，必法天地也”。

对于普通人来说，“夫唯无以生为者，是贤于贵生”给我们的启示是，

不要把保命养生看得过重，不要过分厚养，不要过于惜命，更不要贪生怕死，避免为追求长生不老而妄为、“迫生”。对此，老子在第五十五章就明确指出“益生曰祥”，过度养生就是不祥之兆。按照老子的“无为”摄生法，养生益寿之道最根本的就是“法天地”，恬淡自然，既敬重生命，又看淡生死，既重视养生又不刻意养生，“无以生为”而不“生生之厚”，“不自生”而“长生”，只有这样才能“贤于贵生”，才是真正的“摄生”之道。

有的学者把“无以生为”理解为“无以为生”，把“夫唯无以生为者，是贤于贵生”解读为只是因为老百姓没办法活下去，所以他们才把死亡看得比生存好，所以才“轻死”。这种解读把老子给出的解决“民之饥”“民之难治”“民之轻死”问题的答案，变成了对“民之轻死，以其上求生之厚，是以轻死”的注释和重复。还有的学者把“无以生为”理解为不追求生活享乐的人，把“贤于贵生”解释为不看重日常生活享受的贤明之人，属于过度解读。

小结

老子在第七十四章提出了反对苛政、暴行的主张，本章则直接将矛头对准统治者，深刻揭露了阶级社会中统治者与被统治者之间矛盾的本质，对“食肉者”的暴虐统治提出了义正词严的警告。老子明确指出，“民之饥”“民之难治”“民之轻死”的根本原因在于“其上”的“食税之多”“有为”“求生之厚”，也就是统治者的苛捐杂税、恣意妄为、贪得无厌。从“民之饥”到“民之难治”，再到“民之轻死”，层层递进，民众从饥不饱腹到奋起对抗，直至不顾生死揭竿而起，归根到底在于统治者自身的贪得无厌而对人民横征暴敛、残酷压迫。

老子不希望百姓“轻死”，因为只有民众“贵生”，社会才会安定。要解决“民之轻死”的问题，统治者就要放弃“求生之厚”，成为“无以生为者”，只有这样才能“贤于贵生”。其道理类似于“天地所以能长且久者，以其不自生，故能长生”（第七章），统治者“贵以身为天下，若可寄天下；爱以身为天下，若可托天下”（第十三章）。

第七十六章　兵强则灭　木强则折

元典

人之生也柔弱，其死也坚强。草木之生也柔脆，其死也枯槁。故坚强者死之徒，柔弱者生之徒。是以兵强则灭，木强则折。强大处下，柔弱处上。

直译

人活着（的时候身体）是柔软的，死后就僵硬了；草木活着（的时候）是柔软、脆弱的，死后就枯槁了。因此，坚硬刚强的东西属于死亡的一类，柔软弱小的东西属于生存的一类。所以，用兵逞强就会灭亡，树木强硬就会折断。强大的处在下风，柔弱的处在上风。

善解

76.1　人之生也柔弱，其死也坚强。草木之生也柔脆，其死也枯槁。

“人之生也柔弱，其死也坚强”，人活着的时候身体是柔软（富有弹性）的，人死之后躯体就变得坚挺僵硬了。“柔弱”指身体柔软。“坚强”本义是坚定刚强，这里与“柔软”相对，指身体坚硬、僵硬。实际上，刚出生的婴儿是人一生中最柔弱的时候，却也是生命力最旺盛的时候。按照老子的说法是，“含德之厚，比于赤子……骨弱筋柔而握固。未知牝牡之合而腹作，精之至也。终日号而不嗄，和之至也”（第五十五章）。随着年龄的增长，人的筋骨越来越强壮、坚硬，但生命力却越来越下降、减弱，人死亡后躯体肌肉都彻底僵硬了，所以我们把尸体称为僵尸。因此，学“道”、求“道”之人要经常躬身自问：“专气致柔，能如婴儿乎？”（第十章）

“草木之生也柔脆，其死也枯槁”，草木活着的时候是柔软、脆弱的，死后就枯槁了。“脆”本义为容易折断，这里指脆弱，“柔脆”即柔软、脆弱。有的版本直接写作“柔弱”，但还是“柔脆”更佳，可以避免前后重复。“枯”指古木，即百年老树，本义是草木干枯、失去生机。唐代白居易《赋得古原草送别》：“离离原上草，一岁一枯荣。”李白《蜀道难》：“连峰去天不盈尺，枯松倒挂倚绝壁。”宋代沈括《梦溪笔谈》：“八月禾未枯。”元代马致远《天净沙·秋思》：“枯藤老树昏鸦，小桥流水人家。”“槁”指树木上头缺枝少叶，即树冠光秃，本义为草木枯干、干瘪枯瘦。《墨子·耕柱》：“舍今之人而誉先王，是誉槁骨也。”刘向《九叹·远逝》：“草木摇落时槁悴兮。”“枯槁”意为干枯、枯萎、干燥。《淮南子·原道训》：“今夫徙树者，失其阴阳之性，则莫不枯槁。”汉代郑玄：“天下之人，如旱岁之草，皆枯槁无润泽。”唐代李白《自汉阳病酒归寄王明府》：“去岁左迁夜郎道，琉璃砚水长枯槁。”

有的学者把这里的“生”理解为出生，对应死去，解读为人出生的时候非常柔弱，死去时就坚硬了；草木从土里滋生出来的时候很柔软脆弱，死亡时就干枯了。我认为，这里的“生”解读为生存、活着，比出生更贴切。《论语·颜渊》：“爱之欲其生，恶之欲其死。”《孙子·九地》：“陷之死地然后生。”

尽管人出生的时候、草木从土里滋生出来的时候是最柔弱的，却是最有生命力。人和草木活着的时候都是柔软的，实际上动植物在生存的情况下都是如此，而且人和草木的“坚强”也不是在死亡的一刹那发生的，而是逐步变得僵硬、枯槁的，体积越大从柔软变得僵硬、枯槁的时间越长。《隋书·卷七七·徐则传》：“至于五更而死，肢体柔弱如生，停留数旬，颜色无变。”

“草木”通行版、帛书版写作“万物草木”。“万物”是指包括人和草木在内的宇宙间的一切存在物，万物不能与人和草木并列，因此这里的“万物”应该是衍文，而且“生也柔脆”“死也枯槁”显然是针对草木等植物而言的，针对动物就不太贴切，如果扩展到动植物以外的物质则更不合适，对于没有生命的物体，又何谈生死呢？

76.2　故坚强者死之徒，柔弱者生之徒。

“徒”本义为步行，引申为同一类或同一派别的人。这里可以理解为同一类、同一族、同一属。“死之徒”即属于死亡一类，“生之徒”即属于生存一类。

老子通过对生命有机体中最具代表性、人们最常见的人和草木的观察发现，其从生到死无不是从柔弱、柔软，到刚强、坚硬的发展过程。大风能够刮断参天的大树，却吹不折幼小的萌芽。东南沿海地区每年夏季台风过境，“坚强”的大树被吹倒一大片，柔弱的小草却迎风招展。从而得出“坚强者死之徒，柔弱者生之徒”的结论，即坚强的东西属于死亡的范畴，柔弱的东西具有生命力而属于活着的范畴，或者说坚硬刚强是死亡的同伴，柔软弱小是生存的伴侣，这是对本章第一节论述的总结。

76.3　是以兵强则灭，木强则折。强大处下，柔弱处上。

有的学者把“兵”理解为兵器，把“兵强则灭”解读为兵器越强大，越容易断掉，所以最厉害的兵器是无形的兵器；把“木强则折”解读为树木越强大，越容易折断，风一吹就断掉了。这种解读完全是望文生义，既牵强附会，又不符合老子的本意，也与上下文相矛盾，关键是对“强”的误解。这里的第一个“强”不是强大的意思，而是指逞强，“兵强”就是“兵强天下”，即以兵戎逞强于天下（世界），依靠武力夺取天下（国家政权）。“兵强则灭”体现的是老子好战必亡的思想。老子在第三十章说“以道佐人主者，不以兵强天下”，因为“其事好还”。“兵强”之所以“则灭”，其道理就是“其事好还”，穷兵黩武必遭报应。第二个“强”可以理解为强硬、僵硬，也可以理解为强盛，引申为高大。“木强则折”，即树木强硬、缺乏柔性就容易折断，或者因为树木高大，而“树大招风”，“木秀于林，风必摧之”，狂风刮倒、雷电击中的多为高大的树木，人们在砍伐树木的时候往往也是首先选择高大成材的。

“兵强则灭，木强则折”，王弼本写作“兵强则不胜，木强则兵”。“兵强则不胜”意为用兵逞强就不能获胜，与“兵强则灭”意思相近，只是观

点不如“兵强则灭”鲜明；“木强则兵”则不太好理解，有的学者把“兵”解释为利器，把“木强则兵”解读为树木长得高壮就会被人用利器砍伐，总感觉有点牵强附会。河上公本写作“兵强则不胜，木强则共”，其中“木强则共”就更令人费解，很多学者认为“共”与“兵”字形相近，“共”是“兵”字之误。直到清末，著名学者俞樾根据《列子·黄帝》引用的《老子》，才知道原文应该是“兵强则灭，木强则折”，认为“兵”因“折”字阙坏成“斤”而误为“兵”。近代国学大师刘师培发现《淮南子·原道训》也是使用“兵强则灭，木强则折”。

随着帛书版的出土，人们又有了新的发现。帛书版甲本写作“兵强则不胜，木强则恒”，乙本写作“兵强则不胜，木强则竞”。高明认为，“恒”“竞”与“共”的古代读音相同，都假借为“烘”。《尔雅·释言》：“烘，燎也。”即焚烧。“木强”对应的是草木枯槁，枯槁则容易焚烧。

为什么“强大处下，柔弱处上”呢？我认为，这里的“下”和“上”可以理解为下风（劣势）和上风（优势），因为“坚强者死之徒，柔弱者生之徒”，所以在客观上强大处于劣势，柔弱处于优势。从主观上讲，作为“强大”的一方，要谨记“高下相倾”（第二章）、“高以下为基”（第三十九章）的哲理，懂得“江海所以能为百谷王者，以其善下之，故能为百谷王”（第六十六章）的道理，善于“处下”，“处下”就是第六十一章的“以静为下”，体现的是谦让、谦卑，向天下至柔的水学习，甘于、乐于“处众人之所恶”（第八章），结果却是“柔弱处上”，即“或下以取，或下而取”（第六十一章），“是以圣人欲上民，必以言下之”（第六十六章）。

小结

对于柔弱与坚（刚）强的关系，老子在前面的章节已多次论述过。老子一贯倡导贵柔、处弱，认为“柔弱胜刚强”（第三十六章），“天下之至柔，驰骋天下之至坚”（第四十三章）。所以老子说，“弱者，道之用”（第四十章），“守柔曰强”（第五十二章）。为了便于读者更好地理解柔弱与坚强的辩证关系，老子在本章通过人们熟悉的人体与草木的生死差别告诉我们，“人之生也柔弱，其死也坚强。草木之生也柔脆，其死也枯槁”，进而得出“坚强者死之徒，柔弱者生之徒”的论断，并由此推导为“兵强则灭，木强则折”。但这还不是本章论述的终点，最终的结论是“强大处下，柔弱处上”。老子告诫处于“强大”地位的统治者，要甘于处下、善于处下，对外要“不以兵强天下”，否则“兵强则灭”，对内要无为而治，不要企图通过高压政策让民众屈服，“民不畏死，奈何以死惧之”；对普通人而言，要懂得谦恭处下，不要逞强好胜，更不要好勇斗狠。

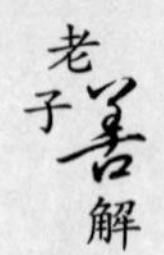

第七十七章　有余损之　不足补之

元典

天之道，其犹张弓与？高者抑之，下者举之；有余者损之，不足者补之。天之道，损有余而补不足。人之道，则不然，损不足以奉有余。孰能有余以奉天下？唯有道者。是以圣人为而不恃，功成而不处，其不欲见贤。

直译

自然规律，不就犹如拉弓（射箭）吗？（弦位）高了压低它，低了举高它；（弦长）富余了就减少它，不足了就补齐它。自然的法则，是减损多余的，用来补给不足的。人类的法则，却与此相反，是减损不足的，用来奉养有余的。谁能够用（自已的）有余来奉养天下（不足的人）呢？只有得“道”之人。因此，圣人有所作为但不自恃有恩，功成业就但不置身高位，他不愿意显露自已的贤能。

善解

77.1　天之道，其犹张弓与？高者抑之，下者举之；有余者损之，不足者补之。

“天之道”，即天的道理、天理，也就是自然之道、自然规律、自然法则。河上公注：“天道暗昧，举物类以为喻也。”这里的“其”为语气词，同后面的“与”一起表示反问。“张”本义为把弦安在弓上。《说文解字》：“张，施弓弦也。”“张弓”，即拉弓、开弓。《墨子·亲士》：“良弓难张，然可以及高入深。”《诗经·小雅·吉日》：“既张我弓，既挟我矢。”“与”读 yú，同“欤”，表示疑问，跟“吗”相同。有的版本直接写作“其犹张弓欤”，也有的写作“其犹张弓乎”。

这里的“高”和“下”指弦位高和低，也就是箭头相对靶心的位置高了、低了。“抑”和“举”指压低和举高（抬高）。“有余”和“不足”指弓弦的长度相对拉弓的幅度而言长了和短了，也就是拉弓弦松了、紧了，张弓的力量小了、大了。“损”和“补”指减少和补足弓弦的长度，也就是增加力量拉紧弓弦和减少力量放松弓弦。“补”有的版本写作“与”，指给予。

老子认为，自然规律就像拉弓。拉弓是为了射箭，射箭是为了击中目标。所以，弓抬得高了，就把它压低一些；弓举得低了，就把它举高一点；张弓的力量小了，弓弦拉得不够紧，弦的长度有富余，就要增加拉弓弦的力量，拉得紧一点，减少弦的长度，让箭射得远一些；张弓的力量大了，弓弦拉得过紧，弦的长度不够，就要减少拉弓弦的力量，拉得松一点，弥补弦长的不足，防止弓弦断裂。河上公注：“言张弓和调之，如是乃可用耳，夫抑高举下，损强益弱，天之道也。”

77.2　天之道，损有余而补不足。人之道，则不然，损不足以奉有余。

老子在上一节说，自然规律就像拉弓射箭，本节则从拉弓射箭的道理引申出具有普遍意义的自然法则：减损多余的，用来补给不足的。“损有余而补不足”，体现了天道的公正、公平、平衡、和谐，这是天道调节功能发挥作用的结果，是事物顺其自然、效法自然、回归本真的结果，不受任何外界的影响、干扰，更不以人的主观意志为转移。河上公注：“天道损有余而益谦，常以中和为上。”

“人之道”，即人类的法则，这里指人类社会的一般法则，更确切地说是常人之道，或者按照老子的语境是众人之道、俗人之道，实际上是富人之道、剥削阶级之道。人类社会的法则，与自然法则的“损有余而补不足”正好相反，减损不足的，用来奉养有余的。这不就是我们常说的“强者越强、弱者越弱”的“马太效应”或者“赢家通吃”现象吗？“人之道”反映的是剥削阶级的贪得无厌，老子对此深恶痛绝，“服文采，带利剑，厌饮食，财货有余，是谓盗夸”（第五十三章），为此告诫统治者“祸莫大于不知足，咎莫大于欲得”（第四十六章）。

从奴隶社会到封建社会再到资本主义社会，人世间为什么贫富差距愈演愈烈，就是因为“人之道”与“天之道”背道而驰，也就是“人之道”违背了“天之道”。所以“人之道”只能在短时间内起作用，“人法地，地法天，天法道，道法自然”（第二十五章），最终必然回归“天之道”，这也是“富不过三代”的根本逻辑所在。

河上公注：“人道则与天道反，世俗之人损贫以奉富，夺弱以益强也。”王弼注：“与天地合德，乃能包之，如天之道。如人之量，则各有其身，不得相均。如唯无身无私乎？自然，然后乃能与天地合德。”

77.3 孰能有余以奉天下？唯有道者。是以圣人为而不恃，功成而不处，其不欲见贤。

谁能够用自己的有余（富余）来奉养天下不足的人呢？只有得“道”之人。为什么得“道”之人能够“有余以奉天下”呢？因为“有道者”按“天之道”行事。河上公注：“言谁能居有余之位，自省爵禄以奉天下不足者乎？唯有道之君能行也。”圣人为了能够克服常人之道的束缚，行“天之道”，所以“为而不恃，功成而不处，其不欲见贤”。

“为而不恃”在第二章、第十章、第五十一章多次讲过，指圣人有所作为，但不自恃己能，不自恃有恩，不图回报。河上公注：“圣人为德施，不恃其报也。”帛书版乙本（甲本缺损）写作“为而弗有”，意为有所作为而不将功劳占为己有。

“功成而不处”就是第二章的“功成而弗居”，帛书版乙本（甲本缺损）直接写作“成功而弗居也”，意为功成业就而不居功。河上公注：“功成事就，不处其位。”“处”，本义为中止、停止，又有隐居、居家不仕之意。《孟子》：“处士横议。”《淮南子·主术训》：“处人以誉尊。”因此，有的学者按儒家思想将“功成而不处”解读为功成业就而不停止努力、不隐退。这种解读明显不符合老子哲学的“无为”思想，与第二章的“功成而弗居”、第九章的“功遂身退”、第三十四章的“功成而不有”相矛盾。这里的“处”意为置身、处于。“功成而不处”，即功成业就而不置身功劳簿，也就是“功遂身退”，不置身于高位。

“其不欲见贤”指圣人不愿意表现、彰显和展露自己的贤能、贤明，“见”读 xiàn，同“现”，意为表现、炫耀、显露。这里的“见贤”指表现贤能、显露才能，而不是见贤思齐中的见到贤能之人的意思。河上公注：“不欲使人知己之贤，匿功不居荣，畏天损有余也。”王弼注：“言唯能处盈而然虚，损有以补无，和光同尘，荡而均者，惟其道者也。是以圣人不欲示其贤，以均天下。”

有的学者把“贤”理解为多财，也就是上文的“有余”，“为而不恃”“功成而不处”的也是“有余”，圣人有所作为但不自恃“有余”，功成业就而不处于“有余”，因为他根本不愿意见到自己“有余”。

小结

老子根据张弓射箭的原理，得出“天之道”是“损有余而补不足”，这是自我调节、和谐平衡的自然法则。然而现实世界的“人之道”却是“损不足以奉有余”，与“天之道”正好相反。老子通过“人之道”与“天之道”的对比，抨击“损不足以奉有余”的社会不公平现象，表达了对统治者实行苛政的痛恨之情，对百姓的苦难境遇寄予深切的同情。在老子看来，第七十五章所说的“民之饥，以其上食税之多，是以饥。民之难治，以其上之有为，是以难治。民之轻死，以其上求生之厚，是以轻死”体现的就是“人之道”的弊端。老子强烈要求改变人类社会的这种不合理现象，希望实行“损有余而补不足”的“天之道”，实现“众生平等”“均贫富”的愿望。为此，老子把希望寄托于“有道者”，他说“孰能有余以奉天下？唯有道者”，因为“有道者”“为而不恃，功成而不处”“不欲见贤”。

第七十八章　受国之垢　社稷之主

元典

天下莫柔弱于水，而攻坚强者莫之能胜，以其无以易之。弱之胜强，柔之胜刚，天下莫不知，而莫能行。是以圣人云："受国之垢，是谓社稷之主；受国之不祥，是为天下之王。"正言若反。

直译

普天之下（的事物）没有比水更柔弱的，但攻击坚强的东西却没有什么能胜过它，因为没有什么能代替它。弱小的能战胜强大的，柔软的能克服刚强的，天下没有人不知道的，却没有人能够践行。因此，圣人说："承受国家的屈辱，才称得上国家的君主；承受国家的灾祸，才可成为天下的君王。"正面的言语（听起来）好像是反话。

善解

78.1　天下莫柔弱于水，而攻坚强者莫之能胜，以其无以易之。

"易"在《老子》全文共出现 11 次，前面的 10 次其含义都与"难"相对，意为容易，而这里指替代、取代。《易·系辞下》："上古穴居而野处，后世圣人易之以宫室。"《史记·伯夷列传》："登彼西山兮，采其薇矣，以暴易暴兮，不知其非矣。"

老子在第四十三章就说过："天下之至柔，驰骋天下之至坚。"本章老子则明确指出，“天下之至柔”就是水。世间的事物，没有比水更柔弱的东西，也就是说水的性情是天下最柔弱的，但攻击坚强的东西，没有什么能比得过它，因为没有什么能代替它。水是天底下最柔弱的，却能滋润万物，是一切强大生命力的源泉，既能以温柔的方式滴水穿石，又能以滔天巨浪毁天灭地、无坚不摧。

水在老子的认知体系中是“道”的化身，老子在第八章说：“上善若水。水善利万物而不争，处众人之所恶，故几于道。”河上公注：“圆中则圆，方中则方，拥之则止，决之则行。”王弼注：“以，用也。其，谓水也。言用水之柔弱，无物可以易之也。”

“以其无以易之”通行版写作“其无以易之”，“以其”是老子的习惯用语，在前面的章节已经出现过12次，帛书版甲本、乙本都写作“以其”。

78.2　弱之胜强，柔之胜刚，天下莫不知，而莫能行。

关于柔弱与坚（刚）强的关系，老子在前面的章节反复论述过，特别是通过第七十六章对人和草木的生死之别的阐述，以及本章以水为例的讲解，再加上人们在日常生活中对水与火、阴与阳、舌与齿、婴儿（骨弱筋柔而握固）与老人（骨脆筋硬）的比较，以及滴水穿石、抽刀断水水更流等现象的观察，对弱小能战胜强大、柔软能克服刚强的道理，天下人没有不知道的，却没有人能够践行。河上公注：“水能灭火，阴能消阳；舌柔齿刚，齿先舌亡。”

老子的“天下莫不知，而莫能行”，与我们熟知的儒家思想中的“知易行难”，既有异曲同工之妙，又不完全相同。《尚书·说命中》：“非知之艰，行之惟艰。”孔传：“言知之易，行之难。”相同之处都认为大道至简，但要真正做到却不容易。不同之处在于，儒家的“知易行难”强调的重点是行的重要性，所以解决之道是“知行合一”。老子认为，他言论的宗旨是“道”（“言有宗”），而“大道至简”，所以很容易知晓，也非常容易施行（“吾言甚易知，甚易行”）。那又为什么天下没有人能够施行？与第七十章的“天下莫能知，莫能行”是不是自相矛盾呢？实际上老子这里所说的“莫不知”的“知”是指民众对日常生活中滴水穿石等现象的“知”，这种“知”还停留在对表面事物粗浅了解的层次，而第七十章的“天下莫能知”的“知”是指对事物本质的知晓。“天下莫能知，莫能行”，是因为

人们没有静下心来学“道”，更没有真正悟“道”（“天下莫能知”“知我者希”），所以没有人能够践行（“莫能行”“则我者贵”）；“天下莫不知，而莫能行”，则是表面上好像人人都知道“弱之胜强，柔之胜刚”的道理（“天下莫不知”），实际上仍然停留在对事物表象的观察，并没有能够真正理解、掌握和明白其中蕴含的深刻内涵与原理，所以无法在实践中践行（“莫能行”）。由此可见，老子在这里强调的重点是“行”，“行”的前提是真正的“知”。按照现在的说法就是学懂弄通是做实的基础，只有学懂弄通才能做实，所以解决之道是通过“观”得以体悟“道”，进而尊“道”、循“道”，最后才能行“道。

“天下莫不知，而莫能行”通行版写作“天下莫不知，莫能行”，根据帛书版乙本（甲本缺损）增补“而”，起到转折的作用，也与第七十章的“天下莫能知，莫能行”相对应。

78.3　是以圣人云：“受国之垢，是谓社稷之主；受国之不祥，是为天下之王。”正言若反。

“垢”本义为污秽、污垢。《说文解字》：“垢，浊也。”通“诟”，意为耻辱、屈辱。《诗经・大雅・桑柔》：“维彼不顺，征以中垢。”《左传・宣公十五年》：“国君含垢。”《文选・曹植・上责躬应诏诗表》：“忍垢苟全，则犯诗人胡颜之讥。”

“社”指土地神，“稷”为谷神。在以农为本的中国古代社会，土地神和谷神是中华民族最重要的原始崇拜物，历代帝王都要祭祀社稷，所以社稷就成为国家的代称。《尚书・太甲上》：“社稷宗庙，罔不祗肃。”《礼记・檀弓下》：“能执干戈以卫社稷，虽欲勿殇也，不亦可乎？”“社稷之主”，即国家的君主，也就是国王，在老子所处的年代就是诸侯国的国君。

“不祥”，即不善、不吉祥、不吉利。“国之不祥”就是国家的灾难、祸害。这里的“天下”指当时整个周王朝统治的区域，“天下之王”，即全天下的帝王、整个王朝的君王，在老子所处的年代就是周天子。《尚书・洪范》：“天子作民父母，以为天下王。”

“受国之垢，是谓社稷之主；受国之不祥，是为天下之王”，能够承受国家的屈辱、耻辱和国人的责怨，才称得上（配称为）国家的君主；能够承受国家的灾难、祸害，才可以成为（配做）天下的君王。越王勾践忍辱负重、卧薪尝胆的故事是我们耳熟能详的“受国之垢”的案例，当然其并不完全符合老子的无为思想。

为什么“受国之垢”才能称为“社稷之主”，“受国之不祥”才能成为“天下之王”？因为“受国之垢”和“受国之不祥”就是为国为民忍辱负重，这不仅仅是柔弱的表现，而且体现了老子居后、处下、不争的无为思想。老子在第八章说：“水善利万物而不争……夫唯不争，故无尤。”在第三十九章说：“是以侯王自称孤、寡、不穀。”在第四十二章说：“人之所恶，唯孤、寡、不穀，而王公以为称。”（河上公注：“孤寡不穀者，不祥之名，而王公以为称者，处谦卑，法虚空和柔。”）在第六十六章又说：“江海所以能为百谷王者，以其善下之……以其不争，故天下莫能与之争。”《庄子·天下》：“人皆取先，己独取后，曰受天下之垢。”河上公注：“人君能受国之垢浊者，若江海不逆小流，则能长保其社稷，为一国之君主也。”

“受国之垢，是谓社稷之主；受国之不祥，是为天下之王”通行版写作“受国之垢，是谓社稷主；受国不祥，是为天下王”，本书根据帛书版增加三个“之”。

“正言若反”，即正面的言语听起来好像是反话一样。河上公注：“此乃正直之言，世人不知，以为反言。”

“正言若反”是老子行文的特点之一，也是后人认为《老子》难以读懂的原因所在。一方面，因为老子善于通过“观”的方法，透过表面、从反面认识事物的本质，突出体现在对“反”的认知和思考上，“大曰逝，逝曰远，远曰反”（第二十五章），“反者，道之动；弱者，道之用”（第四十章），“玄德深矣、远矣！与物反矣，然后乃至大顺”（第六十五章），其哲学思想深藏常人难以看透的睿智；另一方面，则是因为人们长期以来受到儒家思想的洗礼，习惯于按儒家文化思考、分析、认识问题，面对老子从不同侧面深入观察得出的结论不适应、不理解，常常把正理看成反言。纵观《老子》全篇，“正言若反”的例子比比皆是，比较突出的有：“天地所以能长且久者，以其不自生，故能长生。是以圣人后其身而身先，外其身而身存”（第七章），“曲则全，枉则直，洼则盈，敝则新，少则得，多则惑……夫唯不争，故天下莫能与之争”（第二十二章），“大白若辱，大方无隅”（第四十一章），“人之所恶，唯孤、寡、不穀，而王公以为称。故物或损之而益，或益之而损”（第四十二章），“大成若缺，其用不弊。

大盈若冲，其用不穷。大直若屈，大巧若拙，大辩若讷”（第四十五章），“知者不言，言者不知”（第五十六章）。

小结

老子在前面的章节多次论述过柔弱与坚（刚）强的关系。在第七十六章，老子以人们熟悉的“人之生也柔弱，其死也坚强。草木之生也柔脆，其死也枯槁”的论述，得出了“坚强者死之徒，柔弱者生之徒”的结论。本章老子赞美水是“天下之至柔”，却能“驰骋天下之至坚”“攻坚强者莫之能胜，以其无以易之”。但老子不是要论述“柔弱胜刚强”，因为这个现象已经“天下莫不知”，老子感叹的是天下“莫能行”。为此，老子借圣人之口，以“正言若反”的方式告诉统治者：“受国之垢，是谓社稷之主；受国之不祥，是为天下之王。”

第七十九章　天道无亲　恒与善人

元典

和大怨，必有余怨【；报怨以德】，安可以为善？是以圣人执左契，而不责于人。有德司契，无德司彻。天道无亲，恒与善人。

直译

和解大的仇怨，必定会有余留的怨恨【；（如果）用恩德报答仇怨呢】，还可以做得更好吗？因此，圣人持有借据存根，却不向负债人索还。有德之人掌管借据，无德之人掌管税收。自然法则没有亲疏，却永恒帮助善人。

善解

79.1　和大怨，必有余怨【；报怨以德】，安可以为善？

"和"指调和、调解、和解、和释。"怨"即怨恨、怨仇。"大怨"指深仇大怨，积怨已久的深仇大恨。"安"，表示无危险，本义为安定、安全、安稳，用在疑问句，相当于岂、怎么、如何、何处、哪里。《左传·宣公十二年》："暴而不戢，安能保大？"《礼记·檀弓上》："泰山其颓，则吾将安仰？"《史记·项羽本纪》："安与项伯有故。"宋代欧阳修《归田录》："尔安敢轻吾射。"

相关领域的学者对"和大怨，必有余怨"的理解基本一致：调和、和解深仇大怨，必定会有余留的怨恨、残余的不满。但对“安可以为善”的解读则五花八门。有的学者解读为，这哪里能算好呢？这怎么算做了好事呢？有的学者译为，这哪里能说是好办法呢？这怎能算是真正的修嫌释好呢？也有的学者理解为：怎么做才能没有大怨呢？这些还是意思相近的，还有的学者认为，“安可以为善”不应该是疑问句，而是陈述句，无论是第六十四章的“其安易持”，还是第十五章的“孰能安以动之徐生”里的“安”，都可以用在这里，解读为“安”可以为善。认为“安”就是一种稳定、祥和的状态，道德涵养很深的人拥有的一种宁静和淡泊，是不与人争一日之短长、斤斤计较于世俗功名利禄的平和心态，这也是“善”的根本，从“安其心”到“安其居”，由“安其分”而“乐其道”，民“安”而后天下“安”。所以说“安”才“可以为善”。

解读《老子》要贯通全文、上下文对照，这是我的一贯主张，但不能走向另一个极端，不是要对《老子》文中出现的每一个字都按照一个含义去生搬硬套，而是要从总体上把握，前后观点不能矛盾。从老子的哲学思想体系分析，特别是与本章后文的衔接看，老子的观点是，“和大怨”不如根本上不结怨，这才是上策。国外有个寓言，讲的是伤他人的心就好像往木头里钉钉子，道歉就相当于把钉子拔出来，尽管钉子已经拔出来了，但是曾经受伤害的那个窟窿却不能完全愈合。所以，我对这句解读为，调和、和解深仇大怨，必定会有余留的怨恨，（那么）如何可以做好呢？“安可以为善”帛书版甲本（乙本缺损）写作“焉可以为善”，就避免了对“安”的误读，也反证了我的解读。

我们在第六十三章讲过，“报怨以德”与上下文不相关联，疑为错简，应该移至本章。对于将“报怨以德”放在本章何处的问题，有的学者认为应在“和大怨，必有余怨”句上，有的学者则认为在“安可以为善”句上，我赞同后者。尽管“报怨以德”在通行版、帛书版中都出现于第六十三章，有无错简的问题可以商榷，但从内容上分析，确实移到本节解读起来更顺畅，因此将通行版的一个句子“和大怨，必有余怨，安可以为善”修改为“和大怨，必有余怨；报怨以德，安可以为善”两个分句，解读为：和解深仇大怨，必定会有余留的怨恨；（如果）以恩德回报仇怨，还可以做得更好吗？这样就从原来的一层含义变为递进的两层含义，“安可以为善”则从“如何可以做好呢”变成“还可以做得更好吗”。

“报怨以德”虽然是老子的为人处世之道，在一定程度上可以化解仇怨，但还不能从根本上解决“和大怨，必有余怨”的问题。那么怎么才能做得更好呢？老子的观点是，要从根本上解决仇怨问题，必须从源头上彻底铲除结怨的根源，具体说就是第二节的“是以圣人执左契，而不责于人。有德司契，无德司彻”。

79.2 是以圣人执左契，而不责于人。有德司契，无德司彻。

“执”本义为捉拿，引申为拿着、手持、持有。《韩非子·五蠹》：“执干戚舞。”“契”即契约、契券、契据，指古代证明买卖、抵押、租赁等关系的凭证、凭据。《说文解字》：“契，大约也。券，契也。”“契”最初由竹木制成，中间刻横画，两边刻相同的文字，记载财物的名称、数量及负债人和债权人姓名等，因“契”通“栔”，意为用刀刻，刀刻出来的文字则称为契文。《吕氏春秋·察今》：“其剑自舟中坠于水，遽契其舟。”所以把这种证明买卖、抵押、租赁等关系的凭据称为“契”。“契”刻制好后劈为两片：左片称“左契”，刻着负债人姓名，由债权人持有；右片叫“右契”，刻着债权人的姓名，由负债人保存。债权人索还财物时，以“左契”为凭证，负债人以保存的“右契”核对，两契相合即为支付凭据。《韩非子·主道》：“符契之所合，赏罚之所生也。”后来契约由刀刻改为书写，材质由竹木改为绢帛，再改为纸张等，但仍称“契”、契约、文契。《易·系辞》：“后世圣人易之以书契。”唐代杜牧《杭州新造南亭子记》：“今权归于佛，买福卖罪，如持左契，交手相付。”“责”本义为债款、债务，这里指责偿、索取财物，即“执左契”的债权人向负债人索取所欠的财物。《吕氏春秋·慎行论》：“往责于东邑。”《聊斋志异·促织》：“责之里正。”

为什么圣人作为债权人“执左契”，持有负债人的借据存根，却不向负债人索取所欠的财物呢？因为圣人深藏“生而不有，为而不恃，长而不宰”（第十章）的“玄德”，施恩而不求回报，宁肯让别人有负于他也不对别人苛责，既体现了得“道”的圣人“宁可天下人负我，而我不负天下人”的慈爱、宽厚之心，又从根本上解决了“和大怨，必有余怨”的问题，持有借据却不索债，愿意让别人亏欠他而不思追讨、不去追讨，就避免了追债而与负债人“结怨”，这比有了怨恨再去“报怨以德”更高明、更彻底。

更深入地分析，能够“执左契”的人，总体上是富有之人，所以“执左契，而不责于人”就是“损有余而补不足”（第七十七章），体现的是“天之道”。

“左契”，帛书版甲本写作“右契”（通行版、帛书版乙本为“左契”），有的学者认为，甲本在前，乙本在后，甲本更符合原文，并依据相关典籍的记载，论证古代以“右契”为尊。《礼记·曲礼》：“献粟者执右契。”郑玄注：“契，券要也。右为尊。”《战国策·韩策三》：“安成君东重于魏，而西贵于秦，操右契而为公责德于秦魏之主。”鲍彪注：“左契，待合而已；右契，可以责取。”但实际上自古至今对于左、右何者为尊的问题，并无一成不变的定论，以左为尊者也不乏其例。如唐代杜牧《杭州新造南亭子记》：“今权归于佛，买福卖罪，如持左契，交手相付。”宋代陆游《禽言·打麦作饭》诗：“人生为农最可愿，得饱正如持左券。”仅就《老子》而言，则应以“左契”为尊。老子在第三十一章明确指出，“君子居则贵左……吉事尚左，凶事尚右”，对此竹简版、帛书版、通行版完全一致。有关对中国历史上“贵左”传统的论述参见本书第三十一章。

这里的“有德”和“无德”分别指有德之人和无德之人，我们在第二十七章讲过，有德之人和无德之人分别相当于“善人”和“不善人”。“司”本义为职掌、主管。“司契”即掌管契据。“彻”意为通、达。《说文解字》：“彻，通也。”这里指周代的田税制度，相传夏、商、周三代的田税按十分取一的税率征收，为天下之通法，所以称为“彻”。《尚书大传》卷二：“王者十一而税，而颂声作矣。”三国魏何晏《集解》：“周法，什一而税，谓之彻。”“司彻”即掌管税收。

老子提倡的“有德司契，无德司彻”，既是解决“和大怨，必有余怨”之道，也是顺其自然、人尽其才的需要。对一个国家来说，让有德的“善人”、圣人掌管契据，可以做到“执左契，而不责于人”，体现统治者的宽厚、慈爱，容易得到民众的拥护、爱戴，有利于缓和统治者与被统治者之间的关系，从源头上避免与百姓结怨；让斤斤计较的无德之人掌管田税，按照国家规定的税率收税，有利于确保国家财政收入、保障国家机器正常运转，当然老子的“无德司彻”是建立在“什一而税，谓之彻”，而不是横征暴敛、苛捐杂税的前提下的。实际上，古今中外能做到“什一而税”的，在民众的眼中都是善政。根据《论语》的记载，鲁哀公问孔子的弟子有若：“年饥，用不足，如之何？”有若对曰：“盍彻乎？”鲁哀公曰：“二，吾犹不足，如之何其彻也？”有若对曰：“百姓足，君孰与不足？百姓不足，君孰与足？”

由此可见，“司契”和“司彻”两者缺一不可。按照治理方式分析，“司契”是德治，无为而治；“司彻”是法治，有为而治。问题的关键是谁来“司契”、谁来“司彻”，二者切不可颠倒。让无德之人“司契”必然民怨沸腾、官逼民反，而让有德之人“司彻”则会造成国库空虚甚至国家机器停摆。

有的学者按儒家的道德观解读“有德司契，无德司彻”，认为“司契”的是有德之人，握有债权而不求偿还，道德高尚；“彻”指苛税，“司彻”的是无德之人，苛刻严酷、到处盘剥，用严酷的税收和刑罚压榨人民，没有道德。这是对老子“有德”和“无德”的误解，“有德”不是指有道德的人，而是得“道”之人，“执左契，而不责于人”，不是体现有德之人的道德高尚，而是指其按“道”行事、顺其自然，也没有债务不用偿还的含义，只是不去主动索取；“无德”也不是指没有道德的人，而是还没有得“道”之人。在老子看来，世界上没有“弃人”（“圣人恒善救人，故无弃人”），更没有“恶人”，“司彻”的人只要依律而行就好。所以，不是因为“司契”而“有德”、“司彻”而“无德”，而是“有德”适合“司契”、“无德”适合“司彻”，作为统治者要善于用人、用对的人干对的事，让“有德”之人“司契”、“无德”之人“司彻”，切不可张冠李戴。

以上是站在国家层面、从统治者治国理政方面而言的，那么作为一个普通人，我们从中可以学到什么呢？第一，有善心，做善事，尽可能使自己成为“执左契”的人，按照“为腹不为目”的标准，在满足自身基本生存需求后，主动把自己的“有余”拿出来“奉天下”、乐于帮助他人，并在此基础上努力向圣人、“善人”看齐，做到“执左契，而不责于人”，从容大度，有恩于人而不图回报。第二，人和人之间只要有交往，就难免会有利益上的关系，不想吃亏，是人之常情，要懂得吃亏是福的道理，不妨学习圣人“执左契，而不责于人”的智慧，不要斤斤计较，通过吃小亏不结怨于人，避免将来花更大的代价去“和大怨”。第三，如果由于种种原因不幸成为“执右契”的人，则要不忘人恩、懂得感恩，心存感激、知恩图报，好借好还、及时偿还，而不能好吃懒做、彻底躺平，不能当“老

赖”、恩将仇报，一旦自己有能力时，要懂得回报社会和他人，“滴水之恩，当涌泉相报”。第四，要从反面汲取教训，不能为富不仁，切不可“损不足以奉有余”，不要追求“金玉满堂”，不要迷失在欲望的追逐中，更不要“富贵而骄”，防止重蹈“甚爱必大费，多藏必厚亡”的覆辙。

79.3 天道无亲，恒与善人。

“天道”，即天的道理、天理，也就是自然之道、自然规律、自然法则。“亲”本义为亲爱，引申为亲近、亲密，与“疏”相对。“无亲”指没有亲疏之分，没有私情，体现了“天道”的不偏不倚、无所偏袒、公正公平、自然无为。“天道无亲”现在也作“天道无私”，也就是第五章所说的“天地不仁”。上天对世人本来就没什么亲疏之别，无非是“同于道者，道亦乐得之；同于德者，德亦乐得之；同于失者，失亦乐得之”（第二十三章），“故不可得而亲，不可得而疏”（第五十六章）。老子在第七十三章又从反面告诫人们：“天网恢恢，疏而不失。”

“与”本义为赐予、施与、给予，引申为帮助、援助。《战国策·齐策》：“君不与胜者，而与不胜者。”汉代桓宽《盐铁论》：“匈奴壤界兽圈，孤弱无与，此困亡之时也。”“善人”，指为善之人、行善之人、善为之人，是入“道”、尊“道”、循“道”和行“道”之人，也就是“几于道”之人，接近于圣人。

“天道无亲，恒与善人”，自然法则没有偏爱，却总是亲近和帮助善良的人。这不是指有一个人格化的“天道”永远去帮助善人，而是因为善人“执左契，而不责于人”，善于帮助人而不结怨于人，所以得到“天道”的帮助是他善于为人、乐于助人、行善积德的自然结果，体现的是“功遂身退”（第九章）、“不争而善胜……不召而自来”（第七十三章）的“天之道”。俗话说：“人善人欺天不欺，人恶人怕天不怕。”“量大福也大，机深祸亦深。”这些话就是对“天道无亲，恒与善人”最好的注解。天下人，天下事，大抵如此，人有善念，天必佑之。《易传·文言传·坤文言》：“积善之家，必有余庆；积不善之家，必有余殃。”

有的学者把“与”理解为和，把“天道无亲，恒与善人”解读为自然规律没有偏爱，总是和善人在一起。“天道”是自然法则，作用于包括“善人”，“不善人”在内的所有人，和“不善人”也在一起，之所以“恒与善人”，是因为“善人”善于“与人”的结果，也就是第八十一章的“既以为人己愈有，既以与人己愈多”。

小结

老子告诉人们：“和大怨，必有余怨”，一旦产生了怨恨，即使“报怨以德”也无法彻底清除“余怨”，根本之道是不结怨于人。实际上老子是要告诫统治者，不要与百姓结下深仇大怨，否则蓄怨过深必然难以化解。所以作为掌握“司彻”大权的执政者，不要用苛捐杂税去搜刮民众，不要用严刑峻法去压制百姓，以免民众怨声载道。执政者应该向圣人看齐，做到“执左契，而不责于人”，宽容地对待百姓，努力成为民众心目中的“善人”，这样就能“长生久视”，因为尽管“天道无亲”，却“恒与善人”。

第八十章　小国寡民　安居乐俗

元典

小国寡民。使有什伯之器而不用，使民重死而不远徙。虽有舟舆，无所乘之；虽有甲兵，无所陈之。使民复结绳而用之。甘其食，美其服，安其居，乐其俗。邻国相望，鸡犬之声相闻，民至老死不相往来。

直译

缩小国土，减少民众。即使有百十人使用的器具也无用，使民众看重死亡而不远走他乡。虽然有船只和车辆，却没有乘坐的必要；虽然有铠甲和兵器，却没有陈列的需求。使民众重新使用结绳的方法记事。（让百姓）吃得甘甜，穿得美丽，住得安适，乐享风俗。邻国之间互相能看得见，鸡鸣犬吠的声音都能听到，民众直到老死也不互相往来。

善解

80.1　小国寡民。

“小国寡民”，意思是指国家小，百姓少，即国土狭小，民众稀少，常被用作谦辞。在这里老子把“小国寡民”作为其建立理想国家模式、社会结构的手段。“小”和“寡”都是动词，分别意为“使……变小”“使……变少”。

老子为什么提出缩小国土、减少民众的设想呢？难道是因为当时的国家太大不便于管理吗？这就不得不说一说老子所处的东周时代。首先，在老子所处的年代，“国”是指周王朝下面的诸侯国，也叫邦国（即通行版中的“国”。在竹简版、帛书版甲本中，除了“国中有四大”“可以有国”“有国之母”几处，都写作“邦”；帛书版乙本因避汉高祖刘邦名讳，改“邦”为“国”，后被通行版采用），而现在意义上的国家，即当时周王朝管辖的范围称为“天下”。其次，当时天下战乱不止、狼烟四起、烽火遍地，百姓生活在水深火热之中，其原因在于周王朝中央政府式微，诸侯普遍僭越、割据，纷纷“挟天子以令诸侯”，为了各自的利益，通过武力发动战争扩大自己的疆域、增加统治的百姓，诸侯国之间相互征战、兼并。这一切使老子切身体会到各诸侯国“广土众民”的政策（扩大国土、增加民众），对社会、对生态特别是对民众带来的巨大危害，“师之所处，荆棘生焉；大军之后，必有凶年”（第三十章）。老子提倡“小国寡民”就是针对上述情况给出的解决方案，希望回归原始村落的和平、宁静，这既与老子一贯的反战思想一脉相承，又体现了清静无为的治国理念。实际上周王朝最初分封的诸侯国大多数都比较小，所以“小国寡民”也是希望诸侯安于国土狭小、民众稀少。王弼注：“国既小，民又寡，尚可使反古，况国大民众乎？故举小国而言也。”

80.2　使有什伯之器而不用，使民重死而不远徙。虽有舟舆，无所乘之；虽有甲兵，无所陈之。使民复结绳而用之。

本节有三个“使”，第一个意为即使，第二个、第三个为让、使得。“使有”，傅奕本写作“使民有”。

“什”和“伯”都是古时军队中的基层编制单位，十人为什，百人为伯。“什”本义是集体的十。《周礼·宫正》：“会其什伍。”五人为伍，二伍为什。“什”用作数量词，指十、十倍，引申为数多品杂。《后汉书·宣秉传》：“即赐布帛帐帷什物。”“伯”读 bǎi，通“百”，为百倍。《汉书·食货志上》：“亡（无）农夫之苦，有仟伯之得。”“什伯”泛指军队的基层队伍，用作数量词，指超过十倍、百倍。引申为多种多样。《孟子·滕文公上》：“夫物之不齐，物之情也。或相倍蓰，或相什百，或相千万。”因此有的学者把“什伯”解读为基层队伍。河上公注：“使民各有部曲什伯，贵贱不相犯也。”有的学者则解读为众多、多种多样、各种各样。这里的

"器"有的学者理解为兵器，有的认为专指农具。河上公注："器，谓农人之器。而不用，不征召夺民良时也。"多数专家认为"器"泛指器具、器械。对于"什伯之器"，有的学者认为是各种各样的器具或众多的工具，也有的学者解读为十倍百倍有用的工具或十倍百倍人工的器械。我觉得这些解读与"小国寡民"联系不紧密，后来看到帛书版甲本写作"使十百人之器毋用"、乙本写作"使十百人器勿用"，才恍然大悟，原来老子的意思是"小国寡民"而使得十人、百人使用的大器具用不上或者没有用，也就是民众各自使用自家的小工具就可以了。

"重死"，即看重死亡、畏惧死亡，珍惜生命，不轻易冒生命危险去做事，类似于第七十四章的"畏死"，其反义就是第七十五章的"轻死"。百姓为什么"轻死"？老子在第七十五章说："民之轻死，以其上求生之厚，是以轻死"，所以要让百姓"重死"，就要解决"其上求生之厚"的问题，这也是老子提倡"小国寡民"的原因所在。

"远徙"指向远方迁居、旅行。"不远徙"是中国古代社会的常态。《论语·里仁》："子曰：'父母在，不远游，游必有方。'"百姓之所以"远徙"，肯定是因为战乱、天灾人祸的无奈之举，因此要做到让民众珍惜生命而不远走他乡，首要之举就是要创造和平的环境。为此，老子反复告诫统治者，"以道佐人主者，不以兵强天下"（第三十章），"夫兵者，不祥之器，物或恶之，故有道者不处""兵者，不祥之器，非君子之器，不得已而用之"（第三十一章）。同时，统治者要顺应自然，清静淡泊，轻徭薄赋，与民休养生息，实现"执大象，天下往。往而不害，安平泰"（第三十五章）的局面。河上公注："君能为民兴利除害，各得其所，则民重死而贪生也。政令不烦则民安其业，故不远迁徙离其常处也。""不远徙"帛书版甲本写作"远送"，乙本写作"远徙"，都没有"不"字，应该不是遗漏。对此，许抗生等学者研究认为，"不"字疑为后人所增，这里的"远徙"与前面的"重死"相对应，"远"与"重"一样是动词，"远徙"，即把迁徙看成很远，当作不应做的事，意为不随便迁徙，也就是远离迁徙，与上面所说的"不远徙"意思相近。

"舆"本义为车中装载东西的部分，即车厢，后泛指车。我们在第五十章讲过，"甲兵"即铠甲和兵器，泛指兵器、武器装备。"甲兵"也可以理解为穿铠甲的士兵，又称为甲士、甲卒，亦泛指军队。《荀子·王制》："故不战而胜，不攻而得，甲兵不劳而天下服。"《南史·傅昭传》："及昭至，有人夜见甲兵出。"引申为布阵打仗、战争、战乱。《左传·哀公十一年》："胡簋之事，则尝学之矣；甲兵之事，未之闻也。"唐代杜甫《夜二首》："甲兵年数久，赋敛夜深归。""陈"即陈设、陈列。老子对"小国寡民"状态的描述是，国土小到虽然有船只和车辆却没有乘坐的必要，因为与外人无争，军队没有用武之地，所以虽然有铠甲和兵器，却没有陈列的需求。

"结绳"是在文字尚未产生之前，古人通过在绳子上打不同的结来记数、记事和传递信息的方法，称为结绳记事。相传大事打大结，小事打小结。现在某些没有文字的民族还采用结绳方式记事。《易经·系辞下》："上古结绳而治，后世圣人易之以书契。"汉代郑玄注："事大，大结其绳；事小，小结其绳。"许慎《说文解字序》："及神农氏结绳为治，而统其事。"

老子提倡让民众重新使用结绳记事的方法治理天下，不是真要让百姓回到结绳记事的原始社会，而是向往原始社会乡村生活的清平、祥和、宁静、恬淡，希望统治者能够清心寡欲、无为而治。所以，后人用"结绳而治"比喻以最清简的方法来治国。南朝宋刘义庆《世说新语·品藻》："人皆如此，便可结绳而治，但恐狐狸貒貉啖尽。"

80.3　甘其食，美其服，安其居，乐其俗。邻国相望，鸡犬之声相闻，民至老死不相往来。

"甘其食，美其服，安其居，乐其俗"，让百姓吃得甘美、香甜，穿得美丽、漂亮，住得安适、舒服，乐享风俗、过得快乐，这是老子提倡"小国寡民"结绳而治的目标所在。河上公注："甘其蔬食，不渔食百姓也。美其恶衣，不贵五色。安其茅茨，不好文饰之屋。乐其质朴之俗，不转移也。"有的版本在"甘其食"前面有"至治之极，民各"。"安其居，乐其俗"帛书版写作"乐其俗，安其居"，傅奕本写作"安其俗，乐其业"。"俗"与"服"韵，而且"食""服""居"是人生活最必需的，"俗"次之，"业"则与"小国寡民"、结绳记事等联系更远。

因为"小国寡民"，邦国领土狭小，邻国之间互相能看得见，鸡鸣狗吠的声音都能听到，但百姓一直到年老而死也不互相往来。老子在这里强调的是国与国之间，百姓互不干扰，各自安于自己的小天地，和睦相处，

避免因利益交叉发生摩擦，从根本上消弭战争的隐患。河上公注：“其无情欲。”王弼注：“无所欲求。”“鸡犬”帛书版甲本写作“鸡狗”，乙本则同通行版。“民至老死不相往来”傅奕本写作“使民至老死不相与往来”，有的版本把“民”写作“人”（第二节的两个“民”也有类似情况），帛书版与通行版一致，魏源认为这是因为避唐太宗名讳而将“民”改为“人”。

小结

老子在前面的章节中从不同的角度论述了治国理政之道，可能是怕后来者无法想象其想要实现的社会整体景象，或许觉得前面讲述的大道太理性，所以在全书即将完稿之际，老子专门在本章给人们描绘了一幅“乌托邦”社会全景图。

第一节是实现老子“乌托邦”理想的手段和措施——“小国寡民”，即缩小国土、减少民众。第二节则是论述“小”和“寡”的程度、标准：即使有百十人使用的器具也没有用处，民众不必为生计背井离乡、远走他乡，虽有车船无须乘坐，虽有铠甲、兵器却没有陈列的必要，内部事务少到用结绳记事就能解决。第三节是畅想理想社会要达到的目标和愿景：“甘其食，美其服，安其居，乐其俗”，“邻国相望，鸡犬之声相闻，民至老死不相往来”，这是一幅田园气息浓郁的乡村生活画卷，不正是陶渊明心目中的桃源仙境吗？

本章与《老子》其他章节相比，少了理性的逻辑推理和深邃的哲学思辨，却给我们带来了梦幻般的绚烂色彩以及充满宁静安逸的祥和社会生态图景。然而本章也是被后人误解、批评最多的章节之一，主要原因有以下几个方面。

一是有的学者以“小国寡民”批评老子反对大一统，不利于国家的统一、壮大。实际上，老子要缩小的“国”是周王朝下面的诸侯国，而不是相当于现在意义的国家（天下），老子对“天下”的论述远远超过“国”。按照本书采用的版本，《老子》使用“天下”61次、“国”25次（其中“国家”2次），老子的天下观是“贵以身为天下，若可寄天下；爱以身为天下，若可托天下”（第十三章），“天下神器，不可为也，不可执也”（第二十九章），主张“处无为之事，行不言之教”（第二章），但从来没有反对国家统一的思想。老子“小国寡民”针对的是诸侯割据、相互兼并以及兼并战争给社会造成的破坏特别是给百姓带来的深重灾难，他要小的“国”是诸侯国，“小国寡民”的目的是从根本上削弱诸侯的兼并能力和野心，在某种程度上与汉代贾谊在《治安策》里提出“众建诸侯而少其力”的策略有异曲同工之妙。老子希望诸侯安于“小国寡民”的现状、致力于“小国”的治理，这样百姓就能过上安定的生活，周王朝的天下太平和统一也能得以维护，这其实与儒家对士人（知识分子）提出的理想（修身、齐家、治国、平天下）并不矛盾。

二是有的学者以“有什伯之器而不用”“虽有舟舆，无所乘之；虽有甲兵，无所陈之”批评老子不重视技术和生产力的发展，更有学者依据马克思主义生产力与生产关系的理论，认为兼并大一统的潮流不可阻挡，因此批评“使民复结绳而用之”是想倒退到原始社会，逆历史潮流而动。这完全是超越时空以现代理论苛责古人思想，而且曲解了老子的本意。其实老子的这些描述只是对“小国寡民”“至治之极”的一种形象比喻，就如同现代都市人憧憬乡村农耕社会、希望在山野隐居生活一样，难道这些人就是反对都市化、反对现代技术发展吗？老子并没有说要损毁、弃绝“什伯之器”、“舟舆”、“甲兵”和文字，原始社会哪来的“国”？不发展生产力又如何能“甘其食，美其服，安其居”？

三是有的学者以“邻国相望，鸡犬之声相闻，民至老死不相往来”批评老子封闭僵化、限制百姓的人际交往。其实老子描述的是一种民风淳朴、生活安适、恬淡宁静的桃花源式的淳朴生活场景，强调的是如果统治者能够安于“小国寡民”，百姓则“甘其食，美其服，安其居，乐其俗”，国与国之间没有利益纠纷，和平共处，相安无事，内部田园牧歌，没有盗窃和欺诈，生活在其中的百姓其乐融融，与当时现实政治中的钩心斗角、尔虞我诈、纷争迭起、战乱不止、民不聊生形成鲜明对照，反映的是动荡岁月民众对和平生活愿景的向往与憧憬。

第八十一章　利而不害　为而不争

元典

信言不美，美言不信。善者不辩，辩者不善。知者不博，博者不知。圣人不积，既以为人己愈有，既以与人己愈多。天之道，利而不害；圣人之道，为而不争。

直译

诚实的言语不美妙，华美动听的话语不诚信。善良的人不巧辩，狡辩的人不善良。有智慧的人不广博，广博的人没智慧。圣人不（私自）积藏，尽力帮助他人，自己反而更富有；尽力给予他人，自己反而更富足。自然法则，是有利于万物而不伤害万物；圣人的准则，是帮助他人而不与他人相争。

善解

81.1　信言不美，美言不信。善者不辩，辩者不善。知者不博，博者不知。

“信言不美，美言不信”，诚信的言语、真实的话语不美丽、不漂亮、不动听，而华丽、动听的言语却不真实、不可信、不诚信。“信”本义为真心诚意，这里指真实、不虚伪。“信言”即真心之言、真实的言语，与“虚言”相对。“美”指美妙、美丽、漂亮。“美言”即美丽、漂亮、动听的言语，辞藻华美的言辞、文章。

为什么“信言不美，美言不信”？因为“信言”就是未经加工的真话，朴实无华、实实在在，所以不美妙动听，甚至可能逆耳、刺耳；而“美言”则因为用词华丽，往往含有夸张、炫耀、虚饰的因素，言过其实、夸夸其谈，也就是人们常说的花言巧语，所以虚假、不真实，华而不实。“信言不美”与忠言逆耳相类似，“美言不信”则与“轻诺必寡信”（第六十三章）相通，所以在言语的问题上，老子在第八章说“上善若水”，而“善利万物而不争”“几于道”的水有“七善”，其中之一就是“言善信”。老子认为，“美言可以市，尊行可以加人”（第六十二章），老子告诉我们“信不足焉，有不信焉”，所以提倡“悠兮其贵言”（第十七章），强调“希言自然”（第二十三章），反对“美言”，主张学习圣人“行不言之教”（第二章），做到“言有宗，事有君”（第七十章），“不言而善应”（第七十三章），“言必行，行必果”。同时，老子还告诉我们不要轻易地被他人的“美言”迷惑，既要听其言，更要观其行。清代刘熙载《艺概·赋概》：“若美言不信，玩物丧志，其赋亦不可已乎！”

“善者不辩，辩者不善”，善良的人不巧辩，狡辩的人不善良。“善者”即善良之人，相当于第二十七章、第六十二章、第七十九章中的“善人”。“辩”本义为辩论、申辩，引申为有口才、善言辞，巧于言说。“辩者”即善于巧辩、能说会道的人。

“善者”本性善良、本质淳朴，往往敏于行而讷于言，所以给人的感觉是没有口才、不善言辞，如同老子在第四十五章所说的“大巧若拙，大辩若讷”。进一步深入分析，实际上“善者”按“道”行事，真诚不妄，根本就不需要巧辩；而能言善辩的人，要么因为喜欢雄辩，或者过分看重辩论，为了胜过对方而争强好胜、强词夺理，结果失去本真、质朴，远离了善良；要么本身为人处世有问题，所以才要反复申辩、辩白，以掩饰其谬误。因此，老子在第十九章说：“绝智弃辩，民利百倍。”有的学者把“善者”解读为善于言说的人，认为善于言说的人不需要辩论，与老子的本意正好相反。

“知者不博，博者不知”，有智慧的人不广博，广博的人没智慧。“知者”就是知道“道”、明白大道的人，也就是“智者”（智慧之人）。“博”本义为大，引申为广博、渊博、众多、丰富。《荀子·修身》：“多闻曰博；

少闻曰浅。”

知晓“道”的智慧之人已经掌握了“道”的奥妙、精妙、妙用，懂得“为道日损”的道理，善于做减法，能够把复杂的事物简单化，做到明察秋毫、洞穿本质。所以不需要追求知识的广博、渊博，就像掌握了一把万能钥匙就可以打开天下所有的锁，当然不需要其他的钥匙；而追求知识广博的人，“为学日益”，知识越来越多、越来越庞杂，但因为不知晓大道，往往抓不住事物的本质，结果把简单的问题复杂化，就像用几把钥匙开一把锁，即使打开了也是没有智慧。有的专家学者把“知者”解读为有知识的人，而知识越专精，就越狭窄，反之广博就不专精，认为老子在这里提示人们要专精而不要广博。为学如果博杂不精就永远无法进入知识的大门，所以把“知者不博，博者不知”解读为真有知识的人专精（不博杂、不广博），广博的人没有专精的知识，所以不能深入了解某一方面的知识，也就不能在某一领域有所建树。这种解读明显属于“不知”之列，广博不就是知识多的表现吗？有知识与广博并不矛盾，把“知者不博，博者不知”理解成为学求精之道，显然是用儒家思维解读老子理论。这里，老子要阐述的是大道至简、“为道日损”（第四十八章），“知者”的最高境界是“不出户，知天下；不窥牖，见天道”，反之则“其出弥远，其知弥少”（第四十七章）。

“善者不辩，辩者不善”帛书版乙本（甲本缺损）写作“善者不多，多者不善”，而且排在“知者不博，博者不知”的后面，这里的“多”可以理解为第五章的“多言”，意为善良的人不多言，多嘴多舌的人不善良，“多言”容易造成争辩，辩论则必然“多言”，对此老子明确指出“多言数穷，不如守中”（第五章）。

81.2　圣人不积，既以为人己愈有，既以与人己愈多。

“圣人不积”指有道之人不存私自占有之心，不为自己积聚、积蓄、积储、积藏，不把财物私自贮积保留。“积”本义是堆积谷物，引申为积聚、累积、积蓄、积储、积攒、积藏、滞留，也指贮积起来的钱物等。“圣人不积”帛书版写作“圣人无积”。

“既”指尽、皆、都、全部。《穀梁传》：“既者，尽也。有继之辞也。”《左传·僖公二十二年》：“及其未既济也。”“既济”为六十四卦之离下坎上，意指万事皆济。

“既以为人”即竭尽全力帮助他人，结果是“己愈有”，自己反而更富有、更充足。这里的“为”读 wèi，意为帮助、佑助。《诗经·大雅·凫鹥》：“福禄来为。”

“既以与人”即竭尽全力施与、给予他人，结果是“己愈多”，自己反而得到更多、财富更多。“与”即赐予、施予、给予。“与”帛书版乙本（甲本缺损）写作“予”。

81.3　天之道，利而不害；圣人之道，为而不争。

“天之道”即天的道理、天理，也就是自然之道、自然规律、自然法则。“利”即有利于、有益于，与“害”相对，“利”和“害”的对象都是万物。“利而不害”即有利于、有益于万物，使万物得到利益、好处，而不加害、伤害万物。老子在第八章就明确指出：“水善利万物而不争……故几于道。”

这是《老子》全书第五次出现“天之道”，前面四次分别是第九章的“功遂身退，天之道也”，第七十三章的“天之道，不争而善胜，不言而善应，不召而自来，繟然而善谋”，第七十七章的“天之道，其犹张弓与？高者抑之，下者举之；有余者损之，不足者补之。天之道，损有余而补不足”，第七十九章的“天道无亲，恒与善人”。老子在最后将“天之道”归结为“利而不害”，上述“功遂”“善胜”“善应”“善谋”“补不足”“恒与善人”都是“利”的表现与结果，而之所以“不害”则是因为能够做到“身退”“不争”“不言”“繟然”“损有余”“无亲”。所以，圣人“处前而民不害”（第六十六章），“往而不害，安平泰”（第三十五章）。

“圣人之道，为而不争”，圣人的准则，是帮助他人而不与他人相争。“为”就是“为人”，即帮助他人。“不争”即不与他人相争。圣人是得“道”的高人，能够自觉地尊“道”、循“道”，善于向“几于道”的水学习，懂得“既以为人己愈有，既以与人己愈多”的道理，所以能够做到“为而不争”。

有的学者把“为”解读为有为之为，认为圣人的准则是有所作为而不与他人相争。这种解读从字面含义上说得通，但相对而言过于笼统，而解读为“为人”（帮助他人）与上一节的内容和后面的“不争”（不与他人相

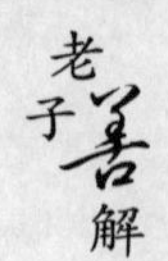

争）联系更紧密、更具体。再从老子的行文习惯看，"为"用作施为、作为时，都是用"为而不恃"，该内容先后出现在第二章、第十章、第五十一章、第七十七章。

"圣人之道"帛书版乙本（甲本缺损）写作"人之道"。这里应该是"圣人之道"，《老子》全文唯一提到的"人之道"出现在第七十七章，明显与"天之道"相对立（"天之道，损有余而补不足。人之道，则不然，损不足以奉有余"），而这里的"为而不争"显然与"天之道"相一致，"天之道，不争而善胜"（第七十三章）。"不争"之德是"道"的崇高品德，"水善利万物而不争……故几于道……夫唯不争，故无尤"（第八章），"是谓不争之德……是谓配天，古之极也"（第六十八章），也是老子倡导的圣人之治的重要目标，"夫唯不争，故天下莫能与之争"（第二十二章），"以其不争，故天下莫能与之争"（第六十六章）。

小结

老子在第八十章描绘了以"道"治天下的宏伟蓝图，如以该章结束全书，也不能谓之不完美，但老子知道如果就此打住一定会进一步加深人们对其反复论述之"道"的误解，所以作为严谨的哲学著作有必要回归到全文的中心议题——"道"，从而与第一章遥相呼应。

第一节从人类认识事物的角度，以格言的形式，通过对"信言"和"美言"、"善者"和"辩者"、"知者"和"博者"的对比，探讨了真和假、美和丑、善和恶、简与博等矛盾对立关系，让人们见识了老子这位辩证法大师对立统一的辩证智慧。在三组矛盾对立关系中，"信言"、"善者"和"知者"的共同之处是诚信、真实，而"美言"、"辩者"和"博者"的共同点是虚饰、浮华，老子提倡诚信、讷言、至简，反对虚饰、巧辩、博杂，明确信、善、知是圣人立言和立学、求知的准则。同时，老子借此告诉人们：我的言论也许不华美，但却都是真话；我也不想与人辩论，但我说的都是为善之"道"；我的知识也许不广博，但我知晓大道。

老子在不同的章节多次讲过圣人（包括同义的"道者""有道者"）的行为，就治身而言，指体悟大道、返璞归真、顺其自然、扬弃束缚身心自由枷锁的人；就治国而言，指"与道同体"、深谙"处无为之事，行不言之教”和“功成而弗居”自然主义思想的理想统治者。也许老子觉得前面的论述有点深奥，所以在第二节把集“善者”“知者”于一身的圣人的品德概括为“不积”“为人”“与人”，也就是钱锺书在《管锥编》中所说的“尽人之能事以效天地之行所无事耳”，并且告诉人们，圣人倾囊付出无私伟大之爱（“不积”“为人”“与人”）的结果是“己愈有”“己愈多”。《庄子·天道》说：“天道运而无所积，故万物成；帝道运而无所积，故天下归；圣道运而无所积，故海内服。”

老子在第一章提出“道可道，非恒道”，他知道很难用语言给常人讲清楚“玄之又玄”的“道”，加上“老子修道德，其学以自隐无名为务”，所以老子西去归隐。老子归隐途中在函谷关禁不住尹喜的恳求，也是被尹喜的真诚感动，勉为其难地同意著书。为了让后来者（后人）能够领悟“道”的真谛，老子不惜违背自己“知者不言，言者不知”（第五十六章）的格言，写下了五千言。到临别之际，考虑到人们即使读完全文，可能仍然无法悟透，老子给出方法：谨记“天之道”（“利而不害”）和“圣人之道”（“为而不争”）。我反复研读《老子》的体会是，“天之道”和“圣人之道”是人类最高的行为准则，是治国理政、为人处世、养生益寿的核心要义，两者的聚焦点用一个字概括就是“善”，具体而言就是为善（“利万物”“为人”“与人”）、不为恶（“不害”“不争”）。

参考文献

［1］鲍鹏山 . 风流去［M］. 北京：中国青年出版社，2009.

［2］陈鼓应，注译 . 老子今注今译［M］. 北京：商务印书馆，2003.

［3］陈来 . 中华文明的核心价值：国学流变与传统价值观［M］. 北京：生活 · 读书 · 新知三联书店，2003.

［4］陈少明 . 道器形上学新论［J］. 哲学研究，2022（10）.

［5］陈忠，译评 . 道德经［M］. 长春：吉林文史出版社，2006.

［6］辞源（合订本）［M］. 北京：商务印书馆，1998.

［7］方朝晖 . 重思中国传统学问中的本体问题［N］. 中华读书报，2023-02-08.

［8］傅佩荣 . 解读老子［M］. 上海：上海三联书店，2007.

［9］高亨 . 老子注译［M］. 北京：清华大学出版社，2010.

［10］高明 . 帛书老子校注［M］. 北京：中华书局，1996.

［11］管梅 . 无为老子［M］. 北京：中国社会出版社，2012.

［12］郭齐勇 . 中国哲学史的问题意识与主体性［J］. 哲学研究，2022（8）.

［13］韩水法 . 汉语哲学的任务［N］. 光明日报，2022-12-05.

［14］河上公，章句 . 宋刊老子道德经［M］. 福州：福建人民出版社，2008.

［15］河上公，注 . 严遵，指归 . 王弼，注 . 老子［M］. 刘思禾，校点 . 上海：上海古籍出版社，2013.

［16］何卫平 . 关于“创造的解释学”：从“哲学的经验”角度重新思考傅伟勋提出的问题［J］. 天津社会科学，2022（5）.

［17］江湖夜雨 . 逍遥真趣：超脱自在的道家智慧［M］. 北京：研究出

版社，2012.

［18］张兆裕．老子［M］．北京：北京燕山出版社，2009.

［19］老聃，庄周．老子·庄子［M］．昆明：云南教育出版社，2010.

［20］老子．道德经全集［M］．北京：北京联合出版公司，2015.

［21］老子．道德经［M］．黄朴民，译注．长沙：岳麓书社，2011.

［22］老子．道德经［M］．欧阳居士，注译．北京：中国画报出版社，2012.

［23］李安纲，赵晓鹏．老子玄参：《道德经》道德体系研究［M］．北京：中国社会出版社，2012.

［24］李德深，李洪．老子四字经［M］．北京：中国社会出版社，2008.

［25］李耳．老子［M］．王弼，注．杭州：浙江古籍出版社，2011.

［26］李健．老子解惑［M］．北京：中国社会出版社，2012.

［27］李培超，高树平．论马克思伦理思想中的辩证法元素［J］．伦理学研究，2022（6）．

［28］梁涛．“内圣外王”的本来含义［N］．中华读书报，2022-11-09.

［29］刘钝．“科玄论战”百年祭［N］．中国科学报，2023-02-10.

［30］刘庭华．弱者之道：老子思想纵横谈［M］．北京：中国社会出版社，2009.

［31］蕲永．老子［M］．胡晓锐，注释．武汉：崇文书局，2012.

［32］浦善新．善解老子·众妙之门（上）［C］//浦善新．乐龄悦读2103［M］．北京：中国社会出版社，2021.

［33］浦善新．善解老子·众妙之门（下）［C］//浦善新．乐龄悦读2104［M］．北京：中国社会出版社，2021.

［34］浦善新．善解老子·无为而无不为（上）［C］//浦善新．乐龄悦读2201［M］．北京：中国社会出版社，2022.

［35］浦善新．善解老子·无为而无不为（下）［C］//浦善新．乐龄悦读2202［M］．北京：中国社会出版社，2022.

［36］浦善新．善解老子·摄生之道（上）［C］//浦善新．乐龄悦读2203［M］．北京：中国社会出版社，2022.

［37］浦善新．善解老子·摄生之道（中）［C］//浦善新．乐龄悦读

2301［M］. 北京：中国社会出版社，2023.

［38］浦善新 . 善解老子 · 摄生之道（下）［C］// 程伟 . 乐龄悦读 2302［M］. 北京：中国社会出版社，2023.

［39］强玉红，沈强 . 圣哲老子的千古真传［M］. 北京：中国社会出版社，2021.

［40］秦新成，刘升元 . 老子传［M］. 北京：中国社会出版社，2006.

［41］任继愈 . 老子绎读［M］. 北京：北京图书馆出版社，2006.

［42］饶尚宽，译注 . 老子［M］. 北京：中华书局，2006.

［43］韶宾 . 道德经直解［M］. 北京：商务印书馆国际有限公司，2013.

［44］沈善增 . 还我老子［M］. 上海：上海人民出版社，2004.

［45］宋洪兵 . 浅议先秦诸子的共生智慧［N］. 光明日报，2022-07-09.

［46］宋志明 . 儒家群体共识理论的养成［J］. 河北大学学报,2022（4）.

［47］唐文明 . 中国哲学研究中的真理与方法问题［J］. 哲学动态，2022（10）.

［48］王邦雄 . 老子《道德经》的现代解读［M］. 长春：吉林出版集团有限责任公司，2011.

［49］王弼，注 . 楼宇烈，校释 . 老子道德经注［M］. 北京：中华书局，2011.

［50］王路 . 认识与语言分析［J］. 武汉大学学报，2022（5）.

［51］王蒙 . 老子的帮助［M］. 北京：华夏出版社，2009.

［52］吴晓明 . 论中西哲学之根本差别［J］. 哲学研究，2022（7）.

［53］溪谷 . 道德经：无为与自由［M］. 北京：华夏出版社，2017.

［54］许慎 . 说文解字［M］. 谦德书院，注译 . 北京：团结出版社，2020.

［55］许慎，撰 . 段玉裁，注 . 说文解字［M］. 黄勇，译 . 北京：中国戏剧出版社，2008.

［56］杨国荣 . 汉语哲学与中国哲学：兼议哲学话语的内涵与意义［J］. 社会科学，2022（11）.

［57］姚卫群 . 中西印三大哲学传统发展的差别与特色［J］. 船山学刊，2022（6）.

［58］余秋雨 . 老子通释［M］. 北京：北京联合出版公司，2021.

［59］翟锦程．逻辑在中国哲学发展中的根基作用［N］．光明日报，2022-08-22.

［60］张立文．中国哲学的创新论［N］．光明日报，2022-10-10.

［61］张其成．张其成全解道德经［M］．北京：华夏出版社，2012.

［62］张曙光．自我、他者与世界：重启“天人”之思［J］．社会科学战线，2022（9）.

［63］唐玄宗，宋徽宗，等．《道德经》四帝注［M］．朱俊红，整理．海口：海南出版社，2012.

［64］朱谦之．老子校释［M］．北京：中华书局，1984.